Ein bisschen Leben vor diesem Sterben

Tomáš Radil

Ein bisschen Leben vor diesem Sterben. Mit 13 in Auschwitz

Aus dem Tschechischen
von Hubert Laitko

ARCO

Inhalt

»Familienmitglieder und Freunde, die ich nach dem Krieg nicht mehr wiedergesehen habe. Meine Mutter sitzt rechts, ich neben ihr. Am Ufer der Donau« (1940)

Vor allem: Niemals vergessen!

Dieses Buch beruht auf persönlichen Erinnerungen. Es erzählt die Geschichte eines jüdischen Jungen aus einer kleinen Stadt am Nordufer der Donau, die zur Tschechoslowakei gehört hatte und infolge von Nachverhandlungen zum »Münchener Abkommen« im November 1938 von Ungarn annektiert worden war. Dieser Junge wuchs seit seinem achten Lebensjahr in einer Atmosphäre der Beklemmung auf, in der noch unbestimmten Ahnung, dass die Juden etwas Schlimmes erwartete, dem sie nicht ausweichen könnten. Seine Eltern und Verwandten bemühten sich, ihn auf drohende Ereignisse vorzubereiten, um es ihm zu erleichtern, ihnen zu begegnen, um sich besser zurechtzufinden und möglichst vor ihnen zu retten. So wurde der Junge seiner Kindheit beraubt und gezwungen, vor der Zeit erwachsen zu werden. Als er dreizehneinhalb Jahre alt war, wurde er nach Birkenau deportiert und dort von seinen Angehörigen getrennt. Dass er, ganz auf sich allein gestellt, überlebte, hatte er nicht zuletzt einer Serie unwahrscheinlicher Zufälle und der Solidarität der Häftlinge im Lager Birkenau und im Hauptlager Auschwitz zu danken, wo er bis zur Befreiung am 27. Januar 1945 eingesperrt war. Anschließend kehrte er auf eigene Faust durch Polen und Ungarn nach Hause in die südliche Slowakei zurück und musste sich nicht nur an die schwierigen Nachkriegsverhältnisse gewöhnen, sondern auch damit leben lernen, dass der Großteil seiner Familie in den Konzentrationslagern umgekommen war.

Diese Geschichte ist meine eigene. Historischer Hintergrund, Lebensbedingungen, Vorgänge und Ereignisse sind wahrheitsgemäß beschrieben. Bald nachdem ich – mit einem großen Zeitabstand von mehr als sechzig Jahren – damit begonnen hatte, meine Geschichte aufzuschreiben, wurde mir klar, worauf es dabei besonders ankommen würde: Es war nötig, mich zurückzuversetzen, wie ich damals die Vorgänge aufgenommen habe, welche Gefühle und Gedanken damit verbunden waren, wie wir – meine Eltern, meine Mitschüler, weitere Weggefährten und ich – miteinander sprachen. Ich musste auszudrücken versuchen, wie ich als Junge diese Vorgänge innerlich erlebte, wie ich mich bemühte, sie zu begreifen, wie wir alle uns diesen zunehmend schrecklichen Veränderungen anpassten, was wir voraussahen und was nicht, wie wir uns verhielten und was wir unternahmen, um möglichst zu überleben.

Vor solchen Herausforderungen einer Rekonstruktion all des Vergangenen steht jeder, der sich an eine Autobiographie oder weit Zurückliegendes wagt, und über Möglichkeiten und Grenzen einer solchen Darstellung gibt es zahlreiche Literatur. Mir kam es darauf an, ein wahrheitsgemäßes Zeugnis abzulegen, das möglicherweise sogar neue Einblicke vermitteln kann. Mein Anspruch war dabei, meinen damaligen begrenzten Horizont eines Kindes von dem zu trennen, was ich später erfahren habe, und aufgrund eigener Erinnerungen die Vergangenheit so getreu wie möglich wiederzugeben. Das hieß auch, Menschen, die in den Konzentrationslagern umgekommen waren, auf diesen Seiten sozusagen lebendig werden zu lassen, und mit dem, was sie damals äußerten an Gedanken, Worten und Handlungen, auch die Zeit darzustellen, in der sie lebten und starben.

Beim Schreiben musste ich natürlich unbedingt meinem damaligen Alter Rechnung tragen. Als das Unheil begann, waren meine Altersgefährten und ich noch Kinder; trotzdem wurden wir beschleunigt erwachsen, die Entwicklung unseres Denkens und Handelns reifte unter dem Druck permanenter Lebensgefahr. Deshalb versuche ich hier auszudrücken, wie ich über alles, was damals geschah, als

Junge dachte und wie mich die Ansichten der etwas älteren Kameraden sowie der Erwachsenen, zu denen ich Vertrauen hatte, beeinflussten.

Meine heutigen Überlegungen mache ich nur dort geltend, wo ich es für angezeigt halte, bestimmte Erscheinungen und Geschehnisse kurz zusammenzufassen und zu erklären. Ich hoffe, dass die authentische Wiedergabe der Gedanken und Taten eines heranwachsenden Jungen und seiner Gefährten den heutigen Gleichaltrigen oder jedenfalls jungen Menschen einen besseren Zugang zu jener Zeit ermöglichen wird.

Tomáš Radil 2006 am Stacheldraht des Stammlagers Auschwitz, wo er die »Maurerschule« durchlief

Was hier beschrieben wird, war so bewegt und so erfüllt von Erfahrungen, daß daraus ein umfangreiches Buch erwachsen ist. Dabei habe ich nur einen kleineren Teil davon ausgewählt, das, was ich für wichtig erachte, um die Zeit und die Menschen zu verstehen, von denen ich berichte. Ein Merkmal der schweren Jahre 1944 und 1945 war ein unvorstellbares Durcheinander. In manchen Fällen habe ich die Chronologie der Ereignisse durchbrochen, um sie verständlicher zu machen und zu verdeutlichen, wie sie zusammenhingen. Wovon ich schreibe, ist nicht nur mir, sondern ähnlich auch vielen anderen Menschen widerfahren, und insofern waren es typische Begebenheiten. Deshalb ließe sich sagen, dass meine individuelle Geschichte einen Beitrag zum kollektiven Gedächtnis ausmachen kann.

Manche Namen von Personen habe ich verändert, wo ich über sie nicht nur Schmeichelhaftes berichten kann. Ich maße mir nicht an, über meine Mithäftlinge zu urteilen und ihr Andenken zu beschädigen. Sie vegetierten in den Lagern unter Bedingungen, die es erschwerten, bestimmte sittliche Werte zu bewahren, und die meisten von ihnen sind dort umgekommen. Und von den wenigen Überlebenden könnten einige noch am Leben sein, und erst recht ihre Nachkommen und Bekannten; darauf nehme ich hier Rücksicht.

Dieses Buch begreife ich nicht in erster Linie als meine Autobiographie, die Beschreibung meines Lebens im Alter von etwa zwölf bis fünfzehn. Denn ich verstehe es darüber hinaus als eine Geschichte des Lebens, Leidens und allmählichen Verfalls und Sterbens vieler meiner Weggefährten. So lege ich hier stellvertretend Zeugnis auch über ihr Leben ab.

Ich schildere die den Häftlingen aufgezwungenen Bedingungen und wie sie mit ihnen zurechtkamen. Zwangsläufig berichte ich über Beklemmung, Angst und Befürchtungen, über lang anhaltenden schweren Stress, über Gewalt, Hunger und Leiden, über Massenmord, Tod und Leben in

Birkenau und im Hauptlager Auschwitz. Es ist ein Bericht über sehr widersprüchliche Erfahrungen: über extremen, verbrecherischen Egoismus wie über gegenseitige Toleranz und Solidarität, über den Zerfall der Moral und der früheren sozialen Bindungen, aber auch die Herausbildung einer neuen Moral und neuer sozialer Beziehungen, über Dummheit wie auch über Intelligenz und Findigkeit, über Verzweiflung und Depression, aber auch über Standhaftigkeit und Optimismus, über das Böse wie auch das Gute.

Es fiel mir nicht leicht, diese Geschichte aufzuschreiben, und ich fürchte, dass es auch für die Leser nicht leicht sein wird, sie zu lesen. Ich vermute, dass in und durch dieses Buch verschiedene Pfade führen und dass jeder Leser seine eigene Weise finden wird, wie er unversehrt durch die Seiten kommt. Ich vertraue meine Geschichte all denen an, die sich auf sie einlassen möchten.

Angesichts der Jahrzehnte, die seit dem unmittelbaren Erleben vergangen sind, schien es mir unerlässlich, meine Erfahrungen und mein eigenes Gedächtnis mit der zugänglichen Literatur und der Ergebnissen der Forschung über den Holocaust zu konfrontieren. Dies erforderte mehrjähriges Quellenstudium zu Hause und im Ausland und zugleich den Besuch mehrerer Orte, um mir insbesondere die lokalen räumlichen Gegebenheiten neu ins Gedächtnis zu rufen.

Prag
Februar 2020
Tomáš Radil

I. Beschleunigte Abfertigung

Ich war dreizehneinhalb und wohnte in Parkan, einer Kleinstadt an der Donau, gegenüber Esztergom, wohin ich stets über die Maria-Valeria-Brücke zum Gymnasium radelte. Ich ging damals in die Quarta. Esztergom war einst ungarische Königsresidenz, mit einem erzbischöflichen Palast und vor allem mit einer herrlichen Basilika, die neben den Überresten des tausendjährigen Königsschlosses auf einer Felsenkuppe aufragt. Durch den Schulweg wurde mir das Panorama mit der Basilika über der Donau sehr vertraut, fast zum Symbol der Heimat.

In Parkan wohnte ich mit den Eltern in unserem Einfamilienhaus mit Hof und Garten. Mein Vater Arnost trieb Landwirtschaft, war Pächter und Verwalter eines nahegelegenen Rittergutes, doch er verlor seine Arbeit, offenbar infolge einer antijüdischen Maßnahme. Mama Margit – Vater und ich nannten sie Manci – war Hausfrau. Ich, Tom, war ihr einziges Kind. Zu dieser Zeit war ich in Zuzka verliebt, ein schönes schwarzhaariges zwölfjähriges jüdisches Mädchen. Wann immer es ging, blickte ich aus dem Fenster unserer Klasse im Gymnasium auf ihr Wohnhaus. Zugleich war ich von einer anderen, reifen Frau aus Parkan fasziniert, Olga Kohn. Sie war eine Prostituierte und erschien mir herrlich. Sie lebte mit ihrer Mutter in einer Wohnung, die man vom Hof des örtlichen Cafés Munk aus betrat. In dieses Café begleitete ich oft meinen Großvater Marek, der sich dort nach der Arbeit erholte, und sah ihm beim Kartenspiel zu. Nach einer Weile aber verschwand ich auf den Hof, um nach Olga Ausschau zu halten. Ich sah sie fortwährend an, doch für sie war ich unsichtbar.

Nur ein Mal kam sie auf mich zu: »Ich gefalle dir wohl, was?«, lächelte sie mich an. Ich bejahte, und sie sagte mir, auch ich gefiele ihr; in meinem Alter habe sie einen Jungen gekannt, der mir ähnlich gewesen sei. Sie fragte mich, ob ich überhaupt wisse, was sie mache. Darauf nickte ich. Sie fragte dann, ob ich nicht Unannehmlichkeiten haben würde, wenn mich jemand mit ihr sähe, und ich schüttelte den Kopf. Offenbar kannte sie meinen Vater, meinen Großvater und meine Familie. Zum Abschied sagte sie mir, dass sie mich gern wiedersehen würde.

Großvater und Großmutter mütterlicherseits waren in Parkan bekannt. Sie hatten eine Fleischerei, die auch Räucherwaren herstellte und in der viele Einheimische einkauften. Kürzlich war Großvater zum Vorsitzenden der jüdischen Gemeinde gewählt worden. Er war während des Ersten Weltkriegs in einem nach Marschall Radetzky benannten Elite-Husarenregiment Feldwebel gewesen, hatte hohe österreichisch-ungarische Auszeichnungen wie das Signum laudis und die große und kleine Silberne Medaille verliehen bekommen, war immer noch ein Kraftprotz und Haudegen. Er war eine Respektsperson und konnte mit magyarischer Großspurigkeit reden. Die jüngeren Männer der Familie, sowohl väterlicher- als auch mütterlicherseits, waren zum Arbeitsdienst eingezogen, der der ungarischen Armee angeschlossen war, die an der Ostfront an der Seite der Deutschen gegen die Russen kämpfte.

Am 19. März 1944, ein paar Tage nach meinem Gespräch mit Olga auf dem Bänkchen beim Café Munk, hörten wir ein starkes Brummen. Ich lief auf die Straße, um zu sehen, was los war. Uns überflogen in regelmäßiger Formation und geringer Höhe große Flugzeuge in Richtung Budapest. Jemand mit Fernglas in meiner Nähe sagte, das seien deutsche Flugzeuge. Auch ich bemerkte, dass es keine amerikanischen

Bomber waren, die stets in großer Höhe von Süd nach Nord und zurück flogen, es hieß, sie würden irgendwo in Mitteldeutschland Bomben abwerfen. Ihretwegen musste man zu zweit beim Zivilluftschutz Dienst tun; auch die Juden, sogar Jungen in meinem Alter. Der Dienst bestand darin, eine bestimmte Stundenzahl am Telefon zu sitzen und bei Anrufen die Sirenen einzuschalten. Zum Glück kam es niemals dazu. Die obligatorische Teilnahme der Juden wurde damit begründet, dass die Bomben sich ihre Opfer nicht aussuchten, wenn sie fielen; der Tod träfe dann alle gleichermaßen. Von den beiden Diensthabenden sollte jeweils nur einer Jude sein. Der andere überwachte ihn, damit er alles richtig machte. Abends wussten wir mit Bestimmtheit, dass die Deutschen dabei waren, uns zu besetzen. Allen, auch mir, war klar: Jetzt beginnt ein anderes Kapitel unseres Lebens!

An diesem Tag, auch an den Tagen danach, saßen wir wie immer zu Hause beim Abendbrot. Ich fragte die Eltern, was wir machen würden, und was ich tun sollte. »Solange es geht, werden wir uns so verhalten wie bisher«, antwortete Vater. »Du wirst jeden Wochentag mit dem Rad zur Schule fahren und am Unterricht teilnehmen. Rede dort mit keinem über Politik, das gehört grundsätzlich nicht in die Schule! Wenn man dich von der Schule werfen würde, dann wäre das auch Politik in der Schule! Das Einzige, was du gegen ihre Politik tun kannst, ist: Du lehnst es ab, überhaupt darüber zu reden. Mitschüler und Professoren sollen sehen, du bist ein strebsamer und guter Schüler, du weißt, man geht zur Schule, um dort etwas zu lernen! Du kommst nach dem Unterricht gleich nach Parkan zurück, schau unterwegs mal bei Großmutter und Großvater rein. Zu Hause erledigst du deine Aufgaben so, dass du dafür am nächsten Tag eine Eins bekommst. Das ist das Einzige, was du tun kannst, um dir selbst und auch den anderen zu zeigen, dass du auf deinem Recht bestehst, dich nicht erniedrigen lässt und dass sie dir mit ihrem ganzen tausendjährigen Großdeutschen Reich gestohlen bleiben können. Sie können uns allerlei Schlimmes zufügen, aber wir dürfen uns nicht brechen lassen!« Vater schaute Manci an, die zustimmend nickte. Dann teilte er uns noch mit, er gehe heute zu einer Beratung des Vorstands der jüdischen Gemeinde, womöglich werde er dort etwas erfahren und morgen vielleicht klüger sein.

Am nächsten Morgen ging mir auf dem Schulweg durch den Kopf, bei der Besetzung Ungarns hätte sich den Deutschen ja niemand in den Weg gestellt, also war es für sie ein Frühlingsspaziergang. Onkel Arnost, Großvaters jüngerer Bruder aus Budapest, der sich stark mit Politik beschäftigte, beinahe ein Spezialist, würde sicher wissen, was dahintersteckte. Wenn sich die Situation wendete, würden die Ungarn einfach behaupten, sie könnten nichts dafür: Die Deutschen hätten sie mit Gewalt besetzt, so hätten sie in allem gehorchen müssen. Ob vereinbart oder nicht, die Ungarn würden wohl alles tun, was die Deutschen von ihnen verlangten. Wie aber würde es dann den Juden ergehen? Das hinge sicher allein davon ab, was die Deutschen, die sich bei ihren Plänen von keinem beschränken oder mäßigen ließen, mit ihnen vorhätten. Das war schlecht! Ich radelte am erzbischöflichen Palast vorbei, Residenz des ungarischen Primas, und überlegte, wie sich der Erzbischof und die katholische Kirche, die in Ungarn so großen Einfluss hatten, wohl zu den Juden stellen würden. Würden sie sich den Deutschen entgegenstellen und eingreifen, wenn die die Absicht hätten, die Juden irgendwohin nach Osten zur Arbeit abzutransportieren, wie es in der Slowakei geschehen war?

An diesem Tag fiel in der Klasse kein einziges Wort über die deutsche Okkupation, und keiner der Mitschüler sagte auch nur zu einem von uns drei jüdischen Jungen – also zu mir, Tibor Kiss und Stefan Altmann – etwas Schlechtes.

Auf dem Heimweg schaute ich bei den Großeltern vorbei. Großvater war nicht zu Hause, er war zur Sitzung des jüdischen Gemeindevorstands gegangen. Das hieß, auch Vater war dort, und ich konnte etwas länger bei Großmutter bleiben. Großmutter wollte mir eine Freude machen und hatte für mich an einer vereinbarten Stelle im Schrank ein Beutelchen Nougat versteckt. Das war unser altes Spiel, immer fand ich irgendwo im Wäscheschrank eine Süßigkeit; die Frauen versteckten damals alles dort, auch das Geld. Über die Bonbons machte ich mich gleich her, aber Großmutter ermahnte mich dazu, mich damit nicht zu übereilen, sie hübsch langsam zu lutschen, denn die Okkupanten würden die Nahrungsmittel in den Geschäften fieberhaft aufkaufen, und dann werde es bald keine Schokolade mehr geben.

Vater kam abends nach stundenlanger Beratung in der jüdischen Gemeinde, deren Sekretär er war, verdrossen zurück. Er hatte nur erfahren, vom Judenrat in Budapest seien zwei mehr oder minder entgegengesetzte Botschaften übermittelt worden: Einerseits wisse der Rat nicht, was jetzt geschehen werde, andererseits sei jede Panik zu vermeiden. Günstige Nachrichten würde man uns nicht vorenthalten. Eine Panik, wie man sie in Budapest befürchtete, käme auch eher nach schlechten Nachrichten in Betracht. Sie wollten keine Panik, aber das bedeutete eigentlich Nichtstun! Offenbar zog man dort die Untätigkeit einer möglichen jüdischen Gegenaktion vor, die freilich jemand organisieren müsste. Es konnte doch nicht jede jüdische Gemeinde tun, was ihr gerade in den Sinn kam.

Der nächste Tag ähnelte dem vorhergehenden. In der Schule hatten wir eine Stunde bei unserem Klassenleiter Professor Olajkár, der sonst Mathematik unterrichtete. Wir diskutierten etwas über Themen, die uns Schüler interessierten, und Olajkár bemühte sich, wo es nur ging, Politik außen vor zu lassen. Ein Mitschüler aber meldete sich und brachte den 15. März, an dem in Ungarn der antiösterreichische Volksaufstand des Jahres 1848 gefeiert wird, in Zusammenhang mit der unlängst erfolgten Ankunft der »befreundeten deutschen Heere«. Ich musste unseren Klassenlehrer bewundern, wie es ihm gelang, diese unglückliche Frage so zu verwirren, dass nach einer Weile fast niemand mehr wusste, wonach dieser Mitschüler eigentlich gefragt hatte. Wenn jemand den Schüler wegen seiner Frage denunziert hätte und die Angelegenheit untersucht worden wäre, hätte sich in der Klasse kaum jemand finden lassen, der imstande gewesen wäre, glaubhaft gegen ihn auszusagen. Dann ging Olajkár zu seinem Lieblingsthema über, und zwar, dass wir uns ganz allein auf das Lernen konzentrieren sollten und nicht auf die Politik.

Nach dem Unterricht kehrte ich so schnell wie möglich nach Hause zurück. Als ich an Großvaters Haus vorbeifuhr, sah ich Großmutter, die sich vor dem Laden mit einer mir unbekannten, jüdisch aussehenden älteren Frau unterhielt. Ich hielt an, um Großmutter zu begrüßen. Vom Gespräch schnappte ich nur ihre letzten Worte auf: »… möge uns der Herrgott beistehen!« Das Geschäft war geöffnet, und Großmutter verkaufte wie immer. Plötzlich hörte ich ein Autogeräusch. Über das gelbliche Pflaster näherte sich uns aus Richtung Esztergom ein graues Militärfahrzeug. Es war das erste deutsche Wehrmachtsauto, das ich zu Gesicht bekam. Es hielt vor der Fleischerei, ihm entstiegen zwei Deutsche, ein Offizier und ein junger Soldat, offenbar der Fahrer, beide mit Pistolen am Koppel. Ihre Dienstgrade konnte ich damals noch nicht unterscheiden. Mich bemerkten die Deutschen gar nicht und gingen geradeswegs in Großmutters Laden. Höflich grüßten sie, natürlich auf Deutsch, und Großmutter antwortete ihnen auf Deutsch ebenso höflich. Sie wollten ein halbes Kilo von irgendeiner guten Wurst. Großmutter wog die Wurst ab, wickelte sie in Papier ein und gab ihnen das

Päckchen. Der junge Soldat nahm es an sich. Inzwischen zog der Offizier die Geldbörse aus der Tasche, um zu bezahlen, und fragte Großmutter noch, ob es hier Brot zu kaufen gäbe. »Gleich nebenan«, sagte sie und zeigte auf das Nachbargeschäft. Dann nahm er ungarisches Geld aus seiner Börse, mit dem er sich offensichtlich nicht auskannte, und Großmutter half, die richtigen Münzen zu finden. Der Offizier lobte ihr gutes Deutsch, und Großmutter begann ihm zu erklären, hier im Ort würden verschiedene Völkerschaften zusammenleben, sie bemühe sich also, jedem, soweit sie das könne, in seiner Sprache zu antworten, damit sich niemand gekränkt oder zurückgesetzt fühle. Dann sah sie ihn an und fügte noch hinzu: »Wir sind doch alle aus demselben Teig gemacht, und ein und derselbe Gott hat uns erschaffen!«

»Schön, schön«, reagierte der Offizier und wandte sich an den jungen Soldaten, er möge das Brot besorgen, sie seien schon in Eile. Unerwartet fragte er die Großmutter, ob sie Lessing kenne. Großmutter verzog das Gesicht und sagte, sie wisse nicht, wovon die Rede sei, und das entsprach der Wahrheit. Das sah mit einem Blick auf sie übrigens auch der Deutsche. Schon im Weggehen, an der Tür, warf er noch hin, das schade nicht, Lessing sei jetzt sowieso aus der Mode. Als er bemerkte, wie verwirrt ihn Großmutter daraufhin ansah, erklärte er: »Wissen Sie, ich bin im Zivilleben Mittelschullehrer.« Dann drehte er sich noch einmal um und sagte: »*Auf Wiedersehen!*« Die beiden Deutschen setzten sich in ihr graues Auto und fuhren in Richtung Bahnhof davon. Der Jüngere saß am Steuer.

Großmutter war nachdenklich. Nach einer Weile sagte sie: »Ich habe keine Ahnung, wer dieser Lessing ist. Und warum fragt er *ausgerechnet mich* danach? Egal, ein Lessing wird am Wesen der Sache nichts ändern. Jetzt haben wir sie wirklich am Hals. Wer weiß, was sie mit uns machen werden? Bestimmt nichts Gutes.«

Mir schien, die beiden hatten ganz menschlich ausgeschaut, vor allem der Ältere, und das sagte ich Großmutter. Sie aber korrigierte mich mit der Bemerkung, das werde man erst noch sehen. Wenn jemand grüße, höflich spreche und bezahle, so habe das noch nichts zu bedeuten. Erstens wüssten sie nicht, dass wir Juden seien, und zweitens hätten sie höchstwahrscheinlich den Befehl, sich der örtlichen Bevölkerung gegenüber anständig zu verhalten. Das sei für sie auch das Einfachste und Zweckmäßigste. Das Ihre hätten sie schon erreicht – uns besetzt! Kleine lokale Konflikte würden sie nur aufhalten. Die zwei könnten persönlich anständige Menschen sein, aber wenn sie den Befehl erhielten, würden sie uns töten. Und das würden sie ohne Rücksicht darauf tun, ob sie persönlich anständig seien oder böse, ob ihnen die Juden gleichgültig seien oder ob sie sie hassten. Sie seien nur Teil einer großen Maschinerie, deren Aufgabe es sei, Menschen zu unterdrücken, zu töten und sich ihren Besitz anzueignen. Da werde man erst sehen, ob sie Menschen seien! Vielleicht gäben sie sich nur menschlich? Leider würden sie uns das bald vorführen. Mörder müssten nicht wie Wilde aussehen und blutverschmierte Hände haben, müssten weder Knüppel noch Pistole in der Hand halten, noch ihre Opfer grob anschreien. Vielmehr könnten sie durchaus höflich, zivilisiert und gebildet sein. Das Morden erledigten sie in der Arbeitszeit von acht bis fünf, gingen dann nach Hause, küssten Frau und Kinder, sähen ihnen die Hausaufgaben durch, würden mit der Familie zu Abend essen, hörten sich danach eine Schallplatte mit einer schönen Musik an und gingen schlafen. Am nächsten Tag frühstückten sie und machten um acht Uhr morgens mit dem Morden weiter. Und am Sonntag hätten sie vom Morden frei und beteten in der Kirche, der Herrgott möge ihnen helfen, ihren Krieg zu gewinnen.

Diese großmütterliche Belehrung überzeugte mich, ich erinnerte mich daran, wie ich im vorigen Sommer mit Manci in der Donau badete und ein weißes Lazarettschiff, offenbar ein umgebautes Passagierschiff, in Richtung Bratislava und Wien an uns vorüberfuhr, das Deck voller an unterschiedlichsten Stellen bandagierter deutscher Soldaten. Es war schön, die Sonne schien, ringsum herrliche Natur und Architektur. Die Verwundeten riefen uns manches zu und winkten. Ich saß mit Manci am Ufer, und wir wussten nicht, was wir tun sollten. Mich drängte es, zurückzuwinken. Mutter sagte mir aber: »Rühr dich nicht, das sind Deutsche, sie freuen sich, dass sie am Leben sind und dass der Krieg für sie vielleicht zu Ende ist. Sie sehen eine Mutter mit Kind, winken also. Dabei ahnen sie nicht, dass wir Juden sind. Woher auch, wir sehen aus wie andere Leute und sind auch so. Wenn sie wüssten, dass wir Juden sind, dann würden sie nicht rufen und winken. Eher würden sie uns beschimpfen und anbrüllen. Wenn man ihnen den Befehl geben würde, würden sie uns sogar erschießen. Und wir haben ihnen nichts getan, wir sitzen bloß hier am Wasser.«

An diesem Tag aß ich bei Großmutter zu Mittag und hielt auf dem Heimweg bei der jüdischen Gemeinde, um Vater abzuholen, der dort, wie Großmutter sagte, schon fast drei Stunden saß. Die Beratung des Vorstands der Religionsgemeinde fand in einem kleinen Haus bei der Synagoge statt, wo gewöhnlich Kinder vom fünften Lebensjahr an Hebräisch lesen lernten. Schon in der Tür hörte ich Großvaters energische Stimme: »Ihr seid zwar in einer Judenschule, doch ihr müsst nicht so lärmen!« Niemand der versammelten Männer lachte. Ein ziemlich missglückter Versuch zu scherzen. Dann bat Großvater einen der Anwesenden, Herrn Strauss, der sich schon lange zu Wort gemeldet hatte, zu sprechen. Der begann: »Die Situation ist ernst, aber nicht hoffnungslos …« Er kam mit seiner Rede nicht weit, von verschiedenen Seiten schrie man ihn an, auf solche Weisheiten seien sie nicht neugierig, und jemand fragte ihn, in welcher Zeitung er das gelesen habe. Vater nutzte den Tumult, sich beim Großvater als dem Vorsitzendem zu entschuldigen, ich sei ihn abholen gekommen, wir würden zusammen nach Hause gehen. Jetzt sei es wirklich vernünftiger, wenn ich nicht allein durch die Stadt liefe.

Unterwegs erwähnte ich die deutschen Soldaten, die sich bei Großmutter Wurst gekauft hatten. Das überraschte Vater: So sei die Okkupation also nicht nur bloße Theorie, wie es nach dem hohlen Gerede einiger Leute auf dieser fruchtlosen Beratung scheinen könne. Die Deutschen seien wirklich da, uns bleibe nichts übrig, als daraus möglichst rasch Konsequenzen zu ziehen.

Mittlerweile waren wir zu Hause angekommen. Manci begrüßte uns: »Endlich seid ihr da!« Und sofort berichtete sie uns, nebenan bei Reich, einem jüdischen Geschäft für Bauholz, seien zwei Deutsche gewesen, um sich alles anzusehen. Sie seien mit einem Auto gekommen, ein Offizier mit Fahrer. Schon vorher seien dort ungarische Soldaten mit zwei Gendarmen erschienen, die Reich sofort nach Hause geschickt hätten, angeblich, damit die Deutschen ihn nicht sähen. Sie hätten ihm zu verstehen gegeben, er könne morgen wiederkommen und habe dann zwei Tage Zeit, sein Geschäft zu liquidieren. Nach diesen zwei Tagen würden dort die Deutschen eine militärische Autoreparaturwerkstatt einrichten. »Wir werden sie also gleich neben uns haben«, konstatierte Manci. »Und wie es mit Reich passiert ist, wird es auch mit uns geschehen.«

Von Reich wussten wir, dass er über den Wächter, der sein Holzlager bewachte, gewisse Kontakte zu Mitgliedern der Pfeilkreuzlerpartei geknüpft hatte, nach dem Muster der Hakenkreuzanhänger nannte man sie »Pfeilkreuzler«. Der Wächter war ein Gauner, wir wussten sicher, dass er in unserer Abwesenheit durch ein niedriges Fenster im Erdgeschoss ins Schlafzimmer eingestiegen war und aus dem Wäscheschrank

Geld gestohlen hatte. Manci hatte es dort unter die Hemden gesteckt. Es war ein beträchtlicher Betrag, deshalb erstatteten wir bei den Gendarmen Anzeige, aber die verdächtigten am Ende mich. Vater musste sie schließlich bestechen, damit sie mich in Ruhe ließen und nicht verprügelten. Es war klar, den Täter, Mitglied der Pfeilkreuzlerpartei, ließen sie einfach laufen. Jetzt hatte sich herausgestellt, dass unserem Nachbarn Reich auch die Bekanntschaft mit einem Pfeilkreuzler nichts geholfen hatte, und Mama schloss mit der bitteren Bemerkung, dass nach alledem auch wir nicht mehr lange in unserem Haus bleiben würden.

Ich sagte Manci alles über die beiden Deutschen, die bei Großmutter eingekauft hatten. Sie meinte sofort, den Deutschen sei wohl gar nicht in den Sinn gekommen, Großmutter, eine blauäugige Blondine mit gerader Nase, könne Jüdin sein. Mit Mühe könnten die sich allenfalls noch vorstellen, ein Jude laufe ohne den gelben Stern herum und arbeite in seinem eigenen Betrieb. Offenbar dächten sie, alle Juden wären ausgemergelte Elendsgestalten, die man nur im schmutzigen und überfüllten Ghetto antreffe. Ich erzählte den Eltern, wie dieser deutsche Offizier Großmutter nach Lessing gefragt hatte und wie er, als sie das verneinte, erklärte, er sei im Zivilleben Mittelschullehrer.

»Auch ich habe nie im Leben etwas von einem Lessing gehört«, schüttelte Vater den Kopf, und Mutter interessierte, warum der Offizier Großmutter gerade danach gefragt habe. Sie wollte wissen, was Großmutter dem Deutschen unmittelbar davor gesagt hatte. Ich erzählte ihr also, der Deutsche habe Großmutter für ihr gutes Deutsch gelobt, und sie habe sinngemäß geantwortet, sie rede mit jedem in seiner Sprache, soweit sie die ein wenig beherrsche. Weiter habe sie gesagt, wir seien alle aus demselben Teig, weil es nur einen Herrgott gebe und der sei für alle gemeinsam.

Darauf rief Mutter: »Gott im Himmel! Nicht einmal mehr Großmutter weiß, was ›Schweigen ist Gold‹ bedeutet! Wie soll es da dieses Kind wissen? Arnost, du hast irgendwo ein Lexikon, schlagen wir doch diesen Lessing nach. Diesem Namen bin ich schon irgendwo begegnet, es könnte eine historische Gestalt sein, wenn dieser Deutsche von sich gesagt hat, er sei Mittelschullehrer.« Vater hatte inzwischen den dicken Lexikonband gefunden und blätterte darin. »Ich habe ihn schon, rief er: *Lessing, Gotthold Ephraim, 1729 bis 1781, deutscher Schriftsteller … führender Theoretiker der deutschen Aufklärung … usw. … Schöpfer der humanistischen dramatischen Dichtung ›Nathan der Weise‹ … usw. … propagierte die Idee, dass alle Religionen den gleichen Gott verehren … usw.*« »Na, hoffen wir, dass sie deswegen keine Unannehmlichkeiten haben wird«, Manci atmete tief durch. Es war so, dass Großmutter zufällig dasselbe gesagt hatte, was vor ihr Lessing seinem Nathan in den Mund gelegt hatte. »Da fällt's mir wieder ein: Dieser weise Nathan ist bei Lessing ein jüdischer Weiser! Ich würde aber sagen, weder dieser Nathan noch Lessing entsprechen dem, was die Nazis behaupten. Großmutter hätte besser daran getan, das für sich zu behalten, diesen Deutschen nichts davon zu sagen. Ich werde mit ihr reden müssen, in diesen Zeiten können wir gar nicht vorsichtig genug sein.«

Erst dann erkundigte sich Manci bei Vater, was er eigentlich bei der Beratung erfahren habe. Er schilderte die Situation und sagte, die Kultusgemeinde sei nicht in der Lage gewesen, aus Budapest oder anderen größeren Gemeinden zusätzliche Informationen zu erhalten. Die Gemeinde sei außerstande, vorauszusehen, was komme, sich auf Strategien zu verständigen und zweckmäßige Vorkehrungen zu treffen. In Betracht kämen nur von oben organisierte Aktionen. Vielleicht habe der Judenrat in Budapest einen Plan, wie die ungarischen Juden zu retten seien, wenn ja, dann könne er ihn natürlich nicht publik machen, denn damit wäre er von vornherein begraben. »Es ist auch möglich, dass gar kein Plan existiert und dass es nie einen geben wird! Vielleicht besteht der Plan darin, die eigene Haut zu retten und auf uns zu pfeifen?«

Es sah so aus, als machte sich Mutter keine Hoffnungen auf Rettung von höchster Stelle. Manci meinte, wir müssten nur davon ausgehen, wie sich die Deutschen in anderen Ländern aufführten, und uns einstweilen um uns selbst kümmern. Es sei klar, dass wir nirgendwohin flüchten könnten, aber es sei auch klar, dass sie uns bald aus unserem Haus jagen würden. »Höchstwahrscheinlich werden wir in ein Ghetto oder ein Arbeitslager kommen, und es bleibt nur zu hoffen, dass wir dort bis zum Kriegsende durchhalten werden«, und damit sagte sie rundheraus, was sie über die nahe Zukunft dachte. »Daraus ergibt sich erstens, wir müssen uns möglichst bald auf die Reise vorbereiten und genau überlegen, was wir mitnehmen. Bestimmt nicht mehr, als wir selbst auf dem Rücken tragen können. Zweitens müssen wir unsere wertvollsten Sachen irgendwo heimlich vergraben oder sie zuverlässigen Leuten zur Aufbewahrung geben. Dann bleibt nur zu hoffen, dass wir die vergrabenen Sachen nach der Rückkehr wiederfinden und die anderen anvertrauten Dinge zurückbekommen. Nach dem Krieg werden wir neu anfangen. Hoffen wir, dass wir das erleben. Von morgen an werden wir nichts anderes mehr tun, als uns auf den Weggang vorzubereiten. Aber eins sage ich euch, wir müssen über alles schweigen wie ein Grab! Wir müssen damit rechnen, dass, was wir reden, den ungarischen Gendarmen verraten werden kann. Wenn wir unsere Sachen zu Freunden tragen, müssen wir möglichst vorsichtig sein, damit uns keiner bemerkt, sonst gefährden wir auch diejenigen, die bereit sind, uns zu helfen. Jetzt sind überall Zuträger, da ist nicht auszuschließen, dass es auch unter den Juden welche gibt. Wenn sich der Druck auf die

Juden erhöht, werden sich wahrscheinlich auch solche finden, die bereit sind, ihr eigenes bedrohtes Vermögen auf Kosten anderer Juden zu retten. Sämtliche unerlässlichen Vorkehrungen müssen wir so schnell wie möglich treffen, solange die Ämter und die Bevölkerung noch nicht daran gewöhnt sind, dass die Juden zu überwachen sind.«

Am nächsten Morgen brach ich wie üblich zur Schule auf. Mir brauchte niemand zu erklären, dass wir alles genau so wie bisher machen mussten und alles zu vermeiden hatten, was Aufmerksamkeit auf uns lenken konnte. Auf dem Weg über die Brücke hatte ich den Eindruck, dass sich die Szenerie des Flusses, der Basilika und der umgebenden Bauwerke irgendwie verändert hatte. Aber geändert hatte sich bloß, wie ich jetzt auf alles blickte. Mehr als bisher nahm ich die Einzelheiten wahr, und wiederholt ging mir durch den Kopf, ich könnte mein Lieblingspanorama vielleicht sehr lange nicht mehr sehen. Die Frage war, wann und ob ich es überhaupt wiedersehen würde.

In Sachen Schule ließ ich mich stets davon leiten, was wir zu Hause verabredet hatten. Ich hatte alle Aufgaben ordentlich erledigt, war vorbereitet und meldete mich oft. An diesem Tag hatten wir Ungarischunterricht bei Professor Tolnai, der von der Budapester Universität an das Gymnasium strafversetzt worden war. Er sprach über das Echo des ungarischen Kampfs um staatliche Selbständigkeit und gegen den österreichisch-deutschen Einfluss nach der Märzrevolution 1848. Eigentlich war es eine Allegorie der gegenwärtigen Verhältnisse, aber nicht alle Mitschüler verstanden das. Neben ein paar anderen rief Tolnai auch uns drei jüdische Jungen auf. Mit mir sprach er über die Gleichheit aller Völker, Religionen und Rassen und spickte das mit Versen ungarischer Dichter und authentischen Zitaten anerkannter ungarischer Nationalhelden. Damit sicherte er sich gegen Kritik seitens der Günstlinge der gegenwärtigen politischen Ordnung ab.

Weil bis zum Beginn der nächsten Stunde noch ein paar Minuten blieben, standen wir herum und unterhielten uns leise miteinander. Es war vergleichsweise ruhig, und inmitten in diese Ruhe ließ sich, und das ziemlich laut, der Schüler Schneider vernehmen. Er war der schlechteste Schüler der Klasse und obendrein ein Schuft: »Jetzt haltet das Maul, ihr jüdischen Saukerle, vor uns Ungarn werdet ihr nicht mehr großtun! Die Deutschen werden euch zur Raison bringen!« Als er redete, stand Feri Kovács, mein Banknachbar, ganz in seiner Nähe. Feri legte sich plötzlich die linke Hand auf die Stirn, als ob er Kopfschmerzen hätte, während er mit der Rechten Schneider eine ordentliche Ohrfeige verpasste. Der gab keinen Laut von sich. Die anderen sahen zu und sagten nichts.

Sonderbar war, dass ich auf dem Rückweg fast keinem Juden begegnete. Offensichtlich zogen sie es vor, sich nicht zu zeigen. Auf einen Sprung machte ich bei Großmutter Halt. Ich schaute in den Laden und sah, er war leer. »Die Leute kaufen nicht mehr bei uns«, beklagte Großvater. »Würde jemand ein ›Judenfreund‹ genannt werden, könnte er Unannehmlichkeiten haben. Wir müssen damit rechnen, dass in der schweren Zeit, die uns bevorsteht, nicht sehr viele Leute zu uns halten werden. Wir werden die Vorräte nach und nach verkaufen und einiges den anderen Fleischern im Ort zum Großhandelspreis überlassen. So kommen wir zwar um den größten Teil des Gewinns, aber das ist besser als zu warten, bis man uns die Waren wegnimmt, ohne zu zahlen. Großmutter und ich werden uns jetzt ebenso wie deine Eltern bemühen, das ungarische Geld in harte Währung umzutauschen, denn dem Forint kann man nicht mehr trauen. Auch alle Wertsachen wollen wir an mehreren Stellen verstecken und für jeden von uns ein Gepäckstück vorbereiten, auch für

Magda und Zoli (das waren die Ehefrau von Mutters jüngerem Bruder Schimi, der sich in einem Arbeitslager befand, und ihr ungefähr halbjähriges Söhnchen) – für den Fall, dass sie uns irgendwohin umsiedeln.« Großvater erinnerte mich erneut daran, dass ich von dem, was er mir hier erklärt hatte, auf keinen Fall etwas weitererzählen dürfe, doch das war mir sowieso klar. »Die von den Deutschen gestützten ungarischen Behörden«, sagte er, »oder die Deutschen selbst, gegebenenfalls auch ihre lokalen Henkersknechte, die Pfeilkreuzler, könnten dazu übergehen, uns auch körperlich zu bedrohen. Damit müssen wir rechnen. Aber wir werden das aushalten! Solange wir am Leben sind, können wir hoffen, dass wir uns retten werden.« Er erinnerte daran, dass in der Bibel, im Buch Kohelet (Prediger Salomo), geschrieben steht: »Denn bei allem Lebendigen ist, was man wünscht: Hoffnung; denn ein lebendiger Hund ist besser denn ein toter Löwe«. Großvater kannte solche Sachen. »Mögen sie uns feige Hunde nennen, aber es ist nicht wichtig, wie die Löwen zu kämpfen und als Helden zu fallen – die Hauptsache ist, dass wir überleben! Natürlich so, dass wir das eigene Leben nicht durch Verrat an anderen erkaufen. Unsere jungen Männer sind nicht bei uns, gezwungen zur Sklavenarbeit heben sie irgendwo in Russland Schützengräben aus.* Ein paar von uns sind rechtzeitig weggegangen und kämpfen als Soldaten verschiedener Armeen gegen die Deutschen. Wir, die Hiergebliebenen, sind ein Volk von Alten, Frauen und Kindern. Wir sind waffenlos, haben keine Führung, sind von allen verlassen. Feiglinge sind wir nicht, doch können wir den Deutschen keinen organisierten Widerstand bieten. Unsere einzige reale Wahl und unsere Hauptaufgabe ist, dass wir zu überleben versuchen. Es ist vorgekommen, dass ich, der Vorsitzende der jüdischen Gemeinde, mich in dieser elenden Zeit beklagt habe. Ich werde unsere Leute nicht ins Verderben führen, mir geht es darum, dass wir bis zum Ende des Krieges überleben, das auch das Ende des nazistischen Deutschland sein wird. Es ist aber nicht leicht, dies unseren Leuten klarzumachen.«

Die Eltern packten. Sie bereiteten für jeden von uns einen Rucksack und dazu Handgepäck vor. Das war bald getan. Essen kam dort nicht hinein, das wurde bei Großvater bereitet, der es in Schachteln verpackte und in seinem großen Eiskeller lagerte. Die gepackten Sachen stopften die Eltern in Schränke und schlossen sie ab. Käme jemand zu uns in die Wohnung, dürfte er keinesfalls bemerken, dass wir packten. Die Sachen, die wir bei Bekannten unterbringen wollten, brachte Vater im Dunkeln weg und benutzte dazu manchmal mein Fahrrad. Manci sagte, sie hätten ungefähr die Hälfte der Packerei schon hinter sich und würden noch zwei, drei Tage brauchen. Wenn sie damit fertig seien, würden sie damit beginnen, die Sachen im Haus und in seiner Umgebung zu vergraben. Wir müssten bis zum Schluss durchhalten und uns rechtzeitig vorbereiten. Dies so gut wie möglich zu tun, sei eigentlich unsere Art, den Deutschen Widerstand zu leisten!

Vater hatte nur eine abgebrochene Mittelschulbildung. Als er achtzehn war, musste er in den Krieg einrücken. Aber über fast alles, was ihm im Leben begegnete, legte er sich Theorien zurecht. So dachte er sich damals eine komplette komplizierte Theorie über das Aufbewahren von Sachen vor einer Flucht oder Vertreibung aus. Das betrachtete er als eine jüdische Spezialität.

Er sagte zum Beispiel, dass die Obrigkeit, die wir nicht gewählt hätten und die wir nicht loswerden könnten, uns um alles bringen wolle und deshalb absurde und unmoralische Gesetze erlasse. Und wenn aus solchen widernatürlichen Gesetzen hervorgehe, dass Diebe rechtmäßig handelten und Bestohlene schuldig seien, dann hätten die anderen, die wirklichen Opfer, das Recht, sich gegen solche pervertierten Gesetze zu wehren und sich vom Naturrecht leiten zu lassen. Das heiße, sich an das allgemein anerkannte Recht zu halten, demzufolge die Opfer unschuldig und die Täter schuldig seien – und nicht umgekehrt! Wir seien zwar von der Macht gezwungen, diesen ruchlosen Gesetzen zu gehorchen, doch wären wir einfältig, würden wir uns an die gegen uns ausgeheckten widerrechtlichen Vorschriften auch dann halten, wenn wir sie umgehen könnten. Uns zu nötigen, uns einem verkehrten Recht zu unterwerfen, sei unmoralisch! Das gleiche Recht, verbrecherische Gesetze nicht zu befolgen, hätten auch unsere Helfer, die uns beistehen wollten. Deshalb wäre es auch unmoralisch, diesen zu schaden. »Stellt euch vor, die Gendarmen würden uns unter Druck setzen, drohen, uns die Beine zu brechen, wenn wir ihnen nicht verraten, wo wir unsere Sachen versteckt haben. Angenommen, dass dies keine leere Drohung wäre und die Gendarmen das wirklich tun würden, wäre es vernünftig und moralisch gerechtfertigt, nachzugeben und sie zu überlisten. In einer Zeit der Unsicherheit, in der unser Leben davon abhängen kann, in welcher körperlichen Verfassung wir sind, hat die Bewahrung der Gesundheit natürlich Vorrang gegenüber der Rettung des Eigentums. Was würde uns Eigentum nützen, wenn wir ins Gras beißen müssten?« In diesem Sinne entwickelte er die Theorie weiter.

»Wir sind als reiche Leute bekannt«, setzte Vater seine Erörterungen darüber fort, was er Naturrecht nannte. »Und wenn wir dieser verbrecherischen Obrigkeit nach den geltenden kleptokratischen Richtlinien wirklich alles abgeliefert hätten, was uns gehört, würden sie trotzdem nicht glauben, dass wir alles erfüllt hätten, was sie von uns wollten. Eher würden sie denken, wir könnten doch nicht solche Trottel sein, uns alles wegnehmen zu lassen. In ihren Augen ist es wider den gesunden Menschenverstand und die menschliche Natur, wenn wir wirklich nach den geltenden kleptokratischen Vorschriften handeln. Aber wir sind normal, und deshalb werden wir damit rechnen, dass gegen uns Gewalt angewandt wird, und uns darauf einstellen. Aber wie? Das wertvolle Familiensilber werden wir wasserdicht verpacken und tief an einem Platz vergraben, den wir leicht wiederfinden, die silbernen Geräte von geringerem Wert werden wir in Lumpen wickeln und in einem großen Blumenkübel unter den Rhododendron an der Küchentür schieben. Die weniger guten Kleidungsstücke und die Wäsche werden wir in einen Sack stopfen und im Keller unter Kohlen verstecken. Wollen sie aus uns herausprügeln, wo wir unsere Sachen versteckt haben, werden wir ihnen nur die Verstecke der Gerätschaften und Kleidungsstücke verraten. So gelten wir nach ihren Maßstäben als vernünftige Leute. Aber wenn jemand eine goldene Armbanduhr Marke Schaffhausen und einen Anzug vom besten Schneider der Stadt trägt, wird er die Gendarmen vergeblich zu überzeugen versuchen, sie könnten ihn schlagen, wie sie wollen, er habe nichts zu gestehen, weil er arm sei. Diese angebliche Armut würde ihm nicht einmal der dümmste Geheimpolizist abnehmen. Dann bleibt nichts übrig, als ein Weilchen mit ihnen zu feilschen und schließlich zu verraten – allerdings bevor sie einen halbtot geschlagen haben –, das Silber sei unter dem Rhododendron versteckt und die Kleidungsstücke im Keller unter den Kohlen. Nur so werde ich für die Obrigkeit ein vernünftiger Mensch sein, weil ich mich benehme, wie sie erwarten, und sie nicht obendrein ›nach der Arbeitszeit mit Arbeit aufhalte‹ und ihnen absichtlich Schwierigkeiten bereite, wenn sie zu ihren Familien nach Hause eilen. Für eine derartige Verzögerung würden sie einem sicherlich mit Vergnügen ein paar Schläge mit dem Knüppel verpassen.« Und so theoretisierte Vater immer weiter. In Wirklichkeit verliefen die Dinge allerdings anders.

Dann ging ich Großvater nach Neuigkeiten aus der jüdischen Gemeinde fragen. Aber der winkte nur ab. »Der Judenrat führt uns nicht«, ärgerte er sich. »Wir sind fast wie Schafe ohne Hirten, und dabei versammeln sich ringsum die Wölfe! Nach unseren Informationen sind ungefähr 200 Angehörige der SS aus Deutschland nach Budapest gekommen. Angeblich stehen sie unter dem Kommando von Eichmann, dem Naziexperten für die Lösung der Judenfrage. Die Exekutivgewalt über die Juden in Ungarn üben immer noch die ungarische Regierung und die Gendarmerie aus. Es macht jedoch den Eindruck, dass die Maßnahmen gegen uns Schlag auf Schlag kommen werden. Sie werden mit den Juden hier nach dem gleichen Muster verfahren wie in den anderen von den Deutschen beherrschten Ländern. Nur um vieles schneller als dort! Was in Deutschland Jahre und zum Beispiel in der Slowakei Monate gedauert hat, das wird bei uns im Verlauf von Wochen erledigt werden. Wir wissen nur nicht, wann die Maßnahmen einsetzen, die uns vernichten sollen, und wie konsequent sie umgesetzt werden.« Ich verabschiedete mich von Großvater und ging zur Großmutter. Sie hatte im Häuschen einen Ersatzladen aufgebaut, weil sie das Geschäft bestimmt würde schließen müssen. Dafür hatte sie die Speisekammer ausgeräumt, einen kleinen Raum von 3 x 4 Metern, und eigenhändig weiß getüncht. Dort hingen schon einige Würste, an einem Haken über dem Hackklotz mit dem Beil ein großes Stück Fleisch. Sie vertraute mir an, dass sie dort schwarz über den Hof verkaufen und Großvater das Fleisch dazu von anderen Fleischern besorgen werde. »Es geht uns jetzt nicht so sehr um den Gewinn«, sagte sie, »sondern darum, genug Fleisch für die Familie und die anderen Juden zu haben.« Nach Großvaters Ansicht würden die Juden bald nicht mehr frei in Geschäften kaufen dürfen. »Ein solches Lädchen hatte ich schon während des vorigen Krieges eingerichtet«, sagte sie voller Stolz.

Ich dachte darüber nach, was wir mit allen unseren Tieren machen sollten, aber mir fiel nichts ein. Bis vor Kurzem hatte ich einen schönen, zottigen schwarzen Schäferhund, den mir Vater auf einer Landwirtschaftsausstellung in Budapest gekauft hatte. Jemand hatte ihn mit einem Stück Fleisch vergiftet, das er ihm durch den Zaun zugesteckt hatte. Die Eltern hatten ihn gefunden und am Ende des Gartens begraben, damit ich ihn nicht tot sähe. Vater hatte mir dann einen Pudel gekauft, die Hündin Fifinka, ein struppiges weißes und dummes Etwas, das in eine größere Tasche passte. Sie konnte nicht einmal wachen, sondern rannte ständig im Hof umher und bellte. Ich dachte mir aber, dass sie mit diesem Gebell bei Vorübergehende den Eindruck erweckte, dass bei uns nichts weiter los sei. Die Hühner, die Vater wegen der Eier in einem besonderen Stall hielt und um die ich mich kümmerte, liefen gackernd über den Hof, und der Hahn weckte mit seinem Krähen die Nachbarn. Auch diese Hühnerfamilie signalisierte, dass wir dort in Ruhe lebten und uns auf gar nichts vorbereiten. In Wirklichkeit trug Vater nachts heimlich Koffer mit unseren Sachen zur Aufbewahrung zu Bekannten.

Abends beschäftigten wir uns mit der Frage, wie wir uns merken sollten, was wir alles wo und bei wem untergebracht hatten. Ein schriftliches Verzeichnis dieser Sachen und der Personen, die sie für uns aufbewahrten, könnte in unberufene Hände geraten – und dann hätten wir ein Problem. Vater entschied, dass wir das Verzeichnis schreiben, aber auswendig lernen und dann vernichten sollten. Es sei völlig ausreichend, wenn Mama und er sich die Liste einprägten, für den Fall, dass die ganze Familie in die Gewalt der ungarischen Gendarmerie gerate. Würde uns jemand wegen der aufbewahrten Sachen denunzieren, würden die Gendarmen auf uns Druck ausüben, unsere Verstecke preiszugeben, auch mit Schlägen, vielleicht sogar Folter. Deshalb sei es besser, wenn ich von den Verstecken und Helfern gar nichts wisse.

Ich bedauerte, dass mich die Eltern in das Versteck nicht eingeweiht hatten. Vater besaß illegal einen Browning, den vergrub er sorgfältig unter den Stufen zur Küche. Diese Pistole war der einzige Gegenstand, den ich nach dem Krieg wieder vorfand. Unsere Bekannten beeilten sich nicht gerade, mir die von ihnen aufbewahrten Sachen zurückzugeben. Vater bekam etwas davon zurück, als er nach dem Krieg aus Dachau heimkehrte. Aber das war erst später.

Einige Tage lang fuhr ich noch zur Schule. Am letzten Tag hatten wir Mathematik bei unserem Klassenlehrer Olejkár. Als seine Stunde zu Ende und er schon dabei war, den Klassenraum zu verlassen, sprach er uns drei jüdische Jungen – Tibor, Stefan und mich – an und erklärte uns ganz ruhig, dass er für uns eine Nachricht habe, die ihm keine Freude bereite und auch uns nicht freuen werde. Nur vertraulich, inoffiziell und persönlich, würde er uns raten, nicht mehr zur Schule zu gehen. »Von morgen an bleibt zu Hause«, empfahl er uns, »aber bemüht euch, in den Büchern weiterzulernen. Sagt keinem was, redet mit niemandem und meldet es vor allem nicht weiter. Wenn das alles vorbei ist, und ich denke, es wird bald sein, dann kommt zu mir, ich werde es irgendwie einrichten, dass ihr den Unterricht fortsetzen könnt. Ich denke, es wird für euch besser sein, wenn ihr einfach von euch aus nicht mehr in die Schule geht, als dass man euch mit Schimpf und Schande hinauswirft!« Ich beeilte mich nicht besonders, nach Hause zu kommen. Auf der Esztergomer Brückenseite stieg ich vom Rad und ging langsam in Richtung Parkan. Hin und wieder blieb ich stehen und betrachtete das Panorama von Esztergom, die Basilika auf dem Burgberg, den erzbischöflichen Palast mit dem Dom, die Stadt und die Hügel im Hintergrund. Dabei wechselte ich mehrmals den Bürgersteig und schaute auf die Donau, stromaufwärts und stromabwärts. Als ich auf der Parkaner Seite angelangt war, setzte ich mich aufs Rad und fuhr langsam von der Brücke.

Vater tröstete mich, ich würde das Versäumte leicht aufholen; wenn wir nach dem Krieg zurückkehrten, würde ich eine Nachholprüfung ablegen und den Unterricht fortsetzen, und er fügte hinzu: »Nach dem Krieg werden wir zum Glück wieder zur Tschechoslowakei gehören. Die Ungarn werden, zusammen mit Deutschland, Italien und Japan, die Besiegten sein, während die Tschechoslowaken eine Exilregierung in London haben und zu den Siegermächten gehören werden. Wir wohnen auf tschechoslowakischem Gebiet, das von Ungarn okkupiert worden ist.* Die wahre Geschichte unterscheidet sich erheblich von dem, was in der ungarischen Schule gelehrt wird. Das wird sich nach dem Krieg zweifellos ändern.« Manci sagte noch, dass nach dem Krieg nicht nur alles anders, sondern auch besser sein werde als jetzt. Die Tschechoslowakei sei ein westliches, gebildetes, industrialisiertes und demokratisches Land, während hier Verhältnisse wie auf dem Balkan herrschten, selbst ohne diesen furchtbaren und sinnlosen Krieg. Wenn wir nach dem Krieg wieder tschechoslowakische Bürger seien, werde uns die ganze Welt offenstehen. In aller Kürze überzeugte sie mich davon, dass alles gut ausgehen werde, wir den Krieg irgendwie überleben würden und dass ich nicht nur die Mittelschule abschließen, sondern, wenn ich wolle, auch auf die Hochschule gehen könne. Es war lieb von den Eltern, dass sie sich Mühe gaben, mir eine schöne Zukunft auszumalen.

Ich wiederum vermutete, alles könnte auch schlechter ausgehen, obwohl ich nicht genau wusste, warum. Den Gedanken hatte ich nur vage, denn gewöhnlich endete fast alles anders und meistens schlimmer als erwartet. Ich dankte den Eltern und meinte, mich würde nicht nur die ferne Zukunft interessieren, sondern auch, was ich morgen früh nach dem Aufstehen tun solle.

Am nächsten Morgen rief ich Fifinka, legte ihr das Halsband um und befestigte daran die Leine. Ich ließ mich einfach von ihr führen.

Zwar war sie dumm, aber auch ein blindes Huhn findet mal ein Korn, wie der Volksmund sagt. Sie zog mich ziemlich weit fort, offenbar gezielt direkt auf eine große Wiese, die sich bis zum Hron erstreckte, einem Nebenfluss der Donau. Dort kamen wir zur rechten Zeit an. Auf der Wiese teilten sich gerade Jungen aus dem Ort, Juden und Nichtjuden, alle ungefähr in meinem Alter, in zwei Fußballmannschaften auf. Aus jedem Lager meldete sich der Junge, der von allen am besten Fußball spielen konnte, und beide wurden unter zustimmendem Gemurmel der anderen zu Kapitänen ernannt. Damit war es an ihnen, ihre Mannschaft auszuwählen und zu bestimmen, wer auf welcher Position spielen würde. Die Kapitäne nahmen die Mittelstürmerposition ein. Wir beschlossen, zweimal zwanzig Minuten zu spielen und in der Halbzeit eine zehnminütige Pause zu machen. Nur ein Schiedsrichter fehlte noch. Schließlich wurde ein Mädchen mit der Aufgabe betraut. Sie war evangelisch, und deshalb konnte man annehmen, dass sie weder die Katholiken noch die Juden bevorzugen würde. Unser Kapitän, Viki Gelb, war der beste Spieler auf dem Platz und erzielte das erste Tor. Eigentlich wollten wir am Anfang einfach nur spielen, und es ging uns gar nicht um den Sieg, doch nach Vikis Tor gaben wir uns mehr Mühe und spielten mit vollem Einsatz. Aus unserem Spiel wurde gewissermaßen ein Kampf für die jüdische Sache, für die es sich einzusetzen galt. Uns Spielern lag daran, dass die Juden, die jetzt in allem verloren, wenigstens hier die Oberhand behielten und siegten. Natürlich sagte das keiner so, und es war auch nicht nötig, das zu tun. Als ich dann Großvater von diesem Wettkampf und unserem Siegeswillen erzählte, kommentierte er das mit einer seiner Weisheiten: »Je mehr sie auf uns einschlagen, umso mehr erfreut uns auch ein kleiner Sieg, der obendrein nur ein scheinbarer und nur das Surrogat eines wirklichen Sieges ist.«

Die Deutschen besetzten nach bewährtem Muster das Land. Vor einigen Tagen hatten sie damit begonnen, auf dem ausgedehnten Nachbargrundstück eine große Reparaturwerkstatt für alle möglichen Militärfahrzeuge zu errichten. Zuerst kamen Lastwagen, von denen mehrere Dutzend deutsche Soldaten abstiegen. Schnell zogen wir im Schlafzimmerfenster, das auf dieses Grundstück ging, die Vorhänge zu, damit sie uns nicht sahen, und beobachteten sie nur durch einen Spalt. Ihr Anführer ließ sie zuerst antreten und sagte etwas; er gab wohl Befehle, was getan werden sollte. Dann verteilten sie sich über den Hof und luden von den Wagen verschiedene technische Geräte für die Autowerkstatt ab. Vater beobachtete die Deutschen, dabei gingen ihm verschiedene Gedanken durch den Kopf. Zum Beispiel, dass es unpräzis sei, wenn die Leute behaupteten, »die Nazis« hätten uns besetzt. »Würden sie diese Deutschen hier durch das Fenster beobachten, würden sie wohl sagen, die ›Nazis‹ richten diese militärische Autowerkstatt ein«, überlegte Vater. »Als Nächstes würden sie wahrscheinlich behaupten, ›die Nazis‹ hätten die Juden vertrieben. Aber ich sehe hier nur dreißig oder fünfzig Deutsche. Ich habe nicht bemerkt, dass hier ein Nazi von der Art wäre, wie man sie in Zeitschriften und im Kino zeigt, in schwarzer Uniform und mit Hakenkreuz am Ärmel. Hier sind, kurz gesagt, nur Deutsche in Wehrmachtsuniformen. Es ist natürlich möglich, dass sich unter ihnen ein Nazi befindet. Aber wie viele echte Nazis sind dort? Ich würde sagen, dass es höchstens zwei oder drei sind, wahrscheinlicher ist es nur einer, nämlich ihr Anführer. Die Nazis sind ihre nationale Elite, die besondere Privilegien genießt.

Wären sie viele, dann wären sie keine Elite mehr, und es blieben für sie weniger Vorteile und Vergünstigungen. In der Regel sind nationale Eliten klein. Deshalb behaupte ich, dass hier nicht ›Nazis‹ die Autos reparieren, sondern bloß deutsche Soldaten. Und wenn diese Soldaten den Befehl erhielten, die, grob geschätzt, fünfhundert Juden aus Parkan und Umgebung mit diesen Lastern zum Bahnhof zu fahren und irgendwohin nach Osten zu geleiten, wie es den Juden drüben in der Slowakei ergangen ist, würden sie das tun. Man würde sagen, ›die Nazis‹ hätten die Juden aus Parkan wer weiß wohin abtransportiert. In Wirklichkeit aber wären sie von Deutschen deportiert worden, wenn auch auf Befehl der deutschen Nazis. Es ist offensichtlich, dass wir es mit Deutschen zu tun haben, mit Angehörigen des deutschen Volkes, die in Uniformen gesteckt worden sind. Jeder trägt Verantwortung für das, was er tut. Also müsste jeder von ihnen, der jetzt Verbrechen und Unmenschlichkeiten begeht, nach dem Krieg bestraft werden. Wer aber keine Untaten ausführt, dem sollte kein Haar gekrümmt werden. Leider haben sie zugelassen, dass sie von der Naziclique regiert werden!« Mit dem, was Vater hier über die Deutschen und die Nazis erörtert hatte, stimmte ich überein. Mir schien auch, dass er dies hauptsächlich zu meiner Belehrung gesagt hatte.

Die Deutschen arbeiteten effektiv. Das Bauholz schafften sie in eine Ecke des Grundstücks und schichteten es so gut auf, dass nichts beschädigt wurde. Ihre Arbeitsweise entging Vater nicht, und er sagte dazu sogleich, wenn unsere Leute die Aufgabe gehabt hätten, den Hof zu räumen, um dort eine militärische Anlage zu errichten, wäre höchstwahrscheinlich ein Großteil des Holzes zu Bruch gegangen. Die Deutschen erledigten das rationell und ordentlich. Natürlich täten sie das nicht allein deshalb, weil sie als Nation traditionell ordnungsliebend waren – da habe einmal nicht Adolf seine Hände im Spiel. Sie erachteten es als gegeben, dass ihnen alles hier für tausend Jahre gehören werde, nachdem sie uns nun einmal besetzt hätten. Schließlich redeten sie von ihrem Tausendjährigen Reich. Nicht einmal im Traum falle ihnen ein, dass es anders kommen könne. Dieses Holz säuberten und schonten sie einfach wie gute Verwalter, damit es in Ordnung wäre, wenn sie es später brauchten. Zwar verlören sie schon an Boden, doch seien sie immer noch stark. Wohin sie sich auch wendeten, sie könnten noch sehr viel Böses anrichten. Es werde noch ein gehöriges Stück Arbeit, sie endgültig zu schlagen.

Aus dem Nachbargrundstück entstand so unter den Händen der Deutschen im Nu die militärische Autoreparaturwerkstatt. Das Schlafzimmerfenster öffneten wir überhaupt nicht mehr. Gelüftet wurde im Nebenzimmer, dessen Fenster zur Straße ging. Mit den Deutschen wollten wir nicht in Kontakt kommen. Wir wussten nicht, wie wir uns ihnen gegenüber verhalten sollten, vor allem wussten wir nicht, wie sie mit uns umgehen würden. Manchmal schaute ich sie mir heimlich durch den Vorhang an, teils allein, teils mit Vater. Sie brachten dort defekte Personen- und Lastautos und sogar verschiedene Raupenfahrzeuge hin und reparierten sie. Mehrere Dutzend Leute in dunklen Overalls und mit Militärmützen arbeiteten dort. Die Übrigen, die vorher die Werkstätten aufgebaut hatten, waren wahrscheinlich schon abgezogen. Es herrschten Ruhe und Ordnung, und ihnen ging, wie Vater bemerkte, die Arbeit leicht von der Hand. Dort waren in der Mehrzahl Leute, die sich auf ihr Handwerk verstanden – zumindest laut Vater. Mit der Zivilbevölkerung sprachen die Deutschen nicht, sie verhielten sich ruhig und mischten sich in die lokalen Angelegenheiten nicht ein. Vater meinte, dass sie wie die Ameisen arbeiteten und auf eine geradezu beängstigende Weise geregelt und effektiv funktionierten. Einstweilen gingen sie ihren Aufgaben nach und brächten zum Beispiel ihre Autos in Schuss, und ihre militärische Maschinerie laufe wie ein gut geschmierter Mechanismus. Wenn sie den Befehl erhielten, mit uns kurzen Prozess zu machen, dann würden sie das ebenso schnell, wirkungsvoll und sogar kraftsparend erledigen.

Die Bevölkerung gewöhnte sich schnell an die Deutschen, und diese beschäftigten sich nur mit ihren eigenen Angelegenheiten. Die Juden im Ort fühlten sich wie vor dem Sturm. Flüchten konnten sie nicht, sie wussten nicht, wohin. Zwar war ihnen klar, dass mit Sicherheit eine antijüdische Unterdrückungskampagne losbrechen würde wie auch in den anderen von den Deutschen beherrschten Ländern, aber sie hatten keine Vorstellung davon, wann das geschehen könnte. Die Optimisten hofften, dass die Deutschen in Ungarn gegen die Juden zurückhaltender vorgehen würden als anderswo, und legten sich Gründe zurecht, warum das so sein würde: Die Deutschen hätten ernstere Sorgen, als sich mit den ungarischen Juden zu befassen, die für sie keine Gefahr darstellten, der gesunde Menschenverstand werde ihnen eingeben, mit den Juden keine Zeit zu verschwenden; die ungarischen Juden seien ja überhaupt schon mehr Ungarn als Juden, und die hiesige Bevölkerung würde sich erheben, wenn die Deutschen zu energisch gegen diese vorgingen; die Deutschen würden ja sehen, dass die ungarische Regierung ihre Juden schon von sich aus verfolge und damit eigentlich schon früher begonnen habe als die Deutschen, so dass sie diese schmutzige Arbeit doch den Ungarn überlassen könnten; das Kriegsende sei zwar noch nicht in Sicht, aber die Deutschen würden selbst erkennen, dass ihre Tage gezählt seien; sie wüssten, dass sie sich mit der Judenverfolgung die Verurteilung durch die ganze Welt und vor allem die Alliierten eingehandelt hätten, und würden das nun lieber bleiben lassen, weil sie die Strafe fürchteten; die ungarische katholische Kirche werde »ihre« Juden schützen, weil sie deren Loyalität kenne und wisse, dass die Nazis auch deutsche katholische Priester verfolgten und in die Konzentrationslager schickten; die reichsten ungarischen Juden hätten gute Beziehungen zur Regierung und Reichsverweser Admiral Horthy schon mit Geld unterstützt, als dieser noch gegen die Kommunisten kämpfte; der jüdische Textilmagnat Goldberg sitze jede Woche mit Horthy beim Kartenspiel, und eigentlich wolle der auch selbst »seine« Juden nicht den Deutschen ausliefern, er wolle die Deutschen nur überlisten; in Ungarn gebe es im Verhältnis zur Gesamtbevölkerung so viele Juden, dass man sie eigentlich gar nicht von den übrigen Leuten trennen könne, was sonst bei ihrer Verfolgung immer der erste Schritt gewesen sei. Solche und ähnliche Argumente wurden ringsum ständig bis zum Überdruss wiederholt.

Vielleicht wussten ein paar jüdische Prominente, am ehesten in Budapest, wenigstens etwas darüber, was die aus anderen Gegenden »nach Osten zur Arbeit« abtransportierten Juden tatsächlich erwartete. Entsprechende Nachrichten trafen ein. Beispielsweise flohen zwei slowakische Juden, Vrba und Wetzler, im Frühjahr 1944 aus Birkenau in die Slowakei, um die jüdischen Organisationen und den Vatikan über den technisierten Massenmord an den Juden in Auschwitz zu informieren und auf die Vorbereitungen aufmerksam zu machen, die dort für die Liquidierung der aus Ungarn ankommenden Transporte durchgeführt wurden.* (Hier merke ich nur an, dass Rudolf Vrba nach dem Krieg für eine gewisse Zeit als Biochemiker am selben Institut arbeitete, an dem auch ich bis heute tätig bin; ich freundete mich mit ihm an, er bestätigte, was gesagt worden war; es betrübte ihn sehr, dass die Warnung, für die er und sein Gefährte ihr Leben riskiert hatten, keinerlei Maßnahmen zum Schutze der ungarischen Juden zur Folge gehabt hatte.) Man kann annehmen, dass selten jemand solchen Nachrichten Glauben schenkte und daraus Schlussfolgerungen zog. Es ist aber sicher, dass die normale jüdische Bevölkerung und selbst ihre Kultusgemeinden von alledem keine Ahnung hatten. Niemand sagte ihnen, was kommen würde. Die ungarischen Behörden hielten ihre antijüdischen Pläne erfolgreich geheim. Soweit bestimmte jüdische Institutionen oder Einzelpersonen von diesen Plänen auch nur das Geringste wussten, verheimlichten sie es ebenfalls. Die jüdischen Gemeinden waren auf unbestimmte Gerüchte, die sich durch Flüsterpropaganda verbreiteten, angewiesen, mussten sich auf die unterschiedlichsten, sich ständig ändernden Mutmaßungen verlassen und hatten auch nicht die geringste Möglichkeit, sie zu überprüfen. Obendrein war das, was technisch und organisatorisch nahezu gänzlich vorbereitet war, so furchtbar, die Ausführung des Mordplanes so zynisch durchdacht und so grausam, dass dem auch dann kaum einer geglaubt haben würde, wenn die nazistischen Absichten verraten worden wären.

Tatsächlich brauchten die Anstifter des größten Massenmords in der Geschichte Mitteleuropas nur noch zwei – objektiv betrachtet, verhältnismäßig leicht herbeizuführende – Bedingungen zu schaffen: Erstens mussten sie die Juden ihrer gesamten Habe und aller Mittel berauben, mit denen sie sich zur Wehr setzen könnten. Zweitens mussten sie sie kennzeichnen, von der übrigen Bevölkerung absondern und so konzentrieren, dass sie jede Möglichkeit der Unterstützung durch nichtjüdische Bürger verloren, unverzüglich in Eisenbahnwaggons verladen und in das relativ nahe Auschwitz abtransportiert werden konnten.

Nach nur annähernd sieben Wochen – von der deutschen Okkupation am 19. März bis zum 14. Mai 1944, als der erste Transport mit ungarischen Juden nach Auschwitz abging – gelang es den Deutschen und Ungarn, mit der Umsetzung des teuflischen Plans zur beschleunigten Abfertigung der Juden für die Reise ins Jenseits nach Eichmanns Methode zu beginnen. Vom 14. Mai bis zum 9. Juli, also in weiteren rund sieben Wochen, wurden insgesamt 445.000 bis 450.000 völlig unschuldige Menschen in 153 Zügen deportiert, fast alle nach Auschwitz-Birkenau. Auch wir hatten zwischen Ende März und Anfang April keinen blassen Schimmer, dass nicht nur die Entscheidung über unser Schicksal bereits gefallen war, sondern auch schon an einem genauen Zeitplan unserer Liquidierung gearbeitet wurde.

Vorerst wussten wir nichts Bestimmtes, wir warteten nur ab und sorgten uns um das tägliche Leben. Weil ich jetzt nicht mehr zur Schule gehen konnte, kümmerte ich mich mehr als früher um die Hühner. Dabei musste ich als Erstes den Hühnerstall säubern, der ganz in der Nähe des Zaunes stand, durch den unser Grundstück von der deutschen Autoreparaturwerkstatt abgegrenzt wurde. Bei der Arbeit im Stall war ich nur ein paar Meter entfernt von den Deutschen, nur mit Mühe konnte ich so tun, als würde ich sie gar nicht sehen. Hätten sie dagegen mich gesehen, hätten sie gleich bemerkt, dass ich nicht gerade wie das nordische Ideal aussah, zumal ich im Unterschied zu meiner blauäugigen Großmutter – einer Blondine mit gerader Nase – dunkeläugig, schwarzhaarig und krummnasig war. Später jedoch, als ich Gelegenheit hatte, deutsche Soldaten zu beobachten, stellte ich fest, dass nicht einmal sie selbst diesem Ideal entsprachen. Ich fragte Mutter, was sie darüber denke. Sie versicherte mir, dass dieses ganze Hirngespinst von der nordischen Rasse Unsinn sei, dies aber keineswegs bedeute, dass ich von den Deutschen nichts zu fürchten hätte. Das musste sie mir nicht erst sagen, ich hatte ihnen gegenüber durchaus meine Befürchtungen. So fürchtete ich, dass sie mit mir reden wollten, wenn sie mich hinter dem Zaun erblickten, und dass daraus Probleme erwachsen könnten. Nach einigem Zögern entschloss ich mich aber, ungeachtet aller möglichen Komplikationen das Säubern des Hühnerstalls zu wagen. Ich konnte mich doch nicht ewig verstecken und Angst davor haben, auf den eigenen Hof hinauszugehen! Gerade so hielt es unsere ganze Familie seit der Einrichtung der Autoreparaturwerkstatt neben uns. Ich zog mir die dafür geigneten Lumpen an, die ich als meine Paradeuniform bei der obligatorischen ungarischen Jugendorganisation Levente* bezeichnete. Dort bereitete sich die christliche Jugend auf den Kampf für die Heimat mit der Waffe vor, die jüdische Jugend hingegen auf die Arbeit mit der Schaufel nach Sklavenart. Ich ergriff Schaufel und Schubkarre und ging in den Hühnerstall. Hinter dem Zaun bemerkte ich ein paar Deutsche, die sich an den Autos zu schaffen machten, aber sie waren weiter von mir entfernt, als ich angenommen hatte, und unsere Seite konnten sie gar nicht einsehen, zumindest nicht während der zwei Stunden, die ich dort arbeitete. Dann machten sie Pause für das Mittagessen, das ihnen gebracht wurde.

Als ich mit dem Säubern fertig war und von den Hühnern und ihren Abfällen für diesen Tag genug hatte, erschien auf einmal ein Mann in weißem Kittel. Auf dem Kopf trug er eine Militärmütze, den Kittel hatte er über die Uniform gezogen. Er war etwas versteckt hinter einem Schuppen in Zaunnähe, so dass man ihn von der Werkstatt aus nicht sehen konnte, zumindest nicht von dort, wo die Monteure die Mittagspause verbrachten. Dann wandte er sich mir zu und sagte, dass wir schöne Hühner hätten. Ich antwortete, die Hühner seien zwar schön, ich müsse mich aber um den Stall kümmern, das sei schon nicht mehr ganz so schön. Das sagte ich auf Deutsch, ich wollte ihn damit nicht erheitern, aber er lächelte kurz bei meinen Worten. Dann erzählte er mir, er sei Sanitäter und leiste den Monteuren medizinische Hilfe. Ich nickte, aber auch nicht mehr. Anscheinend wollte er mit mir Kontakt anknüpfen. Aber wie sollte ich reagieren? Ehe ich genügend darüber nachdenken konnte, fragte er mich, wie ich heiße.

Ich sagte ihm meinen Namen, er bat mich gleich darauf um ein Glas Wasser, er habe schrecklichen Durst. Ich forderte ihn auf, ein Weilchen zu warten, damit ich es herbringen könne – vielleicht aber werde es ihm auch mein Vater bringen. Er verstand mich richtig und sagte: »Du bist ein gescheiter Junge.« Also ging ich zu Vater und dachte, ein Lob von einem Deutschen könne ich gerade gebrauchen. Der führte etwas im Schilde. Ich würde ihm kein Wort glauben.

Vater war glücklicherweise zu Hause. Ich erzählte ihm, beim Säubern des Hühnerstalls habe mich ein Deutscher in einem weißen Kittel angesprochen, er sei Sanitäter und bitte um ein Glas Wasser. Warum er das Wasser ausgerechnet von uns wolle, wo sie doch in ihrer Autowerkstatt auch Wasser hätten, sei mir nicht klar. Irgendetwas habe er wohl im Sinn. Es sehe aus, als versteckte er sich hinter Reichs Schuppen vor den Monteuren, die jetzt Mittagspause hätten. Vater hatte keine Vorstellung, worum es gehen könnte, doch er füllte gleich ein größeres Glas Wasser und trug es zum Zaun. Mein Angebot, ihn zu begleiten, lehnte er ab; er wolle nicht, dass ich in irgendwas hineingerate, was es auch sei. Also ging ich mich umziehen.

Dabei überlegte ich, ob ich mit diesem Sanitäter *Hochdeutsch* gesprochen hätte, schriftdeutsch, wie es mich Vera in den Deutschstunden lehrte, die ich noch immer bei ihr nahm. Unsere ganze Familie sprach deutsch, aber so dolle war es nicht, von uns hatte auch niemand höhere Schulbildung. Obendrein war in das lokale jüdische Deutsch auch noch etwas aus dem Jiddischen eingeflossen. Jiddisch sprachen weder ich noch die Familie, etwas von dieser Sprache lernte ich erst im Verlauf der weiteren Ereignisse. Vera, die mich Schriftdeutsch lehrte, stammte aus Parkan, hatte früher als Studentin in Berlin gelebt. Dort hatte sie Hans geheiratet, einen deutschen Juden. Er war Angestellter einer Außenhandelsfirma. Hans und Vera flüchteten auf einer komplizierten Route durch mehrere Länder vor den Nazis, doch am Ende wurden sie von diesen in Parkan doch noch eingeholt. Bisher hatten sie dort halblegal gelebt, Vera gab jüdischen Kindern aus dem Ort Deutschstunden, die ausgezeichnet waren. Von den Eltern war das zugleich auch eine Art soziale Hilfe für diese Flüchtlinge.

Nach ungefähr zwanzig Minuten kam Vater mit dem leeren Glas durch den Hintereingang in die Küche, wo Manci und ich auf ihn gewartet hatten. Wir waren neugierig, was er über diesen Deutschen berichten würde. Wir erfuhren, dass er Franz Josef Glowitzki heiße und sein Vater Deutscher sei; seine Mutter hingegen stamme aus dem deutsch-polnisch-tschechischen Grenzgebiet, sei halb Polin, halb Tschechin. Das Gebiet, wo sie wohnten, hatte vorm Ersten Weltkrieg zu Deutschland gehört, so dass die dortige Bevölkerung für deutsch erklärt und er auch in die deutsche Wehrmacht eingezogen worden sei. Dagegen könne er nichts tun. Er selbst habe eine verwickelte Nationalität, sein Vater halte sich zwar für einen Deutschen, weil man ihn davon in der deutschen Armee überzeugt habe, mit der er in den Ersten Weltkrieg ziehen musste, doch sein Großvater väterlicherseits sei Pole, und seine Mutter verehre den Präsidenten Tomáš Masaryk, erziehe den Sohn in tschechischem Geist. Vor 1938 sei er wohl in eine tschechische Schule gegangen, weil ihr Dorf damals zur Tschechoslowakei gehört habe, er spreche gut Tschechisch. Den deutschen Nationalismus beurteile er als großen Unfug, in dessen Namen die Menschen in unnötige mörderische Kriege getrieben würden. Letztlich halte er es für eine Dummheit, dass jeder nur eine Nationalität haben dürfe, wo es doch Menschen gebe, die in Wirklichkeit mehrere besäßen. Er selbst würde sich am liebsten als einen Deutschen, Polen und Tschechen zugleich betrachten, wenn er dafür nicht eingesperrt würde. Über das alles aber müsse er schweigen wie ein Grab, denn würden die Vorgesetzten von seinen Ansichten erfahren, würden sie ihn augenblicklich an die Ostfront schicken. Und dort wäre es kein solcher Erholungsausflug wie die Okkupation von Ungarn, bei den Russen gehe es schon ums Leben. Von sich selbst behauptete er, er sei gläubiger Katholik, stamme aus einer katholischen Familie, deshalb hätten ihm die Eltern den zweiten, biblischen Namen Josef gegeben. Mit dem Nazismus wolle er nichts zu tun haben. Schließlich bat er Vater, er möge von dem Gespräch keinem auch nur ein Wort sagen, und das versprach ihm Vater selbstverständlich.

Als er uns das erzählt hatte, bemerkte Manci, dies erscheine ihr wie eine Einleitung zu etwas anderem und Wesentlicherem: »Mit diesen Reden über seine Herkunft möchte er uns vielleicht davon überzeugen, dass wir ihm trauen können.« Papa stimmte zu, dem sei wirklich so. »Dieser Mann wollte uns vor allem warnen«, sagte er. »Den Deutschen in der Autoreparaturwerkstatt ist zugetragen worden, dass wir Juden sind. Höchstwahrscheinlich habe uns das jemand von den Nachbarn angetan. Angeblich seien wir nicht vertrauenswürdig und hätten in unmittelbarer Nachbarschaft zu einer deutschen militärischen Einrichtung nichts zu suchen. Möglicherweise könnten wir durch den Zaun die deutschen Militärfahrzeuge ausspionieren! Aber der Feldwebel, der Werkstattleiter, soll gesagt haben, er habe uns nie auf unserem Hof gesehen, es sei Unsinn, dass wir beobachten würden, was sie täten. Und selbst wenn wir hinguckten, was könnten wir da schon sehen? Höchstens, wie sie Reifen flicken oder Motorenöl wechseln, daran sei doch nichts Geheimes. Der Sani meinte aber, es wäre gut, wenn wir uns nur selten zeigen. Sonst könne es passieren, dass wir sofort hier weg müssen. Aber Tom würde keinen auf dem Hof stören. Die Deutschen seien auch nur Menschen, und es könne ihnen kaum schaden, wenn ein junger jüdischer Bursche im Garten arbeite, so jedenfalls habe sich der Feldwebel ausgedrückt.« Darüber geriet Vater in Zorn und sagte, dass ihre Menschlichkeit sie auch nicht daran hindern würde, uns, die Eltern dieses jungen Burschen, von hier zu vertreiben, selbstverständlich unter dem Vorwand, dass sie auf dem Hof irgendwann unsere Nasen erblickt hätten! Nun sei es schon so weit, dass diesen nordischen Ariern unser bloßer Anblick, wenn wir auf unserem Hof seien, genüge, um uns aus dem eigenen Haus zu werfen. Dafür, dass wir hier weg müssten, und das möglichst bald und für immer, reiche ihrer Weltanschauung nach die Tatsache aus, dass wir überhaupt existierten. Laut dem Sani Glowitzki habe der Feldwebel auch erklärt, ihn und die Soldaten aus der Autowerkstatt gehe es nichts an, was weiter aus uns werde, das sei angeblich allein Sache der ungarischen Behörden. Von seinen Vorgesetzten habe er sogar den Befehl, sich nicht in die örtlichen Angelegenheiten einzumischen. Der Sani sei davon überzeugt, dass der Feldwebel als Führungsperson Parteigenosse der Nazis sein müsse. Sonst wäre er nicht der Werkstattleiter geworden, sondern an einen gefährlichen Frontabschnitt kommandiert worden. Im Zivilleben sei er wohl Taxilenker und habe, wenn nötig, seinen Wagen auch selber repariert, ein gewisses Verständnis für Autos habe er sicher, sei aber kein Automechaniker und verstehe von diesem Handwerk nicht viel. Trotzdem sei der Sani der Ansicht, dass dieser Vorgesetzte ein normaler und ganz anständiger Kerl sei, der, soweit er nicht dazu gezwungen werde, niemandem schaden würde. Während des Gesprächs habe Glowitzki dauernd auf die Uhr geschaut. Er müsse verschwinden, bevor die Mittagspause ende, damit die anderen ihn nicht an unserem Zaun bemerkten. Aber gern würde er uns noch etwas anderes erzählen. Er werde sich übermorgen am Zaun einfinden, wieder kurz nach zwölf, wenn seine Kollegen Mittagspause hätten und sich auf der entgegengesetzten Seite des Grundstücks aufhielten, wo sie das Mittagessen bekämen.

Aus alledem wurden wir nicht ganz klug. Manci sagte, dass es sie interessieren würde, wer von den Nachbarn diese Deutschen auf uns hetzen wolle, um uns von hier wegzuhaben. »Wir hatten hier nie mit jemandem Streit, und obendrein haben wir bei fast jedem Nachbarn Sachen von uns zur Aufbewahrung untergebracht. Sollte es einem von ihnen darum gehen, diesen Kram zu behalten? Aber wir haben doch bei keinem etwas Wertvolles, das eine Denunziation wert wäre«, so überlegte Mutter.

Auch Vater sah nachdenklich aus. Aus dem, was er vom Sanitäter erfahren hatte, zog er den Schluss, dass wir in wenigen Wochen von hier weg müssten. Das werde im Rahmen einer allgemeinen Maßnahme geschehen, die alle jüdischen Familien beträfe. Für die Deutschen sei es vorteilhafter, nicht irgendeine Sondermaßnahme für uns allein durchzuführen. Warum sollten sie sich eine zusätzliche Mühe aufbürden? Sie könnten auch den ganzen Zirkus nicht brauchen, der damit verbunden wäre. Kurz gesagt, diese Drecksarbeit überließen sie den Ungarn. »Wir haben gut daran getan«, sagte Vater, »dass wir uns auf dem Hof nicht viel sehen ließen, soviel wie möglich rechtzeitig zu Bekannten geschafft und im Voraus die Sachen verpackt haben.« Vater blickte Mutter an, fragend, was sie über all dies denke.

Manci sagte, sie neige dazu, diesem Sanitäter zu glauben. Welchen Nutzen könne er davon haben, dass er sich mit uns abgebe? Vielleicht rege sich sein Gewissen. Aus dem, was sie darüber gelesen habe, sei ihr jedenfalls bekannt, dass die christliche Religion von ihren Anhängern verlange, dem Gewissen zu folgen, die nazistische Weltanschauung dagegen schließe das aus und verbiete es.

»Wenn sich ein einzelner Deutscher unter bestimmten Umständen und noch dazu insgeheim uns gegenüber mehr oder weniger anständig verhält, dann hat das für unsere Zukunft nur minimale Bedeutung«, reagierte Vater auf

Mutters Worte. »Sicher gibt es auch Deutsche, die persönlich anständig sind. Es ist auch unlogisch und naiv anzunehmen, dass sich in den paar Jahren, die die Nazis an der Macht sind, alle Deutschen in Teufel verwandelt haben. Teuflisch ist nur ihr staatliches Kommandosystem, fast alle Deutschen sind Teil davon geworden. Was ein Einzelner außerhalb seiner Arbeit denkt oder tut, daran liegt den Nazis nicht viel, solange das nicht antinazistisch ist. Für ihr Regime ist es am allerwichtigsten, dass jedes Individuum gewissenhaft, fleißig und diszipliniert im Rahmen des deutschen Kommandosystems seine Arbeit ausführt, welche auch immer. Nehmen wir zum Beispiel ein persönlich ganz anständiges Fräulein, das Vorladungen an Juden, sich zur Deportation einzufinden, beim Magistrat oder bei der deutschen Post abstempelt und versendet. Die Hauptsache ist, dass sie keinen auf der Liste auslässt, weil der Betreffende sonst seine Haut retten könnte. Zugleich darf sie keinem vorzeitig verraten, am wievielten in seiner Stadt die Deportation nach Osten stattfinden wird, damit es nicht zu Fluchtversuchen kommt. Aber was sich das Fräulein dabei denkt, ist schon zweitrangig und weniger wichtig. Natürlich wäre es für das Regime besser, wenn sie eine überzeugte Nationalsozialistin wäre. Aber selbst wenn das nicht der Fall ist, schadet das auch nicht, es kommt darauf an, dass sie ihre Arbeit ordentlich verrichtet oder, richtiger gesagt, dass sie ihre dienstlichen Obliegenheiten erfüllt, damit das Funktionieren des kriegerischen und mörderischen Kommandosystems nicht gefährdet wird. Eine Schraube in diesem System ist ebenso der Eisenbahner, der die Züge zusammenstellt und nach verschiedenen Orten schickt und dabei seine Arbeit qualifiziert und gewissenhaft im Einklang mit den Dienstvorschriften ausführt. Dank seiner Arbeit werden die Eisenbahnzüge Juden in ein Ghetto oder wer weiß wohin befördern, Lebensmittel an die Front, Kriegsgefangene in das Landesinnere, Weihnachtsschmuck für Kinder in deutsche Schulen oder irgendeine andere Ladung, genau nach Fahrplan. Die Verbindungen werden wie ein Uhrwerk funktionieren, ohne Rücksicht darauf, was die Züge transportieren und zu welchem Zweck. Das ist dann nicht mehr Sache dieses Eisenbahners, sondern irgendeiner anderen Person.« Ich erkrankte noch an diesem Abend und bekam hohes Fieber mit Grippesymptomen. Mutter gab mir Aspirin, dann sank ich in einen fiebrigen Halbschlaf. Am nächsten Tag war es kaum anders. Die Eltern gaben mir weiter Aspirin, um das Fieber zu senken, und warteten ab, ob sich mein Zustand besserte. Wenn er sich nicht innerhalb von drei Tagen änderte, wollten sie einen der hiesigen jüdischen Ärzte rufen. Am nächsten Tag um die Mittagszeit zog sich Vater die Arbeitssachen über, nahm eine Harke und ging unauffällig zum Zaun, wohin der Sanitäter kommen wollte. Mutter brachte in einem Papierbeutel ein paar Äpfel für ihn aus dem Keller. Ich lag im Bett und erfuhr vom Verlauf dieser Begegnung erst nachträglich.

Vater warf den Beutel mit den Äpfeln unauffällig über den Zaun. Er wollte nicht, dass jemand bemerkte, wie er dem Sani ein Päckchen in die Hand drückte. Der Deutsche kam pünktlich, stellte sich so hinter den Schuppen, dass man von ihm nicht viel sehen konnte, und dankte für die Äpfel. Er werde sie aufessen, aber wenn etwas passierte, hätte er die Ausrede, er habe sie von uns gekauft und mit Vater über den Preis verhandelt. So würden notfalls beide dasselbe aussagen. Während sie sich absprachen, tat Vater so, als würde er im Garten etwas aufharken, um nicht aufzufallen. Dabei bemerkte er einen eigentümlichen Widerspruch zwischen dem, was der Sanitäter sagen wollte, und dem, was er schließlich sagte. Er begann damit, dass er vor einiger Zeit zu Hause auf Urlaub gewesen sei. Dort in Schlesien habe er viele Verwandte. In diesem Gebiet befänden sich zahlreiche Lager für Häftlinge, in denen harte Bedingungen herrschten.

Möglich, dass sie auch einige Transporte aus Ungarn in diese Lager schicken würden. Nach seinen Informationen hätte es keinen Sinn, dorthin Wertsachen mitzunehmen, weil sie diese unter den gegebenen Bedingungen leicht loswerden könnten. Weiter sagte der Sanitäter nichts, auch wenn ihm anzusehen war, dass er noch mehr auf dem Herzen hatte; es schien, als könne er sich nicht dazu entschließen, darüber zu reden. Offenbar fürchtete er die Folgen, die das für ihn haben könnte. Vielleicht war er am Ende auch zu dem Schluss gelangt, dass wir selbst dann, wenn wir mehr über die Situation in Schlesien wüssten, als Verfolgte fast nichts zu unserem Schutz tun könnten. Dann fragte der Sani noch nach mir, und als Vater ihm erzählte, dass ich krank war und Fieber hatte, erklärte er sich bereit zu helfen. In der jetzigen Situation sei es sehr wichtig, gesund und in guter Verfassung zu sein; deshalb müsse man jede Krankheit sofort behandeln und möglichst bald ausheilen. Er versprach, mit Medikamenten in der Sanitätstasche abends zu uns zu kommen. Er würde über den Zaun steigen und an unsere Hintertür klopfen. Der Hof sollte möglichst dunkel bleiben.

Auch wenn Vater dem Sanitäter einen Besuch bei uns im Haus ausreden wollte, ließ der sich nichts sagen. Vater warnte ihn, er solle sich keiner Gefahr aussetzen, doch der Sanitäter erklärte: »Ich werde für euch wenigstens das Wenige tun, was ich vermag, wenn ich schon nicht mehr leisten kann! Es ist schlimm, dass euch niemand hilft, wo ihr jetzt so viel Hilfe brauchtet.« Und er kam wirklich. Er schaute mir in den Hals, maß mein Fieber und hörte die Lunge mit dem Stethoskop ab. Er sagte, er werde mich ebenso behandeln wie die deutschen Soldaten, und gab mir Wehrmachtsmedizin für drei Tage. Er versprach, in vier Tagen um die gleiche Zeit wiederzukommen. Die Medikamente schlugen an, und nach drei Tagen war ich mehr oder minder in Ordnung. Am vierten Tag erschien der Sanitäter wieder und ließ einige

Medikamente mit der Aufschrift *Wehrmacht* gegen verschiedene gängige Krankheiten da. Er riet uns, sie mitzunehmen, wenn man uns abtransportieren sollte. Dafür dankten wir ihm, und Vater und Mutter wollten sich ihm erkenntlich zeigen, aber er lehnte ab. »Wir wissen es zu schätzen, dass Sie wegen unseres Jungen letztlich ein persönliches Risiko auf sich genommen haben«, dankte Vater abermals, aber der Sanitäter winkte nur ab und sagte, dass es in dieser elenden Situation das Mindeste sei, was er tun könne: wenigstens einem konkreten Menschen zu helfen! Dann verabschiedete er sich und ging. Wir haben ihn nie mehr wiedergesehen und nie wieder von ihm gehört.

Vater versuchte, wie es seine Gewohnheit war, die ganze Angelegenheit zu analysieren. Ihm zufolge wollte uns dieser Franz etwas Schlimmes sagen, konnte sich aber schließlich nicht dazu durchringen. Er habe uns nur angedeutet, dass es in Schlesien gewisse Lager mit harten Bedingungen gebe, in die vielleicht auch wir geraten könnten und wo man uns um alles bringen werde. Dort sei es so schrecklich, dass es wichtig sei, in einem guten Gesundheitszustand hinzukommen; wer nicht gesund sei, gerate in Gefahr. Franz habe sich vielleicht beeilt damit, mich zu kurieren, weil er wisse oder ahne, dass man uns bald von hier abtransportieren werde. Als sie ihm gedankt hätten, habe er gesagt, dass er »wenigstens einem konkreten Menschen helfen« wollte. Daraus, wie das gesagt worden war, entnahm Vater, dass in diesen Lagern jedem von uns Gefahr drohen könnte.

Papa entschloss sich, morgen Großvater darüber zu berichten. Damit werde er das Franz gegebene Versprechen, über unsere Begegnung zu schweigen, vielleicht nicht brechen. Er hoffte, dass Großvater das, was wir von Franz in Andeutungen erfahren hatten, mit anderen Nachrichten vergleichen und so alles verständlicher werden würde. Ich bemerkte, dass Vater den Sanitäter wiederholt beim Vornamen nannte.

Das wertete ich als Zeichen eines gewissen sittlichen Respekts, den sich Franz bei ihm erworben hatte. Zugleich ging mir auf, dass Vater wünschte, über diesen Menschen künftig nur noch in einer Weise zu sprechen, bei der niemand erkennen könnte, um wen genau es sich handelte. Wir sollten also von Franz reden, weil es unzählige Männer dieses Namens gab, während in unserem Umkreis nur ein einziger Sanitäter zu finden war.

Die Wehrmachtsmedikamente, die uns Franz gegeben hatte, nahm ich in meinem Gepäck nach Birkenau mit, das ich auf der Eisenbahnrampe zurücklassen musste. Auf Franz kam die Rede erst viel später, etwa eine Woche nach unserer Ankunft in Birkenau, als Vater und Großvater zu mir gestoßen waren. Da war Vater schon klar, was uns Franz in verschiedenen Andeutungen hatte sagen wollen: dass wir nach Auschwitz kämen. Franz war offenbar dort irgendwo in der Nähe auf Urlaub gewesen und hatte etwas von den Einheimischen erfahren, von denen zumindest einige in der Umgebung wissen mussten, was dort geschah. Von der bevorstehenden Deportation der Juden aus Ungarn nach Auschwitz konnte er als deutscher Soldat etwas gehört haben. Dann hatte er das alles im Kopf miteinander in Verbindung gebracht und richtig gefolgert, dass man die ungarischen Juden nach Auschwitz bringen werde, um sie dort zu ermorden. Das freilich hatte er uns nicht direkt sagen können. Erstens konnte er sich nicht sicher sein, dass dies tatsächlich geschehen würde. Zweitens hätten wir damals überhaupt nicht begreifen können, was in Auschwitz vor sich ging. Drittens wäre es auch dann, wenn wir gewusst hätten, was folgen würde, schon zu spät gewesen, um etwas dagegen zu unternehmen, und wir hätten dazu auch nicht die Mittel gehabt. Vater sagte damals: »Wenn wir sehen, was die Deutschen hier tun, dürfen wir nie vergessen, dass es unter ihnen Einzelne gibt, wenn auch wohl nicht viele

– und Franz war obendrein nur zur Hälfte Deutscher –, die sich nach ihren Möglichkeiten uns gegenüber anständig verhalten haben. Die ganze deutsche Befehlsmaschinerie ist mörderisch und gründet sich auf das kollektive Begehen von Verbrechen.« Großvater berichtigte Vaters Überlegung, dass für ein kollektiv verübtes Verbrechen zwar das Kollektiv die Schuld trage, die Strafe aber nicht kollektiv sein könne. Jeder Deutsche, der ein Verbrechen begangen habe, müsse nach dem Krieg nach der Schwere seines eigenen Verschuldens bestraft werden!

Das war damals ein Gegenstand unseres letzten Gesprächs zu dritt in Birkenau. Und es war auch meine letzte Begegnung mit Großvater! Jetzt habe ich jedoch dem Geschehen vorgegriffen. Im April 1944 hatten wir von alledem noch keine Ahnung, auch wenn man uns in Wirklichkeit schon auf das Fließband geschoben hatte, von dem es kein Entrinnen gab und das uns schnell der Eingangspforte der mörderischen Kommandomaschinerie näher brachte, die an den aufgerissenen blutigen Rachen eines entsetzlichen Raubtiers erinnerte.

Gleich am ersten Tag nach meiner Genesung, am fünften April, erschien schon die Verordnung über das obligatorische Tragen eines kanariengelben Sterns von zehn Zentimetern Durchmesser auf der linken Seite der Brust. Diesen Stern trugen wir bis zu unserer Ankunft in Auschwitz. Manci nähte mir einen an die Jacke, die ich gerade trug, aber als ich sie am nächsten Morgen anzog, empfand ich nichts, was einer Bloßstellung oder Demütigung gleichgekommen wäre. Als mir Mutter diese Jacke gab, sagte sie mir, dass ich mich wegen des aufgenähten Sterns nicht zu schämen brauchte – schämen sollten sich diejenigen, die uns befohlen hatten, ihn zu tragen. Schon unsere Vorfahren im Mittelalter seien gezwungen worden, mit dem gelben Zeichen herumzulaufen, und die Deutschen kehrten jetzt in dieses Mittelalter zurück.

Bereits vor dreitausend Jahren war der Davidstern das Zeichen der Juden. Und wo seien damals die gewesen, die uns jetzt erniedrigen wollten? »Ich glaube«, fügte Mama mit fester Stimme hinzu, »dass die Juden mit ihrem Davidstern auch nach weiteren dreitausend Jahren noch hier sein werden. Der Krieg wird bald enden, und zwar mit einer Niederlage der Deutschen, und daran wird ihr verbrecherischer Wahnwitz nichts ändern.« Mutter schnitt für jeden von uns noch einige weitere Sterne aus und nähte sie auf die vorbereiteten Kleidungsstücke, die wir mitnehmen sollten. Diese Sachen nahm sie aus den im Schrank aufbewahrten Rucksäcken heraus und legte sie danach wieder in diese zurück. Als ich sah, wie sie das machte, verstand ich, dass unser baldiger Abtransport aus Parkan für sie eine ausgemachte Sache war. In diesem Begreifen der Situation war Mutter eine Ausnahme. Die große Mehrzahl der Juden in unserem Städtchen machte sich nämlich immer noch die verschiedensten Illusionen.

Manci war imstande, die reale Situation zu begreifen und schließlich auch vorauszusehen, was geschehen würde. Ihre Fähigkeit war teils rational, teils Intuition. Soweit es um die Logik der Dinge ging, war sie bereit, vernünftige Argumente anzunehmen. Ihre emotionale Sicht der Zukunft und ein gewisser sechster Sinn entstammten einer anderen Schublade ihres Denkens und waren rationalen Erwägungen unzugänglich. Das waren vorwiegend sehr pessimistische Gefühle; freien Lauf ließ Manci ihnen nur selten, aber dennoch wiederholt. Sie wollte damit weder sich selbst noch uns das Leben verbittern. Als aber das nüchterne Nachdenken schließlich sowohl Vater als auch mich zu negativen Voraussagen oder zumindest zu Zweifeln geführt hatte, was geschehen würde, kam Mutter mit der Vision des vollständigen Verderbens: »Wir sind zum Tode verurteilt! Alles, was geschieht, läuft darauf hinaus, dass man uns zum Schafott führt. Und davor können wir uns nicht schützen.« Das äußerte sie mit einer Stimme, die von ihrer absoluten inneren Gewissheit zeugte. Sie glaubte an die Unabwendbarkeit unseres Schicksals. Vater und ich versuchten vergeblich, ihr das mit den verschiedensten Argumenten auszureden oder zu widerlegen. Manci brauchte unsere rationalen Urteile nicht, sie war selbst imstande, welche zu entwickeln. Aus-Rücksicht auf uns hörte sie dann allenfalls auf, über diese schrecklich pessimistische Vision zu reden, zumindest bis zu der Zeit, da es notwendig und angezeigt war, sie erneut auszusprechen. Ich, der ich in meinem Alter gerade erst zur Vernunft kam, und Vater waren Optimisten. Dieser Optimismus war erforderlich, damit wir nicht in Verzweiflung verfielen und die Familie im Ganzen und jeder für sich weiter funktionieren konnten. Vom Standpunkt der Zweckmäßigkeit begriff Mutter das. Vom Standpunkt der realen Zukunftserkenntnis allerdings war sie im Recht, und wir hatten uns geirrt. Ihre Voraussagen, auf welchem psychologischen Hintergrund auch immer sie beruhten, waren richtig und unsere falsch. Dies stellte sich natürlich erst später heraus.

Am nächsten Tag zog ich mir also die Jacke mit dem aufgenähten Stern an, setzte mich aufs Fahrrad und fuhr zur Deutschstunde bei Vera. Zum letzten Mal. Um die verbleibenden zehn Minuten irgendwie herumzubringen, radelte ich zum Hafen und betrachtete den Fluss und das Burgpanorama. Dabei ging mir Zuzka durch den Kopf, dieses Mädchen, in das ich verliebt war, doch jetzt nur noch als verblasstes und schnell dahinschwindendes Bild, das von anderen, dringlicheren Vorstellungen verdrängt wurde. Zuerst schaute ich auf die Maria-Valeria-Brücke. Seit wir vom Gymnasium geworfen worden waren, hatte ich sie nicht mehr betreten. In diesem Augenblick ahnte ich nicht, dass ich erst sechzig Jahre später wieder über diese Brücke gehen würde! Die abziehenden Deutschen sprengten sie in die Luft, und es dauerte lange, bis sie wieder aufgebaut wurde. Unter mir fuhren gerade zwei Dampfer durch, der eine stromabwärts und der andere stromaufwärts. Offenbar verkehrten sie auch schon nach einem deutschen Fahrplan. Mit den Augen ging ich über den Burgberg mit der gewaltigen Basilika. Es war, als ob dieser Fluss und die Burg mit der Basilika von altersher zueinander gehörten, doch während das Wasser der Donau ewig vorbeiströmte, blieben Basilika und Burg unverändert am selben Platz. Vielleicht wird noch viel Wasser die Donau hinabfließen, ehe das Großdeutsche Reich verschwindet, aber dann werden wir wieder hierher zurückkommen, dachte ich mir.

Unterwegs begegnete ich Viki, einem der jüdischen Jungen, mit denen wir neulich unser wichtiges Fußballspiel ausgetragen hatten. Wie ich hatte er auf seinem Pullover einen aufgenähten gelben Stern. Er rief mir zu, er gratuliere mir zur Beförderung, denn er sehe, dass ich den Sheriffstern trüge. »Und ich sehe, dass dein Fußballklub einen Stern auf dem Trikot hat«, erwiderte ich. Viki musste abbiegen und schrie nur noch, dass sie uns damit den Hintern küssen könnten. Später dachte er sich mit Hilfe des englischen Wörterbuchs die Abkürzung »YSFC« aus, die »Yellow Star Football Club« bedeutete.

Vera war mit Hans zu Hause. Weil ich im Deutschen schon etwas fortgeschritten war, vereinbarten wir, mit Rücksicht auf Hans nur deutsch zu sprechen. Hans erzählte, dass nicht alle Deutschen so seien wie jene, die ungebeten und für längere Zeit zu uns nach Ungarn gekommen seien. Augenblicklich dachte ich an Franz, aber selbstverständlich bewahrte ich über ihn Stillschweigen. Beim Abschied holte Vera aus der Handtasche ein Geschenk, ein kleineres, eher damenhaftes rotes Taschenmesser mit einer

Klinge, und entschuldigte sich, dass ihnen nicht mehr viele Dinge geblieben seien. Sie taten mir leid, weil sie Etappe für Etappe vor den Nazis geflüchtet und bei uns schließlich doch von ihnen eingeholt worden waren. Ich überlegte, ob ihre Flucht nicht überflüssig gewesen war. Aber vielleicht würde es ihnen am Ende gelingen, den Nazismus zu überleben. Vielleicht war es eine richtige Entscheidung von ihnen, sich den Nazis nicht auszuliefern und zu fliehen, wie auch immer es am Ende ausgehen würde. Eigentlich hatten sie mit ihrer Flucht doch gekämpft! In Zusammenhang mit alledem wurden mir zwei Dinge bewusst: dass im Leben der Zufall eine wesentliche Rolle spielt und dass unser eigenes Bemühen womöglich nur einer von mehreren Faktoren ist, die unser Schicksal beeinflussen.

Von solchen Gedanken beschwert, setzte ich mich aufs Rad und fuhr zu Großmutter und Großvater. Bei ihnen war auch Magda mit dem kleinen Zoli. Alle saßen in der Küche, Großmutter kochte das Mittagessen, Magda nähte auf ihre Kleidungsstücke einen gelben Stern nach dem anderen. Von ihrem Mann, meinem Onkel Schimi, der im Arbeitsdienst bei der ungarischen Armee* war, hatten wir schon lange keine Nachrichten mehr.

Großmutter, die noch vor einiger Zeit in Depressionen verfallen war, vor allem, weil sie sich nach ihrer Tochter Beta sehnte, die mit ihrem Mann in England lebte, bildete nun das aktive Zentrum der Familie. Dafür war Großvater in letzter Zeit verdrießlich und wortkarg. Nur über das Tragen des gelben Sterns äußerte er sich wortgenau wie Viki. Das war etwas Besonderes, denn auf Ungarisch fluchte er gewöhnlich auf hohem Niveau, bilderreich und mehrere Minuten lang, als würde er wiederholen, was er im Krieg in seinem Eliteregiment bei den ungarischen Husaren gelernt hatte. Ich fragte ihn, was es Neues aus der jüdischen Gemeinde gäbe.

»Eigentlich kann man da nichts Positives machen«, antwortete er. »Weder ich noch der Gemeindevorstand haben auch nur die geringste Lust, bloße Vollstrecker dessen zu sein, was die ungarischen Behörden auf deutschen Befehl anordnen und was zu unserer allmählichen Vernichtung führen wird. Trotzdem tun wir es. Wir sollen diese Dinge einrichten und durchsetzen, angeblich deshalb, weil dies das kleinere Übel ist. Wie uns der Judenrat aus Budapest mitteilt, müssen wir das machen, um damit noch größeres Übel abzuwenden. So tue auch ich, was sie verlangen, obwohl ich bezweifle, dass es richtig ist. Die Deutschen servieren uns nach ihrem nazistischen Plan das Programm unserer Selbstvernichtung in gut durchdachten kleinen Portionen, und wir erfüllen ihre Befehle Schritt für Schritt. Und diese Schritte folgen immer schneller aufeinander. Das ist eine der tragischsten Seiten unserer Tätigkeit. Ich weiß mir damit keinen Rat, wir sind in einer ausweglosen Lage! Wir sind außerstande, uns gegen das mörderische antisemitische Programm zu stellen, das die Deutschen mit ungarischer Hilfe durchsetzen. Eigentlich können wir nur darüber wachen, dass bei der Durchführung dieses deutschen Programms nicht einige der jüdischen Opfer zu Lasten anderer jüdischer Opfer desselben Programms Vorteile für sich herausholen. Leider gibt es Anzeichen dafür, dass auch in der gegenwärtigen Situation manche Juden versucht haben, Dinge zu tun, die anderen Juden schaden. Erst gestern bemühte sich eine Person darum, dass wir ihr den kanariengelben Stoff überlassen, den wir in der Vorausssicht dessen, was kommen würde, gekauft hatten. Diese Person schlug vor, während der Nacht und heute das Aufnähen der gelben Sterne zu organisieren, die sie dann zu einem von ihr selbst bestimmten Preis an die Juden im Ort verkaufen wollte. Ich stelle fest, dass die jüdische Vertretung, statt gegen die Deutschen wirksam zu werden, gegen gewisse Juden vorgehen muss, die mit anderen

Juden ihr Unwesen treiben. So tragen wir ein wenig dazu bei, dass die deutschen Maßnahmen glatt und ohne Komplikationen umgesetzt werden. Das ist absurd. Es ist die tragische Kehrseite unseres Tuns.«

Großvater sah erschöpft aus und sagte, dass er von alledem todmüde sei. »Früher war das anders«, beklagte er sich, »da habe ich mich selbst, meine Familie und weitere Juden ganz allein verteidigt. Wenn mir jemand etwas Böses zufügte – und ich gebe zu, dass es mir manchmal genügte, wenn eine Gaunerei erst in Vorbereitung war –, dann gab ich ihm eins mit der Faust direkt ins Gesicht, oder wenn er es verdient hatte, verprügelte ich ihn so, dass er seine eigene Mutter nicht mehr erkannte. Viele Leute hielten mich deshalb für einen primitiven Tölpel, aber nach meiner Ansicht war das ein faires Spiel. Wenn der Gegner davon genug hatte, konnte er es mir heimzahlen. So habe ich meine Rechnungen beglichen, und die Sache war erledigt. Mit so einem Gegner neben sich konnte man weiterleben. Ich hatte dann keinen Grund mehr, etwas gegen ihn zu planen, und auch er unternahm fast niemals mehr etwas gegen mich. Damals war der Gegner ein sichtbarer und greifbarer Mensch. Jetzt ist er nicht zu fassen, so etwas wie eine riesige, unmenschliche Maschine, gegen die ich allein nicht mehr ankomme, und am Ende schaffen es nicht einmal alle gemeinsam.« Am folgenden Nachmittag holte Vater sein Heft heraus, das er das »Schwarzbuch« nannte. Dort klebte er alle Zeitungsausschnitte antijüdischer Maßnahmen ein und zeigte mir die neuesten Unverschämtheiten, wie er sie nannte:: 29. März 1944: *Registrierung der jüdischen Inhaber von Telefonanschlüssen.* 31. März: *Verbot der Beschäftigung von Dienstpersonal in jüdischen Haushalten. Verbot der Beschäftigung von Juden in staatlichen Dienststellen, an Gerichten und als öffentliche Notare. Ausschluss jüdischer Juristen aus der Anwaltskammer und Verbot der Anwaltstätigkeit. Ausschluss der Juden aus der Presse-, der Theater- und der Filmkammer. Obligatorische Anmeldung der in jüdischem Besitz befindlichen LKW, PKW, Motorräder und der dazugehörigen Reservereifen.* 5. April: *Obligatorisches Tragen des gelben Sterns außerhalb der Wohnung für alle Juden über sechs Jahre.* 7. April: *Verbot der Benutzung von Personenkraftwagen, Autobussen, Eisenbahnen und Schiffen für Träger des gelben Sterns ohne Sondergenehmigung.* Vater sagte, ihm sei heute aus dem örtlichen Magistrat zugetragen worden, dass dort eine Geheimanweisung über die Festlegung von Sammellagern eingetroffen sei, in die die Juden bald umgesiedelt werden sollten. Beim Einkleben der Zeitungsausschnitte war auch Manci dabei. »Es ist klar«, sagte Vater, »die zu unserer Vernichtung geschaffene Kommandomaschine rotiert immer schneller.« Dann stellten wir fest, dass unser weiterer Familienkreis vom Verbot der Beschäftigung nichtjüdischen Personals betroffen war; Großvater war diesem Verbot schon zuvorgekommen, weil er es vorausgesehen hatte. Den Personenwagen hatte man uns schon früher weggenommen und an die russische Front geschickt, wo von ihm höchstwahrscheinlich nichts übriggeblieben war. Wir beabsichtigten nicht, irgendwohin zu fahren, doch wir ahnten, dass wir bald zu einer weiten Reise gezwungen werden würden. Vater sagte, dass er das Schwarzbuch gleich auf dem Tisch lasse, weil wir dort bald mehr einkleben würden.

Nach einer Sonderanweisung der Gendarmerie kam es auch bald zur Abgabe der Fahrräder, die angeblich für den Feldzug an der Ostfront gebraucht wurden. Vater trug mir diese für mich schmerzliche Pflicht zur Erledigung auf. Ich setzte mich also auf mein neues, perfektes Rad, das in Cheb hergestellt und sogar mit einer echten Gangschaltung Marke Adler ausgestattet war. Es war das beste Rad, das ich im Leben gesehen hatte, ein Geschenk der Eltern zu meinem vor kurzem begangenen dreizehnten Geburtstag und zur Bar Mizwa.* Jetzt durfte ich mit ihm zum letzten Mal losfahren, ehe ich es bei der Gendarmeriestation übergab. Mir war traurig zumute. Damals wollten Jungen meines Alters vor allem zwei Dinge haben: einen Hund und ein Rad. Den Hund hatte mir jemand vergiftet, wahrscheinlich einer der ungarischen Faschisten aus dem Ort, und auf dem Rad würde das ungarische Heer an der Seite Adolf Hitlers gegen die Russen an der Ostfront kämpfen!

Auf der Wachstube waren zwei Gendarmen im Dienst. Ihre schwarzen Helme mit der Hahnenfeder waren an einem Haken aufgehängt. Der eine Gendarm übernahm das Rad, und der andere füllte auf einer Schreibmaschine ein Formular darüber aus. Daneben stand der örtliche Gendarmeriekommandant. Er hatte seinen Helm auf dem Kopf. Während die beiden amtierten, sprach mich der Kommandant an: »Du bist der Sohn von ...«, und er nannte Vor- und Zunamen meines Vaters. Ich bestätigte es. »Das ist ein vernünftiger Mensch«, stellte der Kommandant fest und fügte dann hinzu, dass dieses Rad unsere Soldaten bekommen würden, die an der Front kämpften. Darauf sagte ich nichts, sondern nickte nur, dass es schon so sein werde. Dabei dachte ich mir aber, dass bestimmt sehr bald irgendjemand das Rad stehlen würde. Und wenn das Heer überhaupt etwas bekäme, dann höchstens eine alte Mühle, mit der dieser Jemand mein Rad vertauschen würde. Dann gaben sie mir eine Quittung, auf der stand, dass ich das Rad abgegeben hätte, nebst einer unleserlichen Unterschrift und dem Gendarmeriestempel.

Ich kehrte zu Fuß heim, und unterwegs maß ich mit der Uhr die Zeit, die der Weg bis zur Kuppe dauerte. Zu Fuß waren es fast zwanzig Minuten, mit dem Rad hatte ich das dreimal so schnell geschafft. Vater sagte ich zu Hause, dass sich der Gendarmeriekommandant an uns erinnere, wohl wegen der kürzlichen Einbruchsaffäre des Pfeilkreuzlers, als die Gendarmen mich beschuldigt hatten, unser eigenes Geld aus Mutters Schrank gestohlen zu haben. Damals hatte Vater den Kommandanten lieber bestochen und die Anzeige zurückgezogen, damit mich die Gendarmen nicht verprügelten. Jetzt sagte mir Vater, diese Nachricht solle wohl bedeuten, dass der Kommandant gern bereit sei, Schmiergeld anzunehmen. Und überhaupt, mit den Gendarmen würden wir gewiss noch zu tun bekommen, bevor sie uns von hier abtransportierten.

Plötzlich kam mir ein verrückter Einfall. Ich beschloss, den Gendarmen auch mein altes Kinderrad abzuliefern. Mochten sie es verbiegen und zerbrechen! Wenigstens würde ich noch ein letztes Mal darauf fahren. Mit den Eltern hatte ich das nicht einmal beraten, sondern ihnen nur zugerufen: »Ich gebe noch das alte Kinderrad ab!« Und schon war ich weg. Erst als ich bei den Gendarmen eintrat, kam mir in den Sinn, dass das nicht sehr vernünftig von mir war. Der Kommandant war noch auf dem Posten, und er schien nicht zu wissen, was er davon halten sollte. War das nun ein Ausdruck meines Eifers, die Anweisungen genau zu befolgen, oder unsererseits eine Art Protest, indem wir unseren Gehorsam bis zur Lächerlichkeit übertrieben? Eben diese zweite Variante, wie die Abgabe eines weiteren Rades – und noch dazu eines für Kinder – auch aufgefasst werden konnte, fiel mir erst dort ein. Ich hatte mich sicher dumm verhalten und gehandelt, bevor ich nachgedacht hatte. Aber ich machte wohl nicht den Eindruck, dass ich sie provozieren wollte; so sahen sie in mir eher einen Trottel, der etwas tut und nicht weiß, warum. So nahmen sie das Rad und gaben mir wieder eine Quittung. Auf dem Heimweg stellte ich mir vor, wie auf diesem kleinen Rad ein ungarischer Knirps saß und an der Ostfront verwegen die Russen angriff. Die Eltern erklärten mir zu Hause, worin meine Dummheit bestanden hatte, aber ich war schon allein darauf gekommen. Ich begriff, dass es in der ernsten

Lage, in der wir uns jetzt befanden, unerlässlich war, jeden Schritt zuvor ordentlich zu bedenken. Auch aus einer kleinen Sache kann eine große entstehen, die manchmal sogar lebensgefährliche Folgen hat.

Verlassen wir hier unsere Geschichte wieder für einen Moment. Antijüdische Verordnungen wurden weiter in rascher Folge erlassen. Jede von ihnen zog nach sich, dass der ungarische Staatsapparat bestimmte Maßnahmen durchführen musste. Allerdings war die Leistung Adolf Eichmanns, seiner SS-Männer und der fleißig arbeitenden ungarischen Behörden rekordverdächtig, soweit es das Ausmaß ihrer Projekte und die Geschwindigkeit ihrer Umsetzung betraf. Diese Arbeit hätten natürlich Eichmann und seine zweihundert SS-Männer nicht allein bewältigen können, auch wenn sie fanatische und erfahrene Organisatoren von Massenmorden waren. Der Löwenanteil dieser Arbeit und der Verantwortung für die Durchführung entfiel auf das zweihunderttausendköpfige Heer der ungarischen Beamten und Gendarmen. Das waren nicht wenige, kamen doch auf jeden deutschen SS-Mann etwa tausend von ihnen. Die Deportation der Juden aus Ungarn war in der europäischen Geschichte die vielleicht schnellste und effektivste Ausführung eines Plans, nach dem Hunderttausende von Einwohnern eines Landes bestohlen, ihrer Menschenwürde beraubt und ermordet wurden. Das alles waren Dinge, von denen wir damals nichts wussten. Erst viele Jahre nach dem Krieg wurden sie von Historikern aufgeklärt.

Mutter und Vater sorgten sich in letzter Zeit um Großvater, der ständig niedergeschlagen war. Manci war der Ansicht, dass er sich dem wirren und ziellosen Gewimmel der Leute, mit denen er auf den jüdischen Gemeindeversammlungen dauernd zu tun hatte und für die er sich verantwortlich fühlte, wenigstens etwas entziehen sollte. Vaters Meinung nach hatte Großvater zwei Hauptprobleme erfasst: dass wir in der Gemeinde gezwungen waren, anstatt uns zu widersetzen, nach der deutschen Pfeife zu tanzen, was aber unmöglich war, und dass wir mit dem, was wir taten, eigentlich die Juden disziplinierten. Deshalb folgten sie dann noch gehorsamer dieser Pfeife. Dabei wäre es erforderlich, etwas in unserem Interesse zu unternehmen.

Vater kam mit einem Plan, wie die Lage von uns ratlosen Schafen unter den Wölfen wenigstens etwas verändert werden könnte. Es ging darum, dass sich die Leute in der jüdischen Gemeinde, statt nach dem Unerreichbaren zu streben, auf das doch noch Machbare konzentrierten. »Wir können das deutsche antisemitische Programm nicht stoppen«, erläuterte Vater das, »aber wir können die gegenseitige Hilfe zwischen den Betroffenen organisieren, damit alle dieses Joch leichter überstehen. Es ginge um die Übergangsphase bis zu unserer Umsiedlung in irgendein Lager. Zuerst müsste man sich darum kümmern, dass keine jüdische Familie Not leidet. Ich stelle mir das als eine Erweiterung von Großmutters Einfall mit ihrem illegalen Fleischverkauf in der Speisekammer vor, wie sie das im vorigen Krieg praktiziert hatte. Auf ähnliche Art würde sich ein Netz von Verkaufsstellen für andere Lebensmittel, für Kleidung und dergleichen bilden. Wer Geld hat, würde für diese Waren bezahlen, wer keines hat, würde sie umsonst erhalten, und wenn die Händler das nicht tragen könnten, würde es ihnen die jüdische Gemeinde erstatten. Damit müsste augenblicklich begonnen werden, bevor das Regime unsere Geschäfte schließt und unsere Waren requiriert. Wir sollten geheime Lager vorbereiten, in denen wir die Waren getrennt bevorraten können. Dann gibt es bestimmte Produkte, die frisch sein müssen. Wir sollten die regelmäßige Zuteilung von Milch für die Kinder organisieren, selbst wenn wir dafür auf dem Schwarzmarkt den dreifachen Preis bezahlen müssen. Zur Finanzierung von alledem ist auch ein Gemeinschaftsfonds vonnöten. Mit dem Geld wäre es jetzt wie mit den Waren: Das, was wir nicht selbst ausgeben, steuern wir besser zum kollektiven Gebrauch bei, als dass wir es uns vom Fiskus wegnehmen lassen, der das Geld verpulvert, vor allem für diesen Krieg, der ohnehin schon verloren ist. Es ist klar, dass eine derartige Sache nicht in Einklang mit den Vorschriften stünde, schon gar nicht mit denen, die erst noch erlassen werden. Wir wären aber schön dumm, wenn uns das davon abhalten würde. Schließlich wird nach einem Weilchen sogar schon unsere bloße Existenz ungesetzlich sein! Und was können uns die Behörden schon noch antun, wenn wir die Vorschriften verletzen? Uns in ein Lager schicken? Aber das tun sie selbst dann, wenn wir uns an ihre Vorschriften halten. Oder sie entsenden Gendarmen zu uns, damit die uns verprügeln. Sollen sie das nur tun, es wäre ein annehmbarer Preis dafür, dass jüdische Familien keine Not leiden. Ich fürchte, dass es dazu sowieso kommen wird, sobald die Zwangsabgabe der familiären Wertsachen an der Reihe ist.« Dann führte Vater aus, worin er ein Hindernis für diesen Plan sah. »Das größte Problem sehe ich darin, dass sich, sobald ich über derartige Dinge rede, unter den anwesenden Juden gewöhnlich jemand findet, der das den ungarischen Behörden oder Gendarmen steckt. So müssten wir etwa fünfzig Doppelzentner Kartoffeln für die Versorgung aller Bedürftigen verstecken, aber irgendeinem könnte es die Sache wert sein, das den Gendarmen anzuzeigen – für fünf Kilo Kartoffeln, die er dafür bekommen würde. Es gibt Leute, die sagen sich: ›Ich werde meine fünf Kilo Kartoffeln sicher und legal haben, und was aus den anderen wird, das schert mich nicht. Jeder soll sich um sich selbst kümmern.‹ Ich denke, dass wir in einer so kritischen Situation die Folgen einer derartigen Mentalität gerade durch die Bekundung gegenseitiger Solidarität eindämmen müssen!« Auch die ärztliche und gesundheitliche Versorgung der Juden hatte Vater bedacht. Er sagte, dass jeder mit einer chronischen Krankheit, gegen die laufend Medikamente eingenommen werden müssen, etwa Diabetes oder Ähnliches, einen Vorrat davon für eine möglichst lange Zeit anlegen müsse. Jeder könne es so einrichten, dass er diese Medikamente bei sich trage, etwa in einem Beutelchen um den Hals. Keineswegs im Koffer, der verlorengehen könne. Den Mittellosen würde die Gemeinde die Arzneimittel aus dem Gemeinschaftsfonds bezahlen. Wenn wir zur Abreise gezwungen würden, sollte jede Familie ihre eigene Reiseapotheke für die gängigen Krankheiten mitführen. Es sei nötig, unsere jüdischen Ärzte zu organisieren, damit sie bei mittellosen Patienten auch kostenlos Hilfe leisteten, gegebenenfalls könnten die Ärzte aus dem Gemeinschaftsfonds bezahlt werden. Die Ärzte sollten dafür sorgen, dass alle Medikamente möglichst früh gekauft würden. Jeder von ihnen solle auch eine nur wenige Kilo wiegende tragbare Ordination haben, die Medizin für seltenere Krankheiten sowie die allernotwendigsten ärztlichen Instrumente enthalten sollte. Vaters Plan sah auch vor, dass jeder, der ärztliche Hilfe brauchte, unverzüglich zu einem Arzt gehen und sich selbst um seine Gesundheit kümmern sollte. Selbstverständlich auch um die Zähne. Er sagte, wir müssten uns für einen langen und schweren Weg rüsten, von dem wir nicht wüssten, wohin er führe und wie lange er dauere. Darauf müssten wir in gesundheitlicher Hinsicht vorbereitet sein! Das könne uns auch das Leben retten. Deshalb seien alle Gesundheitsangelegenheiten unaufschiebbar und müssten so rasch wie möglich erledigt werden. Es könne sein, dass es später nicht mehr erlaubt wäre, Medikamente zu kaufen, oder dass die Zeit nicht mehr reiche, einen schmerzenden Zahn in Ordnung bringen zu lassen. Vielleicht werde uns eine begrenzte medizinische Fürsorge gewährt, aber darauf verlassen könnten wir uns nicht.

Mutter lobte Vater für seinen Plan, und ich bemerkte, wie sehr er dieses Lob brauchte. Ständig bemühte er sich um etwas, hatte verschiedene Einfälle und entwickelte Vorschläge, aber fast niemals konnte er sich damit durchsetzen, auch wenn das nicht sein Fehler war. Manci fügte noch hinzu, dass es auch Großvaters Stimmung kräftig heben würde, wenn es ihm als Vorsitzendem der jüdischen Gemeinde gelänge, etwas durchzusetzen, das konkret Menschen zugutekomme. Es wäre schade, wenn er sein Amt aufgeben würde. Der Gemeinde würde es schwerfallen, in dieser Zeit einen besseren Vorsitzenden zu finden.

Ich ging dann mit Vater mehrmals in die Gemeindeversammlungen,* wo über seine Vorschläge beraten wurde. Vater drängte sich aber in keiner Weise in den Vordergrund. Schon vorher hatte er wiederholt gesagt, es sei besser, nicht persönlich aufzutreten, solange Großvater in der Gemeinde etwas durchsetze. Wie üblich würde sich irgendein Trottel finden, der behauptete, dass es sich nur um unser Familieninteresse handele. Und das wäre ein schöner Blödsinn.

Es stellte sich heraus, dass von Vaters Entwürfen einiges unter den gegebenen Verhältnissen nicht realisierbar war, manches wurde aber akzeptiert und mehr oder weniger verwirklicht, und für etliches war einfach keine Zeit mehr. Großvater sagte, dass wir uns auf einer schiefen Ebene abwärts bewegen würden, auf der es jetzt und wohl auch künftig unmöglich sei, etwas zum Besseren zu verändern. Aber er dachte sich, dass es für uns gut sei, wenigstens nicht tatenlos abzuwarten, bis uns der entscheidende Schlag treffen würde. Vater und Großvater bereiteten unsere Leute darauf vor, bessere Aussichten zu haben, noch schlechtere Zeiten zu überleben, und vielen halfen sie in konkreten Angelegenheiten. Und sie entschlossen sich, damit fortzufahren. Die Leute fingen wirklich an, ein wenig zu begreifen, welche Bedeutung der Zusammenhalt hatte und wie gute Beziehungen untereinander jedem für sich und allen zusammen helfen könnten, die Belastungen zu überstehen. Selbst gerissene und eigensüchtige Individuen sahen ein, dass es in einer so unberechenbaren Situation für jeden von Vorteil war, wenn man sich auf die Hilfe der anderen verlassen konnte. Es ging ihnen auf, dass eine gewisse Investition in das Gemeinwohl mit dem Beitrag für eine Versicherung vergleichbar war, die ihnen hilft, wenn man in unvorhersehbare Schwierigkeiten gerät. Und das veränderte, wie Großvater meinte, auch ihr Handeln. Er sagte, dass unsere Leute jetzt die Wahrhaftigkeit und Weisheit des alten jüdischen Grundsatzes entdeckten, dem zufolge es nicht nur moralischer, sondern auch vorteilhafter ist, wenn wir nicht anderen etwas zufügen, von dem wir wünschen, dass sie es auch uns nicht antun. Das erschien mir wahrhaft weise.

Als ich jetzt nicht mehr zur Schule gehen durfte, traf ich mich manchmal auch mit Viktor Gelb, den ich früher nur flüchtig gekannt hatte. Er war vierzehn Jahre alt, und die Jungen nannten ihn meist Viki, den Fußballspieler. Bisher war er auf die Gewerbeschule gegangen und blieb jetzt auch zu Hause. Seine Mutter war eine Beamtin, die Eltern waren geschieden, und der Vater lebte nicht bei ihnen. Nach Parkan waren sie erst unlängst gezogen und wohnten in einem kleinen Häuschen mit Metalltor und einem betonierten Hof am entgegengesetzten Ende der Stadt. Wie schon sein Spitzname aussagte, machte es Viki am meisten Spaß, Fußball zu spielen und vor allem verschiedene Jongleurtricks mit dem Ball auszuführen. Aber er war kein Fan eines bestimmten Klubs. Das war etwas Besonderes, denn bei fast allen anderen Jungen war es umgekehrt: Sie schwärmten mehr für irgendeinen Verein, als dass sie selbst spielten. Für sein Training mit dem

Ball brauchte Viki einen Partner, und dazu war ich geeignet. Anfangs störte uns beim Training auf ihrem Hof ihr Schäferhund, der den Hof als sein Revier betrachtete. Viki akzeptierte er zwar als seinen Herrn, dem er gehorchen musste, aber ich war für ihn sein schwächerer Untergebener. Deshalb knurrte er mich an, fletschte die Zähne und bellte. Gleich am ersten Tag biss er mich in die Wade, als er mich nach dem Ball rennen sah. Er vermutete, dass ich seinem Herrn den Ball wegnehmen wollte. Vielleicht erwachte in ihm auch die Wolfsnatur, als er mich mit gebeugtem Rücken rennen sah, und er betrachtete mich als ein Opfer, das er durch einen Biss ins Bein zu Boden reißen und so zur leichten Beute für das Rudel machen sollte. Viki schrie ihn daraufhin ordentlich an und gab ihm einen Tritt ins Hinterteil. Dann forderte er mich auf, das Gleiche zu tun, und ich, wenn auch ungern, trat den Hund ebenfalls. Das half! Der Hund hatte begriffen, dass sein Herr und ich Freunde waren, und sofort stufte er mich in der Machthierarchie als ihm überlegen ein, verhielt sich respektvoll und hörte auf, sich ins Fußballspiel einzumischen. Die Begegnung mit dem großen aggressiven Schäferhund war für mich eine interessante Erfahrung. Ich hatte gelernt, dass ich ihm nicht den Rücken zuwenden oder vor ihm nicht weglaufen durfte, dass es besser war, größer auszusehen, aufrecht zu stehen und sich nicht zu ducken, also eine Stellung einzunehmen, die ihm signalisierte, dass ich ihn nicht fürchtete, aber ihm gegenüber keine bösen Absichten hegte, ihn beispielsweise nicht angreifen oder ihm den Knochen wegnehmen wollte, an dem er gerade nagte. Natürlich hatte ich keine Ahnung, dass mir alle diese Einsichten einmal nützlich sein könnten, wenn wir als Häftlinge in Streifenkluft Wesen wie Schäferhunden gegenüberstünden, die uns bewachen würden.

Bald mussten wir zu Vaters Schwarzbuch zurückkehren. Es gab wieder etwas einzukleben. Schon am 21. April 1944 erschien die *Verordnung über die Schließung aller jüdischen Geschäfte, über die Inventarisierung aller Waren und der Inneneinrichtung der Betriebe.* In Fällen, wo es aus irgendwelchen Gründen unerlässlich war, den Betrieb aufrechtzuerhalten, musste *mit sofortiger Wirkung ein arischer Betriebsführer ernannt* werden. Am 22. April wurden *für Juden tägliche Lebensmittelrationen festgelegt.* Nicht einmal denen, die körperlich schwer arbeiteten, wurden *erhöhte Rationen zuerkannt.* Am selben Tag erging auch die *Anweisung über die obligatorische Registrierung im Bund der in Ungarn lebenden Juden.* Am 25. April wurde festgelegt, dass *die in intellektuellen Berufen tätigen Juden sukzessiv zu entlassen sind und ihre Anzahl begrenzt werden muss.* Am 28. April wurde angeordnet, dass *die Juden ihre Häuser und Wohnungen zu räumen und den Behörden zur Verfügung zu stellen* hätten, *damit sie nichtjüdischen Interessenten zugeteilt werden können.* Die Juden wurden zum *Umzug in vorab gekennzeichnete Judenhäuser verpflichtet.* Sofern sie in Gemeinden oder Städten mit weniger als zehntausend Einwohnern lebten, wurden sie in nahegelegenen größeren Städten konzentriert und dort in den »Judenhäusern« untergebracht.

Der Zwangsumzug war der bis dahin schmerzhafteste Eingriff in unser Leben. In technischer Hinsicht war das für unsere engere Familie kein großes Problem. Es genügte, die schon vorbereiteten Gepäckstücke aus dem Schrank zu nehmen. Zusammen mit dem vor dem Umzug eingepackten Essen durfte jedes Gepäckstück bis zu fünfzig Kilogramm wiegen. Manci kontrollierte noch einmal, ob sie alles eingepackt hatte, was sie mitnehmen wollte. Wie die meisten Leute nahmen wir die besten Sachen mit. Ganz praktisch war das aber nicht. Es war zwar richtig, dass wir sie im Notfall verkaufen konnten und dafür mehr bekommen würden, auf der anderen Seite aber wären sie bald ruiniert, wenn wir in einer solchen Bekleidung Gräben ausheben müssten.

Die Gewichtsbegrenzung zwang uns, nur das Notwendigste mitzuführen, und am schwersten waren in den Gepäckstücken die Schuhe und die Winterbekleidung. Wir machten uns Sorgen, ob es in den Gegenden, in die man uns schicken würde, im Winter kalt wäre. Zum Schluss steckte Mutter die Lebensmittel, die wir zu Hause hatten, in zwei Rucksäcke, und dann waren wir fast fertig. Wie Vater und ich angenommen hatten, brach Mutter vor dem Weggang in Tränen aus. Sie weinte bitterlich und sagte unter Schluchzern nur, sie sei sich sicher, dass wir nie wieder in diesem Haus zusammenkommen würden. Vater und ich versuchten sie damit zu beruhigen, dass wir doch einstweilen nur zu Großvater ziehen würden. Wenigstens darin hatten wir Glück, dass ihr Elternhaus zu den gekennzeichneten »Judenhäusern« gehörte. Davon ließ sie sich etwas beruhigen, weinend legte sie sich aufs Bett und schlief ein. Wortlos sahen Vater und ich uns an. Es war uns klar, dass wir beide das Gleiche dachten: Auch wir waren uns nicht sicher, ob wir hier noch einmal zusammentreffen würden.

Bei Großvater war in jedem Raum, einschließlich der verschiedenen Werkstätten und Lagerräume, eine Familie untergebracht, hauptsächlich solche aus benachbarten Dörfern. Großvater und Großmutter blieben in ihrem Schlafzimmer, wir schliefen in ihrem Esszimmer auf Matratzen, die für die Nacht ausgelegt wurden. Obwohl so viele Menschen zusammengekommen waren, entstanden zwischen ihnen keine Streitigkeiten, sie verhielten sich zueinander rücksichtsvoll, ertrugen geduldig die Unbequemlichkeiten und teilten sich die häuslichen Arbeiten. Die größten Probleme bereiteten uns paradoxerweise nicht die verschiedenen fiskalischen Anordnungen, sondern der Umstand, dass für so viele Menschen die Toiletten nicht ausreichten. Über das ganze Haus herrschte auch weiterhin Großmutter. Es war nicht nur ihr Haus, sondern sie war überdies eine geborene Organisatorin.

Dank der Vorkehrungen der jüdischen Gemeinde funktionierte nach wie vor die Versorgung mit Lebensmitteln, und niemand litt Hunger. So blieb es bis zur Abfahrt nach Auschwitz am 16. Juni. Natürlich hatten wir damals noch keine Vorstellung davon, dass wir dorthin geraten würden. Aber der Umgang der jüdischen Gemeinde mit den Lebensmitteln zahlte sich aus, denn die aus Parkan nach Auschwitz deportierten Juden kamen dort an, ohne vorher Hunger gelitten zu haben oder sonstwie durch die vorhergehende Internierung in den gekennzeichneten Häusern und im Sammellager, in das wir zunächst übersiedeln mussten, übermäßig geschwächt zu sein. Unsere Hühner wurden zum Bestandteil des Lebensmittelprogramms der jüdischen Gemeinde. Auf Großmutter Geheiß nahm ich die Hälfte von Vaters Hühnern, band ihnen die Beine zusammen und schlachtete sie, wie wir es zu Hause getan hatten. Am nächsten Tag kam die andere Hälfte an die Reihe. An diesen beiden Tagen bereiteten die Frauen unter Großmutters Anleitung den ganzen Vormittag lang die Hühner auf unterschiedliche Weise küchenfertig vor.

Zugleich setzte sich die Flut der Verordnungen fort, die die verfolgten Juden weiter einschränken sollten. Fortlaufend klebten Vater und ich sie in das Schwarzbuch ein. Schon am 29. April erschien die *Anweisung über die Anmeldepflicht für jüdisches Vermögen* und über die Verfahren seiner Sperrung und Übernahme durch den Staat. Am 30. April wurde die *Richtlinie über den Schutz des ungarischen geistigen Lebens vor den literarischen Werken jüdischer Autoren* herausgegeben; demnach waren die Bücher von 114 in Ungarn und 34 im Ausland lebenden jüdischen Schriftstellern aus dem Bestand der Bibliotheken auszusondern und einzustampfen. Ab dem 2. Mai wurde der *Zutritt zu öffentlichen Badeanstalten mit Ausnahme gewisser festgelegter Stunden für Juden verboten*. Am 6. Mai wurden *alle an Juden erteilten Lizenzen zur Erzielung von Gewinnen aufgehoben*, und es wurde *angewiesen, ihre Inhaber zu entlassen. Jüdischen Schülern* wurde *verboten, Schuluniformen, -mützen und -abzeichen zu tragen.* In meinem Fall betraf das nur die obligatorische Mütze für Mittelschüler, aber nach der hatte ich keine Sehnsucht. Am 15. Mai wurde *Juden der Besuch von Gaststätten, Restaurants, Kaffeehäusern, Hotels und ähnlichen Einrichtungen untersagt.* Man konnte dort *nur während bestimmter festgelegter Stunden* hingehen und hatte *nur zu bestimmten Räumlichkeiten Zutritt.* Am 26. Mai wurde für *Juden der Zutritt zu allen öffentlichen Vergnügungsstätten beschränkt.* Am gleichen Tag wurde die *obligatorische staatliche Verwahrung von Kunstgegenständen verfügt, deren Eigentümer Juden waren.* Am 4. Juni wurde *Juden der Einkauf in Geschäften und auf Märkten außer an zwei festgelegten Stunden pro Tag verboten.* Das war der letzte Eintrag in Vaters Schwarzbuch. Die späteren Verbote und Verordnungen, die bis Ende November 1944 erlassen wurden, konnten wir nicht mehr berücksichtigen, weil wir »an einen unbekannten Ort«, also nach Auschwitz, deportiert worden waren.

Zugleich stumpften wir bei der Fülle an antijüdischen, diskriminierenden Anordnungen zunehmend ab. Nach unserem Umzug in die gekennzeichneten Häuser hatten wir auch immer weniger zu verlieren. Innerhalb weniger Tage wurden wir apathisch. Wir verstanden, dass die früheren Zeiten unwiederbringlich vorbei waren und es jetzt besser für uns wäre, das Vergangene zu vergessen und nicht darauf zurückzukommen. Von dem, was uns bevorstand, hatten wir keinen Begriff, und niemand deutete es uns auch nur an; was wir tun konnten und mussten, hatten wir schon getan. Es hatte für uns keinen großen Sinn, uns mit der Zukunft zu beschäftigen, und vor allem war es deprimierend. Auch die Gegenwart bot uns nur noch wenig Spielräume. Antijüdische Unterdrückungsrichtlinien waren schon so zahlreich herausgegeben worden, dass sie uns überhaupt nicht mehr interessierten. Mehrmals war ich mit Vater und Großvater in der jüdischen Gemeindeversammlung. Ich sah, dass einige der dort beschlossenen Dinge für die Menschen wichtig waren, aber insgesamt brachten die Verhandlungen in der Gemeinde keinerlei Wendung zum Guten. Nicht einmal Schulbücher hatte ich mir in das gekennzeichnete Haus mitgenommen. Ich vegetierte in der Gegenwart, ohne dass ich eine ausgeprägtere Bindung an das empfunden hätte, was war oder erst kommen würde. Kurz gesagt, es war mir fast egal. Und genauso durchlebten auch die anderen Mitglieder unserer Familie diese Zeit.

Großvater aber hatte wirkliche Arbeit: Nachts besorgte er bei seinen Kollegen Fleisch, das Großmutter dann portionierte und verteilte, wie die Gemeinde es verlangte, tagsüber befasste er sich mit den Gemeindeangelegenheiten. Er war jetzt eher ihr Führer, der befahl, anwies und die Verantwortung auf sich nahm, als ihr Vorsitzender, der die Diskussion moderierte und nach Kompromissen suchte, die für alle Seiten annehmbar waren. Herumgequatsche, so sagte er, habe es schon zur Genüge gegeben, und jetzt müssten wir tun, was unerlässlich sei. Außerdem bemühte er sich, Zuversicht auszustrahlen, und wiederholte in verschiedenen Varianten fortwährend: »Leute, haltet aus! Kopf hoch! Alles wird am Ende gut ausgehen!« Angesichts dessen, was er zu Hause sagte und wie er sich dort verhielt, war allerdings klar, dass er keine Freude daran hatte, den Führer oder den Vorsitzenden zu machen, und dass er auch daran zweifelte, ob sein Optimismus angebracht war. Während Großvater durch die Entwicklungen in die Rolle des Anführers gedrängt worden war, wurde Vater zu einer Art Stabschef und suchte für die unterschiedlichen Situationen nach gangbaren Lösungen, die er dann mit Hilfe anderer Leute realisierte. Aber Freude hatte er daran nicht, und privat verfiel er in Pessimismus. Mutter beteiligte sich unter Großmutters Leitung in die Küchenarbeiten. Davon war sie immer ziemlich ermüdet und hatte keine Kraft mehr, über ihre Visionen zu sprechen, die die Christen apokalyptisch nennen würden.

Manci war unfähig, an diesen Visionen etwas zu ändern. Vernunftargumente verpufften bei ihr. Dafür hatte sich Großmutter im Unterschied zu früheren Zeiten wieder aufgerafft. Gewiss sah auch sie die Dinge im richtigen Licht, aber nach ihrer Ansicht musste, während die Männer nachdachten und organisierten, auch jemand da sein, der sich darum kümmert, dass alle satt werden und der alltägliche Gang des Lebens ungestört abläuft. Je mehr Arbeit sie hatte, desto mehr leistete sie. So wurde sie zur Mutter des ganzen gekennzeichneten Hauses, sie portionierte das Fleisch und wog es für die Leute ab, die deswegen zu ihr kamen. Wie auch wir wich sie aber allen Erwägungen darüber aus, was kommen würde. Jetzt sah sie es schon als glücklichen Umstand an, dass ihre jüngere Tochter Beta in England war und nicht bei uns. Diese hatte geheiratet und war 1938 mit der letzten Verbindung nach London geflogen. Großmutter hatte schwer daran zu tragen, besonders in der Zeit, als London bombardiert wurde. Und Magda war ganz mit dem kleinen Zoli beschäftigt, den sie stillte. Für sie beide beschaffte Großmutter alles, was sie benötigten. Ich indes hing nur so herum.

Bisher konnten wir uns noch frei bewegen, so ging ich wenigstens zum Hafen. Gewöhnlich machte ich mich erst spät nachmittags dorthin auf den Weg und nahm mein weißes Hündchen Fifinka mit. Bei einem dieser Spaziergänge traf ich das Mädchen aus dem Ort, das gelegentlich mit uns Fußball spielte und neulich die Schiedsrichterrolle übernommen hatte. Dieses Mädchen bat ich, Fifinka zu sich nach Hause zu nehmen, und sie war einverstanden. Ich streichelte Fifinka und kraulte ihr den Rücken, wie sie es gern hatte.

Dann gab ich der neuen Besitzerin die Leine in die Hand – und Fifinka war weg und drehte sich nicht einmal mehr nach mir um.

Einem Gespräch zwischen Papa und Großvater entnahm ich, dass aus Budapest eine Gruppe von Detektiven der ungarischen Geheimpolizei eingetroffen war. Sie sollten in Zusammenarbeit mit der örtlichen Gendarmerie die reichen Leute verhören und diese, im Guten oder im Bösen, dazu zwingen, ihr Vermögen und die verschiedenen Wertsachen herauszugeben, die sie versteckt hatten und die abzuliefern sie verpflichtet waren, weil das alles zu ungarischem Staatseigentum geworden war. Nachmittags riefen sie Großvater zu sich und übergaben ihm eine Liste, auf der Namen aufgeführt und Termine angegeben waren, wann sich wer auf dem Gendarmerieposten einzufinden hatte. Wie sie ihm sagten, sei die jüdische Gemeinde und damit auch er persönlich dafür verantwortlich, dass jeder der Vorgeladenen genau zur angegebenen Zeit erscheine. Von den Gendarmen sollte Großvater seinen Leuten ausrichten, dass es am besten sei, wenn sie gleich ein Verzeichnis der versteckten Sachen und die Namen derjenigen mitbrächten, bei denen sie sie gelassen hätten. Einer der Detektive hatte sinngemäß geäußert, dass sie ungern Gewalt anwenden würden, aber wenn ihnen die Juden hier keine andere Möglichkeit ließen, dann müssten sie sich darauf gefasst machen. Der Gendarmeriekommandant hatte angeblich hinzugefügt, denjenigen, die freiwillig zugäben, was und wo sie es versteckt hätten, werde alles verziehen werden. Auch den Leuten, die für sie etwas aufbewahrt hätten, werde nichts geschehen. Wenn einer aber nicht gleich gestehe und erst überführt werden müsse, dann werde er nicht ohne Strafe davonkommen, ob nun Jude oder Nichtjude! Wie Großvater erfahren hatte, führten die Gendarmen die Maßnahmen in der Überzeugung durch, dass sie die Juden hart und kompromisslos anzufassen hätten.

Vielleicht hatte ebendiese Kampagne bewirkt, dass sich manche von ihnen aggressiver zu verhalten begannen.

Der tragischste Vorfall war die wiederholte Vergewaltigung der hübschen Kantorstochter Hanele. Einer der Gendarmen kam in der Nacht von der Wiese hinter der Synagoge, wo wir immer Fußball spielten, durch die Hinterpforte auf den sogenannten Judenhof, brach die Tür zur Kantorswohnung auf, zog Hanele, die in der Küche schlief, gewaltsam nach draußen auf die Wiese und vergewaltigte sie dort. Hanele schlich dann nach Hause. Am nächsten Morgen erschien der Gendarm mit Blumen und entschuldigte sich unter Tränen, dass er es aus großer Liebe getan hätte. Und in der folgenden Nacht wiederholte er »aus großer Liebe« diese Untat!

Schon am nächsten Vormittag wurden einige der verhörten Juden, die über ihre versteckten Sachen nichts verraten wollten, grausam verprügelt. Unter den Detektiven war einer, der sich darauf spezialisiert hatte, mit dem Gummiknüppel auf die bloßen Fußsohlen zu schlagen. Er schlug so fachgerecht, dass zwei starke Männer die Geschlagenen nach Hause schleppen mussten, weil sie sich nicht mehr auf den Beinen halten konnten. Und Vater begriff, was geschah. »Sie führen den Terror ein«, sagte er. »Die armen Kerle, die verprügelt worden sind, sollen den Übrigen zur Warnung dienen. In Wirklichkeit sind Prügel schon das einzige Mittel, das sie bei uns anwenden können. Was kann man Menschen noch antun, die bereits mit einem Bein auf dem Weg in ein Arbeitslager im Osten sind? Wenn sie sie stattdessen in ein ungarisches Gefängnis sperren würden, dann würden sie ihnen den größten Gefallen erweisen. Außerdem wissen wir von vornherein, dass sie uns zwingen wollen, unsere versteckten Sachen herauszugeben.« Deshalb hatten wir auch lang und breit alle erdenklichen Situationen erwogen. Vater hatte aber nicht geahnt, dass ihn die größte Unannehmlichkeit in dieser Sache erst noch erwartete.

Einer der Freunde, der für uns etwas minder Wichtiges aufbewahrte, hatte erfahren, dass im Vorgarten unseres Hauses in einem Marmeladenglas ein Verzeichnis versteckter Sachen gefunden worden war. Dazu war es zufällig gekommen, weil nach unserem Weggang jemand eine kleine Silbertanne ausgegraben und gestohlen hatte, die dort stand. Offenbar wollte er sie zu sich umsetzen, um immer ein Weihnachtsbäumchen im Garten zu haben. Jetzt war in unserem Haus ein Offizier untergebracht, und der wollte wohl in das von der Tanne verbliebene Loch etwas anderes einpflanzen und begann dort zu graben. Dabei fand er das Glas mit dem Verzeichnis, das Vater dort versteckt hatte, und übergab es sofort den Gendarmen. Vater hatte mich wie in anderen derartigen Fällen in Unkenntnis lassen wollen, um mich bei einer etwaigen Untersuchung zu schützen; deshalb hatte er mir von diesem in einem Glas versteckten Verzeichnis nicht nur nichts gesagt, sondern im Gegenteil behauptet, dass er gar keine Liste schreiben würde.

Die Gendarmerie wandte sich sofort an den im Verzeichnis erwähnten Bekannten mit der Frage, ob er nicht gewisse Dinge von uns bei sich untergebracht habe, und dabei plauderte der mit dieser Angelegenheit betraute Gendarm alles aus, was er darüber wusste. Er sagte ihm auch, dass die Gendarmen aus dem verschlüsselten Verzeichnis nicht klug geworden seien. So bestellten sie Vater für den nächsten Tag nachmittags auf ihre Wache. Nacheinander hatten sie alle vermögenden Juden dorthin vorgeladen, von denen sie annehmen konnten, dass sie etwas versteckt hatten.

Vater holte sofort aus einem Versteck Abschriften des entdeckten Verzeichnisses und verständigte sich flüsternd mit Mutter über die versteckten Sachen und über die Leute, zu denen sie sie gebracht hatten. Dabei musste Vater eingestehen, dass er das Verzeichnis nicht gerade am geeignetsten Ort verborgen hatte. Er hätte damit rechnen müssen, dass jeder

Baum ausgegraben werden oder umgestürzt kann und dann fremde Augen das verbuddelte Glas mit der Liste bemerken könnten. Also hatte er einen großen Fehler begangen! Mutter konnte sich eine ironische Bemerkung nicht verkneifen und sagte zu Vater: »Hauptsache, wir haben ein paar theoretische Vorträge über das Verstecken von Sachen gehört!«

Vater beschloss, sich mit Großvater über seine Vorladung zur Gendarmeriestation zu beraten, und ich fragte ihn, ob ich zu dieser Beratung mitkommen könne; dagegen hatte Vater keine Einwände. Wir brauchten nicht weit zu gehen, Großvater und Großmutter wohnten ja jetzt im Nebenzimmer. Vater teilte Großvater kurz mit, was geschehen sei und wie er sich dazu stelle. Wenn wir diese Situation ohne Schaden überleben wollten, sollten wir nicht die Helden spielen und unerschütterlich behaupten, dass wir nirgendwo etwas versteckt hätten, was ja offenkundig nicht der Fall sei. Ein solches Verhalten gäbe den Gendarmen und Mordgesellen in Zivil nur die Gelegenheit, uns zu verprügeln, und in verkrüppeltem Zustand in ein Arbeitslager zu geraten, sei wirklich schlechter und weitaus gefährlicher, als irgendwelche Federbetten, Wäsche, einen Pelz oder eine Kette von Großmutter zu verlieren, erklärte er gegenüber Großvater. Eigentlich wüssten wir nicht einmal, was uns davon am Ende überhaupt zurückgegeben werden würde. Es sei klar, die Detektive und Gendarmen würden sich in einem unbewachten Augenblick selbst am jüdischen Geld bereichern. Der Fiskus habe das selbstverständlich vorausgesehen, deshalb seien sie noch von Zivilbeamten umgeben, die eine Inventur der Sachen vornähmen, Protokolle schrieben und sich um die Aufbewahrung des jüdischen Eigentums kümmerten. Wer wisse schon, wohin die jüdischen Wertsachen schließlich gelangen würden? Die Gauner mit den Pistolen im Achselhalfter und Gummiknüppeln in der Hand, die von ihnen diese wertvollen Sachen eintrieben, würden Lob, Belohnungen und Beförderungen erhalten, aber nicht danach, wie viele Juden sie zu Krüppeln geschlagen hätten, sondern danach, wie viele von ihnen mit polizeilichen Mitteln genötigt worden seien, etwas zu gestehen und herauszugeben, was sie zuvor verheimlicht hätten. Obendrein verprügelten die meisten dieser Gendarmen die Menschen nur, weil das eine Verkürzung ihrer Arbeit bedeute. Vielleicht gebe es unter ihnen auch Sadisten, aber der Mehrheit von ihnen sei es sicher lieber, wenn sie, statt Menschen auf die Fußsohlen zu schlagen, früher nach Hause kommen könnten. Es sei sein Fehler, dass ihnen diese Liste in die Hände gefallen sei, warf Vater sich vor, und so bleibe ihm auch nichts anderes übrig, als eine konkrete Lösung zu finden, wie sie da herauskommen könnten. Die Gendarmen hätten zwar ein Verzeichnis, aber keine Ahnung, dass er das wisse. Schon morgen Nachmittag solle er bei ihrer polizeilichen Routineprozedur an die Reihe kommen. Also werde er sich sofort zu dem bekennen, was darin aufgelistet sei, und er werde noch irgendeine Kleinigkeit dazutun, damit es kein Geschrei gebe. Er hoffe, dass er damit durchkomme, ohne dass sie ihn verprügelten. Wenn wir diese ganze Polizeiaktion überstünden, werde er sich gern bei den Leuten entschuldigen, die unseretwegen, aber gegen unseren Willen, in unangenehme Situationen geraten seien.

Dann fiel Vater noch eine andere Lösung ein. »Als unser Junge den Gendarmen das Rad abgegeben hatte, da hat uns ihr diebischer Kommandant doch beinahe aufgefordert, ihn wieder zu bestechen«, berichtete Vater dem Großvater. »Er hat ihm doch gesagt, dass sein Vater ein vernünftiger Mensch sei. Anscheind kann er sich an den Fall des Pfeilkreuzlers, der Manci das Geld aus dem Schrank gestohlen hat, gut erinnern. Ich billige selbstverständlich nicht, dass Diebe uns bestehlen, doch ich versuche mir vorzustellen, wie das wohl ein korrumpierter ungarischer Gendarm beurteilt, der einstweilen über uns eine ziemlich große Macht hat. Er sieht vor allem, um ihn herum fließen enorme Geldbeträge aus der Enteignung von mehr als einer Dreiviertelmillion ungarischer Juden. An diesem Geld würde sich gern jeder bereichern, der kann, denn eine solche Gelegenheit gibt es nicht zweimal, ein Gendarm wird da keine Ausnahme sein. Dabei ist Schmiergeld für ihn das sauberste Geld, an das er gelangen kann. Er braucht nichts zu stehlen, es genügt, den Leuten einen Gefallen zu erweisen, damit tut er auf seine Weise auch noch etwas Gutes – anders kann ich das nicht nennen. Obendrein werden diejenigen, die ihn bestochen haben, in ein paar Tagen verschwinden, also ringsum keine Zeugen bleiben. Ich wiederum bin darauf bedacht, dass unsere Familie aus der Patsche herauskommt, deshalb würde ich ihm etwas geben.« Und Vater nannte irgendeine Summe, die er für angemessen erachtete. »Durch dieses Schmiergeld würde ich bei der Untersuchung erreichen, dass uns das Geständnis dessen angerechnet würde, was sie ohnehin schon wissen.« Dann fragte Vater Großvater, wie er, am besten schon morgen früh oder vormittags, zu diesem Gendarmen gelangen könne.

Großvater lobte ihn nach kurzem Nachdenken, dies sei nicht schlecht ausgedacht. Er selbst müsse am nächsten Morgen den Kommandanten wegen irgendwelcher Gemeindeangelegenheiten aufsuchen, und weil er sich in seiner Haut nicht wohl fühle und erkältet sei, bitte er Vater als Gemeindesekretär, an seiner Stelle mit dem Kommandanten zu sprechen. Gleichzeitig beriet er Vater, wie dieser die Verhandlung beginnen solle. »Zuerst solltest du mit diesem Gendarmen eine Abmachung über unsere Familienangelegenheit treffen und ihm dafür den Betrag geben, den du vorschlägst. Mir ist aber eingefallen, dass du mit ihm über einen ähnlichen Handel im Großen sprechen solltest. Unseren Juden erklären wir, dass sie irgendwelche kleineren Sachen ohne Umschweife zugeben und nicht mit dem Kopf gegen die Wand rennen sollen, dem Gendarmen werden wir derweil Schmiergeld aus dem Geheimfonds der Gemeinde geben, den ich hier versteckt habe. Ich habe die Vollmacht, ihn in dringenden Fällen zu verwenden. Der betreffende Gendarm wird dann sicherstellen, dass die Polizeiaktion auf gemäßigte Weise abläuft. Soweit es die jüdische Gemeinde betrifft, werde ich alles auf mich nehmen. Den vernünftigen Leuten werde ich das erklären, mit den Idioten werde ich mich nicht abgeben. Nehmen wir das als ein akzeptables Geschäft. Wenn wir uns im Mittelalter befänden und ein Raubritter uns überfiele, würden wir ihm auch eine angemessene Summe zahlen, und er würde uns dafür ohne ernstlichen Schaden ziehen lassen. Ich sehe in dieser Sache nichts Neues oder Ungewöhnliches, das Gleiche mussten unsere Vorfahren jahrhundertelang tun, wenn sie dazu gezwungen wurden. Diese erbärmliche Welt haben wir uns weder ausgedacht noch erschaffen. Wir wollen nur mit unseren Familien überleben. Wenn wir unsere tausendjährige jüdische Erfahrung nicht nutzen wollten, würden wir einen Fehler begehen und wären obendrein saublöd.« Vater stimmte zu, so mit dem Gendarmen zu verhandeln. Auf die Wache werde er am besten gleich morgens gehen, um ein grausames Verhör derjenigen abzuwenden, die für den folgenden Tag vorgeladen seien. Dann berieten Vater und Großvater eingehender, wie viel dem Gendarmeriekommandanten gezahlt werden solle. Schließlich kamen sie auf eine nicht zu kleine und nicht zu große Summe, die sie für angemessen hielten. Nach einer Weile erschien Großvater mit dem Betrag in einem weißen Kuvert und übergab es Vater. Der versicherte Großvater, dieses Geld erst dann aus der Hand zu geben, wenn der Gendarm zusage, ihre Bitten zu erfüllen. Er fragte, ob der irgendetwas unterschreiben solle. Das lehnte Großvater kategorisch ab, denn die Juden könnten sich jetzt, wo es ums Überleben gehe, mit solchen Kleinigkeiten nicht mehr aufhalten. Vater wandte ein, sie hätten dann aber keine Garantie, dass dieser Gendarm Wort halten werde, er setze aber darauf, dass die Sache aufgehe und der Gendarm seine Zusage erfülle, das sei in seinem Interesse. Wenn die polizeiliche Diebstahlaktion so ablaufe, dass sich die Arbeit der Gendarmerie als erfolgreich erscheinen lasse, werde er von seinen Vorgesetzten noch eine Belobigung oder einen Orden bekommen. Und Geld in die Tasche obendrein – ohne jedes Risiko. Wir wiederum würden eine akzeptable Steuer zahlen und zur nächsten Burg mit dem nächsten Raubritter weiterziehen! »Wenn es zu einer solchen Vereinbarung gekommen ist«, sagte Großvater, »muss ich sofort diejenigen Juden aufsuchen, die für den nächsten Tag zum Polizeiverhör bestellt sind, oder zuverlässige Leute zu ihnen schicken. Ich will, dass sie schon morgen früh beginnen, sich vernünftig zu verhalten, und niemand mehr zum Krüppel geschlagen wird!« Vater und ich kehrten nach Hause zurück, das heißt ins Nachbarzimmer. »Sie hetzen uns nach ihrem Zeitplan«, konstatierte Vater. »Der Abschluss der diebischen Polizeiaktion bedeutet den augenblicklichen Abtransport. In spätestens einer Woche werden wir abfahren.« Ich wollte noch manches von ihm erfahren, doch er antwortete auf meine Fragen nicht mehr, als würde er sie gar nicht hören. Er legte sich auf die Matratze, schlief aber nicht.

Vor dem Einschlafen dachte ich darüber nach, was die Vorsitzenden all dieser jüdischen Gemeinden alles bedenken und unternehmen mussten und wie sie sich in den verschiedensten Situationen zu verhalten hatten. Denn hauptsächlich durch ihr Verdienst hatten die Juden trotz aller Unterdrückung und allen Leides über die unvorstellbar lange Zeit vieler Jahrhunderte bis auf den heutigen Tag überlebt. Ich war verblüfft darüber, dass auch mein Großvater und mein Vater imstande waren, in schwieriger Lage zweckmäßige Lösungen zu finden. Davon hatte ich bis dahin nicht einmal eine Ahnung.

Morgens rasierte sich Vater, zog den Anzug mit dem gelben Stern an und brach zum Kampf auf. Ungefähr nach zwei Stunden kehrte er zurück. Großvater hatte schon auf ihn gewartet. »Alles ist abgemacht«, verkündete Vater, »der Gendarm hat zugestimmt!«

Nachmittags ging Vater fast unbesorgt zum Verhör und kam nach etwa einer Stunde in der gleichen Stimmung zurück. Manci, die er schon vorher über alles informiert hatte, schaute ihn an: »Nun, Arnost, wie ist es gelaufen?« Und Vater antwortete ihr mit verhältnismäßig fröhlicher Miene: »Genau wie ich erwartet habe. Ich bin, wie du siehst, wohlauf, Manci. Und wir alle sind auf dem Weg zu unserem Ziel eine Etappe weiter, auch wenn wir nicht wissen, zu welchem.« Aber nachdem er das ausgesprochen hatte, war seine Miene schon nicht mehr so fröhlich. Ich wartete ab, bis er etwas gegessen und sich entspannt hatte, und fragte ihn dann nach einer Sache, die mich interessierte: Warum habe er dem Gendarmen eigentlich nicht gleich das größere Schmiergeld für alle Juden gegeben, die verhört werden sollten? Warum danach noch den kleineren Betrag nur für uns? Er hätte sich doch das doch sparen können. Diesen Einwand entkräftete mir Vater aber schnell und sagte, dass er aus zweierlei Gründen nicht so habe handeln können: »Unser Problem mit dem Verzeichnis ist wegen meines eigenen Fehlers entstanden. Hätte ich dieses kleine Manöver nicht ausgeführt, hätte es für uns viel schlechter ausgehen können. Ich hätte dafür herhalten müssen, dass man aus den Leuten alles rausprügeln kann. Wir hätten viel mehr verloren, als wir dem Gendarmen wegen dieses Verzeichnisses gezahlt haben. Sie hätten mich halbtot schlagen können, und ihr hättet mich nach Osten zur Arbeit auf dem Rücken mitschleppen müssen. Sofern es zutrifft, dass sie uns dorthin und nicht anderswohin transportieren werden. So geht es zu auf der Welt, dass der Mensch bei allem Bemühn irgendwann einen Fehler macht. Und für jeden Fehler muss man büßen. Das ist die eiserne Regel, mit der man unausweichlich rechnen muss. Für einen eigenen Fehler zu bezahlen, ist auch ehrlicher. Nimm dir das als Beispiel, Tom. In Wirklichkeit lernen wir leider hauptsächlich aus eigenen Fehlern. Sag mir, wie konnte ich im Voraus wissen, ob der Gendarm auf den Handel für alle eingehen würde? Deshalb habe ich mit ihm zuerst über den kleineren Fall verhandelt, meine Angelegenheit mit dem aufgefundenen Verzeichnis. Indem er das erste Schmiergeld annahm, hatte ich ihn auf den Gedanken gebracht, das könnte man auch im Großen so tun. Diese beiden Dinge musste man sukzessiv lösen, eins nach dem andern. Das, was Großvater und ich dir jetzt vorgeführt haben, war nichts Ungewöhnliches, so ähnlich geht es im Leben und im Handel auch zu.«

Vaters Vorhersage über unsere Abreise bewahrheitete sich. Nach einigen Tagen forderten die Gendarmen Vater als Gemeindevorsitzenden auf, aufs Revier zu kommen. Dort gaben sie ihm bekannt, dass sich am nächsten Tag frühmorgens alle Juden mit ihren Gepäckstücken, die nicht schwerer oder größer sein dürften als vorgeschrieben, zum abschließenden Verhör und zur Kontrolle einzufinden hätten, dabei würden sie in ein Namensverzeichnis eingetragen. Weiter teilten sie ihm mit, wir würden dann in Begleitung von Gendarmen mit dem Zug in die nahegelegene Stadt Levice transportiert werden, dort werde ein Sammellager für Juden eingerichtet. Großvater solle allen bekanntgeben, von nun an sei es Juden verboten, sich frei zu bewegen.

Am nächsten Tag lief tatsächlich alles so ab. Obwohl ein Werktag, ließ sich auf den Straßen, durch die die Juden aus Parkan und Umgebung geführt wurden, niemand sehen. Und wenn sich zufällig doch jemand draußen zeigte, schaute er weg oder machte eine Miene, als ob er nichts sähe.

Die abschließende Kontrolle wurde in einem kleineren Schulgebäude am Stadtrand durchgeführt. Dort betätigte sich die schon bekannte Gruppe aus Geheimpolizisten mit Pistolen im Achselhalfter und örtlichen Gendarmen, die ebenfalls bewaffnet waren. Sie fertigten eine Familie nach der anderen ab und führten diejenigen, die schon kontrolliert worden waren, in einen anderen Raum. Sie befahlen uns, still zu sein, nicht miteinander zu sprechen. Genauer gesagt, einer der Geheimpolizisten schrie uns an: »Hier herrscht Ruhe! Alle werdet ihr das Maul halten! Ihr seid hier nicht in der Judenschule!«

Vater flüsterte mir unauffällig ins Ohr: »Nimm das hier und bewahr es gut auf. Es sind Goldmünzen, Napoléons, unsere Familienreserve für alle Fälle. Dich werden sie als Kind nicht so gründlich untersuchen. Wenn wir im Zug sind, gibst du das unauffällig Manci.« Er drückte mir ein kleines, aber ziemlich schweres, in Papier gewickeltes Päckchen, überzogen mit dunklem Lack, damit es nicht aufweichte, in die Hand. Wir setzten uns mit unserem Gepäck in die Reihe und näherten uns allmählich der Abfertigung. An der Tür stand ein Gendarm, der keinen hinein- oder hinausließ. Schon als wir bei dieser Schule angekommen waren, hatte ich bemerkt, dass das Gebäude auch von außen bewacht wurde. Wir waren bereits eingesperrt! Wenn aber jemand bat, auf die Toilette gehen zu dürfen, ließ der Gendarm ihn passieren. Ich flüsterte also Mutter zu, ich müsse austreten. Der Gendarm ließ mich durch und sagte, dass ich danach schnellstmöglich zurückzukehren hätte. Auf dem Flur saß ein anderer Gendarm. Ich fragte ihn, wo die Toilette sei. Er zeigte mir wortlos, wie ich zu gehen hätte. Aus dem Raum der schon Abgefertigten näherte sich ein Mann der Toilette. Ich ließ ihm den Vortritt. Es war so still, dass man auf dem Flur hören konnte, was auf der Toilette vorging. Nach dem Mann ging ich hinein, schloß die Tür, hob den Deckel, pinkelte und stieg leise auf das Brett.

Der Spülkasten war verhältnismäßig niedrig angebracht. Ich schaute dahinter. Dort war ein Metallhalter, auf den ich das Päckchen mit den Münzen so legen konnte, dass es von unten keiner sah. Also brachte ich es dort unter. Dann riss ich Papier ab, raschelte ein Weilchen damit, dass es zu hören war, warf es in die Kloschüssel und spülte. Auf dem Gang knöpfte ich mir absichtlich noch die Hose zu, als hätte ich dazu keine Zeit mehr gehabt, und kehrte zu den Eltern zurück. Nach einer Weile kamen wir zur Abfertigung an die Reihe. Vater erledigte mit den Gendarmen, was nötig war, und übergab ihnen unsere Papiere. Wir mussten die Gepäckstücke öffnen. Eine Weile wühlten sie darin herum, dann durchsuchten sie uns und wollten sehen, was wir in den Taschen haben. Ich hatte dort nur ein Taschentuch, einen Bleistift und ein rotes Messerchen, das Geschenk von Vera. Das ließen sie mir. Damit war ich fertig. Bei Vater und Großvater geschah das Gleiche, Großmutter und Manci wurden von einer Frau in einen anderen Raum geführt und dort durchsucht. Zuerst durchsuchte sie Mutter und schickte sie dann zurück. Mutter sagte zu Vater, sie kenne diese Frau, sie sei Hebamme. Nach einer Weile kam Großmutter wieder. Sie beugte sich zu Mutter und flüsterte ihr zu, sie habe sich ganz ausziehen müssen und sei von diesem Weibsbild schließlich auch noch betatscht worden. Mutter überraschte das, und sie fragte Großmutter empört: »Wirklich?« Zuerst wusste ich nicht, worum es hier geht, aber nach einer Weile begriff ich. Magda, die immer bei uns war, musste den kleinen Zoli auswickeln, damit sie sich überzeugen konnten, dass sie nichts in der Kleidung oder in den Windeln versteckt hatte. Dann hielt Manci Zoli, während die Hebamme im Nebenraum Magda untersuchte. Zoli nahm das alles als einen Scherz, lachte und lallte etwas vor sich hin, und Mutter und Großmutter machten mit ihm die üblichen Späßchen, so dass er – ohne die Mama – nicht zu weinen anfing. Andernfalls hätte der Geheime uns wohl angebrüllt.

Nachdem wir durchsucht worden waren, schleiften wir unsere Gepäckstücke über den Fußboden in den Nachbarraum und setzten uns drauf. An der Tür saß jetzt ein anderer Gendarm mit ermüdeter Miene. Ich wartete ungefähr eine halbe Stunde, dann meldete ich mich, dass ich auf die Toilette müsse. Er nickte mit dem Kopf. Auf dem Klo pinkelte ich nur, holte schnell das Röllchen mit den Napoléons runter, steckte es unters Hemd und kehrte zu den Eltern zurück. Diesmal hatte ich kein großes Geschäft vorgetäuscht, um bei dem Gendarmen keinen Verdacht zu erregen. Als wir so warteten, bis alle abgefertigt waren, wandte ich mich an Vater und Großvater, ich hätte nicht das Gefühl, dass die Entsendung von Menschen zur Arbeit so ablaufe. Eher sehe es so aus, als wolle man uns für immer von hier wegschicken! Beide nickten zustimmend. Mutter redete mit den Frauen ein Stückchen weiter weg, so dass sie uns nicht hörte, aber als sie wieder zu uns kam, sagte sie: »Ich werde hierher, nach Parkan, niemals mehr zurückkehren!« Vater und ich umfassten sie an den Schultern, jeder von einer Seite, aber wir vermochten nicht, ihr das auszureden.

Schon reihten wir uns in den Marsch zum Bahnhof ein. Die Stadt war wie ausgestorben. Auf einem Gleis stand der bereitgestellte Zug, nicht am Bahnsteig, sondern entfernt davon, dort, wo die Dampflokomotiven mit Wasser befüllt wurden. Hier standen einige Güterwagen für das Gepäck und eine Reihe zusammengekoppelter Personenwagen. Unweit davon hielten sich ein paar gaffende Halbwüchsige auf, die zufällig am Bahnhof waren. Unter ihnen war kein bekanntes Gesicht. Ich begriff nicht, wie es geschehen konnte, aber auf einmal tauchte von irgendwoher Fifinka auf und rannte gleich zu mir. Sie wedelte mit dem Schwänzchen und sprang an mir hoch, vor Freude, dass sie mich sah. Ich schaute mich um, ob dort nicht irgendwo das Mädchen war, das sie mit sich genommen hatte. Aber da war niemand. Fifinka war vermutlich dem Geruch gefolgt. Wieder und nun wirklich zum letzten Mal streichelte ich sie und kraulte ihr den Rücken. Das hatte ihr immer so gefallen. Dann jagte ich sie mit barscher Stimme weg. Ich musste das noch zweimal tun, damit sie begriff, dass ich sie nicht wollte. Enttäuscht schlich sie weg. Ich habe sie nie mehr wiedergesehen.

Die Menschen standen auf dem Schotter und den Schwellen, das Einsteigen in die Waggons mit den hohen Trittbrettern bereitete den Älteren große Probleme. Die Jüngeren mussten sie hochziehen, andere mussten sie von unten stützen, damit sie überhaupt hineinkamen. Als ich dicht neben Mutter stand und uns niemand bemerkte, gab ich ihr das Päckchen mit den goldenen Napoléons. Ich sagte ihr, ich hätte es auf der Toilette versteckt und nach der Durchsuchung wieder geholt. Vater habe gesagt, sobald es gehe, solle ich ihr das geben. Maminka dankte mir, ich hätte das geschickt angestellt.

Der Zug war überfüllt. Diejenigen, die keinen Sitzplatz bekamen, setzten sich auf den Boden. Ich schaute aus dem Fenster. Nirgends war jemand zu sehen. Mein dummes Hündchen war das einzige Wesen, das gekommen war, uns zu begleiten und uns seine Treue zu zeigen. Von den Einwohnern Parkans, auch unseren guten Bekannten, hatte sich niemand eingefunden, um uns zum Abschied zu sehen oder wenigstens unauffällig zuzuwinken.

Nach ungefähr zwei Stunden kamen wir in Levice an. Wir hielten wieder abseits des Bahnhofs, kletterten aus den Waggons und halfen den weniger beweglichen Leuten beim Aussteigen und mit ihrem Gepäck. Die Gendarmen führten uns in eine nahegelegene Tabakfabrik, die jetzt in ein Sammellager für die ungefähr zweieinhalbtausend Juden aus der Umgebung umgewandelt worden war. Von allen Seiten umringten uns Gendarmen und zählten uns wiederholt: beim Verlassen des Schulgebäudes in Parkan, dann beim Einsteigen in den Zug und nochmals, als wir den Zug verließen und zum Lager in der Fabrik aufbrachen. Dabei wurden wir nicht mehr als Menschen gezählt, sondern wie Stückgut, und es ging ihnen hauptsächlich darum, dass die Zahl stimmte. Wir waren durchgezählt oder eher aufsummiert, auch unser Schicksal war besiegelt, aber wir wussten nicht, was uns bestimmt war. Ich fragte Vater, warum sie uns dauernd zählten. »Was würde geschehen, wenn sie feststellten, dass wir weniger sind?« Vater erklärte mir, dass sie vor der Abfertigung in Parkan gar nicht gewusst hätten, wie viele wir seien. Sie hätten nur die Einwohnerverzeichnisse, aber der Anteil der Juden sei ihnen nicht bekannt. Dann existiere ein Mitgliederverzeichnis der jüdischen Gemeinde, aber das sei inoffiziell. Wenn vielleicht fünfzig Personen verschwunden seien, hätten die Behörden keinen Leitfaden, nach dem sie ermitteln könnten, wo diese Leute abgeblieben seien. Sie könnten für ihr Verschwinden auch niemanden verantwortlich machen. Dass jemand fehle, würden sie erst nach der Endabfertigung erfahren, wenn sie damit begännen, uns, die abtransportierten Juden, aus dem Einwohnerverzeichnis von Parkan zu streichen. Menschen auf der Flucht hätten also einen Zeitvorsprung. Auch aus den gekennzeichneten Häusern könne man noch fliehen. Allerdings sei die Frage, wohin! Aus dem Wohnort zu verschwinden, sei selbst nach dem Verbot des Reisens mit den verschiedenen Verkehrsmitteln kein großes Problem. Aber was käme dann? Wohin gehen und wo sich verbergen? Es müsste eine Organisation geben, die sich um die Flüchtlinge kümmerte, sie verpflegte, unterbrächte und an verschiedenen Stellen versteckte. Familien hätten freilich keine Chance, junge Einzelgänger aber schon, besonders dann, wenn sie Geld hätten und Mitglieder einer halblegalen Organisation seien, beispielsweise einer zionistischen, die ihre Flucht organisieren würde. Es wäre töricht, uns zu fragen, warum wir uns irgendwohin ins Ausland zum Arbeiten bringen ließen oder warum wir nicht lieber geflohen seien. Wer so frage, begreife überhaupt nicht, in welcher Situation wir uns befänden, erregte sich Vater bei dieser Vorstellung. Wenn aber jemand aus dem Zug fliehen würde, und die Gendarmen zählten beim Aussteigen einen weniger, dann würden sie uns alle einsteigen lassen und nach einer Weile anhand des Verzeichnisses feststellen, wer da sei und wer fehle. Und unverzüglich würde eine Fahndung eingeleitet werden. Das sei der Grund, weshalb sie uns ständig durchzählten. Fliehen könne man jetzt immer noch, aber das erfordere mehr Geschick, der Flüchtende hätte keinen nennenswerten Vorsprung. Eigentlich seien wir schon jetzt Häftlinge, schon in Ketten! Und das alles geschehe uns, ohne dass wir uns schuldig gemacht hätten.

Das Sammellager in der Tabakfabrik war von einem hohen Drahtzaun umgeben, den Polizeischüler bewachten. Es waren Jungen um die achtzehn, die von alledem noch nichts begriffen. Sie hatten den Befehl erhalten, niemand dürfe den Zaun passieren, weder hinaus noch hinein, und so bewachten sie uns. Sonst hatten im Lager die Gendarmen das Sagen. Großvater hatte uns schon im Zug nach der Abreise aus Parkan erklärt, dass er das Amt des Vorsitzenden der jüdischen Gemeinde aufgeben werde, dass es ihm bis zum Hals stehe, vor allem das, was er jetzt zum Schluss erlebt habe. In Wirklichkeit aber musste er diese Funktion behalten, die Gendarmen wussten, dass er sie in Parkan innegehabt hatte, und gleich nach der Ankunft in Levice riefen sie ihn heraus. Als er zurückkehrte, sagte er uns, die Gendarmen verlangten, wir sollten im eigenen Interesse selber unter uns Ordnung halten. Wenn sie eingreifen müssten, wäre das für uns schlechter, weil sie gezwungen wären, uns hart anzufassenen, das hätten sie nicht gern und wir auch nicht. Gerade so hätten sie sich ausgedrückt. Und Großvater als Vorsitzender der Parkaner Juden sei persönlich dafür verantwortlich, dass es mit uns keine Probleme gebe. Sie eröffneten ihm auch, dass wir hier nur wenige Tage bleiben würden und man uns dann zum »Bestimmungsort« bringen werde. Ferner, dass wir in der Tabakdarre untergebracht würden und jede Familie möglichst wenig Raum beanspruchen solle, weil noch weitere eintreffen würden. Dann fragten sie ihn auf militärische Weise, ob er noch irgendetwas wissen wolle. Er erkundigte sich nach unserem Bestimmungsort und nach der Abfahrtszeit. Sie antworteten, zu einer Auskunft seien sie nicht befugt. Sie selbst würden ihn nicht kennen. Die Abfahrtszeit würden wir rechtzeitig erfahren, sobald sie ihnen mitgeteilt werde.

Unsere Familie hatte sich auf dem Betonfußboden eines der Abschnitte der Darre niedergelassen, ganz wie die anderen Familien aus Parkan und Umgebung. Aus dem Gepäck holten wir Decken und legten sie auf den Boden. Großvater sah müde aus, er schimpfte, das habe ihm gerade noch gefehlt, auch hier als Vertreter der Juden herzuhalten. Aber das sei ihm letztlich doch lieber, zumal es nur um ein paar Tage gehe, als mit den unbekannten Gendarmen in Konflikt zu geraten, die könnten uns allen nur schaden. Nicht einmal dabei konnte er sich mit seinen beliebten und saftigen Beschimpfungen und Flüchen ordentlich erleichtern.

Wir hatten einen schweren Tag hinter uns und legten uns bald hin. Wir deckten uns zu. Obwohl es in der Darre stark zog, überstanden wir die Nacht, ohne zu frieren. Morgens schwärmten wir alle aus, um die Toiletten aufzusuchen, reckten uns etwas, wuschen uns und brachten Trinkwasser herbei. Unsere Sachen ließen wir liegen, wo sie waren. Dann bewirtete uns Großmutter aus den Vorräten, die wir von Zuhause mitgebracht hatten. Vormittags wollte ich durch das Lager gehen, um eine Vorstellung von ihm zu gewinnen. Unterwegs traf ich fast keine Bekannten. Die meisten Leute hier waren nicht aus Parkan. Auf einmal aber stieß ich auf

Olga Kohn. Freundschaftlich lachte sie mir zu. »Du siehst nachdenklich aus und nimmst niemanden wahr.« Ich darauf: »Dich übersehe ich nicht!« »Ich weiß«, antwortete Olga. »Du hattest mir doch gesagt, dass ich dir gefalle.«

Ich verabschiedete mich von Olga und ging dicht am Zaun weiter, um die Umgebung zu betrachten. Ein paar Meter vom Eingangstor brüllte mich plötzlich einer der Polizeischüler an, die uns bewachen sollten, in der Hand eine Maschinenpistole, und befahl: »Stehen bleiben! Hände hoch! Noch höher über den Kopf! Stell dich mit der Stirn zum Zaun und beweg dich nicht! Was machst du hier am Zaun?« Ich antwortete, ich ginge nur so spazieren. »Du wirst hier so lange stehen, bis du zugibst, was du machst! Und hau nicht ab, versuch's ja nicht! Vergiss nicht, ich stehe hinter dir mit der scharfen MP im Anschlag!« Ich sagte ihm, dass ich nichts Schlechtes getan hätte. So ging es noch ungefähr zehn Minuten weiter. Dieser Blödmann übte an mir wohl den letzten Stoff von der Polizeischule über das Unschädlichmachen von Spionen. Es war kein Spaß, vor einer Maschinenpistole in der Hand eines Idioten zu stehen, der auf meinen Rücken zielte. Ich wusste nicht, was ich tun sollte. Noch schlechter war, dass ich keine Idee hatte, wie diese Übung zu beenden wäre. Wenn er mich jetzt einfach laufen ließe, würde er zugeben, dass er eine Dummheit gemacht hatte.

Da erspähte ich aus einem Augenwinkel Großvater mit seinem gezwirbelten Bart und der weißen Armbinde, wie er sich vom Tor her näherte. Großvater kam heran und erklärte energisch: »Ich bin Feldwebel des fünften Husarenregiments Radetzky, ausgezeichnet mit dem Orden Signum laudis und der großen silbernen Medaille. Ich bin der Anführer der Juden aus Parkan. Dieser Junge gehört zu uns. Was hat er angestellt?« »Er hat hier am Zaun herumgetrödelt.« Großvater schrie den Polizeischüler an: »Stehen Sie gerade, wenn ich mit Ihnen spreche!« Der Polizeischüler schlug die Hacken zusammen, und Großvater fuhr fort: »Seit wann erschreckt ein ungarischer Gendarm mit geladener Maschinenpistole kleine Kinder? Ich komme gerade von Ihrem Kommandeur, ich müsste dorthin zurückkehren und ihn darüber informieren, was Sie hier treiben! Augenblicklich lassen Sie diesen Jungen passieren! Ich werde ihn mir schon vorknöpfen.« Daraufhin wartete ich nicht mehr ab und ging zu Großvater, der befahl: »Vorwärts, Marsch!« Ich marschierte in Richtung Unterkunft und Großvater im Abstand von zwei Metern hinter mir. Sobald wir um die Ecke und außer Sichtweite dieses Strebers waren, wurde Großvater langsamer. Er fragte mich: »Was machst du Unglücksjunge hier?« Ich sagte ihm, ich hätte mir nur das Lager angesehen. »Merke dir«, belehrte mich Großvater, »wenn du mit Dummköpfen zu tun hast, musst du vorsichtiger sein. Ein Dummkopf ist noch gefährlicher als eine geladene Maschinenpistole!« Darauf erklärte ich Großvater: »Ich will nach all diesen Verfolgungen und Beleidigungen durch die Ungarn von heute an nichts mehr mit ihnen zu tun haben. Wir sprechen Ungarisch, wir haben unter den Ungarn gelebt, ich bin in eine ungarische Schule gegangen, aber ich verzichte für immer auf das, was Onkel Arnost die ungarische Identität genannt hat.« Großvater entgegnete nach einem kurzen Moment des Schweigens, dass er mich verstehe. Ich sei schon erwachsen genug, um allein darüber zu entscheiden.

Als wir uns in unser Eck in der Darre gesetzt hatten, erklärte Großvater, er habe für uns eine peinliche Nachricht. Der Anführer der Gendarmen habe alle Vorsitzenden der jüdischen Gemeinden zu sich gerufen und ihnen gesagt, ihm seien morgens Diebstähle gemeldet worden. Dabei seien aus dem Gepäck der Leute verschiedene Dinge weggekommen. »Es ist sehr schlecht«, sagte Großvater, »dass gleich zu Beginn unserer Reise, und obwohl uns bisher noch nichts so Schlimmes passiert ist, Leute unter uns sind, die andere

Juden bestehlen. In friedlichen Zeiten gab es die nicht, aber je erbärmlicher die allgemeine Situation ist, umso aktiver und gefährlicher werden solche Leute. Ich möchte nicht erleben, wozu sie unter wirklich extremen Bedingungen fähig und bereit sind. In einer Lage wie jetzt haben wir einen Hang, die Dinge auf einfache Formeln zu bringen. Wir halten die Unterdrücker für böse und die Unterdrückten für gut. Aber unter dem Druck der Umstände verschlechtern sich auch bei manchen Unterdrückten die Sitten. Als ob das Böse eine Seuche wäre, mit der sich die Unterdrückten bei den Unterdrückern anstecken können.« Morgens stand ich als Erster auf und lief zur Toilette, um nicht Schlange stehen zu müssen, wusch mich ein wenig, so gut es ging. Die anderen entfernten sich, ich ging noch ein bißchen auf und ab. Plötzlich hörte ich, wie jemand leise meinen Namen rief. Ich schaute auf und erblickte unweit von mir Olga. Sie flüsterte: »Tom, ich fürchte mich und habe böse Vorahnungen. Uns werden sie wohl nicht zur Arbeit führen. Eher wollen sie uns alle vernichten. Um mich geht es nicht, ich habe schon genug erlebt. Aber du bist noch so jung! Du könntest sterben, ehe du erwachsen bist und die Liebe kennenlernst. Mir tut es leid um uns alle. Ich möchte, dass du mich wenigstens anschaust.« Sie blickte sich um, stand auf und öffnete vor mir ihren Morgenmantel, aber so, dass niemand anderes sie sah. Darunter war sie ganz nackt. Sie lächelte und sagte: »Hast du noch niemals eine nackte Frau gesehen?« Wahrheitsgemäß antwortete ich: »Ich habe noch keine gesehen, aber du magst recht haben, dass ich keine andere mehr sehen und da nichts mehr erleben werde. Doch ich habe wenigstens dich gesehen. Du bist schön! Danke!« Und sie lächelte wieder.

Im Sammellager verbrachten wir einige Tage in einem Zustand, den ich Vor-sich-hin-Vegetieren nennen würde. Dort ereignete sich nichts mehr von Belang. An einem Nachmittag überbrachte Großvater die Nachricht, dass wir am nächsten Morgen mit unseren Habseligkeiten in die Waggons steigen und in ein Arbeitslager abfahren würden. Wieder wurde aber nicht gesagt, wohin es gehen solle. Umsichtig verkündete jemand, dass wir recht lange fahren würden, deshalb sollten wir Flaschen mit Wasser füllen, um auf jeden Fall auch eigene Vorräte zu haben. Die Gendarmen riefen uns zu »Ordnung und Zusammenarbeit« auf. Sie fuhren unsere Sachen und die Leute, die schlecht zu Fuß waren, zum Bahnhof. Wir anderen liefen. Der Bahnhof war nicht weit. Unterwegs begegneten wir fast niemandem, die Leute, die auf der Straße waren, schauten weg. Wir brauchten uns also von keinem zu verabschieden, die Gendarmen zählten uns erneut mehrmals durch.

Der Güterzug, in den wir einsteigen sollten, stand auf dem Güterbahnhof. Wir stiegen nacheinander in die Viehwaggons, in einen mussten ungefähr achtzig bis neunzig Personen hinein. Vor dem Einsteigen wurden wir ein letztes Mal sorgfältig gezählt, damit sie genau wussten, wie viele sie mit diesem Zug wegschickten.

Wie Historiker viel später ermittelten, waren 2.678 Personen in diesem Zug. Beim Einstieg in die Waggons standen wir wieder auf dem Schotter und auf den Schwellen. Die Jüngeren stützten die Alten und Kranken oder zogen sie hinauf.

II. Zug nach unbekannt

Die Waggons waren ohne jede Ausstattung, es gab nicht einmal Stroh, auf das sich Kinder oder Erwachsene mit angegriffener Gesundheit hätten legen können. Der Fußboden war gefegt, aber nicht gewischt. Man brachte uns einen Eimer mit Trinkwasser, ein Trinkgefäß und einen Kübel für Urin und Fäkalien. Die Fenster waren von außen mit Stacheldraht gesichert, die schweren Schiebetüren bewegten sich lärmend auf eisernen Rollen. Wenn die Wachleute diese Türen nacheinander an allen Waggons zuschoben, machte das entsetzlichen Radau. Sie schlossen die Türen aber nicht bis zum Anschlag, es blieb ein ungefähr fünf Zentimeter breiter Spalt für die Lüftung offen.

In unserem Waggon versuchten wir uns von vornherein so einzurichten, dass wir uns möglichst wenig drängten. Obendrein auch noch unser Gepäck unterzubringen, war keine leichte Aufgabe. Wir mussten uns damit abfinden, dass in der Nacht nicht alle zugleich liegen konnten. In den ersten Stunden dachten wir nicht so sehr darüber nach, sondern warteten still und stumpf auf die Abfahrt. Keiner sprach mit dem anderen. Nur manchmal weinte einer der zwei oder drei Säuglinge oder eines der Kleinkinder. Nach einiger Zeit nickten die meisten von uns vor Erschöpfung ein. Manchmal wurden wir ein Stück vorwärts oder rückwärts rangiert. Schnaufend und mitunter pfeifend näherten sich Dampflokomotiven oder entfernten sich wieder. Plötzlich spürten wir einen starken Ruck, der Zug setzte sich langsam in Bewegung. Wir waren auf dem Weg zum »Bestimmungsort«, wie die ungarischen Wachposten in Levice sagten. Einstweilen ahnten wir aber nicht, wo er sein würde.

Nachmittags bemerkten wir durch den Spalt in der nicht ganz geschlossenen Tür, dass wir zurück in Richtung Parkan fuhren. Unterwegs blieb der Zug mehrmals an einer Station stehen, und nichts geschah. Niemand bemerkte uns, für alle dort draußen waren wir nur Fracht in einem der Züge, die durch ihre Gegend fuhren. Dabei waren wir doch in dieser Gegend geboren, waren hier aufgewachsen, die Älteren hatten hier ihr Leben verbracht, doch wir, anders als die da draußen, gehörten nicht mehr zu dieser Landschaft!

Als ich mich wieder zurück auf meinen Platz setzen wollte, mitten im Waggon rechts vor der Tür, hatten die in der Nachbarschaft Sitzenden ihn mir beinahe schon weggenommen, ich musste sie etwas beiseiteschieben. Sie wollten mich nicht mit Absicht um den Platz bringen, wir waren einfach viel zu dicht zusammengepfercht. Dann schlummerte ich eine Weile ein. Als ich aufwachte, musste ich urinieren, wusste aber nicht, wie ich das unter diesen Bedingungen bewerkstelligen sollte. Großvater riet mir, mich an die Tür zu stellen und durch den Spalt nach draußen zu pinkeln. Gleich darauf stand er auf und verkündete laut, dass es im ganzen Waggon zu hören war, die Männer sollten durch den Türspalt nach draußen pinkeln, aber nur, wenn der Zug fuhr. Dann gab er weitere Ratschläge. »Ihr wisst alle, wir haben nur einen Fäkalienkübel, und der wird schnell voll«, bemerkte er sachlich. »Und was werden wir dann tun? Stellt den Kübel in den Winkel, nehmt den Rucksack dort beiseite und legt ihn da auf diese Koffer. Auf den Kübel wird nur für das große Geschäft gegangen, aber die Frauen können dort auch urinieren. Wenn sie es möchten, könnte jemand eine Decke davorhalten. Geht zum Kübel an der Vorderwand entlang. Tretet nicht auf die Koffer, steigt vorsichtig drüber! Es würde helfen, wenn jemand eine alte Kasserolle hätte«, rief er durch den Waggon. »Die Frauen könnten in die Kasserolle pinkeln und sie durch den Türspalt ausschütten.«

Niemand hatte etwas einzuwenden. Großvater hatte Führungstalent, er sagte selbst, dass er das Kommandieren als Feldwebel im Ersten Weltkrieg gelernt hatte. Seine Vorschläge waren größtenteils einfach und praktisch, vielleicht hörten die Leute auch deshalb auf ihn, ohne dass er sich besondere Mühe geben musste. Auf einmal besann sich Mutter und angelte aus unserem Gepäck eine alte, abgeschlagene blaue Kasserolle hervor, innen weiß, mit zwei Lötstellen, und sagte, die stelle sie als Nachttopf für die Frauen zur Verfügung. Vater schlug sich an den Kopf, als sei es verrückt von ihr, solch alten Kram mitzuschleppen. Aber Mutter gab ihm gestikulierend zu verstehen, wie sehr die grässliche Kasserolle jetzt von Nutzen sein würde. Darüber lachten beide.

Mit Großvaters Vorschlägen und dank der Kasserolle war eines der dringlichsten Probleme auf der Fahrt einer so großen Menge deportierter Männer, Frauen und Kinder zu ihrem unbekannten Bestimmungsort provisorisch gelöst. Alle wussten, dass die körperlichen Bedürfnisse unaufschiebbar waren und eine annehmbare, von allen respektierte Lösung erforderten, die unter den gegebenen Umständen die Menschenwürde eines jeden von uns am wenigsten verletzte. Niemand wollte die restliche Reise in einem Raum mit verschüttetem Urin und Fäkalien verbringen.

Vater flüsterte mir zu, dass Großvater sich durch die schnelle Lösung dieses Problems wieder einmal ausgezeichnet habe. Er sagte, dass diejenigen, die uns Gott weiß wohin vertrieben, menschenunwürdige Bedingungen für uns geschaffen hätten, aber Großvater wisse, dass wir uns dagegen wehren müssten, auf das Niveau von Tieren herabzusinken, die sich im eigenen Kot wälzen und einander mit Füßen treten. Vielleicht sei es nicht allen bewusst, aber wir müssten diese unmenschlichen Verhältnisse mit kollektiven Regeln meistern, uns bemühen, den Feind zu überwinden und uns durch Solidarität zu behaupten. Ich konnte Vaters Gedanken nicht voll beurteilen, spürte aber, dass es richtig war, was er sagte. Schon von früher wusste ich, dass Vater die Idee des menschlichen Zusammenhalts immer hochgehalten hatte.

Es hatte zu dämmern begonnen, und Großmutter gab uns etwas von den Vorräten zu essen. Sonderlich großen Appetit hatten wir aber nicht. Magda stillte Zoli und säuberte ihn, so gut es ging. Der war brav und weinte nicht viel. Obwohl Magda genügend Milch hatte, passte die besorgte Großmutter auf sie auf und nötigte sie, kräftig zu essen und vor allem zu trinken, damit ihr die Milch nicht versiegte, die einzige Möglichkeit, Zoli zu ernähren. Die schmutzigen Windeln mussten wir in Zeitungen einwickeln, die Vater irgendwo hervorgekramt hatte, und durch den Türspalt rauswerfen. Abends holten wir die Decken hervor und deckten uns zu. Durch die halbgeöffnete Tür blies zwar der Wind, doch wir waren froh, dass er etwas Frischluft in den Waggon brachte. Nur so ließ sich der Gestank ertragen, der immer mehr zunahm.

Mit dem anbrechenden Abend wurden die Leute immer ungeduldiger. Jetzt hätte sich jeder gern auf den Boden des Waggons gelegt, sich dort ausgestreckt, aber das war höchstens für die Kinder möglich. Auch für sie war es schwierig, sich einen Platz zu suchen, aber schließlich richteten sich alle irgendwie ein. Nach einer Weile war es im Wagen stockdunkel. Da kam es uns gelegen, dass mehrere Leute Taschenlampen bei sich hatten, obwohl niemand vorhergesehen hatte, dass man uns in Viehwaggons transportieren würde. Die Lampen waren von Nutzen, vor allem, wenn jemand auf den Abtritt musste. Wir standen mehr, als wir fuhren. Anfangs verfolgten einige von uns noch, welche Bahnhöfe und Haltepunkte wir passierten, doch allmählich stumpften wir ab und nickten ein.

Irgendwann gegen Morgen erreichten wir Galanta, eine Stadt nahe der damaligen Grenze zwischen Ungarn und der Slowakei. Der Zug hielt etwas außerhalb des Bahnhofs.

Irgendjemand rief mehrmals: »Wasser!« Von außen öffnete man uns ein wenig die Wagentür, aber nur so weit, dass sich dort gerade so ein Mensch hindurchzwängen konnte. Ein Freiwilliger meldete sich, um nach Wasser zu gehen. Sicher wollte er sich an der Wasserleitung auch etwas waschen und ordentlich satt trinken. Er nahm den Eimer, der inzwischen leer war, und nach einer Weile brachte er ihn gefüllt zurück. Nach ihm ging ein anderer, jüngerer Mann mit dem vollen Fäkalienkübel und kippte ihn an einer Stelle aus, die ihm die Wachposten zuwiesen. Einer dieser beiden Männer bemerkte, dass abseits des Zuges bereits ein deutsches Wachkommando wartete, das uns auf dem weiteren Weg begleiten sollte. Die ungarischen Gendarmen, die uns nur auf ihrem eigenen Gebiet bewacht hatten, übergaben uns nun also schon den Deutschen!

Vaters Ansicht nach hatten sich die Deutschen das raffiniert ausgedacht, denn niemand sollte herausbekommen, wohin wir fuhren, auch die Ungarn nicht, die uns deportiert hatten. »So können die Deutschen verhindern, dass sich die Nachricht von unserem Transport in Ungarn verbreitet«, sagte er leise. »Unser Bestimmungsort hat wohl nicht den besten Ruf. Wenn sich rumsprechen würde, wohin wir fahren, würden sich weitere Transporte nicht mehr so glatt abwickeln lassen wie mit uns. In Ungarn würde das vielleicht großen Aufruhr auslösen, der in der Kirche und womöglich gar bei Horthy und seinen Leuten das Gewissen wachrütteln könnte.« Vater klagte darüber, dass er erst jetzt während der Fahrt darauf gekommen sei. Aber dass uns die ungarischen Gendarmen an der Grenze den Deutschen übergäben, sei für die Juden eine sehr schlechte Nachricht. Wie sei es möglich, wunderte sich Vater, dass etwas, das ihm hier in diesem übelriechenden Waggon in den Sinn gekommen sei, den gut informierten und gebildeten führenden Judenvertretern in Budapest und in den internationalen jüdischen Organisationen nicht eingefallen sei?

Für die Verbündeten dürfte es doch kein Problem sein, herauszufinden, wohin diese mit ungarischen Juden beladenen Züge eigentlich führen. Warum wohl benutze man nicht die normale Eisenbahn? Und auch hier seien Hunderte ziviler Eisenbahner an der Abfertigung beteiligt.

So überlegten wir, während wir in diesem gespenstischen Waggon durch slowakisches Gebiet fuhren. Weder schliefen die meisten von uns in dieser Nacht richtig, noch waren sie ganz wach. Wir gerieten in einen Zustand zwischen Schlafen und Wachen, in dem man nicht mehr bewusst wahrnimmt, wie die Zeit vergeht. Gegen Morgen breitete sich im Wagen wieder Unruhe aus. Die Menschen drängten zum Abtritt. Viele warteten, als stünden sie in einer Schlange; dabei war es in diesem engen Raum kaum möglich, überhaupt eine Schlange zu bilden. Diejenigen, die für ein großes Geschäft auf den Kübel mussten, zählten ab, wer sich wann gemeldet hatte, und verrichteten ihr Bedürfnis der Reihe nach. Dieses System war kein Ergebnis eines schlauen Vorschlags, sondern diejenigen, die es nicht mehr aushalten konnten, hatten sich darauf geeinigt. Zuvor hatten sie nämlich laut gestritten und sich am Kübel beinahe gerauft. Zum Glück kamen alle doch noch rechtzeitig an die Reihe. Das Urinieren ging schnell vonstatten. Die Männer pinkelten durch den Türspalt, die Frauen in die Kasserolle, die durch den Spalt ausgegossen wurde. Während der Fahrt war das allerdings kein ganz einfaches Manöver. Das Gefäß musste etwas geneigt werden, dabei wurde oft Urin auf den Boden an der Schiebetür verschüttet, oder derjenige, der die Kasserolle leerte, beschmutzte sich damit die Hände. Aber noch mehr als der vergossene Urin stank der Fäkalienkübel, der bald wieder bis zum Rand gefüllt war. Solange die Wache auf der nächsten Station die Tür nicht öffnete, um ihn ausleeren zu können, würde uns wohl nicht anderes übrigbleiben, als seinen Inhalt mit einem kleinen Gefäß während der Fahrt nach und nach auszukippen. Indes fand sich kein Freiwilliger, der für diesen Zweck ein Gefäß opferte, und es meldete sich auch niemand, der diese widerliche Arbeit tun wollte. Alles wurde dadurch noch schlimmer, dass wir uns nicht waschen konnten. Der eine Eimer Wasser, den man uns für den ganzen Waggon zugeteilt hatte, reichte kaum zum Trinken. Das Wasser war knapp geworden, die in Flaschen mitgebrachten Vorräte bereits erschöpft. So würden wir schmutzig bleiben, solange wir im Zug wären.

Großvater saß apathisch da, stützte sich auf Großmutter und blickte regungslos immer auf die gleiche Stelle. Ich fragte ihn, warum er den Leuten nicht wieder einen Rat gebe, von ihm würden sie sich etwas sagen lassen und sich danach richten. Er schaute mich an, als wäre er gerade aus dem Schlaf erwacht, und sagte nur, dass er sich nicht alle Probleme dieser Welt aufladen könne. »Ich bin todmüde«, klagte er. Dann verfiel er abermals in Lethargie. Vater ermahnte mich, ich solle Großvater ausruhen lassen. Er habe in letzter Zeit eine Menge zu verkraften gehabt und müsse zu viele Sorgen auf sich nehmen.

Als die meisten ihre Notdurft verrichtet hatten und die Lage am Abtritt sich etwas beruhigt hatte, erwachten die kleinen Kinder und begannen zu weinen. Die Mütter gaben ihnen zu essen und zu trinken, doch versuchten sie vergeblich, sie zu beruhigen. Einige schrien die weinenden Kinder laut an, sie sollten augenblicklich still sein. Ein älterer Mann brüllte hysterisch, er werde wahnsinnig, wenn das eine Kind nicht sofort aufhöre. So sehr erregte es ihn. Der Mann beschwerte sich, er sei ein kranker Mensch und brauche Ruhe. Wenn das Kind nicht gleich still sei, versohle er ihm eigenhändig den Hintern. Dieser Auftritt brachte unsere Großmutter in Rage. Von ihr, unserer freundlichen Ernährerin, die nicht nur unsere ganze Familie, sondern auch mehrere Leute ringsum durchfütterte, hatte ich nie im Leben ein grobes Wort gehört.

Aber jetzt redete sie ganz laut und derb: »Du alter Egoist, du wirst das Kind nicht anfassen. Für den Rest der Fahrt hältst du dein gemeines Maul, entschuldige dich bei diesen Leuten! Oder ich packe dich am Kragen und stecke dir den Kopf in den Unratkübel, dass du dich bis zum Bestimmungsort ablecken wirst!« Plötzlich war es im Wagen still. Nur der hysterische Mann piepste irgendwas zur Entschuldigung. Diese ganze Szene war unerwartet und schockierend. Mein Großvater lächelte, als Großmutter redete, und schließlich umarmte und lobte er sie. Viele schlossen sich seinem Beifall an und lächelten ebenfalls, zum ersten und wohl auch zum letzten Mal auf dieser Fahrt. Niemals hatte ich die Großeltern so innig miteinander gesehen wie jetzt, als Großvater Großmutter in die Arme nahm und beide sich zulächelten. Aus diesem Vorkommnis zog Großvater den Schluss, jeder müsse sich unter derartigen Bedingungen mehr beherrschen, dürfe den anderen nicht zu nahe treten, weil wir auch so genug Sorgen hätten, und diese Lehre ließe sich auch an die Nachbarn weitervermitteln. Er war überrascht, dass ihn mehrere Leute auch diesmal ernst nahmen und seine Ermahnung wirklich im Waggon die Runde machte. Die Erwachsenen waren überreizt. Das endlose Stillsitzen begann unerträglich zu werden, alle hatten das Bedürfnis, sich etwas zu strecken. Aber im überfüllten Waggon war dafür nicht genug Platz. Schließlich kam man nach weiterem Herumgetrete und Rempeleien überein, sich bei den Körperübungen abzuwechseln. Die Leute standen grüppchenweise nacheinander auf, reckten sich, ein jeder, wie er konnte. Während einige wenige Übungen machten, wartete die Mehrheit auf ihrem engen Raum, und so wechselten wir uns ab.

Beim allgemeinen Dehnen und Strecken bemerkte jemand, dass an der hinteren Waggonwand ein altes, in einen schwarzen Wintermantel gehülltes Mütterchen saß, das sich überhaupt nicht regte. Niemand von uns hatte sie jemals von ihrem Platz aufstehen sehen. Die Nachbarn schüttelten sie, doch sie rührte sich nicht. Als sie sie mit dem Gesicht zur Tür drehten, stellten sie fest, dass ihre Augen geöffnet waren. Sie fassten sie am Unterarm und konnten keinen Puls ertasten. Eine Frauenstimme wimmerte, dass sie wohl tot sei! Durch diesen Aufschrei erwachte Großvater aus seiner Lethargie und fragte ganz laut, ob denn kein Arzt im Waggon sei. Niemand meldete sich. Mit uns fuhr nicht ein einziger Arzt! Dabei waren unter den Deportierten bestimmt mehr Ärzte, als dieser Zug Waggons hatte, aber die ungarischen Gendarmen hatten die Menschen nicht so aufgeteilt, dass auf jeden Waggon mindestens einer käme. Auf die Idee, dass in jedem Waggon ein Arzt oder wenigstens ein Krankenpfleger sein sollte, waren nicht einmal die jüdischen Funktionäre gekommen, die wie Großvater gezwungen worden waren, den Gendarmen zu assistieren. Und die Deutschen, die die Deportation der Juden aus Ungarn veranlasst hatten, waren, wie Vater sagte, erst recht nicht daran interessiert, für die Deportierten die medizinische Betreuung sicherzustellen.

Großvater stand von seinem Platz auf und drängte sich zu der reglosen Alten. Er suchte nach ihrer Schlagader und konnte keinen Puls fühlen. Er bemerkte, dass ihr Gesicht schon erkaltet war. Seiner Ansicht nach war die Frau offenbar schon seit gestern tot. »Wer ist sie eigentlich?«, fragten die Anwesenden. Ich hatte sie nie im Leben gesehen, sie war bestimmt nicht aus Parkan. »Kennt sie hier jemand?« Zwei oder drei Leute, die in ihrer Nähe saßen, sahen sie sich an, doch auch sie kannten sie nicht. Die Übrigen zeigten an der Toten kein Interesse. Ich stand auf, um sie mir anzuschauen. Es war die erste Leiche, die ich im Leben sah!

Der Zug bremste. Ich stand nahe der Tür und konnte sehen, dass wir uns einem kleinen Bahnhof näherten. Dahinter erhob sich eine hohe, bewaldete Kuppe. Als wir hielten, erblickte ich einen Deutschen, der auf die Tür des Stationsvorstehers zuging. Ich sagte zum Großvater, dass er sich dies ansehen sollte, und als der Deutsche aus dem Gebäude wieder herauskam, rief er ihm zu, dass wir im Waggon eine tote Frau hätten. Der Deutsche hörte ihn und kam mit langsamen Schritten heran. Wir konnten deutlich erkennen, dass es ein SS-Unteroffizier war. »*Was ist los?*«, fragte er. Großvater wiederholte, worum es ging. Der SS-Mann versprach, dass der Zug an der nächsten Station halten werde. Großvater nutzte die Gelegenheit, bat um Wasser für den ganzen Waggon und darum, den Fäkalienkübel ausleeren zu dürften. Ich erwartete, dass der SS-Mann ihn anschreien würde, doch der sagte nur ganz ruhig mit einer eigenartigen, leisen Stimme: »*Wartet ab! Nur Geduld! Ihr werdet alles erleben!*«, und ging weg.

»Da habt ihr es gehört«, sagte uns Großvater, genauso leise wie der SS-Mann. Ich hatte ein sonderbares Gefühl, als hätte Großvater damit, dass er die gleiche Lautstärke wählte wie der SS-Mann, begriffen, was ihm dieser mit den kurzen Sätzen »*Nur Geduld! Ihr werdet alles erleben!*« eigentlich hatte mitteilen wollen. Dann verscheuchte ich diesen Gedanken, um nicht weiter nachgrübeln zu müssen.

Beinahe erwartete ich, Großvater würde nun über seine Vorahnung einer düsteren Zukunft sprechen, doch er lächelte nur Großmutter zu, die er in Gegenwart fremder Leute selten ansprach. Er tat, als kramte er in seinen Erinnerungen, und sagte mit weinerlicher Kinderstimme, dass er lieber nach Hause zu Mama möchte. Es war sonderbar. Großmutter lächelte auch, zum Zeichen, dass sie Großvaters Botschaft verstanden hatte. Nur dass Großvater, wie ich vermutete, dann doch gleich wieder in die Gegenwart zurückkehrte. Der Satz »*Ihr werdet alles erleben!*« beunruhigte ihn irgendwie. Dann sagte er: »Wüssten wir im Voraus, was wir wohl bald sehen werden, würden wir nirgendwo hinfahren und lieber zu Hause bei Mama bleiben! Wenn wir das nur könnten – aber das ist nun einmal unmöglich.«

Auf der nächsten Station schickte eine höhere SS-Charge zwei Männer niederen Ranges zu uns. Mit den Dienstgraden kannte ich mich nicht aus. Der erste befahl mit scharfer Stimme, dass zwei unserer Männer die Leiche aus dem Waggon befördern und an einen Ort tragen sollten, den er ihnen zeigen werde. Die Tür musste geöffnet werden, der andere SS-Mann postierte sich ungefähr fünf Meter davon entfernt und zielte mit der Maschinenpistole ins Wageninnere. Er gab uns zu verstehen, wir hätten uns nicht zu rühren, andernfalls würden wir alle weggeputzt werden. Als die beiden, die die Leiche weggetragen hatten, zurück waren, musste die Tür wieder geschlossen werden. Ein paar Minuten später kamen zwei junge SS-Männer mit Maschinenpistolen. Sie öffneten die Tür und befahlen, dass zwei Männer den leeren Wassereimer und auch den Fäkalienkübel nehmen und ihnen folgen sollten. Nachdem die Männer hinausgekrochen waren, musste die Tür wieder zugezogen werden. Ein SS-Mann begleitete den Wasserholer, der andere bewachte den Mann mit dem Kübel. Dann kehrten sie zurück, öffneten die Waggontür, und die beiden kletterten hinein. Wahrscheinlich führten zur selben Zeit mehrere Zweierkommandos der SS das Gleiche aus und gingen von einem Waggon zum anderen, bis der ganze Zug abgefertigt war. Weitere SS-Männer patroullierten bei dieser Operation den Zug entlang, ein MP-Schütze ständig an der Wasserleitung, ein anderer wachte an der Fäkaliengrube.

Großvater fragte die beiden, die die tote alte Frau weggebracht hatten, wohin sie sie eigentlich getragen hätten und was ihnen dieser SS-Mann gesagt habe. Die Männer gaben ihm, sich gegenseitig ergänzend, Auskunft. Sie sagten, der letzte Waggon sei ein Personenwagen, in der einen Hälfte säßen wie in einem Zugabteil dritter Klasse mit Holzbänken die SS-Männer. Die andere Hälfte diene zur Gepäckbeförderung. Dort seien mehrere leere Blechsärge. In einen davon hätten sie die Leiche legen und den Deckel schließen müssen. Weiter wollte Großvater wissen, ob die SS-Leute den Namen der verstorbenen Frau oder irgendwelche Angaben hätten wissen wollen, aber beide Männer erklärten übereinstimmend, dass sie niemand danach gefragt habe. Großvater überlegte eine Weile und sagte, aus eigenen Beobachtungen und dem Bericht der beiden Männer ziehe er mehrere Schlüsse, sei sich aber nicht sicher, ob sie wirklich zuträfen. Seine Folgerungen, bei denen er jedes Wort bedachte, hörten nur Vater und ich, weil Mutter, Großmutter und Magda gerade schlummerten.

Großvater sagte: »Erstens betrachten uns die Deutschen nicht als Personen, sondern nur als Sachen, als Masse von ungefähr zweieinhalbtausend Namenlosen. Zweitens ist es für diese SS-Männer nicht das erste Mal, dass sie einen Judentransport bis zu dem für uns unbekannten Bestimmungsort begleiten. Sie sind perfekt trainiert, dabei fühlen sie sich derart überlegen und vollkommen, dass ungefähr fünfzehn bis zwanzig SS-Leute ausreichen, eine solche Überzahl von uns Juden an einen üblen Ort zu geleiten. Ich denke, dass ein und dieselbe Einheit nacheinander eine größere Zahl von Transporten erledigt. Das können sie nur deshalb riskieren, weil vorher sowohl die Opfer als auch deren Vertreter in der Heimat und im Ausland mit einem schlau gemixten Cocktail raffinierter Lügen betäubt wurden und außerdem der ganze Ablauf perfekt organisiert worden ist. Diese Unverschämtheit nennen sie ›nordische List‹! Drittens ist unter militärischem Blickwinkel ihr Deportationssystem leicht verwundbar. Sie sind nur schwach besetzt, weil ihnen ihre schamlose Arroganz Stärke verleiht. Wenn, sagen wir, zwanzig MP-Schützen die wenigen SS-Leute des Begleitkommandos überraschend überfallen würden, könnten sie die leicht erledigen. Es wäre auch möglich, die Strecke zu bombardieren oder bei den wenigen Eisenbahnverbindungen, die über die Karpaten nach Norden führen, die Brücken zu sprengen. Man hätte vor der Abfahrt auch einige Dutzend Leute aus dem Transport mit leichten Waffen ausstatten können; diese wären ebenfalls imstande gewesen, die SS-Einheit zu erledigen. Viertens sehen wir nicht wie ein Transport von Leuten aus, die zur Arbeit fahren, und so ist mit uns auch gar nicht gesprochen worden«, hier stockte Großvater und sagte, dass er nicht wisse, was das bedeuten solle. Fünftens säßen wir während des Transports in einem verschlossenen Waggon. Unter diesen Bedingungen würden wir gegen die Deutschen nichts unternehmen können. Sechstens erklärte Großvater, dass er mit der Politik der Judenvertretung, die um jeden Preis eine Panik vermeiden wolle, nicht einverstanden sei. Seiner Meinung nach könne auch eine Panik hilfreich sein, wenn sich damit etwas gegen den Feind ausrichten ließe. Aber unter den jetzigen Bedingungen, wo nichts mehr zu machen sei, sei ausnahmsweise auch er dafür, eine Panik zu verhüten. Schließlich ermahnte Großvater Vater und mich, seine Ansichten für uns zu behalten.

Schon mehr als vierundzwanzig Stunden waren wir unterwegs, nach Ansicht von Leuten, die die lokalen Verbindungen kannten, schlichen wir immer noch durch das Gebiet von Považí. Alle waren außerordentlich müde. Nicht nur der abgeschottete Aufenthalt im engen Waggon, auch das lange Nichtstun und die gefühlte Ausweglosigkeit unserer Situation führte dazu, dass die Fahrt für alle immer quälender wurde. Und uns erwartete eine weitere Nacht! Obwohl der Zug lange an vielen kleinen Haltepunkten stehenblieb, fehlte es uns an Wasser, das längst ausgegangen war, auch den überfüllten Fäkalienkübel durften wir nicht ausleeren. Erst am späten Abend lief mit den SS-Leuten die gleiche Aktion wie zuvor ab. Jemand machte den Vorschlag, jeder solle so früh wie möglich auf den Kübel gehen, damit morgens das Gedränge vermieden werde und die Leute nicht darum stritten, wer zuerst an die Reihe käme, weil sie es nicht mehr aushalten konnten. Einige richteten sich auch danach. Das trug etwas dazu bei, Streitereien zu verhindern. Aber das änderte nichts an der Widerwärtigkeit, die unter diesen mit Vorbedacht geschaffenen Bedingungen mit einer so alltäglichen physiologischen Funktion wie der Ausscheidung verbunden war. Unter normalen Verhältnissen erledigt man diese Verrichtungen zurückgezogen, und so sind mit ihnen auch keine besonderen Probleme verbunden. Hier aber wurde aus einem intimen Belang jedes Einzelnen eine öffentliche Angelegenheit.

In diesem mit Menschen überfüllten Raum wurde alles, was nur den Einzelnen betraf, sogleich zur Sache aller. Zog sich jemand um, dann schauten alle zu, sagte jemand etwas, hörten ihn alle ringsum. Schließlich genügte es schon, dass jemand eine Miene verzog, damit die Leute in der Runde darüber zu streiten begannen, was die betreffende Person damit wohl habe sagen wollen. Aß jemand, starrten ihm die anderen auf den Mund. Trat jemand aus, dann tat er das auch vor allen. Vater sagte, dass der durch die Umstände erzwungene Verlust der Privatsphäre für die meisten ein erhebliches Problem sei, mit dem sie nur schwer fertig würden.

Ein Mindestmaß an Privatsphäre war in der Kultur jener Menschen, die gegen ihren Willen in die Waggons gezwängt worden waren, mit ihrer menschlichen Würde verbunden. Die Bewahrung ihrer Menschenwürde war für sie ein kollektives soziales Bedürfnis, an dessen Erfüllung alle mitwirken mussten. Die Menschen in den Waggons empfanden, dass man versuchte, sie ihres Menschseins zu berauben, und dass sie sich dagegen auch dann zur Wehr setzen mussten, wenn es unmöglich war, den menschenunwürdigen Bedingungen zu entkommen. Ich beobachtete, dass es den anderen nicht leicht fiel, Zeugen intimer Angelegenheiten sein zu müssen. Die Menschen wandten das Gesicht ab, schlossen die Augen, versuchten wegzuhören und wehrten sich gegen Berührungen. Sie schlossen gleichsam die Pforten ihrer Sinne, um damit die Privatsphäre der anderen zu vergrößern. Eigentlich war das eine Art Gesellschaftsspiel. Jeder erwartete, dass sich die anderen ebenso verhalten würden. So halfen sich die Teilnehmer dieses Spiels gegenseitig bei der Erhaltung ihrer Privatsphäre. Auch diese Rücksichtnahme war ein Mittel, unser menschliches Wesen zu bewahren.

Den Geruchssinn aber konnte man nicht unterdrücken. Der Aufenthalt im Waggon wurde auch deshalb immer unangenehmer, weil niemand sich waschen konnte und die ungewaschenen Körper so vieler Menschen auf so engem Raum immer stärker rochen. Unerwartete Schwierigkeiten erwuchsen auch aus dem scheinbar so nebensächlichen Umstand, dass kaum jemand ausreichend Toilettenpapier bei sich hatte und viele überhaupt nicht daran gedacht hatten. Die Fahrt wurde so zu einer immer schlimmeren Pein. Uns quälten aber nicht nur physische Umstände, wie dass wir froren oder der Boden hart oder dass es nicht genug Wasser zum Trinken gab. Sehr belastend war, wie Vater sagte, auch das Zusammensein mit den Menschen, mit denen wir für die Dauer der Fahrt unseren Mikrokosmos teilten. Weil das alle betraf, war gegenseitige Toleranz ein weiteres Mittel, uns gegen Entmenschlichung zu wehren. Jeder musste sich ständig an moralische Leitsätze erinnern wie »Ich bin auf der Welt nicht allein«, »Die anderen wollen auch leben« oder »Lebe, doch lasse auch die anderen leben«; das wurde damals gewöhnlich auf Deutsch mit den Begriff *Leben und leben lassen* ausgedrückt.

Auf den Platz der alten Frau, die noch selbst in den Waggon eingestiegen und in ihm einem gnädigen Tod entgegengefahren war, der sie wahrscheinlich im Schlaf ereilt hatte, setzte sich eine Weile niemand. Etwas später rückten ein junger Bursche und ein Mädchen dorthin; sie hatten ihre bisherigen Plätze für die kleinen Kinder frei gemacht, damit sie sich für den Rest der Nacht ausstrecken konnten. Das war nun schon die zweite Nacht im Zug, und alle hofften, dass es die letzte sein werde. Jemand erzählte, dass sich das junge Paar erst im Sammellager in Levice kennengelernt habe. Die beiden saßen nebeneinander an der Wand unter einer Decke und umarmten sich. Der Zug fuhr an und blieb wieder stehen. Die Menschen dämmerten vor sich hin, auch die Kinder hörten für einige Zeit auf zu weinen. Stille breitete sich aus.

Aber in dieser Stille waren gedämpfte Laute zu vernehmen. Die beiden jungen Leute unter der Decke liebten sich wohl. Plötzlich ertönte in ihrer Nähe die scharfe Stimme einer älteren Frau, die sie ausschimpfte, sie sollten sich schämen, vor so vielen Leuten und in einer so schweren Lage! Damit verletzte sie den privaten Bereich der beiden. Auch Manci erwachte und zischte der Frau erregt zu: »Schweig, du Hexe! Blöde alte Moralpredigerinnen haben wir gerade nötig! Sie lieben sich, was ist schon dabei? Das ist vielleicht unsere letzte Nacht im Zug. Die jungen Menschen haben sich gern, vielleicht sehen sie sich nie wieder. Was ist denn Schlechtes an ihrer Liebe? Das ist die einzige gute Sache, die im Zug geschehen ist. Möge der Herrgott sie segnen!«

Nach einer Weile erwachte der kleine Zoli, der sich bisher musterhaft verhalten hatte. Magda versuchte ihn zu stillen, aber Zoli verweigerte diesmal die Brust. Zum Glück fehlte es ihm weder an Nährstoffen noch an Flüssigkeit. Wann immer er danach verlangte, hatte Magda ihn gestillt. Was würde aus ihm werden, wenn sie einmal nicht mehr genug Milch hätte?! Manci fiel ein, dass er schon so lange mit vollen Windeln dalag und ihm das vielleicht schaden könnte. Er musste gewaschen werden. Dafür zog Großmutter aus dem Rucksack eine kleine Flasche mit Wasser, die eiserne Reserve, wie sie sagte. Magda hielt Zoli fest, und Manci machte sich an die Arbeit. Vater leuchtete mit einer Taschenlampe, die ihm jemand geborgt hatte. Manci wickelte Zoli aus, wischte ihn mit dem sauberen Rand der schmutzigen Windel ab, dann warf ich die Windel während der Fahrt durch den Türspalt. Mit einer sauberen Windel, auf die Großmutter etwas Wasser goss, säuberte sie Zoli von Kopf bis Fuß. Dabei massierte sie ihm ein wenig die Haut. Diese Pflege machte Zoli sichtlich Freude und beruhigte ihn. Bei Tagesanbruch konnten wir sehen, dass wir uns irgendwo in der Umgebung von Čadec befanden; Kenner behaupteten, dass wir über Žilina dorthin gekommen seien. Die Deutschen beeilten sich mit unserem Transport keineswegs. Der Zug stand jetzt noch öfter als zuvor. Vater meinte, dieser Zug komme ihm wie jemand vor, der sich verabredet habe, zu früh gekommen sei und nun die verbleibende Zeit damit ausfülle, in der Gegend herumzubummeln oder herumzustehen. Dabei war der Wassereimer schon wieder leer und dafür der Kübel voll, doch die SS-Männer stoppten den Zug nicht, um ihr eingeübtes Ritual zu vollziehen. Einige wurden ungeduldig, drehten sich hin und her, sprangen auf und blickten durch den Türspalt und die von außen mit Stacheldraht gesicherten Fenster. Andere, so auch unsere Familie, wussten nicht, ob sie dem »Bestimmungsort« entgegeneilen und sich wünschen sollten, schon dort zu sein, oder ob es nicht besser wäre, sich diesem Ziel so langsam wie möglich oder am besten unendlich lange zu nähern.

Auf einmal begann ein älterer Mann halblaut zu beten. Er sprach das Kaddisch vor, das jüdische Totengebet: »Jitgadal ve-jitgadaš Šmej raba …«* – »Erhoben und geheiligt werde sein großer Name …« Dem betenden Mann schloss sich, aber viel lauter, Manci an. Das war unerwartet, weil im jüdischen

Glauben die Frauen nicht von sich aus die Initiative ergreifen. Manci war gläubig, aber nur auf unbestimmte Weise. Sie glaubte an irgendein höheres Wesen, doch religiöse Vorschriften befolgte sie nicht. Nur die großen Festtage feierte sie, und auch die nur im Haus ihrer Eltern. Sie selbst war, anders als die Großmutter, gar nicht imstande, alles zu tun, was aus religiöser Sicht in einer Familie von einer Frau und Mutter erwartet wurde. Auch andere begannen zu beten. Vielleicht erinnerte sich Manci nur an den Anfang dieses Gebetes, aber andere, die das Kaddisch auswendig konnten, setzten es fort. In der Vorahnung des Schlimmsten sprachen sie das Kaddisch für sich selbst und auch für die ihnen nahestehenden Menschen, mit denen sie im Waggon fuhren. Das war ein bewegender Moment. Unsere ganze restliche Familie erschütterte dieses Gebet, wir waren eine ganze Weile keines Wortes fähig. Aber das war noch nicht alles. Mutter wiederholte ihre Vorahnung, mit der sie unser Haus in Parkan verlassen hatte: »Ich fühle, dass ich nie wieder nach Hause zurückkehre und dass wir einander nie mehr begegnen werden!« Wir alle versuchten sie zu beschwichtigen und sagten, dass sie jung, gesund und stark sei, dass wir bei ihr seien, wieder nach Hause kämen und dort weiterleben würden. Aber das nahm Manci anscheinend schon gar nicht mehr wahr.

Die große Mehrheit der Juden in der Region, aus dem unser Transport kam, war lau im Glauben. Deshalb nehme ich nicht an, dass die Menschen einen Moment der Erleuchtung über ihr trauriges Schicksal hatten, als sie anfingen zu beten. Obwohl viele, die sich am Gebet nicht beteiligt hatten, später umkamen, und einige, die das Kaddisch vorgesprochen hatten, am Leben blieben und nach Hause zurückkehrten, war die Vorahnung des eigenen tragischen Endes in vielen Fällen zutreffend und die pessimistische Voraussicht des eigenen Verderbens durchaus angebracht. Dies hatten jedoch nur einige von uns geahnt. An diesem Punkt des Geschehens ist es nicht leicht, sich gegen Überlegungen zu wehren, die erst Reflexe jener späteren schweren Augenblicke waren.

Noch viele Male blieben wir lange stehen und fuhren dann wieder weiter, bis wir schließlich eine mittelgroße Bahnstation namens Auschwitz erreichten. Dieser Name sagte uns nichts, nie im Leben hatten wir ihn gehört! Dann verließen wir den Bahnhof langsam wieder, passierten mehrere Weichen und bogen in eine kurze eingleisige Strecke ein, die im spitzen Winkel abzweigte. Wir bewegten uns sehr langsam, fast im Schritttempo. Schließlich durchfuhren wir einen Torbogen in der Mitte eines niedrigen Ziegelgebäudes und erreichten eine ausgedehnte Rampe. Obwohl es noch hell genug war, gingen sofort Scheinwerfer an, als wir eintrafen. Der Zug kam langsam zum Stehen, und wir erwarteten angespannt, was nun folgen würde.

III. Willkommen in der Todesfabrik

Polternd öffneten sich fast gleichzeitig die Waggontüren und gaben eine große Zahl Menschen frei. Plötzlich brach die Hölle los! In die Waggons ergoss sich eine Horde brüllender Häftlinge in gestreifter Kleidung und stürzte sich auf uns. Draußen warteten stumm SS-Männer mit Hunden. »*Alles raus! Los! Schnell! Aussteigen! Sofort! Alles Gepäck drinlassen! Nichts mitnehmen! Ihr geht zum Baden! Auf der Rampe antreten, Männer extra, Frauen extra!*« Die Häftlinge schrien halb deutsch, halb jiddisch auf uns ein. Manche Leute verstanden ihre Befehle gar nicht, vor allem die Alten begriffen nicht gleich, was sie machen sollten. Es entstand ein schreckliches Durcheinander. Unter entsetzlichem Gebrüll wurden die Menschen mit Stöcken aus den Waggons gejagt. Alles geschah im Laufen. Was uns angewiesen wurde, mussten wir schneller ausführen, als wir konnten. Erst viel später ging mir auf, dass dies ein wirkungsvolles Verfahren war, jeglichem Widerstand unsererseits vorzubeugen.

Nach der langen Zeit im Waggon, in dem wir uns kaum hatten bewegen können, fiel es anfangs schwer, uns auch nur aufzurichten, geschweige denn schnell zu laufen. Wir waren hier in einer kläglichen Verfassung angekommen, jetzt wurden wir gezwungen, zur Waggontür zu hasten, an der ein Gedränge entstand. Dabei waren unter uns Leute unterschiedlichen Alters. Einige Ältere bewegten sich nur mit Mühe, ein paar Kinder verloren im Gedränge ihre Eltern und riefen verzweifelt nach ihnen. Die Mütter hielten ihre Kleinsten ängstlich im Arm und wussten nicht, wie sie mit ihnen aus den Waggons, die keine Stufen hatten, herauskommen sollten. Man musste hinunterklettern oder von oben hinunterspringen. Manche fielen dabei auf die Erde oder stürzten auf jemanden, der schon dort lag. Die Häftlinge trieben jeden, der noch im Waggon geblieben war, grob nach draußen und zerrten schließlich einige zur Tür hinaus. Keinen Augenblick durften wir innehalten, wir hatten nicht einmal Zeit, uns bewusst zu machen, was hier vor sich ging.

Nach wenigen Minuten hatten die meisten von uns die Waggons schon verlassen. Im grellen Licht taumelten wir, ohne uns orientieren zu können, während die Gestreiften nicht aufhörten, uns voranzuschieben und mit Stöcken zu schlagen. Während sie schrien, dass Männer und Frauen sich in zwei getrennten Gruppen aufstellen sollten, sahen Vater, Mutter und ich uns an. Uns kam nicht in den Sinn, dass wir Abschied nehmen müssten. Wir hielten es für selbstverständlich, dass wir uns nach einer Weile wiedersehen würden.

Überall standen SS-Männer mit kläffenden Schäferhunden, die sie an ledernen Riemen hielten. Sie ließen die Hunde so nahe an uns heran, dass es keinem einfiel, davonzulaufen. Die SS-Männer sagten nichts, sondern achteten nur darauf, ob die Häftlinge in den gestreiften Uniformen auch eifrig genug waren. Sobald der Blick der SS-Männer auf sie fiel, schrien, drängten und prügelten sie noch mehr.

Einer der Gestreiften tauchte in der Tür des Nachbarwaggons auf und rief, der Wagen sei leer. Dann nannte er noch eine Zahl und nach einer Weile hörte man: »Im Waggon sind ein toter Mann und eine tote Frau! Wahrscheinlich Selbstmord!« Gleich darauf befahl ein SS-Mann, die Toten auszuladen und neben das Gepäck zu legen. So meldeten die Häftlinge der SS Waggon für Waggon. Vater und mich überraschte, dass Tote im Zug waren. Wir fragten uns, wer sie wohl sein könnten. Aber Großvater bemerkte nur, dass die Leute nicht vor der Zeit aufgeben sollten.

Trotz aller Befehle, allen Gebrülls, aller Schläge und aller Antreiberei waren die Familien noch eine Weile bemüht, beieinanderzubleiben. Wenn sie schon einen ihrer Nächsten verloren hatten, dann versuchten sie, ihn wiederzufinden. So mischte sich in den Lärm der Befehle manchmal das Rufen der Eltern, die ihre Kinder suchten, oder das Weinen der Kinder, die ihre Eltern nicht mehr neben sich sahen. Voneinander getrennte Familienmitglieder mühten sich, wieder Verbindung aufzunehmen. Dann gingen die Häftlinge in ihrer Streifenkleidung erneut gegen das wirre Gedränge vor, um Männer und Frauen voneinander zu trennen und in zwei Gruppen aufzuteilen. Sie riefen: »Ihr geht alle ins Bad. Die Gesunden allein, den Kranken und denen, die schlecht auf den Beinen sind, helfen wir.« Bis dahin stand ich zwischen Magda, die den kleinen Zoli im Arm hielt, und Großmutter, die sich bei Manci eingehakt hatte. Da erschien in unserer Nähe einer jener groben Gehilfen aus den Reihen der Häftlinge, schlich sich unauffällig an Magda heran, und damit sie gehorchte, flüsterte er ihr zu, sie seien auch Juden: »Tu, was ich dir sage, diese Frau hier wird das Kind tragen!« Er riss Zoli aus Magdas Armen und steckte ihn einer eingeschüchterten Frau zu, die neben ihr stand. Diese Frau kannte ich, sie hieß Viola. Der Gestreifte packte sie an der Schulter und schob sie mit dem Kind in die Frauenkolonne. Das alles dauerte nur einige Sekunden. Dann drehte er sich um, als wollte er noch jemanden in diese Kolonne befördern, und sagte leise zu Magda, aber so, dass auch ich es hören konnte: »Sei ruhig, das Kind wirst du dann zurückbekommen.« Er sprach eindringlich, und alles ging so schnell, dass Magda gar nicht dazu kam, zu widerspechen. Als sie in die Kolonne eingereiht wurde, stand sie mehrere Reihen hinter Viola mit dem Kind. Inzwischen wurde auch Manci und Großmutter zu ihnen geschoben. Der Gehilfe in der gestreiften Kluft hatte offenbar die Aufgabe, die Frauen in die Kolonne zu befördern.

Ich sah, was mit den Männern geschah. Großvater und Vater waren auch schon in der Kolonne, standen aber nicht nebeneinander. Dann drängte mich einer der Gestreiften brutal ebenfalls in die Kolonne. Dort stand ich allein. Als ich zur Seite blickte, sah ich Mutter und Großmutter. Manci hatte den enggeschnittenen braunen Wintermantel mit dem Pelzkragen an, wie man ihn nach der damaligen Mode trug. Alle waren warm angezogen, als wäre es bald Winter. Die Winterkleidung hatten sie in der Annahme mitgenommen, dass sie irgendwo draußen arbeiten sollten, so wie unsere Leute, die – größtenteils an die Ostfront – zum Arbeitsdienst abkommandiert worden waren. Sie hatten so viel wie möglich angezogen, damit das Gepäck nicht schwerer wurde, als erlaubt war. Und dabei nahte der Sommer. Es war der sechzehnte Juni 1944.

An dieser Stelle unterbreche ich kurz die Schilderung des Geschehens. Mutter, die erst 36 und in guter Verfassung war, wurde auf die »schlechte Seite« geschickt, weil sie vor den SS-Arzt nicht allein, sondern zusammen mit Großmutter, die sie stützte, getreten war. Beide gingen gemeinsam in die Gaskammer. Magda überlebte, weil sie ihr Kind nicht festgehalten hatte. Viola, die alt war und die Selektion nicht überstand, trug auch den kleinen Zoli ins Krematorium. Das alles habe ich erst nach dem Krieg erfahren.

Die SS führte die beiden Kolonnen getrennt weg, die Frauenkolonne mit Mutter und Großmutter entschwand mir bald aus dem Blick. Zwar stand ich unter großer Anspannung, weil ich nicht begriff, was mit uns geschah, doch ich kann nicht sagen, dass ich besondere Befürchtungen gehegt oder Angst gehabt hätte. Etwas anderes, als dass unsere Familie bald wieder beisammen sein würde, konnte ich mir überhaupt nicht vorstellen. Schließlich hatte jener Gehilfe in der Streifenmontur gesagt, wir würden unter die Dusche kommen – und nach dieser grässlichen Reise hatten wir es auch wirklich nötig, uns gründlich zu waschen. Ich dachte mir, dass sie uns so schmutzig und so verlaust, wie wir ihrer Vorstellung nach waren, anscheinend nicht zu den übrigen Häftlingen lassen wollten. Das klang logisch, und so hatte ich keinen Grund, daran zu zweifeln, dass man uns alle zum Baden führte.

Meine Kolonne, ständig von SS mit Hunden bewacht, kam verhältnismäßig schnell voran. Ich schaute mich um und bemerkte, dass die Häftlinge das Gepäck aus den Waggons schon ausgeladen und auf der Rampe aufgeschichtet hatten. Das kam mir sonderbar vor. Wie sollten wir denn später in solchen Riesenhaufen unsere Sachen wiederfinden? Aber weiter beschäftigte ich mich damit nicht, dazu war keine Zeit.

Ich näherte mich jetzt der Stelle, an der ein SS-Offizier stand. Er musterte jeden. Mit einem sprach er kurz, zum anderen verlor er kein Wort. Er wies mit der Hand entweder nach links oder nach rechts. Die Menschen traten einzeln vor ihn hin. Einen der Wartenden hörte ich flüstern, das sei der Arzt. Man würde uns danach einteilen, ob wir selbst zur Dusche laufen könnten oder nicht, denn die Alten oder Kranken müsse man hinführen. Mich fragte er: »Alter und Beruf?« Ohne Zögern antwortete ich: »Sechzehn, Schlosser.« Mit einer Handbewegung schickte er mich auf jene Seite, wo mich Vater und Großvater schon erwarteten. Was diese Entscheidung des SS-Arztes bedeutete, erfuhr ich erst später. Jetzt war ich einfach froh, wieder mit Vater und Großvater zusammen zu sein.

Vater interessierte sofort, was dieser SS-Mann von mir hatte wissen wollen, und ich sagte es ihm. »Wie bis du darauf gekommen, dich älter zu machen? Und obendrein noch zu einem Schlosser«, wunderte sich Vater. Ich erklärte ihm, dass es vielleicht etwas bedeute, wenn dieser Doktor so etwas frage. In diesem Augenblick hätte ich gespürt, es sei besser zu sagen, ich sei etwas älter und würde etwas machen, das ihm zusagen könnte. Was sollte er auch mit einem Kind von dreizehneinhalb anfangen, das aufs Gymnasium ging? Großvater lobte mich, ich hätte das gut gemacht. Es sei also nicht umsonst gewesen, dass er, Vater, Onkel Arnost und Manci, die mir aus der Bibel vorlas, mir ein ganzes Jahr lang Lektionen gegeben hätten! Dann sagte er noch, dass wenigstens Arnost glücklicherweise nicht hier sei, weil sie in Budapest noch nicht mit den Deportationen begonnen hätten. Noch ehe Großvater zu Ende gesprochen hatte, war die Aufteilung der Männer des Transports in die beiden Gruppen abgeschlossen.

Wir mussten Fünferreihen bilden, und so gingen wir weiter. Wieder umringten uns SS-Männer. Bald erblickten wir vor uns ein ausgedehntes Areal mit Holzbaracken, umgeben von einem hohen Stacheldrahtzaun. Vater sah auf seine Armbanduhr. Es schien ihm unglaublich, wie schnell man uns abgefertigt hatte. Großvater aber wunderte sich nicht darüber, sie hätten das alles perfekt geübt. Offensichtlich kam hier ein Transport nach dem anderen an. Obendrein ging alles, vom Verlassen der Waggons bis zu unserer Aufteilung, in einem solchen Tempo und unter solchem Terror vonstatten, dass wir uns dem nicht hätten widersetzen können und dazu auch nicht einmal imstande gewesen wären.

Vater meinte, solche Transporte müssten zu Dutzenden eintreffen, und wenn jemand Leute, die mit verschiedenen Zügen hergekommen waren, fragen würde, was sie in den Waggons und auf diesem Bahnhof erlebt hätten, dann würden alle fast das Gleiche sagen. Alles lief mit einer Routine ab, als würde eine große Fabrik beliefert. Was aber Großvater nicht begreifen konnte, war das Verhalten der Häftlinge in den gestreiften Monturen. Er konnte sich nicht erklären, warum sie so grob zu uns waren. Wahrscheinlich waren es polnische Juden, er dachte sich, dass die Deutschen sie zu einem solchen Verhalten zwangen. Er fürchtete sich vor den hässlichen Überraschungen, die wir hier noch erleben würden. Das Begleitkommando bemerkte, wie wir uns unterhielten, und schrie: »*Ruhe! Maul halten!*«

Umringt von SS-Männern, erreichten wir die versprochenen Duschen. Draußen war es schon ganz dunkel, aber drinnen war Betrieb wie am Mittag. Sie nahmen uns die Kleidung ab mit allem, was darin war, und ließen uns nur Schuhe und Hosengürtel. Vater zögerte eine Weile mit seiner Uhr der Marke Schaffhausen. Schließlich steckte er sie in die Jackentasche und schlug sie schnell in ein Taschentuch ein, um sie zu schützend. Dann passierten wir die große Duschanlage. Zuerst schnitt man uns die Haare und rasierte uns die Körperbehaarung ab, angeblich der Läuse wegen. Nach der Dusche jagte man uns in den Trockenraum. Während der Säuberung bewachten uns uniformierte SS-Männer in Stiefeln und mit Maschinenpistolen. Sie sahen verdrossen aus, schauten uns an, als wäre es unsere Schuld, dass sie nachts auf den Beinen sein und bei dieser Hitze in voller Montur unter nackten Juden stehen mussten.

Als wir nackt im Trockenraum standen, ging Hans, der Mann von Vera, die mir Deutsch beigebracht hatte – auf die beiden SS-Männer, die uns bewachten, zu und verlangte, mit ihm wie mit einem Deutschen zu reden. Er sprach mit ihnen sehr höflich in perfektem Deutsch, seiner Muttersprache. Die beiden machten den Eindruck ungebildeter Lümmel, und schon allein Hans' Kultiviertheit musste sie in Wut versetzen. Hans stellte sich ihnen vor, er sei ein Deutscher aus Berlin, dort auch geboren, und Offizier der deutschen Armee, aufgrund seiner militärischen Verdienste im letzten Krieg zum Leutnant befördert. Dabei nannte er auch verschiedene Auszeichnungen, die ihm verliehen worden waren. Anfangs starrten ihn die SS-Männer an wie ein Trugbild.

Wir anderen taten das freilich auch. In der Kolonne hatte er sich die ganze Zeit normal verhalten und kein Wort gesagt. Niemandem wäre in den Sinn gekommen, dass er überhaupt etwas so Unerwartetes tun könnte. Als Einziger aus unserer Stadt hatte er Erfahrungen mit den Nazis und musste wissen, wie sie reagieren würden.

Großvater zischte uns leise zu, anderswo hinzuschauen, nur nicht auf Hans oder auf die SS-Männer. Vater und ich gehorchten sofort. Wir ahnten, dass dieser Auftritt nicht gut enden würde. Es war anzunehmen, dass sich die Wut der Uniformierten auf jeden richten würde, der ihnen in den Weg geriet. Erst nach einer Weile kamen sie mit der ungewöhnlichen Situation zurecht, der sie anfangs ratlos gegenüberstanden. Einer von ihnen blickte Hans unwillkürlich auf die Geschlechtsorgane – und er war offenkundig beschnitten. Also war er ein Jude, wie alle Männer, die dort standen, die sofort unser Verhalten nachahmten, anderswo hinschauten und so taten, als würden sie nichts sehen und nichts hören. Sobald die SS-Männer den unbestreitbaren Beweis entdeckt hatten, dass Hans Jude war, hatte sich das für sie unangenehme und schwierige Problem auf einen Schlag gelöst. Einer von ihnen, ungefähr einen Kopf größer als der andere, brüllte los: »Du bist überhaupt kein Deutscher, du bist ein schweinischer, beschnittener Jude und obendrein ein *Arschloch*, das mit seinen Lügen das deutsche Volk beleidigt.« Der andere, von den Tiraden seines Kumpans inspiriert, schrie, er sei ein Idiot, der nicht begreife, dass er sich im *Vernichtungslager Auschwitz-Birkenau* befinde. »Wir werden dir jetzt gleich beibringen, wer hier ein Deutscher ist«, fauchte einer der SS-Männer. »Und wenn du für dich eine *Sonderbehandlung* verlangst, wirst du sie auch bekommen!« Darüber lachten die beiden wie über einen guten Witz. Ich begriff das nicht, aber das Wort *Sonderbehandlung* merkte ich mir. Später erklärte mir jemand im Lager, dass es eine Tarnbezeichnung für die physische Vernichtung sei.

Die SS-Männer zerrten Hans durch eine Seitentür nach draußen, dann hörten wir Schläge und Stöhnen. Nach einer Weile kehrte der größere zurück, um uns nicht unbeaufsichtigt zu lassen. Er machte eine Miene, als wäre er lieber draußen geblieben, aber Dienst war Dienst! Der kleinere kam ein paar Minuten später und sagte nur: »*Erledigt!*«

Dieser Zwischenfall störte keineswegs den flüssigen Ablauf der Reinigungsprozedur bei den neuen Häftlingen, der für das Funktionieren der Vernichtungsmaschinerie so wichtig war. Wir waren noch nicht ganz trocken, da wurden wir schon wie auf einem Fließband weiterbefördert. Allerdings ohne Hans. Keiner von uns sah ihn jemals wieder. Es war offenkundig, dass sie ihn erschlagen hatten. Großvater flüsterte uns zu: »Absurd ist das, eigentlich haben sie ihn deshalb totgeschlagen, weil er ein Deutscher war!« Nach Vaters Deutung aber war das, was Hans im Trockenraum getan hatte, seine Art, Selbstmord zu begehen. So lange hatte er gekämpft, und dann hatte er auf solche Weise aufgegeben, bedauerte ihn Vater. »Das hätte er nicht tun dürfen! Es ist schade um ihn!« Vater war der Ansicht, dass sie uns allen hier die Identität genommen hatten: »Wir sind für sie einer wie der andere, auch Hans hätte das Lager durchstehen können, ohne dass sie festgestellt hätten, wer er war, und vielleicht hätte er dann sogar bis zum Kriegsende überlebt.«

Noch vor unserem Abmarsch von der Rampe hatte ich bemerkt, wie die Gestreiften das Gepäck aus den Waggons auf einen großen Haufen gestapelt hatten, wo es für jeden schwierig gewesen wäre, sein Eigentum wiederzufinden. Das bedeutete wohl, dass wir unser Gepäck nicht wiedersehen würden. Dabei hatten uns die ungarischen Gendarmen vor der Deportation dazu aufgefordert, unsere Siebensachen mitzunehmen, weil wir sie dort brauchen würden. Da war es logisch, dass wir das Beste einpackten. Und jetzt hatten sie uns hier alles weggenommen! Abermals waren wir betrogen und obendrein bestohlen worden. Ich erinnerte mich, dass ich in der Hosentasche das kleine rote Messer hatte, das Geschenk von Vera und Hans. Es tat mir leid, dass mir von Hans, der so unglücklich umgekommen war, nicht einmal dieses Andenken blieb. Großvater meinte, die Gepäckstücke, die sie uns gnädig mitbringen ließen, sollten uns vorgaukeln, wir würden hier unter erträglichen Bedingungen arbeiten. Dem stimmte Vater zu, konnte sich aber nicht die sarkastische Bemerkung verkneifen, dass uns unsere besten Sachen, wenn wir sie nicht hierher zu den Deutschen mitgenommen hätten, zu Hause von den Ungarn entwendet worden wären. So bestahlen die Deutschen, indem sie unser Gepäck raubten, eigentlich auch ihre ungarischen Bundesgenossen.

Am Ende – wir waren unseren Schmutz, die etwaigen Läuse und Reste unseres Eigentums los und hatten Hans verloren – erhielten wir die gestreifte Häftlingskluft, wie wir sie bei unseren ersten Peinigern auf dem Bahnhof gesehen hatten. Sie bestand aus Hose, Jacke und Mütze. Man gab uns auch ein Hemd und eine Unterhosen, aber die waren zivil und schon gebraucht. Wahrscheinlich stammten sie aus dem Gepäck in den Waggons oder von bereits Verstorbenen. Außerdem nahmen wir unsere Schuhe und unsere Hosenriemen wieder an uns, die wir vor dem Duschen zurückgelassen hatten.Die zugeteilte Bekleidung passte uns überhaupt nicht. Eine Weile tauschten wir diese Lumpen untereinander, aber dann mussten wir schon wieder zu fünft zum Abmarsch antreten. Zu jener perfekt funktionierenden Reinigungsanlage hatte man uns noch als Menschen gebracht – am anderen Ende fielen wir als Häftlinge heraus. Das hatte kaum eine volle Stunde in Anspruch genommen. Dann führte uns die SS in eins der vielen Teillager, aus denen der Komplex Birkenau bestand. Es war nicht weit. Am Tor wurden wir wieder von den wachhabenden SS-Männern durchgezählt. Offenbar war unsere Aufstellung in Fünferreihen des leichteren Zählens wegen erfolgt.

Schon war es überall dunkel. Das Lager schlief seinen schweren, fiebrigen Schlaf. Wir wurden einstweilen in eine leere Holzbaracke mit Betonfußboden geführt, in der es keine Einrichtungsgegenstände gab. Eine schwache Glühbirne in einem Winkel beleuchtete irgendeinen Haufen. Als wir richtig hinsahen, bemerkten wir dort in bizarren Stellungen mehrere Leichen, nachlässig eine über die andere geworfen. Uns empfingen drei Häftlinge, ungarische Juden in neuer, sogar gebügelten Kleidung. Sie waren auch rasiert und sahen gut genährt aus. Diese drei stellten sich uns als Kapos vor, als von der Lagerleitung ernannte Häftlingsführer. Sie sagten, wir hätten ihnen aufs Wort zu gehorchen. Für Vergehen gebe es fünfundzwanzig Hiebe mit dem Stock oder Knüppel. Das sei allerdings nicht die strengste Strafe. Wir wären im *Vernichtungslager* Auschwitz II, in Birkenau, und zwar in der Sektion B II e, die auch *Zigeunerlager* genannt werde. Der häufigste Weg nach draußen führe durch den Schornstein eines der hiesigen Krematorien. Wenn wir aber hart arbeiten würden, könnten wir uns Hoffnungen machen. Sie zitierten die Parole, die über dem Tor des Hauptlagers stehe: *Arbeit macht frei*. Wer nicht für das Deutsche Reich arbeite, sei es hier, sei es irgendwo in Deutschland, wohin man uns möglicherweise bringen werde, der werde nicht überleben! Birkenau sei kein Sanatorium! Hier gehe es ums Leben! Jeder müsse sich hier hauptsächlich und ausschließlich um sich selbst kümmern! Überleben würden nur diejenigen, die das so früh wie möglich lernten und sich strikt danach richteten. Wir wurden noch darauf hingewiesen, als größtes Verbrechen gelte hier, wenn ein Häftling Schmuck, Edelsteine, Valuten oder Gold in seiner Kleidung oder seinen Leibesöffnungen verstecke. Wir müssten uns bewusst machen, dass das Leben wichtiger sei als alle diese Wertsachen. Jene Leute, die dort als Leichen lägen, hätten das nicht begriffen. Sie, die Kapos, wollten uns aus gutem Willen – sie wären auch Juden aus Ungarn, so wie wir – vertraulich mitteilen, morgen werde eine gründliche Leibesvisitation stattfinden. Diejenigen, bei denen etwas gefunden werde, hätten sich vom Leben zu verabschieden. Deshalb sei es vernünftiger, solche Wertsachen vorübergehend bei ihnen zu deponieren. Das sei ganz allein zu unserem Nutzen, sie seien anständige Leute und würden für die Aufbewahrung nichts verlangen. Wir seien Menschen und würden auch hier Menschen bleiben. Sie fügten noch hinzu, am Barackenende sei ein kleiner Raum mit der Aufschrift *Blockältester*. Das bedeute: Vorgesetzter der Baracke, die Baracke werde hier Block genannt. Wenn wir etwas brauchten, könnten wir zu ihnen kommen, und sie würden uns gern beraten.

Vater, Großvater und ich sahen uns an. Unsere gemeinsame Ansicht sprach Großvater aus: »Das sind Hyänen!« Schnell überschlug Vater, dass diese Kapos nicht länger als einen Monat hier sein konnten. Schon in Parkan hatte er nämlich aus Nachrichten, die aus Budapest eintrafen, erfahren, dass der erste Judentransport aus ungarischen Landstädten Mitte Mai abgegangen sei. »Sie sind also auch erst kurze Zeit hier«, sagte Vater, »und schon erpressen sie ihre Landsleute, die doch in der gleichen Lage sind wie sie selbst! Das sind ihrem Aussehen und Verhalten nach keine Flickschuster oder Amateure. Am ehesten sind sie aus irgendeiner Bande. Was sie sagen und wie sie reden, zeigt, dass sie intelligent und gebildet sind, kurz gesagt, es sind keine Blödmänner. Umso mühsamer wird sich mit ihnen verhandeln lassen.« Schließlich war auch Vater, der sich über die Natur des Menschen keinerlei Illusionen machte, davon überrascht, wie schnell, gegebenenfalls innerhalb einiger Tage oder Wochen, sich kriminelle Organisationen bilden, die andere Leute aussaugen. Ich fragte ihn, ob er glaube, dass die Kapos jemandem etwas Wertvolles wegnehmen würden. Aber Vater beruhigte mich, bei uns werde das schwerlich gehen, wir hätten ja nichts mehr. Was wir besäßen, sei bei Manci geblieben. Und was unsere Frauen betreffe, müssten wir uns damit abfinden, sie in absehbarer Zeit nicht wiederzusehen. Sie würden anderswo bleiben, getrennt von uns. »Und vielleicht wird das bis zum Kriegsende so sein«, verkündete Vater traurig. Das ganze Gerede über Arbeitslager für Familien war also auch eine Lüge. Großvater fügte noch hinzu, dass das Geschäft mit den Wertsachen bei den Kapos sicher gut laufe, sonst hätten sie nicht so ein Spektakel veranstaltet wie das mit den Leichen, die wir gerade gesehen hätten. Mir riet er, ich solle mir ihr Aussehen und ihr Verhalten einprägen, damit ich irgendwann davon Gebrauch machen könne – zum Beispiel dann, wenn man nach dem Krieg derartige Gauner ins Gefängnis sperre.

Wir waren schrecklich müde. Der Betonfußboden war zu kalt, längere Zeit darauf zu sitzen oder zu liegen ging nicht. Durch die gesamte Barackenmitte, von einem Ende zum anderen, zog sich eine niedrige Ziegelmauer, die wie eine Bank aussah, daraus ragte an jedem Ende ein hoher Ziegelschornstein nach draußen. An beiden Enden dieser gemauerten Bank befand sich eine Art Ofentür. Wahrscheinlich diente das als primitive Heizanlage für die Baracke, aber jetzt wurde natürlich nicht geheizt. Die Ziegel waren nicht ganz so kalt wie der Betonfußboden, so setzten wir uns zuerst auf die Bank, aber weil wir so müde waren, streckten wir uns schließlich aus – so, wie wir waren, in unseren Häftlingsklamotten. Ich wollte mir die Schuhe ausziehen und sie auf den Boden stellen, aber Großvater ermahnte mich mit Nachdruck, so etwas dürfe mir nicht einmal in den Sinn kommen. »Mach das niemals«, warnte er mich. »Denk dran, die Schuhe sind das

Wertvollste, was du jetzt hast. Die Schuhe können über Leben und Tod entscheiden! Irgendwann wirst du weite Strecken im Regen oder Schnee marschieren müssen. Wie willst du das ohne Schuhe schaffen? Hier ist es so ähnlich wie im Krieg. Die Schuhe würde dir jemand stehlen. Du kannst froh sein, wenn sie dir keiner im Schlaf auszieht. Zieh sie niemals aus, und binde sie mit den Schnürsenkeln auch immer ordentlich zu. Natürlich dürfen sie nicht drücken, dann schwellen die Füße an und du gerätst in die Patsche.« Das war ein sehr nützlicher Rat von Großvater.

Diese nicht einmal ganze Nacht war die einzige, die wir drei Männer unserer Familie gemeinsam in Birkenau verbrachten. Wir legten uns mit Schuhen auf die Ziegelbank, aber lange konnten wir uns nicht ausruhen. Uns weckte das laute Schnarchen von Herrn Markovics, der in Parkan unweit von uns einen Kolonialwarenladen hatte. Andere Männer redeten auf ihn ein, er solle nicht so laut schnarchen, weil sonst keiner einschlafen könne. Als das nicht half, versuchte jemand, ihn wachzurütteln. Dabei stellte sich heraus, dass Herr Markovics bewusstlos war. Was sich wie Schnarchen angehört hatte, war Röcheln. Einer machte darauf aufmerksam, Herr Markovics sei zu Hause wegen Diabetes in Behandlung und spritze sich Insulin. Großvater rief: »Ärzte hierher!« Mich überraschte, dass sofort mehrere Ärzte kamen. Sie untersuchten den Kranken und stellten fest, die Symptome seien durch Insulinmangel verursacht worden. Auf Großvaters Anregung hin durchsuchten sie seine Taschen nach Insulin und einer Spritze, doch sie fanden nichts. Wahrscheinlich hatte er seinen Vorrat schon im Waggon aufgebraucht oder sein Medikament in der Dusche lassen müssen. Einer der Ärzte, der die Diabetestherapie am besten beherrschte, ging zu den Kapos. Die befahlen sofort, zwei kräftige Männer sollten Herrn Markovics in einen kleinen Raum am Eingang zum Block bringen, gegenüber der Tür mit der Aufschrift *Blockältester*. Weil es dort wie in der ganzen Baracke kein Möbelstück gab, mussten sie den Kranken flach auf den Boden legen. Sie hatten nicht einmal etwas, um ihn zuzudecken. Einer der Kapos versprach dem Arzt, sie würden in der Früh etwas unternehmen, jetzt in der Nacht könnten sie nichts tun. Dabei hatten die Kapos, wie uns der Doktor leise sagte, genügend Decken, doch Herrn Markovics gaben sie keine. Dann dämmerten wir weiter vor uns hin, gegen fünf, der Helligkeit nach zu schließen, wurden wir geweckt und aus dem Block gejagt.

Draußen war es noch kälter als drinnen. Uhren hatten wir natürlich keine mehr, und öffentliche Uhren gab es auch nicht. So blieb es die ganze Zeit über im Lager: In allen Dingen wurden wir von Befehlen gelenkt, niemals wussten wir, ob genügend Zeit wäre, um uns irgendeiner Sache zu widmen oder auf irgendetwas vorzubereiten. Auch das war ein wirkungsvoller Trick, der uns von der Obrigkeit und dem uns aufgezwungenen Programm noch abhängiger machte. Als Erstes wurde uns gezeigt, wo die Latrinen waren. Etwas Derartiges hatten wir noch nie im Leben gesehen. Es gab einen gesonderten Latrinenblock, durch den sich der Länge nach vier niedrige Mauern zogen, ähnlich denen in der Baracke, nicht aus Ziegelsteinen, sondern aus Beton. In diesen Betonbänken waren runde Löcher an beiden Seiten, darauf saßen nebeneinander und Rücken an Rücken Hunderte von Männern mit heruntergelassenen Hosen, die ihr Bedürfnis verrichteten. Unter den Mauern verliefen Kanäle, durch die die Fäkalien in eine Betonwanne vor dem Latrinenblock abflossen. Toilettenpapier gab es nicht, aber neben der Latrine war eine lange Reihe blecherner Waschbecken mit Hähnen, aus denen kaltes Wasser floss. Die Wände des Waschraums waren mit Aufschriften bemalt wie: DIE LAUS IST DEIN TOD! SAUBERKEIT IST DIE HALBE GESUNDHEIT!

Dann brachte man zwei große Bottiche mit lauwarmer schwarzer Flüssigkeit, die Kaffee genannt wurde, und zugleich einen Haufen unterschiedlicher Kasserollen und Töpfe. Sie sahen sauber aus, wahrscheinlich hatte sie jemand abgewaschen. Es schien, dass die Deutschen etwas auf Hygiene achteten, aber wie Vater bemerkte, taten sie das nicht wegen der Häftlinge, sondern im eigenen Interesse. Wenn im Lager eine Epidemie ausbräche, zum Beispiel Bauchtyphus, dann würde kein Stacheldrahtzaun sie aufhalten. Ein Teil des Geschirrs stammte offensichtlich aus den Transporten, denn es waren kaum zwei gleiche Stücke zu finden. Eine Ausnahme waren ein paar braune Schüsseln, die zusammenpassten. Jedem wurde etwa ein Liter von der Flüssigkeit aus dem Bottich in sein Geschirr gefüllt. Einer der Ärzte unter uns verkündete, wir sollten die Flüssigkeit trinken, sie sei immerhin abgekocht, während das Wasser aus dem Waschraum vielleicht nicht zum Trinken tauge. Aber wir hatten das Frühstück schon hinter uns.

In den Block, in dem wir übernachtet hatten, wurden wir nicht mehr gelassen. Wir wurden angewiesen, uns auf dem Gelände im Zwischenraum zum Nachbarblock aufzuhalten. Mitunter kam ein Kapo, weil in einem Block eine Arbeit zu verrichten war, suchte sich dafür Leute aus und führte sie weg. Soweit wir feststellen konnten, zogen wir aus dem Zuständigkeitsbereich der Kapos ans andere Ende des Geländes um. Intuitiv begannen wir, uns nach dem ungeschriebenen Gesetz zu richten, dass es im Lager lebensnotwendig sei, jede Kalorie zu sparen. Bei der ersten Aktion nahm der Kapo vier kräftige Männer mit. Sie erhielten die Aufgabe, zu zweit die Leichen wegzuschaffen, mit denen uns die Kapos in der Nacht erschreckt hatten, und sie in der gleichen Kammer auf den Boden zu legen, wo immer noch Herr Markovics bewusstlos und röchelnd dalag. Bald kam ein kleiner Lieferwagen. Am Steuer saß ein

SS-Mann, der einen weißen Kittel über die Uniform gezogen hatte. Die abkommandierten Häftlinge mussten zuerst die Leichen aufladen und dann Herrn Markovics, der weiter schwach röchelte. Zusammen mit den erstarrten Leichen transportierte dieser SS-Sanitäter auch Herrn Markovics ab, der noch gar nicht gestorben war. So sah die versprochene medizinische Hilfe aus – auch Herr Markovics wurde in irgendeinem Krematorium verbrannt! Es war also genau so, wie es die drei ungarischen Kapos gesagt hatten: dass man diesen Ort meist durch den Schornstein verließ.

Schornsteine hatten wir im Lager tatsächlich bemerkt. Ein paar hundert Meter von uns entfernt waren die Spitzen von vier großen, kantigen Schornsteinen zu sehen, zwei rechts und zwei links, mehr oder weniger in einer Reihe, parallel zur Längsachse unseres Lagers B II e. Wenn wir frühmorgens aus dem Block gejagt wurden, wälzte sich aus ihnen dicker, schwarzer Rauch. Manchmal blies ihn der Wind bis zu uns, wir spürten den beißenden Gestank, ein sonderbarer Geruch, von dem schwer zu sagen war, wovon er stammte. Etwas später hellte sich der Rauch auf und nahm ab. Auf dem Weg hierher hatten wir ringsum Industrielandschaft gesehen, und auch jetzt sah es so aus, als gehörten die Schornsteine zu einer Fabrik, in die die Häftlinge vielleicht zur Arbeit gingen.

Irgendwann am Vormittag, es mag ungefähr zehn Uhr gewesen sein, erschienen drei SS-Männer. Einer von ihnen war ein Offizier mit einer großen Pistole an der Seite. Er kam auf einem Fahrrad. Seine beiden Untergebenen waren mit Maschinenpistolen ausgerüstet und drangen, »*Kapo! Kapo!*« brüllend, in den Block ein. Auf diesen Ruf hin rannten die drei ungarischen Schurken wie der Blitz nach draußen und bauten sich nebeneinander in Habtachtstellung vor dem Offizier auf. Der oberste SS-Mann befahl ihnen etwas, und sie schlugen mit dem Ruf »*Jawohl!*« die Hacken zusammen. Dann liefen die Kapos zu uns und schrien: »*Antreten!*« Einer stellte die erste Fünferreihe von Männern auf, die anderen hatten dahinter die weiteren Fünfergruppen einzuteilen. Dabei zogen die Kapos Knüppel hervor, die offenbar an ihren Hosenriemen befestigt gewesen waren und wie Stücke eines dicken Gummikabels aussahen. Damit trieben sie die Häftlinge von verschiedenen Seiten her an, sich so schnell wie möglich in Fünferreihen aufzustellten. Es sah aus, als würden Schäferhunde Schafe vor sich her treiben. Vielleicht fanden die SS-Männer Gefallen daran, wie schnell und wirkungsvoll eine Meute von drei Kapos eine Masse von Häftlingen in Gruppen aufteilen konnte. Während ihres bislang erst kurzen Aufenthalts im Lager hatten die Kapos in dieser Tätigkeit bereits eine gehörige Praxis erworben. Wir hingegen erfuhren hier zum ersten Mal, dass mit uns wie mit einer Herde von Tieren umgesprungen wurde. Wir wichen Schlägen aus und bekamen welche ab, wir wurden gedrängt und drängten unsererseits wieder die anderen, bis wir nach kurzer Zeit in Fünferreihen in der Kolonne standen, wie es verlangt war.

Der Offizier ließ seine Blicke gelangweilt über die Umgebung schweifen, während die untergebenen Handlanger sich routiniert aufteilten und uns von beiden Ecken zwischen den Blöcken aus in die Mangel nahmen. Dann befahl der Offizier den Kapos, uns *linksum* machen zu lassen, sie brachten uns das mit ihren *Knüppeln* bei. Dann sollte die erste lange Reihe *rechtsum* machen, und die Kolonne musste in schnellem Tempo zum Offizier laufen, der mit einer Handbewegung die Leute bald nach rechts, bald nach links schickte. Nach einigen Minuten zeigte sich, dass er die erwachsenen Männer nach rechts und die Jugendlichen, zu denen ich gehörte, nach links dirigierte. Inzwischen hatte das geübte Personal die Aufstellung gewechselt. Einer der Maschinenpistolenschützen stand rechts vom Offizier und zielte abwechselnd auf die Gruppe der Erwachsenen und auf die noch nicht aufgeteilte Kolonne, der andere nahm die gleiche Kolonne von der entgegengesetzten Seite her aufs Korn und bewachte so auch die Jugendlichen. Einer der Kapos sorgte dafür, dass die Kolonne geschlossen und gleichmäßig vor den Offizier trat. So, wie wir in Fünfergruppen standen, waren es fünf Reihen. Als der letzte Häftling aus der ersten langen Reihe angekommen war, befahl der Kapo der nächsten Reihe *rechtsum!* und fuhr damit fort, bis der letzte Häftling aus der fünften Reihe den Offizier erreicht hatte. Dabei schrie der Kapo auf die Häftlinge ein, trat nach ihnen und schlug sie mit dem Knüppel, damit sie im richtigen Tempo und ohne Verzögerung zum Offizier liefen. Inzwischen trieb ein anderer Kapo die schon aussortierten erwachsenen Männer an, damit diese möglichst schnell zu der Gruppe rechts rannten, und dort stellte er sie wieder zu fünft auf. Auch er teilte dabei Schläge und Fußtritte aus und brüllte die Häftlinge an. Der dritte Kapo tat das Gleiche auf der linken Seite, wo er entsprechend Fünferreihen von Jugendlichen formierte. Das Ergebnis dieser Aufteilung waren zwei Häftlingsgruppen, beide in Fünferreihen – eine größere Gruppe von Erwachsenen und die viel kleinere der Jugendlichen. Jede Gruppe wurde von einem SS-Mann in Schach gehalten und von einem Kapo mit dem Knüppel eingeschüchtert. Der dritte Kapo, von den drei Schuften wohl die Hauptperson, trat vor den Offizier und meldete, dass die Aufgabe erfüllt sei. Der Offizier lobte die Kapos und sagte: »*Gut!*« Dann befahl er: »*Marschieren! Marsch!*« – und jede Gruppe marschierte in ihre Richtung ab.

Die ganze Prozedur lief unglaublich schnell ab, und es war zu sehen, dass solche Dinge hier eingeübt waren und routinemäßig ausgeführt wurden. Bei diesem Hin-und-Hergeschiebe einer Masse jüdischer Häftlinge war der Gedanke vollkommen ausgeschlossen, dass in dieser Menschenherde einzelne Individuen zueinander in Beziehung stehen könnten, dass dort vielleicht Väter und Söhne oder Geschwister wären, die sich voneinander verabschieden wollten. Die Häftlinge im Lager wurden ihrer Identität beraubt, sie verloren Namen, Stand und Staatsangehörigkeit und wurden zu Exemplaren, die durch beliebige andere Exemplare aus der gleichen Herde ersetzt werden konnten. Deshalb wurde kontrolliert, deshalb wurde nur gezählt, wie viele Exemplare vorhanden waren und ob nicht irgendeines geflohen oder entlaufen war. Von der Anzahl der lebenden Exemplare wurden täglich die Abgänge abgezogen, und die Zahl, die am Ende herauskam, musste stimmen. Außerdem wurden alle Beziehungen der Häftlinge untereinander aufgehoben. Jedes Exemplar sollte vollkommen unabhängig von allen anderen sein. Die Prozeduren, die mit den Häftlingen vorgenommen wurden, bestätigten, dass die SS-Männer im Umgang mit ihnen nicht improvisierten, sondern von einem bestimmten Konzept in ihren Köpfen geleitet wurden.

Die Aufteilung der Häftlinge in eine Erwachsenen- und eine Jungengruppe war meine erste ausgeprägte Erfahrung von Birkenau. Auch wenn ich das Verfahren des Hin-und-Her-Schiebens schnell begriff, so entging mir doch sein tieferer Sinn, und schon gar nicht vermochte ich damals in Worte zu fassen, welche Absicht damit verfolgt wurde. Aber alles grub sich mir ins Gedächtnis, eine Art Konserve, die dann lange darauf wartete, geöffnet zu werden. Ich blieb allein und wusste nicht, ob ich Vater und Großvater noch einmal sehen würde. Das betrübte mich am meisten. Aber ich hoffte auf ein Wiedersehen und wollte versuchen, sie im Lager zu finden. Mir schien, die Aufteilung der Häftlinge und der Abmarsch der Gruppen seien insgesamt ruhig verlaufen, ich hatte den Eindruck, beide Gruppen würden sich gar nicht so weit voneinander entfernt aufhalten. Vielleicht waren sie auf Dauer in einem anderen Block untergebracht worden, um den Block, in dem die drei ungarischen Hyänen herrschten, für einen weiteren Transport zu räumen. Dennoch lief es mir kalt den Rücken runter angesichts dessen, wie schnell und wirksam die Teilung unserer Gruppe vor sich gegangen war. Jene sechs Personen – die drei Deutschen und ihre drei kriminellen Helfershelfer – wären offenbar ebenso leicht imstande, alle ausgesonderten Häftlinge hinter der nächsten Ecke zu erschießen! Dabei entfielen auf jeden von ihnen ungefähr hundert unbewaffnete, aber bisher gesunde und kräftige Häftlinge. Würden sich alle auf die drei bewaffneten Deutschen und die drei Kapos stürzen, würden sie sie mit bloßen Händen in Stücke reißen. Einige Häftlinge würden freilich dabei erschossen werden. Im Geist fragte ich mich: Würden die Häftlinge wenigstens dann versuchen, ihre Peiniger zu überwältigen, wenn sie wüssten, dass die Deutschen die Aufteilung nur vorgenommen hatten, um einen Teil von ihnen nebenan zu erschießen? Diese Frage quälte mich, aber jetzt hatte ich niemanden mehr um mich, der sie mir hätte beantworten können.

Als wir gleich danach mit den anderen Jugendlichen durch das *Zigeunerlager* genannte Areal marschierten, gewannen wir eine bestimmte Vorstellung davon, wie diese Sektion in Birkenau, die auch kurz Lager B II e genannt wurde, angeordnet war. Sie bestand aus zwei Reihen von Blöcken, auf jeder Seite neunzehn, und zwischen ihnen verlief die breite Lagerstraße, über die wir marschierten. Diese Straße führte zum einzigen Tor, von der SS bewacht. Am Eingang war die Küche, und dort saß auch die Lagerleitung. Das ganze Lager war von Stacheldraht umschlossen, beidseitig an massiven Betonpfeilern befestigt. An den Ecken, wo die Zäune zusammentrafen, und in bestimmten Abständen zueinander, standen überdachte hölzerne Wachttürme mit Maschinengewehren, auf denen SS-Männer postiert waren. Von dort hatten sie einen perfekten Überblick über alles, was in der Umgebung der Zäune geschah, auch bei Dunkelheit, denn das Gelände wurde von starken Scheinwerfern beleuchtet. Der Stacheldraht stand unter Strom, es war verboten, sich ihm zu nähern. An einigen Stellen waren Warnschilder wie HOCHSPANNUNG oder LEBENSGEFAHR angebracht. Parallel zu unserem Lager erstreckte sich hinter dem Zaun ein ähnliches Lager. Das ganze Lagersystem wurde von tiefen Gräben durchkreuzt, die offenbar der Entwässerung des Terrains dienten. Kleine Abschnitte dieser Gräben konnten wir sehen.

Inzwischen näherten wir uns einem anderen Block im Lager B II e. Auf dem Gelände zwischen zwei benachbarten Blöcken bewegten sich viele junge Burschen, wahrscheinlich Sechzehn- bis Siebzehnjährige, aber auch Jüngere, die sich vielleicht wie ich für etwas älter ausgegeben hatten. In unserer Gruppe von Jugendlichen vom Transport aus Levice entdeckte ich Viki, den Fußballspieler, den ich seit unserem Aufenthalt im Sammellager nicht mehr getroffen hatte, und auch die beiden Faber-Brüder. Ihr Vater war nicht in der Gruppe gewesen, aus der man uns vor kurzer Zeit ausgegliedert hatte. Die Fabers hatten in Parkan eine kleine Druckerei, in der die beiden Jungen nach der Schule arbeiteten, weil ihr Vater, wie erzählt wurde, an Lungentuberkulose erkrankt war. Drucker litten damals, so hieß es, an Lungenschwäche infolge schleichender Vergiftung durch die Lettern beim Bleisatz. Daran mochte etwas dran sein, denn beide, der siebzehnjährige Jirka und der fünfzehnjährige Franta, waren sehr mager. Ich war froh, sie wiederzusehen.

Unterdessen hatten wir den Block der Jugendlichen erreicht, wo uns der *Blockälteste* übernahm, den man gewöhnlich »Blockwart« nannte. Uns bezeichnete er als *Zuwachs*, und so redete er uns auch an, wenn er uns etwas befahl. Er sprach wie ein polnischer Jude, der im Lager schon einige Zeit zugebracht hatte, er sah auch so aus. Er war etwa vierzig, ging immer mit einem Bambusspazierstock, an dessen Ende ein

Hartgummipfropf war. Er fragte, wann und von wo wir angekommen seien. Ich antwortete für alle Jungen, weil ich aus der Gruppe dank Vera noch am besten Deutsch sprach, auch wenn das kein großes Ruhmesblatt war. Der Blockwart sagte, die übrigen Jungen auf dem Hof, denen wir uns anschließen sollten, würden uns erklären, wie es hier zugehe. Dann zeigte er auf eine Schachtel mit Löffeln, die auf dem Boden stand. Jeder solle sich einen nehmen und gut auf ihn achtgeben. Wer ihn verliere, bekomme keinen anderen, und womit solle er dann essen? Schließlich fügte er noch hinzu, dass wir ihm aufs Wort zu gehorchen hätten und seinen Helfern ebenso; dabei fuchtelte er vor uns mit dem Stock herum, und das war eine durchaus beredte Geste. Er ermahnte uns, uns nicht zu prügeln und uns vor allem nicht gegenseitig zu bestehlen, was unter den Jungen in letzter Zeit um sich gegriffen habe. Deshalb sei es besser, Wertsachen bei ihm zu lassen, damit er sie bei sich verschließe. Dabei zeigte er uns einen Schlüssel, den er aus der Tasche zog. Angeblich würde er uns alles zurückgeben, wann immer wir es wollten. Mich wies er an, das für die Jungen zu übersetzen. Mir fiel ein, laut zu sagen, das hätten schon die drei ungarischen Kapos im Aufnahmeblock zu uns gesagt. Ich dachte, dass diese drei Hyänen von irgendjemandem eins aufs Maul bekommen sollten, und das könne am einfachsten die Konkurrenz erledigen, also andere Hyänen, die schon länger im Lager seien als sie. Aber gleich wurde mir klar, dass ich mir eine gefährliche Dummheit herausgenommen hatte. Was wäre, wenn sich die Kapos jetzt absprächen und mich gemeinsam verdreschen oder mir einen anderen, noch schlimmeren Schaden zufügen würden? Aber es war nun einmal gesagt! Der Blockwart reagierte auf meine Mitteilung mit einer Miene, als wäre das für ihn eine Neuigkeit.

Dann befahl er: *Zuwachs raus!* Dieser Befehl bedeutete, dass wir augenblicklich nach draußen zu stürzen hatten. Der Fußballspieler Viki hatte aber nicht begriffen, dass dies ein

Befehl war, weil er das Wort *Zuwachs* nicht verstanden hatte, und bekam den Stock des Blockwarts über den Rücken. Diese Lektion lehrte uns, wie wichtig es war, im Lager Deutsch zu können. Hier erinnerte ich mich an Vater. Er hatte gesagt, die deutsche Sprache könne nichts für die Nazis und werde überdauern, während von den Nazis bald nicht einmal mehr Denkmäler bleiben würden. Und nach Mutters Ansicht habe sich kein anderes Volk außerhalb Deutschlands so sehr um das Deutsche verdient gemacht wie die Juden, weil sie es sich auf der Grundlage des Jiddischen leicht angeeignet und in der Folge auch weiterentwickelt hätten. Ich spazierte mit Viki unter den Jungen rum, die ihre Zeit zwischen den beiden Blöcken verbrachten. Es mochten so an die tausend sein. Einen, der allein an der Wand eines Blocks hockte, fragte ich, ob er wisse, was als nächster Punkt auf dem Programm der Häftlinge stehe. Er sagte, es werde bald Mittagessen geben, und bestimmt wie jeden Tag *Eintopf*. So nannte man eine Mahlzeit »aus einem Topf«, hier meist Suppe aus Rüben und Kartoffeln. Weiter sagte er, das Essen werde in großen Bottichen herangeschleppt, und vier starke Jungen als Freiwillige trügen einen solchen Bottich; sie dürften dann die Suppenreste auf dem Boden mit dem Löffel auskratzen. Aber das sei eine gefährliche Arbeit, weil die Bottiche furchtbar schwer seien und die Suppe kochend heiß, beim Tragen komme es vor, dass etwas Suppe herausschwappe und den Jungen die Beine verbrühe. Die Träger seien auch dafür verantwortlich, dass auf dem Weg durchs Lager nichts aus ihrem Kessel gestohlen werde.

Weiter erfuhren wir von ihm, aus dem aufgelösten Ghetto Litzmannstadt* seien vor kurzem Häftlinge bis auf die Knochen abgemagert und vor Hunger schon völlig verwirrt und halb verrückt nach Birkenau verlegt worden. Sie seien mit langsamen, ungeordneten Bewegungen umhergewankt und hätten versucht, mit Schüsseln, die sie in der Hand hatten, etwas Suppe aus dem Bottich zu schöpfen. Aber sie hätten keinen Tropfen nehmen dürfen! Dann wäre ja für den Blockwart und seine Leute weniger zum Stehlen übriggeblieben. Weil sie schwach wie die Fliegen gewesen seien, sei es leicht gewesen, sie daran zu hindern. Sie seien schon an der Schwelle zum Tod gewesen. Aus irgendwelchen Gründen würden sie die »Muselmanen«* genannt.

Der Junge verriet mir auch, mit den freiwilligen Essensträgern gehe jedes Mal ein Austeiler mit. Das sei eine Funktion, die nur Vertraute des Blockwarts innehätten. Der Austeiler trage selbst nicht, er beaufsichtige nur die Träger. Gehe unterwegs Suppe verloren, verprügelten die Austeiler nachher im Block die Träger mit Knüppeln oder beschwerten sich beim Blockwart über sie. Der ziehe ihnen dann mit seinem Bambusstock eins über. »Die Austeiler stehlen den anderen Jungen Essen. Sie nehmen sich aus den Bottichen heimlich ganze Kübel der dicksten Suppe und treiben damit Handel. Aber niemand wagt es, ihnen das vorzuhalten. Das hätte sonst schlimme Folgen. Gefällt jemand den Verteilern nicht, schöpfen sie für den nur dünne Suppe von ganz oben. Sie rühren die Suppe einfach nicht mit der Kelle um, damit auch oben ein paar Kartoffeln schwimmen. Wenn ein Junge ein oder zwei Wochen lang nur dünne Suppe kriegt, magert er deutlich ab, schneller als die anderen, wird schwächer. Kommt dann noch eine Selektion dazu, bei der ihn die SS wegen seiner Magerkeit aussortiert, ist das sein Ende. Für ihre Kumpanen aber fischen die Austeiler vom Boden des Kessels lauter Kartoffeln, die halten dann länger durch.« Schließlich riet mir der Junge, den Verteilern nicht direkt in die Augen zu schauen. Sie könnten das als Provokation betrachten und sich dann rächen wollen.

Er hieß Pepi. Er sagte mir, er sei aus Budapest, habe aber in einem ungarischen Dorf bei Verwandten gelebt und sei vor etwa vierzehn Tagen hierhergekommen. Da brachten die Träger schon die Bottiche mit der Suppe. Sie stellten sie neben sich ab, und alle Jungen reihten sich in die übliche Schlange ein. Die Austeiler begannen mit aus leeren Konservenbüchsen hergestellten Kellen die Ausgabe. Bei der Suppenausgabe passten etwa fünf Gehilfen des Blockwarts auf, dass Ordnung herrschte und alles schnell vonstattenging; ihr Hauptargument waren die Stöcke, die sie in der Hand hielten. Pepi bot an, mich und Viki zu führen, damit wir nicht gleich am Anfang Schwierigkeiten bekämen. Wir machten ihm alles nach und fassten unsere Schüssel mit Suppe ab. Sie war widerlich. Viki kostete nur und schob seine Portion Pepi zu; er selbst habe darauf keinen Appetit. Pepi ermahnte ihn, dass er hier alles aufessen müsse, sonst werde er nicht überleben. Seine Augen glänzten vor Hunger, so machte er sich schließlich auch über Vikis Portion her. Ich überwand mich und aß die Suppe fast vollständig auf, den Rest ließ ich Pepi.

Nach dem Essen setzten wir uns zu Pepi und entlockten ihm Informationen über unsere neue Unterkunft. Ich wollte wissen, was mit jenen Abgemagerten geschehe, die bei medizinischen Untersuchungen ausgesondert würden. Pepi zeigte auf die Schornsteine und fragte uns, ob wir sie schon bemerkt hätten. Durch die Schornsteine ziehe der Rauch aus Krematoriumsöfen ab, in denen die Leichen verbrannt würden. Wenn man sagte, der Weg nach draußen führe nur durch den Schornstein oder dass einer durch den Schornstein gegangen sei, so bedeute dies nichts anderes, als dass man ihn im Krematorium verbrannt und seine Asche in den nahegelegenen Fluss geworfen oder sonstwo verstreut habe.

Was Pepi uns sagte, konnten wir uns nicht vorstellen. Wir waren erschüttert und außerstande, zu begreifen oder auch nur den Gedanken daran zuzulassen, dass so etwas überhaupt mit Menschen gemacht werden könnte. Darüber brauchten wir mehr Klarheit. Viki fragte Pepi, warum diese

Krematorien so groß seien und was man von den gewaltigen Schornsteinen und von den Rauchwolken halten solle. Und warum seien es so viele? Würden in einem so riesigen Lager so viele Menschen sterben? So erklärte Pepi, dass sich neben jedem Krematorium Gaskammern befänden. Darin würden Menschen durch Gas ermordet. Diese Kammern sähen wie Duschanlagen aus. Den Menschen werde eingeredet, sie gingen duschen. Ahnungslos zögen sie sich vor dem Eingang aus, und SS-Männer würden sie dann nach drinnen treiben. Doch statt warmen Wassers ströme Gas auf sie ein. Die Menschen stürben binnen weniger Minuten. Ihre Leichen würden herausgeschleift, zu den Öfen befördert und sofort verbrannt. In den vier Krematorien seien es täglich bis zu fünfzehntausend Menschen. Alles werde von Häftlingen erledigt. Sie bildeten das *Sonderkommando*. Die SS-Männer befählen und kontrollierten nur. Alles müsse schnell und ohne Störungen und Verzögerungen vor sich gehen – wie bei Fließbändern in einer großen Fabrik. Deshalb sage man auch: Auschwitz-Birkenau sei eine »Todesfabrik«.

Viki und mich erschütterte das so, dass wir eine Weile gar nichts mehr wahrnehmen konnten. Pepi schilderte uns diese Grausamkeiten mit ernster Miene und offensichtlich auch mit Sachkenntnis, doch wir begriffen ihn trotzdem nicht. Die einzelnen Worte verstanden wir zwar, aber irgendwie entging uns ihr Sinn. Vor allem bezweifelten wir, dass das alles wahr sein könnte. Für uns war das schon zu viel. Dennoch hatte ich das Gefühl, dass ich noch auf eine Frage die Antwort wissen müsse, und so fragte ich Pepi, woher die Leute kämen, die dort massenhaft ermordet würden. »Jungs, ihr habt immer noch nicht begriffen, worum es hier geht«, antwortete mir Pepi und machte ein sehr ernstes Gesicht. »Jemand muss euch die Wahrheit sagen. Solange ihr die nicht wisst, könnt ihr auch euer eigenes Leben nicht verteidigen. Soweit das überhaupt möglich ist. Gestern Nachmittag oder Abend seid ihr angekommen. Ihr wisst doch, dass ihr auf der Eisenbahnrampe in zwei Kolonnen aufgeteilt wurdet. Die Menschen, die bei jener Selektion für die andere Gruppe ausgewählt wurden und denen man gesagt hatte, man würde sie zum Baden führen, die sind direkt in die Gaskammern geführt worden. Das waren Menschen, die sich nicht ordentlich bewegen konnten oder alt und krank waren. Vielleicht hatten die sich sogar darauf gefreut, sich nach der schrecklichen Fahrt in den Waggons endlich gründlich waschen zu können. So zogen sie sich aus und betraten die vermeintlichen Duschräume. Das Tor schloss sich hinter ihnen, statt Wasser wurde Gas eingelassen. Als ihr die Häftlingskleidung angezogen hattet, waren die aus der anderen Gruppe schon tot. Der Rauch, den ihr heute Morgen aus den Schornsteinen aufsteigen saht, kam von ihren Leichen. Alle sind, wie man hier sagt, durch den Schornstein gegangen, sie haben das schon hinter sich.« Pepi musterte uns, ob wir überhaupt begriffen, was er uns da sagte. Dann fuhr er fort: »Sie wussten wenigstens nicht, was sie erwartete. Aber hier kommt eine Selektion nach der anderen, und wer schwach, mager oder krank ist oder ihnen aus irgendwelchen Gründen nicht gefällt, der wird, wie es heißt, ›selektiert‹ und ins Gas geschickt. Die selektierten Häftlinge lässt man in Fünferreihen antreten, sie müssen selbst zu dem Ort gehen, an dem sie sterben sollen. Dann zwingen SS-Männer zusammen mit ihren Häftlingsgehilfen sie in die Kammer, wo sie mit Gas ermordet werden. Diese Menschen aber wissen, anders als die gestern Angekommenen, schon ganz genau, was dort auf sie wartet. Danach schleifen Häftlinge aus dem Sonderkommando ihre Leichen zu den Öfen, dort werden sie verbrannt. Die Häftlingslumpen, die die Opfer ausgezogen hatten, bevor die SS sie in die Kammer trieb, werden gesammelt und anderen Häftlingen gegeben. Und das alles wiederholt sich. Diejenigen, die nicht gleich in den Ofen kommen, schickt man nach Deutschland, um für das Reich zu arbeiten, bis ihnen die

Kräfte ausgehen, und dann ermordet man auch sie.« Ich bat Pepi, nichts mehr zu sagen. Ich sei ihm dankbar, dass er uns die Augen geöffnet habe, aber mehr könne ich nicht ertragen. Ich müsse alles durchdenken und irgendwie damit zurechtkommen. Viki pflichtete mir bei, aber er fragte Pepi noch, ob wir bei ihm bleiben dürften. Der nickte nur zustimmend. Ihm war anzusehen, dass auch er diese furchtbare Wahrheit nicht leicht aussprechen konnte. Später begriff ich, dass Pepi uns eingeweiht hatte, damit wir begriffen, worum es hier gehe und was wir brauchten, um wenigstens Hoffnung aufs Überleben zu haben. Damit wurden wir wirkliche Birkenau-*Häftlinge*. Den Rest des Tages unterhielten wir uns nur noch über belanglosere Dinge. Vor allem stellten wir uns gegenseitig vor. Pepi war nach alledem ein anständiger Kerl. Als er sah, wie niedergeschlagen wir waren, schlug er vor, uns ein hübsches Liedchen beizubringen. Bis vor kurzem war er in Budapest in einem Gesangsensemble gewesen. Dort hatte er eine Melodie gelernt, die Haydn komponiert hatte, aber das wusste er nicht sicher, und er kannte dazu die ungarischen Worte. Ein Vorzug dieses Liedes war, dass es sich auch als Kanon singen ließ. Die einzelnen Stimmen oder Stimmgruppen setzten nacheinander ein und verstummten am Ende nach und nach wieder, als ob sie in der Ferne verschwinden würden. Zuerst sang er uns die Melodie leise vor. Er hatte einen schönen Tenor. Dann rezitierte er uns den Text. Auf Ungarisch lautete er: »Erdő mélyén, esti csendben hallod a csalogány é desdalát« – »In der Tiefe des Waldes, in der Abendstille lauschen wir dem Zauberlied der Nachtigall …« In einer halben Stunde lernten wir Text und Melodie. Pepi versprach, dass wir das später im Kanon üben wollten. Wir verabredeten, dass wir uns, wenn möglich, später wieder treffen würden.

Im Hof setzte ich mich auf einen Stein, um nochmals in Gedanken durchzugehen, was Pepi uns gesagt hatte und was das für uns bedeuten könnte. Ich war davon bedrückt. In tiefster Seele hoffte ich, dass von Pepis Bericht nicht alles wahr wäre. Ich führte mir vor Augen, wie unzutreffend üblicherweise Angaben über die Zahl von irgendwo umgekommenen Menschen sind. Das hängt mit unserer Unfähigkeit zusammen, diese Zahlen mit konkreten Menschen zu verbinden. Ist doch schon der Tod eines einzelnen Menschen ein furchtbares Unglück! Von unseren nächsten Familienangehörigen aus Parkan war höchstwahrscheinlich Großmutter auf die »schlechte« Seite geraten. Dabei war sie noch in guter Verfassung und niemals krank. Ich erinnere mich nicht, dass sie jemals zum Arzt gegangen wäre. Wenn sie wenigstens im Voraus gewusst hätte, dass diejenigen, die auf die »gute« Seite gingen, zur Arbeit bestimmt waren, dann hätte sie sich so verhalten, dass man auch sie dorthin geschickt hätte. Sie hätten als arbeitsfähig eingestuft werden wollen, selbst wenn sie nicht gewusst hätte, dass die »schlechte« Seite bedeutete, zum Tode verurteilt zu sein. Großmutter arbeitete gern, und jede Arbeit, die sie sich vornahm, ging ihr leicht von der Hand. Sie hatte auch ein angeborenes Organisationstalent. Allerdings war sie etwas beleibt und bewegte sich deshalb nicht so flink. Und alle hatte sie gern, sie war die gute Seele der ganzen Familie. Mir war klar, dass es allen älteren Verwandten schon so ergangen war oder noch ergehen würde. Auch der kleine Zoli war sicher umgekommen. Er hatte noch nichts im Leben erfahren, hatte noch nicht einmal Verstand, und sie hatten ihn umgebracht! Jetzt begriff ich, warum jener Häftling, der uns aus dem Waggon trieb und auf der Eisenbahnrampe vor der großen Selektion in Fünferreihen aufstellte, Zoli aus Magdas Armen gerissen hatte.

Mich entsetzte die Vorstellung, dass diejenigen, die sich zum ersten Mal der Rampe von Auschwitz näherten und eigentlich schon von vornherein zum Tode verurteilt waren, keine Ahnung davon hatten, was sie erwartete, und dass es keine Möglichkeit gab, sie vor der Hinrichtung noch zu warnen, damit sie eventuell zu fliehen und ihr Leben zu retten versuchten. Diese Menschen würden allein dann gerettet werden, wenn der ununterbrochene Strom von Waggons in Richtung Auschwitz gestoppt würde. Dazu könnte es nur in zwei Fällen kommen: wenn die Deportation von Juden aus Ungarn und anderswo eingestellt würde oder wenn alliierte Bombenangriffe die Transportstrecken zerstörten. Bei Bombenangriffen würden höchstwahrscheinlich auch viele Häftlinge getötet werden, aber bestimmt blieben noch mehr am Leben. Dieser zweite Fall brachte mich auf den Gedanken, dass viele Menschen, die die Eingangsselektion auf der Rampe überstanden haben, noch umkommen würden, weil die Tragödie noch lange nicht beendet war, und von denen, die einem denkbaren alliierten Bombardement zum Opfer fielen, wahrscheinlich auch im Lager niemand würde überleben können. Dann fragte ich mich, ob uns die Alliierten nicht vielleicht dadurch helfen könnten, dass sie todbringende Objekte im Lager und in dessen Umgebung bombardierten. Ich erinnerte mich daran, dass uns schon in Parkan amerikanische Flugzeuge von Süden nach Norden überflogen hatten. Was ich davon halten sollte, wusste ich nicht, doch ich vermutete, dass die Alliierten, wenn sie uns helfen könnten und dazu entschlossen wären, dies bereits getan hätten. Sie konnten das Leben vieler Tausender Menschen retten. Wer aber wusste, wie sich die Situation noch ändern würde? Vielleicht gelänge es noch, jene »Todesfabrik« in Auschwitz zu vernichten, vielleicht würden die Eisenbahnstrecken, Brücken oder Tunnel auf dem Weg dorthin zerstört werden. Oder es käme innerhalb einiger Wochen oder Monate zum Zusammenbruch Deutschlands, und damit würde auch der Mord an den Juden aufhören. Gleich sah ich aber ein, dass dies einstweilen unwahrscheinlich war.

Dann kehrte ich in Gedanken zu Vater und Großvater zurück. In Birkenau geschah es wohl nur ausnahmsweise, dass Männer aus einer Familie, und sogar aus drei Generationen, am Leben blieben. So gelang es Vater und Großvater und mir wenigstens für eine Weile, aber von unserem weiteren Schicksal hatten wir keine Vorstellung. Ich könnte versuchen, sie zu finden, solange sie, wie ich hoffte, noch in B II e waren. Gleich morgen würde ich das tun, wenn sich irgendeine Gelegenheit böte.

Vergeblich bemühte ich mich, mit den erschreckenden Erlebnissen der vergangenen Tage und besonders der letzten vierundzwanzig Stunden fertigzuwerden. Ich fühlte mich verwirrt, ratlos und verlassen. Inmitten einer enormen Menge fremder Leute war ich allein in der »Todesfabrik«, in Auschwitz-Birkenau, und erst wenig über dreizehneinhalb Jahre alt! Zu allem Unglück hatte ich in diesem Durcheinander auch noch Viki und Pepi in der Masse der anderen Jungen verloren. Sie waren mir aus den Augen entschwunden, als ich mich von ihnen für eine Weile von ihnen abgesondert hatte, um meine Gedanken zu ordnen.

Dann stellte ich mir vor, Großvater, Vater und Onkel Arnost seien zusammengekommen, um darüber zu beraten, was in Birkenau vor sich gehe. Wie ich sie kannte, würde jeder zuerst seine eigene Ansicht äußern, dann würden sie ein wenig streiten und lange alles durchdiskutieren, aber schließlich würden sie sich als Vertreter zweier Generationen auf etwas einigen, und ich würde mich mit ihrem gemeinsamen Standpunkt identifizieren. Dann wüsste ich wenigstens, wie ich mich verhalten sollte, jetzt, wo ich die Wahrheit über Birkenau erfahren hatte. Ihre Anschauungen, in denen sie mich erzogen hatten, waren für mich jetzt das einzige Hilfsmittel bei der Beurteilung all dessen, was mir hier begegnet war, und auch bei jeder Entscheidung, die sich daraus ergab. Eine andere Stütze hatte ich nicht. Aber das war auf jeden Fall besser als nichts. Wie sollte ich – ein Kind mit mangelnder Lebenserfahrung – auf mich selbst gestellt die Fragen lösen, die mir hier begegneten, und die erforderlichen Schlussfolgerungen ziehen?

Ich hatte keine Lust, mit jemandem zu reden, auch nicht mit dem Fußballspieler oder Pepi. Einstweilen wollte ich nicht einmal nachforschen, ob ich hier noch irgendeinen anderen Bekannten unter den Jungen träfe. Ich fühlte, dass ich erst zur Ruhe kommen und mir aus Pepis Berichten über Leben und Tod in Auschwitz-Birkenau eine realistische Vorstellung bilden musste. Vor allem wünschte ich mir, Vater und Großvater zu finden, die mir dabei helfen könnten. Ich suchte mir einen Stein, auf dem ich bequem sitzen konnte, und überließ mich dem Grübeln. Um dabei nicht ins Leere zu starren, begann ich an diesem Stein eine Kante des Löffels zu schleifen, den man mir heute zum Essen zugeteilt hatte. Mir fiel ein, dass mir der Löffel mit einer geschliffenen Kante vielleicht auch als Besteckmesser oder anderswie dienen könnte. Die übrigen Jungen würden dann sehen, dass ich auch etwas tat, und so fiele ich nicht auf. Jedenfalls unterschied ich mich von der Mehrzahl der anderen. Ich sah, dass sich hier jeder irgendwie zerstreute. Die anderen unterhielten sich oder stritten auch, einige setzten sich nur so in Grüppchen hin. Sie waren nur rund zehn Tage oder eine Woche früher als ich angekommen, hatten also den anfänglichen Schock, an einen Ort geraten zu sein, wo in großem Maßstab gemordet wurde, schon hinter sich, ihn vielleicht schon etwas überwunden. Zugleich musste ich mir eingestehen, dass es auch für sie nicht leicht war.

Instinktiv fühlte ich jedoch, dass ich anders war als sie. Ich brachte es nicht über mich, mich ihnen anzuschließen, und blieb abseits. Dabei wusste ich sehr gut, dass das unvernünftig war. Vielmehr hätte ich mich bemühen sollen, in der Menge aufzugehen, um nicht später zur Zielscheibe ihrer Angriffslust zu werden. Diese ganze Masse von Menschen, alle zusammen und jeder für sich – wir alle hatten doch schreckliche Erlebnisse hinter uns und mussten mit ihnen fertig werden. Auch diese Jungen wussten nicht, warum sie in eine so große Gruppe Heranwachsender eingegliedert worden waren und was weiter mit ihnen geschehen würde. Überdies waren sie auf engem Raum zusammengepfercht, vegetierten unter elenden Bedingungen vor sich hin, litten unter der Knute der Häftlingsfunktionäre und Antreiber. In einer solchen Situation konnte es leicht geschehen, dass einer aus der Masse auf einmal in Panik geriet und sich dann an jemandem abreagierte, der sich nicht in der Masse verlor. Deshalb schliff ich wenigstens diesen Löffel, hämmerte abwechselnd mit einem Stein auf ihn ein und zeigte so, dass ich etwas Normales, den Übrigen Verständliches tat. Damit wurde ich einer von ihnen, jemand, der in ihrer Gruppe geborgen war, freilich nur, solange nicht jemand von außen über ihn herfiel.

Nach einer Weile geriet die Masse der Jugendlichen in Bewegung. Das Abendbrot sollte verteilt werden. Schnell stand ich auf und reihte mich in die Warteschlange ein. Dabei gab ich Acht, dass ich niemanden zu sehr drängte und dass mich umgekehrt keiner anrempelte. Ich hatte nicht die geringste Lust, mit jemandem in Konflikt zu geraten. Wir bekamen je ein Stück Kastenbrot, das an Kommissbrot erinnerte, wie wir es in Parkan bei dem zur Hälfte deutschstämmigen Sanitäter Glowitzky gesehen hatten. Man gab uns deutlich weniger, als unsere Tagesration gewesen wäre. Dazu kam ein Stück Margarine, das ebenfalls verkleinert war. Ich aß alles gleich auf. Hunger hatte ich noch nicht, doch ich wusste nicht, wo ich dieses Brot hätte aufbewahren sollen. Ich fürchtete, jemand könne es mir stehlen. Aber das wäre noch nicht das Schlimmste. Eine Bande kleiner Diebe oder ein größerer und stärkerer Junge könnten versuchen, mir das Brot gewaltsam wegzunehmen, was nicht ohne Verletzungen abgegangen wäre.

Diese verkleinerte abendliche Brotration mit etwas dazu war unsere hauptsächliche Lebensmittelzuteilung. Die Clique um den Blockwart bestahl uns schamlos. Sie wussten, dass sie das wagen durften. In der Hand hatten sie Stöcke, die sie einsetzen konnten, wann und wie sie wollten, sie teilten das Essen aus, der Blockwart wurde von der Lagerleitung ernannt, die direkt der SS unterstand. Über die allgegenwärtige Zuträgerei und Korruption wusste ich schon etwas, dank dem »Intensivkurs«, mit dem mich meine »Lehrer« – Vater, Großvater und Arnost – auf das vorbereitet hatten, was kommen könnte, ohne zu wissen, was genau es wäre. So hatte ich mit keinem zu viel gesprochen und mich bemüht, Augen und Ohren offen zu halten. Das war nicht leicht, denn ich war schon so müde, dass mir die Augen zufielen.

Ein fester Punkt des Tagesablaufs war die Zählung des Bestandes, der *Appell*, der auf dem eigens dafür bestimmten *Appellplatz* stattfand. Dorthin mussten alle ausrücken und sich in Fünferreihen aufstellen. Wie auch sonst! Das Prinzip der Prozedur bestand darin, das gesamte Lager einmal durchzuzählen, einschließlich der Abgänge seit dem vorhergehenden Appell. Soweit ich von den Nachbarn in der Reihe gehört hatte, die untereinander Jiddisch sprachen, ging der Appell heute schnell vonstatten, weil die SS beim Zählen diesmal keinen Fehler gemacht hatte.

Die Nacht im Block war schlimmer als ein böser Traum. Normal schlafen konnte man dort nicht. Es gab keinerlei Mobiliar, wir schliefen nur auf Brettern, die tagsüber an der Mauer aufgestapelt waren und die wir schnell auf dem Betonboden auslegen mussten. Da es aber zu wenige waren, zwischen den einzelnen fünfzehn bis zwanzig Zentimeter breiten Brettern klafften Lücken von etwa fünf Zentimetern, drückte das in der Nacht heftig. An manchen Stellen schliefen die Jungen direkt auf dem Beton. Der Fußboden hatte Risse, in den Spalten war Lehm, der sich bei Regen in Morast verwandelte, weil es stellenweise in die Baracke regnete. Regnete es in der Nacht, wurden manche Jungen von der Nässe wach. Von Decken, Bezügen und ähnlichen Dingen konnte keine Rede sein. Wir schliefen angekleidet in der Häftlingsmontur, die wir am Tage trugen, mit Schuhen an den Füßen. Es gab keinen Platz zum Ablegen der Sachen, und was man irgendwo liegen ließ, wurde schnell gestohlen. Was wir hatten, mussten wir ununterbrochen am eigenen Leib tragen. In diesem Block waren wir so viele, dass wir uns nicht nebeneinanderlegen konnten. Wollten wir schlafen gehen, mussten sich zuerst alle mit ausgestreckten Beinen in eine Reihe setzen; die ganze Reihe legte sich dann auf einmal hin, und zwar so, dass der Oberkörper des vorderen Häftlings auf den Bauch des hinteren passte. Wenn es jemand nicht mehr aushielt, auf dem Rücken zu liegen, musste sich die ganze Formation drehen, etwa auf die rechte Seite. Aber das war durchaus kein leichtes Manöver. Rechts von uns lag eine andere Formation von ähnlich ineinander verschachtelten Körpern, so dass beim Drehen auf die rechte Seite alle gleichzeitig ein Stückchen zurückrutschen und wieder den Ort erreichen mussten, an dem die Formation vorher gelegen hatte. Gleiches galt natürlich auch beim Drehen auf die linke Seite. Das bedeutete, dass wir keine Nacht durchschlafen konnten. Wenn jemand in der Nacht auf den Abtritt musste, dann hatte er sich zuerst irgendwie aus seinem Platz herauszuwinden, wo er zwischen anderen schlafenden Körpern eingekeilt war. Dann blieb ihm nichts anderes übrig, als über die Schlafenden zu steigen und nach seiner Rückkehr seinen ursprünglichen Platz erneut zu erkämpfen, denn der war inzwischen von den Nachbarn besetzt, die sich im Schlaf dehnten und ausstreckten. Das alles war mit dauernder Erregung verbunden. Obendrein musste das Bedürfnis innerhalb des Blocks verrichtet werden, weil in der Nacht das Tor verschlossen war und niemand den Block verlassen durfte; das war ein Teil der Sicherheitsvorkehrungen bei der Bewachung der Häftlinge. Außerdem war der Latrinenblock zugesperrt. Am verschlossenen Barackentor standen ein großes Gefäß, in das man urinierte, und mehrere Kübel für die Fäkalien – das alles selbstverständlich mit entsprechendem Gestank. Es war also nicht so einfach, sich schlafen zu legen. Wir hatten dafür eine bestimmte Taktik. Man mußte einen Platz, weit genug von den Stinkkübeln finden, möglichst unter Leuten, die man etwas kannte oder aus der gleichen oder einer benachbarten Gegend stammten, oder wenigstens die gleiche Sprache redeten. Von ihnen konnte man größere Toleranz erwarten, wenn man nachts aufstehen und zu den Kübeln musste. Andernfalls konnte man sich unverdient einen Fußtritt oder einen Fausthieb einhandeln.

So schliefen wir noch etwa drei Monate lang, bis zum September 1944. Allerdings nahm die Zahl der Schläfer seit Mitte Juli ab. Einerseits wurden am 9. Juli die Massentransporte ungarischer Juden eingestellt – das erfuhr ich aber erst nach dem Krieg –, andererseits wurden wir im Jungenblock durch die ständigen Selektionen weniger. Es galt eine grausame Gesetzmäßigkeit: Je mehr Menschen umkamen, desto mehr Platz blieb für die Überlebenden.

Am nächsten Morgen vor Sonnenaufgang, das heißt vorm offiziellen Wecken, jagte man uns aus dem Block auf den Hof, den Raum zwischen unserem und dem Nachbarblock. Das war eine vollkommene Austreibung! Von den verschiedenen Seiten, won denen sich die Gehilfen des Blockwarts auf uns stürzten, um uns nach draußen zu treiben, ertönte schreckliches Gebrüll, oft von Fußtritten und Schlägen begleitet. Alle mussten aus dem Schlaf heraus auf die Beine springen und ohne nachzudenken aus dem Block nach draußen rennen, was nur durch das Tor möglich war. Das war der Flaschenhals, durch den wir uns zwängen mussten. Alle, mich natürlich eingeschlossen, drängten sich dort wie

Tiere – und das nur, um einem Fußtritt oder einem Schlag mit der Faust oder dem Stock zu entgehen.

Der Vergleich mit einem Tier oder, genauer, mit einer Herde von Tieren, die von einem Raubtier oder einer anderen Gefahr bedroht werden, war hier zutreffend. Jeder flüchtete für sich allein, rettete nur seine eigene Haut ohne Rücksicht auf die anderen, die das Gleiche tun mussten. Wer einer fliehenden Herde in den Weg gerät, wird von ihr beiseitegeschoben oder weggefegt. Auf einen Häftling, der hingefallen war, traten die anderen, wenn sie nicht über ihn hinwegspringen konnten. Vielleicht versuchten wenigstens Einzelne aus der fliehenden Herde zuerst, ihre am Boden liegenden Gefährten zu überspringen, und traten erst dann auf sie, wenn sie nicht mehr ausweichen konnten. Aber diejenigen, die sich von hinten auf sie wälzten, ließen ihnen keine andere Möglichkeit. Ich war mir nicht sicher, ob nicht auch in einer Tierherde eine Art von Rücksichtnahme existiert. Als ein Merkmal von Menschlichkeit, das eine fliehende Menschenherde von einer Tierherde unterscheidet, hätte ich das vorgezogen. Dabei hatte das Ganze gar keinen Sinn. Wären alle aufgestanden und hätten die Baracke organisiert verlassen, so hätte das nur ein paar Minuten länger gebraucht, alle wären relativ ruhig geblieben. Überdies hatten wir draußen nichts zu tun, wir warteten dort nur, ohne zu wissen, worauf. Unsere Jungengruppe war zu keiner ständigen Arbeit eingesetzt, wir hatten nirgendwohin zu eilen.

Niemand begriff, wozu dieser morgendliche Wahnsinn diente. Die Begründung, der Block müsse gereinigt werden, war lächerlich. In der Baracke befand sich nichts, und die ganze Reinigung bestand darin, dass ein paar bevorzugte Häftlinge – Landsleute, Verwandte oder Bekannte der führenden Gruppe – die Bretter aufsammelten, den Fußboden kehrten und dafür mit Extraportionen Suppe entlohnt wurden.

Weil es damals auch im Sommer frühmorgens empfindlich kalt war und wir unzulänglich bekleidet waren, schützten wir uns vor der Kälte, indem wir uns zu Dutzenden und Hunderten aneinanderdrängten und dabei die an den Außenseiten Stehenden auch nach innen wechselten, um sich im Inneren der Gruppe etwas aufzuwärmen. So war es auch nach der ersten Nacht im Jungenblock. Wir warteten auf den Sonnenaufgang, um von ihr gewärmt zu werden. Die Hoffnung erfüllte sich, aber erst gegen Mittag.

Auf einmal bemerkte ich, wie seitlich neben dem geschlossenen Tor des Blocks etwas geschah. Einer der Gehilfen des Blockwarts kam heraus und befahl vier Jungen, die sich zufällig in seiner Nähe aufhielten, die Kübel mit Urin und Fäkalien zur zentralen Latrine zu transportieren. Die Jungen liefen jedoch wortlos auseinander und mischten sich unter die Menge. Dass jeder auf seine Art verschwand, war von ihnen offenbar keine Taktik. Sie hatten miteinander nichts gemein, vielleicht kannten sie sich nicht einmal. Das Wegtragen dieser Kübel war eine unbeliebte Arbeit. Sie wurde von der Blockobrigkeit nicht vergütet – warum sollte sie dann jemand machen? Da fiel jedem sofort ein hässlicher Vergleich ein: Wenn für das Suppetragen das Auslöffeln der Behälter der Lohn ist, dann sollten sich um die Urin- und Fäkalienbehälter die bevorzugten Blockfunktionäre kümmern, denen es im Lager besser erging und die größere Chancen hatten, dort an Nahrungsmittel zu bekommen.

Diese eine »Blockwartsratte«, die die anderen zu dieser unappetitlichen Arbeit zwang, konnte nicht vier Jungen auf einmal verfolgen. Eine Weile schaute er blöd drein, dann rief er seine Kollegen aus dem Block zu Hilfe. Zwei oder drei weitere kamen herausgelaufen und fragten, was los sei. Darin, dass vier Jungen eine Arbeit verweigert hatten, um die sich die Blockfunktionäre selbst kümmern sollten, sahen sie eine Verletzung des Gehorsams: Ihnen fiel nichts Besseres ein, als die ruhig herumstehende Herde der Jugendlichen anzugreifen. Ich ahnte ein schlimmes Ende und schob mich lieber ein Stück beiseite an die Blockwand. Anderswohin konnte ich nicht. Außerdem vermutete ich, dass sich diese »Ratten«, wie wir sie nannten, mitten in die Herde hineinstürzen würden. Und so geschah es auch. Vor ihnen begannen alle zu flüchten und seitwärts auszuweichen, so dass sich die Verfolger, die nicht einmal wussten, wen sie jagen sollten, in einer Art Vakuum befanden. Schließlich fiel ihnen ein, dass sie nicht irgendjemanden zu jagen hatten, sondern jene vier fassen sollten, die nicht gehorcht und sich in der Menge versteckt hatten. So griff sich jeder zufällig einen Jungen und zerrte ihn zum Tor des Blocks. Sie taten so, als hätten sie die Entflohenen gefasst, aber es waren ganz andere, denen nichts anderes übrigblieb, als die ekelhaften Behältnisse zur Lagerlatrine zu schleppen.

Weil ich im Jungenblock ein Neuling war und mich noch nicht an alle Ungeheuerlichkeiten gewöhnt hatte, die für andere schon alltäglich geworden waren, schockierten mich manche Dinge. Ich konnte nicht begreifen, dass sich einige Jungen nach so kurzer Zeit als solche Ratten entpuppten. Schließlich konnte keiner länger als vier Wochen hier gewesen sein. Mir war nicht klar, ob diese Funktionärsratten vielleicht nicht bestimmte Menschentypen waren, die schon zu Hause zu einem derartigen Verhalten geneigt hatten, ihre Neigung dort aber nicht voll ausleben konnten. Das war eine interessante Frage. Wenn es so wäre, dann bliebe es immer noch ein Rätsel, wer dazu fähig war, diese Typen so schnell ausfindig zu machen und, wenn auch auf unterster Ebene, in die Clique derjenigen Häftlinge einzugliedern, die der deutschen Obrigkeit Hilfsdienste leisteten. Ich machte mir auch bewusst, dass vielleicht die Mehrzahl der Menschen, mochten sie vorher gut oder schlimm gewesen sein, eine dazu sich bietende Gelegenheit ergreifen würde. Besonders dann, wenn die Bedingungen insgesamt verzweifelt waren und Verbrecher über Leben und Tod entschieden, hatten sie zu wählen: zwischen dem verräterischen, für den Einzelnen aber vorteilhafteren Weg der Wenigen, die die Übrigen schlagen und ausbeuten, und dem Weg der Anständigen und Ehrlichen, die geschlagen, ausgebeutet und ermordet werden. Und so wählten sie den ersteren Weg, der sie letztlich unter die Verbrecher führen würde. Sofern diese Leute, wie sie hofften, überlebten, könnten sie – so dachte ich mir – nach dem Krieg bestraft werden. Aber weiter konnte ich diesen Gedanken damals nicht verfolgen.

Dann beunruhigte mich noch eine weitere Frage: Warum ließ sich diese Masse von Jugendlichen so leicht in eine passiv flüchtende Herde verwandeln? Antreiben, schlagen und zu unangenehmen Dingen nötigen ließen sie sich von einigen wenigen Leuten, die im Vergleich mit der Masse eine lächerliche Minderheit darstellten. Es wäre doch leicht, diesen Blockwartsratten einfach ein Bein zu stellen und sie dann mit Fußtritten in den Hintern zu traktieren – da würden sie zu ihrem Chef, dem Blockwart, abziehen wie geprügelte Hunde. Nur – was würde dann der Blockwart tun? Er müsste reagieren, und am ehesten würde er eine Gruppe erfahrener, erwachsener Kapos rufen, damit sie unter den jugendlichen Häftlingen Ordnung schüfen. Die Kapos würden dann viele Jungen drastisch körperlich bestrafen. Dabei würden sie zufällig auswählen, vielleicht jeden Zehnten oder Fünften, ohne Rücksicht darauf, ob die Ausgesuchten etwas getan hatten oder nicht. Die Kollektivstrafe würde die ganze Masse zähmen. Sollte das nicht helfen, dann würde am Ende wohl die SS eingreifen und die gesamte widerspenstige Gruppe, darunter auch mich, zur Strafe zu einer mörderisch schweren Arbeit einsetzen, bei der viele von uns umkämen. Eventuell würden sie einige von uns einfach erschießen, denn ein Menschenleben hatte in einem nazistischen Konzentrationslager nur minimalen Wert.

Als ich mit meinen Überlegungen bis hierhergekommen war, wurde mir bewusst, dass dieses ganze System, das eine Masse von Jungen in eine Herde verwandelte, nicht etwa eine zufällige Folge der Lagerverhältnisse war, sondern eher ein gut durchdachtes, zielgerichtetes Mittel zu unserer totalen Beherrschung. Es genügte etwas Einübung in das Herdenverhalten, und schon ließen wir alles Mögliche mit uns machen: Sie konnten uns zu jeder beliebigen Arbeit treiben, oder wenn sie wollten, vielleicht sogar in die Gaskammern!

Das, was ich hier als meine Überlegungen und Urteile darstelle, die mich in der Zeit vor der Deportation und dann im Lager beschäftigten, hatte damals angesichts meines Alters natürlich eher die Gestalt unbewusster Gefühle. Alle diese Erlebnisse menschlichen Verhaltens konnte ich damals nicht einmal für mich selbst in Gedanken, in Worte fassen, und noch weniger wäre ich in der Lage gewesen, darüber mit jemandem zu sprechen. Es war eine Art innere Zwiesprache mit mir selbst, nicht auf Worte, sondern auf Gefühle gegründet. Aber das Wesen der Dinge war für mich klar, und das beeinflusste, was ich tat.

Es war unstrittig, ich hatte die Umgebung des Tores zum Block zu meiden, weil von dort gewöhnlich der Blockwart und seine Leute herauskamen. Ich machte mir auch klar, dass es für mich besser wäre, mich an der Blockwand aufzuhalten als in der Mitte des Hofs, auf dem wir den größten Teil des Tages zubrachten. Vor allem beschloss ich, einer etwaigen Lagerfunktion besser aus dem Weg zu gehen, falls ich die Gelegenheit – die Mehrheit würde sie eher Glück nennen – hätte, an eine solche zu gelangen. Im Übrigen hatte ich begriffen, dass ich gegen den deutschen Trick mit dem Herdenverhalten als Einzelner nichts tun konnte.

Höchstens konnte ich mich davor schützen, dass sich die innere Spannung, die die Masse der Jugendlichen erfasst hatte, sich möglicherweise gegen mich richtete.

Der aus unbekannten Zutaten aufgebrühte warme Kaffee, der uns morgens ausgeteilt wurde, war an diesem Tag nicht warm genug, das wiederholte sich in der Folgezeit fast regelmäßig. Aber auch dieses lauwarme Wasser im Magen war besser als nichts.

Nach dem Kaffee ging ich auf die Latrine. Über so banale Dinge wie die Ausscheidung zu schreiben, wäre unter normalen Bedingungen selbstverständlich unangebracht. Mit der Einschränkung der Bewegungsmöglichkeiten während der Internierung, im Deportationswaggon und in den überfüllten Räumen des Konzentrationslagers, war ein extremer Druck verbunden. Dazu kamen die Probleme mit der Befriedigung der elementaren physiologischen Bedürfnisse und andere Formen von Folter und Quälerei, wie die seelischen Leiden infolge des Verlustes der Freiheit, die Eingriffe in die familiären Bindungen bis hin zum Tod von Angehörigen oder die körperlichen Strapazen und Krankheiten.

Neben der ständigen Sorge um den Erhalt des eigenen Lebens spielten auch das Stillen des Hungers, das Vermeiden übermäßigen Energieaufwands bei der Arbeit und eben auch die Möglichkeit, sein Bedürfnis zu verrichten, im Verlauf der Haft eine immer bedeutendere Rolle. Bei der Deportation aus solchen Orten wie in unserem Fall aus dem von der ungarischen Regierung kontrollierten Gebiet, wo es bis dahin genug zu essen gegeben hatte, begann das Hungern erst in Auschwitz. Deshalb verspürten wir eine Woche oder zwei nach der Ankunft im Lager auch noch keinen ausgeprägten Hunger. Wir lebten von den Reserven und hatten keinen großen Appetit, weil wir psychische und physiologische Probleme mit der Anpassung an die neuen Bedingungen hatten und uns an die hiesige Art der Verpflegung auch erst gewöhnen mussten. Aber später wurde der Hunger immer schlimmer.

Ganz am Anfang war eine etwaige extreme Arbeitsbelastung kein bedrohlicher Faktor, denn es dauerte eine gewisse Zeit, bis wir zur Arbeit eingesetzt wurden, sei es in einem Arbeitslager, in das man die Häftlinge brachte, sei es direkt in Birkenau. Erst später, als sie das zumutbare Maß überschritt, begann uns die Arbeit zu schaden, vor allem wegen der unzureichenden Ernährung. Aber die Probleme des Stuhlgangs und des Urinierens waren die ersten, denen wir begegneten.

Sich in der Massenlatrine, die ich schon beschrieben habe, zu entleeren, war eine öffentliche Angelegenheit – noch öffentlicher, als sie es schon im Waggon auf der Fahrt nach Birkenau gewesen war. Das war für uns alle etwas Neues. Es war wichtig, das physiologisch Unumgängliche möglichst bald hinter sich zu bringen. Ich war meiner Mutter immer dankbar, dass sie mich schon als Kleinstkind dazu erzogen hatte, diese Angelegenheit morgens als Erstes zu erledigen. Das war im Lager ein großer Vorteil, denn man wusste nie, wann Appell, ein Abmarsch oder ein Arbeitseinsatz befohlen wurden, die den Gang zur Latrine unmöglich machten. Solche Situationen konnten tragisch enden und unter bestimmten Bedingungen mit Lebensgefahr verbunden sein. Es kam vor, dass ein Häftling darauf beharrte, dringend auf den Abtritt zu müssen, und damit bei einem Kapo oder einem SS-Mann eine aggressive Reaktion provozierte, die er dann böse ausbaden musste. Wem nichts anderes übrigblieb, als »sich in die Hose zu machen«, war nicht nur schlagartig ein schwieriger Gefährte für uns, sondern musste sich auch die Kleidung waschen, ohne Seife und nur mit kaltem Wasser, er konnte sie auch nirgendwo trocknen. Alle besaßen nur das, was sie am Leibe hatten; es gab keine Reservewäsche. Überdies zog ein Häftling, dem ein derartiges Malheur passierte, unnötige Aufmerksamkeit auf sich, und das war im Lagermilieu immer riskant.

Nach dem Latrinengang wusch ich mir nebenan im blechernen Waschbecken den ganzen Körper – ohne Seife, an die hier nicht zu denken war – mit eiskaltem Wasser, das im Juni nicht schadete, auch wenn es draußen noch nicht sehr warm war. Beim Waschen klemmte ich meine Sachen zwischen die Beine, damit sie mir niemand stahl. Die Füße säuberte ich mir so, dass ich zuerst einen Schuh auszog und einen Fuß wusch. Das ging nur mit einer Hand, denn mit der anderen musste ich den ausgezogenen Schuh festhalten. Dann wechselte ich. Handtücher gab es nicht. Eine Weile schüttelte ich das Wasser ab und trocknete mich dann leicht mit dem Oberteil der Häftlingsuniform, die ich danach wieder anzog.

Durch das Lager zu laufen war bis auf die Latrinengänge verboten, und es war besser, dieses Verbot zu befolgen, weil man überall zufällig einem Kapo oder einem anderen Häftlingsfunktionär begegnen konnte, eventuell auch einem SS-Mann, aus einer solchen Begegnung erwuchs für einen Häftling nichts Gutes. Da kam nur eine körperliche Arbeit oder eine andere Unannehmlichkeit heraus, gewöhnlich verbunden mit einer Strafe. Ich aber wollte Vater oder Großvater finden und riskierte es, mich an eine Besichtigung des Lagers zu machen. Dabei musste ich mich auch beeilen, damit ich sie noch antraf, bevor man sie ins Reich schickte. Die Häftlinge wurden zur Sklavenarbeit über das ganze Reich verteilt. So wurde in Birkenau auch Platz für arbeitsfähige Häftlinge geschaffen, die mit neuen Transporten eintrafen. Ich ging von Block zu Block, erkundigte mich überall, ob dort jemand vom Transport aus Levice sei. Aber von Großvater und Vater wusste niemand etwas, und ich fand sie an diesem Tag nicht.

Unauffällig spazierte ich durchs Lager und entdeckte auch einige Blöcke, in denen Roma aus Deutschland mit ihren Familien wohnten. Deshalb nannte man das Lager B II e auch *Zigeunerlager*. Die Roma dort waren in Zivil gekleidet und hatten auch weitere Ausstattungsgegenstände. Vor allem sah ich einen unbegreiflichen Haufen roter Decken, die sie wahrscheinlich von den Deutschen erhalten hatten. Männer, Frauen und Kinder hielten sich rings um den Block auf, mir schien nicht, dass sie es dort sehr viel besser hatten als wir. Sie waren nicht begeistert, als ich mich ihnen näherte, ziemlich grob jagten sie mich weg, besonders die Frauen, die aggressiver waren als die Männer. Die Roma hielten sich für höhergestellt als die Juden, wohl deshalb, weil die Obrigkeit mit ihnen bisher nachsichtiger umgegangen war als mit uns. Anscheinend nahmen sie an, dass sie dort das Kriegsende erleben würden, während Juden, wie sie wussten, schon ermordet worden waren und die Deutschen damit fortfahren würden.

Die Hoffnungen der Roma erwiesen sich leider als haltlos. Eines Abends wurde unerwartet *Blocksperre* verkündet, das bedeutete, alle Häftlinge mussten in ihrem Block bleiben. Bei Todesstrafe durften sie nicht nach draußen, nicht einmal hinausschauen. Unterdessen war es draußen dunkel geworden. Innerhalb von etwa zwei bis drei Stunden wurden die Blöcke der Roma gewaltsam geräumt. Alle Romahäftlinge wurden ausnahmslos auf Lastwagen verladen, zum nahegelegenen Krematorium befördert, in die Gaskammern getrieben, dort ermordet und ihre Leichen in den Öfen verbrannt.* Wir sahen außer den Scheinwerfern der an- und abfahrenden Lastwagen nichts, dafür hörten wir das Klagen, Weinen und Wimmern der Opfer, der Kinder, Frauen und Männer, die auf sie niederprasselnden Schläge und die rohen Schreie der Kapos und der SS-Männer. Das alles spielte sich bei dröhnendem Motorenlärm ab, der das Jammern der abtransportierten

Roma übertönen sollte. Trotz des Verbots gingen wir gleich frühmorgens zu ihren Blöcken. Uns taten diese Menschen sehr leid, die Nacht musste für sie die Hölle gewesen sein. Die Roma wussten genau, was sie erwartete, mussten zusehen, wie ihre Nächsten, ihre eigenen Kinder ermordet wurden. Weil wir zu dieser Zeit schon sehr hungrig waren, wollten wir auch erkunden, ob wir in diesen Blöcken etwas zum Essen finden würden. Dort war aber nichts, auch sie hatten gehungert. Es gab nur eine unbegreifliche Menge Senf. Sie hatten ihn für irgendwelche Kupons erworben, die dort von ihnen zurückgeblieben waren. Wir stellten aber fest, dass nicht einmal Hungernde Senf ohne Brot essen konnten.

Das alles geschah jedoch erst später. Bei meinem Besuch im Zigeunerlager bemerkte ich, dass man schon begonnen hatte, das Essen aus der Lagerküche auf die Blöcke zu verteilen. Ich musste mich also beeilen, um zurück in meinen Block zu kommen.

Das Mittagessen unterschied sich an diesem Tag kaum vom gestrigen. Vielleicht waren im *Eintopf* etwas weniger Kartoffeln und etwas mehr Kohl als gestern. Auf mich entfiel eine durchschnittliche Portion, die ich meinem Vorsatz gemäß auf einmal verspeiste. Als ich in der Suppenschlange stand, erblickte ich unter dem vielen Geschirr jene Kasserolle, die meine Mutter im Waggon den Frauen als Nachttopf zur Verfügung gestellt hatte. Sie war außen blau und innen weiß emailliert und hatte die zwei typischen Blechflecken, wie sie in unserer Gegend die Kesselflicker machten, die von Dorf zu Dorf wanderten. Ich konnte mich nicht irren, wusste nicht, ob ich lachen oder weinen sollte. Diese Kasserolle bewies mir, dass die Sachen aus unseren Waggons, obwohl erst vor kurzem zurückgelassen, schon aussortiert waren. Die Mühle, in deren Schlund wir geraten waren, war gut organisiert und mahlte schnell.

Die ganze Zeit hatte ich mich gefragt, wie ich es anstellen solle, Vater und Großvater zu treffen. Dann hatte ich mir gesagt, es sei vielleicht für sie leichter, mich zu suchen, weil die Jugendlichen wohl nur in wenigen Blöcken untergebracht waren, während es im Lager viele Erwachsenenblöcke gab. Deshalb beschloss ich, bei meinem Block auf sie zu warten. Kämen sie nicht, würde ich mich morgen wieder auf die Suche machen. So hockte ich an der Wand unseres Blocks und klopfte mit Hilfe zweier Steine, einer als Amboss und der andere als Hammer, eine Schneide aus meinem Löffelstiel heraus. Das war eine Kaltschmiedearbeit. Sie ging langsam vonstatten, kam aber dennoch voran. In der Tasche hatte ich obendrein einen schmalen, glatten und langen Stein, mit dem ich mein Werkzeug später schleifen wollte.

Da hörte ich, wie in der Nähe jemand mit gedämpfter Stimme rief: »Tom aus Parkan zum Eingang!« Schon gestern war ich Zeuge gewesen, wie einer der Jungen so aus der Menge herausgerufen worden war. Die Nachricht wurde von einem zum anderen leise weitergegeben, um keine Aufmerksamkeit zu erregen. Das war der bisher einzige Fall bewusster Solidarität innerhalb dieser Masse, den ich hier bemerkt hatte. Diese Menschlichkeit äußerte sich noch zu einem Zeitpunkt, als diese Masse noch nicht zu einer Herde geworden war. Ich stand auf, und mit einer besonderen Bewegung, die ich mir gestern abgeschaut hatte, deutete ich an, dass ich derjenige war, und ging zum Tor des Blocks. Wie froh war ich, als ich Vater und Großvater erblickte! Da war ich in Birkenau einstweilen also doch nicht allein.

Wir gingen zum hinteren Blockende, um nicht so aufzufallen, und hockten uns alle drei auf die Erde. So waren wir weniger zu sehen. Gegenseitig berichteten wir uns, was wir erlebt hatten. Vater und Großvater sagten mir, dass man sie nach einer Mitteilung ihres Blockältesten, den sie als annehmbar einschätzten, bald in einen Transport stecken und in ein Arbeitslager irgendwo nach Deutschland verfrachten werde. Ich beschrieb ihnen, wie unser Blockwart war. Dann sagte Vater, die Häftlinge behaupteten, dort in Deutschland könnte es besser sein. Wenn die Deutschen wollten, dass die Häftlinge für sie arbeiteten, warum sollten sie sie dann ermorden? Ein toter Häftling bringe ihnen keinen Nutzen. Aber Großvater war in dieser Sache skeptischer und fügte hinzu, dass es auch anders sein könne. »Zuerst lassen sie die Häftlinge arbeiten. Wenn die dann nicht mehr können, bringen sie sie um.« Vater und ich widersprachen ihm. Wir meinten, der Krieg könne zu Ende sein, bevor die Deutschen das täten.

Großvater schien depressiv zu sein. In diesem Zustand war er schon in Parkan gewesen, und nun war seine Trauer nur noch tiefer geworden. Am meisten bekümmerte ihn, dass er gezwungen worden war, die Menschen aus seiner Gemeinde nach Auschwitz-Birkenau zur Schlachtbank zu führen. Er konnte sich nicht damit abfinden, dass die Leute aus der Judenvertretung in Budapest die jüdischen Gemeinden nicht informiert hatten und sich von den Deutschen so übertölpeln ließen. Nach Großvaters Ansicht sollten sich die Juden lieber bewaffnen und wenigstens einige von diesen Deutschen erschießen. Das sei besser, als wie Schafe in die Gaskammern zu trotten und sich ermorden zu lassen. Daraus, was mir Vater und Großvater sagten, erkannte ich, dass auch sie schon wussten, was sich in Birkenau abspielte. Großvater war sich bewusst, dass Großmutter wohl nicht mehr unter den Lebenden war.

Dann blieb nicht mehr viel Zeit. Beide legten mir ans Herz, standhaft zu bleiben und mich zu bemühen, bis zum Kriegsende durchzuhalten und nach Hause zurückzukehren, denn das sei jetzt der einzige Weg, den Deutschen die Stirn zu bieten. Jeder zog eine halbe Portion Brot hervor und nötigte mich, es aufzuessen, obwohl ich mich zunächst weigerte.

Schließlich verabredeten wir noch, uns morgen um die gleiche Zeit wieder hier zu treffen. Als sie weggingen, winkten sie mir unauffällig zu.

Die abendliche Zählung der Häftlinge, das Abendessen und die Nacht verliefen ähnlich wie am Tag zuvor. Nur zum Abendbrot schmierte man uns auf die durch Diebstahl verkleinerte Brotportion statt der Margarine einen Teelöffel deutschen Kunsthonig. Dann richteten wir uns zum Schlafen ein. Obwohl ich ordentlich müde war, schlief ich nicht gleich ein. Ich dachte darüber nach, warum ich noch keine weiteren Jungen aus Parkan oder Mitschüler aus dem Gymnasium in Esztergom getroffen hätte, die auch hier sein müssten. Mir war klar, dass nicht alle Jungen meines Alters die Selektion bei der Ankunft überstanden haben dürften. Besonders erinnerte ich mich an Zuzka. Sie war noch ein kleines Mädchen, sie hatten wohl auch sie ins Gas geschickt. Oder vielleicht saß sie gerade erst mit ihren Eltern im Waggon und wurde nach Auschwitz gebracht? Dann wäre sie noch am Leben, aber dennoch zum Tode verurteilt. Dabei hatte sie davon nicht einmal eine Ahnung. Zuzka tat mir nicht nur leid, beim Nachdenken über ihr Schicksal empfand ich auch tief im Innern einen eigentümlichen Schmerz. So sagte ich mir, dass ich in meinen Erinnerungen irgendwann zu ihr zurückkehren würde.

Danach dachte ich weiter daran, was mich schon vorm Besuch von Vater und Großvater beschäftigt hatte. Ich hatte mir auf die Absichten des deutschen Arztes auf der Rampe keinen Reim machen können, denn er hatte uns als ziemlich junge Burschen zwar auf die gleiche Seite geschickt wie die Arbeitsfähigen, aber Arbeit hatten wir keine bekommen und wurden in einen gesonderten Block überführt. Was hatten die Deutschen mit uns vor? Auf diese Frage fand ich keine Antwort.

Dann schlief ich ein. In der Nacht suchten mich höchst verworrene Träume heim. Lebende vermischten sich mit Toten und sprachen miteinander. Wenn ich aufwachte, weil sich die ganze Reihe der Schlafenden wieder umdrehen musste oder jemand auf mich trat, konnte ich schließlich im Halbschlaf nicht mehr unterscheiden, wer tot war und wer lebte. Wieder schlief ich ein, die Toten und die Lebenden gerieten mir weiter durcheinander. Im wachen Zustand ging mir dann auf, dass die Toten, die sich im Traum unter die Lebenden gemischt hatten, niemals mehr zurückkehren, aber viele der jetzt noch Lebenden bald sterben würden. So hatte also dieser Traum seine Logik, weil darin die Lebenden mit den Toten sozusagen vorbereitende Gespräche führten. Zugleich erschrak ich darüber, dass mir solcher Unfug einfallen konnte. Die Toten waren tot, sie waren für alle Zeiten weg, und das Einzige, das von ihnen blieb, war die Erinnerung an sie im Bewusstsein ihrer Nächsten. Und wenn auch die stürben, wäre von ihnen gar nichts mehr da – außer ihren Nachkommen, die weiterlebten, und manchmal ihre Werke.

Dann wurden wir schon geweckt, es war keine Zeit mehr, an irgendwas zu denken. Wenn dich jemand mit dem Stock in der Hand antreibt, wirst du Teil einer fliehenden Menschenherde, in der niemand mehr wirklich denkt und jeder nur von dem Trieb besessen ist, schnell weg zu sein.

Als man uns morgens auf die freie Fläche zwischen den beiden Blöcken jagte, den wir »unseren Hof« nannten, stand dort noch Bodennebel, ein eigenartiger kalter Nebeldunst, in etwa vier Metern Höhe, die Schwaden etwa einen Meter dick. Sobald wir aber dort ankamen, verschwand dieser Nebel, vielleicht unter dem Einfluss der Wärme, die von so vielen Körpern abgegeben wurde.

Wie ich erst viel später erfuhr, war das Lager Birkenau nach einem von der Bauabteilung der SS ausgearbeiteten Plan in einem Sumpfgelände errichtet worden. Zuerst musste ein

Netz tiefer Meliorationskanäle ausgehoben werden, um das Areal des künftigen Lagers zu entwässern. Diese Arbeit wurde von vielen Tausenden Häftlingen ausgeführt, die das Ende ihres Lebens im Wasser und im Morast verbrachten, bis sie sich dort zu Tode gearbeitet hatten. Die Häftlinge mussten ihre Hinrichtungsstätte selbst erbauen. Auch nach dem Bau des Lagers blieb der Platz feucht und ungesund.

Nach dem Frühstück brachte man einige Jungen weg, die Fieber hatten oder zu schwach waren, um sich den ganzen Tag auf den Beinen zu halten. Sie wurden von einem kleinen Lieferauto aufgesammelt, vielleicht dem, das ich schon am Aufnahmeblock gesehen hatte, als man den an Diabetes sterbenden Herrn Markovics abtransportierte. Ich hatte die Jungen nicht gekannt, weder die von heute noch diejenigen, die man schon früher weggefahren hatte, aber andere Jungen, die sie kannten, berichteten, dass keiner von ihnen mehr zurückgekehrt sei. Es war klar, dass die SS im Vernichtungslager Birkenau die Menschen von Krankheiten befreite, indem sie ihnen gleich das Leben nahm. Das war ihr Hauptmittel zum Schutz vor Infektionen.

Eine Weile bearbeitete ich meinen Löffel noch mit dem Stein, dann überfiel mich Schläfrigkeit. Ich fühlte, dass ich wohl einschlafen würde. Noch in den letzten Sekunden des Wachseins verwahrte ich den Löffel in der Tasche und schaute auf die Schuhe, ob sie genügend fest genug verschnürt und die Schnürsenkel zu einem Knoten gebunden waren, wie mir Großvater geraten hatte. Im Schlaf, so fürchtete ich, könnte mir jemand die Schnürsenkel aufbinden und die Schuhe abziehen. Ich zog noch die Beine fest an mich und umfasste mit den Händen die Knie. So rollte ich mich zu einer Art Ei zusammen, wie es manche Tiere tun, wenn sie eine Gefahr wittern. Ich schmiegte mich an die Blockwand, um besser zu schlafen. Mein letzter Gedanke war: Wie ist es möglich, dass hier so schlimm gestohlen wird? Aus der Heimat hat man ganz anständige Leute hergebracht, aber nach ein paar Wochen hier sind so viele von ihnen zu Dieben geworden. Aber warum nur …? Und schon schlief ich.

Sonst lief an diesem Tag alles nach dem gleichen Programm wie am vorhergehenden, vielleicht mit dem einzigen Unterschied, dass diesmal im Eintopf mehr Rüben waren.

Dann wartete ich auf Vater und Großvater. Eigentlich war es nicht ausdrücklich verboten, sich mit jemandem zu treffen. Dennoch war es ratsam, von der Regel *Alles ist verboten!* auszugehen. Hier war nämlich auch das verboten, was erlaubt war. Irgendeiner der verschiedenen Chefs, der in der Gegend herumlief, konnte durchaus für verboten halten, was eine Weile vorher ein anderer Chef für erlaubt erklärt hatte. Das Gewohnheitsrecht, das alles erlaubt, was nicht verboten ist, sollte man hier besser vergessen.

Da näherten sich schon meine Vorfahren, wie ich sie manchmal scherzhaft nannte. An Vater war schon aus der Ferne etwas Sonderbares. Anfangs wusste ich nicht, was es eigentlich war, weil er kahlrasiert und in diesem Häftlingskittel schon insgesamt seltsam aussah. Dann bemerkte ich aber, dass er seine handgemachten, nach Maß gearbeiteten braunen Halbschuhe mit doppelter Sohle nicht mehr trug. Dieser Angelegenheit widmeten wir einige Zeit. Vater erzählte, dass er gestern am späten Nachmittag einem Kapo begegnet sei, dem seine Schuhe sehr gefallen hätten und der Vater vorschlug, sie mit ihm gegen hochwertige Arbeitsschuhe aus Leder zu tauschen. Davon habe er dort ungefähr dreißig Paar, und Vater könnte sich aussuchen, welche ihm zusagten. Obendrein bekäme er noch ein ganzes Kastenbrot als Zugabe. Vater war klar, dass der Kapo ihm diese Schuhe einfach wegnehmen könnte, ohne ihm etwas dafür zu geben, und ihm niemand deswegen Vorhaltungen machen würde – also ging er lieber mit und sah sich sein Schuhlager an. Den ganzen Weg über erklärte er dem Kapo, welche Vorzüge seine Halbschuhe hätten. Schließlich einigten sie sich, und Vater bekam außer den Arbeitsschuhen noch anderthalb Kastenbrote, die er gerecht mit uns teilte, so dass jeder von uns ein halbes Brot bekam. Mit Großvater kam er überein, ein Viertel Brot, die offizielle Tagesration in Birkenau, noch heute aufzuessen und das restliche Viertel in den Zug mitzunehmen, weil niemand wusste, ob man sie unterwegs verpflegen würde.

Großvater meinte zu Vaters eingetauschten Schuhen, dass ihr ursprünglicher Besitzer ermordet worden sei, noch ehe er sie habe ablaufen können. Sicher hatte er recht. Überhaupt war es sonderbar, daran zu denken, dass eigentlich alle Gegenstände, mit denen wir in Birkenau in Berührung kamen, von Ermordeten stammten. Aber bald hörten wir auf, darüber nachzudenken, weil wir am Tod dieser Menschen nicht die geringste Schuld hatten. Und wollten wir uns dem irgendwie widersetzen, dann liefe das einzig darauf hinaus, dass wir uns unter die früheren, bereits toten Besitzer einreihten. Und das ethische Problem, das uns quälte, aber unser eigenes Gewissen nicht betraf, würde ungelöst bleiben. So wehrte ich mich nicht gegen den Gedanken, wer meine Sachen bekommen würde, wenn man mich aus dem Weg schaffte, aber augenblicklich verscheuchte ich ihn wieder als Unfug, mit dem ich mich nicht beschäftigen wollte. Ein Samenkorn davon setzte sich dennoch in mir fest.

Dann kamen Großvater und Vater zum wesentlichen Punkt, den sie schon bei der Aufteilung des Brotes angedeutet hatten. Ihnen war vertraulich mitgeteilt worden, dass sie morgen früh in ein Arbeitslager in Deutschland abfahren würden. Daran konnten sie nichts ändern. Sie hätten jenen anständigen Blockältesten gefragt, ob es sich nicht einrichten ließe, mich mitzunehmen, zum Beispiel indem man mich in ihren Block verlege und dann in ihren Transport eingliedere.

Der Blockälteste habe das aber als etwas ganz Unmögliches abgelehnt. Dabei führte er als einen der Gründe an, dass die Jungengruppe für spezielle Zwecke ausgewählt worden sei, von denen aber niemand im Lager etwas wisse. Jedenfalls sei es laut dem Blockältesten ausgeschlossen, jemanden aus der Jungengruppe anderswohin zu verlegen. Wie Großvater hinzufügte, bestehe das Hauptproblem wohl darin, dass Vater und er nichts hätten, womit sie den Blockältesten überzeugen könnten. Hätten sie etwas, dann würde sich ihre Bitte vielleicht doch irgendwie einrichten lassen. Die wenigen Wertsachen, die wir für derartige Zwecke aus der Heimat mitgebracht hatten, seien bei unseren Frauen geblieben.

Vater sagte mir noch, dieser umgängliche Blockälteste habe vorgeschlagen, Großvater solle Chef der Leute ihres Transports werden, die in das neue Lager führen. Einige von ihnen hätten sich an ihn gewandt, sie hätten lieber einen Kapo aus ihrer Mitte, dem sie vertrauten, als einen Fremden, der für sie gefährlich werden könnte. So hatte der Blockälteste Großvater vorgeschlagen, der aber habe damit nichts zu tun haben wollen, er habe genug davon, sich ständig um fremde Probleme zu kümmern, während ihm, wie jedem, die eigenen über den Kopf wüchsen. So sei er denn vor vollendete Tatsachen gestellt worden. Und er verstehe diese Leute, für das Ganze sei es wirklich von Vorteil, wenn sie einen Chef hätten, den sie kennen würden und der einer von ihnen sei.

Ich musste ihnen noch die Frage stellen, die mich quälte: Warum hatten die Deutschen uns Jugendliche in einem Block versammelt? Warum hatten sie eine relativ homogene Gruppe Jungen zusammengestellt, mehr oder minder gleichaltrig, von ähnlicher Herkunft, aus einem ähnlichen Milieu, bisher gut genährt und in ihrer überwiegenden Mehrheit gesund? Anscheinend wollten uns die Deutschen zu irgendetwas benutzen, aber die große Frage war: Wozu? Und warum ließen sie uns dabei unter so schlechten Bedingungen vegetieren? Dadurch würde doch dieses – in ihren Worten – »Menschenmaterial« an Wert für sie verlieren. Würden sie uns wirklich zu etwas brauchen, würden sie derart elende Bedingungen wohl nicht zulassen. Es schien nicht, dass sie unser Leben schonten, denn Kranke, die leicht geheilt werden konnten, schafften sie weg, ohne dass sie zu uns zurückgekehrt waren. Weder Vater noch Großvater wussten etwas darüber. Großvater sagte nur, dass ich leider allein und ohne sie hierbleiben und die Antwort auf meine Frage erfahren würde, er und Vater aber nicht mehr. Es bleibe nur zu hoffen, dass dieser die jüdischen Jugendlichen betreffende deutsche Plan mich und alle übrigen Jungen nicht in Lebensgefahr bringen werde. Vater meinte, nicht gerade ermunternd, dass alles, was die Deutschen mit uns täten, nur verschiedene Arten gut geplanter und organisierter Morde seien. Wir müssten einander aber versprechen, durchzuhalten und uns nicht unterkriegen zu lassen, damit wir uns nach dem Krieg gesund wiedersähen. Natürlich auch mit unseren Frauen und Verwandten! Dieser letzte Satz war zwiespältig. Vater wusste, dass es mit Großmutter wahrscheinlich schlimm ausgegangen war, aber niemand hatte das bisher ausgesprochen. Deshalb hatte er noch weitere Verwandte hinzugefügt, um diese heikle Angelegenheit etwas zu mildern. Dann gab er mir das halbe Brot als meinen Anteil am Schuhetausch. Das Brot teilte ich in zwei Hälften und aß eine davon vor ihren Augen auf. Ich wusste, Vater und Großvater schützten mich, so dass mir für eine Weile niemand dieses Brot aus der Hand reißen würde. Die andere Hälfte steckte ich mir ins Hemd, um sie morgen heimlich zu essen. Dann umarmten wir uns wortlos. Wir waren alle gerührt, doch wir ließen es uns nicht anmerken. Sie standen auf und gingen unauffällig weg.

Woran ich vor allem während unserer Begegnung dachte, war: Werden wir uns irgendwann wiedersehen? Das war die allerlogischste Frage, die jedem von uns dreien in den Sinn kommen musste, und sicher war es auch so. Aber wenn ich mich das auch unausgesprochen fragte und schon an der Zukunft zweifelte, so ahnte ich doch nicht, dass ich Großvater zum letzten Mal gesehen hatte.

Dann verließ ich diesen Platz. Damals war mir nicht bewusst, warum, doch dann verstand ich plötzlich: Ich wollte das schmerzliche Gefühl lindern, dass sie weggegangen waren und ich hierblieb. So ging auch ich weg und mischte mich lieber unter die Menge, in deren Mitte ich weitervegetieren würde. Nun war ich in Auschwitz-Birkenau wirklich allein. Damals war ich dreizehn Jahre und ungefähr acht Monate alt.

IV. Jungen in Birkenau

Ich überlegte mir, dass ich meine alten Freunde und Bekannten in dieser Menge suchen oder mich mit irgendeinem neuen Jungen anfreunden sollte, um nicht dauernd so einsam zu sein. Aber an diesem Tag nach dem Abschied von den »Vätern« überfiel mich eine schreckliche Müdigkeit, und mir war nach nichts zumute. Untätig wartete ich auf das Abendbrot, das ich wie immer auf einmal aufaß, und dann machte ich mich schnell auf, um annehmbare Schlafgenossen zu finden, mit denen ich mich verständigen könnte und die mich nachts im Halbschlaf nicht treten würden.

In der Nacht verfolgten mich wieder schlimme Träume. Mir schien, ich würde gewaltsam zum Lieferwagen gestoßen, der am Morgen die Kranken oder Toten wegfährt, und irgendwohin gebracht. Ich war in einer eigentümlichen Verfassung, in der ich weder schlief noch wachte und doch zugleich wusste, dass, was mit mir geschah, nur ein Traum war. So fuhr ich also mit diesem Lieferwagen und wollte mit dem wachen Teil meines Bewusstseins endlich herausfinden, wohin jeden Morgen die Jungen transportiert wurden. Wieder munter, ging mir auf, dass es Unsinn war, etwas, das ich im wachen Zustand nicht in Erfahrung bringen konnte, aus einem Traum erfahren zu wollen.

Morgens war ich stets noch müder als am Vorabend, wenn ich mich mit den anderen hingelegt hatte. Zudem war ich traurig, weil ich mich nach den »Vorfahren« sehnte. Es folgte der alltägliche Trott: anstellen nach dem, was hier Kaffee genannt wurde, dann Latrine und danach in den Waschraum. Dort wusch ich mich ganz mit kaltem Wasser. Es war mein fester Entschluss, mir – wenn ich hier schon keine Seife, nichts zum Zähneputzen und nicht einmal ein Handtuch hatte – wenigstens regelmäßig jeden Morgen den Körper von oben bis unten zu waschen, und das, solange draußen kein Frost und genug Zeit dazu war. Einstweilen wurde von uns keinerlei Arbeit verlangt, diese Untätigkeit verursachte Langeweile und weckte bei uns ständig Befürchtungen, was die Deutschen eigentlich mit uns vorhätten. Denn in uns regte sich der Verdacht, sie wüssten sehr gut, was sie taten, und wenn sie uns etwas verheimlichten, dann deshalb, weil es sich um irgendein linkes Ding, um ihre nordische List handelte, mit der sie die Juden liquidieren wollten.

Am Vormittag war zum Glück schönes Wetter. Ich setzte mich im Hof auf meinen Lieblingsplatz und machte mich über das Viertel Brot her, das mir von gestern von Vaters Hälfte geblieben war. Dabei wollte ich nicht, dass jemand sah, wie ich aß – ich hatte den Brotrest unterm Hemd und brach heimlich kleine Stücke ab. Davon hatte ich am Körper lauter Brotkrümel, die ich lange zusammensuchte. Um nicht aufzufallen, tat ich so, als ob ich mich kratzte, aber dann fiel mir ein, jemand könnte das bemerken und denken, ich hätte eine ansteckende Hautkrankheit, also ließ ich es lieber bleiben. Würde man mich deshalb dem Blockwart melden, dann würde sich hier niemand mit mir abgeben, Sie würden mich in den Verschlag im Block sperren, und am nächsten Morgen würde man mich mit dem Lieferwagen zu der Kur bringen, von der es keine Rückkehr gab. Dieser Wagen fuhr morgens um die Blöcke, als würde er nicht Menschen einsammeln, sondern Müll zur Verbrennung abtransportieren. Für die SS waren Kranke Abfälle des Menschenmaterials, das kurzfristig als Arbeitskraft gedient hatte. Sobald die Nutzbarkeit der Arbeitskraft unter ein akzeptables Maß gesunken war, wurde auch sie zum Abfall, den man allerdings, zum Unterschied zum wirklichen Abfall, vorm Verbrennen noch mit Gas umbringen musste. Dann glitt ich – hier ging es mir manchmal ähnlich wie Vater – ab in absurde Phantasien, die aber nicht unrealistisch waren. Ich sagte mir, eigentlich wären sie fähig, die Kranken oder schließlich auch die Gesunden sogar lebend zu verbrennen! Sie hätten zwar keine moralischen Hemmungen, aber das wäre für sie unpraktisch, eine Leiche konnte leicht von einem Häftling des *Sonderkommandos* in den Ofen geschoben werden, während für einen Lebenden mindestens vier Häftlinge erforderlich wären. Auch ließe sich diese Art Tötung kaum vor den Verurteilten verheimlichen. Und überhaupt, warum sollten sie so etwas tun? Sie waren doch zivilisierte Leute, Menschenfreunde, und so würden sie Menschen nicht lebend verbrennen! Sie würden sie zuerst mit Gas ersticken. Das war doch ein viel humaneres Verfahren!

Dann ließ ich davon ab. Als ob die Bestialitäten der SS nicht schon ausreichten! Es wäre dumm, mir noch mehr davon auszumalen. Also kehrte ich zur Realität zurück. Die SS hatte ihren Plan, und ich hatte meinen. Ich sagte zu ihrem Plan entschieden Nein. Ich würde das Versprechen erfüllen, das ich Vater und Großvater gegeben hatte, würde bis zum Kriegsende durchhalten und dann nach Hause zurückkehren.

Schon damals war mir klar, dieses Versprechen hatte auch eine lächerliche Seite. Was mit mir geschehen würde, hing natürlich nicht nur und auch nicht in erster Linie davon ab, was ich wollte oder jemandem versprach. Diejenigen, die schon tot waren, wollten doch auch nicht sterben, und sicher hatten sie jemandem oder zumindest sich selbst das Versprechen gegeben, am Leben zu bleiben. Und am Ende blieben von ihnen nur Rauch und Asche. Der Rauch war schon in alle Winde verweht, die Asche, die sie in den Fluss gekippt hatten, war ins Meer gespült worden.

Ich erinnerte mich, wie Mutter einmal aus der Bibel zitiert hatte, wohl aus dem Buch Prediger: »Alle Wasser laufen ins

Meer, doch wird das Meer nicht voller.« Diese Vorstellung passte jetzt. Der Fluss trug unsere Asche, doch würde sie niemals das Meer ausfüllen. Nach dem Willen der Mörder würde dieses Morden nie enden. Aufhören würde es nur, wenn sie daran gehindert würden. Das alles waren Dinge, die außerhalb unserer Reichweite lagen – für uns, die unter den Schornsteinen des Krematoriums in Birkenau eingesperrt waren. Also war es töricht zu glauben, dass gerade ich überleben würde, wenn alle anderen umkamen. Wesentlich war der Wille, am Leben zu bleiben, bis Kriegsende durchzuhalten und heimzukehren. Es kam vor, dass manche Menschen anfangs kämpften, dann aber plötzlich von allem genug hatten und in Gleichgültigkeit verfielen. Die kamen größtenteils um, weil sie aufhörten, aktiv Widerstand zu leisten. Auch vielen von denen, die überleben wollten, würde das nicht gelingen, aber wenn sie sich gar nicht erst darum bemühten, würden sie so gut wie sicher sterben. Die Passiven, die den Kampf um das Überleben aufgaben, begingen damit sozusagen Selbstmord. Mit dem deutschen Juden Hans, der die SS-Männer provoziert hatte, ihn zu erschlagen, verhielt es sich aber anders. Hans wollte überleben und war mehrere Jahre der SS erfolgreich entkommen. Es war nicht seine Schuld, dass er ihr zum Schluss in die Hände fiel. Erst dann beschloß er, sich von ihr töten zu lassen. Das war kein Selbstmord im vollen Wortsinn, sondern aktiver Widerstand. Wirklichen Selbstmord begingen diejenigen, die von vornherein aufgaben, wie das Paar aus unserem Transport bei der Ankunft in Birkenau.

Dann hatte ich vom Nachdenken über den Tod plötzlich genug. Die Sonne schien, der Himmel war blau, der Frühling ging in den Sommer über, für mich immer die schönste Jahreszeit. Ich war am Leben, warum sollte ich ständig über den Tod grübeln? Also ging ich bis ans äußerste Hofende unseres Blocks. Ich wollte alles gründlich durchkämmen, feststellen, ob dort nicht einer von den mir bekannten Jungs war. Im Lager änderte sich ständig alles: Was gestern galt, musste heute nicht mehr wahr sein. Vielleicht würde ich heute jemanden finden. Deshalb beschloss ich, diese rechteckige Fläche systematisch abzusuchen, so wie man ein Buch liest, Zeile um Zeile. Bald aber bemerkte ich, dass das nicht so einfach war, wie ich es mir vorgestellt hatte, denn dazu hätten dort alle, wie die Wörter in den Zeilen, stehenbleiben müssen. Doch im Gegenteil, sie bewegten sich lebhaft hin und her, und kaum jemand hielt sich für eine längere Zeit an einer Stelle auf. Mir kam in den Sinn, jemand, der ihr Gewimmel aus der Vogelperspektive betrachten könnte, müsste den Eindruck haben, sie bewegten sich wie Mäuse, die man in eine Schachtel gesperrt hatte.

Trotzdem setzte ich meine Nachforschungen beharrlich fort, Meter um Meter. Nach etwa zwei Stunden hatte ich Erfolg. Ich fand Viki, den Fußballspieler.

Wir jubelten beide, weil wir uns wiedergefunden hatten. Viki war auch verdrossen, aber weniger als ich. Er hatte erfahren, dass sich seine Mutter, Marika Gelb, auch in Birkenau befand. Sie war im Frauenlager, das sich hinter der Eisenbahnstrecke befand, auf der anderen Seite der Rampe, und arbeitete dort als Krankenschwester im Frauenrevier, wie man hier den Krankenbau nannte. Frau Gelb war zwar keine ausgebildete Schwester, aber von Medizin und Krankenpflege verstand sie genug. Einerseits war sie früher selbst oft krank gewesen und durch die Krankenhäuser gewandert, andererseits war ihr verstorbener Onkel Arzt mit eigener Praxis, seine Frau hatte bei ihm als Krankenschwester gearbeitet. Als Schülerin hatte Vikis Mutter immer die Schulferien bei ihnen verbracht und dort manches gelernt. Jedenfalls hatte sie sich erfolgreich um den Platz im Frauenrevier bemüht. Sie hatte gehofft, ihr Sohn wäre im Lager B II e, in der Jungengruppe, und wollte ihm nahe sein.

Über unsere Gruppe wusste man im Lager einiges. Genauer gesagt, von ihr wussten jene Häftlinge, die schon länger im Lager waren und untereinander in Verbindung standen. Manchmal nannte man sie auch »Lagerhasen« und meinte damit Häftlinge in bestimmten Positionen, die aber nicht unmittelbar Teil der deutschen Unterdrückungsmaschinerie waren. Diese Leute arbeiteten als Ärzte, Pfleger, Schwestern oder als Schreiber, die sich um verschiedene Verwaltungsangelegenheiten kümmerten. Ferner zählten zu ihnen Boten, die »Läufer« genannt wurden, Köche, Leute aus den Wäschereien, den verschiedenen Vorratslagern und sonstigen Diensten. Zu den Lagerhasen gehörten auch Häftlinge aus einem Kommando, das aus irgendwelchen Gründen »Kanada« genannt wurde.* Dieses sortierte die Sachen aus dem Gepäck, das Menschen aus ganz Europa mitgebracht hatten, und bereitete diese Gegenstände zum Versand ins Reich vor. Schließlich zählten dazu auch die verschiedensten spezialisierten Handwerker und weitere Leute, die für die Abläufe im Lager – also für die SS – unentbehrlich waren. Ohne sie wäre die Struktur des Lagers, das ein riesiger und komplizierter Betrieb war, zusammengebrochen. Und dann hätte die Todesfabrik aufgehört zu funktionieren.

Auch diese alten Lagerhasen dienten den Deutschen, aber anders als die Blockältesten und Kapos waren sie nicht unmittelbarer Bestandteil jenes Systems, das als verlängerter Arm der SS über die Häftlinge herrschte, Juden und Nichtjuden verprügelte, sie zur Sklavenarbeit zwang, sie indirekt oder auch direkt in die Gaskammern jagte. Die Lagerhasen waren nicht in das Mordkommando eingegliedert, an dessen Spitze der Kommandant von Auschwitz stand, dem die SS-Hierarchie, die *Lagerältesten* als Häftlingsvertreter der Teillager, die *Blockältesten* als Verantwortliche für die Blöcke und schließlich, als unterste Ausführungsebene, die Kapos und deren Helfer unterstellt waren. Die Lagerhasen überlebten länger als die gewöhnlichen Häftlinge. Sie waren keinem so großen Hunger ausgesetzt, nicht so sehr, dass sie verhungern mussten, sie arbeiteten sich auch nicht zu Tode. Im Lager, das ohne ihre Arbeit nicht funktionieren konnte, bildeten sie ein relativ stabiles Element. Der Austausch des Menschenmaterials in der Todesfabrik erfolgte zu schnell, ihr Betrieb wäre ausschließlich mit untergeordneten Häftlingen nicht aufrechtzuerhalten gewesen, die ja selbst zum jeweils verarbeiteten Menschenmaterial gehörten. Die Führung war nicht daran interessiert, diese Spezialisten unter den Häftlingen zu ermorden, bevor eine neue Mannschaft herangewachsen war, die deren Funktionen ausüben konnte. Diesen Häftlingen war ein längeres Dasein vergönnt, ihre Liquidierung war auf eine spätere Zeit verschoben. Doch auch die Häftlingspezialisten waren zum Tode verurteilt, selbst wenn sie sich dessen nicht ständig bewusst waren. Ungeachtet ihrer Verdienste bei der Arbeit wurde auch ihnen keine Gnade zuteil; ihre Hinrichtung fand nur zu einem späteren Zeitpunkt statt, der der Obrigkeit besser passte.

Nichtsdestoweniger ermöglichte ihre Position zur Aufrechterhaltung des Lagerbetriebs den Lagerhasen, untereinander nützliche Verbindungen herzustellen, die hauptsächlich ihnen selbst, aber auch anderen Häftlingen, zugute kamen. Und sie halfen ihren Mithäftlingen wirklich. Auf den gegenseitigen Verbindungen und dem Informationsfluss zwischen den einzelnen Lagern, die Birkenau und dessen übergeordneten Komplex Auschwitz bildeten, baute der Widerstand gegen die Deutschen auf. Dieser bestand nicht etwa im Schießen auf SS-Angehörige – dazu kam es nur in Ausnahmefällen, zum Beispiel beim bewaffneten Aufstand der Häftlinge, die eins der Krematorien bedienten.* Widerstand war schon jede Rettung eines Lebens, war jede Form von Solidarität, die einem anderen Häftling half. Denn das Ziel der Kerkermeister war, die Gefangenen zu ermorden! Die Masse der ausgehungerten, infolge Überarbeitung halbtoten Häftlinge, die, ständig mit Knüppeln angetrieben, wie Sklaven im Schatten der Krematoriumsschornsteine vegetierten, konnte sich gar nicht direkt gegen die Deutschen stellen. Dazu fehlten den geknechteten Häftlingen auch jegliche technischen Mittel, und sie hatten nicht einmal die Möglichkeit, sich zu organisieren und Widerstandswillen zu entwickeln, denn dieses, in den Augen der Deutschen, »Menschenmaterial« wurde so schnell verschlissen und liquidiert, dass die Häftlinge nicht genügend Zeit hatten, an realen Widerstand auch nur zu denken. So konnten die Netzwerke der Lagerhasen noch am ehesten als Basis für den Widerstand dienen.

Anders als diese, die länger überlebten, wurden jene Häftlinge, die mit unteren Kommandoposten betraut waren und beispielsweise als Kapos, Blockälteste oder deren Gehilfen wirkten, öfter ausgetauscht. Diese Helfershelfer einer verbrecherischen Obrigkeit waren imstande, unglaublich schnell, nötigenfalls in wenigen Tagen, Gruppierungen zu bilden, die die Häftlinge bestahlen, quälten und unterdrückten. Dabei schritt die Obrigkeit gegen ihre Praktiken nicht ein. Sie hatte keinen Grund, gegen diejenigen vorzugehen, die ihr als Vollstrecker des Bösen dienten. Diese Kollaborateure unter den Häftlingen waren sich oft nicht einmal bewusst, dass auch sie an das Fließband gekettet waren, das das von ihnen gequälte Menschenmaterial in schnellem Tempo in die geöffneten Rachen der Krematoriumsöfen beförderte, und es ging ihnen nicht auf, dass auch sie als Öl im Getriebe dieses Fließbandes letztlich dort enden würden.

Für die Obrigkeit war es ein Leichtes, aus den Leuten, die mit ständig neuen Transporten eintrafen, eine Mannschaft neuer Kapos und ähnlicher williger Vollstrecker der Kommandos auszuwählen und zu formen, wiederum geeignet zu kurzzeitigem Gebrauch. Für die Deutschen waren diese Leute nur ein leicht verwendbarer und leicht zu ersetzender

Bestandteil der Mordmaschinerie, so wie auswechselbare Werkzeuge bei einer Drehbank oder die austauschbaren Bohrer einer Bohrmaschine. Zur Zusammenarbeit mit dem Kommando ließen sie sich leicht verlocken, in der trügerischen Hoffnung, damit ihre Haut zu retten, aber größtenteils täuschten sie sich. Die verbrecherische Obrigkeit hatte nicht vor, die Ausübung des Bösen mit Gutem zu vergelten. Auch sie waren zur Liquidierung verurteilt, an Begnadigung war nicht gedacht. Schließlich waren sie unmittelbare Zeugen der deutschen Verbrechen! Ihr Schicksal sollte es sein, zunächst den Deutschen bei der Vernichtung von Menschen zu helfen, aus deren Mitte sie selbst stammten, zu denen sie gehörten, und dann zusammen mit diesen unterzugehen. Das, was hier gesagt worden ist, galt jedoch nur bedingt. In Birkenau kannte niemand Tag und Stunde, wann er verlegt oder anderswohin abtransportiert, wegen Krankheit ausgemustert oder aus einem anderen Grund ins Gas geschickt werden würde.

Von diesen Realitäten hatte ich bis zur damaligen Zeit keinen Begriff. Sie wurden mir erst durch Gespräche mit Viki, dem Fußballer, klar, die wir an mehreren Tagen miteinander führten, immer an Plätzen, wo uns keiner zuhörte. Viki teilte mir nach und nach Dinge mit, die er sich keineswegs ausgedacht hatte; er durfte mir aber nicht verraten, von wem er das alles wusste, ich drängte ihn auch nicht dazu. Auf Wunsch seiner Mutter Marika Gelb hatte ihn einer der Lagerhasen gesucht und in der Menge der Jugendlichen auf die gleiche Weise ausfindig gemacht, wie Vater und Großvater mich gefunden hatten. Dieser Mann sagte Viki, er werde ihm das alles erzählen, damit er im Lager nicht wie ein Grünschnabel mit verschlossenen Augen lebe. Zu verstehen, worum es im Lager wirklich gehe, sei wichtig für die Erhaltung oder Rettung des Lebens eines jeden Häftlings. Er erlaubte Viki auch, diese Informationen an zuverlässige

Leute weiterzugeben. Auf keinen Fall aber dürfe er verraten, von wem er sie habe. Das konnte Viki ohne Weiteres versprechen, denn er kannte ihn überhaupt nicht und wusste weder, wie er hieß, noch, woher er kam.

Über die Lagerwirklichkeit, wie sie mir der Fußballspieler enthüllte, dachte ich viel nach. Vor allem begann ich an der Richtigkeit meines jüngsten Entschlusses zu zweifeln, dass ich die Übernahme von Lagerfunktionen verweigern müsste, weil diejenigen, die sie bekleideten, sich damit zur Schädigung der eigenen Leute hergeben würden. Das war natürlich nur eine theoretische Erwägung, denn ich bekam gar keine Gelegenheit, eine solche Funktion auszuüben. Jetzt aber machte ich mir bewusst, dass Funktion nicht gleich Funktion war. Man musste unterscheiden zwischen solchen Aufgaben, die eine Beteiligung am deutschen Mordsystem im Lager bedeuteten, und solchen, wie sie die Lagerhasen ausführten, von denen ich gerade durch den Fußballspieler erfahren hatte. So kam ich selbst zu dem Schluss, dass meine ursprüngliche Entscheidung nur in Hinblick auf solche Funktionen richtig war, mit denen man sich zum Handlanger des Kommandos machen ließ. An dem, was die Lagerhasen taten, konnte dagegen auch viel Gutes sein. Ihre Funktionen schienen mir annehmbar, und eine solche könnte ich vielleicht auch annehmen, ohne damit meine grundsätzliche Entscheidung zu brechen.

Ich dachte auch darüber nach, was wohl nach dem Krieg mit den Lagerfunktionären geschehen würde, wenn das Naziregime gestürzt wäre und diejenigen von uns, die überlebten, Zeugnis davon ablegen würden, was in diesem Lager vor sich gegangen war. Würde man bei der Bewertung der Häftlingsfunktionäre zwischen diesen beiden Gruppen unterscheiden und berücksichtigen, ob jemand zu den Befehlsvollstreckern gehört und sich vielleicht als Kapo betätigt hatte oder ob er als Schreiber nur ein Lagerhase gewesen war? Würde das bedeuten, dass Ersterer als schlecht gelten würde, weil er ein Kapo war, und Letzterer als anständig oder wenigstens als unschuldig, weil er nur Schreiber war? Das schien mir nicht ganz gerecht, denn unter die erste Gruppe würde automatisch auch mein Großvater fallen, den seine Leute, die ihn noch von zu Hause kannten, als ihren Kapo haben wollten. Sonst wäre ihnen womöglich irgendein unbekannter Dämel oder Verbrecher vor die Nase gesetzt worden, der ihnen Schaden zugefügt hätte. Dabei hatte Großvater diese Funktion gar nicht gewollt, doch hatte er sie angenommen, um diesen Menschen zu helfen, obwohl sie ihm nur Unannehmlichkeiten eintrug. Und was wäre, wenn ein Schreiber nicht ganz ohne Schuld war? Vielleicht hatte er die Aufgabe, Listen von Häftlingen zusammenzustellen, die zu einer schweren Arbeit geschickt werden sollten, und er hatte einige davon gestrichen, weil sie ihn bestochen hatten oder der gleichen politischen Partei angehörten wie er, und sie durch andere Häftlinge ersetzt, die gar nicht auf der Liste stehen sollten. In beiden Fällen könnte man doch nicht sagen, der Kapo sei schlecht und der Schreiber gut, während es sich in Wirklichkeit gerade umgekehrt verhielt. Kurzum, ich führte mir vor Augen, dass eine Bewertung der Funktionäre allein nach Zugehörigkeit zu diesen beiden Gruppen unangemessen wäre; um gerecht zu sein, müsste man jeden Menschen für sich betrachten. Bis vor kurzem hatte auch ich noch angenommen, die Häftlinge wären in ihrer großen Mehrheit anständige Menschen. Dabei hatte ich die nichtprivilegierten Häftlinge im Blick, solche, die keine Funktion ausübten, ihren Mithäftlingen keinen Schaden zufügten, keinen bestahlen, nur von ihrer Essensration lebten, und nicht von Ergaunertem, und denen es schlechter ging als jenen, die den Deutschen dienten. Dann war da noch die gewissenlose kleine Minderheit, die die übrigen Häftlinge bestahl, ihnen schadete und mit der SS zusammenarbeitete. Ihr ging es viel besser als der Mehrheit, deshalb würde sie auch mit größerer Wahrscheinlichkeit überleben als die Anständigen, zumindest für eine gewisse Zeit. Daraus hatte ich geschlossen, dass sich trotz allem die Mehrheit der Häftlinge im Lager gut verhielt und nur eine Minderheit schlecht. Im Gegensatz zu den sittlichen Grundsätzen, die mir zu Hause eingeprägt worden waren, hatte ich aber feststellen müssen, dass es den Schlechten besser ging als den Anständigen. War das etwa gerecht? Keineswegs!

Dann beschäftigte mich noch eine weitere Frage: Könnte es sein, dass es nur deshalb so wenige Böse gab, weil nicht mehr Funktionärsstellen vorhanden waren, für die gewissenlose Personen gebraucht wurden? In einem Block konnte es schließlich nicht mehr als einen Blockältesten geben, der sich mit ungefähr fünf Gehilfen begnügen musste; also existierten dort nur Posten für nicht mehr als fünf Personen. Ähnlich war es, wenn zum Beispiel fünf Arbeitsgruppen zu je zwanzig Häftlingen vorhanden waren und jede Gruppe von einem Kapo kommandiert werden sollte; dann wurden nur fünf Kapos gebraucht und nicht fünfzehn. Die Funktionäre genossen bestimmte Vorteile, die nicht jeder haben konnte, deshalb wurden von ihnen nur so viele ernannt, wie für diese schmutzige Arbeit erforderlich waren. Demnach wären nicht deshalb nur so wenige Böse vorhanden, weil alle anderen gut wären und weitere schlechte Menschen sich nicht finden ließen, sondern allein deshalb, weil die Zahl der Funktionärsstellen beschränkt war. Kurz gesagt, die vorhandenen Stellen reichten bei weitem nicht für all die Lumpen und Diebe aus, die sich für diese Stellen eigneten. Der Anteil der Anständigen wäre demnach möglicherweise um vieles geringer, als es auf den ersten Blick den Anschein hatte. Deshalb war es leicht, sich unter den Bedingungen des Konzentrationslagers in Menschen zu täuschen, solche für gut zu halten, die es gar nicht waren. Ein Mensch, den man für anständig gehalten hatte, konnte sich durchaus als ein Lump entpuppen.

Daher fand die Obrigkeit für jeden Lumpen, der aus irgendwelchen Gründen seine privilegierte Stellung geräumt hatte, auch augenblicklich Ersatz. Würde verlangt, aus unserem Lager in neu eingerichtete Lager Kapos, Blockälteste und ähnliche zu entsenden, damit die dort für ihre Pfründe die gleiche schmutzige Arbeit leisteten wie hier, würden sich wahrscheinlich nicht wenige von denen dazu melden, die man bis dahin für anständig halten konnte. Ich begann mich davon zu überzeugen, dass es potentielle Lumpen in Hülle und Fülle gab, weit über diejenigen hinaus, die hier tatsächlich solche einträglichen Funktionen innehatten. Einstweilen tun solche Menschen nichts Schlechtes, zumindest wissen wir nichts davon, aber sie zeigen ihr wahres Gesicht, sobald sie Gelegenheit zu einer Gaunerei bekommen. Es war überhaupt nicht schwierig, Lagerfunktionäre anzuwerben, sie waren fast immer in miese Geschichten verstrickt. Das sind Umstände, mit denen die Erfinder und Betreiber der Mordmaschinerie in den Vernichtungslagern gerechnet hatten und die sie sich von ihrem Standpunkt aus effektiv zunutze machten. Über solche Fragen diskutierte ich mit dem Fußballer mehrere Tage hintereinander, von den düsteren Aussichten, über die wir uns beide einig waren, waren wir ordentlich missgestimmt.

Ich fragte Viki, ob er nicht seine Mutter Marika Gelb bitten könne, etwas über Manci in Erfahrung zu bringen, die ich zuletzt auf der Rampe gesehen hatte, wo wir getrennt worden waren; seitdem hatte ich nichts mehr von ihr erfahren. Viki versprach, dass er versuchen werde, dies über den Vermittler zu erledigen. Nach ungefähr einer Woche, als wir wieder an unserem gewohnten Platz zusammensaßen, stand der Fußballspieler plötzlich auf und sagte, er werde eine Weile spazieren gehen. Dies war das Schlüsselwort, wenn er seinen

Lagerhasen aufsuchte. Nach der Rückkehr richtete er mir von seiner Mutter aus, meine Mama habe man gleich am Tag nach der Selektion auf der Rampe mit einem Frauentransport zur Arbeit nach Deutschland weggebracht. Aber niemand wisse, wohin genau sie transportiert worden sei. Ich dankte Viki für die Auskunft und bat ihn, meinen Dank auch seiner Mama auszurichten. Manci war jung, überlegte ich, erst sechsunddreißig, gesund und abgehärtet, konnte arbeiten, war manuell geschickt und obendrein schlau. Sicher würde sie für sich sorgen können, überleben und nach Hause zurückkehren, wenn dieser schreckliche Krieg vorüber wäre.

Am Tag, als ich im Gewimmel des Hofs angestrengt nach Bekannten Ausschau hielt, entdeckte ich außer Viki niemanden sonst. Wir vereinbarten, dass es gut für uns wäre, immer voneinander zu wissen und meistens zusammen zu sein. Wir machten auch eine Stelle aus, wo wir uns finden könnten, falls wir uns im hiesigen Durcheinander wieder verlieren sollten.

Nach diesem erfreulichen Wiedersehen wechselten Viki und ich ein paar jungenhafte Höflichkeiten. »Du Ochse«, sagte mir Viki, »war ich froh, dass ich dich wiedergetroffen habe. Ich habe dich schon von Weitem an deinen krummen Beinen erkannt.« Ich blieb ihm nichts schuldig: »Dich Ochsen habe ich daran erkannt, dass du hier gehockt hast wie einer, der vom ewigen Herumsitzen auf den Steinen schon Hühneraugen am Hintern hat.« Dann platzten wir beide beinahe gleichzeitig heraus: »Wie gut wir uns doch verständigt haben!«

Das sind doch wirklich freundschaftliche Reden und eine anständige, höfliche Sprache, dachte ich mir. Eine angenehme Abwechslung nach dem *Auschwitzdeutsch*, in dem es von Schimpfwörtern wie *Saujud*, *Arschloch* oder *Drecksack* nur so wimmelte.

Eines Tages stieß ich auf dem Gelände des Blocks noch auf weitere Bekannte, die Faber-Brüder Jirka und Franta, die Jungen aus Parkan, die ihrem Vater als Drucker geholfen hatten. Sie saßen auf einem Stein, ihnen war anzusehen, dass sie gut miteinander zurechtkamen und eigentlich das heimatliche Familienleben fortsetzten. Ich dachte mir, kein Herdenverhalten werde die beiden Brüder trennen können und in rücksichtslose Einzelgänger verwandeln. Wir begrüßten uns und freuten uns, dass wir uns sahen, beklagten das Elend hier. Die Brüder sagten mir, ich würde sie meistens am gleichen Ort finden, und ich sagte ihnen, wo ich immer mit dem Fußballspieler saß. Als ich wegging, winkten wir einander. Im Stillen taten sie mir leid, weil sie so entsetzlich abgemagert waren, aber eigentlich waren sie schon zu Hause dünn gewesen.

Ich hörte nicht auf, weitere Bekannte zu suchen. Mir schien es blöd, dass es in dieser Menge Leute geben könnte, die einander kannten, aber nichts voneinander wussten. Leider fand ich Pepi nicht wieder – den Jungen, der als Erster Viki und mir erklärt hatte, was in Birkenau geschah.

Eines Tages wagte ich mich auf die Lagerstraße hinaus, um zu sehen, ob ich vielleicht da jemanden finden würde. Dort war ein solches Gewimmel von Häftlingen, dass ich mich darin verlor. Auf der anderen Straßenseite, von uns aus gesehen ungefähr beim fünften Block, entdeckte ich Tibor Kiss, den Mitschüler aus dem Gymnasium, wie er draußen vorm Block mit Hacke und Spaten zusammen mit einem etwa vierzigjährigen Mann grub. Ringsum lagen Ziegel und Tonrohre. Der Mann, den mir Tibor vorstellte, war sein Vater. Von früher wusste ich noch, dass er Bauingenieur war. In der Zeit vor der Deportation hatte er diesen Beruf aber nicht mehr ausgeübt, und die Familie hatte hauptsächlich mit Wein gehandelt. Aus Tibors Erzählungen über die Schule und seine Mitschüler kannte Herr Kiss auch mich etwas.

Tibor erklärte mir, dass er mit seinem Vater an einer für dessen Blockältesten bestimmten Drainage und einem Bewässerungssystem für die Beete arbeite, damit der es vor seinem Block schöner hätte. Deshalb ginge er, Tibor, jetzt nur noch zu den Appellen in unseren Block, damit die Zahlen stimmten. Laut Vorschrift solle zwar auch er im Jungenblock schlafen, aber weil das ohnehin nicht kontrolliert werde und es dem Block des Vaters keinen Nachteil bringe, schlafe er auch bei ihm. Tagsüber arbeite er dort mit Vater legal. Zur Verschönerung der Umgebung des Blocks hatte sein Vater ein Bauprojekt entworfen, das in zwei Wochen ausgeführt sein sollte. In der letzten Etappe sollten auf einer nahen Wiese Grassoden von der Größe eines mittleren Ziegelsteins ausgestochen und zum Block transportiert werden; dort sollten sie einen Rasen anlegen, der mit der Konstruktion von Herrn Kiss automatisch bewässert werden sollte. Der Blockälteste, für den Tibor das mit seinem Vater machte, habe mit unserem Blockwart schon vereinbart, dass einige Jungen von uns am Sonntag die Grassoden holen würden. Tibor und sein Vater schlugen vor, dass auch ich mich an dieser Arbeit beteiligte. Aber noch wüssten sie nicht genau, wann genau das sein werde.

Dazu äußerte ich mich nicht. Ihr Einfall missfiel mir aber. Natürlich leuchtete mir ein, dass Tibi und sein Vater für diese Arbeit vom Blockältesten irgendwie belohnt würden und solange geschützt wären. Diese Belohnung konnte nur aus einer Quelle kommen, nämlich, dass der Blockälteste ihm unterstellte Häftlinge bestahl. Ebenso erschien mir die Verschönerung des Blocks unsinnig und morbid, so, als würde jemand Tulpen auf einen Galgen malen – für einen Lohn, der durch Diebstahl von der Henkersmahlzeit der Verurteilten bestritten würde. Die Massenrichtstätte Birkenau änderte sich doch nicht, wenn einer der Wartesäle, in denen die Verurteilten dem Tod entgegensahen (und das war die wahre

Bestimmung der Blöcke), mit Blumen geschmückt wurde! Das nützte keinem. Im Gegenteil, das konnte jemanden, der die Wahrheit über die Vorgänge in Birkenau nicht kannte, noch irreführen. Dieser Blockälteste war vielleicht ein großer Trottel, der sich mit einem solchen Projekt etwas vormachen wollte. Eines Tages würde ihn jemand deswegen verspotten, und er würde sich seinerseits an Herrn Kiss rächen wollen. Mit ihm müsste das dann auch Tibi auslöffeln. Andererseits könnten die beiden ihr Leben dadurch retten, weil sie, während der Arbeit am Paradestück, anders als die Übrigen nicht hungern müssten. Ich schloss daraus, dass das Ganze zwar wie ein Schwindel aussah, es mir aber nicht zustünde, es zu verurteilen.

Der Rest des Tages verlief wie sonst. Zur Nacht legten wir uns wie üblich in einer Reihe und schliefen ebenso erbärmlich wie gestern und vorgestern. Gerade das war in diesem Block in Birkenau so niederschmetternd: Die Tage glichen einander wie ein Ei dem anderen, sie flossen dahin, und es war leicht, den Faden der Zeit zu verlieren. Wir wussten nicht, was die Obrigkeit mit uns vorhatte, und waren vollkommen nutzlos, was in einem so durchkalkulierten und gut organisierten Land wie Hitlers Großdeutschem Reich äußerst verwunderlich war. Wenn sich die Obrigkeit entschließen würde, unsere überflüssige Existenz auf ihre großdeutsche Weise zu beenden, dann könnte es uns wie den Roma im Zigeunerlager ergehen. Ich verstand, dass es als etwas Positives gilt, wenn die Dinge gut organisiert sind, in einer verkehrten Welt sich aber eine gute Organisation vor allem durch Gaunereien auszeichnet.

Eines Morgens kam der Fußballer mit einem Einfall, den er mir lange erläuterte. Es handele sich um eine ein wenig riskante Aktion, begann er. »Wir werden zu zweit zum Mittagessen gehen und lassen uns zwei Portionen in eine

Schüssel geben. Das wird oft so gemacht. Einer von uns wird die Schüssel halten und in einem fort quatschen.« Diesen Schwätzer nannte Viki der Einfachheit halber »Schauspieler«, den anderen »stillen Teilhaber«. Letzterer stehe nur herum, seitlich hinter dem Schauspieler, näher zur Spitze der Reihe. Der Suppenschöpfer solle den stillen Partner nur aus den Augenwinkeln bemerken, während er dessen Portion in den Napf des Schauspielers fülle. Der Schauspieler ziehe mit seinem Gerede die Aufmerksamkeit dieses Schuftes von Schöpfer auf sich, erhalte die doppelte Portion und rede auch beim Weggehen weiter. Der stille Partner, unbemerkt und nur so zwischen Schauspieler und Schlange daherredend, stelle sich wie selbstverständlich vorn wieder an, greife sich dort, als ob er das vorhin vergessen hätte, eine Schüssel. Die Jungen hinter ihm würden das glauben, sie hätten ihn in der Reihe ja gesehen und ahnten nicht, dass der Schauspieler zwei Portionen empfangen habe. Der Schöpfer, vom Schauspieler vorher abgelenkt und irritiert, werde ihm erneut Suppe geben, denn er werde sich erinnern, ihn vorne schon mal gesehen zu haben, wisse aber nicht, dass der Schauspieler dessen Portion schon abgefasst habe. Der mache sich mit den zwei Portionen davon. Wenn alles glattgehe, träfen sich die beiden an einem vereinbarten Ort und würden drei statt der zwei Portionen Suppe verspeisen.

Dann erklärte Viki, warum er denke, der Essensausteiler werde ihren Trick nicht durchschauen. Erstens sei rings um die Suppenausgabe jedes Mal schrecklicher Wirrwarr, der Schöpfer könne sich gar nicht ordentlich konzentrieren. Zweitens werde er vom Gerede des Schauspielers abgelenkt, der sich sein Geschwätz natürlich vorher ausdenken müsse, damit ihm die Rede nicht ausgehe. Viki hatte den Schöpfer schon längere Zeit beobachtet und meinte, der sei nicht besonders schlau und leicht zu übertölpeln. Sollte er aber merken, er habe dem stillen Partner schon Suppe gegeben, und zwar in die Schüssel des Schauspielers, und verweigere eine zweite Kelle, werde der stille Partner schreien, jemand habe ihm seinen Anteil weggenommen und darauf bestehen, seine Portion zu erhalten. Der Schauspieler werde dann schon lange weg sein, so dass der Schöpfer nicht mehr fragen könne. Obendrein würden die, die noch nichts hätten, murren, da es nicht vorangehe, und »Tempo! Tempo!« rufen. Dann werde dieser Dummkopf den stillen Partner mit der Kelle wegjagen und mit dem Austeilen fortfahren.

Als Viki sah, dass ich mit seinem Plan, zu einer Extraportion Suppe zu kommen, nicht ganz einverstanden war, bemühte er sich weiter, mich zu überzeugen. Er dachte, es drohe keinerlei Risiko, der stille Partner könne allenfalls ein paar Ohrfeigen davontragen. Käme es so weit, würde er sich darüber aufregen, dass das eine Ungerechtigkeit sei, die Jungen in der Reihe würden murmeln, sie wären auf seiner Seite. Und was könnten in einem solchen Fall die Schöpfer tun? Sie würden dem stillen Partner die Suppe wegnehmen und in den Kessel zurückschütten, oder sie ließen ihn laufen. Im ersteren Fall käme der stille Partner um nichts, der Schauspieler im Versteck würde auf ihn warten und ihm seine volle Portion geben. So hätte jeder anderthalb Portionen! Schließlich fragte mich Viki, was ich dazu sagte.

Zuerst staunte ich darüber, wie perfekt der Trick des Fußballspielers durchdacht war. Meiner Ansicht nach hatte Viki außerordentliches Talent für zwei ganz verschiedene Berufe. Zu Recht nannte man ihn den Fußballspieler, weil er beim Fußball wirklich ein Genie war. Er beherrschte den Ball nicht nur vollendet mit beiden Beinen, dem Kopf und eigentlich dem ganzen Körper, sondern war auch fähig, sich im Nu die unterschiedlichsten Finten auszudenken, und wenn er in der Mannschaft spielte, ersann er sie auch für die Mitspieler. Zudem hatte er Ausdauer und konnte mit Ball, der durch unsichtbare Fäden mit seinen Füßen verbunden zu sein schien, stundenlang laufen. Statt in diesem idiotischen und primitiven Konzentrationslager zu sein, hätte er schon längst im Trainingszentrum eines Erstligisten in Budapest oder einer anderen Großstadt sein sollen. Dort würden die Trainer in ein oder zwei Jahren aus ihm einen Fußballweltstar machen, der mit seinem Spiel Tausende von Menschen erfreute. Das war das eine Talent, aber Viki hatte auch jene Art von Einfällen, auf denen Handel und schöpferisches Unternehmertum beruhen. Seine Einfälle waren in der Regel originell und witzig und auch auf Menschenkenntnis gegründet. Mein Vater hatte mir wiederholt erklärt, ein Unternehmen, das billig einkaufe und teuer verkaufe, könne auch von einem Strohkopf betrieben werden, weil der Kunde für die Ware, die er abnimmt, mehr Geld zahle, als er soll oder hat. Ein echtes Unternehmen hingegen bringe etwas Originelles hervor, das ohne den Unternehmer, der es führt, nicht existieren würde und jeden ringsum freuen sollte. Etwas Derartiges könnte der Fußballspieler vollbringen, wenn er erst erwachsen wäre. Sein Trick mit der Suppe war spaßig und schlau und lief nicht einfach auf Diebstahl hinaus. Die Obrigkeit stahl und aß von der gemeinsamen Suppe, so viel sie konnte. Wenn wir von dieser ohnehin widerlichen, aber unentbehrlichen Suppe von Zeit zu Zeit fünfzig Prozent mehr essen würden, bekämen wir einen kleinen Teil dessen zurück, was uns gestohlen wurde.

So stimmte ich Vikis Einfall schließlich zu, und wir beschlossen, dass wir das Spiel mit dem Schauspieler und dem stillen Partner schon am Mittag ausprobieren wollten. Viki machte zur Bedingung, dass zuerst er den Schauspieler geben würde; danach würden wir wechseln. Nach der Vormittagsruhe, die für uns nach der schlaflosen Nacht wie eine Heilkur war, gingen wir noch einmal den ganzen Auftritt durch und stellten uns dann in die Reihe. Ich war verblüfft, wie genau der Fußballspieler den ganzen Verlauf unseres Spiels vorausgesehen hatte. Im zuvor vereinbarten Versteck am Ende des Hofes aßen wir dann jeder anderthalb Portionen Suppe. Wir waren davon zwar nicht gerade gesättigt, aber es war uns etwas wohler im Magen.

Nachdem wir gegessen hatten, sagte ich, wir hätten ein verrücktes Spiel gespielt, direkt im Irrenhaus, doch dieses sei auf andere Art verrückt. Hier wäre überhaupt alles verrückt. Alles, was hier geschehe, sei ohne jeden Sinn. Wie viele Menschen kämen wegen einer Lumperei um – allein weil sie etwas weniger von dieser elenden Suppe erhielten, die sonst niemand anrühren, geschweige denn dafür bezahlen würde. Aber darüber, wer überlebe, entscheide ganz allein der blinde Zufall.

Viki stimmte zu, es sei so. »In dem, was hier geschieht, ist weder Sinn noch Logik. Und wenn du auf jemanden triffst, der das Gegenteil behauptet und sagt, dahinter steckt doch irgendein Sinn, dann schick diesen Ochsen zu mir, und ich werde es ihm mit einem ordentlichen Tritt in den Hintern erklären. Ich kann mir vorstellen, dass jemand, der nie im Lager war oder sein wird, der sich irgendwo hinsetzt und gerade frisches, duftendes Brot isst, jetzt oder vielleicht in Zukunft erklären könnte, dass das, was hier mit uns geschieht, irgendeinen verborgenen Sinn hat. Weil doch alles einen Sinn haben muss! Vielleicht den, dass die Menschen, die hier leiden, gottesfürchtiger oder wer weiß was werden, sofern sie überhaupt überleben. Aber was ist, wenn jemand das Lager überlebt und nicht gottesfürchtiger wird? Was wird mit dem? Soll man ihn vielleicht in irgendein Birkenau zurückschicken, damit der mit dem geschmierten Brot recht behält?«

Den Fußballspieler erregte dieses moralische Problem wirklich. Aber für mich war das ein Zeichen dafür, dass es um seine Gesundheit und Kräfte noch nicht so schlimm stand. Wäre er schon am Boden, würde er sich nicht mit moralischen Fragen beschäftigen und aufs nackte Überleben konzentrieren. Und hätte er kein Interesse mehr daran, wie man am Leben bleibt, dann hätte er alles aufgegeben und wäre am Absterben. Deshalb war ich froh, wie ihn schon der bloße Gedanke an die Arroganz und die potentielle Phantasielosigkeit von Leuten aufregte, die irgendwo weit weg oder vielleicht auch in einer anderen Epoche waren und sich dabei nicht scheuten, darüber zu urteilen, was hier in Birkenau oder an anderen vergleichbar grauenvollen Orten gut und was böse war – an Orten, an denen sie selbst (zum Glück, und meinetwegen sei es ihnen auch gegönnt) nie waren und nie sein würden. Es lag auf der Hand, dem Fußballspieler half, dank dem Lagerhasen, seine Mutter. Mit dem bisschen zusätzlichen Essen war er bisher in guter Form und noch fähig, sich mit abseitigen moralischen Problemen zu beschäftigen. Als ich ihn so erregt, aber klug sprechen hörte, ging mir durch den Kopf, was für ein begabter und auch anständiger Junge Viki doch war.

Viki ereiferte sich immer noch: »Solche Schlaumeier, die die Philosophie verfechten, dass alles einen Sinn habe, würde ich zu einem mindestens vierzehntägigen Studienaufenthalt hierher ins Lager einladen, damit sie hier so wie wir mit dieser Köstlichkeit gefüttert werden, für die wir zwei bei der Essensausgabe eine verzweifelte Komödie aufführen. Und außer diesem Menü würde ich sie im Scheißkommando trainieren lassen, wie man die Fäkalien aus den Latrinen abtransportiert und in die Weichsel kippt. Sie würden das schon meistern, wenn sie sicher wären, sie sind hier nur zur Übung sind und gesund nach Hause zurückkehren, wo weitere dick mit Butter bestrichene Brote auf sie warten. Leider wissen wir nicht, ob wir heimkehren, wir können höchstens hoffen, dass wir hier lebend davonkommen. Aber vielleicht würden die Erlebnisse hier diese Heuchler von der Suche nach einem höheren Sinn in den niederen Dingen, die sich hier abspielen, kurieren.«

Ich antwortete Viki, wir würden uns dauernd über Leichen unterhalten, über den Fraß aus Spülwasser und über Unrat, ich hätte aber auch noch etwas anderes erfahren. Ich hätte ein Gespräch mehrerer Jungen aus der Karpato-Ukraine* gehört, die laut Jiddisch sprachen, offenbar dachten sie, niemand in ihrer Umgebung könnte Jiddisch, ich aber verstand sie ein wenig. Sie sagten, der Blockälteste halte sich diese Trottel – und hauptsächlich den debilen Schöpfer, nur deshalb als Gehilfen, weil sie ihm als Weiber dienten. In dieser Rolle wechselten sie sich bei ihm ab und wetteiferten untereinander um seine Gunst. Das alles täten diese Gehilfen, und uns prügelten sie und seien gemein, nur für einen Bissen mehr, um den sie uns abstehlen würden. Sie glaubten wohl, so könnten sie überleben, während wir alle bald ins Gras beißen würden.

»Mit Letzterem könnten sie am Ende recht haben«, reagierte Viki auf meine Neuigkeit. »Es handelt sich eher darum, wie weit sie in ihrem Interesse gehen wollen und was sie alles anzustellen imstande sind. Meinetwegen soll jeder für sein Überleben alles tun, was er kann, er darf dabei nur keinem anderen schaden.« Ich dachte mir dasselbe und lobte Viki, wie genau er das ausdrücke. Es war fast ein Lehrsatz, den man lernen sollte, damit sich alle danach richten könnten. Mir schien nämlich, viele verhielten sich nicht so.

Dann verabschiedeten wir uns für diesen Nachmittag, der Fußballspieler ging, wie er sagte, seinen Angelegenheiten nach. Ich vermutete, dass sich dahinter wohl der Lagerhase aus unserem B II e verbarg, der Kontakt zu seiner Mutter hatte. Offenbar brachte er dem Fußballspieler jedes Mal etwas Eßbares, und Viki musste es gleich an Ort und Stelle verzehren, damit auf ihn kein Verdacht fiele, der jemanden auf die Spur des Lagerhasen und seiner Gefährten führen könnte. Während solcher Treffen tauschten sie auch Mitteilungen aus.

Eines Tages entdeckte ich beim regelmäßigen Durchkämmen des Menschengewimmels Stefan Altmann, einen weiteren Mitschüler aus Esztergom. Er saß auf dem Hof allein auf einem Stein und starrte ins Unbekannte. Viele von uns hatten sich es sich zur Gewohnheit gemacht, so für sich allein auf einem Stein zu hocken. Ich trat an ihn heran und sagte: »Stefan, wenn du so ins Nichts starrst, siehst du aus, als ob du in Gedanken den durchgenommenen Stoff wiederholst.« Er antwortete im Geist unserer Esztergomer Gespräche erfreut: »Du hast recht! Gerade habe ich den Vortrag von Herrn Professor Pauker rekapituliert, wie der ungarische Reichsverweser und Admiral Miklós Horthy den Ersten Weltkrieg gewonnen hat. Jetzt warte ich hier, bis er auf dem Balaton die englische, amerikanische und russische Flotte schlägt und wir nach Hause zurückkehren können.«

Stefan war immer ziemlich groß und schlank gewesen, aber jetzt sah er noch magerer aus. Er erzählte mir, er sei allein hier und wisse von keinem aus seiner Familie etwas. Dann sah er mich an und fügte hinzu: »Auch von Zuzka Löwenstein weiß ich nichts.« In die war ich verliebt, was ich nicht abstritt, und sagte, ich ahnte, dass sie nicht mehr am Leben sei, weil sie noch so jung gewesen sei. Stefan schwieg, das hieß, er dachte das auch. Danach kam er nie mehr auf Zuzka zu sprechen. Er war ein sensibler Junge und wollte mich nicht an sie erinnern. Ich erzählte ihm auch, dass ich hier den Fußballspieler getroffen hätte. Ihn kannte Stefan von Zuhause nicht. Wir verabredeten, alle drei gemeinsam zum Abendbrot und zum Appell zu gehen und uns abends in der Baracke in diesselbe Reihe zu legen.

Dann setzte ich die Suche nach mir bekannten Jungen fort, traf aber an diesem Tag sonst keinen. Ich fühlte mich müde, statt zu unserem verabredeten Dreiertreffen zu gehen, setzte ich mich auf einen Stein und lehnte den Rücken an die Blockwand. Für den Fall, dass ich zufällig einschliefe, bereitete ich mich auf die eingeübte Schutzstellung vor. Ich schob den zurechtgehämmerten, noch unvollständig geschliffenen Löffel tiefer in die Tasche, zog gemäß Großvaters Lehren die Schnürsenkel fest und verknotete sie, umfasste beide Beine unterm Knie und kauerte mich zusammen. Das alles, um nicht bestohlen zu werden. Ich schlief auch eine Weile, aber dem Tageslicht und dem üblichen Programm nach konnte das nicht länger als eine halbe Stunde gedauert haben.

Mich weckte eine unbekannte Stimme: »Welche Pfeife hat im Waschraum neben der Latrine diese Schuhe da verloren?« Über mir stand ein Junge, hielt in der Hand einen Schuh, der der Größe nach einem von uns Jugendlichen gehören konnte, wedelte damit herum und schrie immerfort das Gleiche. Auf meine Frage, warum er mit einem Schuh hierherkomme und herumschreie, antwortete er, der Latrinenverantwortliche (den man auch *Scheißmeister* nannte) habe ein Paar Schuhe gefunden und schicke ihn damit zu den Jugendlichen, damit er versuche, die Pfeife zu finden, die sie verloren habe. Der Scheißhausalte, wie ihn der Junge nannte, habe ihm eine halbe Portion Brot versprochen, wenn er den Verlust der Schuhe vermeide und ihm diesen einen zurückbringe. Wenn er mit dem Schuh auch noch dessen Besitzer bringe, kriege er eine ganze Portion Brot. Der Besitzername war angeblich im anderen Schuh eingeschrieben und beim Scheißhausalten verblieben. »Und wie heißt dieser Scheißmeister?«, fragte ich und erfuhr, dass sei ein Herr Silbermann und der bestehe auf einer anständigen Anrede.

In Gedanken bewunderte ich, wie perfekt dieser Plan zum Ermitteln des legitimen Besitzers der Schuhe ausgedacht war. Jener Scheißhausalte musste ein listiger und kluger Mensch sein, der alles in Betracht zog: die Situation hier vor Ort und die menschliche Natur. Und obendrein musste er ein außerordentlicher Ehrenmann sein, denn unter den gegebenen Umständen wäre eher zu erwarten gewesen, dass der Finder die Schuhe verkaufte. Außerdem musste er großzügig sein, eine ganze Tagesportion Brot zu opfern, damit jemand, den er nicht einmal kannte, seine Schuhe zurückerhielt. Ein bisschen schämte ich mich, weil ich mich so vor Dieben fürchtete, und dabei waren unter uns solche ehrlichen Menschen. Ich wünschte mir sehr, mit dem unbekannten Ehrenmann Bekanntschaft zu schließen.

In dieser Nacht waren wir mit dem Fußballer und Stefan in der Schlafreihe schon zu dritt. So wären wir im Vorteil, falls in der Nacht wieder einer der Jungs wütend würde und raufen wollte, weil ihn jemand versehentlich getreten oder geweckt hatte, um sich mit den Übrigen auf die andere Seite zu drehen. Mit dreien würde sich das keiner so wie bei nur einem erlauben.

Morgens erzählte ich den Jungs von den verlorenen Schuhen und was ich über den Scheißmeister erfahren hatte. Am Abend hatte ich noch darüber nachgedacht und mir vergegenwärtigt, dass ein anständiger Mensch, um Gutes zu tun, manchmal auch durchtriebene Pläne verfolgen muss. So etwas wäre mir vorher nie in den Sinn gekommen. Offensichtlich reichte es nicht, wenn ich mir nur vornahm, dass ich morgen früh aufstehen und eine gute Tat vollbringen würde. Je größer das herrschende Elend, desto verbreiteter waren überall Diebstahl, Gaunerei, Dreistheit und Sittenlosigkeit, umso schwerer fiele es einem guten Menschen, solange er wirklich noch am Leben war, etwas Gutes zu tun. War er doch fast gänzlich umringt von Dieben und Betrügern, die ihm das Almosen, das er einem Bedürftigen geben wollte, im Nu aus der Hand rissen. Und er müsste noch froh sein, wenn ihm dabei nicht gleich auch die Hand abgerissen würde. Damit ein anständiger Mensch noch irgendwie Güte erweisen könnte, musste er die Unredlichen überlisten. In einer Welt, in der alles verkehrt ist und die Hosenscheißer obenauf sind, fänden sich nur wenige gute Menschen, und die müssten sich von den Gaunern ein paar Tricks abschauen und sie anwenden, um überhaupt erst Gutes tun zu können.

Die Jungs mochten meine Überlegungen gar nicht, sie tippten sich nur an die Stirn, als wäre ich nicht ganz richtig im Kopf, und sagten, meine Sorgen hätten sie gern und Rothschilds Kohle, wenn ich sie gleich am Morgen mit solchen Weisheiten anödete. Stefan fügte hinzu, dass wir, auch wenn wir am Boden seien, eine demokratische Methode anwenden und über meinen Geisteszustand abstimmen sollten. Er fragte: »Wer ist dafür, dass Tom verrückt ist?« Ich konnte mich an der Abstimmung verständlicherweise nicht beteiligen, der Fußballspieler stimmte Stefan zu, aber er war nicht bei Laune und forderte mich auf, mit alledem und mit einer Entschuldigung zum Scheißhaus zu gehen – und wenn sie versehentlich am Leben blieben, woran er zweifle, dann sollte ich mich nach der Rückkehr in die Heimatgemeinde freiwillig im Irrenhaus anmelden. Ich dankte ihnen, das genau passe gut, weil ich gerade ins Scheißhaus zu Herrn Silbermann gehen wolle, und dank ihrer Diagnose könne ich mich jetzt sogar als Delegierter unserer Gruppe dorthin begeben und auf der Latrine auch in ihrem Namen verhandeln. Aber schon ernster, bat ich sie, mich dort zu verständigen, falls im Block etwas Unerwartetes geschehen sollte.

In Wirklichkeit wollten wir uns mit diesem Schülerunfug beweisen, dass wir uns nicht verändert hatten und keineswegs am Boden waren. Wir fühlten, dass das etwas närrisch war, eine Art Trost, aber trotzdem fuhren wir damit fort. Anders miteinander zu sprechen, hatten wir noch nicht zustande gebracht, diese Art zu reden war uns nahe, anders hatten wir es uns bislang nicht genügend angeeignet. Das bereits erwähnte *Auschwitzdeutsch* war für uns unannehmbar – nicht unbedingt deshalb, weil seine Grundlage das Deutsche war, das störte mich gar nicht und die anderen überwiegend auch nicht besonders, doch das hiesige Deutsch konnten wir wegen seines Auschwitz-Inhalts nicht ertragen. Es war ein äußerst grober, grausamer und zynischer Jargon!

Ich lief zur Latrine und suchte mit den Augen den Scheißmeister, Kapo der örtlichen Scheißkommandoabteilung. Eigentlich kannte ich diesen Herrn vom Sehen, er war ein älterer, schlanker Mann von etwas über vierzig. In der Hand hatte er ein dünnes, weißes Stöckchen, wohl von einem ermordeten Blinden, mit einer Lederschlaufe, die er in der Hand festhielt, damit es ihm nicht herunterfiel. Im Unterschied zu anderen Kapos rührte der Scheißmeister einen mit seinem Stöckchen aber nie an. Er benutzte es nur als Zeigestock und sparte sich damit die Worte. Wenn er feststellte, dass ein Häftling irgendwo auf die Erde gekackt hatte, weil er nicht mehr bis zur Latrine kam, wies er nur mit dem Stock darauf, und sofort kamen zwei Gehilfen und beseitigten die Spuren des Zwischenfalls. Ein solches Malheur war hier keine Seltenheit. Viele vertrugen die abscheuliche Kost aus gekochten Rüben und Gemüse, auch das aus wer weiß was gebackene, minderwertige Brot nicht, litten an Durchfall und Verdauungsproblemen. Dem Scheißmeister lag daran, dass die zementierte Fläche, eine Art gemeinsames Abtrittbrett, immer sauber war. Einer seiner Gehilfen reinigte sie ständig rundherum. Herr Silbermann war ununterbrochen auf Trab, obwohl er selbst nichts anrührte, sondern nur diese Arbeit leitete und seine Leute antrieb.

Ich ging auf ihn zu und redete ihn höflich an: »Guten Tag, Herr Silbermann!« Und fragte gleich, ob er schon den Eigentümer der Schuhe kenne, die er hier in seinem Block gefunden habe. »Und was bist du für einer?« Ich entschuldigte mich, mich nicht vorgestellt zu haben, sagte meinen Namen und erzählte, dass ich zu den Jugendlichen gehörte, die hier warteten, aber nicht wüssten, worauf. »Das weiß vielleicht auch die Obrigkeit nicht oder hat es vergessen. Ich bin aufs Gymnasium gegangen, bin dreizehneinhalb, aber habe mich hier als sechzehnjähriger Schlosser gemeldet.«

Herr Silbermann lobte mich, wie gut ich alles erzählt hätte. Was die Jugendlichen und die Obrigkeit betreffe, so sähe ich die Situation richtig. »Aber je länger sie zögern und nichts mit uns unternehmen, um so mehr droht uns, dass sie dann radikal und hart durchgreifen. Damit wollen sie sich beweisen, dass sie Schöpfer mit einer höheren Intelligenz sind, die immer wissen, was zu tun ist, und dass, was sie tun, unfehlbar richtig ist, weil es nach vollendeten, vom Führer inspirierten Plänen ausgeführt wird. Deshalb denke ich, es wäre besser für uns, wenn wir möglichst bald in einen Transport gelangen und von hier irgendwohin zur Arbeit weggebracht werden.« Bevor er aber etwas darüber zu sagen begann, überzeugte sich Herr Silbermann, dass ringsum keiner war, der zuhören konnte.

»Und was ist mit diesen Schuhen?«, kam ich auf meine Ausgangsfrage zurück. Darauf antwortete er: »Es hat sich immer noch niemand gemeldet.« Ihm lag an diesen Schuhen aber eigentlich gar nicht so viel. Von seiner Seite war das eher ein Experiment, ob sich hier überhaupt etwas Normales und Richtiges tun ließe. Das schien eher nicht der Fall. Der Junge, der von ihm mit der Suche nach dem ursprünglichen Eigentümer beauftragt worden war, hatte ihm heute den ihm anvertrauten Schuh zurückgebracht, aber hauptsächlich war er wegen der versprochenen halben Ration Brot gekommen. Wenn sich für diese Schuhe niemand meldete, stammten sie wohl von jemandem, der hier ermordet worden war. Irgendeiner hatte sie irgendwo gestohlen, war mit ihnen hierhergelaufen, hatte dann jemanden kommen gehört und Angst gekriegt, es wären SS-Männer, die manchmal zu Kontrollen herkamen, und sich der gestohlenen Schuhe lieber entledigt.

Vielleicht war ich Herrn Silbermann als ein anständiger Junge erschienen, denn er bot mir die Schuhe an, um sie jemandem zu geben oder gegen Brot zu verkaufen. Er schätzte ihren Wert auf mindestens ein Kastenbrot. Aufrichtig dankte ich ihm, auch im Namen meiner beiden Kameraden. Er konnte sie selbst gegen Brot eintauschen, doch er wollte etwas Gutes tun. Mit diesem Geschenk war ihm das gelungen.

Herr Silbermann bestätigte, dass es so sei, und forderte mich auf, wieder einmal bei ihm vorbeizukommen, jetzt müsse er weitermachen. Ich versprach zu kommen.

Die geschenkten Schuhe waren an den Schnürsenkeln zusammengebunden. Ich schnürte sie auf, steckte die Schuhe vorn unters Hemd, jeden auf eine Seite, damit sie niemand bei mir sah. Ich merkte, nicht nur die Schuhe, auch die Schnürsenkel waren gut erhalten, was den Wert der Schuhe insgesamt steigerte. Ordentliche Schnürsenkel waren nach festen Schuhen das Zweitwichtigste, denn die Senkel hielten viel kürzer als die Schuhe und waren deshalb Mangelware. Die Häftlinge benutzten anstelle zerrissener Schnürsenkel Drahtstücke oder Bindfäden, die sie irgendwo gefunden oder organisiert hatten. Nur in gut geschnürten Schuhen kann man sich schnell bewegen, und das konnte eine Frage von Leben und Tod sein. Ohne Schnürsenkel konnte man in einer Menschenherde nicht fliehen, etwa wenn ein wütender Kapo mit dem Knüppel um sich schlug und die Häftlinge wahllos angriff. Man konnte sonst auch bei Befehlen nicht dorthin springen, wohin man sollte. Schuhe ohne Schnürsenkel machten aus einem Menschen eine unbeholfene Karikatur, die die Bösartigkeit der Peiniger herausforderte. Somit könnten wir für die Schuhe von Herrn Silbermann mit so feinen Schnürsenkeln auch anderthalb Brote verlangen und den Preis dann notfalls um ein Viertel herabsetzen. Das wäre anständig und brächte fünf nichtgestohlene Tagesrationen Brot ein! In dieser aufgeräumten Stimmung ging ich zu unserem Treffpunkt. Viki, der

Fußballspieler, und Stefan warteten schon dort. Als sie mich sahen, brachen sie in lautes Gelächter aus, was unter diesen Bedingungen eine außergewöhnliche Reaktion war. Es dauerte eine Weile, bis mir aufging, warum ihnen zum Lachen war. Stefan zufolge sah ich mit dem ausgestopften Busen und dem kahlen Schädel aus wie die alte Hausbesorgerin von nebenan, die ihre Perücke vergessen hatte. Wir hockten uns hin, und ich berichtete den Jungs über meinen Besuch bei Herrn Silbermann. Ich schlug ihnen vor, die Schuhe zu verkaufen und das erworbene Brot gemeinsam zu essen. Der Fußballer bot sich an, zu versuchen, sie loszuschlagen, ich solle sie ihm unauffällig zustecken. Auch er stopfte sie sich unter die Jacke, und diesmal lachten Stefan und ich ihn aus. Viki machte sich auf die Socken, lief mit einem besonders forschen Schritt los, man sah, welchen Spaß es ihm bereitete, auf Geschäftstour zu gehen. Er sah aus wie ein Jäger, der in Erwartung angenehmer Erlebnisse auf leichte Beute stößt, die einem Stamm von Wilden für ein gemeinsames Abendbrot ausreicht.

Wir warteten auf ihn und vertrieben uns die Zeit mit Reden über alte Zeiten und Begebenheiten, die sich vor urewigen Zeiten in der Klasse zugetragen hatten, dem Kalender nach freilich erst vor etwa einem halben Jahr.

Nach ungefähr einer Stunde kam der Fußballspieler zurück, unter der Jacke zeichneten sich die Hälften von Kastenbroten ab, die wie ein kantiger Busen wirkten. »Ich hoffe, ihr lacht jetzt nicht über meine Figur, ich habe die Schuhe für ein und ein Viertel Brot verkauft. Nicht schlecht, was? Für jeden von euch eine Hälfte, ein Viertelchen bleibt in meiner Tasche. Jungs, ihr wisst, wenn ich zu meinem Lagerhasen gehe, gibt der mir manchmal was zu picken. Mutter gibt das dann irgendeinem Häftling zurück, an dem dem Lagerhasen liegt. Ihr habt größeren Hunger als ich. Dieses Viertel in meiner Tasche werde ich, wenn ihr gestattet, selber essen.

Eure Hälften sind in Papiertütchen, eine Aufmerksamkeit unseres Unternehmens, damit ihr keinen Krümel verliert, wenn euch das Brot zerbröckelt. Die Tütchen bewahrt sorgfältig fürs nächste Mal auf. Ich wäre betrübt, wenn ihr sie in Herrn Silbermanns Unternehmen als Toilettenpapier vergeudet. Solche Luxusartikel habt ihr euch ohnehin schon abgewöhnt. Wenn jemand bemerkt, dass ihr in der Latrine Papier verschwendet, könnte er euch für einen Prominenten halten, euch dann überfallen und um alles bringen«, schloss Viki seine ausgedehnte Ansprache zum Erwerb des Brotes. In diesem Stil pflegten wir zu quatschen, sobald unsere Stimmung etwas besser war.

Stefan und ich stimmten dem Vorschlag des Fußballspielers zu. Wir fühlten, dass in diesem Moment etwas Neues begann. Bisher hatte jeder seinen Anteil verschlungen, als ob kein anderer auf der Welt existierte. Von wirklicher gegenseitiger Hilfe war keine Rede. Jetzt begann aus uns dreien wortlos eine Gruppe zu entstehen, in der wir uns gegenseitig unterstützten.

Der Fußballspieler erzählte uns ausführlich, wie der Schuhverkauf vor sich gegangen war. Er hatte sich überlegt, sie nicht in unserem Block zu verkaufen, denn hier wären die Jungs, die verschiedene Diebesbanden bildeten, dahintergekommen und hätten uns das Brot oder auch die Schuhe gewaltsam weggenommen. Er hatte überlegt, an wen sich gefahrlos etwas losschlagen ließe, und sich erinnert, wie ihm sein Lagerhase erzählt hatte, einer der Blockältesten halte sich einen Jungen, der ihm als Frauenzimmer diene. Der Lagerhase hatte ihm diesen Fall hauptsächlich deshalb geschildert, weil er ihn vor einem derartigen Verhalten warnen wollte. Eigentlich hatte ihn Vikis Mutter darum gebeten. Sie sorgte sich um den Sohn und wollte, dass er um Himmels willen von niemandem in eine solche Beziehung verwickelt werde. Sein Lagerhase erklärte ihm, Homosexualität sei nichts so

Ungewöhnliches und komme hier wie in anderen Gefängnissen überall auf der Welt vor, weil erwachsenen, nicht so ausgehungerten und zu Tode erschöpften Männern wie hier die Frauen fehlten. Und so würden sie irgendwann die Frauen durch Jungen ersetzen, auch wenn sie sich vorher in der Freiheit normal verhalten hätten. Er machte Viki darauf aufmerksam, das betreffe hier im Lager die verschiedenen Lagerfunktionäre, die genügend Lebensmittel hätten, um sich Jungen halten zu können. Aber mit diesen Jungen ende es oftmals schlecht. Die Deutschen würden die Homosexualität strikt bekämpfen und hätten ihre Zuträger, die ihnen die betreffenden Häftlinge meldeten, die Obrigkeit erpresse diese dann, weitere Häftlinge anzugeben. Würden diese Häftlinge nicht mehr gebraucht, schicke man sie samt ihrer »Fräulein« ins Gas. Das beträfe eher Häftlinge, die lange im Lager seien, gewöhnlich politische Gefangene, also Lagerhasen. Männer, die massenhaft zur Rampe gebracht würden – ob zum Ermorden oder für kürzere oder längere Zeit zum Arbeitstransport –, hätten zu solchen Praktiken keine Gelegenheit, man schicke sie gleich durch den Schornstein, sie zu verfolgen hätte für die Deutschen überhaupt keinen Wert. Und was den Schornstein angehe, sagte der Lagerhase zu Viki, könne sich davor nur retten, wer wie Viki von seiner Mutter unterstützt werde, sich gegenseitig beistehe oder außerordentliches Glück habe.

Eine Weile schwiegen wir. Wir mussten das, was der Fußballspieler erfahren hatte, erst einmal irgendwie verdauen. Dann meldete sich Stefan zu Wort: »Wie es aussieht, kann das die Wahrheit sein. Es genügt, sich die Gauner in unserem Block anzusehen, die um den Blockwart herumschwänzeln, wie der Blockwart umgekehrt um sie.« Er sagte das wie zum Scherz, aber wir lachten darüber nicht.

Nach einer Weile kehrte der Fußballspieler zur geschäftlichen Schuhtransaktion zurück. Viki entschuldigte sich, bei der Sache mit der Homosexualität nicht in die Einzelheiten gegangen zu sein, müsse aber erklären, wie er zu seinem Kunden gekommen sei. Er habe nämlich von jemandem mit einem Fräulein-Jungen erfahren und sich gedacht, dem könne dies Schuhgeschenk für sein Fräulein gelegen kommen. Der Betreffende habe auch genügend Brot als Zahlungsmittel, sei nicht aus unserem Block und habe obendrein Grund, über die ganze Sache zu schweigen. Gerade einen solchen Kunden brauchte Viki, und so war er zu ihm gegangen. Der Rest verlief nach Plan. Er wollte für die Schuhe anderthalb Kastenbrote, aber sein Geschäftspartner wollte ihm nur eins geben. Schließlich einigten sie sich auf ein und ein Viertel Brot. Zu Viki sagte er noch, er möge sich wieder bei ihm einfinden, wenn er irgendwelche verlockenden Waren habe. Dieser Bursche war vom Lager vielleicht schon völlig durcheinander und gebärdete sich, als ob er seinen Rotzbengel so liebte wie ein Junge eine Frau. »Also hat mein Lagerhase recht, es ist nur eine Frage der Zeit, bis es mit diesen beiden bös endet«, schloss Viki seinen Bericht.

Während der Fußballspieler das erzählte, fielen mir zwei Dinge ein. Einerseits bestand Nachfrage nach Schuhen, andererseits ließen am ehesten noch diese sich irgendwo auftreiben, wie das Beispiel des Unglücklichen zeigte, der sie im Latrinenblock weggeworfen hatte. Sollte man nicht durchs Lager gehen und versuchen, welche zu finden? Sicher lag irgendwo eine Menge davon herum, die ermordeten Häftlingen gehört hatten. Vielleicht könnte man dann welche organisieren?

Das Wort »organisieren« hatte im Lager neben der üblichen Bedeutung noch einen weiteren Sinn. Im *Auschwitzdeutsch* bedeutete »organisieren« nämlich, sich irgendetwas Brauchbares vom »Fiskus« zu besorgen. Der Fiskus oder die Obrigkeit – das war letzten Endes die SS als Organ des tausendjährigen Großdeutschen Reiches, das uns aus der Welt schaffen wollte, es handelte sich also um unsere Gegner, um Feinde der gewöhnlichen, nichtprivilegierten Häftlinge. Alles, was sich vom Fiskus beschaffen ließ, war unbedingt berechtigt. Es war dieses »Organisieren«, das für uns lebensrettend sein konnte. Der Fiskus wollte uns doch alle beseitigen, und der größtc Teil dessen, was sich organisieren ließ, stammte ohnehin von jenen total Ausgeraubten, die die SS bereits liquidiert hatte. Unter den gegebenen Bedingungen war »Organisieren« kein Diebstahl. Diebstahl war, wenn sich Häftlinge gegenseitig bestahlen. Nahm ein Häftling seinem Gefährten das Brot weg, dann war das nicht nur Diebstahl, sondern ärger als das, weil ein solcher Dieb den bestohlenen Mithäftling in Lebensgefahr brachte und sich mit seiner Tat obendrein auf die Seite der deutschen Obrigkeit schlug. Diese raubte den Häftlingen nach und nach alles und nahm ihnen am Ende auch ihr Leben.

Der nächste Tag war ein Sonntag, ein Tag, an dem die Lagerdisziplin oder richtiger die Belästigung durch die Obrigkeit etwas nachließ. Außerdem hatten am Sonntag die Arbeitskommandos frei, so dass sich im Lager überall mehr Menschen bewegten, zwischen denen man sich notfalls verbergen konnte. Gleich frühmorgens gingen wir zu dritt durch das ganze Lager, und tatsächlich entdeckten wir auf einem Gelände zwischen den Blöcken eine Menge Schuhe. Es sah so aus, als lägen sie dort zum Sortieren bereit. In den Gebäuden des Kommandos Kanada, wo alle Dinge sortiert wurden, die die Häftlinge zu sammeln und zur Versendung ins Reich vorzubereiten hatten, war für die Masse an Schuhen, die dic Menschen aus den in rascher Folge eintreffenden Transporten an den Füßen und im Gepäck hatten, der Platz wohl schon zu knapp. Das Gelände war nicht eingezäunt, sondern nur provisorisch durch Barrieren mit der Aufschrift *Eintritt verboten!* markiert. An diesem Sonntag wachte dort niemand, oder wir sahen zumindest keinen, weil um diese Zeit die Essenskübel aus der Küche zu den Blöcken getragen wurden. Von hinten schaute keiner her, und so gingen Stefan und ich von der Lagerstraße neben einem der Blöcke in Richtung Zaun, als wollten wir den Weg abkürzen, bogen dann blitzschnell ab, jeder von uns schnappte sich ein Paar aneinandergebundene Herrenschuhe, steckte sie unter die Häftlingskluft, und weg waren wir. Der Fußballspieler stellte sich dann vor den Platz an der Lagerstraße und passte auf, ob sich ein SS-Mann oder ein Kapo näherte.

Auf der Rückseite der Blöcke, am Stacheldrahtzaun entlang, gingen wir rüber zur verabredeten Stelle auf dem Hof unseres Blocks. Der Fußballer war schneller als wir und wartete dort schon auf uns. Ich steckte mein Paar Stefan zu und stellte mich mit dem Fußballspieler in die Schlange, um wieder unser Spiel »Schauspieler« und »stiller Partner« aufzuführen. Heute machte ich den Schauspieler. Am Bottich hielten sich gewöhnlich zwei oder drei Schöpfer auf, abhängig auch davon, aus wie vielen Gefäßen Suppe verteilt wurde. Vorsichtshalber hatten wir die Rollen getauscht und waren zu unterschiedlichen Schöpfern gewechselt. Wir hatten das Spiel hier etwa dreimal in der Woche gespielt, und bisher war es aufgegangen, doch ich hatte allmählich das Gefühl, dass wir damit aufhören oder zumindest eine Pause machen sollten. Ein derart primitiver Trick kann schließlich nicht ewig gelingen.

Das Spiel glückte uns auch diesmal, wir eilten zu unserem Platz, um zu essen. Stefan saß dort ganz gekrümmt, denn er verwahrte die zwei organisierter Schuhpaare auf der Brust. Der Fußballer und ich nahmen sie ihm unauffällig ab, und Stefan ging zum Mittagessen, während ich mit Viki auf seine Rückkehr wartete. Wir hatten uns alle dieselbe Schüssel genommen, eine braune emaillierte Halbkugel. Über die Aufteilung mussten wir uns nicht abstimmen, alles machten wir automatisch gerecht. Zuerst bestimmten wir den Pegel einer Suppenportion in Stefans und Vikis Schüssel. Ich maß mit einem trockenen Grashalm den Suppenstand vom oberen Schüsselrand aus und knickte dann den Halm an der Stelle, bis zu der die Suppe reichte. Erst als Stefan und Viki ihre Portion aufgegessen hatten, begann ich aus meiner Schüssel mit den zwei Portionen zu essen. Dabei rührte ich das Essen ständig um, damit ich weder zu viel vom Dicken am Boden noch zu viel von der wässrigen Brühe oben bekam. Hatte ich eine Portion bis zur vorher mit dem Halm abgemessenen Höhe gegessen, goss ich die restliche Portion so in alle drei Schüsseln, dass in jeder ein Drittel war. Dabei sagte keiner etwas, und ich fragte nur mit den Augen, ob alles in Ordnung sei. Stefan und der Fußballspieler nickten und bestätigten so, dass die Suppe richtig verteilt war. Jeder aß dann seine zusätzliche Drittelportion. Das Ganze lief ab wie ein altertümliches biblisches Ritual, bei dem wir so etwas wie eine Bruderschaft darstellten, die sich die Speise in gleiche Portionen teilt und in der sich jedes Mitglied nach seinen Fähigkeiten bemüht, zur gemeinsamen Kasse so viel beizutragen, wie er vermag.

Als wir aufgegessen hatten, setzte auf dem Hof ein Gewimmel ein. Gesucht wurden Freiwillige zum Herbeischaffen von Grassoden, die der Blockälteste von Herrn Kiss für seinen Rasen benötigte. Dazu meldeten sich ungefähr zweihundert Jungen. Es war das erste Mal, dass für irgendeine Arbeit Freiwillige gesucht wurden. Gewöhnlich wurde die erforderliche Anzahl von Jungen auf dem Hof zur Arbeit gezwungen. Ich überlegte mir, ob die zweihundert Jungen für das von Herrn Kiss initiierte Unternehmen nicht zu viele wären. Aber ich meldete mich auch und war neugierig, mich verlockte die Möglichkeit, zum ersten Mal nach langer Zeit das Lager B II e verlassen zu können. Stefan schloss sich an, weil er unseren Mitschüler Tibor treffen wollte. Viki hatte kein Interesse, und schließlich musste jemand bei den organisierten Schuhen bleiben.

Es waren ungefähr einhundert Freiwillige, den Rest hatten wie üblich die Kapos und ihre Gehilfen rekrutiert. Wir stellten uns in Fünferreihen auf und marschierten in Richtung Tor. Aber weder Tibor noch sein Vater gingen mit uns. Am Tor erwartete uns eine Begleitmannschaft aus fünfzehn bis zwanzig Kapos und zwei SS-Männern. Der Weg dauerte nur rund fünf Minuten, gegenüber vom Eingang zum Lager B II b überquerten wir die Straße zu einem grasigen Bauplatz, der aus irgendwelchen Gründen »Mexiko« genannt wurde.* Die Häftlinge bauten da neue Blöcke, die SS wollte Birkenau wesentlich erweitern, um mehr Menschen einsperren zu können, aber am Sonntag wurde dort nicht gearbeitet.

Die SS-Männer verschwanden irgendwohin, und einer der Kapos nahm uns unter sein Kommando. Er steckte einen relativ großen Raum ab, in dem wir uns bewegen durften, und forderte uns auf, uns etwas auszuruhen und ins Gras zu legen; bestimmt seien wir schon lange nicht mehr in der Natur gewesen. Zeit sei genug, die Grassoden auf der Wiese seien schon ausgestochen, wir müssten sie nur noch aufheben und wegtragen. Dort etwa zwei Stunden bleiben zu können, damit hatte niemand gerechnet. Diese erstaunliche Sorge um unser Wohl war mir sehr verdächtig, ich streckte mich zwar wie alle Übrigen mit Behagen im Gras aus, verfolgte aber zugleich unauffällig, was eigentlich vor sich ging. Ich stellte fest, auf dem abgegrenzten Gelände befanden sich drei Holzbuden, in denen das Baukommando wahrscheinlich die Geräte aufbewahrte. Sehr überraschte mich, dass sich rings um diese Buden auch einige weibliche Häftlinge bewegten. Manchmal ging eine von ihnen in Begleitung eines Kapos in eine Bude, und nach einiger Zeit kamen sie zusammen wieder heraus. Und das ging so weiter.

Augenblicklich begriff ich, dass die ganze Aktion mit dem Transport der Grassoden dazu diente, den Ausflug der uns begleitenden Kapos zu Prostituierten zu tarnen. Die beiden SS-Männer, die uns bewachten, waren von den Kapos wahrscheinlich entschädigt worden. Herr Kiss und Tibor waren wohl deshalb nicht mitgekommen. Ihn sollte niemand beschuldigen, das Bauprojekt sei mit etwas Derartigem verbunden. Andernfalls würde ihn der Blockälteste, dem er den Block verschönerte, vielleicht hinauswerfen.

Ich beobachtete weiter. Eine der Frauen, die ich dort erblickte, kam mir bekannt vor, aber von fern war ich mir nicht sicher, wer sie war. Ich stand auf und ging etwas hin und her. Zwischendurch setzte ich mich wieder ins Gras und schaute anderswohin, bis ich mich dieser Frau nach und nach auf ungefähr zehn Meter genähert hatte. Ich legte mich auf den Bauch mit dem Kopf in Richtung Bude, bei der sich etwas bewegte, also schaute ich in die Tür. Als sie aufging, stand Olga Kohn darin. Sie war in gut erhaltener, sogar gebügelter Häftlingskleidung. Die geschorenen Haare waren ihr schon zu einem Igel gewachsen. Im Liegen rief ich: »Olga!« Erst beim dritten Mal drehte sie sich um und sagte, noch bevor sie mich sehen konnte, sie werde jetzt Olly genannt. Ich setzte mich auf und sagte meinen Namen.

»Hab keine Angst, komm näher!« Das tat ich. Sie erkannte mich: »Du bist Tom, der Junge vom Hof des Cafés Munk in Parkan.«

Dann näherte sich ein Kapo von der Bewachung und sagte ungarisch: »Wird hier gearbeitet oder rumgequatscht?« Olly erwiderte: »Mein Vetter aus Parkan. Verpiss dich und denk dran, dass ich dich ernähre und nicht umgekehrt! Lass uns fünf Minuten, ich hole das dann bei der Arbeit auf.« Sie wandte sich dann zu mir und fragte, ob ich nicht bemerkt hätte, dass das ihr Zuhälter sei. Sie setze hier nur fort, was sie zu Hause getan habe, nur hier nicht für Geld, sondern für Brot. »Ich will überleben«, sagte sie. »Ich schaffe an um mein Leben! Aber ich bin eine Professionelle, nicht wie diese sechzehn- oder siebzehnjährigen Mädchen, die uns hier Konkurrenz machen. Auch die schaffen um ihr Leben an, ich kann ihnen nicht böse sein. Wir verstehen uns aber besser darauf als diese Halbwüchsigen, also fehlt es uns nicht an Arbeit. Offiziell werde ich als *Läuferin* geführt, ich kann mich etwas zwischen den Lagern bewegen und verdienen.«

Weiter fragte sie mich, ob ich nicht Hunger hätte, sie werde mir Brot geben. Sie ging zur Bude und brachte eine Hälfte Brot. »Du musst dich bemühen, um jeden Preis zu überleben!«, befahl sie mir beinah. »Hast du noch jemanden?« Ich sagte, wir seien drei Burschen. Sie entschuldigte sich, jetzt habe sie nicht mehr Brot. Aber gleich brachte sie eine weitere Hälfte. Die steckte ich unter die Bluse zu dem Brot, das sie mir schon gegeben hatte.

Olga wollte noch ein wenig plaudern. Sie sagte, wenn das hier ende, wolle sie noch einmal nach Parkan gehen, aber nur, um die wenigen Schmuckstücke und vor allem die Familienfotografien zu holen, die sie dort vergraben habe. Sie versprach, dass sie mich dann unbedingt treffen werde, ich solle mich daran erinnern, dass sie mir das versprochen habe. Als sie das sagte, lachte sie mich an. Ihr Versprechen nahm ich nicht ernst. Aber gleich fiel mir ein, warum sie das sagte: Ich sollte mich, bevor mich irgendein Hutzelopa im Krematorium auf die Schippe lüde, daran erinnern, dass ich nach der Heimkehr zu einem Rendezvous mit einer Frau verabredet war! »Wieder so ein Fall«, murmelte ich vor mich hin, »wir treffen uns nach dem Krieg um drei Uhr nachmittags auf dem Hof vom Café Munk in Parkan.« Aber es war lieb von ihr.

Dann sagte mir Olga: »In Parkan habe ich nur geschuftet und tu's auch jetzt noch. Ich habe einen entfernten Onkel in Amerika, zu dem will ich fahren. Ich weiß, das wird nicht leicht gehen, ich werde für diese Reise anschaffen müssen wie für alles andere im Leben. Aber dort kennt mich wenigstens niemand. Dort will ich heiraten und Kinder haben. Ich hoffe, dass wenigstens du ein besseres Leben haben kannst.« Zum Schluss entschuldigte sie sich, so schwatzhaft gewesen zu sein, aber ihre Erklärungen waren bündig und klar. Sie musste nun gehen und ermunterte mich, sie am nächsten Sonntag bestimmt wieder zu besuchen, wenn diese Aktion mit den Grassoden wiederholt werde. Ich versprach, zu kommen, Olga winkte mir zu und verschwand in der Tür der Bude.

Danach kehrte ich zu Stefan zurück. Er hatte im Gras gedöst, aber als ich mich zu ihm setzte, wurde er sofort munter. Ich sagte ihm, wen ich getroffen und dass ich ein ganzes Brot bei mir hätte. Die Hälften schnitten wir gleich mit der geschärften Löffelkante in vier Viertel und steckten sie unters Hemd, auf jede Seite eins, damit wir nicht so auffielen, wenn wir durch das Tor gingen.

Nach einer Weile wurde uns befohlen, dass jeder eine Grassode aufnehmen solle, und wir kehrten zum Lager zurück. Am Tor wurden wir durchgezählt, aber niemand bemerkte etwas. Unterwegs dachte ich über Olga Kohn nach. Ich verurteilte sie nicht, warum sollte sie hier nicht das tun, was sie zu Hause tat? Etwas fiel mir noch ein: Wenn sich doch jeder hier von dem ernähren könnte, wovon er auch zu Hause gelebt hatte! Konnte es überhaupt jemanden geben, der sich in diesem höllischen Lager hier verbessert hätte? Das alles war absurd, aber wahrhaftig. Hier war alles verkehrt.

Den Fußballer fanden wir an unserem Platz. Während wir weg waren, hatte er die beiden Paar Schuhe gründlich begutachtet und die besseren zum Verkauf ausgewählt. Sie sahen wirklich luxuriös aus, und er hatte vor, sie demselben Blockältesten anzubieten. Er würde ihn davon überzeugen, dass er für sein Fräulein zweierlei schöne Schuhe haben müsse. Ich zeigte Viki das Brot, das wir vom Ausflug mitgebracht hatten. Wir freuten uns, dass wir uns ausnahmsweise satt essen würden, aber Viki bereitete sich schon wieder auf seine Tour vor mit den Worten: »Ich werde mindestens anderthalb Brote und drei nichtgestohlene Portionen Margarine verlangen!« Und damit begab er sich auf die Jagd. Vom übrigen Paar Schuhe banden wir die Schnürsenkel los und verschnürten mit ihnen jeden Schuh einzeln zu einem flachen Päckchen, damit sie uns das Hemd nicht zu sehr aufbauschten.

Nach der Rückkehr vom Handel machte Viki nicht viele Worte. Er sagte nur, er hätte den Blockältesten überzeugt und wir hätten wirklich anderthalb Brote und drei Portionen Margarine bekommen. Da wir das nirgends aufbewahren könnten, müssten wir es noch heute aufessen. Der Blockälteste, mit dem sich geschäftlich reden lasse, habe noch einen Stellvertreter, der auch zu ähnlichen Bedingungen Schuhe wolle. Viki werde versuchen, ihm das zweite Paar zu bringen. Es sei besser, wenn uns nachts das Brot im Bauch drücke und nicht die Schuhe auf dem Rücken.

Abends gingen wir gemeinsam zum Essen und wollten ein halbes Brot für zwei und noch ein Viertel für den dritten. Wir wussten, den Austeilern gelang es am besten, die Portionen für Einzelne zu kürzen. Deshalb wollten wir die Rationen für uns drei im Ganzen, mit dem Wurstersatz, der zu den Broten ausgegeben wurde. Aufmerksam beobachtete ich, dass uns der Austeiler weitaus mehr respektierte, wenn wir ihm zu dritt gegenübertraten, als wenn jeder allein kam. Während er sich gegenüber einem Einzelnen als ein Riese und als verlängerter Arm der Obrigkeit fühlte, verlor er gegenüber dreien seine Sicherheit. Vielleicht fürchtete er, dass wir zu dritt imstande sein könnten, diesen verlängerten Arm zu brechen.

Wir setzten uns rings um einen größeren Stein, und ich versuchte, mit meinem noch nicht fertig geschliffenen Löffel alle

Nahrungsmittel einschließlich der für die Schuhe erworbenen Margarine in drei vollkommen gleiche Teile zu schneiden. Bei diesem Abendbrot einigten wir uns auf zwei Grundsätze. Der erste war, dass immer einer von uns die Nahrungsmittel aufteilen würde; die anderen würden sich vor ihm ihre Portionen aussuchen. Der aufgeteilt hatte, nahm sich dann die Portion, die übrig blieb. Der zweite Grundsatz war, dass wir uns bei der Aufteilung regelmäßig abwechselten. Unser gemeinsames Abendmahl glich, wie ich schon gesagt habe, einer Art Ritual. Dabei ging es um die gerechte Verteilung der erworbenen Nahrung, die in Birkenau die fundamentale Bedingung für das Überleben inmitten einer ungerechten Welt darstellte. Wir drei halbwüchsigen Burschen hatten das Prinzip überwunden, nach dem jeder gegen alle um das eigene Überleben kämpft. Das war in dieser Welt des Lagers allgemein akzeptierter Grundsatz, von dem mich als Erster der ungarische jüdische Kapo im Aufnahmeblock überzeugt hatte. Und jetzt bewiesen wir, dass er sich in etwas anderes umwandeln ließ! Für uns galt nun, durch gemeinsame Anstrengung zum Überleben der ganzen Gruppe beizutragen. Das hatte sehr wohl seine Bedeutung.

Nicht nur wir allein begannen uns so zu verhalten. Wie es schien, schloss sich diese Masse vereinsamter Jungen, die aufeinander nur minimale Rücksicht nahmen und sich bisweilen, besonders bei äußerer Gefahr, in eine kopflose Herde verwandelten, nach und nach zu kleinen Gruppen einander unterstützender Individuen zusammen. In verschiedenen Formen zeigten sich solche kleinen Kollektive, wie Stefan, der Fußballspieler und ich eines bildeten, denen es ums Überleben ihrer Mitglieder und um die Selbstverteidigung als Gruppe ging.

Wenn wir uns schlafen legten und dabei die gewohnte Reihe von Leibern bildeten, dann versuchten wir zwischen solche Jungen zu kommen, die wir zumindest schon vom

Sehen kannten. Jede Nacht war ein größeres oder kleineres Martyrium. Fast jede Nacht reagierte irgendeiner der Jungen auf den schrecklich beschränkten Raum, den er zum Schlafen hatte, mit Aggressionen gegen seine Nachbarn. Manchmal war der Angreifer gar nicht richtig wach, wie es auch in dieser Nacht geschah, als ein wesentlich stärkerer Junge für nichts und wieder nichts den mageren Stefan mit der Faust traktieren wollte. Noch ehe der Angreifer richtig aufgewacht war, fasste ich ihn an den Füßen, Stefan drückte ihn zu Boden, und der Fußballspieler zeigte ihm die Faust für den Fall, dass er es sich nicht anders überlegen wollte. Der Angreifer war überrascht, er sagte nur: »Entschuldigt ...« – und schlief wieder ein. Bei diesem nächtlichen Vorfall wurde mir bewusst, dass auch bei der Selbstverteidigung die Dreiergruppe vorteilhafter war als drei isolierte Einzelne. Als ich in der Nacht aufwachte, erinnerte ich mich, wie mir Mutter etwas in dem Sinne vorgelesen hatte: »Zwei sind besser als einer allein«, oder: »Eine dreifältige Schnur reißt nicht leicht entzwei«. Mit dem Fußballspieler waren wir zu zweit, und mit Stefan jetzt schon drei. Nur das konnte uns helfen!

Ungefähr zwei Tage danach beschlossen wir, am nächsten Morgen alle drei zusammen Herrn Silbermann besuchen zu gehen. Ich wollte ihm die Jungs vorstellen, wir mussten ihn auch nach etwas Wichtigem fragen. Wir hatten das Gefühl, uns fehle ein Verwandter aus der älteren Generation, und so brauchten wir in Reichweite vor allem einen erfahrenen, intelligenten und vertrauenswürdigen Erwachsenen, der uns manchmal beraten könnte. Als solcher erschien mir Herr Silbermann, ungeachtet der ekligen Tätigkeit, die er ausführen musste.

Heute erlebten wir ihn bei einem Wutausausbruch. Wir waren zur unpassendsten Zeit gekommen, morgens, als die Latrine überfüllt war und vor jeder Öffnung mehrere

Ungeduldige in einer Schlange warteten. Einige Unglückswürmer beschmutzten ausgerechnet die betonierten Sitzflächen, auf deren Sauberkeit Herr Silbermann bestand, und der mit ihrer Reinigung betraute Angehörige seines Kommandos war beim Abwischen und Desinfizieren mit Chlorkalk nicht gründlich genug, der Gestank war allgegenwärtig. Einige der Wartenden hielten es nicht mehr aus und machten sich in die Hosen. Andere zogen sich nur die Hosen runter und verrichteten ihr Geschäft auf dem Boden. Offensichtlich reichte die Kapazität der Latrinen für die Ausscheidungen einer so riesigen Menge von Menschen, wie sie im Lager lebte, nicht aus. Herr Silbermann verlor die Nerven und schrie die Hunderte von Menschen an, die teils mit heruntergelassenen Hosen dastanden, er werde ihnen mit dem Blindenstock, den er immer in der Hand hielt, auf die Genitalien (er gebrauchte einen unanständigen Ausdruck) schlagen, weil sie Schweine seien. Wir standen eine Weile unweit von ihm, aber er bemerkte uns nicht. Stefan flüsterte mir ins Ohr, ob dieser Mensch nicht irgendwie sonderbar sei, weil er ihn schon einmal dabei ertappt habe, wie er solche Drohungen ausstieß. Aber das traf nicht zu, Herr Silbermann war ganz normal. Wie wir ihn hier schimpfend und drohend erlebten, war ihm eigentlich ganz fremd, er hatte diese Ausdrücke wer weiß wo aufgeschnappt. In Wirklichkeit würde er nie jemanden schlagen, aber vielleicht waren die Genitalien die einzige Stelle an den entblößten Körperteilen der abgemagerten und wankenden Männer, wo er sein Stöckchen nicht mit Fäkalien beschmutzen würde, wenn er sie damit berührte.

Das alles war ekelhaft. Die Menschen, denen diese Missgeschicke passierten, waren völlig am Boden. Es waren doch größtenteils erwachsene Männer, bis vor kurzem noch Familienväter und geachtete Bürger, und jetzt wurden sie erniedrigt und der menschlichen Würde beraubt, obwohl sie nichts Schlechtes getan hatten. Die unmenschlichen Bedingungen hatten aus ihnen Tiere gemacht, und sie näherten sich jetzt schon einem Punkt, an dem die Urheber ihrer Leiden ihr Ziel beinahe erreicht hatten. Die abgemagerten, taumelnden und beschmutzten Männer mit den heruntergelassenen Hosen sahen grotesk aus, aber überhaupt nicht komisch. Eher hatte ich das Gefühl, ich schliefe und diese Szene spiele sich in einem schlimmen Traum ab. Herr Silbermann verstand ihr Leiden und fühlte mit ihnen. Gern hätte er etwas Positives und Menschliches getan, aber in diesem Durcheinander, dieser Hast, diesem Schrecken und abscheulichen Gestank beherrschte er die Situation nicht mehr und wusste nicht weiter.

Dann bemerkte er uns drei schließlich doch noch. Zuerst schimpfte er uns beinahe aus, weil wir zur unrechten Zeit gekommen seien.

»Ihr seht doch, was sich hier abspielt«, beklagte er sich. »Das ist doch eine Szene aus Dantes Hölle!« Als er sah, dass wir weggehen wollten, rief er seine Leute, die versuchen sollten, die Situation allein zu meistern, und bedeutete uns, noch zu bleiben. »Diese Menschen können nichts für das, was ihnen passiert ist, seht also zu, dass ihr euch zu ihnen entsprechend verhaltet«, wies er die Gehilfen an. »Ich habe jetzt eine wichtige Besprechung.« Und ging mit uns weg.

Er führte uns in sein Dienstkämmerchen. Darin hatte er es peinlich sauber. Vor der Tür lag eine Matte, bedeckt von einem mit Chlorkalklösung getränkten Lappen. Darauf mussten wir uns die Sohlen säubern. Drinnen, gleich an der Tür, stand auf einem Stuhl eine Schüssel mit violetter Permanganatlösung, in die wir unsere Hände tauchen mussten.

Nachdem ich die Jungs vorgestellt hatte, fragte Herr Silbermann, ob wir wüssten, wer dieser Dante war, auf den er sich berufen habe. Stefan antwortete gewandt, das sei ein italienischer Schriftsteller. Herr Silbermann gab ihm recht.

Er sprach über Dante, damit wir begriffen, hier sei zwar das Inferno, wir jedoch dürften trotzdem nichts von dem vergessen, was wir vorher gelernt hätten. Auch hier müßten wir möglichst lernen, was sich ergebe. Eines Tages werde auch diese Hölle hier ein Ende haben, das werde nicht mehr lange dauern. Manche von uns würden das erleben, manche würden zugrunde gehen. Keiner wüsste aber, wer. Deshalb müssten wir uns alle an den Gedanken halten, dass wir überleben würden, und Menschen bleiben.

Mich kannte Herr Silbermann schon etwas, so fragte er Stefan und den Fußballspieler, wie sie hießen und was sie gemacht hätten, bevor man sie hierher nach Birkenau gebracht hatte. Zuerst ging er auf die Frage ein, wegen der wir vor allem gekommen waren. Sie betraf das Massenduschen, von dem in unserem Block gesprochen wurde.

Ich beschrieb Herrn Silbermann die Situation: »Nach den umlaufenden Gerüchten sind Baden und Desinfizieren der Kleidung eigentlich Schwindel. Wir haben erfahren, dass man uns bald in die Sauna führen wird, so nennt man das. Was meinen Sie, Herr Silbermann, will man uns nicht statt zu richtigen Duschen in die Gaskammern bringen? Sollen wir versuchen, dem Saunabesuch zu entgehen? Das hätte natürlich nur Sinn, wenn die Reise ins Krematorium geht, sonst wäre das ein unsinniges Risiko. Herr Silbermann, sagen Sie uns bitte, wie Sie darüber denken.« »Bei denen können wir niemals irgendeiner Sache sicher sein«, sagte Herr Silbermann. »Sie sind fähig, von Zeit zu Zeit mit einem Trick auch die Männer vom Sonderkommando zu hintergehen, die gezwungen werden, die Gaskammern und die Öfen des Krematoriums zu beschicken. Nach einiger Zeit werden sie von der SS ermordet, und an ihre Stelle tritt eine neue Gruppe, deren erste Aufgabe darin besteht, die Leichen ihrer Vorgänger zu verbrennen. Das haben sie schon manchmal getan, um den Massenmord geheim zu halten, der hier vonstatten geht. Ihr habt aber nichts Derartiges gesehen und seid keine Augenzeugen. Zeugenaussagen von euch vor einem Gericht wären also nicht genügend beweiskräftig. Das schützt euch etwas. Deshalb denke ich, dass es sich in eurem Fall um ein wirkliches Bad handeln wird. Wir müssen in Betracht ziehen, dass sie ihre eigene Arbeitsweise haben. Wenn sie euch liquidieren wollten, würden sie vorher eine Selektion durchführen, um die Arbeitsfähigen am Leben zu lassen. Sie haben großen Arbeitskräftemangel. Daran ändert nicht einmal der Umstand etwas, dass sie ein paar Tage später auch wirklich Arbeitsfähige aussondern und ins Gas schicken könnten. Birkenau ist neben allem anderen auch ein Irrenhaus, in dem sich verrückte Dinge abspielen, die werden von keiner Logik gelenkt. Aber in letzter Zeit fürchten die Deutschen ernsthaft eine Epidemie, und die könnte nicht wie die Häftlinge hinter Stacheldraht eingegrenzt werden. Das Lager ist überfüllt, es gibt gewaltige hygienische Probleme, die Häftlinge haben nur eine miserable oder gar keine Widerstandskraft mehr. Ständig durchläuft eine phantastische Menge von Menschen aus immer neuen Transporten das Lager. Es genügt schon, wenn ein einziger Mensch eine Infektionskrankheit einschleppt, keiner kann dann mehr eine Seuche abwenden! Wenn von Gott weiß woher Flecktyphus auftaucht, könnten ihn die Infizierten hier verbreiten. Mit dieser Furcht vor einer Epidemie hängt zusammen, dass sie uns befohlen haben, die Latrinen zu säubern und zu desinfizieren, und dass sie uns besser mit Chlorkalk versorgen. Die Deutschen haben dieses obligatorische Duschen und Desinfizieren, das hauptsächlich der Entlausung der Häftlinge dient, eigentlich angeordnet, weil sie Angst um sich selbst haben – um die Funktionsfähigkeit der deutschen Industrie, die sich überall ringsum befindet, und um die eigenen Truppen. Eine Epidemie würde große Probleme auslösen. Soweit ich gehört habe, werden auch die anderen Blöcke nacheinander die Sauna aufsuchen. Der Obrigkeit geht es selbstverständlich nicht um die Häftlinge, es geht ihr ums Wohl der Deutschen. Deshalb würde ich in diesem Ausnahmefall das Bad nicht fürchten. Ihr könnt das auch den anderen erzählen.«

Wir bedankten uns für den Rat und versprachen, es den Jungs auszurichten und sie möglichst zu beruhigen. Zum Abschied sagte uns Herr Silbermann, dass wir uns bald wieder bei ihm einfinden sollten. Auf dem Hof ging jeder von uns in eine andere Richtung und berichtete den Jungs, was wir vom Scheißmeister gehört hatten. Jeden forderten wir auf, die Nachricht weiterzugeben. Das Gleiche taten wir auch noch am folgenden Tag.

Weil es draußen regnete, wurden wir in den Block gejagt. Wir nutzten das und versuchten in einem abgelegenen Barackenwinkel einen Plan von Stefan zu verwirklichen. Der hatte festgestellt, dass man innerhalb des Blocks ein Stück von einem Brett hochheben konnte, unter dem ein Hohlraum von ungefähr 15 x 15 x 30 cm war. Die Baracken stammten aus der Zeit des Ersten Weltkriegs, wo sie als Pferdeställe gedient hatten, also hatten sie schon einiges hinter sich, das Holz konnte an manchen Stellen morsch sein. Es war auch möglich, dass jemand von den früheren Häftlingen, die schon lange durch den Schornstein gegangen waren, sich dieses Loch als Versteck gegraben hatte. Kurzum, dieses Loch könnte sich als Versteck für unsere organisierten Schuhe eignen. Stefan säuberte die Höhlung mit dem Löffel, Viki und ich bildeten eine Wand, damit niemand sehen konnte, was dort im Gange war. Am Ende passten die Schuhe gut hinein.

Von nun an wollten wir in einer Reihe in Versteckähe schlafen, damit sich die anderen Jungs daran gewöhnten, dass das unser Territorium war. Daran wäre nichts Auffälliges, auch andere Grüppchen, die sich hier allmählich bildeten, machten das so. Ein Vorteil war, dass wir nicht alle auf einmal schlafen gehen mussten. Wenn jemand einige Minuten später kam, hielten ihm die übrigen Jungs der Gruppe den Platz frei.

Zwei Tage darauf befahl der Blockälteste gleich frühmorgens, zum Abmarsch in die Sauna anzutreten, und schickte seine Gehilfen, den ganzen Block in Fünferreihen aufzustellen. Der Befehl betraf die Bewegungsunfähigen und Kranken nicht. Diese warteten nur mehr auf ihren Abtransport zur *Sonderbehandlung*, wie er an jedem Morgen erfolgte.

Obwohl die Jungen die Information gehört hatten, dass es wirklich zum Baden und zur Desinfektion gehen werde, verfielen viele von ihnen in Panik. Sie hatten allen Grund, keiner Nachricht, auch wenn sie gut war, zu glauben. Schließlich wussten sie, dass die Mehrzahl der Menschen aus den ständig eintreffenden Transporten unter falschen Vorwänden in die Gaskammern geführt wurde! Wir drei gingen ohne Widerstreben zum Antreten. Aber die meisten der Burschen liefen wie eine aufgeschreckte Herde über den ganzen Hof auseinander, die Gehilfen des Blockwarts konnte sie nur mit viel Geschrei und Schlägen in Fünferreihen ordnen. Damals sah ich, dass in Situationen, die wir als lebensgefährlich wahrnehmen, oft auch die kleinen, auf gegenseitiger Unterstützung beruhenden Gruppen zerfallen und die Einzelnen versuchen, sich vor einer wirklichen oder vermeintlichen Gefahr individuell zu retten.

So marschierten wir stumm und angespannt los, ob wir nicht doch in Richtung eines der vier Krematorien abbiegen würden. Die Anspannung fiel erst von uns ab, als klar war, dass wir wirklich zur Sauna marschierten. Dort stellten wir uns in eine Reihe, um uns in das Waschfließband einzuordnen. Jeder von uns dreien hatte eine Portion Brot in der Tasche, die wir in einen Schuh steckten, möglichst tief, damit es niemand bemerkte. Die Schuhe umwickelten wir noch mit dem Gürtel, damit keiner sah, was drin war, und stellten sie alle an denselben Platz. Unsere schmutzige Kleidung hängten wir an Haken in kleinen Wagen, die von Häftlingen aus dem sogenannten Saunakommando in eine Anlage zur Desinfektion mit Dampf geschoben wurden. Dann duschten wir und wuschen uns nach langer Zeit auch mit Seife, die wir allerdings gleich nach dem Waschen zurückgeben mussten.

Nach der Säuberung scheuchte man uns dahin zurück, wo wir unsere Schuhe abgelegt hatten. Wir drei stellten fest, dass jemand in unserem Haufen herumstöberte. Es war der unfreiwillig berühmte Kraftprotz Schmule Zieg. Er kam aus den Bergen der Karpato-Ukraine und war in der Volksschule als zweifacher Sitzenbleiber aufgefallen. Schmule war fast einen Kopf größer als die übrigen und auch viel stärker, obwohl er noch nicht sechzehn war. Er sagte, er habe vor der Deportation in einem Sägewerk gearbeitet. Fast alle Jungen behaupteten, sie hätten ein Handwerk ausgeübt oder irgendwo körperlich gearbeitet, obwohl sie größtenteils Schüler unterschiedlicher Schulformen gewesen waren. Viele von ihnen, vor allem aus der Karpato-Ukraine und aus den benachbarten Teilen Rumäniens, die von Ungarn besetzt waren,* hatten in einer Jeschiwa gelernt, einer höheren Talmud-Schule. Aber Schmule war unvergleichlich stärker als die Übrigen und sah aus wie ein Bandit. Er hatte eine natürliche Intelligenz, auch wenn er über keinerlei Bildung verfügte. Manchmal nahm er zwar jemandem etwas weg, aber wenn er gute Laune hatte, dann verschenkte er es wieder an schwächere und bedürftigere Jungen. Ganz so schlecht war er also nicht. Auch war er nicht hinterlistig und paktierte niemals mit der Obrigkeit. Er hatte es aber nicht gern, wenn man ihm wegen seiner Kraft schmeichelte oder wenn man ihn fürchtete. Leider begriff er nicht, dass jemand, der an Orten wie Birkenau einem anderen Brot oder Schuhe stahl, sich damit ein Stück weit auf die Seite der Deutschen stellte.

Wir gingen wie in Formation auf ihn zu, und ich sagte ihm:

»Schmule, es steht geschrieben: ›Zwei sind besser als einer allein … Wenn sie einen überwältigen, so können ihnen zwei widerstehen, und erst ein Dreifachfaden zerreißt nicht leicht!‹« Das war kein genaues Zitat, und ich hatte es obendrein ins Jiddische übersetzt, aber im Grunde hatte ich ihm einen Teil eines Bibeltextes wiedergegeben, an den ich mich erinnerte, weil Mutter ihn mir vorgelesen hatte. Schmule verstand vollkommen und entgegnete, er sei zwar stärker, dafür seien wir aber drei. Dann redeten die Jungs auf ihn ein, und ich brachte verschiedene Weisheiten vor, die ich von Großvater oder von Vater hatte, und schließlich beendete ich diese pädagogische Lektion, die wir, die Jüngeren, dem Älteren erteilt hatten, mit den Worten: »Es ist Diebstahl, wenn man Mithäftlingen etwas wegnimmt! Das darf man nicht tun! Vom Fiskus nimm dir, was du willst, du musst nur aufpassen, dass sie dich nicht erwischen. Das ist kein Diebstahl, das nennt man hier ›organisieren‹.« Schmule schaute uns mit großen Augen an und sagte, wir seien wie die Rabbiner von Munkacs,* aber vielleicht hätten wir recht. Das alles müsse er noch durchdenken. Er wollte, dass wir ihm von unserem aufbewahrten Brot zum Zeichen der Freundschaft wenigstens etwas zu beißen gäben, und fragte, ob es uns stören würde, wenn er uns wieder einmal aufsuche. So sagten wir ihm, wo er uns fände.

In den Umkleideraum kam schon eine weitere Häftlingsgruppe, und wir wurden nach draußen in den Regen gejagt. Schon während des Gesprächs mit Schmule hatten wir mit Schuhen und Gürtel in der Hand draußen gestanden, weil die Ledersachen im heißen Dampf leiden könnten. Wir warteten, bis man uns die Häftlingskluft desinfiziert und etwas getrocknet hatte. Hier waren wir wohl um die tausend, darunter auch Leute aus anderen Blöcken. Die allgemeine Nacktheit hatte mich auf den Gedanken gebracht, dass wir uns mit Schmule, auch wenn er uns etwas weggenommen hatte, hier nicht gleich schlagen würden. Ohne Kleidung, vollkommen nackt, waren zivilisierte Menschen wie die Lämmer. Es stimmte, Kleider machen Leute. Umgekehrt verlieren Menschen ohne Kleider ihr Selbstbewusstsein, können sich weder prügeln noch gegen Gewalt wehren. Die Obrigkeit im Lager machte von diesem Trick reichlich Gebrauch, besonders dann, wenn es erforderlich war, große Menschengruppen mit nur wenigen Bewachern in Schach zu halten.

Wir warteten nun bereits über eine Stunde im Regen, uns war schon etwas kalt, wenn auch noch nicht sehr. Diejenigen von uns, die die schlimmen Anfänge in Auschwitz überlebt hatten, waren schon einigermaßen angepasst, auch abgehärtet. Alle diese Nackten ringsum waren abgemagert, aber noch nicht hoffnungslos. Nur der Fußballspieler war ausnahmsweise etwas rundlich und sah eher so aus wie vor der Deportation, als wir gemeinsam Fußball trainierten. Stefan und ich wussten aber insgeheim, dass ihm der Lagerhase auf Veranlassung seiner Mutter zusätzlich zu essen gab.

Es war auch unglaublich, dass wir bisher alle noch einigermaßen gesund waren. Noch lebten wir von den Reserven. Wer aber erkrankte, mit dem ging es meistens schnell bergab. Er kam ins Revier und wurde bald, wie man hier sagte, durch den Schornstein gejagt.

Alles in Birkenau spielte sich unter diesen vier großen, rauchenden Schornsteinen ab. Auch die Sauna war ganz in ihrer Nähe, so dass wir sie jetzt gut sehen konnten. Ihr beißender Rauch und der abstoßende, andauernde Gestank – mal stärker, mal schwächer –, der von den Tausenden verbrannter Leichen herrührte, war ständiger Teil der Lebensbedingungen in Birkenau. Dagegen konnte man nichts machen, also gewöhnten wir uns daran. Tod und Morden wurden zu dauernden Begleitern unseres Lebens.

Im Sommer 1944 wurden wir noch mehrfach durch die Reinigungsstraße geschleust, und immer lief es ebenso ab wie beim ersten Mal. Nach der Dusche mussten wir nackt warten, bis unsere desinfizierte Kleidung etwas getrocknet war, und so hockten wir uns auf den Rasen und unterhielten uns. Manchmal saßen wir im Regen, manchmal war es schön. Als hätte sich dabei die Atmosphäre etwas entspannt, erfrischte uns das Duschen, und wir konnten mit Häftlingen aus anderen Blöcken reden, die auf dem Gelände am Bad zusammengekommen waren. Wir fühlten uns beinahe wie auf einem Ausflug, ungeachtet dessen, dass wir auf dem Weg zur Sauna immer vor Angst zitterten, ob wir nicht zufällig doch zum Krematorium marschieren würden. Aber nach dem Baden fiel die Angst von uns ab, wir wussten nun, dass wir für diesen Tag Ruhe hätten.

Einmal hockten wir nach dem Duschen wie gewöhnlich auf der Erde und warteten auf unsere desinfizierte Oberbekleidung und Wäsche. Die SS-Männer, die uns bewachten, wandten uns den Rücken zu und unterhielten sich. Sie wussten, die Masse der mindestens zweitausend Häftlinge, die sich hier befanden, würde ruhig bleiben und nichts riskieren. Einer der SS-Männer warf einen Apfelgriebsch hinter sich, der fiel ungefähr anderthalb Meter von mir entfernt zu Boden. Von diesem Apfelrest war ich fasziniert! Seit der Abfahrt ins Lager, auch schon seit der Zeit, als uns in Parkan die Obrigkeit auf verschiedene Art schikanierte, hatte ich kein Obst mehr im Mund gehabt. Ich wollte nach diesem Griebsch greifen, die Deutschen merkten nichts, aber einer von ihnen hielt einen Schäferhund am Lederriemen. Der Hund saß uns zugewandt und ließ uns nicht aus den Augen. Bis zu uns konnte er nicht gelangen, dafür war der Riemen zu kurz, aber der weggeworfene Griebsch lag noch in Reichweite. Ich erhob mich ein wenig und blickte dem Hund unverwandt in die Augen. Mit gebeugten Knien näherte ich mich dem Griebsch, streckte die

Hand nach ihm aus, packte ihn schnell und zog mich dann langsam zurück. Dabei schaute ich dem Schäferhund weiter in die Augen und drehte ihm nicht den Rücken zu. Sobald ich auf meinem ursprünglichen Platz angekommen war, wandte sich der Hund gelangweilt ab.

Dem Fußballspieler sagte ich, dank der Erfahrung, die ich mit seinem Schäferhund in Parkan gemacht hätte, wisse ich jetzt, wie man sich verhalten müsse. Viki winkte nur ab, seiner Ansicht nach hatte ich mir den Griebsch redlich verdient, denn der Schäferhund hätte mich durchaus beißen können. Ich hätte Glück, dass der SS-Mann nicht ein Stück Wurst weggeworfen hatte. Danach zu greifen, hätte mir dieses aufs Reißen von Menschen trainierte allerliebste Hündchen nicht erlaubt. Er sei Fleischfresser, warum sollte er mir, dem Pflanzenfresser, zumindest unter den Bedingungen der Auschwitzdiät, nicht einen Apfelgriebsch überlassen? Was hätte er auch mit ihm anfangen sollen, wenn er ihn doch nicht fräße? Aber sollte ich ruhig davon dick werden, dann könne er mir einen Fuß abbeißen, und damit wären wir quitt.

Wir warteten schon ziemlich lange auf unsere Kleidung. Die meisten hockten zusammengekrümmt, um nicht so viel Energie zu verlieren. Einige dagegen bewegten sich etwas, um sich warm zu halten. Aber ein Bursche war hier, etwa in unserem Alter, der sehenswerte gymnastische Übungen ausführte, bei denen ihm ein erwachsener Mann Hilfestellung gab. Der Junge turnte wirklich gut, wie ein Leistungssportler oder Artist. Allerdings merkte Stefan an, er erfreue am meisten die anwesenden Schwulen, denn er turnte nackt. Als der Auftritt beendet war, hatte er sich den Beifall auch der anwesenden Kapos und einiger SS-Männer verdient.

Dieser Junge kam mir bekannt vor, ich ging nach dem Auftritt in seine Nähe und stellte fest, es war Pepi, jener Bursche, der uns nach der Ankunft im Lager erklärt hatte, was in Birkenau vor sich ging, und der uns beigebracht hatte, den Haydnkanon mehrstimmig zu singen. Auch er erkannte mich. Er sagte mir, der Mann, der ihm bei der Akrobatik geholfen habe, sei sein Vater. Mit ihm zusammen sei er hier in B II e, der Vater sei erst nach ihm hierhertransportiert worden. Zuvor hätten sie in Budapest gelebt, aber nach dem Abtransport des Sohnes sei der Vater in eine ungarische Kleinstadt gefahren, wo Juden im Ghetto auf ihre Deportation warteten, und sei mit diesen hierhergelangt. Hier hatte er Pepi in B II b ausfindig gemacht und es gegen ein Entgelt so eingerichtet, dass sein Sohn vom Jungenblock freigestellt wurde und nur noch zum Appell dorthin gehen musste.

Pepis Vater hatte irgendeine Funktion in einem der Erwachsenenblöcke. Er war auf die Idee gekommen, mit seinem Sohn an den Abenden heimliche Vorstellungen für die Funktionäre zu geben, bei denen Pepi Zirkuskunststücke vorführte, die er in einem Gymnastikklub in Budapest gelernt hatte. Diese Auftritte brachten ihnen genügend Brot ein, so dass es ihnen für hiesige Verhältnisse einstweilen leidlich ging. Jetzt aber drohte die Gefahr, dass der Vater auf einen Arbeitstransport gehen und Pepi im Jungenblock bleiben müsste, wo er auch registriert war. Er wolle lieber mit dem Vater fahren, aber das werde wohl nicht wirklich gehen. Schließlich versprach Pepi, er werde mit dem Vater in unseren Block kommen und nach uns sehen, und ich erklärte ihm, wo sie uns fänden.

Inzwischen waren die Metallwägelchen mit unseren Monturen, die man diesmal nicht gewaschen, sondern nur desinfiziert hatte, aus dem Dampf gekommen. So zog ich das noch feuchte Hemd und die gestreifte Kleidung an; das ungewaschene Hemd trug ich bis zum Herbst. Den anderen ging es in dieser Hinsicht ebenso. Dann kehrten wir in gewohnten Fünferreihen zu unserem Block zurück.

Nach dem ersten Duschen war ich froh, dass Herr Silbermann, auf dessen Urteil wir uns verließen, recht gehabt hatte. Damals ging es wirklich nicht um eine Selektion, und auch bei den weiteren Durchgängen nicht. Wie sich aber bald zeigte, war die allgemeine Furcht vor einer Selektion vollkommen berechtigt.

Bald nach dem ersten Bad brachte der Fußballspieler von seinem Lagerhasen zwei Taschenmesser mit. Sie stammten offenbar aus dem Kommando Kanada von ermordeten Häftlingen. Viki behielt ein Messer, das in Frankreich hergestellt worden war, eine aufklappbare Klinge und eine Gabel hatte, das andere gab er mir. So ein Messer hatte ich im ganzen Leben noch nicht gesehen. Der Griff war aus Perlmutt, das herausklappbare Messer hatte eine abgerundete Spitze. Ich dachte, es könnte ein Messer aus einem Reisenecessaire sein, aber nach Schmules Ansicht war es ein Instrument zur Beschneidung Neugeborener. Mir schien es nicht so, denn wenn das wahr wäre, wären die Neugeborenen arm dran. Jedenfalls benutzten wir das Messer von da an zur Aufteilung des Abendbrots.

Schmule schloss sich uns eines Abends an, als wir uns zu dritt bei unserem Versteck zum Schlafen legten.

»Hallo, Rabbiner!«, begrüßte er uns. »Ich gehe in eurer Reihe schlafen. Seid ihr dafür?« Ich machte zur Bedingung, dass er nicht schnarchen dürfte, und Schmule versprach es. Er schlief als Erster ein und schnarchte, aber es ließ sich aushalten. Morgens verzehrten wir dann zu viert die geheimen Brotreste.

An diesem Morgen befahl der Blockwart sofortiges Antreten. Zuerst wurden wir mit der Begründung abgezählt, dass ein außerordentlicher Appell stattfinde. Dann erschienen ein SS-Arzt und zwei MP-Schützen. An der Seite stand der Blockwart mit seinen Gehilfen. Er verkündete, es werde eine vorbeugende ärztliche Untersuchung auf Infektionskrankheiten durchgeführt, alle müssten den Oberkörper freimachen. Zuerst werde der Arzt diejenigen ansehen, die krank seien oder sich schon zu einer ärztlichen Untersuchung gemeldet hätten. Diese Jungen bildeten eine kleine Gruppe von etwa einem Dutzend und standen in der Nähe der Tür zum Block. Auch wenn wir nicht hörten, worüber dort gesprochen wurde, ahnten wir nach den Bewegungen der Beteiligten, was vor sich ging. Die Kranken mussten sich zuerst ausziehen. Etwa fünf Jungen hatten kleine Wunden, Furunkel und dergleichen. Die mussten sich ans Tor des Blockes stellen. Drei oder vier Jungen klagten über Durchfall, sahen aber sonst gesund aus. Die schlossen sich denen an, die schon am Tor standen. Die Übrigen hatten fiebrige Erkrankungen. Schon beim Melden musste ihnen ziemlich elend gewesen sein. Wir alle wussten schon gut, wie gefährlich es war, ins Getriebe des Lagergesundheitswesens zu geraten, von wo ein direkter und schneller Weg ins Gas führte. Zu dieser Gruppe kamen noch die Jungen, die sich nicht allein bewegen konnten oder so krank waren, dass sie den Block nicht allein verlassen konnten. Die Gehilfen des Blockwarts sammelten sie morgens im Block und drängten sie zur Wand, und jetzt nahm einer der SS-Männer sie aufs Korn, während der andere es auf uns abgesehen hatte. Der Arzt fragte den Blockwart, ob jemand in der Nacht verstorben sei. Der Blockwart verneinte. Das hörten wir deutlich, denn sie waren schon fast bei uns.

Der Blockwart befahl: »Linksum!«, und der Arzt schritt langsam unsere lange Reihe ab. Er schaute auf Ausschläge und die Haut zwischen den Fingern, woran er erkannte, ob jemand Krätze hatte. Vor allem achtete er auf Jungen, die besonders abgemagert waren und insgesamt kränklich aussahen. Dann zeigte er auf einige aus dieser Reihe. Sie mussten heraustreten, und die Gehilfen schleppten sie weg zu den Kranken, die schon an der Blockwand standen. Einer, der Krätze hatte, wurde vors Tor des Blocks geführt. Daraus schlossen wir, dass dort die ambulanten Kranken standen.

Als der Arzt ans Ende der Reihe gekommen war, befahl der Blockwart: »Erste Reihe vier Schritte nach vorn!« Das war mit ausgiebigen Stößen und Fußtritten der Gehilfen verbunden. Nun ging der Arzt in Gegenrichtung die zweite Reihe entlang und fuhr mit dem Aussortieren geschwächter Jungen fort. Das ging so weiter, bis alle Insassen des Blocks gemustert waren. Schließlich standen etwa dreißig aussortierte Jungen an der Wand. Der Arzt sagte leise etwas zum Blockwart und verkündete dann laut, die ausgewählten Jungen müssten zur gründlichen Untersuchung und gegebenenfalls weiteren Behandlung aufs Krankenrevier. Die Jungen am Tor sollten zur Revierambulanz gehen, wo die Häftlingsärzte sie ansehen würden.

Die ambulanten Kranken wurden jeden Tag gesammelt und wirklich in die Ambulanz gebracht. Einige kehrten zurück, andere nicht. Wenn sie nicht zurückkehrten, konnte das bedeuten, dass sie schon durch den Schornstein gegangen waren, aber sofern sie im Krankenhaus gelegen und den Aufenthalt überlebt hatten, konnte man sie im Lager theoretisch an jedem beliebigen Ort eingliedern. Dazu war im Lager das besondere Amt *Arbeitseinsatz** eingerichtet, das über die Zuteilung von Häftlingen zu den Arbeitskommandos in Birkenau entschied. Man wusste aber auch, dass Jungen aus dem Block für Jugendliche nur sehr selten in andere Blöcke verlegt wurden.

Ein anderes Schicksal erwartete hingegen die Gruppe der Kranken an der Blockwand. Nach der Verkündung des Blockwarts war klar, dass diejenigen, die dort eingegliedert worden waren, zur Tötung bestimmt waren. Als ich das begriffen hatte, sah ich mir immer alle diese Jungen an, ob unter ihnen nicht irgendein Bekannter wäre. Einer sah wie Franta aus, der jüngere der Faber-Brüder, ungefähr fünfzehn. Ich schaute abermals hin, ob ich mich nicht geirrt hätte. Leider nein, er war es wirklich!

Auch Jankele erkannte ich dort. Er war ein großer, schlanker Junge aus der Karpato-Ukraine, der als Einziger der Jungen aus der Jeschiwa abgelehnt hatte, den Rabbinern zu gehorchen, die zu Beginn unseres Aufenthalts in Birkenau in unseren Block kamen, um uns davon zu überzeugen, dass wir jegliche Speise essen müssten, ohne Rücksicht darauf, ob sie koscher war oder nicht. Jankele hatte den Rat der Rabbiner nicht befolgt und sah jetzt auch entsprechend aus. Wegen Vitaminmangels hatten sich bei ihm Ausschläge am Körper und an den Schleimhäuten in den Leibeshöhlen gebildet, und er war bis auf die Knochen abgemagert. Er hielt die Halacha ein, die Sammlung religiöser Vorschriften für die Lebensführung frommer Juden, aber nicht den Grundsatz von Tora und Talmud, das Leben als höchstes Gut zu schützen.* Ich ahnte, dass ihn sein unbeugsamer Glaubenseifer leider das Leben kosten würde.

Das war die erste der Selektionen, die dann bis zum vollständigen Zerfall der Jungengruppe regelmäßig fortgesetzt wurden. Die zwei anwesenden SS-Männer nahmen die Selektierten von beiden Seiten aufs Korn, und die Blockwartgehilfen stellten sie in Fünferreihen auf. So eskortiert, marschierten sie ab, wir sahen sie niemals wieder. Die Jungen, die sich nicht mehr allein bewegen konnten, wurden in die bekannte Kammer im Block gesperrt, wo sie auf den Abtransport zu warten hatten.

Dann wurde befohlen, auseinanderzugehen, als ob nichts Besonderes geschehen wäre. Aus Sicht der SS war die Ermordung einiger Dutzend Menschen nichts Ungewöhnliches. Unsere Gruppe, zu der jetzt auch Schmule gehörte, setzte sich am gewohnten Platz zusammen. Wir mussten von diesem erschütternden Erlebnis irgendwie loskommen. Alle stimmten wir darin überein, dass das, was sich gerade abgespielt hatte, eine Selektion gewesen war. Die erste reguläre Selektion in der Gruppe der Jugendlichen! Vorerst hatte sie nur diejenigen unserer Mithäftlinge ereilt, die ernsthafter erkrankt waren. Wir versuchten, darauf zu kommen, was die vergangene Selektion zu bedeuten hatte. Vielleicht wollten sie die Schwächsten aussortieren, um sie nicht ernähren zu müssen? Oder sie hatten ausgerechnet, dass ihnen bei ihrem Geheimprojekt, zu dem sie die jungen Burschen brauchten, weniger Menschen genügen würden? Vielleicht hatten sie es verschoben oder ganz aufgegeben? Aber was war das Ziel dieses mysteriösen Projekts, von dem wir bisher nicht die geringste Ahnung hatten? Vielleicht würde uns seine Verwirklichung helfen, bis zum Kriegsende zu überleben, vielleicht war sein Sinn, uns zu schaden oder zu liquidieren. Es könnte beispielsweise um einen medizinischen Versuch gehen, vielleicht um Sterilisierung. Davon waren die Nazis besessen. Wir würden versuchen, über Marika Gelb etwas herauszubekommen. Vielleicht könnte sie auf dem Frauenrevier, wo sie arbeitete, von einer der jüdischen Ärztinnen etwas in Erfahrung bringen, besonders wenn es um medizinische Pläne ging. Etwas könnte vielleicht auch Herr Silbermann herausfinden, der mit so vielen Menschen zu tun hatte.

Unsere Vierergruppe zog den Schluss, die Jungs würden von jenem geheimnisvollen Projekt, über das niemand etwas wusste, nicht mehr lange verschont werden. Wir müssten auf alles gefasst sein und uns vor allem bemühen, in guter Verfassung zu bleiben, das hieße – Lebensmittel organisieren. Dabei dürften wir keine Mithäftlinge schädigen, denn wir würden uns nach dem sittlichen Grundsatz »Haben und nicht stehlen« richten, der hier im Konzentrationslager galt. Vorerst kamen wir überein, dass Stefan und Schmule den Trick mit Schauspieler und stillem Partner bei der Essensausgabe lernen sollten. Es war anzunehmen, dass sich die Austeiler schon an die Gesichter von Viki und mir erinnerten; so wurde es Zeit, eine Pause einzulegen. Der Fußballspieler versprach, das mit den Jungs zu üben. Auch erinnerte er an die versteckten Schuhe, die er so bald wie möglich gegen Brot eintauschen wollte, bevor jemand das Versteck entdecken und sie stehlen würde. Wir könnten nicht mal sicher sein, dass ihr Vorbesitzer tot sei, er könne sich sogar unter uns im Block befinden. Vielleicht müssten wir eines Tages antreten und würden an einen anderen Ort geschafft, und kämen dann nicht mehr in den Block zu den Schuhen. Wir müssten uns von der hier gültigen Losung »Du hast nur das, was du aufgegessen hast« leiten lassen. Also gaben wir dem Fußballer recht, und Stefan versprach, er werde ihm in der Nacht helfen, sie aus dem Versteck zu holen. Morgen würde der Fußballspieler sie verkaufen gehen.

Der nächste Tag fiel jedoch auf einen Sonntag, es war arbeitsfrei und schwer, die Blockältesten allein anzutreffen, somit für unsere Aktion kein passender Tag. Im Lager floss die Zeit monoton dahin, und jeder unserer Schritte war mit Komplikationen und Gefahren verbunden, an die man ohne Unterlass denken musste.

Am Sonntagvormittag ging ich zu Jirka Faber, wie ich es mir vorgenommen hatte. Ich hoffte, ihn an der gleichen Stelle zu finden, wo ich ihn unlängst mit seinem Bruder gesehen hatte. Tatsächlich war er dort. Statt auf einem Stein saß er auf der Erde, hatte den Kopf mit dem Oberteil der Häftlingskleidung bedeckt, streute sich Staub aufs Haupt und betete halblaut das Kaddisch, das Totengebet, so wie es meine Mutter und andere Menschen im Waggon gebetet hatten, als wir uns Auschwitz näherten. Genauer gesagt, Jirka murmelte immer wieder nur das, woran er sich aus diesem Gebet erinnerte: »Jitgadal vejitkadasch sch'mei rabah …« – »Gepriesen und geheiligt sei der Name Gottes!« Das war seine Art zu trauern. Zu Hause waren die Fabers gar nicht fromm gewesen, und in ihrer kleinen Druckerei mussten sie, ob es nun Freitag oder Feiertag war, arbeiten, um sich zu ernähren. Mir wurde bewusst, dass seit der Selektion erst ein paar Stunden vergangen waren. Weil ihre teuflischen Mühlen sehr schnell mahlten, war Jirkas Bruder Franta zu dieser Zeit schon mit Gas vergiftet worden, sein ausgemergelter Körper hatte sich in Rauchteilchen verwandelt, die über uns aus dem Schornstein quollen und wie eine Wolke irgendwohin weit weg getragen wurden. Und in dieser Wolke schwebte das kleine Wölkchen, das von Franta geblieben war, zwischen vielen anderen Wölkchen dahin. Sie waren Überreste von Menschen, die er, solange er am Leben war, gar nicht gekannt hatte.

Es war unmöglich, Jirka zu beruhigen. Ich begriff, es sei am besten, ihn weinen zu lassen, ich bot ihm nur an, uns aufzusuchen, wenn er etwas zur Ruhe gekommen wäre. Aber er lehnte ab, weil er uns vielleicht anstecken würde. Schon mehrere Wochen spucke er Blut, habe bestimmt Lungentuberkulose! Er behauptete, die Drucker stürben daran, und er selbst werde nicht mehr lange durchhalten. Jetzt weine er nicht nur, weil Franta umgekommen sei, sondern auch, weil er sich schuldig fühle, dass er als älterer Bruder nicht imstande gewesen sei, ihn zu retten. Franta, schlank, von kleinerer Statur, aber sonst gesund, hätte leben können. Er selbst sei sowieso krank. Deshalb hätten sie lieber ihn ausselektieren sollen! Er hätte ihnen das erklären und es so einrichten müssen, dass es anders geendet hätte. Und wieder begann Jirka zu weinen.

Soweit es seine Krankheit betraf, wusste Jirka, dass es dagegen keine Medizin gab. Er vermutete, dass ihm vielleicht nur noch Zwiebeln helfen könnten. Wenn man Zwiebeln in großer Menge esse, wirkten sie angeblich Wunder, das habe er schon als Kleinkind gehört. Ich versprach ihm, Zwiebeln aufzutreiben und dass ich bald wieder zu ihm kommen würde.

Das Schicksal der Faber-Brüder erschütterte mich, obwohl in Birkenau buchstäblich galt, dass »der Tod nur ein Stück des schweren Lebens ist«. Ich ging zum Fußballspieler, erläuterte ihm die Situation und bat, seiner Mutter auszurichten, ob sie versuchen könnte, für Jirka ungefähr ein Kilo Zwiebeln aufzutreiben. Jirka würde diese Zwiebeln so bald wie möglich benötigen. Natürlich glaubten wir nicht, dass ihm die Zwiebeln helfen könnten, doch es war so etwas wie sein letzter Wunsch. Die anderen Jungs verstanden das ebenfalls so, auch wenn ich der einzige war, der die Brüder kannte. Es wurde beschlossen, der Angelegenheit von Jirka Faber vor allen eigenen Bedürfnissen den Vorrang zu geben.

Nachmittags ging ich mit Stefan und einer Gruppe Jugendlicher wieder zur Wiese in der Lagersektion Mexiko, für das »Projekt« von Herrn Kiss Grassoden schleppen. Alles lief ab wie vor einer Woche, mit dem Unterschied, dass uns andere Kapos begleiteten. Die Kunden hatten also gewechselt, mit Ausnahme des einen, den Olly neulich ihren Zuhälter genannt hatte. Der erkannte mich gleich und sagte, Olly sei nicht mehr in Birkenau; unerwartet habe man sie mit einem Frauentransport nach Deutschland in ein Arbeitslager geschickt. Damit hätten weder sie noch er gerechnet. Jetzt lasse sich nichts mehr machen, es sei schon viel zu spät. Der Zuhälter meinte, dabei habe vielleicht eine ihre Finger im Spiel, die auf ihre Erfolge eifersüchtig gewesen sei. Solche jungen Mädchen gebe es hier viele. Aber eine Olly gebe es nur einmal, bedauerte der Zuhälter ihren Weggang. Sie sei die Attraktivste, Schönste und auch Intelligenteste unter allen Mädchen, mit denen er auch vor der Deportation zu tun gehabt habe. Angeblich habe sie, obwohl Jüdin, auch Mengele gefallen. Aber der Zuhälter fügte gleich hinzu, dass er diesem im Lager verbreiteten Geschwätz nicht glaube. Er schätze, wie temperamentvoll Olly gewesen sei; das aber wollte er in Anbetracht meines Alters nicht näher ausführen, weil ich es wohl ohnehin nicht begreifen würde. Weiter sagte er, mit allen Geschäftszweigen einschließlich der Prostitution verhalte es sich im Lager letztlich nicht anders als draußen, die Leute seien immer die gleichen, ihre Eigenschaften und Bedürfnisse auch. Im Lager sei allerdings der Konkurrenzkampf unvergleichlich härter, alles sei grausamer, es gehe hier immer und bei allem um das Leben. Im besten Fall stoße der Mensch hier auf Teilnahmslosigkeit, öfter auf Bosheit und verbrecherisches Handeln. Dafür sei hier Gutes nur selten zu erwarten. Aber Olly sei neben allem anderen auch noch anständig gewesen, da sie sich hier behauptet habe, werde sie bestimmt überleben. Da bleibe nichts, als zu hoffen, dass es ihr auch anderswo erträglich gehen werde. Wenn ihr dort etwas geschehe, trage daran derjenige die Schuld, der sie von hier weggebracht habe.

»Sie war so anständig, dass sie sich in diesem Durcheinander an das Brot erinnert hat, das sie dir versprochen hat.« Der Zuhälter führte mich zur Bude und gab mir das Kastenbrot. Ich steckte es mir wie gewöhnlich unter das Hemd. Zum Schluss ermutigte er mich: »Bemühe dich durchzuhalten!«

Ich kehrte zu Stefan zurück und sagte ihm nur, Olly sei nicht mehr in Birkenau, schicke uns aber dieses Brot. Auf dem Rückweg dachten wir daran, wie sonderbar es ist, dass anständiges Handeln nicht immer dem Beruf entspricht. Olga hatte uns durch Prostitution verdientes Brot geschickt, ihr Zuhälter hatte es uns nicht gestohlen, obwohl Olga das nicht mehr überprüfen konnte. Wir wussten gut, dass so etwas im Lager nicht üblich war. Das Verhalten der beiden zeugte von ihrer Anständigkeit und ihrem guten Charakter. Nebensache, dass es Prostituierte und Zuhälter waren.

Wir kehrten in unseren Block zurück und holten, wie abgemacht, bei der ersten günstigen Gelegenheit das restliche Paar Schuhe aus dem Versteck. Viki machte sich zu dem Blockältesten auf, der daran Interesse haben könnte. Diesmal beging er einen unglücklichen Fehler: Er versteckte die Schuhe nicht, sondern trug sie, mit den Schnürsenkeln zusammengebunden, in der Hand. Später begründete er das damit, dass er doch bloß ein paar Blöcke weit zu gehen gehabt hätte. Doch gleich vorm Hof unseres Blocks stieß er auf einen SS-Mann. Wer weiß, was der da suchte, denn es war ungewöhnlich, dort um diese Zeit einem SS-Mann zu begegnen.

Noch ungewöhnlicher war laut dem Fußballer auch dessen Verhalten. Ohne ein Wort habe er Viki mit dem Finger herangewunken, ihm die Schuhe abgenommem, einen vorbeigehenden Jungen wie zuvor Viki herbeigewunken, ihm die Schuhe gegeben und wortlos bedeutet, er solle sie anziehen. Darauf habe er sich umgedreht und sei schweigend davongegangen. Viki seien nur die zerschlissenen Schuhe dieses unbekannten Jungen geblieben. Er habe erwartet, der SS-Mann werde ihn nach der Herkunft der Schuhe ausfragen, ohne dass er eine gescheite Ausrede parat gehabt hätte. Er konnte immer noch nicht viel Deutsch, obwohl Situationen, in denen der Sklave den Wunsch des Herrn nicht schnell genug verstand und aus mangelnder Sprachkenntnis dessen Befehlen nicht folgte, lebensgefährlich sein konnten. Aber der SS-Mann war einfach weggegangen, und der beschenkte Junge verstand augenblicklich, dass er auf die leicht erworbenen Schuhe kein moralisches Anrecht hatte. Nach Häftlingssitte hätte er sie dem Fußballspieler zurückgeben und gegen seine eigenen Schuhe eintauschen müssen. Das tat er aber nicht und haute schnell ab. Dabei hielt er für eine Sekunde an und tauschte die erbeuteten Schuhe mit einem anderen Jungen, der noch schlechtere hatte. Der Fußballspieler hörte, dass sie etwas auf Jiddisch sagten, und dann liefen beide davon, jeder in eine andere Richtung.

In der gegebenen Situation war die moralische Beurteilung der ganzen Angelegenheit eindeutig, auch wenn sie in einer späteren, friedlicheren Zeit komplizierter erscheinen mochte. Hier galt, dass der SS-Mann, auch ungeachtet seiner nach eigenen Wertmaßstäben gerechten Tat, ein

Verbrecher blieb, selbst wenn er eine einzelne »gute« Tat ausgeführt hatte. Ob es uns nun gefällt oder nicht, für die ganzheitliche Beurteilung eines Menschen waren und sind schlechte Taten immer schwerwiegender als gute, die er gelegentlich vollbracht haben mag. Das ist besonders dann der Fall, wenn auf sein Konto viel mehr schlechte als gute Taten gehen. Die Schuhe waren aus einem Lager organisiert, das heißt ehrlich und mit einem gewissen persönlichen Risiko erworben worden, für denjenigen, der sie beschafft hatte, stellten sie einen bestimmten Wert dar. Der beschenkte Häftling konnte nichts dafür, was der SS-Mann getan hatte, hätte jedoch die Schuhe ihrem ursprünglichen Besitzer, dem Fußballspieler, zurückgeben müssen. Indem er seine schlechteren gegen sie eintauschte, machte er bei diesem Handel Profit, einem Hehler ähnlich oder jemandem, der Geklautes wissentlich kauft. Auf die so erworbenen Schuhe hatte er keinerlei Anspruch, war eigentlich ein Dieb und blieb es auch, als er die gestohlenen Schuhe abermals vertauschte. Außerdem ließ er sich vom SS-Mann kaufen, indem er die Schuhe behielt, und wurde so gleichsam zu seinem Bundesgenossen. Der kleine Dieb stellte sich auf die Seite des großen Diebes, des Raubmörders.

Nach diesem Vorfall war der Fußballspieler zerknirscht, durch seine Schuld seien wir alle ums Essen, im Lager das Kostbarste, gebracht worden. Stefan erklärte ihm vergeblich, dass ein Spiel ein Spiel und es von Nutzen sei, auch das Verlieren zu lernen, weil jeder irgendwann einmal verlieren könne. Damit war Schmule nicht einverstanden, meinte, das sei Miesmacherei, und erbot sich, zu versuchen, die verlorenen Schuhe zurückzuholen. Er nahm das wertlose Paar verschlissener Schuhe und ging los.

Nach ungefähr einer Stunde kam er mit den ursprünglichen Schuhen unterm Hemd zurück und berichtete, wie er das bewerkstelligt hatte. Es habe ihm keine Mühe bereitet, unter den Jiddisch sprechenden Jungen, die Schmule kannten und als einen der ihren betrachteten, herauszukriegen, wer die beiden gesuchten Burschen waren und wo sie zu finden wären. Zunächst schnappte er sich den ersten, den er den Dieb nannte, und schleppte ihn zu dem Jungen, bei dem die Schuhe gelandet waren; diesen nannte er den Komplizen. Dann stellte er sie vor die Wahl, entweder die Schuhe zurückzugeben, die ihnen nicht gehörten, oder ein paar Ohrfeigen zu kassieren. Bei sofortiger Rückgabe werde jeder zum Beweis unseres guten Willens eine halbe Portion Brot erhalten. Außerdem versprach er dem Jungen, dessen Schuhe zerschlissen waren, ihm zum halben Preis – also für zwei nichtgestohlene Tagesportionen Brot, die seine Gruppe vielleicht beschaffen könne – welche zu verkaufen, So würde schließlich auch der vom SS-Mann bevorzugte Dieb brauchbare Schuhe haben.

Schmule sagte dem Dieb und seinem Komplizen und dann auch uns, was er tue, sei eine Mizwe*, eine gute Tat, weil Schuhe einem Häftling das Leben retten könnten. Eigentlich übersetzte er ihnen das, was er von uns gehört hatte, als er uns zum ersten Mal in der Sauna begegnet war und uns die Schuhe und das in ihnen versteckte Brot hatte klauen wollen. Damals hatten wir ihm damit in den Ohren gelegen, dass ein Häftling ohne Schuhe, was seine Zukunftsaussichten betreffe, ein toter Mann sei, und wenn seine Schuhe schadhaft seien, dann sei er halbtot. Auf seine Lösung einigten sich alle im Guten, und die Portion Brot, die er ihnen übergab, hatte Schmule sich gestern selbst vom Munde abgespart. Wir kamen überein, dass Schmule bei der nächsten Verteilung die Portion Brot zurückbekommen sollte, und das bedeutete, dass wir dafür zusammenlegen würden. Schmule wollte das zuerst nicht zulassen, aber nach unseren Überredungsversuchen akzeptierte er mit den Worten: »Wenn ihr sonst keine Ruhe gebt …«

Alle lobten Schmule, wie er diese Angelegenheit erledigt hatte, auch wenn seine Methode ein wenig von seiner rebellischen Vergangenheit geprägt war. Wir hatten begriffen, dass der Ort, an dem wir vegetierten, so etwas wie die Talsohle der Welt war. Wir stahlen nicht, wir fügten niemandem bewusst Schaden zu, und umgekehrt halfen wir, soweit wir konnten und soweit wir uns dadurch nicht selbst ernsthaft gefährdeten. Unter so vielen Menschen, die mit Diebstahl und allen erdenklichen Dreistheiten ums Überleben kämpften, konnten Manieren, die für Tanzstunden oder ein Adelspensionat taugten, schwerlich etwas ausrichten. Damit war die ganze Sache für uns unter allen Gesichtspunkten einschließlich des moralischen geregelt. Schmule musste für den armen Dieb nur noch ein Paar Schuhe zum halben Preis organisieren, wie er es ihm versprochen hatte.

Nicht nur über die Schuhe beratschlagte unser Grüppchen gemeinsam. Wir berieten immer gemeinschaftlich und über alles. Das hatte gewisse Vorteile. Mehr Köpfe bedeuteten mehr Vernunft, und die gemeinsamen Diskussionen halfen uns, wichtige Dinge besser zu verstehen. Wir waren junge Burschen, noch viel zu kurz auf der Welt, als das wir irgendetwas ordentlich hätten lernen oder ausreichend Lebenserfahrung hätten sammeln können. Durch unser Miteinander versuchten wir, diesen Nachteil zu kompensieren. Wir entschieden über alles demokratisch, aber erst, nachdem wir die Dinge von allen Seiten beurteilt hatten, die uns einfielen. Dann taten wir alles so, wie es die Mehrheit bestimmt hatte, aber die Beschlüsse waren fast immer einstimmig. Die gemeinsame Lösung war meistens durchdachter und richtiger als das, was herausgekommen wäre, wenn irgendeiner von uns die Sache allein entschieden hätte. Das war wichtig für das Überleben von uns allen.

Weil alle an diesen Entscheidungen beteiligt waren, tat fast immer jeder, was erforderlich war. Dazu trug auch bei, dass die Einzelnen größtenteils das machten, was sie selbst vorgeschlagen hatten. Keiner von uns war der Chef, wir waren so etwas wie ein Jungenorchester ohne einen Dirigenten. Das hatte auch den Vorteil, dass wir, wenn jemand von uns etwas erledigen ging und die Situation sich änderte, imstande waren, auf Grundlage der vorangegangenen gemeinsamen Analyse selbständig zu entscheiden, wie am besten vorzugehen war, und keinen Leiter fragen mussten, was zu tun war. Alle hatten die gleichen Rechte und bekamen den gleichen Anteil von den Erträgen der gemeinsamen Unternehmungen, und das betraf hauptsächlich das Essen. Der eine hatte mehr Einfälle, der andere weniger, und manche waren geschickter in deren Ausführung als andere. Insgesamt aber war die Menge der umgesetzten Ideen, die zur Bereicherung unserer Kost beitrugen oder wenigstens uns Gruppenmitgliedern Auftrieb gaben, auf jeden Fall größer als alles, was ein Einzelner von uns auf eigene Faust hätte erreichen können. Für Einzelne war es auch mühsamer, Aktionen auszuführen, für die mehrere Beteiligte erforderlich waren, etwa wenn der eine »organisierte« und der andere Schmiere stand.

Bei der Entstehung der Gruppen spielte wahrscheinlich auch die natürliche Neigung junger Burschen eine Rolle, sich zu Kollektiven zusammenzuschließen, bedingt durch biologische und psychologische Faktoren. Von diesen hatte ich zu jener Zeit selbstverständlich keinen blassen Schimmer, aber wir fühlten, dass es besser war, in einer Gruppe zu leben, als allein zu sein, und dass es sich lohnte, sich für den Zusammenhalt untereinander starkzumachen.

Die Gruppe ersetzte auch ein wenig die Familie. Jeder sollte zu ihr zurückkehren, und jeder konnte sich in gewissem Maße darauf verlassen, dass die anderen aus seiner Gruppe ihn nicht bestehlen, nicht betrügen und ihm auch keinen Schaden zufügen würden. Bei solchen, die zu keiner Gruppe gehörten, konnte man sich dessen nicht sicher sein. Hier galt das Prinzip: Rechnen wir damit, dass alle überall stehlen, aber verlassen wir uns darauf, dass in der Gruppe keiner den anderen bestiehlt! Es war nicht schwer, sich diese Haltung anzueignen. Etwas Ähnliches hatten wir schon von zu Hause mitgebracht, nur mit dem Unterschied, dass der Zufluchtsort dort nicht die Gruppe, sondern die Familie war. Zu Hause war gegenseitiges Bestehlen unter Familienmitgliedern tabu und kam nur ausnahmsweise vor. Dabei ging es im Lager begreiflicherweise nicht nur um Diebstahl im engeren Sinn, das Wort »stehlen« umfasste hier verbrecherische und unmoralische Taten aller Art.

Diese konkreten und einfachen moralischen Regeln hatten wir schon damals begriffen, aber waren selbstverständlich nicht fähig, sie zu verallgemeinern. Es genügte aber, dass wir unsere konkreten Probleme lösten und uns bemühten zu erkennen, was wirklich vor sich ging. Nur so ließ sich voraussehen, was kommen würde, und angemessen auf die Situation reagieren. Das alles war nötig, um unsere Haut zu retten.

Hier versuche ich, an diesen Vorfall einige knappe Verallgemeinerungen anzuschließen, die erst später, nach den beschriebenen Gegebenheiten, formuliert worden sind. Im Lager waren die Dinge und Geschehnisse, die ich hier beschreibe, Bestandteile unseres Lebens, aber wir hatten niemanden um uns, der uns ihr Wesen hätte erklären können. Machen wir hier eine Ausnahme und schweifen für einen Moment ab, um zu verdeutlichen, welche Lehren sich aus den angeführten Details ergeben. Das könnte auch für Situationen von Bedeutung sein, die zu anderer Zeit und anderswo eintreten.

In den Kleingruppen, die sich im Lager bildeten, gewährten die Einzelnen einander nicht nur materielle, sondern in gewissem Maße auch psychologische und sogar moralische Unterstützung. Die soziale Strukturierung der Masse von Häftlingen in kleine, durch gegenseitige Hilfe gekennzeichnete Gruppen förderte sowohl ihre psychische Widerstandsfähigkeit als auch, durch diese vermittelt, ihre physiologische Resistenz; beide waren Voraussetzungen, um die Gesundheit zu erhalten.

Aufgrund der Solidarität innerhalb dieser kleinen Kollektive boten die Gruppen auch eine gewisse Absicherung für den Notfall. Diese Solidarität zwischen mehreren Individuen in den Gruppen hatte schon deshalb tiefe Bedeutung, weil so innerhalb der Masse der nichtprivilegierten Häftlinge, die nach und nach die Eingeweide des menschenverschlingenden Ungetüms Birkenau durchliefen, sogar ein weitergehender Zusammenhalt entstehen konnte. Dieser konnte sich allerdings erst unter stabileren Bedingungen entwickeln, zum Beispiel in den Arbeitslagern bei denjenigen Häftlingen, die dieses Stadium erlebten. Im Häftlingsteil der Befehls- und Mordhierarchie überwog der interne Kampf um Stellung, Macht und Pfründe. Am größten waren Zusammenhalt und Solidarität in der Gruppe der Lagerhasen, von denen schon die Rede war.

Innerhalb der kleinen gesellschaftlichen Gruppen bildeten sich soziale Bindungen und zugleich auch bestimmte Grundsätze des Zusammenlebens, aus denen sich eine Art Moralkodex herauskristallisierte, der den gegebenen Lebensbedingungen entsprach. Solidarität in kleinen Gruppen bedeutete, die Prinzipien der Gleichheit, Gerechtigkeit und Eintracht zu beachten. Der extrem ausgeprägte soziale Antagonismus in Birkenau basierte auf dem unversöhnlichen Gegensatz zwischen dem organisierten Unterdrückungs- und Mordapparat, der von der SS geführt und zusammen mit ihr auch von ihren Helfershelfern aus den Reihen der Häftlinge in Gang gehalten wurde, auf der einen, und den nach und nach ermordeten gewöhnlichen nichtprivilegierten Häftlingen auf der anderen Seite.

Konfrontiert mit den gesetzlichen und lagerspezifischen Vorschriften und Anweisungen eines extrem verbrecherischen Regimes, schufen die Häftlinge ihre eigenen ungeschriebenen Regeln, die man auch Gebote nennen könnte und die sich auf moralische Prinzipien gründeten. Diese wiederum ergaben sich aus den Existenz- und Funktionsbedürfnissen der kleinen sozialen Gruppen, deren Vorhandensein unter den gegebenen extremen Bedingungen die Überlebenswahrscheinlichkeit der Häftlinge erhöhte. Es handelte sich um Regeln, die niemand aufgestellt hatte und die von selbst entstanden waren, und das vielleicht eher, als es denjenigen, die sie betrafen, zum Bewusstsein kam. Sie wurden in der Praxis wirksam, bevor sie formuliert wurden. Weder ich, der ich immer noch zum Teil ein Kind war, noch offensichtlich die große Mehrheit der anderen Jungen wären damals fähig gewesen, diese Grundsätze irgendwie zu spezifizieren und auszusprechen, und dennoch ließen wir uns von ihnen leiten. Andernfalls hätten wir unter den bestehenden Verhältnissen nicht mit den anderen Gruppenmitgliedern zusammenleben können, und das hätte unsere Überlebenschancen vermindert.

Dass sich bestimmte Individuen von diesen Regeln leiten ließen und diese auch unter schwersten Bedingungen nicht verletzten, kann man noch nicht als Heldentum ansehen. Zehntausende und Hunderttausende haben sie eingehalten, doch Tausende und Zehntausende andere haben die Regeln des Zusammenlebens gebrochen. Aber wie schon bemerkt, gilt nicht nur: »Gelegenheit macht Diebe«. Bei vielen äußert sich die Neigung zum Stehlen nur aus Mangel an Gelegenheit nicht, oder, anders gesagt: Der Mangel an Gelegenheit macht Leute zu Ehrenmännern.

Eigentlich gab es nur drei Gebote. Das erste lautete: »Du sollst nicht stehlen!« Selbst wenn alles, was du hast, weniger ist als das Existenzminimum – nimmst du einem Mithäftling das Brot weg, so erschlägst du ihn und stellst dich auf die Seite der SS. Das zweite Gebot hieß: »Schade keinem!« Und zwar niemandem, auch wenn du einen Grund dazu hättest. Das dritte Gebot besagte: »Hilf!« Es gründete sich auf ein altruistisches Verhältnis zu anderen Menschen. Hier ging es darum, einem anderen oder einem Kollektiv nach Möglichkeit zu helfen, sofern man damit nicht sich selbst schadete.

Es mag scheinen, dass diese drei Gebote, auf die sich hier die herkömmlichen zehn reduzierten, wenig waren. Man darf aber nicht vergessen, dass es für die Häftlinge, die am Rande der menschlichen Existenz lebten, nicht leicht war, sich überhaupt von irgendwelchen akzeptierten Regeln leiten zu lassen.

Ich vermute, und das nach vielen Jahrzehnten, dass das nicht einmal im normalen Leben leicht ist, unter den friedlichen und günstigen Bedingungen, in denen wir leben. Auschwitz-Birkenau darf nicht vergessen werden. Es ist wichtig, sich an die ethischen Grundsätze zu erinnern, die es den Einzelnen ermöglicht haben, auch unter unmenschlichen Bedingungen Menschen zu bleiben, und es ist zugleich eine definitive moralische Pflicht, diese Grundsätze auch anderen mitzuteilen.

Unsere Gruppe war weder einzigartig noch irgendwie besonders. Wie schon erwähnt, wurde die Bildung kleiner sozialer Gruppen in der Masse der Jugendlichen zu einer allgemeinen Tendenz, die sich aus der Situation im *Vernichtungslager* Birkenau ergab, aber auch aus der Daseinsweise einer Masse einander ziemlich ähnlicher Jugendlicher, die schon lange Zeit isoliert waren und unter extremen Bedingungen an der Grenze zwischen Leben und Tod vegetierten.

Gegenüber dem ersten, dem Herdenstadium im Verhalten der terrorisierten und im Innersten gestressten Häftlinge stellte ihr Zusammenschluss in Gruppen einen großen Fortschritt dar und bewies, dass die Regel, jeder müsse sich nur um sich selbst kümmern und dafür alle verfügbaren Mittel nutzen, nicht einmal unter den Ausnahmebedingungen in Vernichtungslagern und in ähnlichen Extremsituationen als einziges Gesetz gilt.

Die beiden erwähnten Typen der sozialen Ordnung (»Herde« und »Kleingruppe«) waren das erste und das zweite Stadium bei der Herausbildung einer gesellschaftlichen Organisation in der ursprünglich unstrukturierten Masse der Jugendlichen. Das dritte Stadium war dadurch gekennzeichnet, dass die Gruppen begannen, über ihr Lager hinaus Kontakte zu knüpfen und sich nach weltanschaulichen, politischen oder ethnischen Gesichtspunkten zu differenzieren. Es gab zionistische, kommunistische, ungarische, griechische und andere Gruppen.

In vielen Gruppen verflochten sich die bereits erwähnten Funktionen mit religiösen. Eine Tendenz zum Zusammenschluss ergab sich aus dem Wesen des Judentums. Damit Juden ihre religiösen Pflichten erfüllen können, beispielsweise Gottesdienste, müssen mindestens zehn Männer beisammen sein; das nennt man *Minjan*.* So bildeten sich einige Gruppen aus frommen Jungen, die es ihnen ermöglichten, ihre religiösen Verpflichtungen zu erfüllen.

Die beschriebene Entwicklung der sozialen Organisation haben wir in Birkenau erlebt, im Jungenblock. Wir waren Teil dessen, was sich dort abspielte, und an vieles haben wir uns erinnert. Leider haben am Ende nur wenige von uns überlebt. Das typische Schicksal fast aller war, dass sie zugrunde gingen und ihre Erfahrungen und Erinnerungen mit sich nahmen, überwiegend nicht ins Grab, sondern in den Ofen. Für die wenigen, die zufällig überlebten, dauerte es gewöhnlich noch lange, bis sie imstande waren, auf die Erlebnisse aus dieser Zeit zurückzukommen. Lange warteten die Erinnerungen und Erlebnisse auf ihre Eingrenzung und Sichtung, in manchen Fällen kam es dazu erst Jahrzehnte nach den beschriebenen Ereignissen. In dieser Lage war auch ich. Die Erinnerungen habe ich zusammengeführt und im Gedächtnis bewahrt. Den Großteil dieser Dinge hatte ich damals in Birkenau überhaupt nicht begriffen, andere nur als Moment von Teilereignissen. Erst nach einer langen Zeit habe ich damit begonnen, mir bewusst zu machen, worin das Wesen einiger von ihnen bestand – und das bei weitem nicht bei allen.

Kehren wir nun zu unserem Geschehen zurück. Das Leben in Birkenau setzte sich auf seine irrsinnige und gefährliche, teils aber auch eintönige Weise fort. Wir überlegten, was wir mit den Schuhen tun sollten, die Schmule nach dem Eingreifen des SS-Mannes für uns zurückerobern konnte. Schließlich vereinbarten wir, dass der Fußballspieler sie diesmal am Körper verstecken und zu dem ihm bekannten Kapo gehen sollte, um sie für Brot einzutauschen. Schmule sollte ihm unauffällig folgen und am Block des Kapos auf ihn warten. Anschließend sollten beide einen Spaziergang um den verschlossenen Hof machen, in dem sich tagsüber Häftlinge unter der Führung von Kapos mit den Schuhen beschäftigten, damit auch Schmule diesen Ort erkunden konnte. Es wäre jedoch zu riskant gewesen, am Tage etwas zu unternehmen. Ich sagte ihnen, ich hätte eine bestimmte Idee, wolle sie aber noch an die Bedingungen anpassen – je nachdem, was Schmule feststellen werde.

Sie kehrten ungefähr nach einer Stunde zurück. Der Fußballer war froh, dass es ihm gelungen war, die Schuhe einzutauschen, am Körper trug er wieder Brotstücke. Ich zerschnitt das Brot mit meinem neuen Taschenmesser, und damit es nicht zerbröckelte, steckten wir die einzelnen Stücke in die Papiertütchen, die wir von neulich aufgehoben hatten. Alarmierend war, dass man den Hof mit der Schuhhalde mit einem provisorischen Bretterzaun gesichert hatte, auch wenn dort nachts höchstwahrscheinlich keiner wachte. Für Schmule war ein solcher Zaun kein großes Hindernis, er war groß und könnte ihn leicht übersteigen, hatte auch schon einen Plan, wie das zu machen sei: Er werde sich ein stärkeres, ungefähr meterlanges Brett beschaffen und es in die Ecke zwischen Blockwand und neuem Zaun lehnen. Mit einem Bein steige er auf das Brettende, schwinge sich auf den Zaun und springe auf der anderen Seite runter. Für alle Fälle habe er in der Tasche schon eine Rolle mit etwa vier Metern Strick, dessen eines Ende er am Brett befestigen werde; das andere Ende wickele er sich ums Handgelenk, und wenn er hinterm Zaun sei, ziehe er das Brett leise an sich ran, auf dem Rückweg alles umgekehrt.

Stefan fragte Schmule, wo er das Brett zum Übersteigen des Zauns hernehmen und wo er es aufbewahren wolle. Schmule versicherte ihm, das habe er schon bedacht. Ein Brett könne er aus dem Hintertor des Blocks herausziehen und gleich nach der Aktion dort wieder einsetzen. Das war eine elegante Lösung, die allen gefiel. So half mein Einfall, dass Schmule das Brett sicher aufbewahren konnte.

Denn einmal war ich in der Nacht pinkeln gegangen und hatte zufällig bemerkt, dass sich das hintere Tor des Blocks öffnen ließ, wenn man einen Holzpflock herauszog. Ich hatte versucht, es zu öffnen, weil ich unauffällig hinausgehen und dort urinieren wollte, um nicht durch den ganzen Block bis zum Kübel am vorderen Tor laufen zu müssen. Wegen des Verstecks schlief unsere Gruppe in der Nähe des hinteren Tores, durch das Schmule unbemerkt verschwinden konnte. Er würde es angelehnt lassen, mit den Schuhen zurückkehren und diese dann schnell ins Versteck schieben, was Stefan auch im Dunkeln schon perfekt geübt hatte. Für die Aktion durfte die Nacht nicht ganz finster sein, weil Schmule sonst aus der Schuhmenge nicht auswählen könnte, man durfte aber auch nicht zu viel sehen, damit ihn niemand draußen erwischte.

Die größte Gefahr war, dass der Stacheldrahtzaun zwischen den Lagern beleuchtet war und am Kreuzungspunkt zweier Zäune, ungefähr einhundertfünfzig Meter entfernt, sich ein Wachtturm mit Maschinengewehr und einem SS-Mann befand. Schmule musste vorsichtig an den Rückseiten der Blöcke entlangschleichen. Er durfte aus dem Schuhhaufen auch nicht mehr als zwei Paare nehmen, jedes Paar von einer anderen Stelle, um keine Spuren zu hinterlassen. Die Leute, die dort die Schuhe sortierten, könnten morgens feststellen, dass in der Nacht jemand dort gewesen war.

Den Jungs schien die ganze Aktion machbar, sofern Schmule sie übernehmen würde. Er sollte versuchen, sie in einigen Tagen durchzuführen, kamen wir überein.

Ich beschloss auszukundschaften, wie es nachts draußen aussah und ob Schmule für die Aktion mit den Schuhen Ruhe haben würde. Deshalb ging ich im Laufe der folgenden Nacht dreimal zu unterschiedlicher Zeit durchs hintere Tor des Blocks nach draußen. Ohne Uhr wusste ich nicht, wie spät es war, aber ich konnte nicht entdecken, dass eine Wache, etwa mit Hunden, durchs Lager ginge, um zu kontrollieren, ob sich Häftlinge außerhalb der Blöcke aufhielten. Würde Schmule nur nahe genug an den Rückwänden der Blöcke entlanggehen, könnten ihn die Lichter vom nahen Stacheldrahtzaun nicht erfassen. Auf dem Turm, von dem aus der Zaun beobachtet wurde, wachte sicher ein SS-Posten, doch war schwer einzuschätzen, ob er gerade dort war oder nicht, weil man nicht bis dahin sehen konnte. So wäre Schmule offenbar davor geschützt, dass jemand auf ihn schießen würde – falls man ihn überhaupt bemerken würde. Bei einem meiner Beobachtungsgänge lösten dort gerade die Wachen einander ab. Die Deutschen besetzten nicht ständig alle Wachtürme rund um das Lager, hatten auch den elektrischen Strom nicht dauernd eingeschaltet, es ließ sich jedoch nicht abschätzen, wann. Auf keinen Fall wäre es ratsam, bei

Vollmond und klarem Himmel an das Organisieren von Schuhen auch nur zu denken.

Für eine so gewaltige Menschenmenge, wie sie in Birkenau untergebracht war, herrschte draußen eine überraschende Stille, sozusagen Grabesstille. Die Schornsteine der Krematorien sahen im Dunkeln aus wie Türme mit Fenstern zur Hölle. Aus ihnen wälzte sich schwarzer Rauch, der mit der roten Glut und dem Zucken der Flammen kontrastierte. Auch rechts von uns, hinter dem Krematorium Nr. 5, war ein schwacher Lichtschein zu sehen. Da kamen wohl eine Menge Transporte an und wurden mit Vollgas ermordet, im wahrsten Sinn des Wortes, und die Leichen wurden in großem Maßstab verbrannt.

Wir waren schon so abgestumpft, dass wir davon nichts bemerkten. Aus den Schornsteinen rauchte es Tag und Nacht, nur Menge und Farbe des Rauches veränderten sich. Hätten wir uns ständig bewusst gemacht, dass dort Tausende, Zehntausende von Menschen verbrannten, die sich nichts hatten zuschulden kommen lassen, hätten wir uns kaum noch auf die Hauptsache konzentrieren können: mit aller Macht um das Überleben zu ringen, aber nicht auf Kosten anderer Häftlinge, die das Gleiche wollten.

Im Lager hieß es, wenn in den Krematorien eine Störung eintrete oder ihre Kapazität nicht zur Verbrennung aller Ermordeten ausreiche, würden die Leichen im Wäldchen hinter dem Krematorium Nr. 5 in Gräben verbrannt. Davon konnte der schwache Lichtschimmer herrühren, den ich beobachtet hatte. Es hieß auch, dass man vom Lager und von den Lagerwegen, über die man die Häftlinge transportierte, nichts davon wahrnehmen könne. Höchstwahrscheinlich war es wirklich so und hatte seinen Grund. Die SS unterband sorgfältig, dass Häftlinge indirekt oder gar direkt Zeugen von Vorgängen wurden, bei denen Menschen physisch liquidiert wurden. Das galt für alle Orte, an denen man Menschen hinrichtete und ihre Leichen verbrannte, für die Krematorien, die aus der Ferne friedlich aussahen, wie auch für den zusätzlichen Verbrennungsplatz im entlegenen Winkel des Lagergeländes. Die einzigen, die das alles zu Gesicht bekamen, waren die ausgewählten Häftlinge des Sonderkommandos, von denen schon die Rede war. Sie waren gezwungen, die Verbrennungen durchzuführen. Aber diese Häftlinge liquidierte die SS von Zeit zu Zeit ebenfalls.

Die SS sorgte mit Gründlichkeit dafür, dass keine Augenzeugen ihrer Verbrechen am Leben blieben. Nach der »Endlösung der Judenfrage« sollte niemand mehr unter den Lebenden sein, der von ihren Verbrechen Zeugnis ablegen könnte. Im Lager Birkenau erfuhr zwar jeder Häftling von den übrigen Gefangenen, was dort geschah, auch diejenigen, die hier vielleicht nur eine Nacht verbrachten und dann anderswohin transportiert wurden, gewöhnlich in ein Arbeitslager, aber es war sehr unwahrscheinlich, dass irgendeiner davon das massenhafte Morden und das Verbrennen der Leichen auf freiem Gelände mit eigenen Augen gesehen hatte. Das betraf besonders die Neuankömmlinge. Damit jemand von diesen Verbrechen wirklich etwas hätte beobachten können, hätten ihn SS-Männer an einen solchen Ort führen müssen – und der unterlag höchster Geheimhaltung. In Birkenau und anderswo fanden sich Leute, die behaupteten – in Ausnahmefällen auch nach dem Krieg –, sie hätten solche Dinge, die wirklich geschehen waren, von denen sie aber nur gehört haben konnten, »mit eigenen Augen gesehen«. Das waren nur die Phantasiegebilde ihrer aufgewühlten Einbildungskraft.

Der SS war daran gelegen, dass Informationen über den Massenmord in Birkenau geheim blieben – nicht nur nach dem Krieg, von dem sie glaubte, dass sie ihn gewinnen würde, sondern auch schon zu der Zeit, als sie ihn verübte. Sonst hätte es passieren können, dass sie mit weiteren, fortwährend aus verschiedenen Teilen Europas eintreffenden Transporten Schwierigkeiten bekäme und künftige Opfer nur mit äußerster Gewalt deportieren könnte; das wiederum hätte zahlreiche deutsche Kräfte gebunden. Schwerlich wäre es ihr dann auch gelungen, die Ankömmlinge zum Betreten der angeblichen Duschen zu bewegen. Damit die Todesfabrik flüssig funktionierte, musste unbedingt sichergestellt werden, dass die Opfer nicht wussten, was sie erwartete.

Wäre es zum offenen Geheimnis geworden, dass hier Menschen zu Hunderttausenden mit Gas ermordet und verbrannt wurden, hätte das zudem die öffentliche Meinung der Welt erschüttert. Beispielsweise hätte in Ungarn die immer noch stark nationalistisch orientierte Obrigkeit ihr Einverständnis mit den Deportationen widerrufen können, wie es Anfang Juli 1944 auch wirklich geschah.* Zudem hätten diejenigen, die wussten, was in Birkenau vor sich ging, aber aus verschiedenen Gründen darüber schwiegen, öffentlich gegen das Morden auftreten müssen.

Von diesen Dingen hatte ich in jener Nacht, als ich auf die Schornsteine der Krematorien schaute und den entfernten Lichtschimmer hinter dem Krematorium Nr. 5 bemerkte, begreiflicherweise keine Ahnung. Die Erinnerungen tauchten mir erst nach Jahren aus dem Gedächtnis auf, als ich einen Bericht las, wie jemand nach der Ankunft in Birkenau und nach der Selektion mit einer Häftlingskolonne zur Aufnahme in das Lager ganz in die Nähe eines Grabens marschiert sei, in dem Leichen verbrannt worden seien, darunter auch Kinder, und der Autor befürchtet habe, dass auch er im Feuer enden werde. Das aber war eine Beschreibung, die nicht der Wirklichkeit entsprach.

Den Jungs in der Gruppe sagte ich, was ich in der Nacht in der Umgebung des Blocks gesehen hatte, und wieder erörterten wir, ob das Organisieren der Schuhe nicht mit einer zu großen Gefahr verbunden wäre. Dabei schlug ich ihnen auch vor, an wen sich die organisierten Schuhe gegebenenfalls verkaufen ließen. Vater hatte mir vom Tausch seiner schönen Halbschuhe gegen andere, schlechtere mit einem gewissen Blockältesten erzählt, der ein kleines Schuhlager besaß. Dieser Blockälteste handelte offenbar mit Schuhen und könnte vielleicht auch zu unserem Abnehmer werden.

Aber Stefan war überzeugt, es sei nicht ratsam, sich mit Blockältesten gemein zu machen, und wandte sich gegen meinen Vorschlag. »Das ist gefährlich!«, warnte er uns. »Sie sind alle mehr oder weniger Helfershelfer der SS. Dem eigenen Blockwart glauben wir kein Wort, weil wir ihn kennen, und dann sollen wir jemandem glauben, von dem wir überhaupt nichts wissen? Alle sind höchstwahrscheinlich die gleichen Gauner. Der Blockälteste, an den der Fußballspieler drei Paar Schuhe verkauft hat, ist ein Sonderfall. Der würde uns nicht denunzieren, weil er mit seinem Diener geht, die Schuhe für sich und seine Leute gekauft hat und weiß, dass wir ihn bei irgendeiner Untersuchung anschwärzen könnten, weil er schwul ist. Aber das Anbahnen von Handelsbeziehungen mit dem Blockältesten, von dem Tom spricht, ist gefährlich, denn der könnte uns der Obrigkeit melden. Auch wenn er nicht weiß, wie wir heißen, für ihn ist es nicht schwer, uns im Jungenblock zu finden und zu bestrafen.«

Andererseits verstand Stefan, dass wir etwas zusätzliches Brot nötig hätten. Wenn wir uns zwei oder drei Wochen allein von der verknappten Kost ernähren und dabei noch schwere Arbeit leisten sollten, dann würde uns das bestimmt derart auf den Hund bringen, dass wir die nächste Selektion nicht überstünden und uns gleich vom Leben verabschieden könnten. Er schlug also vor, uns mit jemandem aus dem Block dieses mutmaßlichen Schuhhändlers bekannt zu machen und herauszubekommen, wie die ihm untergebenen Häftlinge über ihn urteilten, ob er wirklich Schuhe verkaufe und ob er nicht etwas auf dem Kerbholz habe. Stefan hatte offenbar das Gefühl, dass er zu unserer gemeinsamen Wirtschaft nur wenig beitrug, und wollte etwas tun. Das verstanden wir, und deshalb hatten wir nichts dagegen, wenn er vorsichtig nachzuforschen begann. Dabei könne er, wie er selbst sagte, doch nichts verderben.

Schmule sagte: »Nimmt man jemandem etwas weg oder haut ihm eins aufs Maul, so ist das zwar nicht gut, aber wenigstens geradeheraus.« Darin, wie wir darüber diskutierten, erkannten wir unsere kollektive Erziehung, und so teilten wir uns gegenseitig unsere Ansichten mit. Schmule passte es nicht, wenn wir uns bei Blockältesten anbiederten und sie damit in Schach hielten, was wir über sie wussten. Das sei weniger aufrichtig als ein kleiner Diebstahl oder eine Ohrfeige. Aber wenn uns nichts anderes übrigbleibe, dann müssten wir das halt machen, solange wir damit den Geschäftspartnern nicht schaden würden. Wir brauchten mehr Brot zum Überleben! Wir hatten schon ein paar zusätzliche Lebensmittel und trotzdem, mit Ausnahme des Fußballers, fast keine physischen Reserven mehr! Es war klar, wenn wir nicht vor Hunger sterben oder verfallen wollten, mussten wir schnell etwas unternehmen. Wenn wir zwei Paar Schuhe pro Woche organisierten, was einem riskanten Ausflug ins Lager entspräche, und für sie drei Kastenbrote erhielten, so wären das zwölf Tagesrationen Brot pro Woche zusätzlich. Bei zwei Kastenbroten für ein Paar Schuhe hätten wir jede Woche sechzehn zusätzliche Portionen. Daraus ergab sich, dass auf jeden von uns vieren drei oder vier nichtgestohlene Portionen Brot zusätzlich entfallen würden.

Hatte es überhaupt Sinn, wenn wir uns stundenlang über die Schuhe unterhielten und moralisch gerechtfertigte, aber nach hiesigen Vorschriften verbotene und riskante, ja waghalsige Aktionen planten und unternahmen? Die Antwort war eindeutig: Ja. Diese drei bis vier Portionen Brot pro Woche zusätzlich könnten unser Leben retten. Diese zusätzlichen drei würden unseren körperlichen Verfall durch Unterernährung aufhalten und die Grenze hinausschieben, hinter der uns die Ausmusterung durch Selektion drohte. Wir hatten nur die zwei Möglichkeiten: entweder tatenlos warten, bis wir abmagerten und so viel Kraft verlieren würden, dass sie uns selektierten und ins Gas schickten, oder irgendwie zusätzliche Lebensmittel auftreiben, auch wenn die Sache mit den Schuhen uns allen schon keinen Spaß mehr machte.

Das alles war für die Verhältnisse in Birkenau aus mehreren Gründen typisch – und zugleich widersprüchlich. Auf der einen Seite stand die aufreibende Eintönigkeit des Daseins, das sich um die Essenausgabe, die Latrine und den Schlafplatz auf dem Fußboden drehte. Ein Tag war wie der andere, so dass wir aufhörten, sie zu zählen. Anfangs störte uns, dass wir nicht arbeiteten. Wir dachten uns, dann wäre wenigstens etwas los. Später waren wir froh, keine Energie durch Arbeit zu verbrauchen. Das war angesichts der negativen Bilanz zwischen aufgenommener und verausgabter Energie wichtig. Wir alle magerten nach und nach ab, und das konnte nicht immerzu so weitergehen.

Hinsichtlich einer komplexeren Frage aber war das Faktum, dass wir nicht arbeiteten, sehr beunruhigend. Bisher hatten wir nicht erfahren, wozu uns die SS eigentlich ausgewählt hatte und warum aus uns eine Gruppe von Jugendlichen gebildet worden war. Wenn wir nicht in diese Gruppe eingegliedert worden wären, dann wären die kleineren, schwächeren und kindlich aussehenden Jungen sofort nach Eintreffen im Lager zusammen mit den übrigen Kindern ins Gas gegangen. Die größeren und kräftigeren hingegen wären, oft zusammen mit ihren Vätern, vermutlich irgendwohin nach Deutschland zur Arbeit abtransportiert worden.

Ich wäre eher unter die Kinder als unter die Erwachsenen geraten und müsste mich jetzt nicht mehr sorgen.

In Arbeitslagern hatte das Leben der Häftlinge für das Reich doch mehr Wert als in den Vernichtungslagern. Arbeit aber bedeutete für sie zugleich eine größere Verausgabung von Energie. Die Häftlinge in Birkenau waren ausgemergelt und verloren teils sofort, teils erst nach einer gewissen Zeit ihre Hoffnung und ihr Leben, aber dort wie in den Arbeitslagern lief es auf das Gleiche hinaus. Während es in den Vernichtungslagern um nichts anderes ging, als die Juden zu liquidieren, wollten die Nazis in den Arbeitslagern aus den Sklaven so viel Nutzen für das Reich wie möglich herauspressen und sie zu Tode schinden; das hieß *Verschrottung durch Arbeit.* Beide Wege endeten gleichermaßen mit dem Tod. Dabei hatten diejenigen, die auf ihre Auslöschung warteten, nicht einmal mehr Hoffnung. Bei diesen Häftlingen galt nicht, dass die Hoffnung zuletzt stirbt; sie starben sehr bald zusammen mit ihren Hoffnungen. Vielleicht mit Ausnahme derer, die fest daran glaubten, dass nach dem irdischen Leid und Verderben hier noch ein anderes, besseres, ewiges Leben folgen werde.

In den Arbeitslagern jedoch starb die Hoffnung später und allmählich. Dort ging es um den Wettstreit, wer früher verschrottet würde: die Häftlinge, die zur Sklavenarbeit gepresste Zivilbevölkerung in den besetzten Ländern, oder die Deutschen in Uniform, die von den Alliierten an den Fronten aufgerieben wurden.

Das Leben der Häftlinge in den Lagern war monoton, aber nicht langweilig. Langeweile konnten sie sich nicht erlauben. Für diejenigen, die noch dahinlebten, geschah eigentlich nichts, das irgendeine aufregende Veränderung bedeutet hätte, außer der unaufhörlich stattfindenden Ermordung anderer, an die sich alle nach und nach gewöhnt hatten. So war es nach einer relativ langen Zeit. Dabei war jede Stunde Wachen und letztendlich auch jede Minute Schlaf von Bedrängnis geprägt. Die Tage verbrachten wir mit unablässigem Nachdenken und Bereden, wie man jeder möglichen Falle ausweichen könnte und wie sich im fortlaufenden Strom der lebenswichtigen Kleinigkeiten die vielversprechendsten Varianten finden ließen. Es war für uns unerlässlich, dauernd auf der Hut zu sein, ohne eine Phase der Entspannung. So verloren wir nicht die Motivation, die nur auf eins gerichtet war: das Überleben!

Schon drei Tage nachdem wir über den Fußballspieler dessen Mutter Marika Gelb um Zwiebeln für Jirka Faber gebeten hatten, erreichte uns durch Vermittlung ihres Bekannten, des Lagerhasen, ihre Nachricht, dass sie versuchen würde, die Zwiebeln aufzutreiben. Das war eine noch nie dagewesene Geschwindigkeit! Die Zwiebeln mussten auf einem komplizierten Weg durch die Hände mehrerer Personen gehen, und das letzte Glied war ein gewisser Doktor Fein, der aus Parkan stammte. Marika Gelb ließ uns wissen, dass die Zwiebeln in etwa drei Tagen zu ihm gelangen sollten, und nannte auch die Nummer des Blocks, in dem der Doktor untergebracht war. Ich solle ihn aufsuchen, ihm die Sendung ankündigen und erklären, worum es sich handele.

Zu Hause hatte ich Doktor Fein nur vom Sehen gekannt. Auf der Rampe hatten sie ihn nicht als Lagerarzt ausgewählt, und so diente er im Kommando *Rollwagen*. Anstelle von Zugtieren mussten die Häftlinge aus diesem Kommando einen Wagen mit Gummirädern ziehen, der zur Beförderung von allem Möglichen zwischen den verschiedenen Lagerteilen verwendet wurde. Das war keine ganz schlechte Arbeit, weil sich die Mitglieder des Kommandos bei diesen Transporten mitunter auch etwas zu essen besorgen konnten. Fein fand ich leicht noch am selben Tag, es war Sonntag und das Kommando arbeitete nicht. Ich erklärte ihm, wie die Dinge stünden und an welcher Krankheit Jirka litt. Als Arzt wusste er natürlich besser als wir, worum es ging, und glaubte nicht an die wunderbare Heilkraft der Zwiebeln. Dennoch vermutete er, die Zwiebeln könnten Jirka wirklich helfen, weil der von ihrer Heilkraft so fest überzeugt war. Heißt es doch im Neuen Testament, wenn auch in einem anderen Zusammenhang: »… dein Glaube hat dich geheilt.« Der Doktor kannte die Faber-Brüder von Zuhause, als sie irgendwann sogar seine Patienten gewesen waren.

Während unseres Treffens teilte mir der Doktor interessante medizinische Erkenntnisse mit, die die Konzentrationslager betrafen. Er sagte, dass uns der Tod durch Unterernährung drohe. Wenn wir mehr Energie verausgaben würden, als wir aufnähmen, könne das nicht anders enden. Das wusste ich schon selbst, aber ich erfuhr von ihm auch etwas Neues: Doktor Fein zufolge verminderten viele von uns durch unzweckmäßigen Umgang mit den minimalen Nahrungsrationen die Wahrscheinlichkeit ihres Überlebens. Es sei nämlich ein Trugschluss, sich jede Ration in kleine Portiönchen aufzuteilen, damit das Essen länger vorhalte. Wenn der Mensch in so kleinen Mengen esse, erhöhe sich der Kalorienanteil, der für die Aufnahme und Verarbeitung der Nahrung verbraucht werde, und zugleich sinke die effektiv nutzbare Energie.

Ich fragte Doktor Fein, ob das so zu verstehen sei, dass jeder Nahrungsverzehr so etwas wie energetische Selbstkosten erfordere. Und wenn jemand mehrmals am Tage esse, würden diese Selbstkosten größer, und ihm bliebe weniger Energie für andere Zwecke übrig, das heißt für die eigene Tätigkeit des Organismus? Er antwortete, dass ich das richtig verstanden habe, und forderte mich auf, das möglichst vielen Jungen aus unserem Block zu erklären und überhaupt jedem, mit dem ich reden könne. Seines Erachtens ließen sich die Menschen zum Glück überwiegend vom Instinkt leiten, der sie dazu dränge, alles, was sie kriegen könnten, augenblicklich aufzuessen. Das war auch bei mir der Fall. Immer aß ich alles auf einmal auf, nicht nur aus Hunger, sondern auch aus Furcht, dass mir jemand das Essen stehlen könnte. Der Doktor stimmte zu, auch das spiele eine Rolle. Kräftig gestohlen werde immer und überall, und im Lager stehle man noch viel mehr. Die Leute verhielten sich hier eigentlich nicht anders als im normalen Leben, aber alles sei äußerst angespannt und bis zu seiner extremen Form getrieben. Er erklärte mir auch, dass man die Situation und die Bedingungen, unter denen wir hier in Birkenau lebten, nicht mehr mit medizinischen Grundbegriffen beschreiben könne. Es sei die Frage, ob sich der körperliche Zustand der überwiegenden Mehrheit der Häftlinge, die stark hungerten und unter extremem Stress karg dahinlebten, überhaupt noch als Gesundheit bezeichnen lasse. Hier sei unter Gesundheit eher der Übergangszustand zu verstehen, in dem bei den Häftlingen, sofern sie nicht obendrein noch an irgendeiner Krankheit litten, die Anpassungsvorgänge des Organismus gerade so ausreichten, um die Belastungen auszugleichen.

Das wollte ich näher erklärt haben und fragte deshalb: Auch uns scheine, wir seien gesund, und dabei glitten wir eigentlich schon auf einer schiefen Ebene abwärts, und am Ende der Rutschbahn würden uns die offenen Verbrennungsöfen erwarten. Sei das nicht so ähnlich, als dächten wir, wir wären reich, und würden uns entsprechend verhalten, aber in Wirklichkeit wären wir immer mehr verschuldet, und schließlich müsste alles mit einem Krach enden?

Der Doktor lobte mich, dass ich das Wesen der Sache richtig verstanden hätte. Ich sei wirklich noch ein Kind, aber überlege schon wie ein Erwachsener. Eigentlich sei ich ein »alter Junger«. Dann sprach er noch davon, jeder von uns habe seine Anpassungsreserven. Wie groß sie seien, hänge von mehreren Umständen ab. Der bedeutendste von ihnen sei das Alter. Junge würden leichter überleben als Ältere. Er betonte aber, dass wir im Lager auch die Vorstellungen vom Alter der hiesigen besonderen Situation anpassen müssten. Hier sei die Jugend auf das Alter von fünfzehn bis zwanzig Jahren beschränkt, und alt seien fast alle, die mehr als vierzig Jahre zählten. Alle oder fast alle, die diese Altersgrenze überschreiten hätten, seien schon ermordet worden oder würden sterben. Soweit das noch nicht geschehen sei, laufe es wohl leider darauf hinaus. Ein weiterer Faktor sei die Muskelkraft und die Trainiertheit. Das sei ein wichtiger Faktor, aber nicht der hauptsächliche. Athleten würden mitunter schnell zu Wracks und stürben. Es scheine, dass es sehr darauf ankomme, wie bei jemandem das Nervensystem funktioniere und was für eine Psyche er habe, auch darauf, ob er über irgendwelche sozialen Bindungen verfüge. Der verlassene Einzelne, sofern er nicht eine Ausnahmepersönlichkeit sei, man könne sagen, ein Held, werde schlechter als das Mitglied eines Kollektivs überleben. Weiter hänge das Überleben auch von der persönlichen Lebenserfahrung ab. Einfache Menschen würden leichter überleben als Intellektuelle. Auch Menschen, die von der Richtigkeit der Weltanschauung und der Grundsätze überzeugt seien, von denen sie sich leiten ließen, hielten mehr aus, ebenso diejenigen, die fest an ihre Religion glaubten, auch charakterfeste und willensstarke Menschen. All diese würden eher überleben als labile Individuen.

Ich hörte Doktor Fein sehr aufmerksam zu; teils verstand ich seine Ausführungen, teils noch nicht. Aber die Worte, Kollektive würden besser überleben als isolierte Einzelne, stimmten mich zuversichtlich, und ich hoffte, dass ich auch die Jungs in unserer Gruppe ermutigen würde, wenn ich ihnen das erzählte. Die kritische untere Altersgrenze von fünfzehn Jahren erschien mir ebenfalls realistisch. Der Doktor half mir zu verstehen, dass wir Jugendlichen uns bemühen sollten, unter die Sechzehnjährigen zu gelangen, die überleben könnten. Ich war aber noch nicht einmal vierzehn!

Unsere Masse von Jugendlichen ist, so überlegte ich mir, einer grausamen mechanischen Sortierung ausgesetzt, als wären wir in einen Raum gesperrt, in dem sich eine riesige schlaue Sortiermaschine bewegt, die ähnlich wie ein Traktor bei der Arbeit auf einem Feld Reihe um Reihe abfährt, ohne eine auszulassen. Der Einzelne kann sich ihr nicht entgegenstellen, das Monstrum würde ihn zerquetschen. Wenn sich diese Maschine durch den Raum wälzt, in dem wir versammelt sind, teilt sie uns in zwei Haufen, je nachdem, ob wir älter oder jünger als fünfzehn sind. Auf den einen Haufen werden diejenigen geworfen, die überleben, und auf den anderen die, die sterben werden. Wir bemühen uns, diese Maschine zu täuschen, um nicht auf den Leichenberg zu geraten, aber wir können nicht plötzlich wachsen oder unsere ausgehungerten Körper kräftiger machen. So bleibt uns nichts weiter übrig, als so schnell wie möglich geistig erwachsen zu werden. Wir müssen beschleunigt aufhören, Kinder zu sein, und uns in Erwachsene verwandeln. Der Doktor hatte das richtig benannt: Wir waren alte Junge!

Ich verabschiedete mich und ordnete auf dem Weg zu unserem Block meine Eindrücke dieser Begegnung. Gegenüber Doktor Fein empfand ich Respekt. Er kam mir wirklich sehr scharfsinnig vor, und ich vermutete, dass wir von ihm vieles lernen könnten und dass er imstande wäre, uns in vielerlei Dingen zu beraten. Jemanden, der erfahrener und klüger war als wir, brauchten wir wirklich, das war uns auch bei Herrn Silbermann bewusst geworden. Über welche Erfahrungen und welche Vernunft konnten Jungen, die noch nicht einmal fünfzehn sind, denn schon verfügen? Dabei müsste unser Ratgeber nicht gleich ein Intellektueller sein, uns würde ein Erwachsener genügen, der brauchbare Gedanken für uns hätte. Uns fehlte jemand, der uns hier den Vater ersetzen könnte. Waren denn etwa nur Männer mit akademischen Titeln gute Väter? So hatte ich von dem Gespräch mit Doktor

Fein insgesamt ein gutes Gefühl. Vielleicht waren wir in diesem Menschendschungel doch nicht so verlassen und auf uns allein gestellt. Vielleicht würden wir Ratgeber finden, die uns zu guten Erkenntnissen führen würden.

Das war die eine, bedingt positive Schlussfolgerung aus diesem Gespräch. Aber die andere Konsequenz klang recht negativ. Hatten die Deutschen mit uns Jugendlichen ursprünglich irgendetwas vorgehabt, so sah es jetzt aus, als wüssten sie nicht, was. Hätten sie nach einer Weile die Sortiermaschine angehalten und uns aus ihrer Bahn gejagt, dann wären die meisten von uns schon auf dem Leichenhaufen geendet. Aber die Minderheit, die auf dem Haufen der Lebenden gelandet wäre, wäre mit ihren Vätern und mit anderen erwachsenen Männern längst irgendwohin zur Arbeit abgefahren. An fast jeder Arbeitsstätte gab es neben normalen und schweren Arbeiten auch leichtere. In Arbeitsgruppen, wo ein Halbwüchsiger auf fünfzig oder hundert Männer kommt, hatten junge Burschen Hoffnung aufs Überleben. Eine Masse von Jugendlichen ohne Erwachsene aber hatte für die Deutschen keinen Nutzen. Es war unwahrscheinlich, dass sie sich extra eine Arbeitsorganisation für Hunderte Jugendlicher ausdenken würden. Deshalb würde uns diese Sortiermaschine so lange weiterselektieren, bis wir alle auf dem Leichenhaufen gelandet wären! Mochte auch jemand von uns zur Seite springen, das Ungeheuer würde ihn bei der nächsten Runde packen. So würde es weiter seine Runden drehen, bis es schließlich uns alle erwischt hätte. Auf diesen Gedanken hatten mich die pessimistischen Erwägungen des Doktors gebracht.

Den Jungs sagte ich aber nichts davon. Ich gab ihnen nur Doktor Feins Mitteilung weiter, dass ihm die Zwiebeln für Faber übergeben würden, und seine Ratschläge, wie wir mit der Nahrung im Lager umgehen sollten: Wer das Essen in kleine Portionen teile und sie nacheinander verzehre, statt alles auf einmal zu verschlingen, der müsse für dieses Vorgehen draufzahlen. Diese Lehre war besonders für Stefan von Bedeutung, der buchstäblich nur bröckchenweise aß.

Das Wetter wurde schön, und es war Sonntag, ein etwas freierer Tag. Weil wir alle chronisch unausgeschlafen waren, entschlossen sich Stefan und Schmule, ein wenig auf dem Hof auf der Erde zu schlafen. Mitunter schliefen wir draußen so, dass sich zwei Jungs auf die Seite legten, der eine nach links und der andere nach rechts, die Körper zueinander, aber in entgegengesetzter Richtung. Dann zogen beide die Beine an, und jeder legte den Kopf auf den Oberschenkel des anderen. Diese Stellung bot uns wenigstens ein bisschen Bequemlichkeit und hatte den Vorteil, vor Dieben geschützt zu sein, die die Schlafenden bestehlen wollten. So konnten sie zwischen ihren Körpern Sachen verstecken. Man konnte sich natürlich nicht einfach auf die andere Seite drehen, wenn die Erde drückte. Bei einem solchen Schlaf konnten wir nur etwas vor uns hin dösen.

Schmule und Stefan schlummerten, ich sah mich mit dem Fußballer im Lager um, der eher aus Neugier mitging. Vielleicht würde ihm einfallen, wie ein Stückchen Brot zu verdienen wäre; wenn er auf dem Hof des Blocks ein Schläfchen machte, würde er sicher zu nichts kommen. Ich wiederum wollte Luft schnappen, um die trüben Gedanken, mit denen mich Doktor Fein angesteckt hatte, aus dem Kopf zu vertreiben.

Wir gelangten auf die andere Seite des Lagerweges, von der man das Nachbarlager B II f sehen konnte, dessen der Rampe zugewandter Teil nicht mit Baracken bebaut war. Dort war eine Wiese mit zwei improvisierten Fußballtoren, von dort aus konnte man die vier Krematorien sehen. Ihre Schornsteine rauchten an diesem Tag weniger, der Rauch war heller. Wie alle wussten, ging die Leichenverbrennung ihrem Ende entgegen. Viki wurde durch den Blick auf die Wiese und die Fußballtore ohne Netz an die Heimat und die Jugend erinnert. Darüber lachten wir etwas, weil Viki vor weniger als einem halben Jahr noch den größten Teil seiner Freizeit beim Kicken mit dem Ball verbracht hatte und ich manchmal auch mit ihm. Mir fiel ein, dass diese vier rauchenden Schlote für Birkenau ebenso ein Wahrzeichen waren wie für Esztergom und Parkan die Basilika auf dem Burgberg über der Donau. Die Schornsteine bildeten tatsächlich die bauliche Dominante von Birkenau. Jeder, der dieses Lager finden wollte, konnte sich an ihnen orientieren. Sie waren vom Land wie aus der Luft klar zu erkennen, und niemand konnte sie verfehlen.

»Da haben wir uns schön an die Heimat erinnert!«, bemerkte Viki. »Ob jemand zu Hause an uns hier denken wird? Ich fürchte, nein. Wir existieren für sie nicht mehr. Aber manche haben sich unsere Sachen, die sie nach unserer Abfahrt geplündert haben, als Andenken genommen. Wenn wir zurückkehren, werden wir wieder auf unserem betonierten Hof Ball spielen.« Dann schwiegen wir eine Weile. Natürlich fiel uns ein, dass, selbst wenn wir nach Hause kämen, viele unserer Leute bestimmt nicht zurückkehren würden und überhaupt alles für immer anders wäre. Wir hofften dennoch auf die Rückkehr und verhielten uns entsprechend, andernfalls hätten wir den Willen zum Überleben verloren. Gleichzeitig waren wir uns dessen bewusst, dass es ein Wunder wäre, wenn wir überleben würden. Es war eigentümlich, dass diese gegensätzlichen Gefühle – der Glaube, durchzuhalten, und das Bewusstsein, dies sei wenig wahrscheinlich – gleichzeitig in uns lebten und wirkten, als würden sie sich nicht gegenseitig ausschließen. Wir waren innerlich wie zweigeteilt.

Plötzlich merkten wir beide auf. Auf die Wiese kamen, offenbar zum Fußballspielen, zwei Gruppen, etwa fünf oder sechs SS-Männer und die gleiche Anzahl von Häftlingen, die höchstwahrscheinlich zum Sonderkommando gehörten. Die Krematorien waren ein kleines Stück von hier entfernt, vielleicht hatten sich die Männer aus beiden Gruppen gemeinsam auf einen Sprung von der Arbeit entfernt, um sich etwas zu erfrischen. Ihre Arbeit war die massenhafte Ermordung von Menschen durch Gas und die Leichenverbrennung in den Krematoriumsöfen. Die SS-Männer leiteten diese Arbeit und führten sie freiwillig aus, während die Häftlinge zu ihr gezwungen wurden. Würden die Häftlinge den Gehorsam verweigern, dann würden die SS-Männer sie erschießen, und Kollegen aus dem Sonderkommando würden deren Leichen auf den Haufen der übrigen Ermordeten werfen, die auf die Verbrennung warteten.

Uns schien, dass sich in der Gruppe der Deutschen kein Offizier befand, aber sicher waren wir nicht, wir kannten die Dienstgrade der SS nicht. Die Häftlinge, die mit ihnen zum Fußballspielen kamen, waren gut genährt, und man konnte an ihrem Verhalten selbst von Weitem feststellen, dass sich die beiden Gruppen gegenseitig kannten. Sie legten Blusen, Hemden und Kappen ab, und einer von ihnen hatte einen Fußball in der Hand. Die SS-Männer machten auch den Oberkörper frei und behielten Militärhosen und Schaftstiefel an. Es überraschte mich, dass sie schließlich auch die Mützen abnahmen, etwas Derartiges hatte ich in unserer Nachbarschaft in Parkan bei den Autoschlossern vom deutschen Militär niemals bemerkt. Die Häftlinge behielten nur die gestreiften Hosen an. Die Männer bildeten zwei Mannschaften und begannen zu spielen. Das war eher nur ein Herumgebolze als normaler Fußball, weil sie nicht die volle Anzahl von Spielern hatten und es bei ihrem Spiel auch auf nichts ankam. Als Schiedsrichter fungierte ein Häftling in einem eleganten Zivilanzug. Auf dem Rücken des Sakkos hatte er einen langen senkrechten Strich, der mit roter Farbe aufgemalt war. Jemand sagte, er sei ein deutscher Verbrecher, der seine Strafe in Birkenau verbüße und in einem der Teillager die Funktion des Häftlingsanführers ausübe. Viki und ich sahen uns an, wie seltsam diese ganze Sache doch war. Sklavenhalter führten hier die sonderbare Karikatur eines sportlichen Wettkampfs mit den Sklaven vor. Ein echtes Spiel konnte das nicht sein, denn die Grundvoraussetzung eines jeden sportlichen Wettstreits ist die Ebenbürtigkeit der Mannschaften und aller Personen auf dem Platz. Wir hielten genügenden Abstand vom Stacheldrahtzaun und verfolgten nur von der Seite, was sich auf dem improvisierten Fußballplatz tat. Dabei gaben wir uns, als gehe rings um uns nichts Interessantes vor sich, damit niemand behaupten konnte, dass wir auf die Spieler starrten oder gar für die eine oder andere Partei seien. Ebenso verhielten sich auch die übrigen Häftlinge auf der anderen Seite des Zaunes, im Lager B II e, die dort herumstanden oder so taten, als würden sie spazieren gehen.

Halb von den Spielern abgewandt, tauschten Viki der Fußballspieler und ich uns darüber aus, was wir gerade beobachteten. Beim Anblick der entkleideten Spieler – Sklaven und Sklavenhalter – fiel mir auf, dass sie sich vom Gürtel aufwärts nicht erkennbar unterschieden. Vom Gürtel abwärts aber bestand die eine Gruppe aus Übermenschen und die andere aus Untermenschen, je nachdem, welche Hosen sie trugen. Wären alle ohne Hosen gewesen, dann wären auch alle Unterschiede zwischen ihnen aufgehoben gewesen – so als hätte Adolf mit seinen Reden über die Herrenrasse und dergleichen mehr den Deutschen zwanzig Jahre lang vergeblich in den Ohren gelegen. Viki tippte sich auf die Stirn und fragte, ob ich zufällig meschugge sei. Sie unterschieden sich doch nicht durch die Hosen, sondern gerade umgekehrt! Zögen Juden und Deutsche die Hosen aus, dann würde man erst recht sehen, wie sie sich unterschieden, weil die Juden beschnitten seien und die Deutschen nicht. Die beiden

Mannschaften seien sich in Hosen viel ähnlicher als ohne, und das liege überhaupt nicht daran, welche Farbe diese Hosen hätten und woraus sie genäht seien.

Ich musste zugeben, dass Viki recht hatte. Dann mäkelte er noch an ihrem Spiel herum. Er sagte, sie alle ähnelten einander nicht nur durch die bloße Haut vom Gürtel an aufwärts, sondern auch, weil sie alle miserabel spielten – etwa so, als träten Nachtwächter gegen Hebammen an.

Das ungewöhnliche Spiel, bei dem Kerkermeister gegen Gefangene kämpften, fesselte noch mehr Umstehende, die sich ähnlich wie der Fußballspieler und ich in der Nähe des Zauns aufhielten und das Spielfeld beobachteten. In unserer Nähe standen zwei Männer, ich hörte, wie einer von ihnen sagte: »Die SS-Männer haben ihre jüdischen Sklaven unter Todesandrohung gezwungen, die gesamte Drecksarbeit bei der Vernichtung des europäischen Judentums zu erledigen, durch dieses gemeinsame Spiel wollen sie sie auf ihr mörderisches Niveau runterzerren – als würden sie ihnen damit, dass sie mit ihnen Fußball spielen, sagen: ›Ihr seid um nichts besser als wir. Wir machen nur unsere Arbeit, so wie ihr die eure‹!«

Der Häftling, der das gesagt hatte, merkte aber, dass wir ihm zuhörten, ging mit seinem Gefährten schnell weg, und beide mischten sich unter die Menge.

Ich flüsterte Viki zu, dass die SS-Männer, die diese Juden aus dem Sonderkommando bewachten, ihnen das Fußballspielen befohlen haben könnten. Vielleicht hatten sie ihnen gesagt, es sei gerade Ruhe; draußen sei es schön, also gingen sie auf den Platz nebenan und spielen eine Weile Fußball. Wie hätten die Juden das ablehnen können? Das ginge auf keinen Fall, wie es ihnen auch unmöglich war, Befehlen oder Wünschen der SS-Männer nicht nachzukommen. Mit der SS Fußball zu spielen, konnte in den Augen der Häftlinge nicht verbrecherischer oder unmoralischer sein als ihre erzwungene Mitwirkung an der Vernichtung der eigenen Leute!

»Obendrein ist, was beim Fußball auf dem Platz geschieht, bis auf die Fouls straffrei«, beurteilte Viki die Angelegenheit unter sportlichem Gesichtspunkt. »So sind die Regeln des Fußballs. Aber stell dir vor, Tom, einer der Juden würde seinem deutschen Gegenspieler absichtlich ein Bein stellen, und dieser würde es sich brechen. Das Spiel würden sie vielleicht zu Ende spielen, aber den Juden würden die SS-Männer auf die Strafbank setzen und im Krematorium mit ihm kurzen Prozess machen. Wenn sich ein Deutscher von selbst das Bein bricht, wird dem Juden nichts passieren. Verletzt ein Deutscher einen Juden, absichtlich oder zufällig, wird dem Deutschen nach dem Spiel natürlich nichts geschehen, aber beim Spiel wird der Schiedsrichter ein Foul pfeifen, und die Juden werden gegen die Deutschen einen Freistoß ausführen. Damit will ich sagen, auf dem Fußballplatz gelten weitaus fairere Regeln als im Vernichtungslager Birkenau. Deshalb begreife ich nicht, warum es den Juden groß schaden sollte, wenn ihnen die Deutschen befehlen, mit ihnen eine Weile Fußball zu spielen, Dort verhalten sich diese Deutschen doch fairer als im realen Leben, also dem Leben des Sonderkommandos im Krematorium, gleich hinterm Sportplatz.« Ich wollte zu Vikis Ansicht noch etwas sagen, aber da schoss ein Deutscher den Ball mit solcher Kraft, dass er über den Zaun flog und ein Stückchen von uns entfernt landete. Viki konnte nicht an sich halten, rannte hin, nahm ihn mit dem Fuß geschickt von der Erde auf, führte mit ihm einige Kopfstöße und verschiedene Tricks aus, bei denen er den Ball durch kleine Stöße mit dem Spann, der Ferse und den Knien in der Luft hielt, und beförderte ihn schließlich mit einem mächtigen Fallrückzieher über den Stacheldrahtzaun bis mitten aufs Spielfeld. Dieser Schuss sah so aus, dass Viki, den Rücken zum Zaun, den Ball in weitem Bogen zurück auf den Platz feuerte. Dabei machte er so etwas wie eine Rolle rückwärts und sprang auf. Seine ganze Fußballvorführung dauerte nicht länger als eine halbe Minute. Als der Ball auf den Platz flog, war Viki schon wieder neben mir.

Es wurde ganz still. Deutsche und Juden standen auf dem Platz wie angewurzelt. Dann begann einer der Mordgesellen zu klatschen und schrie: »Bravo!« – und seine Kumpane schlossen sich an. Danach applaudierten auf dem Sportplatz auch einige Juden. Die Häftlinge auf unserer Seite mucksten vernünftigerweise kein bisschen. Ich fasste den immer noch wie berauschten Fußballspieler bei den Schultern und schob ihn so schnell wie möglich weg. Als wir bei einer größeren Gruppe von Häftlingen angelangt waren, verlangsamten wir unseren Schritt und mischten uns unter die Menge. In sicherer Entfernung vom Sportplatz, und damit auch vom Zaun zwischen beiden Lagern, setzten wir uns auf die Steine, um uns auszuruhen. Wir waren ganz abgehetzt.

Wegen seines unglücklichen Einfalls fuhr ich Viki heftig an. Als ob er nicht wisse, dass es hier für Häftlinge gefährlich sei, irgendwie auf sich aufmerksam zu machen. Und besonders idiotisch sei, den Deutschen vorzuführen, dass ein jüdischer Häftling in irgendetwas besser sein könne als sie! Schließlich seien sie die Übermenschen, der Herrenrasse zugehörig und in allem auf der Welt die Besten. Viki verteidigte sich, dass er das alles wisse und sich nur nicht habe beherrschen können, als er gesehen habe, wie grässlich sie spielten. Als ihm dann der Ball beinahe direkt vor die Füße gefallen sei, habe er nicht an sich halten können und ein paar Finten gemacht, bevor er den Ball zurückgeschossen habe.

Ich dachte mir, dass sich das Geschehene nicht rückgängig machen ließe und Viki wenigstens die zuschauenden Juden erfreut hatte, während er die Deutschen aufbrachte, weil er als jüdischer Jugendlicher so gut mit dem Ball umging. Sicher empfanden auch die Juden, die mit den SS-Männern spielten oder vielmehr spielen mussten, Freude und Genugtuung, wenn sie gegen die Deutschen ein Tor schossen oder ihnen beim Spiel eine Finte gelang, sie ihre Verderber wenigstens in etwas besiegen konnten. Ähnliches hatte ich erlebt, als ich noch vor der Deportation im Radio einen Fußballwettkampf zwischen kleinen, abhängigen Staaten und einer Großmacht verfolgte. Jedes Tor und jeder bescheidene Sieg wurde für diese kleinen Staaten zu einem nationalen Triumph, und diese noch so kleinen Siege bedeuteten, dass sie wenigstens auf einem Gebiet einen starken und manchmal auch bösen Gegner überwinden konnten. Warum sollte den Juden diese Freude genommen werden, wenn sie diese fürchterliche Arbeit tun mussten und die SS sie in absehbarer Zeit ermorden würde?

So kommentierten Viki und ich das, was wir am Zaun von dem unbekannten jüdischen Häftling gehört hatten, der sich davonmachte, als er bemerkte, dass wir zuhörten. Ich behauptete, er könne damit recht haben, die Deutschen wollten durch den gemeinsamen Sport die Juden erniedrigen und zeigen, dass die Häftlinge aus dem Sonderkommando ebenso schlecht und schuldig seien wie die SS-Männer. Auch wenn das bestimmt nicht die ganze Wahrheit war! Viki meinte aber, Fußball sei nur ein Spiel und habe keinen Bezug zu dem, womit sich die, die ihn spielen, sonst beschäftigten. Sobald die SS-Männer und die vom Sonderkommando diesen Wettkampf beendet hätten, würden sie zum Krematorium zurückkehren, beide Parteien mit dem fortfahren, was sie zuvor getan hätten. Nach Vikis Ansicht hatte der Unbekannte der Episode eine Bedeutung zugeschrieben, die sie nicht besaß. Die Häftlinge müssten sich in der ganzen Angelegenheit passiv verhalten, und die SS-Männer, die dort mit ihnen spielten, hätten nicht gerade danach ausgesehen, als seien sie fähig zu strategischen Überlegungen, wie sie ihnen dieser Mann zugetraut hatte. Sie machten eher den Eindruck grober, beschränkter Mörder. Wären sie imstande zu derart intelligenten Reflexionen, dann hätten sie nicht so erbärmlich Fußball gespielt.

Kurz gesagt, Viki zufolge war jemand, der gut Fußball spielt, automatisch intelligenter als die Übrigen.

Eine Woche war vergangen, aber die Zwiebeln für Faber trafen nicht ein. Jirkas Zustand hatte sich verschlechtert, ich ging fast jeden Tag zu ihm und sah, wie schlecht es ihm ging. Er hustete Blut und war verzweifelt, weil er die Hoffnung verloren hatte. Jedes Mal empfing er mich mit der Frage, wie es um die versprochenen Zwiebeln stehe, und ich wiederholte ständig, dass wir sie aufgetrieben hätten und sie schon auf dem Weg seien. Nach einer Woche entschloss ich mich, Doktor Fein erneut aufzusuchen. Noch immer vertraute ich ihm. Stefan schlug vor, wir sollten gleichzeitig über die üblichen Kanäle Marika Gelb benachrichtigen, dass die Sendung nicht eingetroffen sei.

Diesmal bereitete es mir mehr Mühe, den Doktor zu finden. Auf die direkte Frage, ob er die Zwiebeln bekommen habe, antwortete er mit »Nein!«. Er hatte keine Lust, sich mit mir abzugeben, und wollte mich diesmal auch gar nicht belehren, sondern sagte nur, dass er keine Zeit habe. Dabei hatte ich gemischte Gefühle. Es enttäuschte mich auch, dass ich von ihm jetzt nichts Interessantes erfahren würde. Zugleich überkam mich der Verdacht, mit diesen Zwiebeln könnte etwas nicht stimmen. Im Weggehen kündigte ich an, dass ich wiederkommen würde.

Schon nach drei Tagen kam von Vikis Mutter die Antwort. Frau Gelb bestätigte, dass Fein die Zwiebeln entgegengenommen habe. Es war klar, der Doktor hatte die wenigen Zwiebeln, den letzten Wunsch des kranken Jungen, bekommen, aber nicht weitergegeben. Als Viki uns das mitteilte, regte sich Schmule schrecklich auf und sagte, dass dieser Doktor, der Jirka Faber kenne und früher sogar behandelt habe, sich die Zwiebeln unter den Nagel gerissen und selbst gefressen habe. Und dabei hätten die Menschen, die diese Sendung von Hand zu Hand weitergaben, einiges riskiert. Hätte man sie erwischt, wären sie mindestens zusammengeschlagen worden. Und das war der letzte Wunsch eines Jungen vor dem Tode! Schmule war entschlossen, Fein die Fresse zu polieren.

Alle Jungs, mich eingeschlossen, stimmten in der moralischen Verurteilung des Doktors überein. Ich nahm an, dass Fein, wenn ich zu ihm ginge, verschiedene Ausreden gebrauchen würde, aber ich wäre besser als Schmule oder sonst jemand imstande, seine Lügen zu entlarven, weil ich die Übergabe der Sendung mit ihm persönlich ausgehandelt hatte. Ich dachte mir auch, Schmule würde, wenn er seine Drohung wahrmachte, dem Doktor mindestens einen Zahn ausschlagen, wenngleich Fein das auch verdient hätte, Doktor hin oder her. Dass ausgerechnet er als Arzt unterschlagen hatte, machte es schwerwiegender. Aber wenn er arbeitsunfähig geschlagen wurde, konnte es ihn auf jene abschüssige Bahn bringen, die unaufhaltsam im Verbrennungsofen endete. Und das wünschte ich ihm entschieden nicht. Wir alle taumelten nur ein kleines Stück entfernt von diesem großdeutschen Ofen, und keiner von uns würde etwas tun, das einen anderen hineinstoßen konnte. Das galt für uns auch im Fall eines solch erbärmlichen Diebes wie Fein, der obendrein die Grundsätze seines Berufstands verraten hatte. Rache lag unter den Bedingungen von Birkenau nicht in unserer Zuständigkeit. Aber Vergebung auch nicht. Kaum jemand von uns würde dem Ofen und dem Schornstein entgehen, aber es war sicher richtig, nicht dazu beizutragen, dass einer der Mithäftlinge schneller dorthin gelangte. Das Einzige, was wir aktiv tun konnten, war zu verhüten, dass jemand in diesem Ofen landete – soweit das möglich war und unsere Hilfe uns nicht selbst in den Ofen geraten ließ. Sonst sollten wir uns nicht in den Zufall oder in den »Willen Gottes« einmischen, der dem einen das Leben und dem anderen den Tod bestimmt.

Diese ganze Haltung entstammte nicht meinem Kopf, in ihr verband sich, was mir in anderen Zusammenhängen meine drei Lehrer vermittelt hatten: Vater, Großvater und Onkel Arnost.

Lange diskutierte ich mit den Jungs über diese Angelegenheit. Schließlich gelangten auch sie zu der Einsicht, Rache gehöre nicht in unsere Hand. Sie stimmten zu, dass ich zu Fein gehen und ihm vorhalten solle, worin seine Schuld bestehe: dass er sich mit seiner gemeinen, selbstsüchtigen Gaunerei auf die Seite derer geschlagen habe, die uns ermordeten, und damit in Wahrheit wohl nicht mal sein eigenes Überleben erreichen werde, weil wir höchstwahrscheinlich alle schlimm enden würden. Es sei aber ehrenvoller, ohne Schuld zu sterben, denn als Dieb und Verräter an seinem Beruf.

Eine Möglichkeit, zu Fein zu gehen, ergab sich erst am folgenden Sonntag. Aber zwei Tage vorher ereilte unsere Gruppe eine weitere Selektion, die der vorhergehenden stark ähnelte, nur dass nun doppelt so viele selektiert wurden. Unter ihnen war Jirka Faber. An diesem Tag beförderte die Sortiermaschine keine weiteren meiner Bekannten auf den Leichenhaufen.

Diesmal zog sich der SS-Mann bei der Selektion Handschuhe an. Als er zum Fußballspieler kam, tippte er ihm mit dem Zeigefinger auf den Bauch und sagte: »Mensch, du bist wie ein Mastschwein. Wie machst du das?« Und er ging über zum Nächsten, holte ihn aus der Reihe und schickte ihn zu den Verurteilten. Viki war kleiner als ich, doch er hatte wohl als Einziger der angetretenen Formation einen Körper mit etwas Fett. Das lag an der systematischen Zusatzernährung durch die Mama dank des Lagerhasen aus B II e. Sonst legten wir in unserer Gruppe alles auf einen Haufen, was wir abfassten und selbst organisierten, und teilten es gleichmäßig zwischen uns auf. Dabei galt für uns, was Viki von seiner Mutter bekam, nicht als von ihm selbst organisiert, und wir akzeptierten, dass Marika Gelb natürlich nicht uns alle verpflegen konnte. Das, was der Fußballspieler von seiner Mutter zusätzlich bekam, war für uns seine Sache, was er aber selbst organisierte, ging in die kollektive Küche.

Die Selektion wurde so sehr hiesige Lebensgewohnheit, dass sich diejenigen, die einstweilen nicht an die Reihe gekommen waren, nicht viel daraus machten. Es war bedauernswert, aber es war nun einmal so.

Als bei dieser letzten Selektion Jirka Faber mit den übrigen schon in Fünferreihen stand, die zum Abmarsch ins Krematorium bereit waren, ertönte vom Dach einer nahen Baracke, hinter dem Stacheldrahtzaun, der Lager B II e und B II d voneinander trennte, plötzlich Gesang. Es war kein gewöhnlicher, sondern ein künstlerischer Gesang, vorgetragen von der geschulten Stimme eines Opernsängers. Ein Häftling, der das Dach reparierte, sang mit einem schönen Tenor eine Arie aus Puccinis Oper »Tosca«. Bei seinem Gesang artikulierte er, wie wir gut hören konnten, deutlich die Worte: »Die Stund' enteilt, nun sterb' ich in Verzweiflung!« Dann fuhr der Sänger flüssig auf Ungarisch fort: »Úgy vágytam élni és mégis meg kell halnom« – »Und liebte niemals noch so sehr das Leben!«

Alle in Hörweite des Gesangs waren für eine Weile starr vor Verwunderung, auch der SS-Offizier und die beiden MP-Schützen, die den Abmarsch begleiteten. Der Sänger auf dem Dach des Blocks konnte sie aus seiner Ecke nicht sehen, und damit auch die Vorgänge nicht. Der Offizier, wohl ein Arzt, nahm die Pose eines begeisterten Musikliebhabers ein; er stand dort, den Kopf ein wenig nach links geneigt und das Ohr in Richtung des Gesangs gedreht, den rechten Arm auf Schulterhöhe angehoben und den Ellenbogen leicht angewinkelt. So vergingen ein paar Sekunden, dann befahl er: »Genug!« Und dann: »Vorwärts!«, und die zum Tode verurteilten Jungen marschierten mit ihren Begleitern in Richtung Krematorium.

Es schien, als wäre unter dem Einfluss dieser herrlichen Melodie und der Stimme für ein paar Sekunden die Zeit stehengeblieben, und alle wären in Bewegungslosigkeit erstarrt. Dann brach der SS-Mann mit seinem Befehl den Zauber, und alles lief weiter wie zuvor. Wenige Sekunden später gingen die Verurteilten ab ins Gas. Der Reparateur kletterte zurück aufs Dach, von dem er vorher aus verständlicher Furcht schnell verschwunden war. Er tat seine Arbeit und ließ nichts mehr von sich hören. Und die Masse der Häftlinge fuhr in ihrem gewohnten Gewimmel fort.

Stefan sagte, dies sei wie eine Szene aus einem Film gewesen, wie die Kunst den Tod überwinde – in Wirklichkeit aber überwand sie ihn nur vorübergehend, nur für ein paar Sekunden. Er wunderte sich, wie ein und derselbe Mensch Fachmann für das Morden und zugleich Musikliebhaber sein könne. »Wie geht das überhaupt zusammen?«

Nun meldete sich der Fußballspieler: »Der arme Jirka Faber! Vielleicht schieben sie ihn gerade in diesem Augenblick gewaltsam in die Gaskammer, und in ein paar Minuten wird es mit ihm vorbei sein.« Viki dachte sich, für Faber hätten diese zusätzlichen Sekunden eine Verlängerung seines Leidens bedeutet. Er kannte Jirka nicht aus der Heimat und wusste nicht, ob er Musik gern hatte. Und wenn er sie gemocht hätte, wäre ihm diese herrliche Arie noch eine Freude gewesen?

Wie können die Liebe zur Musik, die gewöhnlich als etwas Positives hoch geschätzt wird, und das teuflische Böse, wie es sich unstrittig darin äußert, dass so viele Menschen in den Tod geschickt werden, in ein und demselben Denken, in ein und demselben Kopf zugleich existieren? Stefans Frage beschäftigte uns mehrere Tage, wann immer wir beisammen waren. Wir selbst konnten sie nicht beantworten, und mir schien, dass ich zu Herrn Silbermann gehen könnte, der die menschliche Natur so gut kannte. Vielleicht würde er uns das irgendwie erklären. Zugleich wollte ich mit ihm über das Verhalten von Doktor Fein sprechen, ihn fragen, warum ein gebildeter und intelligenter Arzt ein paar Zwiebeln von einem sterbenden Jungen stehle, der an ihre wunderbare Heilkraft geglaubt habe. Fein als Fachmann müsste doch wissen, dass Zwiebeln diese Wirkung nicht haben, aber der Glaube daran für Jirka so wichtig sei, und trotzdem habe er sie ihm weggenommen.

Doktor Fein suchte ich bei der nächsten Gelegenheit auf und sagte ihm, was ich auf dem Herzen hatte, und obendrein, dass Jirka Faber, den er bestohlen habe, nicht mehr lebe. Es war sonderbar, Fein war ein Erwachsener und ein gebildeter Mann, ich dagegen ein unerfahrener junger, aber infolge der Situation vor der Zeit altkluger Bursche, und trotzdem hatte ich recht, obendrein sprach ich für mehrere, was den Unterschied zwischen uns in gewissem Maße aufhob. Fein lavierte nur unlogisch und versuchte, sich aus allem herauszulügen.

Angewidert ging ich weg. Auf dem Weg zu unserem Block fragte ich mich, wie ich mich wohl verhalten würde, wenn wir beide überlebten und uns zu Hause begegneten. Aber nicht einmal darauf konnte ich eine Antwort geben. Dann kam ich auf die Frage, was er denn täte, würde er zurückkehren, ich aber als Zeuge seines schändlichen Verhaltens nicht. Die Antwort war naheliegend: Er würde alles verheimlichen. Eine Unredlichkeit würde die nächste nach sich ziehen. Und was wäre, kehrte ich zurück und er ginge zugrunde? Ich war mir nicht sicher, aber ich dachte, dass ich seine Untat nicht für mich behalten würde. Höchstwahrscheinlich würde ich dabei aber nicht den wirklichen Namen des Doktors erwähnen, um seine Verwandten, die vielleicht überlebt hätten, zu schonen.

Ich war um eine weitere Erfahrung reicher. Schon vor der Deportation, noch in Parkan, hatte ich mir bewusst gemacht, dass manche Erwachsenen dumm sind. Das war keine umwälzende Entdeckung, weil die Dummheit der Erwachsenen logisch daraus folgte, dass auch einige Kinder in der Schule dumm waren. Und was wird aus einem kleinen Dummkopf, wenn er heranwächst? Wahrscheinlich würde aus ihm ein großer, erwachsener Dummkopf. Ich war aber zur Achtung vor Erwachsenen erzogen worden – dazu, ihrer Urteilskraft und ihrer Vernunft zu vertrauen. Die erwachsenen Hohlköpfe davon auszunehmen, war also gar nicht so einfach.

Jetzt hatte ich in dieser Richtung eine neue Erfahrung gemacht, nämlich die, dass auch intelligente, hochgebildete und lebenserfahrene Erwachsene einen erbärmlichen Charakter hatten und zu allem fähig sein konnten. Es war klar, bloßes Erwachsensein schützt nicht vor negativen Eigenschaften. Auch erwachsene Menschen können nicht nur Dummköpfe, sondern sogar Schufte sein. Das war noch nicht so schwer zu akzeptieren. Auch unter Kindern gibt es Lumpen, die wachsen dann heran. Aber was kann aus ihnen wohl werden? Vater hatte mir ungefähr vor einem halben Jahr gesagt, dass er schon viele anständige Leute gesehen habe, aus denen Gauner geworden seien, aber nur wenige Gauner, die sich wirklich zum Besseren verändert hätten. Das galt sicher auch für das Heranwachsen. Es wollte mir aber nicht in den Kopf, wie es möglich sei, dass viele Leute mit hervorragenden ererbten und erworbenen intellektuellen Voraussetzungen weder durch angeborene Intelligenz noch durch ein hohes Bildungsniveau davor bewahrt würden, Unverschämtheiten und Lumpereien aller Art zu begehen. Ich erinnerte mich daran, wie anständig sich im Gegensatz zu Doktor Fein Olgas Zuhälter verhalten hatte. Es war schwierig, sich da noch auszukennen!

Gerade deshalb wollte ich zu Herrn Silbermann gehen, dem klugen Vorsteher der Latrine und der Waschräume. Gleich in der Früh, nach meiner Säuberung mit kaltem Wasser, machte ich mich zu ihm auf. Leider traf ich ihn, wie schon neulich, zur Unzeit an. Er war wütend, weil auf der Latrine, wie er sagte, morgendlicher Hochbetrieb herrschte. Mit seinem Blindenstock lief er umher und versuchte, sein »Personal« zu schnellerer Arbeit und die »Klienten« zu Disziplin und Sauberkeit anzuhalten. Der Anblick der Latrinen und vor allem der darauf hockenden Menschen hatte wirklich etwas mit der Vorstellung einer Vorhölle oder direkt Hölle gemein, wie der Scheißmeister früher dazu gesagt hatte.

Mein Besuch diente Herrn Silbermann wieder als passender Vorwand, um seine Arbeit, die er aus begreiflichen Gründen keineswegs liebte, seinen Untergebenen zu übergeben. Er sagte ihnen, ein Vertreter junger Häftlinge in Birkenau sei gekommen und er habe mit ihm wichtige Dinge zu verhandeln, die ihn eine Weile in Anspruch nehmen würden. Die Leute seines Kommandos wehrten sich nicht dagegen, denn es würde sie nicht sehr stören, vor ihrem Kapo ein bisschen Ruhe zu haben. Ich aber dachte mir, einen Kapo wie Silbermann würde ich allen meinen Freunden in Birkenau und anderswo im Reich der großdeutschen Konzentrationslager wünschen.

Herr Silbermann ließ mich über den Hygienefilter gehen, und dann bot er mir in seiner kleinen Kammer einen Platz an. Es freue ihn, dass ich diese Desinfektion nicht belächele, wie es wohl die Dummköpfe täten, die keinen Begriff davon hätten, was Mikroorganismen anrichten könnten, besonders an einem Ort wie diesen Latrinen, wo sich so viele geschwächte Menschen aufhielten.

»Wie geht es Ihnen, Herr Silbermann?«, fragte ich zu Beginn höflich, und er antwortete mir auf klassische jüdische Art auch mit einer Gegenfrage: »Frag nicht! Wie kann es mir zwischen all diesen Fäkalien inmitten von Birkenau schon gehen?« Aber gleich fügte er hinzu: »Alles ist scheiße!« Er verstand, dass es sich bis hierher um ein einleitendes Gespräch handelte, bei dem man sich gewählt ausdrücken sollte. Deshalb war nun die Reihe an ihm, und er fragte: »Weißt du, was der lateinische Ausdruck *anus mundi* bedeutet?« Ich antwortete: »Arsch der Welt.« »Richtig«, sagte Herr Silbermann, »und er nennt sich *Auschwitz-Birkenau, anus mundi.** Ich bin froh, dass du die Dinge beim richtigen Namen nennst. Unsere Sprache muss den Inhalt des Mitgeteilten in Worte fassen. Im *anus mundi* kann das für nichts anderes als für Scheiße stehen. Außerdem dreht sich im *anus mundi* alles um Scheiße. Gerade deshalb sind wir vom Scheißkommando so wichtig. Wenn wir die Fäkalien nicht beseitigen würden, dann wäre der Adlerhorst des Führers in Berchtesgaden umgeben von einem unübersehbaren Meer von Scheiße aus allen Latrinen der Konzentrationslager mit Millionen von Häftlingen und aus den Unterkünften der Riesenzahl von Arbeitern, die fast aus ganz Europa, das vom nazistischen Deutschland okkupiert worden ist, gewaltsam angeworben wurden. Adolf müsste jeden Morgen im Kajak durch das Scheißemeer zur Reichskanzlei paddeln und abends wieder zurück. Eins ist sicher, ohne das Scheißkommando würde Deutschland den Krieg nicht gewinnen. Allerdings ist es wahr, dass sie glücklicherweise auch mit Scheißkommando nicht gewinnen werden. Aber was bringst du mir eigentlich, und was würdest du dir gern mitnehmen?« Damit ging er zum Zweck meines Besuches über. »Das Zweite sage ich dir direkt selbst: Da hast du ein Kastenbrot, schneid es in zwei Hälften und steck sie dir unters Hemd. Wenn wir von hier weggehen, zeige ich dir, woher das Brot stammt. Und den anderen Jungs richte von mir aus, sie sollen sich nicht vom Hunger peinigen lassen. Das ist jetzt eure Hauptaufgabe. Und du kommst jetzt jede Woche her und holst ein Kastenbrot für eure Gruppe ab. Für jeden von euch ist das eine Portion pro Woche zusätzlich. Das ist nicht viel, aber besser als nichts. Und jetzt erzähle!«

Ich erzählte ihm also den Vorfall mit Doktor Fein, und Herr Silbermann gab mir dazu seine Erklärung:

»Ich begreife, dass es dich und deine Kameraden überrascht hat, wie gemein sich Fein verhalten hat. Aber dass Auschwitz der *anus mundi* ist, bezieht sich selbstverständlich nicht nur auf die Latrinen, sondern ist vor allem im übertragenen Sinn des Wortes gedacht. Was du eben von mir gehört hast, war nur Galgenhumor. Wesentlich ist, was die von der SS geschaffenen Bedingungen mit den Menschen machen. Das betrifft nicht nur uns, sondern auch die Deutschen selbst, weil es hier zu einer unvorstellbaren Demoralisierung kommt. Jungs, ihr müsst die Wirklichkeit so sehen, wie sie ist, und nicht so, wie ihr sie euch wünschen würdet. Die Hauptursache für die Entmenschlichung und Demoralisierung ist die deutsche nazistische Politik gegenüber den Juden und anderen versklavten Völkern. Dieser euer Doktor Fein, von dem du da gesprochen hast, war zu Hause vermutlich ein anständiger Mensch, und ohne die Nazis wäre er es bis zum Tod geblieben. Und es ist vernünftig von euch, dass ihr euch nicht an ihm rächen wollt. Wir alle sind hier gewissermaßen im Vorraum der Gaskammern und haben nur wenig Hoffnung, dass wir ihnen zufällig entkommen werden. Bei solcher Nähe zum Tod müssen wir auf die Dinge *sub specie aeternitatis* schauen. Du als guter Lateiner weißt, was das bedeutet: unter dem Gesichtspunkt der Ewigkeit. Das Gericht sollten wir Gott oder, wenn ihr wollt, dem Schicksal überlassen. Zumindest ich denke mir das so. Aber ich bin kein gelehrter Mensch, zu Hause habe ich es nur zum Getreidehändler gebracht. Ich muss aber eine Sache betonen: Jetzt spreche ich nicht davon, wie die Deutschen nach dem Krieg verurteilt werden und dass es unerlässlich sein wird, sie vor ein Gericht zu stellen, oder zumindest diejenigen von ihnen, die sich schuldig gemacht haben. Ich spreche davon, was wir können und sollen, und auch davon, was wir hier und jetzt nicht können und nicht tun dürfen. Die eine wesentliche Sache ist, am Leben zu bleiben, aber nicht auf Kosten der Mithäftlinge!«

Ich fragte auch, wie es möglich sei, dass Massenmörder, die diabolische Massenverbrechen begehen, zugleich auch gewisse menschliche Seiten haben können. Ich führte den SS-Mann an, der bei den Jugendlichen eine Selektion vornahm und gleichzeitig als Musikliebhaber posierte.

»Ihr Burschen legt mir gleich am Morgen die schwerste Frage vor«, sagte Herr Silbermann, indem er den Verärgerten spielte. »Ich kann mich mit meiner Erklärung irren, aber für das Hauptsächliche halte ich, dass jeder Mensch viele Seiten hat, die er uns zukehren kann. Und diese verschiedenen Seiten, ähnlich wie die Facetten bei einem geschliffenen Edelstein, reflektieren das Licht und glänzen unterschiedlich. Wenn wir diesen Stein im Licht drehen oder ihn von verschiedenen Seiten beleuchten, wird er immer anders aussehen. Aber das ist noch nicht alles. Wenn eine bestimmte Facette aufleuchtet, so bedeutet das nicht, dass der Stein keine anderen Facetten hätte. Und ähnlich haben die Menschen mehr als nur ein Gesicht. Es genügt auch nicht zu sagen, dass sie zwei Gesichter hätten; das klingt wie ein Schimpfwort, aber ich spreche davon in einem ganz anderen Sinn. Meiner Meinung nach haben die Menschen viele Gesichter; diese verschiedenen Gesichter wenden sie unterschiedlichen Leuten zu, und das ändert sich auch noch mit der Zeit. Jemand kann ein Mörder sein, beispielsweise ein nazistischer Totschläger, ein Auftragsmörder, der für Geld tötet, oder ein Schreibtischmörder, der mit sauberen Händen in seinem Büro sitzt, ein leidenschaftlicher Musikliebhaber, ein guter Familienvater, der seine Kinder und seine Frau liebt, ein Verfechter von Gesetz und Ordnung, ein hervorragender Schachspieler, begabter Maler, ausdauernder Langstreckenläufer und fast alles mögliche andere. Die Menschen selbst verändern sich doch ununterbrochen. Wenn sie bei der einen Tätigkeit, bei der sie sich mit der Ermordung von Menschen einschließlich der Kinder befassen, eines der Gesichter aufsetzen, so bedeutet dies nicht, dass sie sich bei ihrer Ankunft zu Hause etwa nicht in vorbildliche, liebevolle Väter verwandeln, die sich Hausschuhe anziehen und mit ihren Kindern spielen. Trotz dieser anderen Gesichter bleiben sie Mörder – ähnlich wie ein Maler von Beruf, der bei einem Schachturnier spielt, weiterhin ein Maler bleibt.

Uns geht es natürlich vor allem um den Fall, dass jemand im Zusammenhang mit Gesetzlosigkeiten und verwerflichen Taten andere Gesichter zeigt. Es ist begreiflich, dass wir einen Mörder nach seinen Verbrechen beurteilen und richten werden und nicht danach, wie er die Musik liebt oder Schach spielt oder wie schnell er zehntausend Meter läuft. Aber wir müssen uns dessen bewusst sein, auch Mörder können andere Gesichter haben als das mörderische, und diese anderen Gesichter können auch angenehm sein. Reinhard Heydrich, einer der Anstifter der physischen Judenvernichtung und in leitender Funktion auch ihr Vollstrecker, den tschechische Patrioten unlängst getötet haben,* spielte vorzüglich Geige, war überdurchschnittlich intelligent und ein glänzender Gesellschafter. Aber das alles vermindert nicht sein Format als Mörder. Wenn wir einige der SS-Männer von Auschwitz, die im Krematorium die gleiche mörderische Arbeit tun, miteinander vergleichen könnten, dann würden wir feststellen, dass sie sich in vielerlei Hinsicht voneinander unterscheiden. Das ist deshalb so, weil jeder von ihnen noch über andere Gesichter verfügt als das mörderische. Mörder sind doch nicht alle einander gleich, nur weil sie zu Mördern geworden sind. Jeder von ihnen trägt in sich auch andere Seiten; diese allerdings sind bei ihrer Verurteilung als Verbrecher belanglos und stellen auf keinen Fall mildernde Umstände dar.

Über diese Dinge, Tom, könnten wir lange reden. Zieh aber in Betracht, dass ich davon nicht sehr viel verstehe. Ich bin weder Rabbiner noch Philosoph, und vor allem habe ich nicht die gehörige Bildung, um dir alles tiefgehend erklären zu können. Persönlich denke ich, dass ein absolut Böses nicht existiert. Auf der anderen Seite aber gibt es auf der Welt auch nicht das absolut Gute. Im Menschen mischen sich diese beiden Substanzen, jedoch in unterschiedlichen Gewichtsverhältnissen, wie Chemiker sagen würden. Das absolut Böse, der Teufel, die Hölle und ähnliche Vorstellungen sind die Domäne der Theologen, da kenne ich mich nicht genug aus. Ich nenne dir nur ein einziges Beispiel: Nicht einmal Doktor Mengele, der die Massenselektionen durchführt und wohl Hunderttausende von Menschen in den Tod geschickt hat, ist ein Vertreter des absolut Bösen. Auch er hat andere Gesichter, und damit sage ich etwas, das ich hier von glaubwürdigen alten Häftlingen gehört habe. Mengele ist gebildet, hat zwei Doktortitel, ist intelligent, höflich und spricht anständig. Mitunter streichelt er sogar ein jüdisches Kind, auch wenn er es später ins Gas schicken wird. Ich hoffe, dass man nach dem Krieg, den die Deutschen ganz sicher verlieren werden, Mengele und seinesgleichen nicht nur bewerten wird, sondern dass sie auch vor Gericht kommen und zum Tode verurteilt werden. Deshalb gilt das alte Sprichwort: ›Womit man umgeht, das hängt einem an.‹«

Während der ganzen Zeit hatte ich Herrn Silbermann nicht ein einziges Mal unterbrochen, damit er mir möglichst viel von seinen Gedanken erzählte. Nun musste er sich seinen Pflichten widmen, seine Leute drängten ihn schon und klopften an die Tür. Deshalb entschuldigte er sich, dass er jetzt keine Zeit mehr habe, aber wenn ich das nächste Mal käme, werde er mir den Ort zeigen, der ihm das Brot einbringe. Ich dankte ihm für alles und ging zu unserem Block.

Herr Silbermann verstand viele Dinge. Dank seiner Lektion über die verschiedenen Gesichter des Menschen begann ich, etwas sehr Wesentliches zu erkennen. Es war wohl nicht wahr, dass wir niemals imstande sein würden, Auschwitz zu begreifen – mit allem, was damit zusammenhing, so monströs in seinem verbrecherischen Charakter, so unmenschlich, grausam, furchtbar und beispiellos war, dass es unseren Verstand überstieg. Wir verstünden vielleicht nicht alles und auch nicht jetzt, würden aber einiges davon nach großer Anstrengung, nach längerer Zeit und in gewissem Maße doch verstehen. Die zusätzliche Brotportion von Herrn Silbermann aß ich mit den Jungs sofort auf, und an den folgenden Tagen unterhielten wir uns über seine Gedanken. Ich bedauerte nur, dass ich das alles nicht gründlich genug verstanden hatte, um es anderen überzeugend weitergeben zu können. Ein paar Tage nach meinem Besuch bei Herrn Silbermann weckten uns morgens zur gewohnten Zeit unbekannte Männer. Es waren die Gehilfen des neuen Blockältesten, gut genährt und um die zwanzig Jahre alt. Sie sprachen nur Deutsch, Ungarisch verstanden sie nicht, und beim Wecken brüllten sie uns nicht an wie ihre Vorgänger, sondern gebärdeten sich eher gleichgültig bis schroff. Erst später erschien der Blockälteste und ließ uns antreten, wobei diesmal keine Schläge und Tritte notwendig waren. Die Jugendlichen bemühten sich, seinen Befehl so schnell wie möglich zu erfüllen. Sie hatten vor der neuen Leitung des Blocks Angst und wussten nicht, was sie von den neuen Gehilfen zu erwarten hatten, da diese anders als die vorhergehenden auftraten. Sie waren selbstsicherer, als wüssten sie im Voraus, was sie wollten, und gegenüber den gewöhnlichen Häftlingen gaben sie sich überlegen. Sie erweckten den Eindruck, als würden sie uns dahin bekommen, wo sie gerade wollten, ohne Zeit auf Ohrfeigen oder Fußtritte zu verschwenden. Wenn sich jemand von uns nicht schnell genug bewegte, dann fassten sie ihn am Kragen und schoben ihn in die gewünschte Richtung. Damit hatten sie es leicht, denn wir waren größtenteils so abgemagert, dass wir schon nicht mehr fest auf den Beinen stehen konnten.

Der Blockälteste richtete an die angetretenen Jugendlichen nur einige Sätze in dem Sinne, dass er und seine Gehilfen die neue Leitung des Blocks seien. Er hoffe, dass wir Ordnung hielten und alle Befehle, die wir bekämen, ausführen würden, denn wir seien in einem Konzentrationslager und nicht zur Erholung hier oder in einer Badeanstalt; das hatten wir schon mehrmals gehört, alle, die uns Befehle gaben, gebrauchten diese Phrase. Er werde sich schon bemühen, dass jeder von uns bekomme, was ihm gebühre (dabei verwendete er die mehrdeutige, damals gängige Formulierung: »Jedem das Seine«). Und jeder möge damit rechnen, dass er, mache er Scherereien, einer strengen Strafe nicht entgehen werde.

Der neue Blockälteste war Deutscher und sprach nur Deutsch. Er war ein etwa dreißigjähriger Blondschopf von schlanker, mittelgroßer Gestalt und trug einen eleganten Zivilanzug aus gutem Stoff, wohl von einem reichen jungen Juden, der höchstwahrscheinlich nicht mehr unter den Lebenden war. Vorn auf dem Sakko hatte er ein aufgenähtes grünes Dreieck, ein Häftlingskennzeichen, das die deutschen Verbrecher trugen, die Auschwitz als Häftlingselite zugewiesen waren und höhere Lagerfunktionen ausübten; auch auf dem Rücken des Sakkos hatte er ein besonderes Kennzeichen, einen mit roter Farbe aufgemalten langen senkrechten Streifen. Diese beiden Kennzeichen verwandelten seinen Zivilanzug in eine Häftlingsuniform. Wie wir im Verlauf mehrerer Tage feststellten, wechselte dieser neue Blockälteste die Hemden, was unter den gegebenen

Bedingungen überraschend war. Offensichtlich wusch sie ihm jemand. Auch von diesen Anzügen hatte er mehrere und trug zudem verschiedene Paar Schuhe. Er verhielt sich eigentümlich: Mit keinem der Häftlinge sprach er, seine Agenda übermittelte er durch die Gehilfen und tat so, als würde er uns nicht sehen. Wenn die Häftlinge ihn kommen sahen, traten sie spontan beiseite und ließen ihn passieren.

Die Essensausteiler, die zur Gruppe des Blockältesten gehörten, rührten jetzt zu Mittag die Suppe ordentlich durch, damit jeder eine gleichmäßig dicke Portion bekam, und zumindest vor den Häftlingen wurde keine Suppe in Kübeln aus dem Kessel entnommen. Bei der Austeilung des Abendessens bekamen wir vielleicht auch eine etwas größere Portion Brot.

Einstweilen beobachteten wir vier und die anderen Jugendlichen die neue Leitung. Immer noch gingen wir nicht zur Arbeit, und das war sonderbar. Wir fürchteten immer mehr um unsere Existenz. Wir hatten keine Kapos, keine Gehilfen aus den Reihen der Häftlinge und nicht einmal Vorarbeiter, die uns zur Arbeit führen könnten. Während der Block den anderen Häftlingen, die arbeiteten, nur zum Schlafen diente, verbrachten wir darin und in seiner Nähe die gesamte Zeit, und deshalb waren die dort herrschenden Verhältnisse für uns so wichtig. Sie waren mitentscheidend dafür, wie lange wir überleben würden.

Die neuen Gegebenheiten im Block wurden jetzt Hauptgegenstand unserer Überlegungen. Natürlich interessierte uns, was wir von den neuen Funktionären erwarten könnten, und wir stellten Vergleiche an, worin sie sich von den früheren unterschieden. Stefan, ein guter Beobachter, sagte, dass man von der früheren Blockwartsbande mit größerer Wahrscheinlichkeit eine Ohrfeige oder einen Fußtritt erwischen konnte als von den Neuen. Die früheren Gehilfen waren schamlose Diebe, eingeschworen auf ihren Chef, von dem sie sich auch entwürdigen ließen. Sie bestahlen uns, um ihre eigene Haut zu retten, doch wollten sie uns nicht töten. Zwar waren sie Gauner, aber diese Gauner stammten aus dem gleichen Nest wie wir, und deshalb konnten wir einigermaßen voraussehen, wie sie sich in verschiedenen Situationen verhalten würden. Mit dem neuen Blockältesten war das anders, er war zwar als Verbrecher verurteilt worden, war aber vor allem Deutscher und würde von hier umso eher freigelassen werden, je mehr er sich gegenüber der SS als loyaler Nazi erwiese. Wenn er konsequent wie ein SS-Mann handelte, nähme ihn die SS vielleicht sogar in ihre Reihen auf. Ihm drohte auch nicht, zu einem gewöhnlichen, nichtprivilegierten jüdischen Häftling degradiert zu werden, wie es dem früheren jüdischen Blockwart ergangen war. Das würde selbst dann nicht geschehen, wenn die Obrigkeit mit ihm unzufrieden wäre.

Dies waren zutreffende Wahrnehmungen. Wir stimmten auch darin überein, dass der Blockälteste irgendwie seltsam sei, aber weder Stefan noch wir anderen vermochten zu bestimmen, worum genau es sich dabei handelte. Stefan zufolge war also von dieser rätselhaften neuen Mannschaft eher als von der vorhergehenden zu erwarten, dass sie sich an unserer Ermordung beteiligen könnte. Für uns würden sie wohl gefährlicher als die früheren Gehilfen sein, dennoch bekamen wir jetzt im Rahmen der größeren deutschen Ordnung ordentlichere Essensportionen. Uns wurde klar, dass wir von nun an auch viel vorsichtiger operieren müssten, wenn es ums Organisieren von Essen ging.

Wachsamkeit war also angezeigt. Aber konnten wir es uns leisten, mit dem Beschaffen zusätzlicher Nahrung aufzuhören? Keine zusätzlichen Lebensmittelquellen aufzutun, wäre gleichbedeutend damit, selbst den Kopf auf das Schafott zu legen. Und das wollten wir entschieden nicht! Doktor Fein war zwar ein verkommener und zu allem fähiger Mensch, aber bevor er so entgleiste, galt er als ein guter Arzt, und er hatte uns darauf hingewiesen, dass wir bei der hiesigen geringen Lebensmittelzufuhr bald unsere eigenen Körper herunterwirtschaften und nach ein paar Wochen am Ende sein würden. Die Obrigkeit würde dann nicht unseren natürlichen Tod abwarten, sondern uns vorausschauend ins Gas schicken und einsparen, was wir sonst noch gegessen hätten. Sie hatten dort nicht minder gebildete Ärzte zur Verfügung, die an guten deutschen medizinischen Ausbildungsstätten studiert hatten und sich auf ihr Fach unbestreitbar ebenso gründlich verstanden wie Fein. Diese Ärzte würden kommen und qualifiziert entscheiden, wem der Tod und wem das Leben gebührte – auch wenn dieses Leben nicht mehr lange dauern würde.

Wir kamen überein, es wäre vernünftig, das Spiel mit Schauspieler und stillem Beobachter ganz zu beenden, weil die neuen Essensausteiler unseren Trick entdecken und wir dann große Probleme mit dem Blockältesten bekommen könnten. Aber die Aktion »Schuhe für Brot« wurde einstweilen fortgesetzt. Schmule unternahm eine nächtliche Expedition pro Woche, ausnahmsweise auch zwei, und brachte immer zwei Paar Schuhe mit, die Stefan im Versteck verwahrte und der Fußballspieler dann gegen Brot eintauschte. Durch Vermittlung seines Lagerhasen, den wir nicht kannten und nach dem wir auch nicht forschten, gewann er eine zusätzliche Klientel, die mit unserem Block nichts zu tun hatte. Wir sagten uns auch, dass die neue Mannschaft uns nur dann auf die Schliche kommen könnte, wenn Schmule oder der Fußballspieler mit Schuhen in der Hand ertappt würden, so wie es ja zu seinem Pech passiert war, als er unerwartet dem SS-Mann begegnet war.

Somit gingen wir auch mit den Schuhen ein Risiko ein, aber Schmule und Viki beschlossen, nicht aufzugeben. Schmule kam auf den schlauen Einfall, vor der Aktion seine Schuhe auszuziehen und von Stefan verstecken zu lassen, bevor er selbst barfuß losging. Die organisierten Schuhe werde er sich dann einfach anziehen, und wenn man ihn schnappe, werde er sich etwas ausdenken, vielleicht, entgegen dem Befehl nach draußen gegangen zu sein, weil ihm der Kopf wehgetan habe. Den werde man ihm dafür schon nicht abreißen.

Während eines unserer gemeinsamen Gespräche erinnerte sich Schmule an die Gehilfen des früheren Blockwarts. Ihn beschäftigte, was mit ihnen geschehen sei. Er schlug vor, dass wir die jiddisch sprechenden Jungen nach ihnen fragten. Und wenn er von ihnen erfahre, dass diese Gehilfen noch irgendwo hier seien, dann sollten sie eins aufs Maul bekommen. Ich wandte ein, dass sie so zwar gebührend bestraft würden – aber was hätten wir davon? Würden wir das Brot zurückbekommen, um das sie uns stückchenweise geprellt hatten? Der Fußballspieler fügte hinzu: »Das sind skrupellose Diebe, das ist die Wahrheit. Aber denkt ihr, dass sie damit aufhören, andere Häftlinge nicht mehr bestehlen werden, wenn sie dazu Gelegenheit haben? Meine Antwort ist: ›Dieb bleibt Dieb‹, auch nach einer Ohrfeige.« Stefan war nicht einverstanden: »Was ihr sagt, ist schlau, und beide habt ihr ein bißchen recht. Aber wenn wir zu schlau sind, fängt das Ganze an, blöd zu werden. Feri Kovács, der im Gymnasium mit Tom auf einer Bank gesessen hatte, sagte mir, dass man im Katechismus lernt: ›Der Mensch lebt nicht vom Brot allein‹. Das ist auch schlau! Deshalb kann die Strafe nicht davon abhängen, ob wir von den Dieben Brot oder Geklautes zurückkriegen. Klar, dass wir nichts davon wiedersehen werden, aber hier geht es darum, dass derjenige, der uns bestohlen hat, schuldig ist, und deshalb muss er bestraft werden.«

Auch Schmule ergriff noch das Wort. Wir hatten die feste Gewohnheit, dass derjenige, der etwas vorgeschlagen hatte und seinen Vorschlag auch verwirklicht haben wollte, in Betracht ziehen musste, was die anderen gesagt haben, und erst dann entschied, was er tat. Und Schmule hatte schon einen Plan: »Wir wissen nicht einmal, ob die Bande von Blockwartsgehilfen überhaupt hiergeblieben ist, und reden schon hin und her, ob sie eins aufs Maul bekommen sollen oder nicht. Höchstwahrscheinlich sind sie gar nicht mehr hier. Denen war doch klar, dass sie Prügel kriegen würden, und das wäre für sie noch eine milde Strafe. Ich würde also zuerst rausfinden, ob sie hier sind, und dann jedem von ihnen gleich ein paar Kopfnüsse verpassen, nur so eine Art Streicheln, eine moralische Belehrung. Bei Doktor Fein haben wir doch auch nicht der strafenden Hand Gottes vorgegriffen.« Und Schmule machte sich auf, unsere früheren Peiniger auszukundschaften.

Schon nach dem Mittagessen hatte er Klarheit. Tatsächlich hatte er herausbekommen, dass die früheren Gehilfen verschwunden waren und dass wir uns mit ihnen vergeblich aufgehalten hatten. Doch er hatte etwas anderes erfahren: Nachmittags sollte in unserem Block ein Junge bestraft werden, den Schmule vom Sehen kannte und der wie er aus der Karpato-Ukraine stammte. Angeblich habe er jemandem in der Nacht ein Stück Brot aus der Tasche gestohlen und es sofort in sich hineingestopft, damit es ihm niemand mehr wegnehmen könnte. Der Beklaute begann zu schreien und rief so wohl oder übel die Gehilfen des Blockältesten herbei. Die aber verließen sich nicht darauf, dass die Hand Gottes den Dieb schon strafen würde, sondern würden ihn im Namen der Gerechtigkeit so durchprügeln, dass er lange Zeit nicht mehr sitzen könnte. Und wenn sie ihn dabei zum Krüppel schlügen, könnte ihn die Selektion früher ereilen.

Zur Bestrafung des Schuldigen, über die uns Schmule schon informiert hatte, kam es wirklich, die Hauptrolle bei dieser fatalen Veranstaltung spielte der Blockälteste. Alle mussten ins Innere des Blocks, wohin man uns sonst nur ließ, wenn es heftig regnete. Zuerst hielt der Blockälteste eine Ansprache, in der er uns rügte, weil man nicht stehlen dürfe und weil es besonders abstoßend sei, wenn ein Häftling einen anderen bestehle. Es sei also an der Zeit zu lernen, was Ehrlichkeit sei, und deshalb werde der Schuldige exemplarisch bestraft.

Vier Gehilfen packten den Übeltäter und legten ihn mit dem Bauch auf die Ziegelbank, die im Winter zur Heizung diente. Die anderen mussten sich so aufstellen, dass alle Anwesenden gut sehen konnten, was geschehen würde. Dann zog man dem Schuldigen das Hemd aus und die Hosen runter, und zwei Gehilfen hielten ihn an den Schultern und am Kopf und zwei an den Beinen fest. Der Blockälteste nahm einen Stock und schlug den Jungen auf Rücken und Hintern, und einer der Gehilfen zählte bis fünfundzwanzig. Der Geschlagene schrie die ganze Zeit wie wahnsinnig. Offenbar hatte er Derartiges noch nie erlitten, und offenbar hatte auch niemand von denen, die zuschauen mussten, jemals so etwas gesehen. Als der Blockälteste mit dem Schlagen aufgehört hatte, erklärte er noch ganz außer Atem: »Ich hoffe, dass euch dies eine Beispiel genügen wird, nie mehr zu stehlen!« Dann stellten die Gehilfen den taumeligen Schuldigen auf die Beine. Sie riefen zwei der zuschauenden Jungen, sie sollten ihn wegführen und im Waschraum, der zu diesem Zweck vorher hergerichtet worden war, seinen blutenden Rücken waschen. Uns Übrige jagten sie auf den Hof. Den Verprügelten sahen wir erst am nächsten Tag, als er wieder bei den anderen war, sich aber kaum auf den Beinen halten konnte.

Wir alle waren von diesem abstoßenden Schauspiel erschüttert. Schmule sagte, der Blockälteste sei wohl nicht ganz normal, weil er sich gebärdet habe, als sei das Verprügeln dieses armen Schluckers etwas Gutes. Ich hatte auch bemerkt, wie der Blockälteste am Ende ganz erhitzt war, als hätte er etwas mit einer Frau gehabt. Stefan schlug gleich vor, dass ich zu Herrn Silbermann ginge, der

Bekannte habe und vielleicht wisse oder irgendwie herausbekommen werde, was dieser Blockälteste für einer sei. Er könne ein Sadist sein, Stefan hatte von solchen Fällen etwas gelesen. Vielleicht hatte man ihn wegen dieses Sadismus ins Konzentrationslager geschickt.

Uns war nicht ganz klar, was es bedeutet, wenn jemand ein Sadist ist, aber Stefan erklärte uns, dass es sich um einen abnormen Menschen handele, der durch das Quälen anderer sich selbst befriedige. Der Fußballer fügte hinzu, in diesem Fall sei die Bestrafung des Diebstahls für den Blockältesten nur ein Vorwand, um den Jungen durchprügeln zu können. Ich dachte mir, die vorhergehenden Blockwartsgehilfen hätten zwar gestohlen, die Mithäftlinge geschlagen und getreten, jedoch niemals auf eine so zerstörerische Weise. Wenn man diesen Blockältesten wegen Sadismus ins Lager gesperrt hatte, so hatte man ihn damit eigentlich belohnt, weil es nirgendwo sonst so leicht war, Menschen ungestraft zu quälen, wie im Konzentrationslager Birkenau.

Nach Ansicht des Fußballspielers sei dieses Spektakel wohl deshalb innerhalb des Blocks durchgeführt worden, damit es niemand sonst sehen konnte. Vielleicht sei es dem Blockältesten gar nicht lieb, würde die deutsche Obrigkeit erfahren, was hier vor sich ging. Damit stimmte ich überein und fügte hinzu, die SS könne das so auffassen, dass der Blockälteste als Deutscher dem deutschen Herrenvolk vor den Untermenschen im Konzentrationslager Schande mache, und das könne ein Grund sein, mit ihm selbst hart ins Gericht zu gehen. Sie würden ihn ablösen, ehe er einen nach dem anderen zum Krüppel schlagen und auf die Schaufel befördern könne, mit der das Sonderkommando die Menschen in den Ofen schiebe.

Die vom Blockältesten erteilte Lektion war bei denjenigen, die zugeschaut hatten und selbst nicht geschlagen worden waren, nicht besonders wirksam. Schon am folgenden Tag wiederholte sich das Gleiche: Einer der Jugendlichen stahl einem Mithäftling Brot und aß es auch sofort auf. Der Bestohlene machte Radau, so dass man den Dieb wiederum fasste, aber gleichwohl wurde dem Betroffenen nichts zurückgegeben. Es war dumm, in diese Sache wieder den Blockältesten hineinzuziehen. Aber der Dieb kam diesmal zur Überraschung aller mit ein paar Ohrfeigen von einem der Gehilfen des Blockältesten davon. Schmule, der Kenner des Lebens, bemerkte dazu: »Jetzt ist das schon vollkommen klar. Wir haben gesehen, damit es zu einer Strafe kommt, sind zwei Dinge erforderlich: Irgendein Vergehen muss vorliegen, und der Blockälteste muss geladen sein.« Wir wussten nicht, was Schmule damit meinte, so erklärte er uns, »geladen sein« bedeute, dass ein Mann zum Geschlechtsverkehr bereit sei. Und ein Abnormer sei bereit zu dem, was bei ihm den Geschlechtsverkehr ersetze. Es dauere eine Weile, bis ein Mann nach dem Geschlechtsverkehr den Trieb erneut verspüre. Bei einem Abnormen sei das ähnlich.

Wir waren uns einig, dass wir all die Aktionen einstellen mussten, für die man uns bestrafen könnte, weil das Risiko zu hoch und die Strafe barbarisch sei wie im Mittelalter. Schmule aber wollte mit dem Organisieren der Schuhe nicht aufhören. Er dachte, ihn würde vor einer Strafe durch den abartigen Blockältesten oder einen seiner Leute bewahren, wenn er barfuß ginge und in den organisierten Schuhen zurückkehrte. Der Fußballspieler werde die flach zusammengedrückten Schuhe so perfekt hinter den Hosengürtel stecken, dass man nicht viel sehen könne. Wir ließen uns überzeugen. Leider zeigte sich bald, dass Schmule sich verkalkuliert hatte.

Schließlich kamen wir noch überein, dass der Fußballspieler die Erkenntnisse über den neuen Blockältesten in allen Einzelheiten seinem Lagerhasen berichten sollte, und ich würde darüber mit Herrn Silbermann sprechen. Vielleicht könnten die Übermenschen uns, die minderwertigen Untermenschen, von diesem ihrem missratenen Übermenschen befreien, der vor uns »das Wappen der Herrenrasse befleckte«.

Gleich nachmittags besuchte ich Kapo Silbermann an seinem Platz, also in der Latrine. Diesmal traf ich ihn außerhalb des Besucheransturms an. Herr Silbermann führte mich gleich freundlich in sein Kabuff, holte aus dem Schrank ein Kastenbrot, das er mit seinem Messer in zwei Hälften schnitt, und forderte mich auf: »Behalt dieses Brot auf jeden Fall gleich und komm in einer Woche wieder! Und damit ich es nicht vergesse, muss ich dich etwas fragen. Weißt du, was *Pecunia non olet* heißt und wer das gesagt hat?« Ich wusste, dass *pecunia* Geld ist, und den Rest musste mir Herr Silbermann erklären. So erfuhr ich von ihm, dass es »Geld stinkt nicht« bedeutet und ein Ausspruch des römischen Kaisers Vespasian ist, der dies zu seinem Sohn Titus sagte, als sie darüber sprachen, ob für Abtritte Steuern an den Kaiser entrichtet werden sollten. Titus wurde später selbst zum Kaiser, der dann leider die Juden abschlachtete.* Herr Silbermann fügte hinzu: »Und so stinkt dieses Brot, das du unter dem Hemd hast, ebenfalls nicht, obwohl es aus dem Ertrag des scheißmeisterlichen Gewerbes stammt, auch stinkt nicht, wie wir es erwerben. Aber bevor wir an diesen Ort gehen, erzähle mir, was es Neues gibt.« Ich erzählte also Herrn Silbermann, was ich über den sadistischen neuen Blockältesten wusste und wie er, ein Reichsdeutscher, das großdeutsche Wappen vor Untermenschen befleckte, und dass er möglichst der Ehre enthoben werden sollte, in der Funktion des Blockältesten bei der Liquidierung dieser Untermenschen zu assistieren.

Für diese Formulierung lobte mich Herr Silbermann und versprach, er werde über diese Dinge mit seinen Freunden beraten und sich bemühen, sie an der richtigen Stelle geltend zu machen. Er erklärte mir noch, dass im Lager, wo grausamste Gewalt ausgeübt werde, Sadisten selten seien. »Man kann zwar annehmen, die schlimmsten Verbrechen werden von Sadisten begangen, die man für ihre angeborenen abnormen Neigungen nicht ganz zur Rechenschaft ziehen kann, weil sie eigentlich krank sind und sich nicht beherrschen können, aber so verhält es sich nicht. Das schlimmste Böse wird hier von mehr oder minder normalen und größtenteils durchschnittlichen Leuten verübt, keineswegs von Sadisten mit krankem Hirn oder irgendwelchen Teufeln in Menschengestalt, die aus destilliertem, reinem Bösen ohne ein Quäntchen Gutes erschaffen sind; das sind nur Phantasiegebilde religiöser Fanatiker. Dieses Superböse entstammt weder den Phantasmagorien bigotter Sonderlinge noch irgendeiner angeborenen Erkrankung, sondern ist Folge eines gut geplanten und perfekt organisierten unmenschlichen und verbrecherischen Systems, dem man Elemente einer irren Genialität nicht absprechen kann, wenn es riesige Massen von Menschen so erfolgreich zu manipulieren vermag. Sadisten müssen weg von unserem Lagerspielplatz! Die könnten mit ihren krankhaften Neigungen, denen hier nicht Einhalt geboten wird, manchem Individuum Schaden bringen. Aber bei der massenhaften Ermordung Unschuldiger spielen Sadisten keine wesentliche Rolle. Auch wenn wir alle beseitigen könnten, würden wir damit das deutsche nazistische Regime, das wir hier in seiner Reinform an unserer eigenen Haut erfahren, noch nicht ändern und vor allem nicht bessern.« Das wiederum war ein zu komplizierter und wichtiger Gedanke, als dass ich ihn in meinem Alter und bei meiner ungenügenden geistigen Reife hätte begreifen können. Aber ich bewahrte davon Samenkörner, aus denen ich ihn später rekonstruieren konnte.

Dann prüfte mich Herr Silbermann abermals in Latein. Er fragte mich nach dem lateinischen Sprichwort *Inter urinas et faeces homo nascitur*, und diesmal konnte ich glücklicherweise antworten: »Zwischen Urin und Unrat wird der Mensch geboren.«

»Ich muss dich wirklich loben«, sagte Herr Silbermann, »nur würde ich deine Übersetzung etwas präzisieren. Wenn du aus der Sicht des *anus mundi* darauf schaust, wäre es exakter, zu sagen, dass der Mensch in Scheiße und Pisse geboren wird. Dem würde ich noch hinzufügen, dass der Mensch nicht nur so geboren wird, sondern, was hier aktueller ist, oft auch so stirbt. Das gilt nicht nur allgemein, sondern ganz konkret auch hier, in meinem Wirkungsbereich, und das besonders bei Durchfallerkrankungen. Wenn es nach mir ginge, würde ich dich als meinen Nachfolger in der Funktion des Scheißmeisters vorschlagen. Ich habe nämlich einige kleine gesundheitliche Probleme, doch ich hoffe, dass ich sie bald wieder in den Griff kriege und es zu deiner Ernennung noch nicht so bald kommt.« Dann fragte Herr Silbermann, was ich noch wissen wolle. Ich vertraute ihm an, dass ich ein bestimmtes Gesundheitsproblem hätte, von dem ich noch keinem etwas gesagt hätte. Mir lockerten sich fast alle Zähne, und ich hätte im Mund links der Unterlippe bis nach hinten eine kleine Wunde, die mir ziemlich wehtue. Deswegen könne ich fast nicht mehr essen, auch wenn ich so tue. Wenn ich mich in der Ambulanz auf dem Revier meldete, fürchtete ich, dass sie mich dortbehielten und ich bald wie die Knusperhexe im Märchen vom Pfefferkuchenhaus enden würde, die Hänsel und Gretel mit List auf die Schaufel kriechen ließen und dann in den Ofen schoben. Dann musste ich den Mund aufmachen, und Herr Silbermann schaute mir hinein.

»Ich bin zwar kein Arzt«, bemerkte er, »und darüber hinaus zwingt man mich hier, mich mit der Öffnung am anderen Ende des Verdauungskanals zu beschäftigen. Aber ich denke, dass du Skorbut hast. Das ist eine Erkrankung infolge des Vitamin-C-Mangels, an der in alten Zeiten Seeleute litten, wenn sie lange auf dem Meer waren. In der hiesigen Kost ist auch wenig Vitamin C. Du müsstest kräftig Obst und Gemüse essen, was man hier nirgends herkriegt. Und das

Revier in Birkenau ist gefährlicher als ein Tigerkäfig oder eine Schlangenfarm. Geh zu einem Häftlingsarzt, sag ihm, du hast vielleicht Skorbut. Bemüh dich, zum Chefarzt zu kommen, der ist von ihnen wohl der Beste und ein großer Mann. Wenn sie dir Vitamin C in Tabletten geben, dann würdest du in ein paar Tagen in Ordnung sein. Ob sie das überhaupt haben? Die Hauptquelle von Medikamenten für die Häftlingsärzte ist, was sie von Häftlingen des Kommandos Kanada bekommen, aus dem Gepäck der Deportierten, das sie sortieren. Ich hoffe, du kommst nach der Untersuchung ordentlich in deinen Block zurück. Du darfst dich im Revier über nichts anderes beklagen, damit sie dich nicht als bettlägerigen Patienten dortbehalten. Das ist ein Schritt in Richtung Krematorium.«

Ich dankte Herrn Silbermann für Brot und Belehrung, und dann gingen wir uns also den gewerblichen Teil der Latrine ansehen, von dem er mehrfach geheimnisvoll gesprochen hatte. Auf der Latrine waren wieder viele Menschen. Sie standen in einer Schlange vor den Öffnungen, auf denen diejenigen saßen, die schon an der Reihe waren, und einige Ungeduldige kackten in die halb heruntergezogenen Hosen, weil sie es nicht mehr aushielten. In einem kleinen Raum gegenüber der Kammer von Herrn Silbermann sah ich mehrere perfekt saubere hölzerne Sitze, wie es sie in ländlichen Klohäuschen gibt, und unter ihnen Kübel. Herr Silbermann zeigte mir, wie sich diese Kabinen aus Brettern in ein paar Minuten zerlegen ließen, ohne dass von ihnen eine Spur bliebe, falls plötzlich eine Hygienekontrolle der SS käme. Diese Kabinen vermietete der Scheißmeister mit seinen Helfern an Blockälteste, Kapos und sonstigen lokalen Adel, und sie zahlten dafür ein kleines pauschales Entgelt, etwa eine Viertelportion Brot pro Tag. Bei einer Viertelportion bezahlen sechzehn Kunden zusammen ein Kastenbrot. Bei achtzig Abonnenten wären das fünf Brote pro Tag. So viele Interessenten für die »Luxuskabinen« gab es aber nicht. Die wenigen Leute, die im Scheißkommando arbeiteten, hatten die doppelte Brotportion, für sie wurden etwa zwei Kastenbrote täglich gebraucht. Auf Silbermann und die Menschen, die er unterstützte, entfiel täglich die Hälfte bis drei Viertel eines Kastenbrotes.

Ich erfuhr, dass auch jene armen Kerle in eine Kabine gelassen wurden, die in der Latrineschlange warteten und es wirklich nicht mehr aushalten konnten. Würden sie einfach loskacken, dann würde sie das ernsthaft in Gefahr bringen: Sie müssten sich die Hosen auswaschen, in nassen Hosen weggehen, weil sie sonst stinken würden. In beiden Fällen würden sie unerwünschte Aufmerksamkeit auf sich ziehen und könnten leicht zur Zielscheibe der Kapos, der Blockältesten und mancher Mithäftlinge werden. Deshalb waren auf der Latrine auch so viele arme Teufel mit entblößter unterer Körperhälfte zu finden. Kapo Silbermann hielt darauf, dass seine Untergebenen diese Unglückswürmer als Menschen behandelten. Das war aber schwierig. Manche Besucher hatten Durchfall und fürchteten sich, damit aufs Revier zu gehen, wo sie sich mit Ruhr anstecken könnten, die auch aus einem relativ gesunden Mann in wenigen Tagen eine Ruine machte. So bekam einer Durchfall, und eine Woche später erwartete ihn schon die Verbrennung im Krematorium.

Solche Schrecknisse erzählte mir Herr Silbermann, und ich belastete ihn dabei auch noch mit meinen Angelegenheiten. Trotzdem schien mir, er brauche etwas Aufmunterung und unterhalte sich gern mit jemandem von anderswo. Bevor wir auseinandergingen, erinnerte er mich an meine Bemerkung über Hänsel, Gretel und die Knusperhexe und sagte, wir müssten dieses Märchen umarbeiten, weil wir hier keine Knusperhexe hätten, sondern einen Hexer namens Adolf. Dieser Hexer kümmere sich nicht darum, dass Hänsel und Gretel hübsch dicke Finger bekämen, sondern umgekehrt, dass ihre Finger spindeldürr würden, und im Unterschied zur Knusperhexe gehe Adolf leider nicht selbst auf die Schaufel, sondern setze die Kinder darauf und spräche dabei: »Ab mit euch in den Ofen«.

Allmählich hatte ich das Gefühl, Herr Silbermann redete so, weil er große Befürchtungen oder Sorgen hätte. Nach der Rückkehr in den Block erzählte ich den Jungs vom Skorbut und sagte ihnen, ich würde damit zum Arzt gehen. Für alle Fälle übergab ich ihnen meine Brotvorräte und das Taschenmesser. Dann unterhielten wir uns noch eine Weile über den deutschen Blockältesten. Der lag Stefan am meisten im Magen. Es war Antipathie auf den ersten Blick. Stefan ereiferte sich darüber, dass Mörder die Opfer gute Sitten lehren sollten. So mache es unser Sadist, der uns in Vertretung der größten Diebe auf der Welt das Gebot »Du sollst nicht stehlen« nicht nur in den Kopf, sondern mit dem Knüppel auch in den Leib einhämmere, und dabei entstamme dieses Gebot dem jüdischen Dekalog, den Moses den Juden vom Berg Sinai mitgebracht habe. Der Blockälteste gebärde sich, als habe dieses Gebot mit »Du sollst nicht töten« und »Du sollst nicht ehebrechen« nichts zu tun.

Da fassten sich Schmule und der Fußballspieler mit einer komischen Geste an den Kopf, zum Zeichen dafür, dass sie für heute genügend Religion genossen hätten. Der Fußballer meinte, wir sollten eher darüber nachdenken, was wir konkret tun könnten, um uns zu helfen. »Ihr wisst doch, dass man sagt: ›Hilf dir selbst, dann hilft dir Gott.‹ Deshalb wird Schmule im Laufe der Nacht ein Paar Schuhe organisieren, und ich werde sie morgen verhökern«, beschloss der Fußballspieler. Schmule nickte zustimmend, aber ich mischte mich noch mit dem Einwand ein, dass es heute Nacht draußen zu hell sein würde, weil gestern Vollmond gewesen sei und wir heute wolkenlosen Himmel hätten. So verschoben wir die nächtliche Aktion um einen Tag.

Den Jungs teilte ich mit, ich würde mich mit dem Problem im Mund morgen zur Untersuchung auf dem Revier melden. Früh am Morgen würde ich mich ganz mit kaltem Wasser waschen, auch Kluft und Schuhe etwas mit Wasser säubern. Ich würde mir Mühe geben, militärisch aufzutreten und mich flink zu bewegen, damit zu sehen wäre, dass ich bis auf die kleine Wunde im Mund frisch wie ein Fisch im Wasser sei, voller Leben und ganz davon erfüllt, für das Reich zu arbeiten. »So hoffe ich, dass wir uns morgen zu Mittag wiedersehen. Wenn nicht, dann esst mein Brot auf, entscheidet per Los, wer mein Klappmesser bekommt, und meidet vor allem das Revier.« Dann zeigte ich den Jungs noch mein Problem im Mund und die lockeren Zähne. Das sah widerlich aus und tat auch scheußlich weh.

Morgens erklärte ich im Block, dass ich im Revier – der Ambulanz und der Krankenbaracke für die Häftlinge – eine ambulante Untersuchung brauchte. Wir wurden aus allen Blöcken eingesammelt und marschierten dorthin. Es war nicht weit, im Lager B II f nebenan. Den Zutritt zur ambulanten Untersuchung kontrollierten jüdische Doktoren, die sich uns gegenüber anständig verhielten. Einem jungen Arzt, der als Erster aus der Tür kam, sagte ich gleich, ich hätte Skorbut. Er stutzte und sagte mir, dass er dieser Krankheit während seines ganzen Medizinstudiums nie begegnet sei. Auch gebe es gar nicht so viele Fälle von Skorbut, wenn man den großen Mangel an Vitamin C in Betracht ziehe, an dem die Menschen hier litten. Noch an der Tür schaute er mir in den Mund und sagte: »Es ist so, du hast wirklich Skorbut. Warte hier, wir werden dich aufrufen.« Die Hauptperson bei der Untersuchung war der Chefarzt. Auch er schaute mir in den Mund und bestätigte die Diagnose. Dann untersuchte er mich noch im Ganzen und sagte, dass es mit mir unter Berücksichtigung der Umstände gar nicht so schlecht stehe. Er ging weg, und nach einer Weile brachte er mir ein

Röhrchen mit Vitamin-C-Tabletten. Er wies mich an, täglich eine Tablette zu nehmen, aber nicht mehr; ich solle auf die Tabletten achtgeben, sie auf keinen Fall verlieren und lieber keinem verraten, dass ich sie hätte. Nach einigen Tabletten würden die Wunden im Mund zu heilen beginnen, und die Zähne aufhören zu wackeln. Ohne diese Tabletten könnte es mit mir schlecht enden.

Erst nach einiger Zeit wurde mir klar, dass mir der Chefarzt mit diesen Tabletten eigentlich das Leben gerettet hatte. Sie stammten, ebenso wie die anderen im Lager verwendeten Medikamente, aus einem Gepäckstück oder der Manteltasche eines Menschen, der in einem der vielen Transporte hierhertransportiert worden war und den die Deutschen schon ermordet hatten. Die ganze Untersuchung und das Gespräch dauerten nur einige Minuten. Sofort widmete sich der Doktor einem anderen. Dort war eine Masse von Patienten, und er hatte nicht viel Zeit. Ich dankte ihm für die Vitamine und war erleichtert, als ich die Ambulanz wieder verlassen hatte.

Dann kehrte ich in unser Lager zurück und ging sofort zu den Jungs an unseren gewohnten Ort. Sie begrüßten mich und gaben mir ohne lange Reden mein Klappmesser und das Brot zurück; es war in ein Stück Lumpen eingewickelt, das ich vor einiger Zeit irgendwo gefunden und im Waschraum mit kaltem Wasser ausgewaschen hatte. Damit war die Begrüßung beendet. Es überraschte mich, dass Pepi bei ihnen war. Er hatte mich gleich am Vormittag gesucht, als ich auf dem Revier war, und einer der Jugendlichen hatte ihn zu unserer Gruppe geführt. So hatte er inzwischen mit den Jungs gequatscht und gewartet, bis ich zurückkommen würde – oder auch nicht. Um sich die Zeit zu vertreiben, lehrte Pepi sie den Kanon von Haydn, den er auch mir beigebracht hatte, und erzählte ihnen von sich. Die Jungs berichteten mir das dann.

Zu Beginn unseres Aufenthalts in Birkenau war Pepi plötzlich aus dem Block verschwunden. Er hatte sich mit seinem Vater getroffen, der ihn im Jungenblock ausfindig gemacht hatte, und dann waren sie zusammengeblieben. Pepi und ich hatten uns ja kurz bei der Massendesinfektion in der Lagersauna gesehen, wo er auf dem Rasen gymnastische Übungen vorführe. Damals hatte Pepi versprochen, er würde kommen und mit mir reden, und jetzt hatte er sein Versprechen eingelöst.

Pepi war wirklich ein geschickter Turner und veranstaltete hier mit dem Vater für den Lageradel abendliche artistische Auftritte, bei denen er Zirkuskunststücke vorführte. An ihren Auftritten bestand großes Interesse, so verdienten sie sich genügend Brot zusätzlich. Die privilegierten Häftlinge, die in Birkenau nicht hungerten und deren Leben nicht unmittelbar bedroht war, langweilten sich, soweit sie nicht bei der Arbeit waren, an den Abenden schrecklich. Pepi selbst hatte einen dieser Privilegierten sagen gehört: »Es ist furchtbar, außer diesem Morden ist hier nichts los! An den Abenden und am Sonntag sterbe ich vor Langeweile.« Dabei war dieser Kapo dafür bekannt, dass wegen seines Arbeitseifers seine Untergebenen im Kommando starben.

Der Vater von Pepi hatte es irgendwie fertiggebracht, mit unserem früheren Blockwart zu vereinbaren, dass er mit seinem Sohn zusammenbleiben konnte. Pepi deutete an, dass sie den Blockwart geschmiert hätten. Womit, sagte er nicht, aber dem Vater war es wohl gelungen, irgendwelche Wertgegenstände in das Lager zu schmuggeln. Unser neuer deutscher Blockältester, den sie ebenfalls zu bestechen versuchten, wollte damit jedoch nichts zu schaffen haben. Es ging darum, ob Pepi ganz zum Vater umgesetzt werden und zusammen mit ihm womöglich in ein Arbeitslager im Reich geschafft werden könnte. Vater und Sohn vermuteten, sie würden das Kriegsende eher erleben, wenn sie gemeinsam weggingen. So verhandelte Pepis Vater unter Vermittlung seines Blockältesten, eines alten Lagerhasen, den er höchstwahrscheinlich irgendwie bestochen hatte. Aber bei unserem Deutschen biss er damit auf Granit. Den interessierte nicht, ob der Junge gerettet würde, wenn er beim Vater bliebe, er hatte nur ein einziges Argument: In einem deutschen Konzentrationslager müsse Ordnung und Disziplin herrschen! Hier sei schließlich keine Judenschule, wo alle quatschten und widersprächen und jeder mache, was er wolle! Vater und Sohn seien nun einmal auf unterschiedliche Blöcke verteilt, das sei eine Anweisung, die eingehalten werden müsse und nicht umgangen werden könne. Wie würde das im Lager aussehen, wenn die Juden von Block zu Block wechselten, wie es sie gelüste? Wörtlich soll er gesagt haben: »Im Lager befehlen zum Glück wir Deutschen und nicht irgendwelche Juden. Ich bin auch ein Häftling, aber ich begreife die Interessen des Großdeutschen Reiches. Überdies denke ich, dass es für Deutschland kein Unglück sein wird, wenn ein jüdischer Balg weniger übrig bleibt.« Dies also hatten die Jungs von Pepi erfahren, während ich auf dem Revier war. Etwas hatte ich schon vorher gewusst, aber am meisten überraschte mich, was Pepi über die Häftlingsobrigkeit sagte: wie sich die privilegierten Häftlinge im Lager langweilen würden, wenn sie nicht gerade bei der Arbeit waren. Das galt auch für die Äußerungen unseres neuen Blockältesten und Sadisten über die deutsche Ordnung, und wie sie auf Kosten der Menschlichkeit aufrechterhalten werde. Diese Reden empörten Stefan fortwährend, der schon in der Schule ein Kämpfer für Recht und Gerechtigkeit gewesen war und es nicht ertrug, wenn jemandem ein Unrecht zugefügt wurde.

Jetzt ging es darum, ob die Jungs Pepi in die Gruppe aufnehmen wollten. Pepi wollte zu uns. Sein Vater und er hatten schon erfahren, dass sie nicht zusammenbleiben durften. Realistisch folgerten sie, dass in der gegebenen Situation Pepi nicht in den Block des Vaters eingegliedert werden könnte und somit auch nicht in den Transport, mit dem man den Vater bald in ein Arbeitslager irgendwo in Deutschland schaffen würde. Der Vater hatte zu Pepi gesagt, es sei am besten, wenn sowohl der eine als auch der andere unter anständige Leute gerieten, die sich gegenseitig unterstützten, damit möglichst alle überleben würden. So teilten sich Vater und Sohn gerecht mehrere Kastenbrote, die sie mit den artistischen Auftritten für die gelangweilte Obrigkeit verdient hatten. Der Vater benötigte das Brot für die Reise nach Deutschland, bei der die Häftlinge höchstwahrscheinlich kein Essen bekommen würden, und Pepi übergab uns seinen Anteil zum gemeinschaftlichen Verzehr.

Den Jungs und mir gefiel Pepi, also waren wir dafür, ihn in unsere Gruppe aufzunehmen. Wir vereinbarten, Pepis Brot im kollektiven Versteck aufzubewahren, damit wir was auf Vorrat hätten. Stefan hatte dieses Versteck noch ein wenig vergrößert. Mit dem Löffel hatte er die Höhlung im Fundament des Blocks nach und nach weiter ausgehoben und mit Steinen ausgelegt, damit sich nicht die Mäuse durchgruben. Den Lehm hatte er unauffällig auf den Hof getragen. Es versteht sich, dass niemand Pepi feierlich erklärte: »Wir nehmen dich auf!« Wir sahen uns nur an, und es war auch ohne Worte klar.

Schmule schlug vor, wir könnten versuchen, gemeinsam den Kanon zu singen, den Pepi uns alle gelehrt hatte. Eine Weile probten wir. Es war nicht so leicht, denn jeder musste seinen Part richtig singen, ohne sich vom Gesang der anderen stören zu lassen. Beim ersten Versuch riet Pepi, uns die Ohren zuzuhalten und uns nur auf den eigenen Gesang zu konzentrieren. Pepi begann als Erster und dirigierte, wie wir nacheinander einsetzen und dann aufhören sollten.

Stefan setzte als Letzter ein. Dafür, dass wir diesen Kanon zum ersten Mal sangen, klang es schon recht schön. Es begann mit Pepis Tenor solo, dann wurde die Melodie nach und nach kräftiger, als käme sie näher, dann schwächte sie sich wieder ab, als ob sie in der Ferne verschwände, und sie endete mit Stefans eigentümlich klangvollem Tenor, wie zum Abschied.

Nach einer Weile hatte sich rings um uns ein Kreis von Jungen gebildet, denen unser Gesang gefiel. Pepi befahl uns: »Pianissimo, damit es besser klingt. Niemand von der Obrigkeit darf uns hören!« Schließlich mussten wir im Lager damit rechnen, dass alles verboten wird. Die Melodie klang schön und wie aus einer anderen, noch friedlichen Welt: »Erdök mélyén, esti csendben, hallom a csalogány büvös dalát …« – »In der Tiefe des Waldes, in der Abendstille lauschen wir dem zauberischen Gesang der Nachtigall …« Sie erinnerte uns daran, dass es auf der Welt auch andere Dinge gab, als in der Nähe der Krematoriumstore dahinzuvegetieren. Der Nachtigallengesang, der durch dieses Lied erklang, war ein Symbol des Lebens. Er fand seinen Weg zu uns, den Kandidaten für die *Sonderbehandlung*, wie die physische Liquidierung mit einem ursprünglich zur Schädlingsbekämpfung bestimmten Mittel genannt wurde. Man könnte sagen, dass der Nachtigallengesang das Röcheln der Sterbenden übertönte. Dieser Kanon, mochte er nun von Haydn oder einem anderen Komponisten sein, wurde zur Hymne unserer Gruppe. Manchmal kamen Jungen zu uns und baten uns, ob wir ihn nicht wieder singen könnten, und meist erfüllten wir ihnen gern diesen Wunsch.

Pepi legte sich jetzt auch mit uns zum Schlafen an unseren gewohnten Platz. Immer noch schliefen wir auf dem Fußboden, nur auf ausgelegten Brettern und ohne etwas zum Zudecken, bekleidet mit unseren Häftlingslumpen und in Schuhen. Wir sagten, dass dies seine Vorzüge habe: Sobald wir aufstünden, seien wir schon angekleidet und beschuht wie am Tag. Aber niemand lachte darüber. Was für ein Spaß in Birkenau!

Im Block war jetzt mehr Platz, so dass wir bequemer schliefen. Frei geworden war dieser Platz aber leider durch die Ermordung eines Teils der Jugendlichen, die hier vorher zusammen mit uns gewesen waren. Als wir uns hingelegt hatten, ließ Schmule nebenbei fallen: »Heute ist eine dunkle Nacht, es ist bewölkt.« Wir aus unserer Gruppe verstanden sofort, was er im Sinn hatte und dass er sich auf eine Expedition vorbereitete, um weitere Schuhe zu organisieren. Nur Pepi ahnte nichts. Auch wenn wir uns mit den Jungs nicht darüber abgesprochen hatten, war klar, dass wir Pepi in unsere Angelegenheiten einweihen würden, sowie wir dazu kämen. Wir verfuhren so, um über diese Dinge nicht unnötig zu reden, nicht aus Mangel an Vertrauen. Immer drohte die Gefahr, dass uns jemand hören könnte und wir Unannehmlichkeiten bekämen.

An diesem Abend schlief ich schnell ein. Obwohl es mit mir auf dem Revier glücklich ausgegangen war, fühlte ich mich nach diesem Gang sehr erschöpft. Erst morgens bemerkte ich, dass Schmule nicht zurückgekehrt war. Nur seine Schuhe waren dageblieben. Der Fußballspieler legte sie zusammen, jeden für sich, und steckte sie sich hinter den Gürtel. In einem Schuh hatte Schmule auch sein Taschenmesser aufbewahrt. Das nahm Viki ebenfalls an sich. Es war klar, dass wir einstweilen über das Verschwinden von Schmule nicht laut sprechen würden. Wir konnten ihm nicht helfen und nur die Aufmerksamkeit des Blockältesten und seiner Leute auf uns lenken. Sie könnten uns untersuchen und in etwas hineinziehen, das mit einer Kollektivstrafe enden könnte. Zumindest würden sie uns verprügeln und möglicherweise unser Brot im Versteck finden. Deshalb entschlossen wir uns, vorerst abzuwarten.

Schmule tauchte erst nach dem Mittagessen auf, aber er kam nicht zu uns, sondern ging nur vorbei und flüsterte, er werde sich später einfinden. Er schlief auch nicht in unserer gewohnten Formation. Erst am nächsten Tag winkte er mir von Weitem zu, dass ich ihm folgen solle. Wir hockten uns weit weg von unserem gemeinsamen Platz auf dem Hof hin, und Schmule erzählte, was geschehen war. In der Nacht war er unauffällig durch die Hintertür nach draußen gegangen und hatte sie wie üblich hinter sich nur angelehnt. Diesmal war er barfuß, wie von vornherein geplant. Im Lager hatte er sich nur ein Paar Schuhe organisiert und gleich angezogen, damit er nicht des Diebstahls beschuldigt werden konnte, für den ihm gewiss eine harte Strafe geblüht hätte. Davon war auszugehen, nachdem der Junge neulich mit fünfundzwanzig Stockschlägen allein dafür bestraft worden war, dass er einem anderen ein Stück Brot weggenommen hatte. Schuhe hatten ja einen viel höheren Wert und gehörten obendrein dem deutschen Fiskus. Den Fiskus zu bestehlen, also das Deutsche Reich, sei bestimmt ein viel schwerwiegenderes Delikt, als wenn ein Jude einem anderen etwas wegnehme. Wenn sie ihn da erwischten, würde er den Händen des sadistischen deutschen Blockältesten wohl nur halbtot entkommen. Er habe vor der Aktion auch ein mulmiges Gefühl gehabt, eine Vorahnung, dass etwas geschehen könnte.

Ich hielt wenig von Vorahnungen. Ich erinnerte ihn an unsere Gespräche mit den Jungs und unsere Befürchtung, dass das ganze Organisieren jetzt wohl gefährlicher werden würde. Da hatte er den glänzenden Einfall gehabt, lieber barfuß zu gehen und sich die organisierten Schuhe anzuziehen, denn würden sie ihn erwischen, könnte die Obrigkeit nicht nachweisen, dass er etwas genommen hatte. Ich unterstrich auch den Unterschied zwischen »nehmen« und »stehlen«. Auch wenn er einen ganzen Haufen Schuhe genommen hätte, wäre das kein Diebstahl. Im Gegenteil, die Deutschen hatten die Schuhe den ermordeten Juden gestohlen, und deshalb gehörten sie ihnen nicht. Schmule organisierte sie, damit andere Juden, die die Deutschen würden verhungern lassen, ein Stück Brot oder Schuhe bekämen und so größere Hoffnung hätten, bis Kriegsende durchzuhalten. So war es, mochten der Blockälteste, seine Leute oder sonstwer denken oder sagen, was sie wollten! Die Deutschen nahmen das Gebot »Du sollst nicht stehlen«, das sie mit dem ganzen Dekalog von den Juden zum Geschenk erhalten haben, fälschlich für sich in Anspruch und wollten uns so um unser Leben bringen! Wir hatten nicht vor, uns damit abzufinden!

Schmule berichtete weiter, was mit ihm geschehen war. Als er nach der Aktion zum hinteren Tor zurückkehrte, ließ es sich nicht mehr öffnen, obwohl er es bestimmt offen gelassen hatte. Er dachte, das Tor sei vielleicht von selbst weiter aufgegangen oder im Block sei Durchzug entstanden und jemand von den Leuten des Blockältesten habe es deshalb von innen mit einem Pflock gesichert. Nachdem es ihm innerhalb einer halben Stunde nicht gelungen war, das Tor zu öffnen, schob er das Brett, das er zum Klettern über den Zaun am Schuhlager benutzt hatte, unter die Baracke, ging um den Block herum zum anderen Ende und wollte probieren, ob er nicht durchs vordere Tor nach innen gelangen könnte. Eine Weile stand er dort und lauschte, ob drinnen nicht jemand wachte, und als ihm schien, dass dort Ruhe sei, öffnete er. Aber kaum drin, schnappten ihn vier Gehilfen des Blockältesten, die dort gelauert hatten, und sperrten ihn in die Kammer neben dem Eingang zum Block.

Frühmorgens wurde die ganze Mannschaft der Jugendlichen nach draußen gejagt, und Schmule wurde dem Blockältesten vorgeführt. Sie durchsuchten ihn vollständig, aber zum Glück fanden sie nichts Verdächtiges. Davon, dass er an den Füßen organisierte Schuhe trug, konnte niemand etwas wissen. Das Einzige, was er begangen hatte, war das unerlaubte Herumstreifen im Lager während der Nachtstunden. Der Blockälteste erklärte ihm zuerst, dass laut Lagervorschrift in der Nacht niemand die Baracke verlassen dürfe. Das sei eine wichtige Sicherheitsmaßnahme, weil in den Konzentrationslagern Feinde des Reiches eingesperrt seien, die sich in der Nacht versammeln und Komplotte gegen das Reich schmieden könnten. Schmule verteidigte sich, er habe nach draußen gemusst, weil im Block unerträglicher Gestank gewesen sei und ihm der Kopf schrecklich wehgetan und er dringend frische Luft zum Atmen gebraucht habe. Die Gehilfen des Blockältesten glaubten ihm seine Ausrede nicht, vom Zapfenstreich an hätten sie an der Tür Wache gehalten und ihn nicht hinausgehen sehen. Außerdem hätte er ihnen melden müssen, dass er nach draußen wolle. Das hätten sie ihm dann nicht erlaubt, denn es sei verboten. Und außerdem hätten sie beobachtet, wie er vorsichtig hereingeschlichen sei, als habe er kein reines Gewissen.

Das genügte dem Blockältesten. Er befahl, ihm das Hemd auszuziehen, die Hosen herunterzulassen und ihn auf den Bauch zu legen. Die Gehilfen des Blockältesten zogen Schmule aus und hielten ihn so fest, dass er sich nicht mehr rühren konnte. Der Blockälteste schickte einen weiteren nach einem Stock und schlug Schmule damit auf Rücken und Hintern, und das immer schneller und stärker, als befriedigte er sich damit selbst. Schmule zählte die Schläge. Als es ungefähr zehn waren, hörte er die zwei Gehilfen sagen: »Das genügt schon!« Das riss den Blockältesten aus der Verzückung. Noch einmal schlug er zu, um zu zeigen, dass es hier nach ihm gehe, weil er der Herr im Block sei, aber schon ohne jene Hingabe, mit der er zuvor geprügelt hatte. Schließlich befahl er, Schmule noch einige Zeit in der Kammer zu lassen, damit er darüber nachdenken möge, was er angestellt habe, und dann sollten sie ihn hinauswerfen, aber erst nach dem Mittagessen, damit er heute hungrig bleibe.

So geschah es. Schmule zeigte mir, welch schreckliche Striemen er am Körper hatte. Er konnte sich nicht einmal hinsetzen. Zu uns wollte er nicht gleich zurückkehren, er befürchtete, die Gehilfen hätten ihn jetzt auf dem Kieker, und wenn sie ihn mit uns zusammen sähen, könnten sie sich zusammenreimen, dass er irgendeiner Häftlingsverschwörung angehöre. Für einen solchen Fang würde die SS sie sicher loben und belohnen. Es war klar, dass die neue Mannschaft unter den Jungen schon Zuträger gewonnen hatte. Jetzt war das Ganze aber vielleicht verraucht, bis auf seinen zerschlagenen Rücken. Er war neugierig, wie es sich in der kommenden Nacht liegen ließe.

Von der letzten Expedition hatte Schmule noch eine schlechte Nachricht mitgebracht: Es sah so aus, als würde das Schuhlager auf dem abgeschlossenen Hof den Betrieb einstellen. Die Überdachung, die die Schuhberge vor Regen geschützt hatte, war verschwunden, und man hatte begonnen, den Zaun abzubauen. So waren die Schuhe, die er gerade an den Füßen hatte, wohl die letzten, die wir organisieren konnten. Trotzdem sollten wir morgen über die Lagerhauptstraße gehen, um festzustellen, ob das Lager noch dort sei. Die teuer bezahlten letzten Schuhe werde er dem Fußballspieler geben, damit er sie gegen Essen eintausche. Die Hauptsache sei aber, wir hätten das überstanden und dass sie uns nicht besiegt hätten.

Wir wussten, dass Schmule schrecklichen Hunger haben würde, hoben ihm ein paar Kartoffeln aus der Suppe und ein Stück Brot auf. Dann gingen wir an unseren Platz, dort reichte ihm Stefan das Essen, und der Fußballspieler gab ihm sein Taschenmesser zurück. Schließlich verabredeten wir, morgen zu Herrn Silbermann zu gehen und ihn zu fragen, ob er nicht zufällig eine Heilsalbe für Schmules Rücken habe. Es wäre nicht vernünftig, damit bei der Revierambulanz zu erscheinen. Der Blockälteste würde fragen, warum er dorthin wolle, er fragte jeden so, der sich zum Revier meldete. Und dann müsste Schmule antworten: »Ich gehe dorthin, damit sie mir den Rücken kurieren, den Sie mir zerschlagen haben.«

Am nächsten Vormittag konnten wir uns aber nicht dorthin aufmachen. Eine uns unbekannte Gruppe von SS-Männern mit Hunden und mehreren Kapos erschien. Die SS sperrte den Hof des Blocks vorn und hinten ab. Die Kapos und Gehilfen des Blockältesten jagten uns an die Blockwand und befahlen, Fünferreihen zu bilden und den Oberkörper frei zu machen. Die Selektion nahm Mengele persönlich vor. Er trug die Uniform eines SS-Offiziers mit der Aufschrift *Wiking* am Kragen und perfekt gewienerte Stiefel. Diese Uniform sah aus wie von einem guten Schneider genäht. Wiking sollte die Bezeichnung einer SS-Einheit sein, vielleicht der Division, der Mengele ursprünglich angehört hatte.* Er war ein sympathisch aussehender, fescher Kerl, dunkelhaarig, sorgfältig gekämmt, gut rasiert und von mittlerer, aber schlanker Statur. Dabei wirkte er intelligent und hatte angeblich zwei Doktortitel, in Medizin und in Philosophie. Er sprach ein perfektes Deutsch, schrie die Häftlinge nicht an und verhielt sich moderat. Im Lager sagte man, er habe ein geniales Gedächtnis für Gesichter, wenn er jemanden einmal selektiert hätte, würde er sich denjenigen merken und ihn unter Hunderten von anderen Häftlingen herausfinden.

Bis zu ihm marschierten wir in Formation, direkt vor ihn trat jeder einzeln. Mengele registrierte bei jedem Jungen, auf welche Weise er sich ihm näherte und ob er gut lief. Dann musterte er ihn von vorn und von hinten. Das war die ganze Untersuchung.

Es sah so aus, als hätten die Gehilfen des neuen Blockältesten mit derartigen Aktionen keine Erfahrung. Wir standen in Fünferreihen, und niemand kümmerte sich darum, dass wir einzeln zu Mengele gingen. So entstand ein Durcheinander, die Fünferreihen begannen sich aufzulösen, manche Jungen schoben aus Angst einen anderen vor, um noch etwas zwischen sich und das Gericht über Leben und Tod zu bringen.

In diesen Augenblicken begriff ich, dass sich das Verhalten der Einzelnen in Abhängigkeit davon verändert, ob sie Teile einer organisierten Formation sind – hier waren es Fünferreihen –, die vorgibt, was wann zu tun sei, oder ob sie sich gerade in einer chaotischen Ansammlung befinden. Im zweiten Fall gehorchen die Einzelnen keinen Befehlen mehr, als wüssten sie nicht, was sie wollen und was sie tun sollen, stoßen einander, raufen miteinander und verfallen in Panik. Dieser Gedanke tauchte blitzartig in meinem Kopf auf, kaum mehr als eine Sekunde lang, aber ich erinnerte mich an ihn.

Unsere Gruppe hielt sich in einem Häufchen zusammen, wir folgten uns gegenseitig mit den Augen. Alle waren in Lauerstellung wie eine kleine Herde wehrloser Tiere, die von einem Raubtier angegriffen wird, gegen das sie sich nicht wehren und vor dem sie auch nicht fliehen können. Ich befürchtete, die SS-Männer oder eher deren Häftlingsgehilfen würden diejenigen, die nicht freiwillig vor Mengele traten, hart anpacken. Und wenn es ihnen nicht gelänge, die Ordnung wiederherzustellen, könnten die SS-Männer auf uns schießen. Dann wäre es für sie am einfachsten, die Selektion abzubrechen, und alle Ungehorsamen ins Gas zu schicken. Deshalb flüsterte ich den Jungs zu: »Gehen wir hin!« Offenbar ahnten auch sie, welche Gefahr hier drohte, und als Erster ging Schmule los. Er war von uns der Entschlossenste und auch der Größte und Stärkste, so dass uns dies anspornte, und wir folgten in der Kolonne hinter ihm. Einige Sekunden nachdem die Reihe der Jungen vor ihm vor lauter Durcheinander ins Stocken geraten war, trat Schmule vor Mengele, was den Eindruck erweckte, er gehöre zu einer anderen Gruppe als die Wirrköpfe vor und nach uns. Mengele stand da, schaute gleichgültig über unsere Köpfe hinweg und wartete wie jemand, der nicht gewillt ist, in Lappalien einzugreifen.

Schmule näherte sich ihm mit sicherem und energischem Schritt, mit eingezogenem Bauch, vorgestreckter Brust und erhobenem Kopf. Er war etwas größer als Mengele und blieb vor ihm in Habtachtstellung stehen. Dann machte er von sich aus zweimal eine militärische Kehrtwendung. Daraus sprach seine Entschlossenheit, am Leben zu bleiben, das war gleichsam eine wortlose Botschaft an Mengele, der daraus entnehmen sollte, dass Schmule bereit und fähig war, für das Reich zu arbeiten. Mengele sah seine Striemen auf dem Rücken und bemerkte, dass sie ihn schön zugerichtet hätten. Dann winkte er mit der Hand in die Richtung, wo das Häuflein der Jungen stand, die überleben sollten. Wir übrigen aus der Gruppe verhielten uns ähnlich wie Schmule, und Mengele schickte uns alle auf die gute Seite.

Uns fiel ein Stein vom Herzen! Diese gewaltige Erleichterung musste uns anzusehen sein, sie leuchtete uns geradezu aus den Augen. Jetzt beachtete uns niemand von der Obrigkeit übermäßig, wir wurden nicht einmal bewacht und auch nicht in den gewohnten Fünferreihen aufgestellt. Dabei vergaßen sie aber, jemand von den Todeskandidaten könnte zu uns, den vorübergehend Begnadigten, überlaufen. Unterdessen stürzten sich die Kapos und ein Trupp von Blockältesten auf die Gruppe der noch nicht abgefertigten Jugendlichen und zwangen die in Panik geratenen Jungen, unverzüglich vor Mengele zu treten. Das ging nicht ohne Schreie und Schläge ab. Die Blockältesten ließen in diesem Durcheinander die Gruppe der Selektierten, die vorher auch nicht in Fünferreihen gestanden hatten, für kurze Zeit unbeaufsichtigt, drei Jungen nutzten die Gelegenheit und liefen zu uns hinüber.

Wir, die vorübergehend Begnadigten, hielten uns natürlich in unseren gewohnten Grüppchen. Einer der drei Überläufer begriff, dass er, um nicht aufzufallen, auch irgendwo dazugehören musste, und rannte zu uns. Wir sahen uns an und ließen ihn zwischen uns untertauchen. Als erster trat Stefan auf ihn zu, und dann taten es auch die anderen. Aber den beiden anderen Jungen, die übergelaufen waren, gelang das nicht, sie blieben abgesondert an der Seite stehen. Ihnen waren Erregung, Angst und Anspannung anzusehen, sie hatten nicht wie wir diesen Ausdruck von Erleichterung im Gesicht, der besagte: Wieder einmal haben wir das überlebt!

Nun trat eine kurze Pause ein, in der Mengele niemanden mehr zu begutachten hatte, er wartete, dass ihm die Kapos und die Gehilfen der Blockältesten weitere Jungen zur Selektion vorführten. Plötzlich wandte er sich uns zu und beschied mit einem Wink den deutschen Blockältesten zu sich, der in gebührender Entfernung von ihm stand und durch Körperhaltung und Benehmen ausdrückte, er sei ihm zu Diensten. Mengele zeigte mit dem Finger auf einen der Überläufer, die am Rand standen. Der Blockälteste führte augenblicklich den Befehl aus und packte den Jungen fest an der Schulter. Dann wies Mengele auch auf den zweiten, der sich auch durch seinen verstörten Ausdruck verraten hatte, der Blockälteste griff sich mit der anderen Hand auch ihn. Mit einer Kopfbewegung bedeutete ihm Mengele, dass er sie zu den Verurteilten zurückbringen solle. Der Blockälteste stieß sie so grob dorthin, dass einer auf die Knie stürzte. Die Jungen daneben hoben ihn auf.

Während der Blockälteste die unausgesprochenen Befehle des großen Chefs ausführte, gelang es vier oder fünf Jungen, zurück in die Gruppe der noch nicht Abgefertigten zu laufen. Damit hatten die Bewacher offenbar nicht gerechnet, obwohl klar war, eine nochmalige Selektion wäre wenigstens ein letzter Strohhalm, während es den sicheren Tod bedeutete, sich unter den Verurteilten zu befinden. So kam es, dass einige Jungen zweimal vor Mengele traten.

Danach verlief die Selektion organisiert, es kam zu keinen »Störmomenten« mehr. Mengele machte Schluss, sah sich keinen mehr an und winkte dem Führer der SS-Abteilung mit den Maschinenpistolen zu. Dieser salutierte mit der erhobenen Rechten. Aber *Heil Hitler!* rief er nicht mehr. Vor jüdischen Reichsfeinden gehörte sich das wohl nicht, weil die Vertreter der höheren Rasse so nur ihresgleichen grüßten und schon die bloße Anwesenheit von Untermenschen ihren Gruß entweihen konnte. Mit Heilrufen grüßten sich die Übermenschen im Lager nur selten, die Untermenschen grüßten sie grundsätzlich überhaupt nicht. Es ging auf Mittag zu, und Mengele begab sich nach getaner Arbeit wohl zum verdienten Mittagsmahl.

Es war eigenartig, dass die SS-Männer in den Vorgang der Selektion nicht eingriffen, nicht einmal, als es zu den »Störmomenten« kam. Diejenigen, die der Selektion unterworfen waren, konnten sich kaum mit den Besonderheiten des Prozesses vertraut machen, dessen Opfer sie waren, hatten überhaupt keine Möglichkeit mehr, einander ihre Beobachtungen mitzuteilen. Gewöhnlich starben sie, noch ehe sie erkennen und begreifen konnten, wie die Selektion verlaufen war. Es war wenig wahrscheinlich, dass jemand überlebte, der eine Reihe von Selektionen durchgemacht hatte. Eines war jedoch klar: Die Opfer einer Selektion verhielten sich vollkommen anders, wenn sie nicht wussten, was auf dem Spiel stand, wie zum Beispiel bei der Ankunft auf der Rampe. Im Lager, wo die zur Vernichtung Ausgewählten schon gut darüber informiert waren, was sie erwartete, waren die Reaktionen andere.

Im zweiten Fall verwendete die SS zur Auslese der zum Tode Verurteilten eine andere Taktik, um die Selektion schnell und ohne nennenswerten Widerstand durchzuführen. Andernfalls wären mehr Soldaten und Kapos erforderlich gewesen. Bei den einzelnen Selektionen wurden deshalb nur wenige aussortiert, die Mehrheit blieb vorläufig am

Leben. Die »Geretteten« trugen – unbewusst und ohne etwas dafür zu können – zu einer Atmosphäre bei, in der die Selektion in Ruhe ablaufen konnte. Nach dem durchlebten Stress im Angesicht der Todesgefahr hatten sie die Tendenz, sich zu entspannen, und wären höchstwahrscheinlich gar nicht fähig gewesen, sich zu irgendeinem Widerstand gegen die SS zugunsten der Verurteilten aufzuraffen. Sie befanden sich in einem Zustand, in dem sie eigentlich unbewusst wünschten, alles möge schon vorüber sein und sie könnten für eine Weile vergessen, dass bei der nächsten Selektion vielleicht sie selbst die Verurteilten sein würden. Es war, als ob sich alle Lebenden, Sklaven und Sklavenhalter, für eine Weile auf demselben Schiff befänden, das sich schnell von den Schiffbrüchigen entfernte, deren Schicksal Ertrinken war. Keiner drehte sich mehr nach ihnen um, denn der Anblick würde die Überlebenden daran erinnern, was sie bei der nächsten Selektion erwartete. So gelang es den Deutschen, wohldosiert alle zu liquidieren.

Bei Selektionen, bei denen Häftlinge wussten, worum es ging, kam es wohl oft zu solchen »Störmomenten«, wie ich sie oben beschrieben habe, doch es genügte die bloße Anwesenheit von SS-Männern mit Maschinenpistolen im Anschlag, damit Vorkommnisse, die den reibungslosen Ablauf der Selektionen ein wenig verzögerten, schließlich von den Kapos bewältigt werden konnten. Die wenigen Überläufer, denen es glückte, aus der Gruppe der Verurteilten in die Gruppe der zeitweilig Begnadigten zu gelangen, fielen dabei nicht weiter ins Gewicht, denn die Organisatoren der Selektion verließen sich darauf, dass diese Häftlinge bei der nächsten Gelegenheit an die Reihe kämen. Deshalb betrachteten die SS-Männer ihre zumeist vergeblichen Versuche, ihr Leben zu retten, als Bagatelle und machten sich nicht die Mühe, mit der Waffe einzugreifen. Für sie zählte, dass der Prozess des Mordens im geforderten

Tempo ablief. Gnadenlos eingreifen würden sie erst dann, wenn dieser Plan gefährdet wäre. Höchstwahrscheinlich hatten sie nicht einmal die Aufgabe, sich direkt in die Selektionen einzumischen, solange die Hilfstruppe aus Häftlingen sie organisierte und befehlsgemäß durchführte. Die Rolle der SS war, die Masse der Häftlinge durch ihre bloße Anwesenheit einzuschüchtern. Die SS-Männer sahen dem ganzen Treiben bei Selektionen gelangweilt und mit eisiger Ruhe zu.

Es ist anzunehmen, dass sie erst später eine aktive Rolle spielten, wenn sie die Häftlinge zu den Gaskammern führten. Wenn die Verurteilten Schwierigkeiten machten und sich weigerten hineinzugehen, mussten sie mit brutaler Gewalt dazu gezwungen werden. Offensichtlich stand dafür die SS bereit. Die Häftlinge aus dem Sonderkommando kümmerten sich um die Leichen und deren Beseitigung, aber sie waren wohl nicht diejenigen, die die sich sträubenden Verurteilten gewaltsam in die Gaskammern trieben, schoben oder warfen. Es ist nicht sicher, ob die SS das Sonderkommando vielleicht nicht auch dazu mit Waffen gezwungen hat. Wir hatten jedoch nie davon gehört, dass Häftlinge aus dem Sonderkommando zu direkten Vollstreckern der Morde seien. Und die Verurteilten hatten keine Gelegenheit mehr, über die letzten Augenblicke ihres Lebens Zeugnis abzulegen.

Diese Schlussfolgerungen ergaben sich aus unseren Diskussionen während der folgenden Tage, als wir unsere Erlebnisse der letzten Selektion verarbeiteten. Natürlich sagten wir das anders und drückten alles mit anderen Worten aus, als ich sie jetzt verwende, aber was ich ausgeführt habe, entspricht dem Inhalt unserer Gespräche. Später kamen wir nicht wieder darauf zurück. Wir hatten andere Sorgen.

Die Blockältesten und Kapos zählten zusammen, wie viele Jugendliche selektiert worden waren und wie viele übrig blieben. Zu diesem Zweck stellten sie beide Gruppen wie gewöhnlich in Fünferreihen auf und ermittelten, dass etwa ein Viertel der Insassen des Blocks ausgemustert worden war. Die Verurteilten wurden von allen Seiten von SS-Männern umringt. Das hieß wohl, die SS hatte sie von ihren Häftlingsgehilfen übernommen. Dann wurden sie abgeführt. Wie diese selektierten Jungen, so wussten auch wir, dass sie zu den Gaskammern marschierten. Niemand schenkte ihnen weiter Aufmerksamkeit, nicht einmal unser Grüppchen. Selektion und Tod waren alltägliche Vorgänge. Dabei dauerte der Weg von unserem Block bis zu den Gaskammern nur ungefähr zehn bis fünfzehn Minuten.

Wir warteten auf das Mittagessen, das die Essensträger gerade brachten. Uns wurde bewusst, dass der Block an diesem Tag Suppe für die ganze Besatzung gefasst hatte, einschließlich derer, die kein Essen mehr brauchten. Deshalb hofften wir, dass die Portionen größer ausfallen würden. Die Austeiler, die noch vor einer Weile bei den Selektionen assistiert hatten, gaben den Überlebenden wirklich etwa eine Kartoffel mehr. Wir wussten, wir aßen die Suppe der Mithäftlinge, die vielleicht gerade in diesem Augenblick gewaltsam in die Gaskammern getrieben wurden oder deren Leichen man bereits herauszog, um für eine weitere Ladung Verurteilter Platz zu machen. Nur Pepi sprach aus, dass die Kartoffel, die wir zusätzlich hatten, einem der Jungen gehörte, die vor einer Weile noch unter uns gewesen waren. »Sie werden vergast, noch ehe wir die Suppe aufgegessen haben!« Niemand reagierte darauf. Wir konnten nichts dagegen tun. Aber die Suppe aßen wir auf, auch die Kartoffel eines Ermordeten.

In der Nacht hatten wir mehr Platz zum Schlafen. Das erleichterte es hauptsächlich Schmule, der nicht auf dem Rücken liegen konnte, aber ein dummes Gefühl wurden wir nicht los. Stefan sagte: »Heute ist es hier zum Schlafen bequem. Endlich können wir die Beine ausstrecken. Doch um welchen Preis!« Trotzdem streckten wir die Beine gern aus, so wie wir die zusätzliche Suppe gegessen hatten. Wir konnten uns nicht mit den Toten beschäftigen, waren wir doch voll und ganz von der eigenen Anstrengung in Anspruch genommen, am Leben zu bleiben!

Am nächsten Tag besuchte uns der Junge, der bei der Selektion zu uns übergelaufen war und den wir gewissermaßen gedeckt hatten. Er kam, uns zu danken. Sein Name war Jani. Der Fußballspieler klopfte ihm freundschaftlich auf den Rücken: »Gern geschehen! Bei der nächsten Selektion kannst du ruhig wieder zu uns laufen. Wir stehen dir jederzeit zur Verfügung.« Das war dummer Galgenhumor, aber trotzdem lächelten wir zu den Worten des Fußballers ein wenig. Über den eigenen Tod zu scherzen ist mühsam. Aber ihn die ganze Zeit todernst zu nehmen, war auch unmöglich! Jani sagte uns, dass sich von den Verurteilten noch zwei gerettet hätten. Sie seien zu der Gruppe gelaufen, der die Selektion noch bevorstand, und als sie zum zweiten Mal vor Mengele traten, schickte dieser sie zu denen, die am Leben bleiben durften. Für mich folgte daraus, dass die Gerüchte über Mengeles fotografisches Gedächtnis nicht der Wirklichkeit entsprachen, wenn er zwei Jungen, die er kurz zuvor gesehen hatte, nicht wiedererkannte. Aber hauptsächlich beschäftigte mich, wie es Jani gelungen war, erfolgreich überzulaufen. Wie hatte er das fertiggebracht? Ich fragte ihn, warum er zu unserer Gruppe gekommen sei, während die beiden anderen, die von Mengele dann zu den Verurteilten zurückbefördert worden waren, sich abseits von den Übrigen hingestellt hätten.

»Mir war klar«, sagte Jani, »uns würde man, nachdem wir hinübergelaufen waren, Angst und Bedrängnis ansehen. Damit waren wir auffällig. Ihr dagegen machtet Gesichter wie Leute, die diesmal noch gewonnen hatten.« Das also waren die Merkmale, an denen Mengele die Überläufer erkannt hatte, und es war keineswegs so, dass er über ein übermenschliches Gedächtnis verfügte. Bei der Beurteilung der Deutschen ließen wir uns durch ihren verlogenen nazistischen Kult hinters Licht führen, dem zufolge sie Übermenschen und wir Untermenschen seien. Also nahmen auch wir an, Mengele müsste als Übermensch auch ein außerordentliches Gehirn und wahrscheinlich auch ein phantastisches Gedächtnis haben. Klug dürfte er wohl tatsächlich gewesen sein, wenn er zwei Doktortitel hatte. Aber nicht einmal diese Doktortitel hielten ihn davon ab, Menschen massenhaft in den Tod zu schicken. Mochte er auch ein zweifacher Doktor sein – trotzdem war er ein Vieh. Er war genauso ein Vieh wie die groben und dummen Mörder in den Uniformen gewöhnlicher SS-Männer. Und war es denn ein Wunder, zwei Doktortitel zu haben? Schwerlich würde man ein Volk mit einem höheren Anteil gebildeter Menschen und mit mehr akademischen Titeln finden als die Juden! Warum also sollten uns zwei Doktorentitel eines Massenmörders imponieren?

»Ihr hattet aber hauptsächlich danach gefragt, warum ich gerade zu euch gelaufen bin«, fuhr Jani fort. »Ich hatte mir klargemacht, dass ich es allein durchs Rüberrennen noch nicht geschafft hätte. Obendrein müsste ich mich auch noch unter denen verstecken, die überleben sollten. Nach Durchlaufen der Selektion hattet ihr euch verändert und gabt ein anderes Bild ab als wir, die für das Gas bestimmt waren. Ich konnte ja nicht einfach unsichtbar werden, irgendwo unter einen Stein oder hinter einen Baum kriechen. Ihr hattet euch bei der Selektion gut gehalten und saht aus wie Leute, die für diesen Tag gewonnen haben. Also musste ich mich so geben, dass mich die SS-Männer und ihre Gehilfen als Teil des Grüppchens ansahen, das den Eindruck von Siegern machte. Ich wusste, dass sie vielleicht nur dann mein verstörtes Gesicht nicht bemerken würden. Diesmal hat es geklappt, ich danke euch!« Jani sagte uns noch, er stamme aus Szeged, wo eine zweifelsfrei jüdische Firma die berühmte ungarische Salami herstelle, die trotz der jüdischen Eigentümer nicht aufgehört hätten, ungarische zu sein, und dass er sechzehn Jahre alt sei. Dann ging er zu seinen Leuten. Er war Mitglied eines anderen Kollektivs. Für uns waren seine scharfsinnigen Folgerungen aus der Selektion aufschlussreich, wir machten uns klar, dass es sich lohnen würde, uns an sie zu erinnern. Es war ja nicht auszuschließen, dass wir bald in eine ähnliche Situation geraten würden wie er.

Nachdem Jani weggegangen war, bemerkte Pepi: »Mir scheint, dass die Selektion heute nicht allein nach körperlichem Zustand durchgeführt worden ist, damit einige noch eine Weile für den Waffensieg des Großdeutschen Reiches schuften können. Neben den Schwachen, bei denen es in den Augen der SS keinen Sinn mehr hatte, sie länger durchzufüttern, wurden auch viele von Mengele selektiert, die körperlich nicht schlechter beisammen waren als die, die weitervegetieren sollen. Ich glaube, den Deutschen ging es diesmal rein darum, unsere Anzahl zu verringern. Erst wollten sie mit uns etwas unternehmen, aber dann haben sie es sich aus irgendwelchen Gründen anders überlegt, und jetzt fallen wir ihnen zur Last.«

Darauf hatte damals keiner von uns eine Antwort, aber alle empfanden, das könnte irgendwie so sein. Der Fußballspieler meldete sich: »Jedenfalls müssen wir uns darauf vorbereiten, dass bald die nächste Selektion kommt.«

Ich musste zugeben, er hatte recht. Aber könnten wir nichts dagegen unternehmen? Herr Silbermann hatte gesagt, für uns sei am besten, in einen Transport zu gelangen, der uns von hier irgendwohin zur Arbeit wegbrächte. Natürlich könnten wir auch dort früher oder später ins Gras beißen, doch allein schon die Aussicht, dieses Lager zu verlassen, hieße für uns, der Mühle zu entkommen, die uns zermahlen sollte. Wir konnten aber mit keinem solchen Transport rechnen, also war es für unser Überleben jetzt am allerwichtigsten, uns gesund zu erhalten. Wir müssten uns schnell eine neue Aktion ausdenken, durch die wir an mehr Brot kommen könnten. Sie dürfte aber auch nicht mit allzu großem Risiko verbunden sein. Pepi hatte recht, sie begannen schon, uns ohne Rücksicht auf unsere etwaige Arbeitsfähigkeit zu ermorden. Wir waren noch sehr jung und konnten es als Arbeitskräfte nicht mit erwachsenen Männern aufnehmen. Deshalb hatte unser Leben für die Deutschen geringeren Wert.

Es reichte, uns gegenseitig anzuschauen, und sofort war klar, keinem von uns fiel eine Aktion ein, durch die sich zusätzliches Essen auftreiben ließe. Logisch betrachtet – wie sich unser Klassenvorstand und Mathematiklehrer ausgedrückt hätte – hatten wir eigentlich keine Chance zu überleben. Nicht einer von uns! Und wenn doch, dann nur eine verschwindend geringe. Aber nicht einmal das Wissen darum konnte uns dazu bringen, uns in unser Schicksal zu ergeben und passiv zu warten, bis uns die SS mit Gewalt in die Gaskammern stieß. Wir ahnten, diese Logik rechnete weder mit Zufällen noch mit Erscheinungen und Vorkommnissen geringer Wahrscheinlichkeit, noch mit der mächtigen Kraft der Hoffnung. Und ebenso wenig mit der Entschlossenheit Einzelner oder einer Gruppe, am Leben zu bleiben, sich nicht dem Todesurteil zu unterwerfen, das unsere deutschen Kerkermeister über uns verhängt hatten.

Dann meldete sich Viki zu Wort: »Ihr wisst vielleicht, was im Sport und vor allem im Fußball der Ausdruck ›Papierform‹ bedeutet: Da werden alle bekannten Faktoren und Daten abgewogen, die zur Verfügung stehen, und dann wird eine Vorhersage ausgearbeitet, wie ein Wettkampf ausgehen wird. Interessant ist, wenn Wettkämpfe anders enden, als es auf dem Papier zu erwarten war. Wenn ich das auf unsere Situation übertrage, sieht es der Papierform nach so aus, als würden wir bald ins Gras beißen. Aber wir haben nicht vor, uns von selbst in dieses Gras zu legen. Ähnlich war es auch im Krieg von 1914 bis 1918. Das weiß ich von meinen Verwandten, die daran teilgenommen haben. Nur ist es hier um vieles ärger. Es ist klar, jemand wird fallen, doch es hängt vom Zufall ab, wer das dann sein wird. Aber jemand wird auch überleben, mag es das Dritte Reich treiben, wie es will. Die Deutschen bestärken uns mit allem, was sich hier im Lager abspielt, darin, dass geschehen wird, was sie wollen, nämlich unsere Liquidierung. Ununterbrochen trichtern sie uns ein: ›Ihr werdet sterben, und daran könnt ihr nichts ändern, niemand und nichts wird euch helfen.‹ Ich sage dazu das Gleiche wie Napoleons Garde in der Schlacht bei Waterloo, als man sie aufforderte, sich zu ergeben: *Merde!* Falls ihr zufällig nicht wisst, was das bedeutet – es heißt auf Französisch ›Scheiße‹.« Vikis Erwägung wurde akzeptiert, und wir alle vergnügten uns eine Weile damit, dass wir gemeinsam skandierten: »Merde, merde, merde …!« An der Sache selbst änderte das nichts, aber es hob unsere Stimmung, und die Hoffnung in uns wuchs.

»Ein Glück, dass ich in einer Schule war, wo wir das gelernt haben«, fügte der Fußballspieler hinzu. »Blöd ist nur, dass man uns ständig sagte: ›Ihr lernt nicht für die Schule, sondern für das Leben.‹ Sollten wir das jetzt ändern und sagen, dass wir nicht für das Leben lernen, sondern für den Tod?«

Darauf begannen wir wieder, *merde, merde, merde* zu schreien.

Dieses »merde« erinnerte mich daran, dass ich wieder zu unserem Freund, dem Scheißmeister, hatte gehen wollen, aber dann war aber die Selektion dazwischengekommen. Das war nicht gerade eine anständige Assoziation, aber ich begann zu verstehen, dass unser Gedächtnis so funktioniert, wenn auch vielleicht nicht allgemein, so doch das meine. Dann wurde mir klar, dass man die Hoffnung wie eine Blume pflegen musste, sonst würde auch sie welk, und ich ergriff das Wort: »Schmule hat uns bei der Selektion vorgeführt, dass es dem Betreffenden nützt, wenn er entschieden auftritt und damit zu erkennen gibt, dass er am Leben bleiben will. Aber sobald man aus dem Verhalten eines Menschen entnehmen kann, dass er dieses elende Leben schon satthat, ist es sehr wahrscheinlich, dass er es wirklich verliert. Als hätte bei dieser letzten Selektion zwischen dem Opfer und Mengele, dem großen Herrn über Leben und Tod, ein Gespräch ohne Worte stattgefunden. Schmule hat uns eine Lektion erteilt, die wir nicht vergessen sollten. Vielleicht hat er uns damit das Leben gerettet. Es ist richtig, *merde* zu rufen, aber wenn wir bei der Selektion verängstigt aussehen, wäre das ein verhängnisvoller Fehler.« Schmule klopfte sich bei meinen Worten selbst auf die Schulter, zum Zeichen, dass er wirklich toll sei, und die anderen machten eine Weile Faxen mit ihm. Mit diesem Gespräch war für uns die letzte Selektion abgehakt. Leider fiel auch am nächsten Tag keinem von uns ein, wie sich etwas Brot zusätzlich beschaffen ließe. Einstweilen versorgten wir uns aus dem kleinen Vorrat, den wir noch im Versteck hatten. Stefan schlug vor, dass wir daraus nur eine halbe Portion täglich nehmen dürften, und achtete sehr darauf, dass wir nicht mehr aßen. Die Vorräte nahmen ab, aber nichts kam hinzu. Das war schlecht!

Ich wartete ab, bis auf der Latrine der morgendliche Hochbetrieb, wie Herr Silbermann dazu sagte, zu Ende war, und ging zu ihm. Es war merkwürdig, dass ich ihn bei meinen regelmäßigen privaten Besuchen schon mehrere Tage lang nicht mehr dort angetroffen hatte. Ich wollte ihn fragen, wie er über die Selektionen unter den Jugendlichen und über unsere Aussichten denke. Zudem wollte ich ihn auch mit einer Frage erfreuen, die die lateinische Deklination betraf. Von der Schule her entsann ich mich, wie das lateinische Zitat ging, an das uns Viki erinnert hatte, dem zufolge wir *nicht für die Schule, sondern für das Leben lernen*. Es lautete: *Non scolae, sed vitae discimus*. Aber wie würde wohl die veränderte Version richtig heißen, dass wir *nicht für das Leben, sondern für den Tod lernen*? Fast den ganzen Satz hatte ich zusammenbekommen, nur an den Dativ des Substantivs *mors* (Tod) konnte ich mich nicht erinnern: *Non vitae, sed mort…? discimus*. Auf dem Weg zur Latrine stellte ich mir vor, wie Herr Silbermann wieder anfangen würde, mit seinen Einfällen um sich zu werfen, und vielleicht sagen würde, es sei unmöglich, dass ich das nicht wisse, denn ein SS-Mann, an den ich geriete, könnte im Zivilleben Mittelschullehrer sein und mir vorhalten, dass ich bei derart grober Unkenntnis nicht zur *Sonderbehandlung* befördert werden dürfte. Also wäre ich ein Sitzenbleiber und müßte die ganze Selektion von Anfang an wiederholen. So spielte ich einfach mit Absurditäten im Geist des schwarzen Humors von Herrn Silbermann.

Leider konnte Herr Silbermann meine Fragen nicht mehr beantworten, weder an diesem Tag noch irgendwann später. Seine Kammer war leer. Ich fand dort einen seiner Gehilfen, den ich vom Sehen kannte. Der sagte mir, Herr Silbermann habe leider vor fünf Tagen in die Krankenbaracke gemusst, habe schon mehrere Tage sich verschlimmernden Durchfall und obendrein Fieber gehabt. Dabei sei er schon so schwach gewesen, dass er sich hätte hinlegen müssen. Das hätte man nicht länger verheimlichen können. Die Angehörigen des Scheißkommandos wüssten bisher nur, dass man ihn auf die Bettenstation des Reviers gebracht hatte, was bei Verdacht auf eine Infektion immer noch die beste Variante war. Sie befürchteten, ihr Kapo habe die Ruhr, aber bislang hätten sie noch keine Nachricht von ihm.

Der Gehilfe des Scheißmeisters sagte mir noch, dass Herr Silbermann oft von mir und meinen Kameraden gesprochen habe. Er habe ungefähr gesagt: »›Die Hauptsache ist, diese Jungs zu retten, weil sie bei der Rückkehr nach Hause noch genügend Jahre vor sich haben, um diese elende Welt zu einer besseren zu machen.‹ – Ja, das hat Herr Silbermann gesagt, daran erinnere ich mich genau.« Der Gehilfe forderte mich auf, in ein paar Tagen nachzufragen, vielleicht werde er dann schon wissen, wie es um ihren Kapo stehe.

Ich bedankte mich für die Auskunft, und als ich schon am Tor des Latrinenblocks war, kehrte ich noch einmal um und wusch mir ordentlich die Hände, soweit das mit kaltem Wasser und ohne Seife möglich war. Der Vertreter sah mich und sagte: »Warte, ich bringe dir ein Stückchen Seife. Du kannst es behalten, weil du ein Freund von Herrn Silbermann warst!«

Auf dem Rückweg dachte ich an Herrn Silbermann und daran, was für ein hervorragender Mensch er gewesen war. Aber sofort korrigierte ich mich im Geist, dass ich doch nicht »war« sagen konnte, wenn er noch am Leben war. Mir wurde bewusst, dass auch der Gehilfe »war« gesagt hatte. Unwillkürlich hatten wir beide von Herrn Silbermann in der Vergangenheitsform gesprochen, als hätten wir ihn schon abgeschrieben. Ich befürchtete, dass es mit ihm schlecht enden könnte, und ahnte zugleich, dass es so sein würde.

Nach etwa einer Woche ging ich erneut hin. Der Stellvertreter war wohl schon der Nachfolger, denn er saß in der Kammer von Herrn Silbermann. Er begrüßte mich damit, dass er leider eine schlechte Nachricht habe: »Herr Silbermann ist gestern gestorben. Wenigstens starb er eines natürlichen Todes. Das war sein Wunsch. Er sagte immer, wenn er schon sterben müsse, wünsche er sich ein natürliches Ende und nicht, dass man ihn wie eine Ratte vergifte und seinen Körper wie ein Stück Aas verbrenne. Gerade so hat er es gesagt, ich erinnere mich daran genau. Die Ärzte hatten keine wirksamen Medikamente für ihn und konnten nicht mehr helfen. Er konnte keine Flüssigkeit mehr bei sich behalten, es kam nur noch blutige Flüssigkeit, mehr Wasser als Stuhl. Angesteckt hat er sich sicher hier auf den Latrinen, dabei war er so vorsichtig. Wohl auch für ihn galt, dass der Mensch an dem stirbt, womit er umgeht. Wir benutzen hier weiter die Desinfektionslösungen, die er eingeführt hat, und zu seinem Gedächtnis haben wir hier seinen weißen Stock aufgehängt, mit dem unser Kapo im Leben niemals jemanden geschlagen hat.« Erst auf dem Rückweg fiel mir ein, dass mir der Nachfolger das regelmäßige Kastenbrot nach der von Herrn Silbermann eingeführten Tradition nicht gegeben hatte. Ich hatte das auch nicht erwartet. Der neue Leiter hatte seine Leute, die er unterstützte. Dieser Nachfolger, der mir nicht einmal seinen Namen genannt hatte, wiederholte gern den Satz: »Gerade so hat er das gesagt, daran erinnere ich mich genau.« Herr Silbermann hätte ein und dieselbe Formulierung nie zweimal benutzt, er hätte sich eine andere und wahrscheinlich noch witzigere als die vorhergehende ausgedacht. Das alles erzählte ich den Jungs. Wir waren traurig, doch wir konnten nichts tun und gingen möglichst bald zu einem anderen Thema über.

Unser größtes Problem war, dass wir schon sämtliche Vorräte verzehrt hatten und nichts mehr besaßen, das wir gegen Essen eintauschen konnten. Die Findigkeit des Fußballspielers bei solchen Aktionen half uns jetzt nicht weiter, weil wir nach der Auflösung des Schuhlagers nichts mehr hatten, was sich verhökern ließ. Schmule und Pepi deuteten an, sie hätten vielleicht eine Idee, aber solange sie sich nicht sicher seien, wollten sie noch nicht darüber sprechen. Schmule verriet mir nur, es gehe um einen seiner entfernten Verwandten aus der Karpato-Ukraine, der in einem Nachbardorf in den Bergen gewohnt habe und jetzt hier in der Küche Lagerverwalter sei. Er sei kein so naher Verwandter, dass er ihm etwas zu essen geben würde, aber vielleicht könne man sich beim Handeln oder bei irgendwelchen gemeinsamen Unternehmungen auf ihn verlassen.

Irgendwann verschwanden Schmule und Pepi unauffällig und waren erst nach einer Weile zurück. Uns überraschte ein bisschen, dass sie mitten auf dem Hof des Blocks begannen, eine Zirkusnummer einzuüben. Schmule, der immer noch ziemlich stark war, machte für Pepi den sogenannten Untermann. Dessen Rolle bestand darin, dass er mit verschiedenen Schwüngen, die sie gemeinsam probten, Pepi auf seine Schultern beförderte und ihn dann mit gespreizten Beinen ausbalancierte, während Pepi, der leicht, schlank und ziemlich groß war, in der Höhe verschiedene Übungen ausführte. Solche Dinge kannte er aus dem Gymnastikklub, bei dem ihn sein Vater noch vor der Deportation angemeldet hatte. Um unsere Artisten scharten sich immer einige Jungen und applaudierten ihnen. Pepi und Schmule unterhielten sich jetzt ständig über diese artistischen Übungen, verwendeten dabei Fachausdrücke, die Pepi seinem Partner beibrachte und die wir anderen nicht verstanden.

Eigentlich hatten die beiden schon früher etwas vorgeführt, aber gewöhnlich jeder für sich. Schmule stemmte vielleicht etwas Schweres in die Höhe, mit dem kein anderer fertig wurde, Pepi machte einen Überschlag. Aber das alles taten sie nur, um die Knochen etwas zu dehnen oder um sich zu beweisen, dass ihnen das immer noch gelang – trotz der Lagerdiät, die aus uns nach und nach gebrechliche »Muselmanen« machte. Sie achteten aber darauf, nicht zu viel Energie für nichts und wieder nichts zu verausgaben. Ich ahnte, dass sie diesmal mit dem Turnen irgendeine Absicht verfolgten, ohne Genaueres zu wissen. Zuerst vermutete ich, dass sie einen artistischen Auftritt einübten, bei dem Schmule Pepis Vater in der Rolle des Untermannes vertreten würde. Unter vier Augen fragte ich Pepi danach, aber er bestätigte meine Vermutung nicht. Angeblich bereiteten sie sich darauf vor, einen Einfall von Schmule zu verwirklichen. Sie hätten zwar eine artistische Vorführung erwogen, dann aber diese Idee wieder verworfen. Bei den Vorstellungen im Lager hatte Pepis Vater für seinen Sohn nicht nur den Untermann gemacht, sondern hatte ihn auch geschützt, weil manche der abartigen Häftlingsfunktionäre, vor denen sie auftraten, zum Beispiel wollten, dass Pepi diese Übungen nackt ausführe. Solche Abartigen musste Pepis Vater im Zaum halten, und dabei half ihm sein Bekannter, der Blockälteste. Diese Rolle konnte Schmule nicht übernehmen. Zwar wäre er durchaus imstande gewesen, einem eins aufs Maul zu geben, hier aber ging es Pepi zufolge eher um diplomatische Mittel. Schließlich fertigten mich die Jungs damit ab, dass ich den richtigen Moment abwarten solle.

Ich wollte mich aber nicht so abspeisen lassen. »Bestimmt führt ihr etwas Schlaues im Schilde, und das hängt mit diesen Dingen zusammen«, bedrängte ich sie, damit sie mir mehr verrieten. »Wenn es wirklich um artistische Auftritte geht, dann macht ihr damit, dass ihr hier turnt, Reklame dafür, andernfalls dürftet ihr nicht öffentlich zeigen, was ihr alles zustande bringt. Es ist nicht gut, wenn jemand von der Obrigkeit samt der SS sieht, dass Häftlinge zu solchen Leistungen fähig sind.« Pepi gab zu, dass ich wohl recht hätte, aber sie müssten etwas ausprobieren. Jetzt hätten sie das Gefühl, dass sie alles beherrschten, und würden erst mal nichts mehr vorführen.

Bald darauf bat Schmule mich, am nächsten Tag mit ihm zu einem Treffen mit seinem Verwandten aus der Küche zu gehen, und ich sagte zu. Sicherheitshalber trafen wir uns mit ihm am anderen Lagerende. Pepi wurde nicht mitgenommen, die Leute sollten Schmule und ihn nicht zusammen sehen, das galt erst recht für das Dreigespann aus Schmule, Pepi und dem Lagerverwalter aus der Küche. Obendrein konnte Pepi kein Wort Jiddisch, während ich wenigstens ein bisschen verstand und Schmule mich beim Verhandeln als seinen Zeugen brauchte. Es war selbstverständlich, dass er mit seinem Verwandten in ihrer Muttersprache reden würde.

Schmule sagte zu mir: »Du wirst für uns wie der Rabbi von Birkenau sein, der diesen Vertrag absegnet und, falls nötig, auch bezeugt. Ich weiß, dass hier nicht mehr gilt, was zu Hause gegolten hat, aber wenn wir den Vertrag auf unsere Art abschließen, dann wird sich mein Verwandter stärker gebunden fühlen und unser Abkommen eher einhalten. Er ist ein Erwachsener, und wir sind nur Jungen, so dass es ihm auch einfallen könnte, unseren Vertrag zu brechen. Ich wiederum traue ihm nicht vollkommen und kann für ihn nicht garantieren, auch wenn er mein Verwandter ist. Ich glaube, es ist üblich, dass sich Handelspartner nie ganz trauen. Leider verstehe ich vom Handel wenig. Mein Vater starb, als ich noch klein war, und ich hatte niemanden, der mir etwas Vernünftiges beigebracht hätte.« Als er mit seinen Erklärungen so weit gekommen war, erblickte er seinen Verwandten, der halb hinter einem Block verborgen wartete. So hatten sie es vereinbart. Schmule stellte uns gegenseitig vor. Der Verwandte war um die dreißig, schon kahlköpfig und für die hiesigen Verhältnisse gut genährt, schließlich arbeitete er in der Küche. Er war fast einen Kopf größer als ich und stämmig. Sein Name war Dov.

Schmule eröffnete die Verhandlung: »Wir brauchen Brot, und Dov braucht Zigaretten, er ist leidenschaftlicher Raucher und kann sich nicht einmal in Birkenau das Rauchen abgewöhnen.« Um eine lockere, der Verhandlung günstige Atmosphäre zu schaffen, fügte Schmule noch hinzu: »Zu Hause auf dem Dorf hatten sie einen Gemischtwarenladen und die Hälfte der Zigaretten dort hat Dov selbst geraucht.« Darüber lächelte Dov und sagte: »Schmule, du bist noch ein Rotzjunge, was kannst du schon davon wissen? Kommen wir also zur Sache.« Dov war sich nicht einmal bewusst, dass er es damit eigentlich

Schmule überließ, die Initiative zu ergreifen. Im Vergleich zu Dov war Schmule wirklich ein Rotzjunge, und dass er die Verhandlung eröffnete, war in gewissem Maße eine Anmaßung. Allerdings stammte, wie ich allmählich begriff, die Geschäftsidee auch eher von ihm.

Schmule fuhr in der Verhandlung fort: »Dov hilft dem SS-Mann, der das Brot verteilt, der hat ein großes Durcheinander im Lager und gibt auch genügend Brot an seine Leute, ohne dass er das aufschreibt, also weiß keiner, wie viele Brote verlorengehen. Die Schlüssel zum Lager hat nicht Dov, sondern der zuständige SS-Mann. Das ist für uns gut. Denn haben sie einen Verdacht, dass Brote fehlen, kann niemand Dov beschuldigen, daß er darin verstrickt ist. Das alles habe ich von dir, Dov. Ich weiß, wo das Fenster des Lagers ist und wie man dort hinkommt.«

Dann klinkte ich mich in die Verhandlung ein, damit die beiden mich dabei nicht für überflüssig hielten und um mich selbst wichtiger zu fühlen: »Dov wird vielleicht interessieren, wie sich einige dieser Brote in Tabak verwandeln, ohne dass er sie selbst verkaufen muss. Wenn sie ihn beim Brotverkauf schnappen und des Diebstahls beschuldigen, dann könnte es ja mit ihm sehr schlecht ausgehen.«

Dov nickte zustimmend.

Hier schaltete sich Schmule wieder ein: »Wir wissen schon, wie wir das machen. Ich habe zwei geschickte Partner im Boot. Der eine ist ein trainierter Artist und wird mit meiner Hilfe durch das kleine Lüftungsfensterchen an der Decke ins Lager einsteigen. Der andere ist unser Handelsvertreter. Er kennt sich mit dem Markt im Lager aus und liefert Tabak oder Zigaretten gegen Brot, zu den gängigen Preisen. Von Dov brauchen wir nur ein paar Dinge. Erstens die Ausrüstung: Kerzen und eine Schachtel Streichhölzer, um im Lager Licht zu machen, dann eine Stofftasche oder einen kleineren Beutel für die Brote, ferner einen etwa drei Meter langen

Strick zum Hochziehen und Runterlassen des Brots und starken Draht, ungefähr zwanzig Zentimeter lang, aus dem sich ein Haken machen lässt. Damit kann unser Artist das Lüftungsfenster hinter sich zuziehen, damit niemand darauf kommt, dass jemand im Lager war. Zweitens muss Dov den Griff am Lüftungsfenster unbrauchbar machen. Der sollte immer so aussehen, als wäre das Fenster verschlossen. Tatsächlich aber sollte es sich von außen leicht öffnen und durchs Ziehen am Draht wieder schließen lassen.

Jetzt äußerte sich Dov dazu: »Alles, was ihr wollt, sollte ich schon haben, oder kann es im Laufe des morgigen Tages auftreiben. In der Küche habe ich ein kleines Kämmerchen, so was wie eine Werkstatt. Dort habe ich den größten Teil dieser Dinge, niemand weiß davon, und dort passt auch keiner auf. Wenn ich am Ende mit Schmule einschlage, werde ich ihm die Sachen geben.«

Hierauf erklärte Schmule, es werde folgendermaßen ablaufen: »Mit dem Artisten stehle ich mich in der Nacht durchs hintere Tor unseres Blocks und zur Küchenanlage, ich helfe dem Artisten aufs Barackendach, er kriecht leise zum schmalen Lüftungsfenster. Mit einem Druck öffnet er es und klettert hinein. Er zündet die Kerze an und stopft einige Brote in den Beutel, klettert über die Brotregale, die laut Dov fast bis zur Decke reichen, durchs Fenster, hievt die Brote mit dem Seil hoch, zieht von außen mit dem Haken das Fenster zu, als wäre es geschlossen. Anschließend schleicht er zum Dachrand, ich hebe ihn von dort runter. Die Brote tragen wir vorsichtig zu unserem Block und verwahren sie in unserem Versteck. Einen Teil der Brote nehmen wir für uns, damit wir nicht verhungern. Wir teilen sie wie fünf Brüder. Den anderen Teil verkauft unser Handelsvertreter zum aktuellen Preis für Tabak oder Zigaretten, die liefern wir dir noch am selben Abend. Wir werden noch vereinbaren, wie das geschehen soll. Das ist alles.«

Jetzt kam ich an die Reihe: »Ich möchte euch, Juden (das sagte ich auf Jiddisch, *Jíden*, die Anrede für würdevollere Gelegenheiten), noch einige Dinge kundtun. Das, was ihr tun werdet, ist kein Diebstahl, sondern eine Mitzwa, eine gute Tat. Wenn ihr zugunsten der Juden dem deutschen Fiskus, der euch bestiehlt und ermordet, etwas nehmt, so durchkreuzt ihr seine Absicht, uns alle auszurotten. Ihr müsst dabei so vorsichtig wie nur möglich sein. Wenn sie euch erwischen, werden sie euch blutig schlagen, und das wäre noch die mildeste Strafe. Auf keinen Fall dürft ihr einander den Deutschen oder den Kapos verraten. Sollten sie euch schnappen, so müsst ihr euch, jeder für sich, etwas zurechtlügen, so gut es geht. Erinnert euch daran, dass ihr mit dem, was ihr tut, gegen die Deutschen kämpft. Lüge als Waffe ist erlaubt! Wenn einer den anderen verrät, wärdet ihr viel schlimmer dran sein. Sie machen aus einem Fall, bei dem es um etwas Brot geht, bestimmt gleich eine große Verschwörung. Das ganze Organisieren von Brot aus dem Lager sollte nicht übertrieben werden, damit daraus kein Debakel wird. Ich würde maximal zehn Brote pro Woche vorschlagen. Was meint ihr zu alledem?«

Beide nickten zum Zeichen ihres Einverständnisses.

Dann fuhr ich fort; ich hatte noch zwei Dinge im Sinn: »Jetzt müsst ihr verabreden, in welchem Verhältnis das aus dem Lager organisierte Brot geteilt werden soll. Was schlagt ihr vor?«

Dov war zwar älter, aber Schmule insgesamt sicher schlauer und auch ein fähigerer Geschäftsmann und Verhandlungsführer. Weil er wusste, dass es besser war, zunächst das Angebot des anderen zu hören, ließ er als Ersten Dov sprechen. Der sagte: *Halbe rewach!* Im jüdischen Geschäftsjargon bedeutet das halbe-halbe.

Dann reagierte Schmule: »Du bist in dem Spiel allein, und wir sind drei – der Artist, der Handelsvertreter und ich.

Außerdem riskieren wir viel mehr als du. Zusammen mit dir sind wir zu viert im Spiel. Ich schlage für jeden ein Viertel vor.« Darauf erwiderte Dov entschlossen: »Das niemals! Nur über meine Leiche!« Er nahm die ganze Sache todernst, während sie für Schmule auch ein Spiel war; zudem war er sich stets bewusst, dass wir nicht über den Kauf der Rothschildschen Kohlengruben, sondern nur über ein paar Brote verhandelten – auch wenn diese Brote unter den örtlichen Bedingungen über Leben und Tod entscheiden konnten, während Rothschild und seinen Verhandlungspartnern gewiss nicht der Hungertod drohen würde.

Nun kam mein Auftritt dran, und ich sagte ihnen: »Ich werde euch einen gerechten Vorschlag machen, auf den ihr euch gleich hier auf der Stelle einigen solltet, sonst werde ich keinen Augenblick länger bleiben. Für Schmule und seine Teilhaber zwei Brote, für Dov ein Brot! Nehmt an – oder lasst es bleiben, und wir gehen nach Hause. Mit diesem »nach Hause« meinte ich unsere Blöcke. Beide nickten den Vorschlag ab. Darauf ich: »So, und nun die letzte Sache, gebt euch die Hände, ich werde durchschlagen, und damit wird der Vertrag besiegelt sein!« Dann trennte ich durch einen leichten Schlag mit der rechten Handkante die dargereichten Hände, wie es in alten Zeiten in Mittel- und Osteuropa für einen von da an unverbrüchlich geltenden Vertrag der Brauch war. Ich bat noch, dass jeder von ihnen sage: »Schande auf das Haupt dessen, der diesen Vertrag verletzt!« Beide wiederholten diesen Satz. Schließlich verabschiedete ich mich: »Die erste Aktion werde ich mir selbst ansehen und darüber wachen, dass nichts geschieht. Verhandelt ihr nun noch über die Einzelheiten.« Damit drehte ich mich um und ging weg.

Ich war mir nicht sicher, ob es mir gelungen war, mich in das altmodische Geschäftsgebaren im jüdischen Geist hineinzufinden. Und wenn doch, dann nur deshalb, weil ich mich daran erinnerte, wie Großvater in derartigen

Verhandlungen vorgegangen war, wenn er mich als kleinen Jungen auf die Jahrmärkte mitnahm, wo er für seine Fleischerei Tiere einkaufte, oder an andere Handelsplätze. Dabei hatte ich mir eingeprägt, dass es sich nach den Sitten jener untergegangenen Zeiten nicht schickte, wenn ich mich als Schiedsrichter noch bei den Parteien aufhielt. Das hätte meine Autorität gemindert.

Auf dem Rückweg zu unserem Block überschlug ich: Wenn es gelänge, pro Woche drei nächtliche Aktionen durchzuführen und so dreimal drei Brote zu beschaffen, wären das insgesamt neun Ein-Kilo-Brote. Davon gingen drei an Dov in Form von Zigaretten. Aus den sechs verbleibenden Broten würden wir insgesamt vierundzwanzig nichtgestohlene Portionen machen. Wir waren fünf, und damit entfielen auf jeden von uns nicht ganz fünf Portionen pro Woche zusätzlich. Das war bestimmt nicht viel und würde nicht ausreichen. Womöglich würden aber diese Extra-Portionen das Abmagern wenigstens etwas verlangsamen und könnten zumindest einem von uns das Leben retten.

Vergeblich zerbrach ich mir den Kopf, was wir sonst noch unternehmen könnten, um zusätzliches Essen zu beschaffen. Mit fiel nichts Konstruktives ein. Stattdessen überlegte ich, dass wir ständig nur noch in Kalorien dachten, ganz so wie Doktor Fein; dabei kam dem Faktor Glück, den wir nicht beeinflussen konnten, jetzt eine entscheidende Rolle zu.

Nicht weit von unserem Block begegnete ich dem Fußballspieler. Er sah irgendwie eindrucksvoll aus und sagte, er sei bei seinem Lagerhasen gewesen und habe zwei Nachrichten für uns. Die eine war, dass seine Mama von meiner Mutter, seit sie nach Deutschland zur Arbeit abtransportiert worden sei, noch nichts gehört habe. Die andere war, dass sich seine Mutter darüber freue, wie gut wir alle zusammenhielten, und sie uns etwas Essen schicke, das wir miteinander verzehren sollten. Es waren Brot, Margarine und Wurst, jeweils fünf Portionen. Viki schlug vor, diese in vier Portionen aufzuteilen, weil ihn schon der alte Lagerhase bewirtet habe. Ihm käme es blöd vor, den gleichen Anteil wie wir zu essen, denn der Lagerhase versorge ihn ab und zu, lehne es aber ab, ihm Essen mitzugeben. Eigentlich habe er uns das schon früher sagen wollen.

»Das hatten wir doch schon besprochen, nimm es so, wie es ist!« So redete ich ihm zu. »Deine Mutter spart sich das sicher vom Munde ab, damit es dir ein bisschen besser geht, wie es Mütter halt machen. Was dir dein Lagerhase gibt, ihr Vermittler, ist deshalb nur für dich. Wir würden uns davon sowieso nichts nehmen. Und wenn uns deine Mutter fünf Portionen für fünf Leute schickt, dann werden wir das alle zusammen essen, so wie sie es wünscht. Hör also auf, um das Essen so einen Zirkus zu machen!« Und ich klopfte ihm freundschaftlich auf den Rücken, bis er schrie, das Essen sei an verschiedenen Stellen am Körper versteckt und es werde gleich rausfallen, also solle ich mit dem Quatsch aufhören.

Ich erzählte dem Fußballer kurz, wie unsere Verhandlung mit Dov verlaufen war, und ich fragte, ob er es schaffen würde, Brot gegen Zigaretten oder Tabak zu tauschen. Wir müssten einen festen Abnehmer für etwa drei Brote pro Woche finden, zum gängigen Preis, die Zigaretten, die der Fußballspieler durch den Tausch bekäme, müssten regelmäßig Dov ausgehändigt werden, an einem Ort, den dieser selbst bestimmen werde, den ersten Kontakt mit ihm würde Schmule vermitteln.

Viki dachte sich, dies dürfte nicht weiter schwierig sein, denn mit Zigaretten handelten hauptsächlich die Lagerhasen, die hätten gewöhnlich genügend Brot und würden sich auch Zigaretten leisten können. Die nötigen Kontakte könne er über seinen Lagerhasen knüpfen, der ihn nicht betrügen würde.

Ich sagte ihm, er dürfe nicht einmal seinem Vertrauensmann mitteilen, woher diese Brote stammten, aber Viki versicherte mir, wir würden im Lager keine zuverlässigeren Leute finden als gerade die alten Lagerhasen. Sie hätten den Vorzug, nicht viel zu fragen, und würden gewiss nicht nachforschen, woher der Fußballspieler das Brot habe. Andererseits wüssten sie gut, was sich im Lager abspiele, und selbstverständlich würden sie die Herkunft des Brotes bald erraten. Sie würden davon keinem etwas sagen. Es seien durchweg Kämpfer gegen den Faschismus, Menschen mit Charakter. Der Fußballspieler stimmte mir zu, dass es viel besser sei, feste Abnehmer zu haben, als sie im Lager immer wieder neu zu suchen und zu wechseln. Dann wäre die Wahrscheinlichkeit größer, dass uns jemand anzeige und die ganze Sache mit dem Brot aus dem Lager verraten werde.

Viki vertraute mir noch an, dass sein Lagerhase inzwischen so etwas wie sein vertrauter Freund geworden sei. Er habe ein Auge auf seine Mutter, obwohl sie sich nur von fern sehen würden, und wenn es ihnen allen gelänge, das Kriegsende zu erleben, dann wolle er Viki adoptieren. Sicher wisse ich noch aus Parkan, dass er keinen Vater habe und vor der Deportation mit der Mutter allein gelebt habe. Dem Lagerhasen wiederum sei die ganze Familie umgekommen, und zur Mutter würde er passen. »Deshalb wird uns dieser Mensch niemals verraten!« Damit schloss Viki.

Nach einer kleinen Weile fiel mir noch die Frage ein, ob wir als Gruppe diesem Lagerhasen nicht auf irgendeine Weise nützlich sein könnten. Wenn ihm daran läge, würde ich allein oder besser mit allen Jungs zu ihm gehen, um uns vorzustellen. Aber der Fußballspieler hatte daran auch schon gedacht und es dem Lagerhasen schließlich vorgeschlagen. Dessen Antwort hätte er sich wörtlich gemerkt: »Ich würde, aber ich darf nicht und ich kann nicht, weil ich an andere

Dinge gebunden bin, die mich daran hindern.« »Deshalb würde er es vorziehen, wenn die Verbindung zu uns weiterhin über mich läuft«, sagte Viki.

Ich bekräftigte, darüber hätten selbstverständlich er und sein Lagerhase zu entscheiden und nie im Leben würde es uns einfallen, irgendwie nachzuforschen, wer er wirklich sei. Und so war es auch. Die Lösung, die der Fußballspieler für den Verkauf von Brot gegen Zigaretten gefunden hatte, war perfekt, eine bessere hätten wir uns nicht einmal träumen lassen.

Bald kehrte Schmule zurück und rief mir zu: »Rabbi, warst du gut! Wenn wir von hier wegkommen, solltest du Rabbi werden. Hier lernen wir über das Leben mehr, als wenn wir zehnmal hintereinander in die Jeschiwa gegangen wären. Diese Erfahrungen könntest du als Rabbi nutzen.« »Du warst besser«, gab ich ihm als Kompliment zurück. »Wenn wir davonkommen, siedelst du nach Amerika über, fängst zu handeln an und wirst Millionär.« Schmule aber kam auf unser Unternehmen zurück: »Dov gegenüber habe ich weder von Pepi noch vom Fußballspieler geredet, sondern vom Artisten und vom Handelsvertreter. Dem Fußballer haben wir noch nicht mal gesagt, dass wir bei dieser Aktion auf ihn zählen.«

Ich erklärte Schmule gleich, dass Viki schon von allem wisse und es akzeptiere; er brauche jetzt nur noch Instruktionen, wem, wann und wie er die Zigaretten aushändigen solle.

Dann informierte ich die übrigen Jungs über unsere Verhandlung mit Dov. Stefan bot gleich an, unser Versteck zu säubern und in Ordnung zu bringen und sich während der Aktion ums hintere Tor des Blocks zu kümmern. Das hieß, dass er Schmule und Pepi hinauslasse und aufbliebe, bis sie zurückkehrten, sie in den Block reinlasse, das Tor verschließe und sich zugleich um die Brote kümmern werde und sie s ins Versteck lege. Er hoffte, diesmal würden wir es vielleicht verhindern, dass Schmule Unannehmlichkeiten bekomme und für uns alle die Strafe abkriege.

Am nächsten Tag kam es gleich nach dem Morgen zu etwas Unerwartetem. Ein Tätowierkommando für Häftlingsnummern erschien, geführt von mehreren Kapos und einem Lagerschreiber. Diese Leute kümmerten sich im Lager um Registraturen aller Art. Zuerst führten sie, unterstützt vom Blockältesten und seinen Gehilfen, auf dem Hof einen Appell durch, um festzustellen, ob wir alle dort waren. Wir waren vollzählig. Dann wurden auf mehreren Tischen die Instrumente ausgelegt, Tätowiernadeln und Fläschchen mit Tusche. An die Tische traten wir in Gruppen, wir fünf gingen hintereinander. Einer von denen am Tisch fragte nach meinem Namen, Geburtsdatum und meiner Herkunft und notierte die Angaben in ein Heft. Ein anderer tätowierte uns dann auf der Außenseite des linken Unterarms eine Nummer. Meine Nummer war B-14543. Der Eingriff war nicht besonders schmerzhaft. Die Tätowierer waren gewöhnliche Häftlinge, die uns erklärten, dass sich diese Stelle etwas entzünden würde und dass wir sie nicht waschen sollten, bis sie abgeheilt sei.

Sie gingen von einem zum anderen, aber die Instrumente reinigten und desinfizierten sie nicht. Das Lagersanitätswesen hatte andere starke Mittel gegen Infektionen: Die Kranken wurden überwiegend durch Gas ermordet, und die Leichen der Ermordeten wie auch die der im Lagerkrankenbau Verstorbenen verbrannt, damit sie nicht zur Ansteckungsquelle wurden.

Als ich mitbekam, wonach sie die vor mir stehenden Jungen fragten, zögerte ich für eine Sekunde. Ich hatte mich ja im Lager für einen sechzehnjährigen Schlosser ausgegeben, und der SS-Arzt hatte dies bei der Aufnahmeselektion akzeptiert. Das hatte ich auch später wiederholt, aber nur mündlich. Die Nazideutschen, die mich ins Lager geworfen hatten, hielt ich für intelligent, durchtrieben, böse und in gewissem Maße auch für wahnsinnig. Sollte ich jetzt mein wahres Geburtsdatum angeben oder zwei Jahre hinzugeben? Ich ging von meinen Vorstellungen über sie aus und entschied mich für die zweite Möglichkeit.

Ihnen zu verraten, dass ich noch nicht vierzehn war, könnte mich das Leben kosten. Irgendeinem dieser Wahnsinnigeren könnte einfallen: Unsere Aufzeichnungen sind vielleicht deshalb nicht exakt, weil diese perfiden Juden nicht ehrlich sind und uns falsche Angaben gemacht haben, aber wir könnten die auswählen, die laut Liste jünger als fünfzehn sind, und zur Sonderbehandlung schicken. Vielleicht sind da auch weitere, die sich ein Jahr dazugeschummelt haben. Mit denen werden wir das anders erledigen, aber diejenigen, die angegeben haben, noch keine fünfzehn zu sein, haben bestimmt nicht gelogen. Diese Jungen auszusondern, macht uns keine Arbeit. Dafür haben wir Personal aus den Reihen der Häftlinge. Das erledigen wir sofort!

Das würde genau ihrem bösartigem Wahnsinn, ihrer Neigung zu Statistiken aller Art und ihrer monströsen Ordnungsliebe entsprechen. Dann überlegte ich noch schnell, ob mir die Angabe meines richtigen Geburtsdatums nicht vielleicht auch nützen könnte, und kam zum Ergebnis, dies wäre einzig dann der Fall, wenn ich nach dem Krieg nicht nach Hause käme und ein Überlebender anhand des Geburtsdatums nach mir forschen würde. Irgendein Amt könnte in den deutschen Aufzeichnungen stöbern und sagen, ich sei schon gestorben, höchstwahrscheinlich da und da, dann und dann … Das aber wäre mir egal. Ich erinnerte mich an das slowakische Sprichwort, das ich von Vater noch in den guten tschechoslowakischen Zeiten gehört hatte: »Nach dem Tod ist alles Scheiße.« Das alles ging mir bruchstückhaft und schnell durch den Kopf. Deshalb flüsterte ich den Jungs zu: »Wenn es um das Alter geht, weiter lügen!« Unauffällig nickten sie mit dem Kopf. Offenbar hatten sie ähnlich überlegt wie ich.

Bisher hatten wir überhaupt keine persönliche Identität. Wir waren nur ein Element der Menge. Von nun an hätten wir eine Identität, wenn auch nur als eintätowierte Nummer. Damit änderte sich unsere Situation vielleicht irgendwie. Beispielsweise hatten sie Schmule wegen unerlaubten Verlassens des Blockes geschlagen, aber danach war über sein vermeintliches Vergehen keinerlei Aufzeichnung zurückgeblieben. Hätten sie ihn bei irgendeiner Sache schon mit Nummer ertappt, dann hätten sie ihn notieren, verfolgen oder ihm drohen können: »Wenn wir dich noch einmal erwischen, dann wirst du schon sehen!« Und sie könnten ihre Drohungen auch wahrmachen. Nach zwei- oder dreimaliger Identifizierung anhand seiner Nummer könnten sie ihn in den Ofen schicken. So war mir im Sinne von Großmutters Frage: »Ist das für uns Juden gut oder schlecht?«, die Tragweite dieser Tätowierung nicht klar. Ich sagte mir, das sei eine Sache, die wir erst gemeinsam durchdenken müssten. Es sei zu überlegen, welche Vorteile und welche Nachteile diese eintätowierten Nummern haben könnten.

Ich erinnerte mich an den deutschen Patrioten, den Juden Hans, der sich nach der Ankunft in Birkenau in der Dusche den SS-Männern auf Gnade oder Ungnade ausgeliefert hatte. Hätte er sich nicht ermorden lassen, dann hätte er in Birkenau vor dem Eintätowieren der Nummer anonym bleiben und beim Tätowieren angeben können, er wäre vielleicht Izák Kohn aus Košice. Und mit etwas Glück hätte er auch überlebt. Damit hätte er die SS-Männer besser eingewickelt, und sie hätten nie erfahren, dass sie ihren gesuchten Gegner in der Hand hatten. Sie hatten es wohl für eine schlaue nordische List erachtet, dass sie die Häftlinge jeglicher Identität beraubten, damit sie niemand mehr irgendwo finden konnte. Stattdessen hätten sie von jedem seine Papiere verlangen können, und dann wäre ihnen nicht einmal eine Maus entkommen. Dann verwarf ich das Ganze plötzlich als Unsinn.

Ich sollte mir nicht weiter einen Kopf darüber machen, wie uns die Nazis noch mehr schikanieren könnten!

Als die Tätowierungsprozedur beendet war und man uns gehen ließ, herrschte unter den Jugendlichen eine zuversichtlichere Stimmung. Einige nannten unsere Nummerierung zwar »Brandzeichen«, und die Zartfühlenderen sprachen von »Taubenberingung«, aber die Mehrheit nahm an, dass man uns keine Identität gegeben hätte, wenn man uns in absehbarer Zeit ins Gas schicken wollte.

Dessen waren wir fünf uns aber nicht so sicher. Wir hockten auf unserem gewohnten Platz auf dem Hof. Stefan sagte: »Ich wüsste nicht, warum sie markiertes Vieh nicht schlachten könnten.« Viki fügte hinzu: »Sie sind ordnungsliebend. Ihnen gefällt es sicher mehr, zwei genaue Verzeichnisse zu haben: das der schon Ermordeten und das der bisher noch nicht Ermordeten. Daraus können sie tägliche und monatliche Nachweise und Statistiken machen und irgendwohin nach Berlin schicken. Für sie ist es zivilisierter, die Menschen nummeriert statt nur so ungeordnet ohne Kennzeichnung ins Gas zu treiben.« Pepi sagte: »Bei ihnen ist jeder überordentlich, aber alle zusammen müssen nicht notwendig in allem Ordnung halten – und schaffen es auch nicht. Oft weiß bei ihnen die Rechte nicht, was die Linke tut. Deshalb werden wir hier noch erleben, dass bei den Übermenschen viel Unordnung und Konfusion herrscht. Vielleicht will uns die eine Hand markieren und die andere ermorden. Blöd ist, dass das eine das andere nicht ausschließt.« Jetzt meldete sich auch Schmule. Er sprach ernst und wirkte auch so: »Juden, ihr macht das für meinen Geschmack viel zu kompliziert. Ihr seid wie die Jeschiwa-Bocherim,* die sich über ein Zitat aus dem Talmud unterhalten, auf dessen Grundlage sie entscheiden wollen, wie man *Broche** sprechen soll, den Segen für die Schaben, die bei einer Hungersnot fressen und nach einer Weile gleichfalls vor Hunger sterben werden. Ich habe fast keine Bildung, weil ich in der Karpato-Ukraine im Wald aufgewachsen bin. Jetzt fühle ich mich so, als ginge ich früh zur Arbeit ins Sägewerk, die Bäume stehen, und nichts Besonderes geschieht. Ich spüre aber, nachmittags wird ein solcher Sturmwind aufkommen, dass die Bäume entwurzelt werden und alles zermalmen, was ihnen im Wege steht. Dann geht es darum, wohin wir uns verkriechen, damit wir am Leben bleiben. Wir haben aber nichts zum Verkriechen, und deshalb sind wir am Arsch, ob nun tätowiert oder nicht. Wir können nichts anderes tun, als weiterzumachen, als ob nichts wäre, und abzuwarten, wie der Zufall über uns entscheiden wird.« Ich sagte nichts. Und was hätte ich auch sagen sollen, wo schon alles gesagt war?

Am Abend war klar, dass es in der Nacht nicht regnen und auch der Mond nur schwach scheinen würde. In letzter Zeit hatte sich der Blockälteste nicht gezeigt, seine Leute waren auch nicht irgendwie hervorgetreten. Vielleicht hatten sich seine Neigungen schon herumgesprochen, und er hatte kapiert, dass er bei den Deutschen wahrscheinlich keine Karriere machen würde, hatte sich irgendwohin verkrochen und wartete ab, was aus ihm würde. Deshalb verfolgten wir unseren Plan weiter. Wie Schmule sagte: als würde nichts Besonderes geschehen.

Schmule, Pepi und ich standen in der Nacht auf, zwängten uns durch einen Spalt des hinteren Blocktors, das Stefan uns aufhielt, bewegten uns vorsichtig an den Wänden der Blöcke entlang in Richtung Küche. Bevor wir gebückt die ungedeckten Abschnitte überquerten, warteten wir immer eine Weile und hielten Ausschau. Wir stellten fest, dass der Maschinengewehrturm, von dem aus die SS-Männer uns eventuell sehen könnten, leer war. Als wir das Küchenlager erreicht hatten, legte ich mich an einer Ecke des Gebäudes auf die Erde, von der aus ich die Umgebung beobachten und gleichzeitig Schmule und Pepi sehen konnte. Bisher war alles gut gegangen. Schmule setzte Pepi mit einem Schwung aufs Dach, und der lief in gebückter Haltung zur Luke. Dieser gab er einen leichten Stoß und schlüpfte hinein. Zu hören war nichts. Aus dem Lüftungsfenster leuchtete ein ganz schwacher Lichtschein, als Pepi im Lager die Kerze anzündete. Von Weitem war bestimmt nichts zu sehen. Nach einer Weile schwang sich Pepi aus dem Fenster, zog liegend mit dem Seil den Beutel mit den Broten nach oben und schloss das Fenster mit dem Haken aus der Tasche. Zuerst ließ er mit dem Seil den Beutel zu Schmule hinunter, dann half der ihm vom Dach. Sie kamen zu mir, jeder steckte sich ein Kastenbrot unters Hemd, damit die Hände frei waren, und wir kehrten dahin zurück, woher wir gekommen waren. Wir drückten die Hintertür des Blocks auf, schlüpften hinein, und Stefan verschloss sie. Dann streckten wir uns alle aus. Die Brote und die Instrumente schoben wir im Liegen Stefan zu, der beförderte alles, ohne hinzusehen, in das Versteck und deckte es mit dem Brett ab.

Alles ging leise vonstatten, niemand hörte oder bemerkte etwas. Die zuvor ausprobierten akustischen Warnsignale, die ich ihnen nötigenfalls gegeben hätte, waren überflüssig. Wenn erforderlich, sollte ich zwei Steine aneinanderklopfen, die trug ich in der Tasche. Einmal klopfen: »Achtung, still!«, zweimal klopfen: »Regungslos warten!«, dreimal klopfen: »Zurück zum Block!« Später gaben wir Pepi recht, dass diese Signale Pfadfinderhumbug seien. Pepi und Schmule wussten nur zu gut, dass sie zu zweit bei dieser Aktion ausreichen würden. Deshalb wollten sie mich nicht wieder mitnehmen.

In den folgenden drei Wochen fand dieser Ausflug etwa zweimal wöchentlich statt. Die Jungs brachten jedes Mal drei Brote, von denen wir zwei gemeinsam verzehrten. Wir wurden wenigstens teilweise satt. Ein Brot pro Ausflug wurde gegen Tabak getauscht. Dov war Schmule zufolge zufrieden.

Er hatte zu rauchen, und im Lager entstand kein Verdacht, dass etwas nicht in Ordnung sei. An jedem Morgen nahm Dov von seinem SS-Mann den Schlüssel entgegen und ging als Erster ins Lager. Er beseitigte, wenn nötig, Spuren, schloss das Fenster, das sich von außen mit dem Haken nicht ganz schließen ließ. Der SS-Mann lobte Dov sogar gelegentlich, weil der bei der Arbeit so eifrig war, und gab ihm ein Brot zur Belohnung. Dazu ließ Dov uns wissen: »Dieser SS-Mann ist ein so fanatischer Nazi, dass er auf Befehl auch die eigene Großmutter erschießen würde. Er ist auch so dumm, dass er nicht einmal bemerkt, wenn ich mir ohne Erlaubnis so viel Brot nehme, wie in mich hineingeht. Ich fragte ihn, ob ich das Brot, das er mir zusätzlich gegeben hat, in meinen Block mitnehmen darf, und er hat mir das erlaubt. So konnte ich es aus dem Lager rausschaffen und schicke es euch als kleine Aufmerksamkeit unseres Unternehmens.«

Das war ein wenig keck. Wir dankten ihm und verzehrten das Brot. Einmal wären die Jungs lieber umgekehrt, weil es rings um den Maschinengewehrturm von SS wimmelte.

V. Die großen Selektionen

Dann erwartete uns ein großes Unglück! Wir hatten damit gerechnet, wir hatten gewusst, dass etwas geschehen könnte, und lebten deshalb in dauernder Anspannung. Einige der Jugendlichen vermuteten, uns würden keine weiteren Selektionen mehr drohen, weil man uns Nummern auf die Unterarme tätowiert hatte. Das sahen wir ja anders. Es geschah am Tag vor Jom Kippur, dem Versöhnungsfest.* Dessen waren sich vor allem jene Jungen bewusst, die vor der Deportation eine Talmudschule besucht hatten. Davon gab es bei uns viele, fast alle stammten aus der Karpato-Ukraine, einige aus dem nahegelegenen nördlichen Siebenbürgen, das seit Ende des Ersten Weltkriegs zu Rumänien gehört hatte und vor kurzem unter deutschem Patronat an Ungarn zurückgegeben worden war.* Die gläubigen Jungen schlossen sich meist zu größeren Gruppen zusammen, damit sich mindestens zehn zum Gebet versammeln konnten.* Im Laufe der Zeit versahen sie sich auch mit Gebetbüchern, die irgendwann vom Kommando Kanada organisiert, oft aber mit vom Munde abgespartem Brot teuer erkauft worden waren.

Alles begann unauffällig. Ein Teilappell wurde verkündet, man ließ uns zu fünft antreten, und bereits nach kurzer Zeit wurde abmarschiert. Uns war nichts mitgeteilt worden, doch ich dachte mir, wir würden wie schon mehrfach vorher zur Dusche gehen, wo sie uns wieder die Sachen desinfizieren würden. Gewöhnlich hatten sie uns das vorher gesagt, manchmal aber auch nicht. Wir gingen mit nur wenigen Bewachern. Ich sah mich um. Niemand war besonders beunruhigt. Das Wetter war passabel, und es marschierte sich angenehm.

Nach einer Weile kamen wir zu dem freien Platz, wo wir vor einiger Zeit mit dem Fußballspieler Viki dem Spiel der SS-Männer mit Häftlingen aus dem Sonderkommando zugesehen hatten. Mir schien, dass dort plötzlich viele dieser SS-Männer waren, die wohl auf uns warteten. Eine Weile ließen sie uns in Marschordnung stehen. Dann erschien am Fußballtor ein SS-Mann in Reithosen und hohen Stiefeln, an den ich mich bis jetzt dunkel erinnere. In einer Hand hielt er einen Hammer, in der anderen eine hölzerne Latte von ungefähr einem Meter Länge. Er zog ein paar Nägel aus der Tasche, schob sie sich zwischen die Lippen, wie es einer tut, der diese Nägel einschlagen will, und musterte dabei prüfend unser Häuflein, als ob er etwas abschätzen wollte. Dann klemmte er sich den Hammer zwischen die Knie, hielt die Latte im rechten Winkel an den Torpfosten, nahm einen Nagel aus dem Mund und nagelte die Latte langsam an.

Später sagten ein paar Jungen, es sei Mengele gewesen. Aber das konnte nicht sein – niemals hätte Mengele mit eigenen Händen ein Brett festgenagelt. Einige meinten auch, er habe sich doch dort befunden und zwischen den anderen Offizieren gestanden. Ich war zu sehr mit der Beobachtung dessen beschäftigt, was da eigentlich vor sich ging und was auf uns zukam, und achtete nicht auf die Offiziere. Mit Gewissheit erinnere ich mich nur daran, dass die anwesenden Offiziere in die anschließende Prozedur nicht eingriffen.

Dann ging alles Schlag auf Schlag, fast automatisch. Aus der Fünfergruppe wurde eine Reihe gebildet, die sich im Laufschritt dem Torpfosten mit der dort angenagelten waagerechten Latte näherte. Wir mussten unter der Latte durchlaufen, und einige danebenstehende SS-Männer schickten, je nachdem, ob jemand beim Laufen die Latte mit dem Kopf berührt hatte oder aber nicht herangekommen war, ihn auf die eine oder die andere Seite.

Die ganze Zeit lang sagte uns niemand ein Wort, aber uns war schon klar, dass es sich um eine weitere Selektion handelte. Wir gingen hintereinander, ich aus unserer Gruppe an der Spitze. Schon näherten wir uns schnell dem Tor, etwa zehn Meter davor ertönte das Kommando: »Laufschritt!« Die Latte faszinierte mich. Je näher ich an sie herankam, umso höher erschien sie mir. Als die Reihe an mir war, startete ich und reckte mich in die Höhe, so sehr ich konnte. Die letzten paar Schritte lief ich beinahe auf Zehenspitzen. Ich streifte die Latte gerade so mit dem oberen Rand des Kopfes, sozusagen um Haaresbreite. Einer der SS-Männer packte mich im Laufen am Arm und dirigierte mich zu der Gruppe der Jungen, die die geforderte Höhe erreicht hatten. Es war klar, dass das für dieses Mal Leben bedeutete!

Ich hatte noch bemerkt, dass in diesem Moment zwei SS-Männer an der Latte standen. Der eine packte diejenigen am Arm, die die Latte erreicht hatten, der andere griff sich jene Jungen, die darunter durchgelaufen waren, ohne sie mit dem Kopf zu berühren. Die Jungen bremsten immer nur ein wenig ab und drehten sich gleich dahin, wo die SS-Männer sie haben wollten. Es war wie in einem Traum oder in einem Stummfilm. Alles spielte sich in vollkommener Stille ab, nichts war zu hören, nicht einmal das Laufen übers Gras. Die SS-Männer verzichteten auf alle groben oder drohenden Gebärden. Das war gar nicht nötig. Eher gaben sie sich belustigt und lächelten mitunter, als würden sie zusehen, wie Kinder auf dem Rasen Haschen spielen.

Als ich zu Atem gekommen war, sah ich mich nach den anderen um. Bei mir standen Schmule, Stefan und Pepi. Alle waren größer als ich. In diesem Augenblick durchfuhr es mich wie ein Blitz, und ich fragte mit erstickter Stimme: »Wo ist Viki der Fußballspieler?«

Schmule meldete sich: »Ich habe es gesehen! Viki ist vor mir als Vorletzter von uns gelaufen. Er kam nicht bis an die

Latte. Sie haben ihn zu den Verurteilten geschickt.« Er stand wohl unter Schock, so wie wir auch. Geradewegs hatten sie ihn weggeführt, und er drehte sich nicht einmal mehr um.

Ich blickte zu der Seite, auf die die SS-Männer die zu kleinen Jungen geschickt hatten. Sie waren eine ziemlich große Gruppe, aber standen weit von uns entfernt, so war Viki unter ihnen nicht zu erkennen.

Unterdessen war die Prozedur beendet. Ich konnte nicht mehr sehen, ob irgendwer die Latte wieder vom Torpfosten abnahm. Uns »Große« beachtete niemand. Wieder ließ man uns in Fünferreihen antreten. Alle waren wie hypnotisiert. Einige, die überlebt hatten, sprachen das Kaddisch, das Totengebet, für die Selektierten. Wir auch. Ganz auswendig konnte es nur Schmule, und wir anderen sprachen zusammen mit ihm lediglich die ersten Worte, an die wir uns erinnerten.

Man führte uns zu unserem Block. Unterwegs schwiegen wir, in unsere eigenen Gedanken versunken. Zuerst dachte ich daran, wie wir unlängst mit Viki das Fußballspiel zwischen SS-Männern und Häftlingen aus dem Sonderkommando angesehen hatten und wie Viki sich nicht beherrschen konnte und ihnen den Ball zurückschoss, der ihnen über den Zaun zugeflogen war. Sie verurteilten ihn zum Tode an jenem Fußballtor, wo sie sein Lieblingsspiel gespielt hatten! Viki war ein begabter Fußballer, er hätte ein hervorragender Profispieler werden können. Auch deshalb hatten wir ihn den Fußballspieler genannt. Dieselben SS-Männer, die auf dem Platz mit den Männern vom Sonderkommando Fußball gespielt hatten, ermordeten ihn jetzt, und das Sonderkommando würde seinen Leichnam verbrennen, damit nichts von ihm übrig bleibt!

Ausschlaggebend für seinen Tod war seine Körpergröße. Deshalb schickten sie ihn jetzt ins Gas. Er war etwa zwei oder drei Zentimeter kleiner als ich, aber sonst hatte er von uns fünfen die beste Kondition, vor allem dank seiner Mutter, die ihm so aufopfernd und geschickt etwas zu essen sandte. Wie sollten wir ihr jetzt mitteilen, was geschehen war? Mit Vikis Abgang verloren wir auch die Verbindung zu seinem Beschützer, dem Bekannten seiner Mutter, den Viki immer nur einen politischen Gefangenen und alten Lagerhasen genannt hättee. Viki hatte auch ausgezeichnete und originelle Einfälle. Hätte er das Ende dieser ganzen tierischen, sinnlosen und unmenschlichen Massenverfolgung und des Massenmords erlebt, dann hätte aus ihm ein erfolgreicher, tatkräftiger Geschäftsmann werden können.

Noch vor dem Abendbrot ging ich zu der Stelle, von der aus man die Schornsteine des Krematoriums sehen konnte. Aus allen quoll schwarzer Rauch. Das war ein Zeichen dafür, dass sie in den Öfen frische Ladungen durch Gas Ermordeter verbrannten. Natürlich war nicht auszumachen, in welcher der vier Anlagen unser Freund Viki im Alter von vierzehn Jahren sein Leben lassen musste. Erst sehr viel später erfuhr ich, dass die so selektierten Jungen noch etwa zwei Tage in einem der Blöcke eingesperrt und erst dann zum Krematorium geschickt worden waren, als die Mordmaschinerie zwischen den eintreffenden Transporten freie Kapazitäten hatte. Die SS war bestrebt, die Produktivität des Mordens so hoch wie möglich zu schrauben.

Danach vegetierten wir weiter. Wir dachten an Viki, doch wir sprachen nicht von ihm. Schmule und Pepi setzten ihre nächtlichen Ausflüge zum Brotmagazin fort, und ich übernahm jetzt den Tausch von Brot gegen Zigaretten. Durch Vermittlung des neuen Scheißmeisters, der die Funktion von Herrn Silbermann übernommen hatte, fand ich einen zuverlässigen Käufer. Er war ein ordentlicher Mensch, auch wenn er an seinen Vorgänger nicht heranreichte. Und bei jeder Essenaufteilung holte ich das Messer hervor, das ich über Vikis Mutter vom Kommando Kanada bekommen hatte. Wir teilten jetzt alles nur noch in vier statt in fünf Portionen, und jedes Mal dachten wir dabei an Viki.

Nach der letzten Selektion, einem Massenmord ohne Rücksicht darauf, ob jemand dem Reich noch hätte nützlich sein können, war uns vollkommen klar, wir Jugendlichen lebten auf einem sinkenden Schiff. Wir wussten nur noch nicht, wann sie uns liquidieren und welche Tricks sie dabei anwenden würden. Beim letzten Mal hatten sie einen alten Trick mit einem neuen kombiniert. Der alte und oftmals benutzte Trick war, uns glauben zu machen, dass wir zur Dusche gingen. Deshalb hatten wir ihnen auch diesmal geglaubt und waren ruhig zum Ort der Selektion marschiert. Der neue Trick beruhte auf zwei »originellen« Verbesserungen bei der Auslese der Verurteilten: der Anwendung eines festen Kriteriums, nämlich einer willkürlich bemessenen Körpergröße zur Aufteilung der Population in Lebende und Tote, und der Erkenntnis, dass die Selektionskandidaten beim Laufen keinen oder nur geringen Widerstand leisten würden, weil ihnen dafür die Zeit nicht reichte. Jetzt blieb uns nur noch eine einzige Aussicht aufs Überleben: Glück zu haben und, wenn das Schiff mit den Jugendlichen unterginge, auf irgendein Rettungsboot zu gelangen!

Ständig überlegten wir gemeinsam, was wir aktiv tun könnten, doch uns fiel nichts ein. Wir machten uns bewusst, dass unsere Zukunft nur noch auf Improvisation und Glück beruhte und dass wir das eine wie das andere weder voraussehen noch uns darauf vorbereiten konnten.

Lange brauchten wir nicht zu warten. Bald trat die erwartete Katastrophe ein: die »Endlösung« des Schicksals von uns jüdischen Jungen, die im Frühjahr und zu Sommeranfang bei den Eingangsselektionen in Birkenau ausgewählt worden waren, vor allem aus jenen Transporten, die aus dem damals von Ungarn beherrschten Gebiet* eintrafen. Was die SS-Männer ursprünglich mit uns vorhatten, ist bis heute unbekannt und wird wohl für immer ein Rätsel bleiben. Der gesamte Prozess unserer Liquidierung erfolgte innerhalb eines Tages im sogenannten Zigeunerlager in der Sektion B II e, wo an die im Sommer 1944 ermordeten und vorwiegend deutschen Roma nichts mehr erinnerte.

Die an diesem Tag stattfindende, umfangreiche Selektion zeichnete sich dadurch aus, dass das Todesurteil die große Mehrheit traf, während nur eine kleine Minderheit vorübergehend begnadigt wurde. Die SS-Männer versuchten nicht einmal mehr ihre üblichen Tricks. Wir waren ohnehin nicht leicht zu täuschen. Anders als neu ankommende Transporte wussten wir bereits von Anfang an, was uns erwartete. Außerdem gab es unter den angetretenen Häftlingen keine Mehrheit an glücklich Überlebenden, wie sie sonst bei den Selektionen die Atmosphäre beruhigt hatte, nachdem sie erst einmal am Leben gelassen wurden.

Es begann wie gewohnt: Ein Appell wurde befohlen, um festzustellen, ob jemand fehlte und sich irgendwo im Lager versteckt hatte. Der Appell verlief wie üblich, doch als die Aufteilung in Lebende und Tote vorgenommen wurde, begannen die Verurteilten um ihr Leben zu kämpfen. In Angst und Verzweiflung rannten sie hinüber zu den »Begnadigten« und stoben in alle Richtungen auseinander. Dort wurden sie von den Kapos und weiteren Hilfskräften der SS, die dabei mit Schlägen und Fußtritten nicht sparten, wieder eingefangen. Die mit Maschinenpistolen bewaffneten SS-Männer waren darauf vorbereitet, zu feuern, aber es wurde nicht geschossen.

Bei dieser Selektion wandten die SS-Männer eine neue, uns bis dahin noch unbekannte Methode an. Aus der eingetroffenen Formation griffen sie eine kleine Anzahl von Häftlingen heraus, die sie womöglich am Leben erhalten wollten, und der Rest war automatisch zum Tode verurteilt.

Wir standen dort, und niemand schaute uns auch nur an. Diesmal bekam keiner der Häftlinge die geringste Gelegenheit, sich individuell zu äußern, und auch ohne Worte konnte sich niemand gegenüber demjenigen bemerkbar machen, der über unser Leben oder unseren Tod entschied. Die absolute Verweigerung jeglicher Kommunikation in dieser schrecklichen und absurden Lage erschien mir als ein weiterer perfider Trick der SS, der es uns unmöglich machte, in unserem Kampf um eine Überlebenschance jene fairen Mittel einzusetzen, auf die wir doch wenigstens unserem Empfinden nach ein Recht hatten. Ich glaubte, hätte ich nur eine Möglichkeit, ohne Worte meinen Lebenswillen auszudrücken, was für mich wesentlich war, dann würde ich nicht untergehen, sondern Rettung finden und für das Reich arbeiten, was wiederum für den wesentlich war, der über mich zu entscheiden hatte.

Vor uns ging ein SS-Mann – bei diesem höllischen Wirrwarr und Gebrüll konnte ich nicht erkennen, ob Arzt oder nicht – und zog aus der Reihe ganz wenige Jungen heraus. Unter ihnen war Schmule. Vielleicht deshalb, weil er in dieser Reihe der größte und stärkste war. Und das war alles! Damit war schon die ganze Selektion beendet. Das bedeutete, dass alle übrigen, die da standen und abwarteten, was geschehen würde, verurteilt waren. Es dauerte eine Weile, bis wir das begriffen hatten. Im ersten Augenblick fiel mir paradoxerweise ein, dass wir für Schmule, den man vielleicht zum Überleben ausgesucht hatte, etwas tun müssten, damit er bei uns blieb, damit wir alle zusammenblieben.

Schmule war auf einmal weg. Ich habe ihn nie wiedergesehen. Von uns fünf Jungen, ohne Viki nur noch vier, bin ich als Einziger aus dieser Selektion und aus Auschwitz davongekommen. Ich habe angenommen, dass Schmule unter die Begnadigten gelangt war, was nicht bedeuten muss, dass er auch überlebte. Sie konnten ihn irgendwann später ermordet haben, am wahrscheinlichsten bei der Evakuierung der Lager in Auschwitz und beim Todesmarsch nach Deutschland. Er kannte meine Adresse auswendig, und hätte er überlebt, hätte er sich gemeldet. Doch das geschah nie. Ich habe ihn gesucht und mich auch mit seinem Verwandten Dov aus der Küche in Verbindung gesetzt, aber auch der wusste nichts von ihm. Meine Suche nach Schmule ist vergeblich geblieben.

Uns Übrige führten sie dann in einen leeren Block im Zigeunerlager und schlossen uns dort ein. Bewacht wurden wir durch eine Gruppe von Kapos, die sofort verkündeten: »Bleibt alle ruhig! Wir tun euch nichts! Eine andere Gruppe bewacht den Block von außen, versucht es also gar nicht erst! Morgen früh werden Schreiber kommen und schreiben sich eure Nummern auf.« Dann ließen uns die Kapos in Ruhe und sagten nichts mehr. Sie kannten sich aber aus. Offenbar erledigten sie die Arbeit als Henkersknechte nicht zum ersten Mal.

Schließlich begriffen wir, dass wir damit ausgesondert und für die Obrigkeit erledigt waren. Jetzt waren wir am anderen Ufer, was vorher für uns gegolten hatte, galt nun nicht mehr.

Dieser Block war im Unterschied zu unserem bisherigen, wo wir auf über den Betonboden gelegten Brettern geschlafen hatten, zum Schlafen eingerichtet. Es gab dreistöckige Pritschen, auf die wir klettern, uns setzen oder legen konnten. Man brachte uns noch Trinkwasser und Behälter, die als Abtritt dienten. Wir drei setzten uns ganz oben auf eine Pritsche, und die anderen Jungen verteilten sich auch irgendwie. Wir waren so viele, dass wir den ganzen Block füllten. Müdigkeit überfiel uns. Eine Weile streckten wir uns auf dem Rücken aus. Stefan sagte: »Im Vergleich mit unserem früheren Block ist das Komfort. Bevor wir uns zum ewigen Schlaf begeben, können wir schön ausschlafen.«

Bis dahin hatte von uns dreien keiner gesprochen. Mit seiner Bemerkung über unsere neue Lage brach Stefan das

Schweigen. Pepi meinte, wir redeten auch jetzt noch Stuss, nachdem man uns zum Tode verurteilt habe. Außer ihm reagierte keiner.

Ich wandte mich an Pepi: »Was wunderst du dich darüber? Durch ihr Urteil sind wir weder klüger noch dümmer geworden. Es ist ganz egal, was wir sagen, sie töten jeden, der ihnen in die Hände fällt. Das tun sie, solange niemand sie selbst erschlägt. Leben um Leben! Die Amerikaner sollten Bomben auf das Lager werfen. Wir würden vielleicht zusammen mit den Deutschen umkommen, aber was liegt schon dran? Tote SS-Männer könnten wenigstens nicht mehr morden, andere Juden würden überleben. Die Amerikaner haben das nicht getan, also werden die SS-Männer uns alle umbringen. Den Fußballspieler haben sie verurteilt, weil er klein war, Schmule haben sie ausgewählt, weil er groß ist. Hoffen wir, dass sie ihn wenigstens eine Weile am Leben lassen. Höchstwahrscheinlich werden sie ihn auch noch irgendwo erledigen. Und uns werden sie bald aus der Welt schaffen, weil wir mittelgroß sind.«

»Was haben wir denen getan?«, flüsterte Stefan.

»Nichts«, sagte ich. »Niemand von uns Juden, niemand aus diesem Block und keiner von den jüdischen Häftlingen in ganz Birkenau hat was Schlechtes getan. Solche Fragen haben keinen Sinn! Wir werden zu früh sterben, und zwar umsonst und vergebens! Ich glaube, es ist ein dummer Irrtum, irgendeinen Sinn darin zu suchen, dass wir hier sterben wie die Fliegen, anzunehmen, dass es da irgendeinen höheren Sinn gibt, Gott uns prüft oder straft, wir für irgendjemandes Sünden büßen und mit diesem Leiden die Menschheit oder einen einzigen Menschen oder meinetwegen eine einzige krepierende Fliege erlösen. Das ist alles Dummheit, Unsinn, Irrtum, Lüge! Was mit uns geschieht, hat nicht den geringsten Sinn, weder einen höheren noch einen niederen. Nicht einmal für diese Deutschen, die geglaubt haben, wenn sie uns ins Gas schicken, täten sie der Menschheit den gleichen Gefallen, als vertilgten sie auf die gleiche Art sämtliche Wanzen auf der Welt!«

Draußen hörten wir das Jammern und Schreien der Gefangenen, während die Wachposten und Kapos auf sie einbrüllten. Das hieß, die Selektion ging noch weiter. Dann nahm ein Poltern am anderen Ende des Blocks unsere Aufmerksamkeit in Anspruch. Wir schauten nach. Ein Junge war über die Vorderwand der Pritsche und den nächsten hölzernen Stützpfeiler des Barackendachs bis zur offenen kleinen Luke seitlich des Lichtspaltes geklettert, der in Dachmitte über den ganzen Block verlief, hatte sich dann hochgestemmt und durch die Luke gezwängt. Ein Kapo, der auf der aus Ziegeln gemauerten Heizung gesessen hatte, lief nachsehen, was das für ein Lärm war, aber schon war ein Stampfen auf dem Dach zu hören und gleich darauf ein dumpfes Geräusch, als der Flüchtende vom Dach sprang. Darauf schwoll draußen das Brüllen und Kreischen an. Vielleicht hatten sie den Ausreißer eingefangen. Dann nichts mehr. Zu uns kam er nicht zurück, wir wußten nicht, ob er sich zu den Geretteten hatte durchschlagen können oder ob sie ihn erwischt und das Urteil an ihm vollstreckt hatten.

Der leere Magen erinnerte uns daran, dass wir den ganzen Tag über nichts gegessen hatten. Stefan, Pepi und ich hatten von der gestrigen Abendration zwei Portionen Brot bei uns, die noch aus dem Vorratslager stammten und die uns niemand weggenommen hatte. Wir machten uns ans Essen. Pepi, den hauptsächlich seine katholische Großmutter erzogen hatte, weil der Vater aus ihm lieber einen Christen machen wollte, sagte auf einmal: »Unser letztes Abendmahl!« Und er gab nacheinander jedem von uns ein Stück Brot mit den Worten: »Nehmet, esset, dies ist mein Leib …« Wir hatten dazu keine Beziehung, doch schweigend führten wir dieses Stück Brot zum Mund und schauten auf Pepi. Er sah ernsthaft drein und hatte wohl auch ernste Gedanken. Pepi kannte den Katechismus und hatte aus dem Neuen Testament genug im Gedächtnis. Was den Glauben anging, so hatte dies mit dem Judentum nichts gemein, aber darauf kam es ihm gar nicht an, denn er hatte drei jüdische Urgroßeltern. Jetzt erinnerte er uns mit Bedauern daran: »Zu alledem bin ich nicht einmal Jude! So begreife ich nun überhaupt nicht mehr, welchen Sinn das haben kann, was sie morgen mit mir machen wollen.«

»Ich weiß nicht, von welchem Sinn du dauernd redest«, sagte Stefan. »Nicht einmal das Suchen nach Sinn in dem, was keinen Sinn haben kann, ist sinnlos.«

Darüber lächelten wir alle ein bisschen, und Pepi fügte hinzu, Stefan habe sich wohl ordentlich ins Zeug legen müssen, um sich eine so blöde Weisheit auszudenken: »Hättest du vor dem Abmarsch vom Block lieber noch das letzte Brot verteilt, das wir im Versteck hatten! Jetzt werden es erst die Archäologen finden, die irgendwann in der Zukunft in der Gedenkstätte des deutschen Volkes Auschwitz-Birkenau Ausgrabungen durchführen werden. Es hängt davon ab, ob in dieser Zeit in Europa die Deutschen herrschen werden oder ihre Gegner, aber die Deutschen würden einen solchen Fund sicher so erklären: In Birkenau hatten die Häftlinge tatsächlich so viel Brot, dass sie es in ganzen Packen in der Erde vergraben haben.«

Das war Pepi zwar gelungen, aber Stefan erwiderte darauf, als Letztes würde nicht die Hoffnung, sondern die Dummheit sterben.

Dann schien es uns schon, dass wir immer dieselben Dummheiten durchhechelten, und verstummten eine Weile, bis sich abermals Stefan meldete. Er sagte, dass wir in einer so ernsten Stunde am Ende unseres Lebens lieber etwas Bedeutsames äußern sollten, eine tiefere Einsicht oder Botschaft. Ihm fiel aber nichts ein. Darüber lächelten wir traurig.

»Ich hätte nur eine Botschaft«, erklärte ich. »Soll uns doch dieses Volk, das uns hierhergebracht hat, an diesem seinem Gedenkort am Arsch lecken, vor unserem Untergang und danach! In Ewigkeit Amen!« Und ich kehrte ihnen den Rücken zu. Ich hatte genug von alledem.

In diesem Moment hörten wir wieder Lärm, diesmal aber aus größerer Nähe, ein Getrampel auf dem Dach und dann, wie jemand auf die Erde runtersprang. Es waren ähnliche Geräusche wie vorhin, doch nun war die Aufregung viel größer. Nach einer Weile öffnete sich das Tor, zwei Kapos erschienen mit dem Jungen, der vor einer Weile zu fliehen versucht hatte. Sie warfen ihn blutüberströmt auf den Boden. Er war bewusstlos. Stefan bemerkte: »Zweimal können sie ihn nicht für nichts töten. Wenn er schon zum Tod verurteilt ist, können sie ihm eigentlich nichts mehr antun. Ihm ist alles im Voraus vergeben, denn auf dieser Erde ist er bereits abgefertigt und eigentlich schon tot.«

Ich sah, wie Pepi konzentriert die Vorderseiten unserer Pritsche und die der Nachbarn betrachtete, den nächsten Stützpfeiler und die rechteckigen, jetzt geschlossenen Luken im Lichtspalt. Er tat so, als würde er die sparsamsten Bewegungen erwägen und überlegen, ob er dort geräuschlos hinauskriechen könnte. In Gedanken spielte er wohl schon seine Flucht durch. Das merkte auch Stefan und wies Pepi darauf hin, dass es vielleicht nicht der günstigste Augenblick zur Flucht sei, wenn draußen Kapos die Selektierten einfingen. Er fügte aber hinzu, erst dann sei alle Hoffnung vorbei, wenn die Schreiber unsere eintätowierten Nummern in ihre Listen eintragen würden. Dabei erinnerte er daran, dass er schon damals, als man uns tätowierte, zu uns gesagt habe, auch zum Schlachten bestimmtes Vieh werde markiert werden. Sie hätten uns nur gekennzeichnet, damit ihnen keiner entkommen könne.

»Pepi«, sagte ich zu ihm, »entschließen musst du dich selbst! Wer hier bleibt, verliert sein Leben. Bis sie morgen früh unsere Nummern aufschreiben, werden sie mit uns bestimmt nichts machen. Zur Flucht von hier braucht man artistisches Talent und Glück. Glück kann man nicht voraussehen. Anders als Stefan und ich hast du wenigstens artistische Fertigkeiten. Du bist flink und gewandt. Wir beide werden dir heute Nacht unbemerkt ein paar dieser Fenster öffnen. Wenn du mucksmäuschenstill über das Dach schleichst und so leise runterspringst, dass die Kapos nicht rausstürzen, dann könntest du es schaffen, dich in einem Block unter die Verschonten zu mischen. Nehmen wir an, sie haben deren Nummern noch nicht aufgeschrieben oder werden sie erst registrieren, wenn sie die Aussortierten aus dem Lagerverzeichnis gestrichen haben. Nutz den Morgenbetrieb im Lager, wenn die Leute zur Latrine gehen. Vielleicht gibt dir der neue Scheißmeister einen Rat. Oder wende dich an Dov, der müsste wissen, wo Schmule ist, und einer würde dir möglicherweise helfen. Aber das musst du auf die Minute genau tun, wenn die Henkersknechte noch frühstücken und die Gefangenen schon im Lager rumwimmeln. Vielleicht hast du dann eine Chance.«

»Natürlich habe ich darüber nachgedacht«, antwortete Pepi, der mir aufmerksam zugehört hatte. »Ich muss mir das noch bis zum Morgen überlegen, ich weiß, jetzt zu fliehen, ist ungünstig. Die Erfolgschance ist höchstens zehn oder zwanzig Prozent. Das ist nicht viel, doch in der anderen Waagschale ist der sichere Tod. Wenn sie mich aber erwischen, ist das ein qualvolles Ende, die prügeln mich bestimmt tot.«

Dann war nichts mehr zu sagen, und wir saßen alle drei still auf der Pritsche. Wir waren hier ungefähr seit einer Stunde eingeschlossen, und in dieser Zeit hatten wir zum Teil bedacht und verdaut, was sich so schnell abgespielt hatte, bevor wir hierhergeraten waren. Ungefähr die gleiche Zeit hatten auch die übrigen Jungen benötigt, aber sie hatten auf das, was mit ihnen geschehen war, größtenteils anders reagiert als wir. Viele von ihnen sprachen das Kaddisch, das Totengebet. Zuerst ertönten einzelne Stimmen von mehreren Seiten. Dann flossen diese Stimmen zu gemeinsamen Gebeten in Gruppen zusammen. Als sie das Gebet beendet hatten, begannen sie wieder von vorn. Manchmal vereinten sich die Stimmen, wenn die Jungen gemeinsam beteten, manchmal trennten sie sich wieder. Der eine betete still, der andere laut.

Auch zu anderen Zeiten hatten die frommeren Jungen das Kaddisch gebetet. Aber das war, als sie zu den Überlebenden gehörten und für ihre selektierten Gefährten beteten. Jetzt aber sprachen sie das Kaddisch für sich selbst, die in den Tod gehen würden. Sie sagten, sie sprächen »das Kaddisch auf den eigenen Kopf«.

Das Beten des Kaddischs dauerte ohne Unterbrechung Stunde um Stunde. Die Kapos griffen bisher nicht ein. Sie waren zwar Henkersknechte, aber auch Juden, und vielleicht begriffen sie, was sich in den Verurteilten abspielte und dass die gemeinsamen Gebete ihr letzter Wunsch vor der Hinrichtung waren. Auch wir nahmen das mit Pietät wahr. Allmählich verebbte das Getriebe rings um den Block. Für diesen Tag hatten die SS-Männer und die Kapos ihre Arbeit abgeschlossen. Im Block wurde es dunkel, alle waren erschöpft, doch das Kaddisch ging unaufhörlich weiter, solange wir noch am Leben waren.

Schlafen konnten wir nicht. Langsam erschlaffte ich, wandte meine Aufmerksamkeit von der Außenwelt ab und richtete mich ganz auf mich. Ich dachte an mein Leben und an die letzten Monate vor der Deportation. Ich wollte mir jedes Detail in unserem Haus in Erinnerung rufen. Dann bei der Großmutter. Ich stellte mir vor, wie ich mit dem Rad von Parkan zur Schule nach Esztergom fuhr. Fast die gesamte Einrichtung unserer beiden Wohnungen führte ich mir vor Augen und wo diese Dinge aufgestellt oder untergebracht waren. Mich wunderte aber, dass ich mich nicht mehr an die vielen Häuser erinnern konnte, an denen ich auf dem Weg von unserem Haus zur Stadt vorbeigefahren war. Dafür zeigte sich mir vollständig das Donaupanorama mit der Brücke, dem Schlosshügel, der Basilika von Esztergom und den Bauwerken ringsum. Dieses Panorama, der Fluss und die Gebäude standen in meinem Gedächtnis für alles, was Heimat war, etwa so wie der Titel eines Buches oder eines Films, den die Erinnerung noch bewahrt, während ihr Inhalt allmählich in Vergessenheit gerät.

Dann versuchte ich mir die Gesichter der Verwandten vorzustellen. Vaters und Großvaters Gesichter erschienen scharf wie auf einer Fotografie, aber so, als wären es Aufnahmen aus dem Lager. Mutters Gesicht aber war wie in Nebel getaucht. Mich durchzuckte der Gedanke, der Nebelschleier könnte bedeuten, dass sie nicht mehr am Leben sei, doch ich unterdrückte diesen Gedanken sofort. Erstens hatte mir Vikis Mutter Marika Gelb ausrichten lassen, dass Manci am Leben und gesund sei und von Birkenau nach Deutschland abgefahren sei. Zum Zweiten wusste ich, die Erinnerungsbilder kamen aus meinem Hirn und nicht Gott weiß woher. Die Parkaner Großmutter sah ich vor mir, doch sie entschwand gleich wieder. Die Bilder der übrigen Verwandten tauchten eher spontan auf und vergingen, wie sie wollten. Zuzkas Bild konnte ich mir einfach nicht herbeirufen. Als ich später eingeschlafen war, erschien sie mir in einem Traum, den ich gleich danach vergessen habe. Von den Lehrern erinnerte ich mich noch an die Gesichter des Klassenlehrers Olajkář und des letzten Ungarischprofessors Tolnay, doch wie die anderen aussahen, hatte ich vergessen, mir nur die Namen gemerkt. Von den Gesichtern der Mitschüler waren mir nur diejenigen im Gedächtnis geblieben, die – im Guten oder im Schlechten – besonders ausgeprägt waren. Schließlich tauchte unwillkürlich das Gesicht von einem jener ungarischen jüdischen Kapos auf, die im Aufnahmeblock die Neuankömmlinge bestahlen, und ich entsann mich, wie Großvater mir eingeschärft hatte, sie mir gut zu merken.

So hatte ich mich davon überzeugt, dass alle Erinnerungen, die ich im Gedächtnis hatte, sich verflüchtigten, und ich dagegen nicht viel machen konnte. Fast alles geht dahin, auch wenn wir noch am Leben sind. Natürlich würde der Tod dann alles auslöschen. Ich glaubte nicht, dass nach dem Tod noch etwas kommt. Es würde weder ein ewiges Leben geben noch Himmel, Hölle, Paradies, wie es in dem Kindersprüchlein heißt. Nicht mal Vater glaubte an ein Leben nach dem Tode. Mutter und Großmutter hatten mir gesagt, dass nach dem Tod noch etwas anderes kommen könnte, aber sie wüssten nicht, was.

Es war wohl nicht wahr, dass der Mensch vor seinem Tod sein ganzes Leben wie in einem Film schnell vorüberziehen sieht. Zumindest hat es in meinem Gedächtnis nicht so funktioniert. Als ich bei diesem Gedanken angekommen war, merkte ich, dass ich pinkeln gehen musste. Dafür schämte ich mich. Hier erinnerte ich mich aber unwillkürlich an Herrn Silbermann, den Scheißmeister, und seine Worte, als er mir sagte, dass der Mensch nicht nur zwischen Kot und Urin geboren werde, sondern auch so sterbe.

Schließlich wurden alle Jungen im Block von Müdigkeit überwältigt. Es wurde ziemlich still. Vielleicht war es diese Stille, die uns drei in einen Halbschlaf fallen ließ. Im Block brannten ein paar Glühbirnen. Die Kapos sicherten sich so gegen etwaige Anschläge der Verurteilten. Was wäre, wenn wir uns massenhaft gegen das Barackentor werfen, es aufbrechen und durch das Zigeunerlager B II e wegrennen würden? Viel würde uns das allerdings nicht helfen, die SS-Männer würden Alarm schlagen und uns sehr bald alle erschießen, und auch weitere, bis dahin nicht verurteilte Häftlinge würden dafür büßen müssen. Das Lager war von einem Stacheldrahtzaun umgeben, der unter Hochspannung stand. Die Deutschen sparten zwar mit Elektrizität und setzten den Draht nur selten über die ganze Länge des Lagers unter Strom, doch es wäre für sie einfach, ihn augenblicklich ans Netz anzuschließen. Außerdem hatte das Lager Sicherheitszonen, von denen ich nur wusste, dass sie existierten. Es lag auch in einem relativ dicht besiedelten Gebiet, dessen Bevölkerung nicht unbedingt geneigt war, jüdischen Häftlingen zu helfen. Es war bekannt, dass die Mehrheit der früheren individuellen Fluchtversuche misslungen war. Eine Masse unbewaffneter und erschöpfter Jungen hätte da keine Chance!

Die Kapos rechneten offensichtlich nicht mit irgendwelchem Widerstand von unserer Seite. Die meisten von ihnen legten sich auf Decken auf die gemauerte Heizung hin, die sich durch die ganze Mitte der Baracke zog. Als ich pinkeln ging, stellte ich fest, dass nur zwei von ihnen wach geblieben waren, an jedem Blockende einer. Das flüsterte ich Pepi und Stefan zu. Pepi nickte nur mit dem Kopf, dass er es zur Kenntnis genommen habe.

Als wir drei uns etwas erholt hatten, sahen wir uns gegenseitig an. Es war, als blickten wir in einen Spiegel: Schrecklich sahen wir aus! Unsere Gesichter drückten äußerste Ermattung und Hoffnungslosigkeit aus, und in ihnen malte sich ein Ausdruck, als hätten wir schon alles aufgegeben.

»Jungs, wir sehen aus wie auf dem eigenen Begräbnis«, entsetzte sich Stefan. Das war nicht gerade originell, doch es entsprach der Situation, denn wir waren ja wirklich bei der eigenen Beerdigung. Es war Galgenhumor, fast im wahrsten Sinne des Wortes.

Pepi gab noch eine weitere abgedroschene Phrase hinzu, die aber in der gegebenen Lage eine eigenartige Bedeutung gewann: »Jungs, ein bisschen Leben vor diesem Sterben!« Dann überlegte er: »Wie wäre es mit unserem beliebten Kanon »Erdő mélyén, esti csendben hallod a csalogány é desdalát« – »In der Tiefe des Waldes, in der Abendstille, lausche ich dem Zauberlied der Nachtigall«? Ich werde dirigieren!«

Und Pepi begann zu singen, mit seinem leisen, aber zugleich klangvollen Tenor, der die ganze Baracke erfüllte. Nach der ersten Zeile fiel Stefan ein, nach der zweiten ich, und dann setzten wir wieder nacheinander aus, so dass am Ende ich allein sang. Auf einmal herrschte eine Stille, die auch die auf der Heizung schlafenden Kapos weckte. Sie setzten sich ganz verschlafen auf und fragten sich, was los sei. Nach einer Weile meldeten sich mehrere Stimmen aus verschiedenen Teilen des Blockes: »Noch einmal, noch einmal!« Viele Jungen kannten unseren Kanon, wie wir ihn oft im Chor auf dem Hof gesungen hatten.

Noch mehrmals sangen wir unter Pepis Leitung. Dabei stand er nicht von der Pritsche auf, um sich nicht zu zeigen. Nur leise gab er uns die Einsätze. Die Sänger, die sich zu uns gesellt hatten, und das waren einige Dutzend, teilte er in neun oder zehn Gruppen ein, die am Anfang nacheinander einsetzten und am Ende nacheinander verstummten. Jeder Sänger sollte sich an seine Gruppe halten und mit leiser Stimme singen. Pepi rief beim Einsatz nur die Nummer jeder Gruppe. Bei den weiteren Wiederholungen wussten alle schon, wann sie einsetzen und wann sie aufhören mussten. Der Gesang erklang anfangs wie von fern, wurde dann allmählich stärker und schwächte sich zum Ende hin wieder ab, bis er sich in der Ferne verlor.

Die Kapos wussten zuerst nicht, ob sie eingreifen sollten, doch ihr Chef bedeutete ihnen mit einer Handbewegung, uns in Ruhe zu lassen. Pepi konnte aus dem Budapester Ensemble, wo italienische musikalische Fachausdrücke verwendet worden waren, etwas Italienisch und sagte uns: »Auch der *capo di tutti capi* hat das gebilligt.« So gefiel es auch mir. Bei dieser Bezeichnung dachte Pepi vielleicht an Filme oder Bücher über italienische Mafiosi, die er von früher kannte.

Unvermittelt übergab Pepi die Leitung des Gesanges an Stefan. Wir verstanden, dass er dies tat, damit niemand sein Verschwinden bemerkte. Er wollte also wirklich die Flucht wagen wie die beiden vor ihm, und wir hofften nur, dass er es geschickter anstellen würde als diese.

Der Kanon klang großartig. Und er war erhebend! Uns Schwache, Erniedrigte, Entrechtete, Gequälte, Ausgehungerte, Schmutzige und zu Tode Erschöpfte erhob er zu etwas Höherem, das manche von uns niemals kennengelernt und das andere schon vergessen und nicht mehr erhofft hatten. Er erhob uns Elende und Schuldlose, die wir eigentlich noch Kinder waren – uns, die wir zu Unrecht gequält und zum Tode verurteilt worden waren und nun auf unsere Hinrichtung warteten – darauf, dass sie uns mit Gas umbrächten, das zur Insektenvertilgung bestimmt war, unsere Körper in Öfen verbrannten und unsere Asche in alle Himmelsrichtungen verstreuten.

Als das Lied zuerst wie aus dem Nichts aufstieg, war es wie ein weiteres Gebet, dem sich die Übrigen nacheinander anschlossen, bis am Ende viele teilnahmen. Die sich allmählich steigernde Intensität des Liedes erinnerte an etwas wie Widerstand oder Revolte gegen das, was da geschah, oder, allgemeiner ausgedrückt, gegen das Schicksal, dem wir in dieser Lage nicht entfliehen konnten. Als dann das Lied nach und nachabebbte, klang es, als würden sich jene, die es sangen, allmählich vom Leben verabschieden.

So sangen wir wohl mehr als eine halbe Stunde, und später kehrten wir noch einmal zum Kanon zurück, nun aber schon ohne Pepi, unter Stefans Leitung. Dann begannen die frommen Jungen wieder das Kaddisch zu sprechen. Jeder nahm Abschied auf seine Weise. Pepi hatte sich von uns allen verabschiedet, indem er uns ein zusätzliches Gebet schenkte, das uns in diesem Augenblick half. Laut sagte er, dass der Komponist dieses Kanons mit seiner einfachen Melodie – vielleicht war es sogar Haydn – wohl verwundert gewesen wäre, hätte er ahnen können, wem und wie seine kleine Komposition künftig einmal Trost geben würde.

»Und auch ihr«, ließ Pepi sich vernehmen, »werdet euch vielleicht darüber wundern, dass mich diesen Kanon ein Mönch gelehrt hat! Ich habe euch nie gesagt, dass ich dieses Lied in einem katholischen Kirchenchor gelernt habe. Dass ich mit dem jüdischen Glauben in Wirklichkeit nie etwas zu tun hatte, wisst ihr schon. Jetzt aber werde ich wohl sterben, weil ich ein Jude bin!«

»Bemühe dich, am Leben zu bleiben«, mahnte Stefan ihn. »Jetzt ist es einerlei, ob du Jude bist oder Katholik, jetzt zählt ganz allein, ob du am Leben bleibst oder stirbst!«

Ich gab Pepi mein Messer: »Pepi, nimm es mit!« Es war das robuste Messer aus dem Kommando Kanada, das mir Marika, die Mutter des Fußballspielers, hatte zukommen lassen. »Wir brauchen es nicht mehr, um abends untereinander das Essen gerecht zu teilen.« Ich hoffte, dass nach einer Weile alle einschlafen würden und ich mit Stefan eine Luke so lockern könnte, dass es sich leicht herausnehmen lassen würde. »Wenn du rausgekrochen bist, setzen wir es wieder ein. Wir bleiben abwechselnd munter, damit wir dich rechtzeitig wachrütteln, falls du einschläfst. Die beste Zeit für dich wird kurz vorm allgemeinen Wecken sein.«

Die Luke ließ sich leicht lockern. Es genügte, das Messer in den Spalt zwischen Rahmen und Fenster zu schieben. Vor Tagesanbruch gingen wir nacheinander zum Abtritt am Blockende. Die Kapos schliefen, die beiden, die Dienst hatten, saßen dösend auf den Enden der Heizung. Das Tor des Blocks war verschlossen, den Schlüssel hatten sie offenbar bei sich.

Als die Zeit herankam, waren wir alle drei wach. Pepi flüsterte uns zu: »Ich war gern bei euch und danke euch!«

Ich antwortete auch für Stefan: »Wir auch, und halt dich wacker!«

Pepi stand leise auf, nahm das Fenster heraus und gab es Stefan, der größer war als ich. Dann kroch er sehr schnell und geräuschlos durch die Öffnung und schlüpfte auf das Dach. Stefan erhob sich, ich reichte ihm das Fenster, er setzte es ein. Schon legten wir uns wieder hin. Fast nichts war zu hören. Pepi kroch offenbar langsam übers Dach. Er sprang leise runter oder kroch über den Dachrand, hielt sich dort mit beiden Händen fest und ließ sich dann fallen.

Nach einer kleinen Weile begann das Lager zu erwachen, die üblichen Geräusche, die sich jeden Morgen wiederholten. Etwas später hörten wir einen Schrei, doch konnten wir nicht erkennen, was er bedeuten mochte. Niemand im Block hatte bemerkt, dass Pepi verschwunden war. Auch die Kapos, die den Block innen und angeblich auch außen bewachten, hatten ihn offensichtlich nicht verfolgt. Zumindest wurde Pepi in der ganzen Zeit, in der wir in diesem Block eingeschlossen waren, nicht zurückgebracht.

Später habe ich ihn im Lager gesucht. Nirgendwo konnte ich etwas über ihn in Erfahrung bringen. Es blieb nur die traurige Vermutung, dass es ihm am Ende doch nicht gelungen war, von den »Toten« zu den »Lebenden« überzulaufen. Aber er hatte es wenigstens versucht! Dazu hatte er seine einzigartige körperliche Gewandtheit und Geschicklichkeit genutzt – Fähigkeiten, die anderen nicht gegeben waren. Wahrscheinlich hatte ihm das Glück gefehlt, das die zweite Voraussetzung gewesen wäre, zu überleben. Allmählich erwachte unser Block. Für alle Fälle suchten Stefan und ich uns einen anderen Platz auf der Pritsche, diesmal unten. Das Beten des Kaddischs begann von neuem und dauerte mit kurzen Pausen bis zum Ende unseres Aufenthalts in diesem Block. In den Pausen begannen mitunter ein paar Jungen, irgendwelche bekannten Lieder zu singen, und wir stimmten immer ein. Noch zwei oder drei Jungen versuchten zu fliehen. Dabei gingen alle auf die gleiche Weise vor:

Sie warteten, bis kein Kapo in der Nähe war, dann kletterten sie rasch zu einer Luke, die einen Spalt breit offen stand, und von dort auf das Dach, aber auf dem Dach machten sie großen Lärm, der die Kapos aufschreckte. Keiner dieser Jungen wurde in den Block zurückgebracht. Vielleicht sollte jener eine als abschreckendes Beispiel dienen. Aber durch das Lager gellte ein Schrei, der klang, als hätten sie diese Jungen irgendwo gejagt oder gefangen. Sie waren nicht so geschickt wie Pepi, doch mag sein, dass sie mehr Glück hatten.

Vormittags stellten sich ein paar Schreiber mit Blöcken ein. Die Kapos führten innerhalb des Blocks einen Appell durch, achteten darauf, dass die Schreiber unsere tätowierten Nummern notieren konnten, und kontrollierten sie dann noch einmal. Schließlich durchsuchten die Kapos den ganzen Block, ob sich auch keiner versteckt hätte.

Dann kümmerte sich niemand mehr um uns, abgesehen davon, dass die Kapos uns ständig bewachten. Den ganzen Tag und die Nacht und noch einen weiteren Tag über geschah nichts. Wir wurden immer stiller, starrten stumpf vor uns hin und warteten, dass sie uns holten. Langsam wurde uns alles gleichgültig.

Stefan und ich lagen nebeneinander, und mitunter redeten wir etwas. Wir konnten nur schwer herausfinden, ob es Tag war oder Nacht. Tagsüber nickten wir manchmal ein, und in der Nacht schliefen wir schlecht.

Ich sagte zu Stefan: »Erinnerst du dich, wie wir vor nicht ganz einem Jahr in einer Freistunde, als die anderen Mitschüler Katechismus hatten, zu euch nach Hause gingen und auf dem Küchentisch Knopffußball spielten? Es kommt mir vor wie vor hundert Jahren.«

Stefan bestätigte mir, dass er sich erinnerte.

»Damals habe ich gewonnen, aber ich zweifle immer noch, ob das ein fairer Sieg war. Mein Mittelstürmer war nämlich kein gewöhnlicher Knopf, wie es die Regeln verlangten, sondern ein Zierknopf von Großmutters Regenschirmgriff, mit dem sich viel leichter spielen ließ. Damals hatte ich dir das gesagt, ich hatte das immer jedem zugegeben, mit dem ich Knopffußball spielte, keiner hatte etwas dagegen eingewandt. Aber ich musste immer daran denken, dass ich euch eigentlich betrog. So bitte ich dich jetzt dafür um Verzeihung.«

Stefan erinnerte sich daran. Und es kam ihm sonderbar vor, dass sich das alles erst vor etwa einem halben Jahr ereignet haben sollte, noch bevor uns die Deutschen besetzt hatten und wir das Gymnasium verlassen mussten. Er versicherte mir entschieden, dass ich ihn nach seiner Ansicht beim Spiel keineswegs betrogen habe. »Du warst immer ehrlich, aber auch etwas ängstlich«, sagte er. »Also bitte, schlag dir jetzt solche Dummheiten aus dem Kopf, solange du ihn noch auf den Schultern hast!«

Wieder lagen wir nur auf der Pritsche und starrten vor uns hin. Außer warten auf das baldige Ende hatten wir nichts mehr zu tun. Manchmal sprach einer von uns beiden über etwas, was ihm gerade in den Sinn kam. Stefan bedauerte, dass wir so früh sterben würden, wo wir doch eigentlich noch gar nichts erlebt und genossen hätten. Er fragte: »Hast du schon einmal eine nackte Frau gesehen?«

Wahrheitsgemäß antwortete ich ihm, ich hätte nur eine gesehen, und nur ein einziges Mal. »Es war die Prostituierte, die sich als meine Verwandte ausgegeben hat, als wir zum Kommando Mexiko gegangen sind. Wegen der Grassoden, aus denen Tibors Vater den unsinnigen kleinen Park rund um den Block anlegte. Einmal zeigte sie sich mir im Sammellager nackt, bevor sie uns in die Waggons trieben. Offenbar sollte ich etwas zum Erinnern haben. Das war alles.« »Du warst aber wenigstens in Zuzka Löwenstein verliebt«, überging Stefan mein Erlebnis mit der nackten Frau. »Du musst sie wohl wirklich geliebt haben, wenn du ihr ein ganzes Jahr lang aus dem Schulfenster nachgeschaut hast. Aber sie war so ein kleines Mädchen, an dem, wenigstens damals, gar nichts dran war.« »Lassen wir sie in Frieden«, sagte ich. »Sie haben sie bestimmt gleich nach der Ankunft ermordet.« Dann schwiegen wir wieder.

Stefan aber drehte sich mehrmals hin und her und sah aus, als wollte er mir etwas Wichtiges sagen. Dann begann er:

»Du bist ja bei uns zu Hause gewesen. Da hast du gesehen, dass wir nur eine kleine Wohnung und kein Bad hatten, nur ein Klo. Im Klo war neben dem Spülkasten ein kleines Lüftungsfenster zum Lichtschacht, und auf diesen Lichtschacht ging auch das Fenster vom Badezimmer der Nachbarwohnung. Dort wohnte ein junges Ehepaar, aber den Mann hatten sie zum Arbeitsdienst eingezogen und nach Russland gebracht. Die Frau war allein in der Wohnung und ging irgendwohin arbeiten. Wenn bei ihnen Licht gemacht wurde, schien es an die Decke unseres Klos. Eines Abends ging ich im Dunkeln aufs Klo, stieg vorsichtig auf das Klosett, blickte durch das Fensterchen in den Lichtschacht, und da sah ich die Nachbarin nackt in ihrem Bad. So konnte ich sie mir anschauen. Mutter aber sagte ich, dass ich Bauchschmerzen hätte. Deshalb machte sie sich auch noch Sorgen um mich. Einmal hatte ich aus Versehen bei uns Licht eingeschaltet, als es bei der Frau dunkel war. Ich kletterte hoch und hielt Ausschau. Da entdeckte mich die Nachbarin, als sie gerade ins Bad ging. Sie sah meinen Kopf im erleuchteten Fenster. Ich stieg schnell runter und verschwand. Am nächsten Tag begegneten wir uns zufällig auf dem Gang. Sie fragte mich, ob sie mir gefalle, und fügte hinzu, wenn ich sie mir abends wieder ansehen käme, würde es noch schöner sein. Also ging ich schauen, und sie entkleidete sich ganz sorgfältig. Als sie ausgezogen war, rief sie mir leise zu: ›Morgen gibt's die Fortsetzung. Und wenn ich dich dort nicht sehe, verrate ich deiner Mutter, dass du mich aus dem Klofenster beguckst.‹ So ging es noch eine Weile, bis sie uns aus unserer Wohnung ausquartierten und schließlich hierherschickten. Ich hätte sie besser nicht ansehen und es gleich Mutter sagen sollen. Mich bekümmert, dass ich Mutter belogen habe! Nun werde ich sie nie mehr wiedersehen. Und käme Mutter zurück, würde ich es ihr nicht sagen können … Was meinst du dazu?«

»Du hast dir eigentlich nichts vorzuwerfen«, sagte ich entschieden. »Hättest du diese nackte Frau nicht gesehen, wäre dir irgendwo bald eine andere begegnet. Die Nachbarin wollte doch, dass du sie dir anschaust, weil sie einen Kerl brauchte, während ihr armer Mann in Russland und vielleicht gar nicht mehr am Leben war. Sie war ein Luder. Der Mutter konntest du davon nichts sagen, sie hätte nicht begriffen, dass ihr Sohn erwachsen wird. Du hast nichts Unnormales getan. Ich wäre auch aufs Klo gestiegen und hätte hingeschaut. Nun denk nicht mehr darüber nach. Was liegt jetzt noch daran?«

Stefan hatte noch immer ein schlechtes Gewissen, also fuhr ich fort: »Deine Sorgen hätt ich gern – und Rothschilds Kohle! Das erinnert mich daran, wie zwei Bettler auf den Friedhof gingen und Rothschilds prächtiges Grab erblickten. Da sagte der eine: ›Dieser Rothschild hat es gut. Er liegt in so einem großartigen Grab, während wir hier in Lumpen herumlaufen.‹« Wir lachten nicht gerade laut, aber ein bisschen lachte Stefan doch und sagte: »Du müsstest mal mit einem neueren Rothschild-Witz kommen! Um ihn und die anderen großen jüdischen Geldsäcke sorge ich mich nicht. Die sind nicht im Lager! Die hatten genug Geld, um sich beizeiten loszukaufen.« Da hatte er recht, ich hatte ihn ja nur auf andere Gedanken bringen wollen, damit er aufhörte, sich wegen seiner Mutter Vorwürfe zu machen. Dabei kam mir etwas Schreckliches zu Bewusstsein, das mich erschütterte:

Es reichte ja vollkommen, wenn Stefan ein paar Stunden lang nicht daran denkt. Wenige Stunden später wird sich keiner von uns mehr an irgendwas erinnern! Absolut an nichts! Ich sagte mir noch, dass man sich schlecht an diesen nahen Tod gewöhne. Wenn ich mich daran fast gewöhnt haben würde, wäre es auch mit mir aus und vorbei. Und ich verfiel in stumpfe Gleichgültigkeit.

Wir lagen versunken zwischen Schlafen und Wachen und bemerkten nicht, ob die Zeit schnell oder langsam verging. Hier kam mir wieder ein Gedanke oder eher eine Frage in den Sinn, mit der ich mich schon oft beschäftigt hatte. Ich musste Stefan nach seiner Meinung fragen. »Was denkst du, warum kann Gott dulden, dass mit uns Juden, seinem auserwählten Volk, solche Dinge geschehen, wie wir sie hier in Birkenau erleben?«

»Du stellst mir auf dem Totenbett schöne Fragen und ziehst nicht in Betracht, dass ich auf diesem Bett meine Ruhe haben will«, antwortete Stefan. »Warum fragst du mich, wo du doch in einer Weile den Herrgott selbst fragen kannst?«

»Weil ich darüber dann mit keinem Lebenden mehr werde reden können«, antwortete ich. »Außerdem wäre es Chuzpe zu glauben, gerade ich wäre dieser Hochwichtige, mit dem Gott über etwas diskutieren und dem er etwas erklären wird. Die Leute lesen die Bibel und erfahren daraus von den Gesprächen zwischen Gott und unseren Urvätern, und meinen dann, dass sie auf gleicher Stufe stehen. Davon bin ich nicht überzeugt. Vielleicht gibt Gott uns auf andere Weise ein Zeichen?«

»Das dürfen wir aber nicht erwarten«, erwiderte Stefan. »Man sollte einen weisen Rabbiner fragen.« »Ich bin außerstande, einen weisen Rabbiner von einem gewöhnlichen zu unterscheiden. Aus dem, was du sagst, folgt aber, dass es auch weniger weise Rabbiner gibt. Als ich klein war, dachte ich, jeder Rabbiner müsse weise sein, das gehöre schon zu seinem Beruf. Erst Großvater hat mir das ausgeredet. Ich habe zweierlei Erklärungen von zwei Rabbinern gehört, als sie zu Beginn zu uns zum Jungenblock kamen. Sie überzeugten die Jungen davon, vor der Deportation zur Talmudschule zu gehen und sich von den religiösen Vorschriften der Halacha entbinden zu lassen; vor allem redeten sie ihnen zu, alles zu essen, auch wenn es nicht koscher wäre. Sie erklärten, die Hauptsache im Talmud sei die Heiligkeit des menschlichen Lebens. Deshalb sei es die Pflicht eines jeden Juden, alles im Interesse seiner Selbsterhaltung zu tun.* Alle gehorchten ihnen bis auf diesen Jankele, den die SS-Männer schon gleich nach der ersten Selektion ins Gas geschickt haben. Aber auch viele von denen, die diesen Rabbinern gefolgt sind und sich nicht an die Halacha gehalten haben, endeten genauso. Der erste Rabbiner erklärte, dass Gott alles sehe und alles kenne, natürlich auch unser Leiden, aber sein Antlitz von uns abgewandt habe. Dabei sagte er aber nicht, warum und für wie lange, weil das natürlich niemand wissen könne. Der andere sagte, Gott habe alles geschaffen, aber greife in das, was weiter auf der Welt geschehe, nicht mehr ein. Ich bin nur ein junger Bursche und kann nicht entscheiden, wer von ihnen recht hatte und ob das Richtige nicht noch etwas ganz anderes ist, als die beiden gesagt haben. Ich könnte das nicht einmal dann, wenn ich erwachsen und obendrein noch Rabbiner wäre.«

»Dann müssen wir wohl demütig hinnehmen, dass es Dinge gibt, von denen wir uns kein Bild machen können«, entgegnete Stefan. »Aber diese Einsicht beunruhigt mich kein bißchen!« »So wird's schon sein!« Doch Stefan zweifelte: »Was ist denn, wenn Gott gar nicht existiert und deshalb auch nicht in das eingreifen kann, was hier vor sich geht?«

»Oder Gott existiert, doch er ist anders als das, was die verschiedenen Religionen von ihm sagen. Deshalb ist alles anders, als wir es uns vorstellen«, sagte ich.

»Wir sind zwei Rotzjungen, und von solchen Sachen reden wir nur deshalb, weil unser Lebenslicht am Verlöschen ist«, meinte Stefan weise, als wäre er gar kein Rotzjunge, wie er sich gerade selbst genannt hatte. »Hätten wir keine Todesangst, würden wir uns über derartige Dinge überhaupt nicht unterhalten.« Mir war auch klar, dass in dieser Diskussion kein Wort auf unserem Mist gewachsen war. Wir wiederholten nur, was wir hier im Lager von anderen gehört hatten.

»Du hast recht, vor einem halben Jahr hätten wir uns höchstens um Knopffußball geschert. Jetzt haben wir schon über Weiber gesprochen, obwohl wir gar keine Erfahrungen haben, aber das ist nun einmal ein wichtiges Thema für jeden Mann. Auch in unserem Alter. So sind wir bis zu den letzten Dingen des Menschen einschließlich der Existenz Gottes gekommen. Mit knapp vierzehn sind wir wie neunmalkluge Greise, die sich nicht einmal mehr an ihre eigene Kindheit erinnern. Daran, dass wir vor der Zeit erwachsen wurden, sind Adolf und seine Bande schuld. Sie haben uns buchstäblich die Kindheit geraubt!«

Dann verstummten wir wieder für längere Zeit. Erst nach einer langen Pause fragte mich Stefan ganz leise, ob ich Angst hätte.

»Ich habe Angst«, sagte ich ohne Bedenken. »Aber irgendwie sonderbar! Einmal las ich, dass jemand in Frankreich zum Tod durch die Guillotine verurteilt worden war. Er war so rasend vor Furcht, dass ihn zwei Kerle mit Gewalt zur Hinrichtung zerren mussten, der er nicht entkommen konnte. Und als sie ihn mit dem Kopf an das Brett binden sollten, das dann mit ihm vornüber gekippt wurde, um den Hals unter das Fallbeil zu kriegen, da reichten auch die beiden Kerle nicht mehr aus, und vier mussten ihn festhalten, weil er vor Entsetzen brüllte wie ein Tier und um sich trat. Erst dann sauste das Fallbeil runter, und er war um einen Kopf kürzer. Die Henker und die Umstehenden sagten, er sei ein elender Feigling gewesen, unfähig, Menschenwürde zu bewahren. Wortwörtlich erinnere ich mich, wie jemand sagte: ›Er verstand weder zu leben noch zu sterben.‹ Selbstverständlich war das Blödsinn, und ich entsinne mich auch nicht, warum dieser Mensch verurteilt worden war und weshalb er nicht in der Lage gewesen sein sollte zu leben.«

Eine Weile schwieg ich, ich dachte darüber nach, wie ich sagen sollte, was mir jetzt auf dem Herzen lag. Als ich die nötigen Worte gefunden hatte, sagte ich, wenn schon nichts weiter übrigbliebe, als vom Leben Abschied zu nehmen, wollte ich in den letzten Augenblicken wenigstens die Würde bewahren. Ich hoffte, vor der Gaskammer nicht vor irgendeinem SS-Mann auf Knien zu rutschen und um Gnade zu flehen, die er mir weder gewähren könne noch wolle, und dass ich mich nicht mit ihnen prügeln würde, damit sie mich dort halbtot schlügen. Ich hoffte, ich würde fähig sein, selbst hineinzugehen. Natürlich könne das keiner im Voraus wissen, doch ich würde das gern um meiner selbst willen tun.

Stefan fügte etwas später noch hinzu: »Vielleicht hast du recht. Die Jungen, die das Kaddisch beten, werden dieses Gebet ständig wiederholen, solange sie sprechen können und noch bei Bewusstsein sind. Damit sind sie beschäftigt, und vielleicht finden sie in diesen Gebeten auch Trost. Sie denken wohl an nichts anderes und werden sich den SS-Männern nicht entgegenstellen. Meinst du, dass diejenigen Jungen, die wenig oder gar nicht beten, sich unserem Haydn-Kanon anschließen würden, den uns Pepi hinterlassen hat? Ich müsste wohl damit anfangen. Vielleicht würde uns das für die letzten Augenblicke etwas Erleichterung bringen. Die Stimmen würden nacheinander verklingen, und mit ihnen würden auch wir verlöschen …«

Das waren unsere letzten Worte, das war alles.

Dann lagen wir nur noch da, mit Augen, die irgendwo ins Nichts starrten, und lauschten dem sich endlos wiederholenden Kaddisch. Mir gingen Bruchstücke von Melodien, Gedanken und Bildern durch den Kopf, doch sie nahmen keine feste Gestalt mehr an. Draußen begann es zu regnen, und die Tropfen trommelten monoton auf das Holzdach des Blocks. Dort hatten wir nun schon fast achtundvierzig Stunden gewartet!

Aus einem sehr kurzen Schlaf rissen mich plötzliches Gebrüll, Schläge und Fußtritte, verbunden mit großer Hast, als sie uns nach draußen trieben. Mit den anderen taumelte ich auf die Lagerstraße vorm Block, erst dort machte mich der Regen vollends wach. Ich verstand: Hier wenden sie auf uns die gleiche Methode an wie bei der Ankunft eines Transportes an der Rampe, um etwaigem Widerstand vorzubeugen. Sie richten einen heillosen Wirrwarr an, hetzen uns, verlangen alles viel schneller, als wir es ausführen können, brüllen herum, schlagen und treten uns. Wir würden beim Versuch, den Schlägen auszuweichen, von Panik und Hysterie überwältigt werden, dann würden sie uns in die Gaskammern treiben, ehe wir begriffen, was mit uns passiert.

Immer wieder sagte ich mir: Mach alles langsam! Richte dich auf! Heb den Kopf! Senk nicht den Blick! Die SS-Männer blickten gleichmütig drein und schauten in die Runde, doch sie hielten die Maschinenpistolen so, dass sie jederzeit das Feuer eröffnen konnten. Mir am nächsten stand ein SS-Mann, der nur wenig größer war als ich. Über der Uniform trug er einen schwarzen Regenumhang aus Gummi mit einer Kapuze überm Kopf. Sein bleiches Gesicht mit knochigen Zügen und tiefliegenden dunklen Augen erinnerte an den Totenkopf, der auf den SS-Uniformen aufgenäht war. Er sah mich an, und ich wendete die Augen nicht ab. Das war für mich eine neue Erfahrung, denn im Lager hatte ich gelernt, dem direkten Blickkontakt auszuweichen. Ich wusste, dass ein Blick in die Augen Aggressivität hervorrufen kann. Deshalb hatte ich diese Art von wortloser Kommunikation möglichst vermieden, denn damit hebt sich der Einzelne aus der Masse heraus und fällt auf, daran hat ein Häftling und »Untermensch« in der Regel kein Interesse. Der SS-Mann richtete den Lauf der Maschinenpistole auf mich, doch seinen Blick wandte er ab. Es war eigenartig, dass er diese beiden Bewegungen gleichzeitig ausführte. Erst jetzt war ich nicht mehr in mich gekehrt und nahm wahr, was ringsum vor sich ging. Mit den Augen suchte ich Stefan. Er stand neben mir.

Sie kommandierten uns vorwärts. Wir marschierten auf der Hauptstraße in Richtung auf das Tor des Lagers B II e. Als wir etwa hundert Meter zurückgelegt hatten, begegneten wir einem SS-Offizier, der uns mit dem Fahrrad entgegenkam. Er trug einen Regenmantel von der gleichen rattengrauen Farbe wie die SS-Uniformen. Er befahl: »Halt!«, und stieg vom Rad. Dieser Offizier war groß und hager, das Rad hielt er am Lenker. Ich hatte ihn nie zuvor gesehen. Zuerst sprach er mit dem Kommandeur der SS-Wache, die uns eskortierte. Dann wandte er sich an den Chef der Kapos, der mit seinen Leuten in der Nähe stand. Ich verstand nichts, die anderen auch nicht.

Nach etwa fünf Minuten wurde der Block aufgeschlossen, vor dem wir standen. Er war leer. Sie öffneten das Tor und schalteten die Beleuchtung ein. Wir marschierten hinein und blieben in Fünferreihen in Marschordnung stehen. Mit uns traten auch die SS-Männer ein, die in Bereitschaft waren, die Kapos hielten sich zur Verfügung des Offiziers.

Erst jetzt begriffen wir, worum es offenbar ging. Der Offizier, der mit dem Rad gekommen war, wollte auf eigene Initiative noch eine weitere Selektion durchführen. Es war eigentlich eine umgekehrte Selektion, bei der diejenigen ausgewählt wurden, die einstweilen am Leben bleiben sollten. Er begann am Ende der Kolonne, ging sie in Richtung Tor durch und sah sich jeden Verurteilten an. Einige von ihnen wählte er aus, und die Kapos führten sie ein Stück beiseite. Schon näherte er sich uns. Ich flüsterte Stefan zu: »Wir müssen uns bemühen, zu den Geretteten zu kommen!« Aber er sah mich mit Augen voller Zweifel an.

Wie vor einer sportlichen Übung, bei der einige richtig koordinierte Bewegungen in wenigen Sekunden über das Ergebnis entscheiden, konzentrierte ich mich. Ich ging in Habachtstellung, zog den Bauch ein, streckte die Brust raus, hob den Kopf und sah dem SS-Mann in die Augen. Mich ergriff ein leidenschaftlicher Wille zum Leben. Dieser Wille musste mir wohl aus den Augen und aus meinem ganzen Körper strahlen. Der SS-Mann trat an mich heran, betastete mit beiden Händen fachmännisch beide Bizepse, die ich in diesem Augenblick anspannte. Zugleich dachte ich mir, dass er wohl Arzt war, sonst würde er sich nicht so verhalten haben. Über sein Gesicht huschte so etwas wie ein Lächeln. Fortdauernd sah er mir in die Augen und forderte mich auf, mich umzudrehen. Ich führte eine schnelle Kehrtwendung nach militärischer Art aus, wie man mich das beim Sport an der ungarischen Schule gelehrt hatte, und versuchte dabei zu zeigen, dass ich es mit Genuss tat. Darauf sagte der SS-Mann: »Geh!« Kapos packten mich und führten mich zu der kleinen Gruppe der ausgewählten Jungen.

In diesem Moment durchströmte mich eine plötzliche Woge von Glück. Es war ein eigentümliches, rein animalisches Gefühl, wie ich es nie zuvor empfunden hatte. So etwa musste sich ein Tier fühlen, das schon die Tatze des Löwen gespürt hatte, ihr durch einen unvorstellbaren Zufall entkommen war und sein Leben behalten durfte. Etwa zwei oder drei Minuten stand ich mit dem Rücken zur Kolonne. Als ich mich umdrehte, war der SS-Mann bereits mit Stefan und vielleicht zwei weiteren Jungen fertig. Sie hatte er nicht ausgesucht! Stefan schaute gerade anderswohin.

Uns Ausgewählte schoben sie inzwischen immer näher zum Tor, dem sich allmählich auch der SS-Offizier näherte. Schließlich drängten sie uns als ungeordneten Haufen durch das Tor und stellten uns ein Stück weiter auf. Der Offizier sagte etwas zum Anführer der Eskorte, dem Oberkapo, setzte sich aufs Rad und fuhr in der ursprünglichen Richtung davon. Der gesamte Zwischenfall mit dem SS-Offizier einschließlich der von ihm vorgenommenen Selektion hatte etwa zwanzig Minuten gedauert. Unterdessen hatte der Regen aufgehört. Den Jungen, die in der Kolonne geblieben waren, wurde befohlen kehrtzumachen und danach »aufzugehen«, was bedeutete, dass die Fünferreihen aufzufüllen waren. Danach mussten sie ihren Weg zum Krematorium fortsetzen.

In diesem Augenblick bezwang der Schrecken die Kraft des animalischen Glücks, das ich gerade noch empfunden hatte. Unter den Jungen marschierte auch Stefan! Er drehte sich noch nach mir um, hob die rechte Hand und winkte mir. Dabei lächelte er ein wenig, als ob er sagen wolle, er verabschiede sich und wünsche mir alles Gute. Auch ich winkte ihm zu, doch mit ernster Miene. Mit seinem Gesichtsausdruck deutete er an, dass er es gesehen hatte. Dann drehte er sich in die andere Richtung und marschierte mit den Übrigen. Noch einmal hob ich die Hand, doch Stefan wandte sich nicht mehr nach mir um, so ließ ich sie wieder sinken. Diese unabgeschlossene Bewegung drückte meine Ohnmacht aus.

Ich schaute mich um. Nach alledem war ich auf einmal schrecklich müde und niedergedrückt. Ich wusste nicht, wie viele wir waren. Später rechnete ich mir aus, dass wir um die dreißig gewesen sein müssen. Keinen von diesen Jungen kannte ich. Zum zweiten Mal war ich ganz allein. Aber jetzt war es vielleicht noch schlimmer als damals, als sie Vater und Großvater zur Arbeit weggebracht hatten. Damals wusste ich, wen ich suchen konnte. Ich fahndete ein paar Tage lang nach Menschen, die ich kannte, fand auch einige. Jetzt aber wusste ich, Viki war tot und Stefan wurde vielleicht gerade in der Gaskammer ermordet.

Ich sagte mir, ich müsste nun schnellstens beginnen, nach Schmule und Pepi zu forschen, doch in tiefster Seele zweifelte ich daran, dass ich sie finden würde, und falls doch, würden sie wohl nicht mehr zusammen sein, sondern jeder an einem anderen Ort. In dieser Zeit war ich auch schon in einer sehr viel schlechteren körperlichen und seelischen Verfassung.

Wir waren zu fünft gewesen und hatten so etwas wie eine Familie von fünf Brüdern gebildet. Wir hatten uns gegenseitig unterstützt und aufeinander achtgegeben. In der Gruppe besprachen wir, was um uns herum vorging und was wir selbst tun sollten. Mitunter konnten wir uns sogar etwas zum Essen beschaffen, was wir einzeln nicht vermocht hätten, und Kontakte mit anderen knüpfen. Jemand, den einer von uns kannte, wurde zum Bekannten von uns allen. Aber vor allem das kollektive Zusammenleben half uns, Mensch zu bleiben und nicht dem Druck der Verhältnisse um uns zu erliegen, die auf das Prinzip gegründet waren, dass jeder nur für sich um das eigene Überleben kämpfen sollte. Ich verstand, dass es mit uns allen wohl schon lange aus gewesen wäre, wenn wir diesem Druck nachgegeben hätten. Das alles war nun vorbei!

Ich versank in Depression, alles war mir egal, ich verfolgte nicht mehr, was ringsum vorging und welche Befehle wir erhielten, sondern ahmte nur nach, was die anderen taten. So etwas war im Lager gefährlich, es bedeutete verlangsamtes Reagieren und Verlust der Wachsamkeit. Mit den anderen sprach ich nur, wenn es nicht zu vermeiden war, und auch sie hörten als Reaktion auf mein Verhalten bald auf, mich zu beachten. Dabei wusste ich, dass ich ohne Freunde sehr im Nachteil war. Wenn mir etwas zustieße, wenn ich zum Beispiel beim Laufen strauchelte oder mich irgendwie verletzte, dann würde mir niemand die helfende Hand reichen.

Ununterbrochen beschäftigte mich eine einzige Frage: »Warum bin gerade ich am Leben geblieben und die anderen nicht?« Zuerst beantwortete ich sie in Bezug auf Stefan. Wir hatten uns seit dem zehnten Lebensjahr gekannt, gemeinsam die Mittelschule besucht und uns in Birkenau im Block der Jugendlichen wiedergetroffen. Dort waren wir in die gleiche Gruppe – unsere Ersatzfamilie – geraten, an deren Leben wir mehr oder minder gleichmäßig teilnahmen. Gemeinsam durchliefen wir alle früheren Selektionen, bis auf diese letzte, wiederum gemeinsame, die wir beide nicht überstanden. Nebeneinander lagen wir im Block der Verurteilten, sangen gemeinsam Pepis Kanon und erzählten uns gegenseitig unsere letzten Gedanken, bevor sie uns auf den Weg zur Gaskammer trieben. Ich war nicht besser als Stefan und Stefan nicht schlechter als ich. Warum war dann ich am Leben geblieben und er nicht? Diese bohrende Frage stellte ich mir immer wieder. Am Ende aller dieser Überlegungen zeichnete sich das Problem ab, ob und in welchem Maße ich Schuld daran trug, dass er umgekommen war und ich überlebt hatte. Von hier aus war es nur noch ein Schritt bis zur Vorstellung, dass ich für seinen Tod verantwortlich sei.

Diese augenscheinlich krankhafte Idee wurde für mich zum Wendepunkt. Der erste Schritt auf dem Weg zur seelischen Wiedergesundung durch Selbstheilung war, dass ich mir eine grundlegende Tatsache vor Augen führte: Diese Mordmaschine funktionierte nicht so, als wäre irgendwie schicksalhaft vorherbestimmt, wie viele Menschen umkommen würden, und auch nicht so, dass das Überleben des einen den Tod eines anderen bedingte. Ein zweiter Schritt zur Genesung war der Gedanke, dass auch dann, wenn wir beide – Stefan und ich – überlebt hätten, natürlich keinerlei Zusammenhang mit dem eventuellen Tod zweier anderer, vielleicht fremder Jungen bestanden hätte. Also war unter den Bedingungen, unter denen sie uns vernichteten, der Tod jedes Einzelnen vom sittlichen Standpunkt vom Tod aller Übrigen unabhängig. Es wäre somit unsinnig, mir vorzuwerfen, dass ich überlebt hatte und ein anderer nicht. Warum sollte ich mir selbst diesen Vorwurf machen? Schließlich wurde mir klar: Dieser Massenmord lief so ab, dass die Sichel in der Hand der Todesgöttin ihre Opfer zufällig traf! So wurde ich allmählich fertig mit dem falschen Schuldgefühl am Tod Stefans und der anderen, die umgekommen waren, während ich überlebt hatte. Das war ein schwieriger Prozess, der im Innern meines Denkens ablief und der in mir eine quälende Erkrankung auslöste.

Als meine Seele noch nicht wieder genesen war, suchte ich nach Informationen über Schmule und Pepi, in diesen Augenblicken tauchte mein Ich sozusagen aus dem Nebel der inneren Wirren auf. Mein Suchen blieb aber ohne Erfolg! Inzwischen war ungefähr eine Woche vergangen, in der das einzige wesentliche Ereignis der Besuch von Mengele war. Offenbar wollte er kontrollieren, was hier eigentlich geschehen war. Solche Episoden wie jene, wo ein SS-Mann, wohl ein Arzt, aus einer Gruppe bereits Ausgesonderter und zum Krematorium Marschierender einige der Verurteilten zurück zu den vorerst Überlebenden geholt hatte, waren in Birkenau selten und konnten Mengeles Aufmerksamkeit nicht entgehen. Die Entscheidung, ein paar von uns am Leben zu lassen, war wohl nicht anders zu begründen als mit Interessen des Reiches. Dieses Argument entsprach übrigens der Wahrheit: Wir gingen nur deshalb nicht ins Gas, weil wir als noch arbeitsfähig eingestuft worden waren. Entsprechend sagte Mengele bei seinem Besuch zu uns: »Ich setze voraus, dass ihr für das Reich arbeiten werdet, und wenn nicht, dann ist es aus mit euch.« Nach meiner Erinnerung gebrauchte er die Formulierung: »Ich mache euch alle kaputt!«

Die SS-Männer ließen sich offenbar von einer perversen Logik leiten: Wir hatten ihnen dankbar zu sein, dass sie uns am Leben ließen, um für sie bis zur totalen Erschöpfung arbeiten zu können – als wäre es ihr selbstverständliches Recht, uns zu töten, und wenn sie darauf verzichteten, würden sie uns eine Liebenswürdigkeit erweisen, für die wir auf ewig in ihrer Schuld stünden!

Als ich langsam aus dem seelischen Dunkel aufgetaucht war, in dem ich mich mit den erwähnten Überlegungen gequält hatte, schloss ich Freundschaft mit einem Jungen, der ungefähr zwei Jahre älter war als ich. Er hieß Feri, stammte aus einem ungarischen Städtchen, das nach seinen Worten ganz abgelegen war und in dem es nichts Bemerkenswertes gab. Früher hatte er dort auch das Gymnasium besucht, aber als sie ihn hinauswarfen, war er schon zwei Klassen höher als ich.

Feri nahm mich wahr, als ich mich wieder in meiner Umgebung umzusehen begann. Damals fragte er: »Erinnerst du dich an das Märchen vom Dornröschen?«

Ich wunderte mich über seine Frage: »Machst du dir einen Spaß? Dieses Märchen hatte uns der Mathematikprofessor im Gymnasium erzählt, kurz bevor man uns aus der vierten Klasse warf.« Darauf er: »Wenn du dich erinnerst, welche Lehre ergibt sich daraus?«

Das nahm ich als einen kleinen Scherz von seiner Seite und deutete mit einem Achselzucken an, dass ich es nicht wüsste. »Wach auf, du Idiot«, war Feris Antwort. Nun verstand ich, dass er mich mit dem Hinweis auf dieses Märchen wachrütteln wollte. Und so war es auch.

»Wenn du immer wie in einem Traum herumwandelst«, fuhr Feri fort, »wird dir die Rettung aus der Marschkolonne des *Krematoriumsfutters* nichts nützen. Du musst schnell und richtig reagieren, sonst wirst du bald ins Gras beißen.

Und du wirst doch selber einsehen, dass das nach alledem, was wir hier zusammen erlebt haben, eine ausgemachte Dummheit wäre!«

So sprach Feri oft zu mir, und mir gefiel das, weil er in allem recht hatte. Ich war gerade in einer Lage, in der ich es am meisten brauchte, dass mir jemand einen ordentlichen Stoß versetzte, damit ich richtig wach wurde. Schon damals wusste ich, dass es für jeden eine Zeit gibt, in der er vor allem einen kräftigen Tritt in den Hintern nötig hat. Feri kannte die Menschen gut, war optimistisch, hatte Sinn für absurden Humor, machte offensichtliche Dinge nicht durch langwierige Erörterungen über ihr Wesen unnötig kompliziert und war in allem geschickt. Er war so geschickt, dass ich sagte: »Feri, du bist ein Šikula!«* Davon blieb ihm der Spitzname »Feri Schikula« oder einfach nur »Šikula«, wie ihn dann alle nannten. Er nahm das hin, und es machte ihm nichts aus. Vielleicht hatte er mir auch noch eine Menge mehr erzählt, aber ich hatte ihm damals noch nicht so genau zugehört, und seine Worte gingen mir zum einen Ohr hinein und zum anderen hinaus.

Besser erinnere ich mich nur an seine Erzählungen, wie er im Sommer einige Zeit »Putzfleck« beim Gefängnischefarzt in Birkenau war; einige höhere Gefängnisfunktionäre hatten dort nämlich eigene Putzer. Es war der Arzt, der mir das Leben gerettet hatte, als er mir gegen Skorbut Vitamin-C-Tabletten aus dem Besitz ermordeter Juden gab. Wie ich schon schrieb, organisierten die im Kommando Kanada tätigen jüdischen Häftlinge Medikamente aus den Gepäckstücken der Transporte und übergaben sie den Ärzten zur Verwendung für die Gefangenen. Feri erklärte, dass der Chefarzt ein ausgezeichneter Mensch sei. Auch mit Mengele, der ihn angeblich respektiere, sei er ganz gut ausgekommen, wie es im Interesse der Kranken auch notwendig war.

Es wurde auch erzählt, Mengele habe sich gegenüber dem Chefarzt anständig verhalten, weil er ihn wohl als Mediziner kenne. Der Chefarzt könne das Morden in den Lazaretten nicht verhindern, sie hätten ihn hinausgeworfen und getötet, wenn er es versucht hätte. Aber nach Feris Urteil war er ein großer Mann. Er tue nichts Schlechtes und rette viele Menschen. Auch habe er manchmal die Rolle des Herrgotts spielen müssen, der darüber entschied, wer sterben würde und wer am Leben bliebe. Manche hätten ihm das angeblich zum Vorwurf gemacht, aber Feris Ansicht nach sei das unberechtigt.

Die Medizin interessierte Feri sehr, und er dachte darüber nach, dass er, falls er überlebte, Arzt werden würde. Er kannte im Lazarett auch noch einige Leute aus der Zeit, als er Putzfleck beim Chefarzt gewesen war. Manchmal brachte er ihm verschiedene Dinge aufs Revier für den Fall, dass sie irgendwann von Nutzen sein könnten.

Oft scherzten Feri und ich miteinander. Wir taten so, als würden sich zwei jüdische Grauköpfe treffen – er war Herr Abeles und ich Herr Kohn – und typische jüdische Gespräche im jiddischen Jargon führen.

Feri fing an: »Ich sage Ihnen, Herr Kohn, heutzutage muss der Mensch überall Bekannte haben!« Damit deutete er an, dass es gut wäre, im Lazarett Bekannte zu besitzen, weil wir vorher darüber gesprochen hatten.

»Geben Sie Ruhe, Herr Abeles, ich hatte nur eine Bekannte, aber wegen der hat mich meine Alte aus dem Haus geworfen!«, antwortete ich, so aufs Geratewohl, was mir gerade einfiel. Die Hauptsache war, dass es nichts mit diesem elenden Lager zu tun hatte.

Wir quasselten fortwährend Unsinn, alle die Späße, die wir uns ausdachten, waren albern. Einmal redeten wir auch darüber, warum wir soviel blödelten. Nach Feris Ansicht schufen wir uns aus der Dummheit einen Panzer oder schlugen uns von ihr einen gewaltigen Klumpen ab, der wie aus Butter und damit schussfest war. Ich war davon überzeugt, dass wir uns mit diesen Blödeleien auf unsere Art selbst verteidigten. Mit Absurdität schützten wir uns vor den Unsinnigkeiten, unter denen uns die Nazis erstickten Wir blödelten unsererseits, damit nicht sie aus uns Narren machten!

VI. Kartoffeln für den Frühling

Es dauerte einige Zeit, bis die Obrigkeit entschieden hatte, was mit uns geschehen sollte. Wie bekannt wurde, sollten wir dem Kommando »Kartoffelgrube« angegliedert werden. Šikula fand bald heraus, dass es sich um das Ausladen von Kartoffeln aus Waggons an der alten Rampe handelte. Diese Rampe war früher, bevor direkt neben den Krematorien Nummer 2 und 3 eine neue Rampe gebaut worden war, in Birkenau Endstation für die Züge, die in überfüllten Viehwaggons Juden herantransportierten. Von dort aus waren sie von Kapos und SS-Männern ziemlich weit zu Fuß zu den Krematorien getrieben oder mit Lastwagen dorthin gebracht worden. Vom Bahnhof Auschwitz führte eine eingleisige Anschlussstrecke zur alten Rampe, und von dieser zweigte eine neue Verbindung zur neuen Rampe ab. Beide waren von Häftlingen erbaut worden, damit das Vernichtungslager in Birkenau die hauptsächlich aus Ungarn und aus weiteren unter deutscher Kontrolle stehenden Ländern eintreffenden Massentransporte von Juden »verarbeiten« konnte.

Neben der alten Rampe waren unlängst große Lebensmittellager errichtet worden, aber die Kartoffeln wurden vorm bevorstehenden Winter in der Erde eingemietet. Das Einlagern der Kartoffeln oblag dem Kommando Kartoffelgrube. Zu diesem Zweck mussten die Häftlinge zunächst Gruben ausheben, die einen Dreiviertelmeter tief und ziemlich lang waren. Diese wurden dann mit Stroh ausgelegt, darauf wurden die Kartoffeln geschüttet, und wiederum mit Stroh bedeckt. Darüber kam die Erde, die beim Ausheben der Grube seitlich aufgeschüttet worden war. Häftlinge brachten die Kartoffeln in Kisten herbei, die an den Seiten mit Stangen versehen waren.

Eine Kiste wurde immer von zwei Häftlingen getragen, der eine hielt sie mit beiden Händen vorn, der andere hinten. Das gesamte Kommando war den Tag über in drei Gruppen aufgeteilt: Die Entlader schaufelten die Kartoffeln aus den Waggons in die Kisten, die Träger schleppten die Kisten zu den Gruben, und die Schipper mussten die Gruben ausheben und ringsherum die Erdarbeiten ausführen. Am schwersten war die Arbeit der Träger, deshalb war ihre Anzahl auch am größten.

Das alles hatte Šikula erkundet, so dass wir schon genau wussten, wie es dort aussah, ehe wir auch nur eine einzige Kartoffel zu Gesicht bekamen.

Zuerst führte man uns zu den Duschen und gab uns Winterkleidung, Zivilkleidung, die von Ermordeten stammte, auf dem Rücken mit einem senkrechten roten Strich markiert, damit wir nicht flüchten konnten. Dann wurden wir aus dem Zigeunerlager in eine andere Sektion des Lagers B II umquartiert.

Noch bevor wir diese Kleidungsstücke anziehen konnten und in den Block gelassen wurden, wo sich Stockbetten mit Strohsäcken und Decken befanden, untersuchte uns ein jüdischer Arzt; er sollte feststellen, ob wir nicht irgendwelche Infektionskrankheiten hatten, die wir auf die übrigen Bewohner des Blocks übertragen könnten. Niemand hatte eine infektiöse Krankheit mit Fieber. Der Doktor besah sich besonders die Haut zwischen den Fingern und die Geschlechtsteile, die am ehesten von Krätze befallen sein konnten. Tatsächlich stellte er bei mir und bei drei anderen Jungen Krätze fest.

Die Krätze wird von Milben verursacht, die sich in der Haut ansiedeln und dort Gänge bohren. Das juckt enorm, entzündet sich leicht, und dann entstehen Unterhautinfektionen, die man auch Phlegmone nennt. Damit hatte ich

Erfahrungen aus dem Jungenblock, ich hatte sie mir am Oberschenkel zugezogen, und es dauerte mehr als einen Monat, bis sie abgeheilt war. Das vertraute ich dem Doktor an. Seiner Meinung nach hatte ich Glück, denn im Lager führte eine Phlegmone ziemlich oft zum Tod. »Das liegt an der persönlichen Widerstandskraft eines jeden«, erklärte der Doktor. »Die Widerstandsfähigkeit eines Organismus hängt vom Gesundheitszustand insgesamt ab, von Ernährung und Alter. Krätze wird durch Berührung übertragen. Sie lässt sich dadurch ausheilen, dass ihr euch drei Tage lang am ganzen Körper mit einem bestimmten Öl einreibt, das bis auf seinen unangenehmen Geruch nicht schadet. Die Behandlung erfolgt im Lagerrevier, da gibt es für Patienten mit Krätze ein Extrazimmer.«

Der Doktor versicherte uns, auf dem Revier fänden unter den Häftlingen, die gegen Krätze behandelt wurden, zumindest zur Zeit keine Selektionen statt. Patienten mit Krätze seien nach drei Tagen arbeitsfähig und kehrten zu ihrem Arbeitskommando zurück. Er sagte uns auch, wir seien nach der Einteilung zur Arbeit in einer weniger gefährlichen Lage als vorher. Nichtsdestoweniger sei die Verpflegung erbärmlich und enthalte wenig Kalorien, wenn wir jetzt arbeiteten, würden wir auch mehr Energie verausgaben. Deshalb sei es wichtig, ein Gleichgewicht zwischen Energieaufnahme und -verbrauch zu erreichen, andernfalls werde es mit uns bergab gehen. Also legte er uns ans Herz: »Möglichst viele Kalorien aufnehmen, möglichst wenig Energie verbrauchen! Möglichst wenig bewegen und vor allem keine unnötigen Bewegungen machen! Im Warmen bleiben! Es wäre eine Tragödie, wenn ihr euch jetzt, wo das Kriegsende näher rückt, durch die Arbeit zugrunde richten lassen würdet.« Der Doktor sagte das deutsch und gebrauchte den Ausdruck *Verschrottung durch Arbeit.* Wir waren ihm dankbar, dass er uns das sagte, auch wenn wir das alles schon wussten.

Mit der Krätze blieb mir also nichts anderes übrig, als ins Revier einzuziehen. Ich meldete mich beim Blockältesten, der schickte mich mit den anderen hin. Zunächst musste ich wie jeder zur Aufnahme gehen, wo der Pfleger Schwab, ein tschechischer Jude, seines Amtes waltete. Dass er Tscheche war, erfuhr ich von den anderen, die dort warteten und sich schon auskannten. Kurz vor mir meldete sich ein mir unbekannter, etwa achtzehnjähriger Junge als Patient. Er kam aus der Gruppe der ehemaligen Jeschiwa-Bocherim, der Talmudschüler. Er hatte eine kleine Taschenthora, offenbar vom Kommando Kanada erworben oder mit Brot gekauft.

Herr Schwab hatte einen Gehilfen, der alle Arbeit machte, er selbst kommandierte ihn nur und verhandelte mit den Patienten. Wie ich schon wusste, wurden die Patienten bei der Aufnahme ins Hospital nach Strich und Faden bestohlen. Dem Jungen, der vor mir gekommen war, beschlagnahmte Schwab die Taschenthora, obwohl sein Gehilfe, ein Junge um die fünfzehn, ihn gebeten hatte: »Herr Schwab, ich bitte Sie, geben Sie ihm diese *tojre* zurück!« Der Gehilfe redete ihn auf Tschechisch mit »pane Švabe« an, auch wenn sie sonst miteinander deutsch sprachen. Schwab regte sich schrecklich auf und versprach dem Gehilfen und dem Bocher Prügel und Fußtritte, würden sie ihn weiter anöden und bei der Arbeit aufhalten. Deshalb schwiegen beide lieber. Der fromme Junge war erschüttert, es war für ihn ein schlimmer Verlust, er konnte nicht mehr nach der Thora beten. Dem Dieb aber war das einerlei.

Die wertvollste Ware bildeten Schuhe. Jeder Patient musste seine Schuhe abgeben, später sollte er sie zurückerhalten, aber gewöhnlich bekam er dann weder seine eigenen Schuhe, besonders wenn sie gut erhalten waren, noch andere aufbewahrte Dinge von einigem Wert wieder. Als Schwab meine Sachen untersuchte, sah er sich auch zuerst gründlich meine Schuhe an. Er nahm in jede Hand einen und beschaute sie sich von innen, dann von allen Seiten und widmete die größte Aufmerksamkeit den Sohlen sowie möglichen schadhaften Stellen an den Nähten. Zum Schluss prüfte er ihre Geschmeidigkeit. Dabei hatte er einen derart leidenschaftlichen und verzückten Ausdruck im Gesicht wie ein auf Golddukaten versessener Geizhals im Märchen. Es war klar, dass er den Marktwert der Schuhe fachmännisch abschätzte. Anerkennend sagte er mir, meine Schuhe seien insgesamt gut erhalten. Ich habe sie nie mehr wiedergesehen!

Als ich nach drei oder vier Tagen aus dem Revier entlassen wurde, bekam ich Schuhe von zwei unterschiedlichen Paaren, die überhaupt nicht zueinander passten. Der eine war ein Fußballschuh mit Stollen, der zweite von ganz anderer Art und etwa zwei Nummern größer. Als ich meine Schuhe zurückhaben wollte, versprach Schwab mir das Gleiche wie zuvor den beiden Jungen: dass er mich verprügeln werde. Er war erwachsen, fast einen Kopf größer und mindestens dreißig Kilo schwerer, also akzeptierte ich für dieses Mal seine Übermacht und trollte mich. In diesen Schuhen konnte ich aber nicht einmal ordentlich laufen. Dabei hatten wir gegenüber den Kunden, denen wir die vom Fiskus organisierten Schuhe verkauften, ständig wiederholt, dass es im Lager eine Frage von Leben oder Tod sei, ob man gute Schuhe habe oder nicht – vor allem, wenn es um längere Märsche gehe, darum, in riskanter Lage abzuhauen oder schnell zu reagieren.

Im Zimmer für die Krätzekranken passierte nichts. Nur ein Pfleger kam, der darüber wachte, dass wir uns gut mit dem Krätzeöl einschmierten. Der Doktor erschien kein einziges Mal. Ich hatte gedacht, der Chefarzt würde zur Visite kommen und ich könnte ihm für meine Rettung danken. Leider habe ich ihm nicht gedankt, auch später nicht, als ich die Möglichkeit dazu hatte. Nach dem Krieg wirkte er in Prag als Professor für Pädiatrie, als ich selbst dort Arzt war. Ich scheute mich davor, ihn mit einer Begebenheit aus dem Lager zu behelligen, denn ich zweifelte, ob er sich daran erinnern wollte. Das war ein Fehler, der sich später, wie die meisten Fehler, nicht mehr korrigieren ließ.

Dann wurde ich entlassen. Ich wurde aber einem anderen Kommando zugeteilt, nämlich einem Kommando russischer Kriegsgefangener. Wenn ein Häftling in das Krankenhaus aufgenommen wurde, wurde er aus seinem Arbeitskommando und seinem Block ausgegliedert, in den Patientenstatus im Revier überführt, und nach der Entlassung kehrte er wieder in sein ursprüngliches Kommando zurück. Das war Aufgabe einer besonderen Einrichtung, des Amtes für den *Arbeitseinsatz.* Irgendjemand hatte dabei aber einen Fehler gemacht und mich für ein anderes Kommando eingeschrieben. Es ist auch möglich, dass von den Russen weitere Arbeitskräfte angefordert worden waren. Wer weiß? Niemals habe ich erfahren, warum es so abgelaufen ist.

Als man mich nach der Entlassung in den Russenblock brachte, war das Kommando bei der Arbeit. In der Baracke waren nur der Blockälteste und ein ziemlich magerer und blasser Häftling, den sie nicht mitgenommen hatten und der den ganzen Tag kein Wort sprach. Vielleicht verstand er nur Russisch. Er bewegte sich wie ein Schatten und machte etwas sauber. Der Blockälteste musterte mich gründlich, begann bei den ungleichen Schuhen, die sich in Form, Größe und Farbe unterschieden, dann ließ er seinen Blick nach oben wandern, bis er mir schließlich ins Gesicht sah. Er begutachtete mich wie ein Dorfbewohner, der auf dem Markt ein Pferd kauft und überlegt, ob diese Schindmähre wohl eine Fuhre Mist ziehen könne. Auf einmal kam mir etwas zu Bewusstsein, über das ich bisher im Lager nie nachgedacht hatte: dass ich keinen Begriff davon hatte, wie ich aussah. Die ganze Zeit über hatte ich mich nicht im Spiegel betrachtet, es gab einfach keinen. Gesehen hatte ich mich nur mit den Augen der anderen, die zu meinem Anblick etwas sagten oder dazu diese oder jene Miene machten.

»Junge, was werden wir hier mit dir machen?«, sprach schließlich der Blockälteste. »Die Russen gehen ziemlich weit zur Arbeit. Den ganzen Tag nehmen sie Wracks zerstörter deutscher Flugzeuge auseinander, sortieren die Rohstoffe und laden sie in Waggons; aus den Rohstoffen bauen die Deutschen neue Flugzeuge, solange sie noch können. Die Burschen sind den ganzen Tag draußen, ohne Rücksicht aufs Wetter. Eine schwere Arbeit, die du nicht aushalten wirst, auch nicht machen kannst, weil dort hauptsächlich schweres Zeug zu schleppen ist, das du gar nicht tragen kannst. Ich bin mir gar nicht sicher, ob du dort überhaupt hingehen sollst. Hast nicht mal Schuhe, in denen du laufen kannst, und ich habe keine in Reserve! Wo hast du die überhaupt her?«

Ich erklärte ihm alles, so gut ich konnte – mit dem Kommando Kartoffelgrube, der Krätze, dem Pfleger Schwab und den Schuhen.

»Dann bist du von den Jugendlichen, die sie neulich liquidiert haben«, sagte mitleidig der Blockälteste. »Und du gehörst zu den paar, die dem Totengräber von der Schippe gesprungen sind. Ich bin ein Politischer, Österreicher, und würde dir gern helfen, aber weiß nicht, wie. Wenn wir schon nicht die Nazis am Morden hindern können, dann sollten wir wenigstens den Fehler korrigieren, dass irgendein Trottel, ein Häftling und unser Mann beim *Arbeitseinsatz*, dich hierherschickt. Ich kann mir vorstellen, was für ein Glück du haben musstest, um zufällig deine Haut zu retten. Um jetzt wegen eines anderen Zufalls dem Totengräber zurück auf die Schippe zu springen? Du würdest hier nicht länger als eine Woche durchhalten! Damit du es weißt, ich bin Karl. Hast du nicht Hunger?«

Das bejahte ich. Hunger hatte ich immer. Der Blockälteste kam nach einer Weile mit einer Schüssel mit ein paar kalten

Kartoffeln von gestern und einem Stück Brot zurück; es war etwa die Hälfte einer Tagesration. Er sagte mir, ich solle mit ihm nach hinten gehen und mich in die Gasse zwischen den Betten setzen; dort könne ich alles aufessen und mich etwas ausruhen. Wenn die Burschen zurückkehrten, werde er sich vielleicht zusammen mit ihnen etwas für mich ausdenken. »Sobald du dich ausgeruht hast«, fügte er hinzu, »meld dich bei mir, du kriegst dann einen Besen, mit dem wirst du etwas durch den Block wedeln, für den Fall, es kommt jemand. Um den Russen, der hier sauber macht, brauchst du dich nicht zu kümmern. Der ist nicht ganz richtig im Kopf, seit deutsche Soldaten eines *Einsatzkommandos* vor seinen Augen die Hütte mit Frau und Kindern angezündet haben. Alle sind verbrannt!« Und Karl versicherte mir, ich müsse nicht fürchten, dass er mir etwas antue.

Ich verzehrte mein Essen und wurde im Sitzen von Müdigkeit ergriffen. Mein letzter bewusster Gedanke war: Ist das überhaupt möglich? Ich habe hier einen anständigen Menschen getroffen!

Der Rest des Tages verging, wie Karl gesagt hatte. Gegen Abend kehrten die Russen zurück. Sie waren nass, weil es draußen regnete, sie sahen erschöpft aus. Die nasse Kleidung hängten sie im Block auf, und für einige Zeit war es dort wie in einem Dampfbad. Sie waren still und sprachen untereinander Russisch, ich verstand sie überhaupt nicht. Mich bemerkten sie nicht.

Aber Karl musste ihnen etwas über mich gesagt haben, denn nach ungefähr zwei Stunden kam einer zu mir, der etwas Deutsch sprach. Er fragte nach allem Möglichen, woher ich käme, wie alt ich sei, was mit meinen Eltern sei und was ich im Lager erlebt hätte, auch danach, dass ich nach der Entlassung aus der Behandlung irrtümlich bei ihnen gelandet war und wie es sich mit meinen Schuhen verhalte. Der Russe erklärte, er werde das ausrichten. Zwar sagte er nicht, wem, doch würde ich vermutlich anderswohin kommen, weil es hier nichts für mich sei.

Dann bat er mich, über das, was er mir jetzt erzählen werde, keinem ein Wort zu sagen. Ich wusste nicht, womit ich sein Vertrauen erworben hatte, aber versprach es. Er verriet mir, dass er sich Murat Ibragimov nennen lasse und so registriert sei, in Wirklichkeit aber Meir Gerstein heiße. Davon wisse allein ihr *načalnik*,* dem er vertraue. Ich unterbrach ihn mit der Frage: »Warum haben Sie sich gerade den Namen Ibragimov ausgesucht?« Darüber lächelte er ein wenig: »Mein Vater hieß Avram, so habe ich einen ähnlichen Namen gewählt – ihm zu Ehren und auch um den ausgedachten Namen nicht zu vergessen, falls mich zum Beispiel SS-Männer bewusstlos schlagen oder etwas Ähnliches geschieht.«

Weiter erzählte er, dass er aus Baku in Aserbaidschan stamme, aber zu Hause hauptsächlich Russisch gesprochen worden sei und dass seine Eltern mit ihm oft durch Mittelasien gezogen seien. Dabei habe er verschiedene lokale Sprachen gelernt, und weil er in einer muslimischen Umgebung aufgewachsen sei, beherrsche er auch deren Kultur einschließlich der religiösen Gebräuche. Dann habe man ihn zur Roten Armee eingezogen, und die Deutschen hätten ihn an der Front gefangen genommen. Als er sah, dass die Juden sofort erschossen wurden, selbst wenn sie Soldaten in Uniform waren, habe er sich für einen Muslim ausgegeben. Er wisse, dass er nicht sehr jüdisch aussehe, jedenfalls nicht mehr als die verschiedenen russischen Orientalen; zudem seien Muslime ebenso beschnitten wie die Juden. SS-Männer hätten ihn auf verschiedene Art verhört, auch geschlagen, aber schließlich hätten sie akzeptiert, dass er Muslim sei, und diese behandelten sie etwas rücksichtsvoller als die Russen, weil sie die zu Bundesgenossen gewinnen wollten. Die Tatsache, dass er etwas Deutsch spreche, habe er vor den Russen damit begründet, dass er es von Wolgadeutschen gelernt habe. Bei den Verhören aber habe er – mit Hilfe von Übersetzern – nur Russisch oder asiatische Sprachen gesprochen. Die Übersetzer seien von den Deutschen unter den Gefangenen ausgewählt worden, um zu prüfen, ob man diese Sprachen wirklich könne. Ibragimov rühmte sich, sie besser zu beherrschen als besagte Dolmetscher.

Er fügte noch hinzu, er wisse schon, wie er mit den SS-Männern umgehen müsse. Sie seien *svoloč**, Gesindel! Zwar dächten sie, sie seien eine höhere Rasse und könnten deshalb jedermann einwickeln. Aber ihr Nazismus habe sie völlig verblödet, schließlich würden die Unsren sie bis nach Berlin jagen und ihren *Gitler* wie einen alten Fußlappen in Stücke reißen – und diesen »Fußlappen« zeigte mir Ibragimov an seinem Fuß. Hier hörte ich zum ersten Mal, dass die Russen in Wörtern, in denen ein »h« steht, ein »g« sprechen. Ich bat Ibragimov, mir zu erklären, was *svoloč* bedeute. Ursprünglich hatte ich gedacht, dass es ein jiddisches Wort wäre, aber er sagte, es wäre russisch; ich solle es mir merken, jemand werde es mir später erklären. Schließlich sprach er mir Mut zu: »Hab keine Angst, unsere Jungs werden sich schon um dich kümmern!«

Als er ausgeredet hatte, wollte ich ihm sagen, dass ich im Lager, wo alle lögen und sich für ein Stückchen Brot gegenseitig verrieten, an seiner Stelle nicht so mitteilsam wäre. Dann aber überlegte ich, dass es wohl sein *načalnik* war, der ihn als seinen Spezialisten für Deutsch zu mir geschickt hatte. Daher übersetzte ich »načalnik« mit »Chef« – und wenn es so war, dann musste er gehorchen. Er sollte aber wissen, dass ich es vielleicht verstehen würde, wenn er Jiddisch und nicht Deutsch spräche, und so war es für ihn am besten, mir über sich die Wahrheit zu sagen und mich zum Schweigen zu verpflichten.

Noch am Abend kam Karl mit der Nachricht zu mir, dass er mich morgen, ob er wolle oder nicht, mit dem Kommando zur Arbeit schicken müsse. Von der Arbeit ausgliedern könne mich allein der Hauptkapo des Kommandos, wenn er mich dort mit eigenen Augen sehe. Karl brachte mir Lappen, um die Füße zu umwickeln und die Schuhe auszustopfen, wie erbärmlich sie auch immer sein mochten. Er beruhigte mich, der Kapo werde sich anständig verhalten; darum hätten sie sich schon gekümmert.

Am nächsten Tag machten wir uns auf den Weg. Vorn und hinten gingen Kapos und ringsum SS-Männer. Die Russen nahmen mich zwischen sich in eine Fünferreihe. Ich ging zwischen Murat Ibragimov und einem großen, grauhaarigen Mann. Aus ihrem Verhalten schloss ich, der Grauhaarige könnte der *načalnik* sein, obwohl er höchstwahrscheinlich keine offizielle Funktion innehatte. Er sprach Ibragimov mit Murat an, während dieser ihn achtungsvoll mit zwei Namen anredete, von denen der zweite auf *-ič* endete. Diese Namen klangen fremd, ich vergaß sie leider sofort. Draußen regnete es mäßig, auf dem Weg bildete sich eine dünne Schicht glitschigen Schmutzes; ich hatte zu tun, damit klarzukommen, ohne hinzufallen. Die Russen marschierten frisch mit soldatischem Schritt und waren im Durchschnitt etwa einen halben Kopf größer als ich. Zwischen dem *načalnik* und Murat, der auch ziemlich groß war, sah ich aus wie ein Zwerg. Als wir schließlich am Einsatzort ankamen, klopfte mir der große Grauhaarige auf die Schulter und sagte ziemlich laut etwas, das sich anhörte wie: *děržis.** Ringsherum standen die Russen und schauten. Mir schien, dass dies ihretwegen gesagt worden sei, um ihnen anzudeuten, dass er seine schützende Hand über mich hielte. Murat übersetzte mir, es bedeute, dass ich mich gut halten solle. Auch er dachte sich, der *načalnik* habe damit den Burschen zu verstehen gegeben, dass sie mich in Ruhe lassen sollten.

Der Hauptkapo teilte die Leute in Gruppen ein, und Kapos führten sie an ihre Plätze. Als ich dort als Letzter übriggeblieben war, schimpfte ein Kapo los, was ihnen der *Arbeitseinsatz* da für eine Verstärkung geschickt habe! Er brauche starke Burschen, die sich auf diese Arbeit verstünden, und nicht Lehrjungen, die erst angelernt werden müssten. Und wie solle er mit einer solchen Arbeitskraft die Norm erfüllen, nach der das Kommando täglich eine bestimmte Anzahl havarierter Flugzeuge (wie viele, habe ich mir nicht gemerkt) zerlegen und die sortierten Rohmaterialien, auf die man in den Fabriken schon warte, zum Abtransport vorbereiten solle. Obendrein würden sie mich in Schuhen herschicken, in denen man nicht nur nicht arbeiten, sondern nicht einmal laufen könne. Darauf müsse doch jemand achten. Zuerst schien mir, der Kapo spielte eher vor den SS-Männern Theater. Aber er geriet immer mehr in Rage, bis ihn schließlich der Anführer der anwesenden SS-Männer beruhigte, er werde das melden. Der Kapo nahm mich bei den Schultern und schrie, dass ich Wasser tragen und mich beim Mittagessen ums Geschirr kümmern solle, und stieß mich so heftig, dass ich zur Seite flog. Damit zeigte er, wie er jede Situation beherrschte und wie sehr ihm daran gelegen war, dass die Luftwaffe so bald wie möglich neue Flugzeuge bekam.

Als die Kapos die Grüppchen der Russen zu den Arbeitsplätzen führten, brüllten sie sie an: »*Los …! Los …!*«, und stießen sie, aber nicht so rabiat, wie wir früher im Jungenblock gehetzt und geschlagen worden waren. Sie taten es eher der Form halber. Die Russen benahmen sich ruhig und organisiert, und es war zu sehen, dass sie zusammenhielten. Bei der Arbeit hasteten sie nicht, aber sie waren kräftig und arbeiteten mit Geschick, und wenn irgendeiner von ihnen das Tempo nicht durchhielt, sprang sofort ein anderer ein und half ihm. Wie mir dann Murat am Abend erzählte, hätten die Russen eine Leistungsnorm, die sie bisher erfüllten, obwohl sie hungerten. Den Kapos und den Deutschen sei klar, dass der Krieg bald zu Ende wäre und die Gefangenen dann mit den Kapos abrechnen könnten oder denen, die ihnen zu sehr zusetzten, am Arbeitsplatz rein zufällig ein schwerer Unfall zustoßen könnte. Oder es würde einer in der Mittagspause ein Nickerchen machen und beim Aufwachen feststellen, er sei tot! Ein wenig wurde darüber gelacht.

Dann berichtete er noch, auch manche SS-Männer hielten alle Juden zwar für *svoloč*, das man ausrotten müsse, begännen aber zu schwanken, wenn es um die grobe Behandlung von Gefangenen gehe, und seien es auch nur Russen, weil sie befürchteten, bald selbst in Gefangenschaft zu geraten. Deshalb gingen sie jetzt mit den Russen vielleicht etwas gemäßigter um, aber das treffe nur auf einzelne Angehörige der SS zu. Die deutsche Obrigkeit setze die Verschrottung der Gefangenen durch Arbeit fort und könne deren Liquidierung von einem Tag auf den anderen anordnen, dann werde selbstverständlich niemand für ihre Rettung einstehen.

Spät am Nachmittag humpelte ich heimwärts. Es war für mich ein schwerer Tag, auch wenn ich mich dort keineswegs abgerackert hatte. Karl kam zu mir und sagte, dass ich gemäß der Entscheidung des Hauptkapos am nächsten und am übernächsten Tag im Block bleiben solle, um dort sauber zu machen. Er riet mir, so gründlich wie möglich zu arbeiten, damit man sehe, ich würde mich mit allen Kräften bemühen. Das sei letztendlich das Mindeste, wenn die Russen und andere für mich täten, was gehe, obwohl sie mich nicht kennen würden und auch sie mir unbekannt seien. Dies könne ich ihm glauben! Er hoffe, dass meine Angelegenheit in wenigen Tagen geregelt sein werde.

Ich machte mich also gehörig ans Aufräumen. Zuerst fegte ich allen Schmutz aus dem gesamten Block zusammen, dann wischte ich noch einmal feucht nach. Schließlich richtete ich die Decken auf den Pritschen aus und lüftete den Block durch. Das war nötig, denn den Gestank ungewaschener Füße und schmutziger Fußlappen konnte man schneiden. Der magere, schweigsame Russe, den man auch im Block gelassen hatte, kam zu mir und bedeutete mir in Zeichensprache, dass er mir Kübel mit Wasser bringen würde, was er auch tat. Er schaute auf mich und machte wortlos dasselbe wie ich, so half er mir ordentlich. Als dann Ibragimov zu mir kam, gab er mir gutmütig einen Klaps auf den Rücken: »Gut!« Der *načalnik* sagte, dass ich ein *molodĕc* sei!* Dieses Wort verstand ich nicht, und er konnte es mir nicht übersetzen. Mir blieb nichts anderes übrig, als es mir zu merken. Aus dem Zusammenhang begriff ich aber, dass *molodĕc* wohl das Gegenteil von *svoloč* sein musste. Das waren zwei wichtige Worte aus meiner ersten Russischlektion. Das dritte war: *Dĕržis!* – Halt durch!

Die Gefangenen wurden vielleicht etwas besser verpflegt als wir im Jungenblock, aber insgesamt war das Essen armselig. Es war widerlich und zudem wenig. Bei ihrer Arbeit mochte es ausreichen, um nicht gleich an Hunger zu sterben, aber zum Leben genügte es nicht. Mir gaben sie die gleiche Portion, die sie selbst erhielten, ungeachtet dessen, dass sie draußen schwer gearbeitet hatten und ich, obwohl ich mir Mühe gegeben hatte, eigentlich nur durch den Block flaniert war.

Am nächsten Tag machte ich mit dem »stummen« Russen das Gleiche wie gestern, wir mussten nicht mehr erst trocken reinigen und auch keine Kübel mit Abfällen wegtragen. Stattdessen schrubbten wir mit Wasser und einem sauberen Besen den gesamten Heizkörper, der sich von einem Ende des Blockes zum anderen zog und auf dem die Gefangenen immer saßen. Ohne dass mir jemand etwas gesagt hätte, begriff ich, dass die Russen bei der Arbeit auch für diejenigen, die im Block blieben, die Norm erfüllen mussten. Den ganzen Tag über sagte keiner etwas zu mir, und niemand beachtete mich.

Am nächsten Morgen rief mich Karl, nach Abmarsch der Russen zur Arbeit, zu sich und sagte: »Nimm deine Sachen, du wirst wieder aufs Revier in die Krätzeabteilung gehen und wirst sagen, dass es dich ständig juckt und du noch nicht vollständig ausgeheilt bist. Ich als Blockältester schicke dich dorthin, sie werden nicht mit dir streiten, dass du gar nichts hast. Dem Pfleger sagst du, dass du ihm die Schuhe zurückgibst, die er dir ausgehändigt hat, dass du in ihnen nicht arbeiten konntest und er dir beim Verlassen des Reviers deine ursprünglichen oder andere ordentliche Schuhe geben soll. Zanken wird er mit dir nicht. Auf dem Revier wirst du dich wieder drei Tage lang mit dem stinkenden Öl einschmieren, dann werden sie dich entlassen. Der Pfleger wird dir bessere Schuhe geben, und der *Arbeitseinsatz* wird dich diesmal zu deinem Kommando Kartoffelgrube schicken. Damit wird deine Angelegenheit also glatt erledigt sein. Wir selbst können dich nicht anderswohin verlegen. Obendrein wird um diese Sache kein unerwünschter Zirkus entstehen.« Ich dankte Karl, dass er sich meiner angenommen hatte, und bat ihn, über Ibragimov meinen Dank auch den Russen auszurichten. Wir begriffen beide, dass diejenigen, die mir halfen, von hier wegzukommen, mir vielleicht das Leben gerettet hatten. Karl sagte mir noch: »Denk nicht, dass die Russen euch Juden gern haben, auch wenn die SS-Männer euch und sie fast unterschiedslos totschlagen. Einige von ihnen hassen euch! Dann waren andere, die von der Obrigkeit aus der Haft freigelassen wurden, wo sie wegen Raub oder Mord eingesperrt waren, wenn sie nur unterschrieben, an die Front zu gehen und gegen die Deutschen zu kämpfen. Aber alle sind Frontsoldaten, und das ist der Grund, weshalb auch manche SS-Männer sie in gewissem Maße respektieren. Diese SS-Männer jedoch sind großteils Ratten, die das Ermorden Unbewaffneter im Lager dem Dienst an der Front vorgezogen haben. Die Russen zeigen sich von der besten

Seite, wenn sie in einer Formation sind, das ist für sie vorteilhafter, weil sie da eher durchhalten als einzeln. Allerdings ist es auch nicht einfach, sie im Zaum zu halten. Der *načalnik* – ein Offizier, der vor den Deutschen seinen Dienstgrad verheimlicht hat – hat es mit ihnen nicht leicht.« Das war alles, was mir Karl sagen wollte, und er verabschiedete sich mit einem Scherz, der hier in verschiedenen Abwandlungen dauernd wiederholt wurde: »Nach dem Krieg treffen wir uns in Wien!« Zum Abschied gab er mir die Hand. Dann kam noch der magere, schweigsame Russe zu mir und sagte zu meiner Überraschung: »*Děržis!*« Auch er reichte mir die Hand. Ich hatte nichts einzupacken, also wartete ich, bis man mich mit den anderen zum Revier führte.

Dort verlief alles nach Karls Vorhersage. Schwab nahm mir in der Aufnahme die Sachen zur Aufbewahrung ab. Als ich ihm die hässlichen Schuhe gab, jeder von einer anderen Sorte, sagte ich nach Karls Instruktion zu ihm, dass ich in ihnen nicht arbeiten konnte und er mir bei der Entlassung meine Schuhe wiedergeben möge. Er blickte angewidert auf die zurückgegebenen Schuhe und murmelte etwas wie, ich solle nicht frech werden und froh sein, wenn ich überhaupt welche bekäme. Dabei blickte er weg und führte keinen Wutanfall auf. Sein Faktotum war nicht anwesend.

Drei Tage lang rieb ich mich wieder von Kopf bis Fuß mit dem stinkenden Öl ein, das die Krätzemilben vernichten sollte. In dieser ganzen Zeit sah ich keinen Arzt und selbstverständlich auch nicht den Chefarzt, dem ich danken wollte. Uns war verboten, den Raum zu verlassen. Das war vernünftig, denn wir hätten jemanden mit Krätze und uns selbst mit Ruhr anstecken können. Davor fürchtete ich mich schrecklich, ich hatte in Erinnerung, wie es Herrn Silbermann ergangen war. Aber ich dachte, dass die Ärzte andere Sorgen hätten, als sich mit Krätze zu beschäftigen.

Bei der Entlassung aus dem Revier trat ich wieder vor Herrn Schwab, grüßte höflich und bat um meine Schuhe. Er griff irgendwohin, so wie man im Geschäft etwas unter dem Ladentisch verkauft. Was er sich angelte, waren zwar nicht meine ursprünglichen Schuhe, aber auch diese sahen gut erhalten aus, es war gleich klar, dass sie für mich geeignet wären. Aber dann beging ich eine Dummheit. Ohne damit zu rechnen, wie Schwab das aufnehmen würde, betrachtete ich sie eingehend, ob sie auch in Ordnung wären. Das war verständlich, denn mir war daran gelegen, dass ich in ihnen irgendwie über den Herbst und den Winter käme – die Schuhe waren wichtig für mein Überleben. Ich hatte sie aber wohl zu auffällig gemustert, er fasste das als Nachäfferei auf. Darauf brüllte er mich an: »Mit mir wirst du keine Späße treiben! Nimm die Schuhe und verschwinde! Und bete, dass du mir nicht in die Hände gerätst, wenn du einmal keine Protektion mehr hast!« Seine Reaktion brachte mich aus der Fassung, ich murmelte vor mich hin, dass ich es nicht so gemeint hätte. Ich dankte und war schon draußen, die Schuhe in der Hand. Schwab war nicht der Typ Mensch, der mich erschlagen würde, aber mich im Revier neben Ruhrkranke zu legen, damit ich mich ansteckte, oder mir die Schuhe zu stehlen, die er mir gerade gegeben hatte, oder mich mit solchen auszustatten, in denen ich den Winter nicht überleben würde – dazu war er bestimmt fähig.

Darum war mein erster Gedanke: Warum nur war ich ein solcher Trottel und hatte nicht bedacht, wohin meine Worte und Taten führen würden, obwohl mich der Aufenthalt im Lager doch ständig zur Vorsicht zwang? Aus Dummheit und aus Mangel an Wachsamkeit hatte ich den Grundsatz verletzt: Mach dir im Lager keine Feinde, du weißt niemals, wann sie dein Leben bedrohen können! Es wurmte mich aber auch, dass ich ihm gedankt hatte. Damit hatte ich wieder gegen ein anderes Prinzip verstoßen: Küss nie den

Fuß, der dich tritt! Dann wurden wir entlassenen Patienten weggeführt und zu den Blöcken eskortiert, in denen sich unsere Kommandos befanden. Irgendwann schwand meine Erinnerung an Schwab aus dem Bewusstsein. Andere Dinge warteten auf mich.

Die Baracke, zu der man mich brachte, stand in einer anderen Sektion des Lagers B II als jener, in der sich der Block der Jugendlichen und der Block der russischen Gefangenen befanden. Der Blockälteste teilte mir einen Platz auf einer Pritsche zu. Die anderen waren noch bei der Arbeit. Er sagte mir auf Jiddisch nur zwei Sätze: »Morgen gehst du mit den anderen die Kartoffeln aus den Waggons entladen. Wenn du überleben willst, dann streng dich an!« Mittagessen hatte ich an diesem Tag weder auf dem Revier noch im Block; dafür hatte irgendwer zwei Portionen. Ich erkundete die Umgebung der Baracke. Alle diese Sektionen sahen ähnlich aus. Nirgends war jemand. Es war ein Arbeitslager, alle waren bei der Arbeit.

Draußen war es schon herbstlich kalt, als ich in den Block zurückkehrte. Ein junger Gehilfe des Blockältesten, nur ein oder zwei Jahre älter als ich, drückte mir gleich einen Besen in die Hand: »Du wirst sauber machen, bevor das Kommando von der Arbeit zurückkommt! Und merk dir, du bist hier nicht zur Erholung und kannst dir auch ein paar Ohrfeigen einfangen.« Zuerst ärgerte ich mich und dachte mir, dass ich ihm gleich selbst eine knallen würde – bestimmt wollte er, dass ich an seiner Stelle sauber machen sollte. Aber dann sagte ich mir, gestern hatte es schon genug Unvorsichtigkeiten gegeben, ergriff den Besen und begann zu kehren, aber so langsam, wie es nur ging.

Spät am Nachmittag kehrte unser Kommando Kartoffelgrube zurück. Ich sah, wie die paar Dutzend Jungen, die jene letzte, tödliche Selektion überlebt hatten, in der Erwachsenenmasse untergingen. Junge wie Alte taumelten vor Müdigkeit und konnten sich kaum bis zum Block schleppen. Ich hielt Ausschau nach Feri Šikula und überlegte, dass diese Arbeit hier wohl sehr schwer sein musste, wenn sie auch erwachsene Männer derart mitnahm. Dabei waren die Jugendlichen körperlich schwächer als die Erwachsenen, und ohne diese würden sie eine solche Arbeit bestimmt nicht bewältigen. Dann erinnerte ich mich an die russischen Gefangenen und führte mir gewisse Unterschiede vor Augen. Die Russen waren fast alle in den besten Jahren, etwa zwischen zwanzig und dreißig, sie sahen aus, als wären sie an körperliche Arbeit gewöhnt, und noch immer gaben sie das Bild einer militärischen Einheit ab, auch wenn sie wohl hauptsächlich durch Furcht diszipliniert wurden. Deshalb war es für sie kein so großes Problem, vorübergehend auch für einige geschwächte Mithäftlinge zu arbeiten. Unter uns im Kommando Kartoffelgrube waren einige älter oder auch jünger, als es die Russen waren. Fast alle machten den Eindruck, als hätten sie vorher nicht körperlich gearbeitet. Sie waren zwar abgerackert, trotzdem stritten und beschimpften sie sich oder rempelten sich an. Obwohl vor der Deportation fast alle ohne Konflikte mit dem Gesetz gelebt haben dürften und sie nichts Verbrecherisches an sich hatten, war jetzt jeder sich selbst der Nächste, stand gegen alle anderen. Jeder dachte, alle anderen könnten ihm den Buckel runterrutschen. Daraus schloss ich, man sollte in diesem Kommando nicht zu sehr darauf rechnen, dass die Älteren und Kräftigen für die schwächeren Jungen arbeiten oder ihnen wenigstens helfen würden, bis zum Kriegsende zu überleben.

Am Ende meiner Beobachtungen erblickte ich endlich Feri Šikula, auch er bemerkte mich. Er sah schrecklich müde aus und konnte sich kaum auf den Beinen halten, aber dennoch hatte er seine Geistesgegenwart nicht verloren und rief: »Herr Kohn, schon zurück von der Badekur? Wie war es dort? Was machen Ihre Gicht, Ihre Leibesfülle und Ihre sonstigen Beschwerden von der gar zu reichlichen

Ernährung?« Darauf antwortete ich im gewohnten Ton gemeinschaftlicher Blödelei: »Herr Abeles, eines kann ich Ihnen sagen: Ich habe es geschafft, ein paar Kilochen loszuwerden. Wissen Sie, diese Reduktionskost ist doch ganz wirksam. Aber wie steht es mit Ihnen, ich höre, dass Sie jetzt auf Kartoffeldiät sind. Was können Sie mir darüber sagen?«

Nachdem wir uns so verschwörerisch begrüßt hatten, setzten wir uns auf den kalten Ziegelheizkörper in der Blockmitte, und ich berichtete Šikula kurz, was ich erlebt hatte.

»Herr Kohn, ich habe Ihnen schon früher gesagt, dass der Mensch heutzutage Bekannte haben muss, damit er Erfolg hat.« So setzte Šikula unsere Konversation fort. »Als Ihnen die Bekannten fehlten, hatten zum Glück Ihre Wohltäter welche. Von mir aus sei Ihnen das Beste gewünscht!«

Nach dem üblichen Appell redeten wir, nun wieder auf normale Art, über das Kommando Kartoffelgrube. Sie waren dort vor ungefähr einer Woche eingesetzt worden. Bis zur Arbeit lief man recht weit, und sie war ermüdend, weil man dort in Regen und Schmutz herumwaten musste. Der Hinweg am Morgen ging noch an, aber der Rückweg war eine Qual. Noch schlimmer als das Schleppen der Kartoffelkisten war, im Regen die Gruben für die Kartoffeln auszuheben, der nasse Lehm war furchtbar schwer, bei dieser Arbeit stand man im Dreck, die Schuhe weichten durch, und die Säuberung der verdreckten Kleidungsstücke und Schuhe machte viel Arbeit, die nach der Rückkehr von der Schicht auch noch erledigt werden musste. Von allen Arbeiten war das Entladen der Waggons noch die beste. Bisher hatte es dabei mit dem Kapo Sigi, einem polnischen Juden, auch noch keinen Zusammenstoß gegeben.

Sigi war angeblich die Abkürzung für Siegfried, was allerdings für einen polnischen Juden recht sonderbar klang. In diesem Fall musste Sigis Vater ein Narr gewesen sein, der bei den langen und langweiligen Opern des leidenschaftlichen

Antisemiten Richard Wagner über die deutschen Mythologie wohl den Verstand verloren hatte. In diesen Opern ist Siegfried eine wichtige Figur, und Wagners Musik ist so laut, dass die Leute ihr nur mit Watte in den Ohren lauschten. Aber vielleicht trug der Kapo auch nur den gängigen Namen Zygmunt. Ich fragte Šikula, was dieser Sigi eigentlich mache, und erfuhr, er habe eine Methode zur Maßregelung der Häftlinge aus der Distanz erfunden. Wenn jemand bei der Arbeit eine Weile innehielt, bewarf Sigi ihn mit großen runden Kartoffeln, die er sich eigens aussuchte. Manchmal machte er das auch grundlos, nur so zum Sport und ohne Warnung. Es war kein Vergnügen, so eine Kartoffel in den Rücken oder an den Kopf zu bekommen, und träfe Sigi eine empfindliche Stelle, könnte er damit auch jemanden töten. Bei dieser Art Handballspiel hatte er beträchtliche Übung, seine Trefferquote war gut. Doch jeder Häftling, der in Schussweite geriet, behielt ihn im Auge, um rechtzeitig beiseitezuspringen oder wenigstens den Kopf zu schützen. Etwas schwierig war das für diejenigen, die gerade zu zweit eine Kartoffelkiste trugen und ihm den Rücken zukehrten. Sie konnten höchstens auf Warnrufe der anderen reagieren.

Šikula erklärte mir noch, dass die Erwachsenen im Kommando oft schauspielerten. Die Schnellsten von ihnen – und schnell waren sie, weil sie sich noch in recht guter Verfassung befanden – stürzten sich gern auf die leichteste Arbeit, obwohl es anders sein sollte. Die Kartoffelkisten wurden oft von zwei stärkeren Männern getragen, und für die Jungen, sofern sie nicht ihren ständigen Partner beim Tragen hatten, blieben von den Erwachsenen nur Kranke oder Männer mit Fuß- oder Handverletzungen. Weil die Kapos den Trägern nicht erlauben stehen zu bleiben, musste dann ein Junge die Last für seinen erwachsenen Partner tragen. Das traf heute einen vielleicht fünfzehnjähriger Jungen. Halbtot vor Müdigkeit, setzte er sich in der Mittagspause hin, um seine Suppe zu essen, die einzige warme Mahlzeit am ganzen Tag. Da kam ein etwa vierzigjähriger, um einen Kopf größerer Kerl und sagte: »Steh auf, du Aas! Hat man dir zu Hause nicht beigebracht, dass du die Älteren sitzen lassen sollst?« Manche Erwachsenen waren offensichtlich der Ansicht, dass schwächere, minderjährige Jungen, die die gleiche Arbeit ausführten, sie sitzen zu lassen hätten, so wie man im Autobus für schwangere Frauen seinen Platz freimacht.

Šikula war ziemlich müde und fügte nur noch hinzu, dass ich das alles selbst sehen würde. Morgen sollten wir zusammen eine Gruppe bilden. Das werde uns beiden helfen. Glücklicherweise sei es ein Sonnabend, der letzte Arbeitstag in der Woche. Den müssten wir noch aushalten, am Sonntag würden wir uns dann etwas ausruhen. Wir verzehrten das Abendessen, das aus einem Stück Brot mit Wurst undefinierbarer Zusammensetzung bestand. Die Portion war etwas geringer als im Jungenblock üblich, durch Diebstahl verkleinert. Allerdings war klar, dass wir bei dieser Arbeit mehr Energie verausgaben würden als dort, die Verpflegung hier würde das nicht aufwiegen.

Šikula zeigte mir auch, wo er gewöhnlich lag. Ich nahm mir meine Decke und legte mich auf die Pritsche neben ihn. Meine letzte Frage vor dem Einschlafen war, ob wir nicht von dort ein paar Kartoffeln mitnehmen könnten, damit wir nicht inmitten eines Kartoffelgroßlagers für hunderttausend Menschen vor Hunger stürben. Aber Šikula erklärte mir, dass das nicht gehe. Rohe Kartoffeln könne man nicht essen, sie seien am Ende sogar giftig, und auf dem Rückweg würden wir kontrolliert. Selbst wenn wir mit ihnen durch die Kontrolle kämen, hätten wir nichts, um sie zu kochen oder zu braten. Einstweilen seien wir hier wie Schiffbrüchige, die auf dem Meer vor Durst umkommen. Vielleicht würden wir mit der Zeit einen Dreh finden, zusätzlich etwas Essen aufzutreiben, denn mit dem, was man uns gab, und bei dieser Schinderei würden wir den Frühling und damit das Kriegsende nicht erleben. Und dabei hätten wir alle diese Selektionen überdauert, bei denen so viele Jungen ermordet worden seien! Von uns seien nur noch ein paar Prozent hier. Dann forderte mich Šikula auf zu schlafen, weil uns die Sklavenarbeit erwarte. Dabei murmelte er die letzten Worte schon im Halbschlaf.

Kaum war ich eingeschlafen, rüttelte mich jemand, ich erschrak und hob den Kopf, stieß mich an der oberen Pritsche, stieß obendrein Šikula an, der aufwachte und sich gleichfalls aufsetzte. Keiner von uns wusste, was los war. Neben der Pritsche stand ein Kerl, der mir grob zu verstehen gab, ich solle verschwinden, er wollle sich auf meinen Platz legen. Er hörte nicht auf, mich zu schütteln, zog mich an den Beinen, um mich von der Pritsche zu zerren. Das versetzte mich so sehr in Wut, dass ich ihm – noch ehe mir richtig zum Bewusstsein kam, was ich tat – mit beiden Händen fest den Hals umklammerte und ihn schüttelte, bis ihm der Kopf zitterte. Dabei zischte ich ihm böse zu: »Ich schlag dich tot!« Šikula zog mich an der Hand, damit ich von ihm ablasse. Erst jetzt wurde ich ganz wach und beruhigte mich etwas. Aber ich fauchte den Kerl weiter drohend an, er solle sich aus dem Staub machen, oder ich würde ihn wirklich erschlagen. Er sprang beiseite und rieb sich den Hals. Dann sagte er mit beschwichtigender Stimme: »Ruhig! Ruhig! Ich geh ja schon! Ich hab mir nichts Böses gedacht!« Er war viel stärker, aber ich war dafür viel wütender. Zudem waren wir mit Šikula zwei gegen einen. Langsam wich er zurück, darauf gefasst, dass ich mich von hinten auf ihn stürzte, und schon war er weg.

Erneut übermannte mich der Schlaf, ich konnte mich gerade noch bei Šikula dafür entschuldigen, wie er mich erlebt hatte. Ich hätte das im Halbschlaf getan, normalerweise hätte ich mich niemals so verhalten. Aber Šikula beruhigte mich: Er verstehe das, das Abenteuer mit den Russen habe mich aus dem Gleichgewicht gebracht, und ich hätte mich noch nicht an die Verhältnisse im neuen Block angepasst. Morgen werde es schon besser gehen. Er sagte, damit ich ruhig schlafe, werde er aufpassen, ob dieser Bursche nicht zurückkomme. Doch als ich am Einschlafen war, spürte ich, dass auch Šikula schon fast schlief. In der Nacht wachte ich mehrfach auf. Ich fürchtete, der Kerl könnte zurückkehren, um sich zu rächen. Šikula schlief ganz fest. Und wie könnte er mich überhaupt retten, wenn ich am Rand der Pritsche schlief? Schließlich siegte die Müdigkeit, und ich schlief, ohne noch einmal aufzuwachen. Am nächsten Tag gingen wir morgens in den Fünferreihen zur Arbeit. Zuerst passierten wir das Tor unserer Sektion des Lagers B II, wo wir gezählt wurden und die gewohnte Zeremonie ablief. Bevor wir das Tor erreichten, rief einer der Kapos: »Kommando Kartoffelgrube!« Dann befahl er: »Mützen ab!«, wir zogen energisch unsere Kappen von den Köpfen, und als wir an den zählenden SS-Männern vorüber waren, rief der Kapo: »Mützen auf!«, worauf wir die Kappen wieder aufsetzten. Hinter dem Tor bog die von Kapos und SS-Männern begleitete Kolonne nach rechts ab, und ich verspürte etwas wie Erleichterung, weil links einige hundert Meter entfernt die Krematorien Nummer vier und fünf standen. Zu einem von diesen waren nach der letzten Selektion die Jungen marschiert, die der SS-Offizier auf dem Fahrrad nicht noch im letzten Moment aus der Menge der Verurteilten herausgegriffen hatte, unter ihnen auch Stefan.

Zur linken Hand befand sich die Baustelle einer neuen Sektion. Mehrere Blöcke waren bereits fertiggestellt. Es war das sogenannte »Mexiko«, das ich schon kannte. Dann wandten wir uns an der Ecke eines Abschnitts des Lagers B II wiederum nach rechts und liefen vor der Front des gesamten Lagers Birkenau. Schließlich überquerten wir die neue Strecke, die durch das Tor in der Mitte der Hauptwache zur neuen Rampe führte. Hier fuhren die Transporte durch, auf dieser Rampe hinter dem Tor erfolgte die schicksalhafte erste Selektion der Ankommenden. Weiter gingen wir nach links und erreichten den langen Bau der unlängst errichteten Lebensmittellager. Vor dem Gebäude befand sich die alte Eisenbahnrampe. Das war die Endstation für Hunderttausende von Häftlingen gewesen, bevor die neue Rampe errichtet wurde. Von hier marschierten die neu ankommenden Juden zu den Gaskammern oder wurden dorthin gefahren. Jetzt kamen hier mit Kartoffeln beladene Waggons an. Hinter dem Gebäude waren die ausgehobenen länglichen Gruben, in denen die Kartoffeln für den Winter eingemietet wurden, die ganze Anlage wurde »Kartoffelgrube« genannt.

Ohne Umschweife teilten uns die Kapos in Gruppen auf. Ehe wir uns versahen, standen schon die erwachsenen, leistungsstarken Häftlinge mit den Gerätschaften in der Hand in den Waggons. Uns beide jagte man zu den Kisten. Feri hechtete sofort los, um eine gleichmäßig gebaute, einwandfreie Kiste zu erwischen. Mit den ungleichmäßig zusammengenagelten oder teilweise zerbrochenen Kisten arbeitete es sich viel schlechter. Die Kartoffeln fielen heraus und mussten aufgesammelt werden, oder man musste das Ungleichgewicht der Ladung mühsam ausgleichen. Es war auch wichtig, dass die Stangen glatt und ebenmäßig waren, andernfalls holte man sich schnell Blasen oder schürfte sich die Hände auf, und das war bei dieser Arbeit ein Unglück.

Die Zweiertrupps mit den Kisten stellten sich zunächst in einer Reihe vor den Waggons auf, dort füllte man uns Kartoffeln ein, und wir trugen sie zu den Gruben. Feri schlug vor, dass wir uns darin abwechseln sollten, wer vorn und wer hinten ginge. Zuerst war er vorn, weil er schon wusste, was wie zu tun war. An der Grube kippten wir die Kartoffeln auf das »Strohbett« aus und kehrten zurück, um eine weitere Ladung in Empfang zu nehmen. Wir standen kaum in der

Reihe, schon wurden uns neue Kartoffeln eingeschüttet, so dass wir keinen Augenblick ausruhen konnten.

Šikula gab das Tempo vor. Es ging darum, dass wir auf dem Weg zu den Waggons so langsam wie möglich liefen, mit der vollen Kiste dagegen so, dass wir sie nur eine möglichst kurze Zeit tragen mussten. So ging es ständig im Kreis. Ein- oder zweimal am Vormittag suchten wir mit Erlaubnis des Kapos die Latrine auf. Dann musste einer von uns immer auf unsere ganz brauchbare Kiste aufpassen, damit sie nicht jemand gegen eine schlechtere vertauschte. Ein anderer Kapo jagte uns mit einem: »Los! Los!« aus der Latrine, damit wir so schnell wie möglich zu den Kartoffeln zurückkehrten.

Während der Mittagspause brachte man Suppe, und wir konnten ausruhen. Šikula und ich saßen auf einem Brett und aßen. Da kam, wie es Šikula vorher beschrieben hatte, ein etwa dreißigjähriger Mann mit seiner Suppe auf uns zu und verlangte, dass wir für ihn aufstünden. Augenblicklich überfiel mich wie in der Nacht eine unbezähmbare Wut. Šikula hatte recht, ich war psychisch nicht ganz in Ordnung. Hätte ich ein Messer gehabt, hätte ich danach gegriffen und wäre wohl in den nächsten zwei Sekunden auf diesen Burschen losgegangen. Zum Glück hatte ich kein Messer, dafür tauchte in meinem Geist binnen einer Sekunde ein anderer, bereits fertiger Plan auf: Ich gebe Feri meine Suppe, stehe auf, reiße dem Frechling die Schüssel aus der Hand, dass sie in den Dreck fließt, und trete ihm in den Schritt! Dabei dachte ich überhaupt nicht daran, dass mir die Kapos für eine solche Tat den Hals brechen würden oder dass mich dieser Erwachsene zu seiner Selbstverteidigung zu Boden schlagen könnte.

Feri ahnte, was sich in mir abspielte, und sah mein, wie er sich später ausdrückte, vom Wahnsinn verzerrtes Gesicht und meine mörderischen Augen. Um mir zuvorzukommen und ein Unglück zu verhüten, antwortete er dem Kerl: »Wir stehen nicht auf, weil wir essen, und er fühlt sich nicht wohl.« Der Bursche schaute mich an, und als er mein Gesicht erblickte, das wohl wirklich so aussah, wie Šikula gesagt hatte, trat er instinktiv einen Schritt zur Seite und brachte sich in Sicherheit. Feri hielt mich fest und nahm mir meine Schüssel mit Suppe, die ich ihm in die Hand drücken wollte, nicht ab. So hinderte er mich daran, den Kerl anzugreifen. Dafür attackierte ich ihn, ohne nachzudenken, mit Worten und redete drauflos: »Gegen dich sind wir zwei! Verschwinde und halt dich von uns fern, oder du wirst eines Morgens tot aufwachen!« Dabei kam das nicht aus meinem Kopf, ich hatte es von Ibragimov gehört, aber der hatte es im Scherz gesagt, während ich meine Worte todernst meinte. Unterdessen zog sich der Kerl zurück. Ich begriff nicht, woher bei mir dieser mörderische Hass und dieser unbeherrschte Wutanfall kamen.

»Du Unglückswurm«, so schimpfte mich Šikula aus, »wenn du dich nicht beherrschen kannst, geht das bös für uns beide aus. Hör endlich auf, verrücktzuspielen! Wir wollen doch nicht umkommen, nur weil es bei dir in der Kiste rappelt. Wenn das so weitergeht, kannst du mit einem Kapo oder SS-Mann aneinandergeraten, dann ist's aus und vorbei mit dir. Und wenn ich dabei bin, dann beißen wir beide ins Gras.« Ich machte mir klar, dass Šikula recht hatte und mein Verhalten nicht normal war. Von da an passte ich auf. Vielleicht hat mir dabei aber auch geholfen, dass sich diese beiden aggressiven Zwischenfälle herumsprachen, denn danach ließen uns alle in Ruhe. Deshalb kam es zu keinem Konflikt mehr, der bei mir zu einem weiteren Ausbruch hätte führen können. Nach zwei oder drei Wochen war ich mit Šikulas Hilfe aus dieser Sache teilweise heraus.

Am nächsten Tag war Sonntag. Wir ruhten uns etwas aus, wuschen uns, wenn auch nur mit kaltem Wasser, säuberten Kleidung und Schuhe. Šikula fing schließlich wieder mit Herrn Abeles an: »Herr Kohn, was sagen Sie dazu? Diese deutsche Firma steht vor dem Bankrott. Es sieht so aus, dass sie noch im Winter den Gerichtsvollzieher erwarten, aber sie hören nicht auf, für das Frühjahr derartige Vorräte für ihr Personal anzulegen! Vielleicht wollen sie den Betrieb sogar noch erweitern und weitere Arbeitskräfte hierher bringen? Verstehen Sie das, Herr Kohn?«

Ohne große Lust und Begeisterung antwortete ich in der Rolle des alten Kohn: »Herr Abeles, das versteht wahrscheinlich niemand. Vielleicht hat ihr Chef, dieser Herr Hitler, wirklich noch eine Karte im Ärmel, wie er der Konkurrenz immer droht, und hat dafür irgendeine Bude vorbereitet. Womöglich hat er irgendein neues Erzeugnis, das sich seine Entwickler ausgedacht haben und das ihm sein Personal irgendwo in einem geheimen Tunnel herstellt, von dem die Konkurrenten nichts wissen. Mit dem macht er großen Rummel und wirft es in letzter Minute auf den Markt, hauptsächlich der Konkurrenz auf den Kopf. Aber er ist, unter uns gesagt, auch ein ziemlich großer Hochstapler, so dass man ihm nicht glauben kann. Oder ihre ganze Firma geht unrettbar Pleite, ganz gleich, ob mit Vorräten für eine Zeit, in der sie ohnehin keine Geschäfte mehr machen werden, oder ohne sie. Es ist alles einerlei. Wissen Sie, ihr Chef ist vielleicht gar nicht mehr ganz richtig im Kopf. Der Herr mag richten! Damit Sie es wissen, es wäre am besten, mit dieser Ihrer Firma überhaupt nicht weiter zu verkehren.« Damit hörten wir auf, uns so zu unterhalten, und ließen es dann bleiben.

Es war allerdings wirklich schwer zu begreifen, für wen hier solche großen Kartoffelvorräte angehäuft wurden. Wer würde alle diese Kartoffeln essen, für die wir noch durch Arbeit verschrottet würden? Die ganze weitere Woche lief das Gleiche, nur manchmal waren wir nicht schnell genug, uns morgens eine gute Kiste zu erkämpfen. Den ganzen Tag über waren wir dann noch müder. Ich fragte Šikula, warum die

Kapos nicht zwei oder drei Leute beauftragten, mit ein paar Brettern, Hammer und Nägeln die Kisten in Ordnung zu bringen, damit die Arbeit leichter werde und wir früher fertig seien. Šikula konnte mir darauf keine besonders aufmunternde Antwort geben: »Vielleicht geht es den Deutschen nicht einmal so sehr darum, dass die Kartoffeln so schnell wie möglich eingelagert werden, sondern darum, dass uns diese Arbeit so kaputt wie möglich macht. Es mag sein, dass sie mit uns nach dem Einbuddeln der Kartoffeln gar nicht mehr rechnen!«

Den größten Teil des Tages schwiegen wir aber. Auch das Reden erschöpfte uns. Außerdem erinnerten uns die Kapos mit ihrem Gebrüll ständig daran, warum wir hier waren. Dauernd hörten wir nur: »Los, los!« Dann ließ nach einer längeren Zeit Šikula wieder ein paar Worte fallen: »Würden wir ein paar Förderbänder auftreiben, mit denen man zum Beispiel Sand auf Baustellen transportiert, und sie in eine Reihe stellen, dann wäre diese Arbeit im Nu erledigt!« Ich antwortete nicht gleich, aber dann fiel mir ein: »Herr Abeles, dann würden Sie vielleicht wollen, dass aus uns Handlangern Arbeitslose werden? Wer hätte je gesehen, dass man für die Arbeit teure Maschinen kauft, wenn man Personal hat, das das für Kost und Logis erledigt?« Darauf antwortete Šikula nicht. Es war schon nachmittags, und wir beide waren froh, uns überhaupt auf den Beinen halten zu können.

Sonderbar war, je mehr unsere Erschöpfung zunahm, desto längere Pausen machten wir im Gespräch. Einer von uns sagte etwas, und der andere antwortete erst in einer Stunde oder gar erst in zwei. Dabei verloren wir nicht den Gesprächsfaden, vergaßen auch nicht, was der andere gesagt hatte und was wir erwidern wollten. Wir hatten aber nicht genügend Energie, um gleich zu antworten. Als ich am nächsten Tag Šikula fragte, wie lange sich diese Kartoffeln überhaupt noch eingraben ließen, um im Frühjahr genießbar zu sein, da es doch schon Herbst sei und immer kälter werde, bekam ich erst irgendwann am Nachmittag zur Antwort: »Kartoffeln muss man vergraben, ehe es draußen friert. Dann sollten sie in der Erde sein. Wenn Schnee fällt, bildet sich über ihnen noch eine Isolierschicht, so dass sie über den Winter nicht erfrieren.« Am Freitag waren wir schon langsamer geworden und auch weniger wachsam. Deshalb wurden wir zur Zielscheibe für den Kapo Sigi. Als wir ihm gerade den Rücken zuwandten, warf er aus ungefähr zehn Metern Entfernung mit einer Kartoffel nach uns. Feri wurde an der Schulter getroffen, er stöhnte vor Schmerz auf, die voll beladene Kiste fiel ihm aus der Hand. Ich setzte sie schnell ab, damit nicht alles auskippte, und begann in fieberhafter Eile die Kartoffeln aufzulesen. Šikula schloss sich an. Sigi kam schreiend angerannt und zog jedem von uns mit dem Spazierstock eins über den Rücken. In dem Durcheinander nahm ich gar nicht richtig wahr, was er uns alles zuschrie. Das letzte Wort war: »... *Laufschritt!*« So liefen wir vorsichtig los, damit wir die Kartoffeln nicht verschütteten und aus seiner Reichweite kamen. Nach einer Weile drehte ich mich um und sah, dass Sigi sich auf ein anderes Trägerpaar gestürzt hatte. So verlangsamten wir bis auf ein Tempo, bei dem sich die Kapos noch nicht zum Einschreiten provoziert fühlten. Nach einiger Zeit sagte Feri, was uns passiert sei, gehe schon auf Kosten unserer eisernen Reserven. Ich spürte an mir selbst, wie recht er hatte.

Während dieser Zeit beim Kartoffelkommando erlebten wir, was zwei älteren, aber schwachen Häftlingen widerfuhr, die nicht fähig waren, schnell genug auf einen Bagatellunfall zu reagieren. Dabei ging es nicht einmal um einen Kartoffelwurf. Der, der hinten ging, stolperte, die Kartoffelkiste rutschte ihm aus der Hand. Er konnte nicht schnell genug aufstehen, und sein Gefährte war auch nicht imstande, die Kartoffeln schnell aufzusammeln. Hinter ihnen bildete sich eine Schlange aus den nächsten Trägerpaaren, die Gestürzten hatten nicht genügend Kraft, um aus dem Weg zu gehen, und behinderten so die nachfolgenden. Für die Kapos bedeutete das eine Unterbrechung des Betriebs auf der Arbeitsstelle. Zwei von ihnen stürzten sich mit Stöcken auf die armen Kerle und schlugen blindlings drauflos, und dann stießen sie beide mitsamt ihrer Kiste mit Tritten aus dem Weg. Eine Weile lagen sie dort, dann rafften sie sich irgendwie auf, sammelten die Kartoffeln ein und schleppten ihre Last zu den Gruben. Als wir für den Rückweg in Fünferreihen antraten, sah ich, dass jeder von ihnen von zwei stärkeren Häftlingen gestützt wurde. Die beiden konnten nur laufen, indem sie die Schultern ihrer beiden Nachbarn umfassten und diese sie von beiden Seiten am Gürtel hielten.

Am nächsten Tag erkundigte ich mich bei erwachsenen Häftlingen, was aus den beiden geworden sei und ob sie an diesem Morgen zur Arbeit gegangen seien. Sie antworteten unwillig, sie wüssten es nicht, dächten aber, die zwei seien nicht mehr dort. Ich fragte direkt, was mit denen geschehe, die nicht mehr arbeiten könnten, doch sie fertigten mich ab und sagten, dass ich mich darum nicht scheren solle; ich möge mich anstrengen, so zu arbeiten, dass mit mir nicht das Gleiche passiere. Wir seien in Birkenau, hier müsse sich jeder um sich selbst kümmern! Es war sonderbar, dass sie das anscheinend voller Überzeugung sagten, als würden sie dem zustimmen. Als ich Šikula davon erzählte, deutete er das so: »Diese Sklavenarbeit ohne Hoffnung und ohne Aussicht auf ein Ende soll uns auch seelisch versklaven. Wir sollen uns mit dem identifizieren, was uns die Sklavenhalter eintrichtern. Wenn sich jeder nur um sich selbst kümmert und um niemanden sonst, werden sie uns nach und nach liquidieren, und das wird ihnen desto schneller gelingen, je weniger wir zusammenhalten.« Wir vermuteten, daß jemand, der nicht mehr hier bei der Arbeit erschien, nicht in den Erholungsurlaub geschickt worden sei. Uns beiden war klar, dass sie irgendwie liquidiert wurden, aber diese geistig versklavten Häftlinge wollten davon nichts hören, als könnten zugestopfte Ohren sie vor der Katastrophe bewahren. Ich sagte zu Šikula, wir sollten in Erfahrung bringen, wo und wie die Arbeitsunfähigen ermordet würden, auch wenn uns das nicht retten werde. Zumindest aber würden wir merken, dass wir noch nicht in totale Lethargie verfallen seien. Šikula jedoch meinte, es sei besser, solche Nachforschungen den Nachkriegshistorikern zu überlassen. Für unser Überleben sei etwas anderes wichtiger. Obwohl wir uns innerhalb des Vernichtungslagers Birkenau befänden, würden wir in unserem Kartoffelkommando fast so behandelt, als seien wir in einem Arbeitslager. Hier würden keine Massenselektionen mehr veranstaltet, die Häftlinge würden erst dann liquidiert, wenn sie nicht mehr arbeiten könnten. Wie diese beiden! Das heiße nicht, dass die Zahl der Ermordeten geringer würde; dafür steige aber die Gesamtleistung, die sie aus uns herauspressten. Der Unterschied zu einem wirklichen Arbeitslager, etwa in Deutschland, bestehe allerdings darin, dass man uns hier jederzeit und massenhaft liquidieren könne – vielleicht sobald wir alle Kartoffeln gebunkert hätten oder wenn sich die Russen näherten. Dafür seien ja hier die Einrichtungen vorhanden, unser ganzes Kommando passe in eine einzige Gaskammer. Und in wenigen Minuten wäre es mit uns vorbei!

Eine solche Antwort hatte ich von ihm nicht erwartet und starrte ihn nur an. Ich hatte erlebt, dass er wirklich imstande war, einen Menschen zu beruhigen und ihm Mut zu machen. Dass er nicht mehr reagierte, machte mir Sorgen, als würde er schon an Dinge denken, die mit dem Kampf ums Überleben nichts zu tun haben. Und weil er über mich und meine unbezähmbare Wut gewacht hatte, entschloss ich mich, auf ihn aufzupassen, ihn vor Depression und Hoffnungslosigkeit zu bewahren.

Šikula hatte mich wirklich behütet, ohne mich zu bewachen! Es war wieder Sonntag, der Tag der Erholung. Irgendetwas trieb mich an, ein wenig in der Umgebung herumzulaufen und mir die Leute aus unserem Kommando anzusehen. Wenn diese Männer wie die Hamster im Rad liefen und zu Tode abgearbeitet waren, ähnelten sie einander, und man konnte nicht erkennen, wer sie eigentlich waren. Aber wenn sie sich etwas erholten und eine Weile Ruhe hätten, würde sich jeder von ihnen vielleicht irgendwie anders zeigen. Ich war erst ziemlich kurze Zeit in diesem Kommando und wusste von meinen Mithäftlingen wenig. Also bummelte ich draußen zwischen ihnen herum, schaute und horchte nur. Das tat ich wie ein Hund, der in eine neue Umgebung kommt, wo ihn etwas irritiert, und sie vorsichtig beschnuppert, um herauszufinden, was und wer dort ist.

Junge Leute gab es hier nicht viele, sie stammten hauptsächlich aus unserer zufällig überlebenden Gruppe von Halbwüchsigen. Meistens saßen sie irgendwo zu zweit, erzählten sich leise etwas und nahmen die Älteren nicht wahr. Sie kamen mir unsicher vor. Ich dachte darüber nach, warum die Jugendlichen zu zweit waren und die Erwachsenen hier einzeln auftraten, so als würden sie sich vor allem mit sich selbst beschäftigen.

Zuerst vermutete ich, dass die Jugendlichen, die hier zu zweit saßen, gemeinsam Kartoffelkisten trugen, doch ich war mir nicht sicher, weil einige von ihnen manchmal auch eine andere Arbeit ausführten. Trotzdem schien mir, dass die jungen Burschen beim Kartoffeltragen stabilere Zweiergruppen bildeten, wie etwa Šikula mit mir, während die Erwachsenen ihre Partner häufiger wechselten. Schließlich kam ich zu dem Schluss, die Trägerpaare der Jungen setzten die Grüppchenbildung wie im Jungenblock fort. Wir hatten dort vielerlei erlitten, aber nicht systematisch gearbeitet; deshalb konnten in diesen Grüppchen mehr als zwei Personen sein, das wäre hier bei der Arbeit unmöglich. Kurzum, auch hier hielten die Jungen, so wie es die Umstände zuließen, zusammen.

Ich konnte aber nicht begreifen, warum das nicht für die Erwachsenen galt, die Vereinigung zu einer Gruppe war für die Mitglieder von Vorteil, selbst wenn man nur zu zweit war, und trug sicher dazu bei, es im Lager irgendwie auszuhalten zu können. Aber schon vorher im Jungenblock war ich darauf gekommen, dass sich dieses Zusammenschließen auch aus unserem Alter ergab, verschiedene Gruppen und Gemeinschaften von Jungen gingen noch auf ein normales Leben vor der Deportation zurück. Im Lager konnten wir dasselbe tun, nur in veränderter Form. Hier lief alles anders ab als unter gewöhnlichen Bedingungen, aber das Wesen der Sache blieb gleich.

Als ich zur Baracke zurückgekehrt war, kam ich an einem der Mehrstockbetten vorbei, die einzigen Möbelstücke im Block, und bemerkte einen etwa fünfundvierzigjährigen großen, kräftig gebauten schwarzhaarigen Mann. Er war mager, aber noch bei Kräften. Auf der mittleren Bettetage brachte er sein Lager in Ordnung. Er ging wie beim Militär zu Werke und bemühte sich, alles mit scharfen Kanten und im rechten Winkel auszurichten. Im Deutschen gibt es dafür den treffenden Ausdruck »Betten bauen«.

Ich hielt das für Unsinn, die Ausführung einer uns aufgenötigten, überflüssigen Anweisung, mit der die Obrigkeit uns nur schikanieren wollte. Trotzdem war ich im Lager wiederholt auf Personen gestoßen, die früher beim Militär gewesen waren und sich hier so verhielten, als würden sie den Militärdienst fortsetzen. Im Grunde bereiteten ihnen die Befehle – wie »Betten bauen!«, »Antreten!«, »Wegtreten!«, »Achtung!«, »Rührt euch!«, »Marsch!«, »Stillgestanden!«, »Rechtsum!«, »Linksum!« – und das Exerzieren danach ebenso wie das ganze militärische Possenspiel Vergnügen.

Vielleicht erinnerte sie das militärische Gehabe an die Jugend, nur vergaßen sie, dass sie nicht auf dem Übungsplatz oder beim Militärmanöver waren, wo es um nichts geht, sondern mitten im *Vernichtungslager* Birkenau, wo ständig ihr Leben auf dem Spiel stand.

Manche dieser Altgedienten vermuteten sogar, ihr militärisches Auftreten und ihre militärischen, noch aus der österreichisch-ungarischen Armee stammenden Ausdrücke, die sich von denen in der deutschen Armee unterschieden, könnten die SS-Männer günstig stimmen. Anfangs begriffen sie nicht einmal, dass nach damaligem nazistischen Verständnis die Juden als eine Bande von Untermenschen nicht das Recht hatten, sich als Soldaten zu betrachten und zu verhalten. Es entging ihnen auch, dass die Reichsdeutschen die alten österreichischen Befehle für lächerlich hielten und dass manche in der Tiefe ihrer SS-Seele den Krieg schon satthatten. Ich sah, wie ein SS-Mann einen solchen sich soldatisch gebärdenden Häftling mit einem dicken Spazierstock verprügelte, den er einem neben ihm stehenden Kapo aus der Hand genommen hatte. Dabei brüllte er ihn an mit »Halt die Schnauze!« und ähnlichen Ausdrücken, wie sie sonst SS-Männer gegenüber Juden gebrauchten, besonders begriffsstutzigen. Für ebenso dumm hielt ich diesen großen, behaarten Kerl. Bei der hochwichtigen Tätigkeit des »Bettenbauens« brummte er etwas, das wie ein ungarischer militärischer Gassenhauer klang, den er wohl auch aus dem Ersten Weltkrieg mitgebracht hatte. Auf der Pritsche unter ihm lag ein älterer, abgemagerter Mann, kleinwüchsig und wohl krank. Er wollte auf den Abtritt gehen und bat den Kerl höflich, ihn durchzulassen. Aber dieses Vieh, wie ich ihn im Stillen schon nannte, fuhr, statt zwanzig Zentimeter beiseitezurücken, seinen schwachen Nachbarn an, er solle ihn nicht belästigen, andernfalls werde er ihm, wörtlich, »in die Fresse treten«. Und er führte gleich vor, wie er das tun würde. Er hob den rechten, mit einem

Schuh von etwa Größe 45 bekleideten Fuß, bog das Knie und trat dem Mann auf der unteren Pritsche vors Gesicht. Daraufhin muckste der sich nicht mehr.

Kurz danach kam es zu einer weiteren Szene. Auf der oberen Pritsche lag ein ungefähr fünfzehnjähriger Junge und wollte nach unten. Das Vieh sagte ihm, er werde nirgendwohin gehen, weil er auf den Rand des frisch gemachten Bettes treten und es ihm in Unordnung bringen könne. Um dem Verbot Nachdruck zu verleihen, drohte er dem Jungen, ihm das Bein abzureißen und es ihm mit dem anderen Ende in den Hintern zu stecken, wenn er sich auch nur rühre. Und schon holte er mit seiner schaufelgroßen Hand gegen ihn aus. Aber das war erst der Anfang. Dann packte er mit beiden Händen ein Bein des Jungen und begann es zu schütteln, um ihm zu zeigen, dass er seine Drohung wahrmachen würde.

Ich stand fünf oder sechs Schritte von ihm entfernt, und wieder stieg in mir eine Welle dieser wahnwitzigen Wut auf, bei der ich mich nicht mehr beherrschen konnte. Instinktiv wusste ich, was geschehen würde: Ich würde ihn anschreien, er würde mich anschauen, und ich ihm ins Gesicht springen und mit meinen Zeigefingern auf einmal beide Augen ausstechen! Dann würde er diese Leute in Ruhe lassen, und als Blinder würde er auch mir keinen Schaden zufügen.

In diesem Moment fasste mich jemand bei den Schultern. Ich drehte mich um und sah, wie mich ein älterer kahlköpfiger Mann anlächelte, dessen Brille mit einem Stück Draht repariert war. Er sagte friedlich zu mir: »Junge, ich bin Wiener, *Wiener aus Wien*. Ich hätte eine Bitte an dich. Hättest du einen Moment Zeit?«

Noch bevor er zu Ende gesprochen hatte, war meine Wut verdampft, und ganz von allein kehrte meine Selbstbeherrschung zurück. Ich machte mir klar, meine Absicht sei schon rein technisch Unsinn gewesen. Das Vieh hätte mich mit einer Hand ergriffen, mich wie ein Hündchen zu Boden geschleudert und womöglich mit dem Schuh Größe 45 getreten. Ich fühlte mich weder im Unrecht, noch hatte ich Furcht vor ihm. Dann vergaß ich dieses Vieh sofort.

Der Mann, der mich im rechten Moment aufgehalten hatte, flößte mir Vertrauen ein, so dass ich ihn in Gedanken schon »Herr Wiener« nannte. Ich folgte ihm, er führte mich zu einem Bett, dessen untere Pritsche sein Platz war. Er war wirklich aus Wien, hatte dort vor dem »Anschluss« für deutschsprachige Intellektuelle eine Zeitschrift herausgegeben, die er selbst als liberal, kulturell, wissenschaftlich und philosophisch bezeichnete. Sein Name war aber Nowak. Vorher hatte er Philosophie studiert und promoviert.

Ich fragte Herrn Wiener-Nowak nach den Zielen seiner Zeitschrift, er antwortete, es sei darum gegangen, die Wahrheit zu schreiben, und das habe den Wünschen der Nazis bezüglich Zeitschriften ganz widersprochen. Er habe auch auf der Schwarzen Liste gestanden und sei sofort nach der Besetzung Österreichs verhaftet worden, dann aber gleich zu Verwandten nach Ungarn geflohen. Die dort gekauften neuen Papiere, ausgestellt auf einen Juden und nicht auf einen Christen, seien ein Fehler gewesen. Doch habe er das getan, um bei den Verwandten sein zu können, die in Ungarn auf dem Lande lebten und ihn während der letzten drei Jahre ernährt hätten. Dann seien die Deutschen gekommen und hätten ihn wie jeden anderen Juden aus dieser Stadt, ohne zu wissen, wer er wirklich war, nach Auschwitz geschickt. Hätten sie seine Identität erfahren, hätten sie ihn nicht nur ermordet, sondern vorher noch gefoltert. Dann bat mich Herr Wiener, seine wirkliche Identität niemandem zu verraten. Ich fragte ihn, ob ich eine Ausnahme machen und meinem Kameraden Šikula von ihm berichten dürfe. Dem stimmte er zu.

Die Begegnung mit Herrn Wiener erinnerte mich an den deutschen Juden Hans, der sich gleich nach unserer Ankunft in Birkenau in der Dusche den Nazis ausgeliefert hatte. Erneut kam mir zum Bewusstsein, dass in der Anonymität auch Hans eine zwar geringe, aber doch reale Chance zum Überleben gehabt hätte, so wie die ungarischen Juden und so wie vielleicht, wenigstens einstweilen, Herr Wiener. Deshalb würde ich niemals aufgeben.

Ich wusste immer noch nicht, woran Herrn Wiener eigentlich gelegen war, aber er erläuterte es mir unmittelbar darauf. Er sagte, gesundheitlich gehe es ihm bisher so, dass er die Arbeit einigermaßen bewältige, doch er befürchte, er werde das so nicht mehr lange durchhalten. In letzter Zeit wüchsen ihm an verschiedenen Stellen am Körper langsam, aber sicher Geschwülste. Er legte sich auf den Rücken und zeigte mir Beulen, die er in der Achselhöhle und der Leistenbeuge hatte. Auch am Bauch könne man eine Stelle tasten. Dazu nahm er meine Hand und legte sie rechts oberhalb des Nabels. Dort war etwas Hartes. Am Bauch hatte er fast kein Fett, und durch die Haut war eine Verhärtung leicht zu fühlen.

»Ich werde an Krebs sterben«, sagte er. »Diese Beulen habe ich zwei Häftlingen gezeigt, die Doktoren sind, auch wenn sie hier nicht als Ärzte fungieren, die haben das bestätigt. Im Bauch habe ich schon Schmerzen, das bringt Sache mit sich. Schrecklich, dass mir das vor dem Ende des Krieges passiert, den die Deutschen verlieren werden! Aber einen Trost habe ich doch, es ist ihnen nicht gelungen, mich zu fangen und zu ermorden. Ich bin ihnen entkommen! Gewiss, ich werde an einer unheilbaren Krankheit sterben, aber daran sterben auch Deutsche. Seltsam, dass man auch dort, wo Menschen zu Hunderttausenden ermordet werden, eines natürlichen Todes sterben kann.« Es tat mir leid, dass er sterben müsste und die Niederlage der Deutschen nicht mehr erleben würde. Aber auch wir anderen würden die Befreiung wahrscheinlich nicht erleben und hätten dabei überhaupt keinen Trost. Gut war, dass er einen hatte! Trotzdem schien es mir sinnlos, Genugtuung darüber zu empfinden, dass man vom Krebs und nicht von den Nazis umgebracht wird. Laut habe ich das aber nicht gesagt.

Herr Wiener wünschte sich eigentlich nur, dass ich allein oder mit meinem Kameraden manchmal zu ihm zum Plaudern käme. Auch für uns sei das sinnvoll, da wir, statt die Schule zu besuchen, im Lager seien und uns nicht bilden könnten. Er schlug vor, uns auch über Dinge zu unterhalten, die uns nach dem Krieg von Nutzen sein könnten. Meinerseits versprach ich ihm zu kommen, auch würde ich meinen Kameraden fragen. Warum aber hatte er gerade mich ausgesucht?

»Offen gesagt, durch Zufall«, antwortete er. »Die Erwachsenen um mich sind hier fast alle ländliche Kaufleute und Handwerker mit Volksschul- oder bestenfalls Mittelschulbildung. Viel hätte ich mit ihnen nicht zu reden, auch wenn ich hoffe, dass wenigstens einige von ihnen sich retten und zu Hause das fortsetzen werden, was sie vor dem Krieg getan haben: also möglichst billig einkaufen und etwas teurer verkaufen. Obendrein sind sie größtenteils nicht mehr jung. Mir geht es hauptsächlich darum, dass diejenigen, die das Lager überleben – und das kann am ehesten den Jungen gelingen, wenigstens einigen –, begreifen, was sie am eigenen Leib erlebt haben. Dass sie ergründen, was hier in Wirklichkeit vor sich geht und warum. Und ihre Erfahrungen anderen Leuten mitteilen, damit sich Derartiges nie mehr wiederholen kann! Deshalb habe ich gerade dich angesprochen. Und mir hat auch gefallen, wie dich der große Löwy gehetzt hat. So nennen wir ihn hier, weil es auch noch einen anderen Löwy gibt, der der »kleine« genannt wird. Es war kühn, wie du drauf und dran warst, auf den großen Löwy loszuspringen, und dabei hast du ein Gesicht gemacht, als wolltest du ihn auf der Stelle erschlagen! Ich musste dich von ihm losbekommen, sonst hätte es schlecht für dich ausgehen können.«

Ich sagte Herrn Wiener, dass mein Kamerad Šikula, den ich schon erwähnt hätte, Arzt werden und Geisteskrankheiten behandeln wolle. Auch er denke, ich sei von den Selektionen und hauptsächlich vom Aufenthalt im Block der Selektierten vorübergehend etwas verrückt geworden. Zuerst sei ich traurig und gleichgültig gewesen, und jetzt könne ich meine rasende Wut nicht zügeln. Wenn sie mich überkäme, wäre ich imstande, jemanden zu erschlagen, doch ich sei immer mit Šikula zusammen, und der gebe auf mich acht. Jetzt sei er ausnahmsweise nicht bei mir. Aber es sei nun schon nicht mehr so arg mit mir.

Herr Wiener wollte mir noch etwas zeigen, aber er schickte mich erst Šikula holen, damit auch er dabei wäre. Es solle eine Überraschung sein. Nach einem Weilchen kamen wir beide, und ich stellte sie einander vor. Gleich darauf zog Herr Wiener aus seiner Pritsche einen kleinen Haarschneideapparat hervor. Das war wirklich unerwartet! Man arbeitete damit ähnlich wie mit einer Zange, drückte man mit der Hand die Griffe zusammen, bewegten sich in der Maschine zwei gezähnte und scharf geschliffene Stahlschienen gegeneinander, die die Haare abschnitten, ein Arbeitsinstrument der Friseure. Hinten aus seinem Bett holte Herr Wiener noch eine Friseurschere heraus und überreichte uns beides mit den Worten: »Jungs, ich gebe euch dieses Geräte. Ihr könnt sie gegen Brot und Essen eintauschen. Allerdings geht das nur einmal. Viel besser wäre, wenn ihr lernen würdet, damit Haare zu schneiden, und euch als Friseure ausgäbt. Dann könntet ihr Blockälteste, Kapos und andere Würdenträger scheren, und sie würden euch dafür mit Brot bezahlen. In diesem Fall könntet ihr euch mehrmals satt essen. Ich hab es auch so gemacht, und es hat mir geholfen. Bei der Friseurtätigkeit könnt ihr euch auch abwechseln, und mit etwas Geschick werdet ihr perfekt darin. Ich brauche dieses Gerät nicht mehr, so nehmt ihr es euch.« Überrascht bedankten wir uns, und Herr Wiener wollte uns vorführen, wie man damit arbeitet. Er begann, Šikula mit der Maschine die Haare zu schneiden, und ich musste dann damit fortfahren. Danach probierte Šikula das Gleiche bei mir. Schließlich hatten wir beide Köpfe wie Gespenster und mussten alle drei ein bisschen lachen.

»Macht euch nichts daraus«, bemerkte Herr Wiener, »ihr könnt euch irgendwann gegenseitig kahlscheren, dabei kann man nichts verderben. Schneidet ein paar Jungen umsonst die Haare und lernt es an ihnen. Macht das so bald wie möglich, und dann kommt her, ich werde euch ein Verzeichnis einiger Kunden geben.«

Dann tat Herrn Wiener wieder der Bauch weh, er bat uns zu gehen. Wir gehorchten und verabschiedeten uns von ihm.

Die Begegnung mit Herrn Wiener und das uns von ihm geschenkte Gerät munterten uns ein wenig auf. Im Kartoffelkommando hatten wir keinerlei Essen zusätzlich gehabt. Das hatte uns die ganze Zeit beunruhigt, wir hatten das Gefühl, widerstandslos hinzunehmen, wie uns die Obrigkeit zugrunde richtete. Ständig hatten wir uns den Kopf zerbrochen, wie wir Kartoffeln ins Lager schmuggeln und dann gegen Brot eintauschen könnten, aber uns war nichts eingefallen. Und die Zeit verging! Dieses Maschinchen gab uns Hoffnung, damit an etwas Nahrung zu gelangen.

Den Rest des Tages verbrachten wir damit, einige Jungen und zwei oder drei Erwachsene, die ihre Betten in unserer Nähe hatten, zu überreden, sich von uns die Haare schneiden zu lassen. »Es ist eine Reklameaktion, für euch umsonst!« So lockten wir sie. »Unser Unternehmen kann zwei modische Haarschnitte anbieten, das Modell Kahler Schädel oder *Kartoffelkopf* und das Modell Bübchen Blödmann oder *Bubikopf*.« In etwa einer Stunde hatten wir vier oder fünf Personen die Haare geschnitten.

Feri war gut gelaunt und begann wieder mit Kohn und

Abeles zu blödeln: »Herr Kohn, ich beglückwünsche Sie! Gerade haben wir das Friseurhandwerk erlernt.«

»Herr Abeles, ich gratuliere Ihnen meinerseits«, antwortete ich. »Soeben haben wir den Friseurbetrieb Abeles & Kohn gegründet, Herrenfrisuren aller Art. Unser Motto sei: ›Handwerk hat goldenen Boden.‹«

Einstweilen sahen allerdings nicht nur wir, sondern auch unsere Kunden wie Vogelscheuchen aus. Wir beschlossen, zu Herrn Wiener zu gehen, ihm zu erzählen, was wir inzwischen erreicht hatten.

Er lag im Bett, hielt sich den Bauch und klagte über Schmerzen. Bevor er uns zu Wort kommen ließ, winkte er mit der Hand Šikula heran, von dem er bereits wusste, dass er Arzt werden wollte. Er sollte ihm den Bauch abtasten, weil er dort eine schmerzhafte Schwellung hatte. Feri stellte fest, dass offensichtlich eine Geschwulst vorhanden sei. Ihm war anzusehen, dass er nicht wusste, was er dazu sagen sollte. Dann hellte sich sein Gesicht auf, und er erklärte: »Herr Wiener, entschuldigen Sie, ich habe vergessen, mich vorzustellen. Ich bin Doktor Abeles und spezialisiere mich auf Geisteskrankheiten. Unter diesem Gesichtspunkt kann ich sagen, Sie sind ganz in Ordnung. Leider kann ich das von meinem hier anwesenden Partner, Herrn Kohn, nicht behaupten.«

Ich fuhr im gleichen Ton fort, um Herrn Wiener etwas zu erheitern. Uns war nicht entgangen, dass er verzweifelt war und den Tod ebenso fürchtete wie jeder andere in seiner Situation. Ich sagte ihm also: »Herr Wiener, gestatten Sie, Ihnen bekanntzugeben, wir haben soeben das Friseurhandwerk erlernt und den Betrieb Abeles & Kohn gegründet, Herrenfrisuren aller Art.« Herr Wiener lächelte, es war zu sehen, wie ihn dieses Spiel amüsierte. »Meine Herren«, so ging er darauf ein, »ich gratuliere Ihnen und wünsche Ihrem Unternehmen viel Erfolg.«

Šikula nutzte den günstigen Augenblick, bat um das versprochene Kundenverzeichnis und eine weitere kleine Liebenswürdigkeit. Wiener fragte, worum es sich handele, und Feri antwortete: »Verehrter Wohltäter, es geht uns darum, unsere Kunden nicht von vornherein abzuschrecken, weil ich und der hier anwesende Herr Kohn aussehen wie Gespenster. Würden Sie so liebenswürdig sein, als bekannter Meister des Faches und als unser Lehrer im Handwerk unsere Frisuren ein wenig zu korrigieren, damit wir wie Mannequins erscheinen und nicht wie Tölpel?«

Herr Wiener, der ungeachtet seiner Schmerzen kein Spielverderber war, antwortete noch: »Gern übernehme ich den ehrenvollen Auftrag, Ihre kostbaren Häupter zu korrigieren. Ich bin froh, dass gerade Sie es waren, denen ich mit der Übergabe der technischen Ausstattung für Ihr neues Unternehmen dienen konnte.« Mit der Abrundung unserer schiefen Frisuren war er im Nu fertig und sagte, es sei ihm mit uns ein Vergnügen gewesen. Mit unserem Spiel hätten wir ihn auf andere Gedanken gebracht. Dann fügte er hinzu: »Jetzt fällt mir auf, die meisten Juden hier im Block sind immer noch solche wie euer Kohn und Abeles oder deren Kinder.«

Er kramte von irgendwo ein Stück Papier hervor und übergab es uns: »Burschen, hier habt ihr das Verzeichnis, das ich für euch vorbereitet habe. Kommt wieder, ich werde mich jetzt ein wenig ausruhen, morgen haben wir einen harten Tag, ein Treffen mit bedeutenden Geschäftsfreunden. Geht jetzt, geht!« Dabei streckte er die Hand aus dem Bett und wies uns mit lebhaften Fingerbewegungen von sich, gab zu verstehen, die Audienz sei beendet. Wir verstanden, Herr Wiener war in seine vorherige Rolle zurückgekehrt, traten zurück, schauten ihm ins Gesicht, verbeugten uns und sprachen Worte wie: »Habe die Ehre«, »Stets zu Diensten«, »Meine Hochachtung«. Gnädig winkte uns Herr Wiener zum Abschied zu.

»Es tut mir leid um ihn, er ist ein so anständiger und gescheiter Mensch«, überlegte Šikula laut. »Wir müssen ihn mit unseren Blödeleien aufheitern, solange das noch geht.« Dann sahen wir uns das Papier an. Es war eine etwas zerknitterte Seite mit breiten blauen Linien, offenbar aus dem Schulheft eines fleißigen kleinen Schülers herausgerissen, der seine Schulsachen mit nach Birkenau genommen hatte. Vielleicht wollte er sich im Schreiben üben. Leider wurde er ermordet, ehe er damit anfangen konnte. Die Liste der Kundschaft bestand aus ungefähr zehn mit Bleistift notierten Namen mit Angabe der Funktionen der Betreffenden und der Nummern der Blöcke, in denen sie residierten. Über jedem Namen stand das Datum des letzten Haarschnitts. Auf der anderen Seite war geschrieben:

Burschen, sagt, dass euch Herr Wiener schickt. Meinen richtigen Namen, Nowak, vergesst, obwohl es jetzt auch schon einerlei ist. Erinnert euch daran, dass die Menschen gleichzeitig mehrere Gesichter haben. Ein Kapo, der scharf darauf ist, euch bei der Arbeit zu erschlagen, mag euch als Friseure gut behandeln und wird euch anständig bezahlen. Ahmt in allem die Friseure nach, wie ihr sie kennt. Sagt am Anfang nicht, wie viel ihr für das Haareschneiden wollt, sondern lieber, dass sie geben mögen, was sie wollen, das liegt dann in ihrem Ermessen. Friseure pflegen gesprächig zu sein, aber vergesst nicht: ›Schweigen – ist Gold!‹

Es war sonderbar. Im Lager war ich schon zum zweiten Mal einem wohlwollenden älteren Menschen begegnet, der es gut mit mir meinte und mich darüber belehrte, dass die Menschen nicht nur so sind, wie sie auf den ersten Blick zu sein scheinen. Sie habn mehrere Gestalten oder Gesichter, wie das beide – der Scheißmeister, der verstorbene Herr Silbermann, und der zweite, der von der *Kartoffelgrube,* Herr

Wiener-Nowak – übereinstimmend ausdrückten. Das solle ich nicht vergessen.

Den größten Teil der Würdenträger aus der Liste kannten wir nicht. Anhand der Daten der letzten Haarschnitte stellten wir fest, dass bei drei von zehn Kunden die Haare schon ordentlich gewachsen sein mussten. Einer von ihnen war Blockältester in einem unweit gelegenen Block, ein anderer irgendein Schreiber aus der Lagerkanzlei, aber der dritte war ausgerechnet unser Kapo Sigi! Wir beschlossen, zunächst – und zwar am nächsten Abend nach der Arbeit – jeden von ihnen zu besuchen und mit ihnen Termine zum Haareschneiden auszumachen. Danach würden wir mit Apparat und Schere zu den Kunden gehen. Eine Weile diskutierten wir darüber, in welcher Reihenfolge wir sie besuchen sollten. Ich schlug vor, als ersten unseren Kapo zu nehmen, Šikula aber wandte mit Recht ein, es sei besser, mit einem leichteren Fall anzufangen, dabei könnten wir noch etwas an Erfahrung gewinnen und Sigi zuletzt beuchen. Weiter kamen wir überein, dass es sicherer wäre, überall zu zweit hinzugehen. Einer von uns würde mit der Maschine arbeiten, der andere mit der Schere, dabei würden wir uns abwechseln. Ich schlug vor, das Schneiden noch an einigen Jungen zu üben. Also schnitten wir noch vieren die Haare und wechselten uns im Gebrauch von Maschine und Schere ab. Mit der ernsthaften Arbeit begannen wir erst nach einigen Tagen.

Die ganze Sache mit Herrn Wiener und dem Haareschneiden flößte uns etwas Lebensmut und Zuversicht ein. Am nächsten und an den folgenden Tagen mussten wir jedoch früh zur Arbeit, bis Schichtende durchhalten und heimwärts schleichen. Tags darauf wurde ich davon überrascht, dass Herr Wiener-Nowak in einer Gruppe mit dem großen Löwy arbeitete. Sie standen in einem der Waggons; mit großen Spezialforken, deren Zinken in eisernen Kügelchen endeten, um die Kartoffeln nicht zu beschädigen, beluden sie die Kisten. Dabei war klar, dass Wiener nicht mehr viel schaffte und Löwy den größten Teil der Arbeit auf sich nahm. Für ihn aber war es ein Kinderspiel.

Als wir mit unserer Kiste hinkamen, rief Wiener laut: »Burschen, Bewegung, Bewegung! Ihr seid hier nicht zur Erholung!« Dabei zwinkerte er uns zu. Sonst tat er nichts und stützte sich nur auf die Gabel. Ich begriff, dass er sich aus diesem nach Sklavenhalterart aufgezogenen Antreibersystem einen Spaß machte. Der große Löwy belud wie ein Bagger. Als er mich dort sah, schrie er: »*Los! Los!*«, schaute mich dabei aber nicht so wütend an, denn es könnte ja sein, dass ich ihn erschrecken würde! Und was dann? Dabei zog er eine närrische Grimasse. Sigi stand ein paar Meter entfernt, sah zu, horchte und war zufrieden.

So setzte sich das auch an den nächsten Tagen fort. Herr Wiener arbeitete als Duo mit dem großen Löwy, und Sigi blieb die meiste Zeit in der Umgebung ihres Waggons. Manchmal schrie er, rannte los und prügelte den einen mit dem Stock, nach einem anderen warf er eine Kartoffel. Gewöhnlich traf er, er war »hochtrainiert«. Das war ein Ausdruck, den ich vom Fußballspieler gelernt hatte. Als ich mich an ihn erinnerte, wollte ich hinzufügen: »Möge ihm die Erde leicht werden!« Aber welche Erde – man hatte ihn doch nicht einmal begraben, seine Asche hatte schon der Wind verweht, und die Wasser hatten sie um die Welt getragen, nicht einmal Gott weiß, wohin? In meinem inneren Monolog wollte ich zuerst »Gott weiß wohin« sagen, aber dann fiel mir ein: Wenn Gott höchstwahrscheinlich nicht weiß oder nicht wahrnimmt, was in Birkenau vor sich geht, wie sollte er dann wissen, was mit der Asche der Ermordeten geschieht?

Es sah so aus, als sei Sigi wirklich daran gelegen, dass sich die Häftlinge flott bewegen und die Arbeit zum Nutzen des Reiches erfolgreich vorangeht. Das konnte ich bei einem polnischen Juden nicht begreifen, nicht einmal, wenn ihn sein Vater Sigi genannt hatte, angeblich abgeleitet von Siegfried. Sigi galt als der schärfste Hund unter den Kapos. Wenn er irgendwo war, hielten es die übrigen Kapos und sogar die SS-Männer für unnötig, selbst dorthin zu gehen. Aber mir schien, Sigi würde Herrn Wiener in gewissem Maße schützen. War er also doch kein totaler Teufel? Ich dachte aber auch, Sigi sehe, wie Wiener-Nowak schon auf dem letzten Loch pfeife, und warte nur darauf, bis es bei ihm mit der Arbeit gar nicht mehr gehe, um sich dann wie der Geier auf ein wehrloses Opfer auf ihn zu stürzen. Deshalb hielt ich ihn zumindest teilweise für einen wirklichen Teufel. Es war nicht so, dass er sich nur als Teufel verkleiden würde, wie sich mancher zu Krampus als Teufel kostümiert, um die Kinder zu erschrecken. Sigi erschreckte uns nicht, er richtete uns im Interesse von wer weiß wessen wahrhaftig zugrunde! Ich sagte mir, danach müsse ich Herrn Wiener fragen. Er war in diese Sache doch selbst verstrickt, obendrein hatte er uns doch aufgeschrieben, wir sollten nicht vergessen, dass »Menschen mehrere Gesichter gleichzeitig« haben.

Am nächsten Vormittag waren Šikula und ich bei der Arbeit Zeugen eines Vorfalls, der sich binnen weniger Minuten abspielte und uns erschütterte, obwohl wir doch schon vieles gesehen und erlebt hatten. Wir gingen, wie immer so langsam wie möglich, mit der leeren Kiste von den Kartoffelgruben um die Ecke des großen Lagergebäudes in Richtung der Waggons auf den Gleisen. Dort war ein Häftling offenbar in Konflikt mit einem SS-Mann geraten. Der Häftling mochte etwas über vierzig sein, war mager und ziemlich groß. Auf der Nase trug er eine mit Draht reparierte Brille, die mit eigenartigen Schlingen an den Ohren befestigt war, damit sie ihm bei der Arbeit nicht herunterfiel und entzweiging.

Für jemanden, der ziemlich schlecht sah, war der Verlust der Brille ein Schicksalsschlag. Wenn er nicht sehen konnte, dann konnte er manche Arbeiten nicht ausführen, die von ihm verlangt wurden, und nicht mehr auf Gefahren reagieren. Wer ständig nicht gut sieht, wird auch ungeschickt und damit auffällig, das zog gleich Aufmerksamkeit auf sich und fachte die Aggressivität der Kapos an. Das Zerbrechen einer Brille konnte sogar das Leben kosten!

Der SS-Mann war etwas kleiner als der Häftling, gleichfalls mager, mit einer kleinen, runden Brille, einer tadellos gepflegten Uniform und polierten Stiefeln. Trotz der militärischen Aufmachung sah er aus wie ein Herr Oberlehrer einer höheren Gemeindeschule. Am Gebäudeeck saß unbeweglich ein Schäferhund und schaute zu seinem Herrn. Die Häftlinge um ihn ließ er außer Acht. Er war offensichtlich wohlerzogen. Ohne Kommando, sich auf sie zu stürzen und sie zu beißen, existierten die Häftlinge für ihn nicht.

Wir wussten nicht, weshalb der Streit aufgeflammt war, wir waren zu weit entfernt. Als wir uns näherten, befahl der SS-Mann dem Häftling gerade, die Brille abzunehmen – warum, davon hatten wir keine Ahnung. Vielleicht wollte er dem Häftling eine Ohrfeige geben und sich nicht am Glas verletzen oder diese Brille verschonen, oder er wollte sie zur Strafe mit seinen Stiefeln zertreten. Instinktiv blieben Šikula und ich stehen, um dem SS-Mann und seinem Hund nicht zu nahe zu kommen.

Mir ging durch den Kopf, dass dieser Konflikt, wie auch immer er entstanden war, sich schließlich auf die Brille des Häftlings richtete – und das, obwohl beide Sehschwächen hatten und Brillen trugen. Deshalb hätte ich vermutet, für den SS-Mann wäre die Brille tabu. Der Häftling stand in Habtachtstellung und meldete mit fester Stimme und in gutem Deutsch, er werde die Brille nicht abnehmen. Der Befehl des SS-Mannes und die Weigerung des Häftling wiederholten sich noch zweimal. Dabei sah der Häftling dem SS-Mann ins Gesicht und wandte die Augen nicht ab. Es sah so aus, als wäre das von seiner Seite eine Art öffentlicher Aufruhr. Vom Anlass wussten wir jedoch nichts.

Der SS-Mann trat einen Schritt beiseite und griff nach seiner Pistole. Der Hund folgte ihm aufmerksam mit den Augen, sonst regte er sich nicht. Der SS-Mann zückte die Pistole, befahl: »*Los! Vorwärts!*«, und drängte den Häftling hinter den halb geöffneten Torflügel des Vorratslagers, von den Kartoffelgruben aus war es das erste Tor rechts, der andere Flügel war arretiert, an der Klinke war mit einem langen Lederriemen der Hund angebunden. Nach einer oder zwei Sekunden ertönte ein Schuss, danach war ein dumpfer Schlag zu hören; der Körper des Häftlings war wohl beim Fallen an das hölzerne Tor geprallt. Dann geschah weiter nichts.

Der SS-Mann ging nicht weg. Der Hund saß unbeweglich, auch wir erstarrten, die Tragestangen der Kiste in Händen, ich vorn und Feri hinten. Da begann unterm Tor ein Blutrinnsal herauszulaufen. Langsam und unentschlossen erhob sich der Hund und sah sich nach seinem Herrn um. Laut Befehl sollte er sitzen bleiben, bis sein Herr etwas anderes befahl. Aber die Situation hatte sich verändert, und sein Führer war nicht mehr da. Also schlich der Hund zum Tor, schnupperte an dem Blut, gerade als der SS-Mann mit der schon wieder im Futteral verstauten Pistole aus dem Tor trat und ruhig den Hund beim Namen rief. Der hob den Kopf, kam zu seinem Herrn und setzte sich. Der SS-Mann band ihn von der Klinke los und zog ihn zu sich heran. Dann erblickte er uns, schaute sich um und sagte mit ruhiger Stimme: »Weitermachen.« Daraufhin gingen wir schnell zu den Waggons, hinter uns folgten weitere Zweiergruppen mit Kisten.

Keiner von uns hatte je etwas Derartiges erlebt. Es war eine Szene wie aus einem Film, in dem der Regisseur es rücksichtsvoll so eingerichtet hatte, dass sich der Mord hinter einem Tor abspielt und so den zartbesaiteten Zuschauern nichts zugemutet wird. Als wir nach einer Weile mit einer Ladung Kartoffeln zurückkamen, war der SS-Mann mit dem Hund nicht mehr da, und das Tor, hinter dem der Erschossene lag, war verschlossen. Als wäre nichts geschehen! Gewissermaßen war das sogar fast zutreffend. In einer Massenrichtstätte bedeutete eine einzelne Leiche nicht viel. Dieser Mord unterschied sich von den anderen nur dadurch, dass er auf altmodische Weise, manuell und nicht etwa maschinell im Massenmaßstab, verübt worden war.

Als Erster äußerte sich Šikula und sagte, dass dieser Häftling wohl Selbstmord begehen wollte. Sich einem SS-Mann entgegenzustellen, so wie er es getan habe, könne keinen anderen Sinn gehabt haben. Ich antwortete, dass ich gegen alle Arten von Selbstmord sei, hier wie anderswo. Dann sprachen wir nicht weiter über das Vorkommnis. Fünf Minuten später begannen wir über das Mittagessen zu reden. Wir hatten schon schrecklichen Hunger, und die Arbeit war schwer. Zum Essen gab es eine halbe Stunde Pause.

Abends wuschen wir uns und suchten die drei potentiellen Kunden unserer »Firma« auf. Bei unserem Auftreten hielten wir uns an Herrn Wieners Rat. Der Lagerschreiber fragte zuerst, was mit Herrn Wiener sei, sagte, er habe vor kurzem noch an ihn gedacht. Šikula antwortete, Herr Wiener sei ein wenig krank, wir hofften aber auf baldige Genesung. Inzwischen schicke er uns, damit seine Kunden nicht unversorgt blieben. Der Blockälteste, mit dem ich sprach, sagte Ähnliches: Gerade erst habe er sich gedacht, dass er sich die Haare schneiden lassen müsste. Schließlich gab er mir eine nichtgestohlene Portion Brot mit den Worten: »Meine Herren Meister, hier eine Anzahlung!« Vor dem Besuch von Sigi hatten wir etwas Lampenfieber. Obwohl die Reihe an Šikula war, lehnte er ab, für uns zu sprechen, schließlich habe dieser Kapo ihn neulich beinahe mit einer Kartoffel erschlagen. Also blieb das Verhandeln an mir hängen.

Sigi erkannten wir kaum wieder. Er trug Schlappen und einen Pyjama, er sah aus wie ein würdiges Onkelchen vom Lande. Auch begrüßte er uns freundlich und sagte am Ende sogar, er werde uns gern sehen und wir sollten Herrn Wiener grüßen. So hatten wir mit allen Termine zum Haarschneiden vereinbart.

Wir waren beide verblüfft. Noch am Nachmittag hatten wir Sigi gesehen, wie er erfolgreich Häftlinge mit Kartoffeln beschoss und andere mit dem Stock prügelte. Den Schreiber und den Blockältesten hatten wir vorher nicht gekannt, aber auch in ihrem Fall konnte man annehmen, dass sie keine Engel waren, während sie ihre Funktionen ausübten.

Wir kamen zu dem Schluss, es sei jetzt angebracht, Herrn Wiener zu besuchen, einmal als Kranken, dann, um ihn über die Erfolge der Firma zu informieren, und zum Dritten, um ihm als Ausdruck unserer Verehrung, wie Šikula formulierte, unseren ersten Gewinn zu überreichen, die Portion Brot, die wir ohne ihn nicht hätten. Schließlich schickte mich Šikula allein, angeblich wäre es zu viel Unruhe, wenn gleich zu zweit zu dem Kranken kämen, es könnte ihn ermüden. Außerdem sei Wiener ursprünglich mein Bekannter, es wäre unpassend, sich nur deshalb aufzudrängen, weil er mein Kamerad sei. Das ließ er sich nicht ausreden, also ging ich allein.

Das Erste, was ich im Block auf dem Weg zu Herrn Wiener sah, war, wie der große Löwy und der magere Alte, der unter ihm schlief, sowie der Junge vom oberen Bett, einträchtig auf der unteren Liege saßen und das Abendbrot verzehrten!

»Guten Abend, Herr Löwy«, grüßte ich, und ich fügte hinzu, ich bäte ihn um Entschuldigung.

Er sah mich an und sagte: »Vergiss das, Junge, wie auch ich es vergessen habe. Wir haben alle schon genug hinter uns.« Das war das unerwartete Ende unseres Konflikts.

Unsere Stimmen weckten den schlummernden Herrn Wiener, der mich sofort fragte, wie alles laufe. In wenigen Sätzen erzählte ich von unserem Besuch bei den drei Kunden und der Erschießung des Häftlings. Dabei legte ich ihm die Portion Brot in die Hand, unseren ersten Gewinn. Aber Herr Wiener nahm das Brot nicht an und sagte, dass ich es mit Feri essen sollte; obendrein habe er gar keinen Appetit. »Vielmehr möchte ich dir etwas anbieten, wenn wir uns miteinander unterhalten«, sagte er. »Und was diesen Erschossenen betrifft, so weiß niemand von uns, warum er gestorben ist, wir werden es auch nie erfahren. Dafür kennen wir den Mörder von der SS, einen durchschnittlichen Schafskopf, der sich durch nichts auszeichnet, weder im Bösen noch im Guten. Wäre nicht der unglückselige Krieg, wäre dieser gewöhnliche, biedere Deutsche irgendwo in dem Dorf, aus dem er stammt.« Dann fuhr Herr Wiener leiser fort, damit ihn niemand hörte: »Dieser Sigi und auch der große Löwy haben dich wohl überrascht! Ich habe euch ja aufgeschrieben, dass die Menschen oft mehrere Gesichter zugleich haben, dabei sind es normale Menschen und keine Verrückten. Ich denke, Sigi ist Kapo geworden, um zu überleben. Wie viele andere. Übrigens wollen alle überleben, solange uns dabei nichts in die Quere kommt. Sigi hat sich dann nach und nach mit dem identifiziert, was seine Herren sagten und taten. Jetzt ist er schon ganz davon überzeugt, es sei richtig, wenn er und die Juden, die er kommandiert und zur Arbeit zwingt, mit allen Kräften für das Reich arbeiten. Zugleich widern ihn die ungewaschenen, übelriechenden und dahinsiechenden Juden immer mehr an. Und weil er selbst zu ihnen gehört, hat er angefangen, sich vor sich selbst zu ekeln. Daher ist er gespalten. Wenn er zu Hause ist, in dem Kämmerchen des Blockes, wo er übernachtet, ist er ein Mensch, mit dem sich reden lässt, und verhält sich anständig. Aber tags darauf begegnet er dir bei der Arbeit, wo er seine Uniform trägt und eine Knute in der Hand hat. Und glaubt er, dass du dich etwas zu langsam bewegst, wird er sich auf dich stürzen und dich halbtot prügeln, als hätte er dich nie im Leben gesehen. Du hast ihn mit Šikula bei den Waggons bemerkt, wo ich mit dem großen Löwy verlade. Scheinbar sieht es so aus, als würde er uns irgendwie decken, aber so ist es nicht! Im Gegenteil, er bewacht uns, ob wir beim Beladen der Kisten weiter das leisten, was wir dank Löwy bisher schaffen, und ob wir auch die anderen Häftlinge zum Arbeiten antreiben. Das tun Löwy und ich zum Schein. Sigi und seinesgleichen sind verantwortlich für alles Böse, das sie selbst an den anderen Häftlingen verüben, sie sollten nach dem Krieg bestraft werden. Zugleich müssen wir aber sehen, dass auch sie Opfer der deutschen Schreckensherrschaft sind, und wenn sie überleben, dann sollten sie psychiatrische Langzeitbetreuung erhalten.« »Was den großen Löwy betrifft«, fuhr Herr Wiener fort, »ist er wirklich ein grober, gewalttätiger und primitiver Kerl. Das ist eines seiner Gesichter. Du hast ihn ein Vieh genannt, da hast du etwas übertrieben, auch wenn er sich manchmal wirklich so verhält. Ich habe ihn aber auch in einer anderen Situation gesehen. Da konnten drei Häftlinge bei der Arbeit einen schweren Gegenstand nicht von der Stelle bewegen, und die Kapos hätten sie deshalb beinahe geprügelt, als Löwy dazukam und die Last allein hochhob. Er ist nicht ganz schlecht, ist nicht nur ein Vieh, wie du gedacht hast; er kann sich zugleich auch als ein ganz guter Mensch verhalten, der bereitwillig anderen hilft. Jetzt zum Beispiel hilft er mir. Leider kann man sich niemals ganz sicher sein, von welcher Seite er sich gerade zeigen wird, am Ende weiß das nicht einmal er selbst. Persönlich denke ich mir, man sollte solchen gespaltenen Personen so gegenübertreten, dass sie sich von der besseren Seite zeigen können. Wenn sie die schlechten Seiten hervorkehren, ist es am besten, sie eine Zeit lang gewähren zu lassen. Es wäre ein Irrtum, wenn man versuchen wollte, sie auf ihre alten Tage irgendwie umzukrempeln. Gewöhnlich ist das nicht einmal bei Jungen möglich.« Schließlich rückte Herr Wiener mit der versprochenen Überraschung raus. Er sagte, er habe in Wien ein großes Zinshaus, und da er ein kinderloser alter Junggeselle sei und seine nahen Verwandten umgekommen seien, wolle er es mir vermachen! Zwar wisse er nicht, ob sich das irgendwie arrangieren lasse, damit es rechtsgültig wäre. Aber er werde das mit Leuten klären, die sich auf so etwas verstünden. Dabei schaute er mich an: »Ich hoffe, du hast keine Einwände?! Nein, sag jetzt nichts, mich überfällt schon die Müdigkeit.« Nicht einmal mich verblüffte es besonders, als mir Herr Wiener am Ende des Besuchs sagte, ich sei der jüngste Erwachsene, den er jemals im Leben gesehen habe. Im letzten Jahr hatte ich über mich schon mehrfach Ähnliches gehört.

Leider war das meine letzte Unterhaltung mit Herrn Wiener, aber das wusste ich noch nicht. Auf dem Rückweg dachte ich darüber nach, dass er infolge der Krankheit wohl den Sinn für die Realität verloren habe. Hier im Lager hatte ein anderswo gelegenes Besitztum, und mochte es noch so groß sein, doch keinerlei Wert oder Bedeutung, ganz gleich, ob es sich um Edelsteine, Gold oder Dollars handelte. Das wäre doch so, wie wenn ein Verdurstender in der Wüste sich um irgendwelche Goldstücke sorgte, die er zu Hause vergraben hat. So wie sich der Dürstende in der Wüste um nichts anderes kümmern sollte, als Wasser zu suchen, so müsste ich mich hier einzig um das Überleben bemühen. Welchen Sinn könne für mich also ein Zinshaus in Wien haben?

Trotzdem ging mir dieser Gedanke nicht so einfach aus dem Kopf. Auch wenn die Chancen auf ein Überleben nicht groß waren – irgendeiner von uns, und sei es zufällig, würde doch übrig bleiben. Deshalb konnten wir nicht ganz ausblenden, was dann aus uns würde. Wenn ich mir sagte, mich könnte ein Zinsshaus in Wien überhaupt nicht interessieren – bedeutete das nicht, dass ich im Grunde schon alle Hoffnung aufgegeben hatte und auf alles verzichtete, was später kommen könnte? Ganz ehrlich, unter normalen Bedingungen wäre es es sicher besser, in Wien ein Mietshaus zu haben, als gar keins zu besitzen!

Als ich Šikula mein Gespräch mit Herrn Wiener zusammenfasste, bemerkte er, Wiener habe mit diesen verschiedenen Facetten der Menschen recht. Er selbst habe sich auch schon gedacht, dass sich Menschen vollkommen gegensätzlich verhalten können, ohne schwachsinnig zu sein. Daraus, dass jemand immer leistungsfähigere Krematorien und Gaskammern zum Ermorden von Menschen konstruiere, folge keineswegs, dass er nicht beispielsweise auf der Geige gut klassische Musik spielen könne und er seine Kinder nicht gern habe. Selbst der größte Verbrecher sei von einer Mutter geboren worden und werde am Ende qualvoll sterben wie jeder andere Mensch auch. Dass er sich inzwischen in einen vollkommenen Satan verwandelt hätte, würden nur Fanatiker denken, die von Hölle, Fegefeuer, Teufeln und dergleichen gruseligen Vorstellungen besessen seien – als würden die wirklichen Schrecken nicht ausreichen, wie jene, inmitten derer wir vegetierten. »Ein kleines Tröpfchen vom Menschlichen bleibt in jedem Menschen erhalten. Trotzdem bedeute das nicht, dass Verbrecher keine Verantwortung für das tragen, was sie anderen Menschen antun. Die SS-Männer im Lager sagen uns: *Jedem das Seine!* Doch ich hoffe, am Ende werden auch sie bekommen, was ihnen gebührt. Und wäre an ihnen nichts Menschliches mehr, wie könnten Menschen sie dann vor ein menschliches Gericht stellen?«

»Die Frage ist nur, wer ihnen geben wird, was sie verdient haben. Wer wird das für diejenigen tun, die gestorben sind?«

So fuhr Šikula fort, der nicht nur älter war als ich, sondern auch klüger und über solche Dinge sprechen konnte. Dabei erinnerte er sich an die Worte eines Liedes, das er wohl von Juden kannte, die im Rahmen des ungarischen Arbeitsdienstes an der russischen Front eingesetzt wurden: *Egyszer eljön még a mi napunk, egyszer mindent vissza adun k …! – Einmal wird unser Tag kommen, und wir werden ihnen alles heimzahlen …!* »So wird das gesungen«, sagte Šikula, »aber wie wird es in Wirklichkeit sein? Werden diejenigen, die überleben, etwas heimzahlen wollen und werden sie dazu überhaupt Gelegenheit haben? Grundlage von allem hier ist die entsetzliche Ungerechtigkeit. Wer aber wird die Gerechtigkeit erleben, wenn es überhaupt irgendwann dazu kommt?«

Šikula hätte vielleicht gar nicht mehr aufgehört, hätte ich nicht wie ein Verkehrspolizist die Hand gehoben und gesagt: »Genug, Herr Abeles, fassen Sie sich! Wir wissen doch, dass bei dieser hiesigen Firma das Körperliche wichtiger ist als das Geistige. Herr Wiener wollte von uns das Brot nicht nehmen, das ich ihm als Beweis unserer Hochachtung gebracht hatte, und so schlage ich vor, wir teilen es jetzt und verzehren es auf Herrn Wieners Gesundheit.« Ich durchschnitt mit meinem bearbeiteten Löffel das Brot in der Mitte. Nach dem erprobten Grundsatz der Bruderschaft des Konzentrationslagers ließ ich Feri auswählen, und schon waren Gleichheit und Gerechtigkeit hergestellt. Nach einem weiteren Grundsatz wählte er aus, ohne auf die beiden Hälften zu schauen, und schon bestand gegenseitiges Vertrauen. Noch ehe wir das Brot aßen, hoben wir beide es wie einen Becher und »stießen an«: »Auf seine Gesundheit!« Šikula fügte noch hinzu, dass Herr Wiener gerade diese jetzt am meisten brauche, auch wenn er sehe und befürchte, dass sein Ende nahe sei.

Am Abend sagte mir Šikula vor dem Schlafen noch, was er von dem Wiener Zinshaus denke: Herr Wiener habe sich nicht klargemacht, dass ihm dieses Haus nicht mehr gehöre.

Gewiss habe er es doch nach irgendeinem Nazigesetz auf das Reich übertragen müssen. »Wie könnte er es dir also schenken?« »Herr Abeles, vielleicht haben Sie recht«, antwortete ich schon im Halbschlaf. »Ich werde darüber mit einigen Vertretern des Reiches persönlich sprechen müssen …« Dann schliefen wir wohl ein.

Wir gingen zur Arbeit, und die war erschöpfend. Weil es regnete, verwandelten sich alle Wege für unser Kartoffelkommando in ein Meer von Morast, in dem wir Träger mit den Kartoffeln versanken. Während dieses Regenwetters kamen Feri und ich für zwei Tage zu den Schippern, die die Gruben für die Kartoffeln ausheben mussten. Das Ausheben des klebrigen und schweren Lehms war eine mörderische Arbeit, wir standen ganz durchnässt im Wasser, und uns war kalt. Schon jetzt konnten wir die Arbeit physisch nicht mehr durchhalten, die Kräfte nahmen weiter ab. Nach der Schicht schleppten wir uns todmüde zum Block, aber wegen des Appells und des üblichen Programms mussten wir Schuhe und Kleidung wenigstens noch etwas säubern, um nicht Scherereien mit den Kapos zu bekommen. Dann fielen wir vor Müdigkeit um, am nächsten Tag begann es von neuem.

Am dritten Tag konnten wir endlich zu den Kisten zurück, und das Wetter besserte sich etwas. Morgens gingen Feri und ich zum Waggon, wir bemerkten, dass neben dem großen Löwy ein unbekannter Häftling Kartoffeln in die Kisten schaufelte. Feri und ich sahen uns an. Wir ahnten, dass mit Herrn Wiener wohl etwas Schlimmes geschehen war. Als wir mit dem Einladen der Kartoffeln an der Reihe waren, fragte ich den großen Löwy nach ihm. Aber er hatte eine schlechte Nachricht für uns. Er sagte, wir müssten nicht mehr von Herrn Wiener reden, könnten jetzt seinen richtigen Namen gebrauchen. Schon vorgestern, als das schlechte Wetter einsetzte, habe man ihn auf dem Weg von der Arbeit zum Block fast getragen. Im Laufe des Tages habe sich sein Zustand verschlechtert, er habe nicht mehr arbeiten können und zur Latrine geführt werden müssen, wegen Durchfalls und Bauchschmerzen. Gestern früh sei es schon so arg gewesen, dass er nicht mit ihnen habe zur Arbeit gehen können. Sie mussten ihn im Block lassen. Am Abend, nach der Rückkehr, hätten sie ihn nicht mehr vorgefunden, sein Bett sei gereinigt und einem neuen Häftling zugeteilt gewesen. Angeblich habe man Nowak aufs Revier gebracht. Gestern Morgen sei er schon verwirrt gewesen und habe wohl nicht mehr erfasst, was mit ihm geschehe. Höchstwahrscheinlich Krebs, sein Zustand sei hoffnungslos gewesen, es habe keine Hilfe mehr gegeben. »Ich hoffe, dass sie ihn dort in Ruhe sterben lassen und ihn nicht noch vorher ermorden. Gebe Gott, dass sie ihn nicht noch lebend verbrannt haben!« So betete der große Löwy.

Das alles erklärte uns Löwy während des Ausladens der Kartoffeln, wobei er so langsam arbeitete, wie es nur ging. Ich sagte ihm, Herr Wiener habe gewusst, was ihn erwarte. Er wollte lieber an Krebs sterben, der auch Deutsche befallen könne. Er sei froh gewesen, nicht als gesuchter Antifaschist ermordet hätten, weil sie das nicht herausgefunden hätten.

Sigi erschien und brüllte uns an: »Bewegung, Bewegung, wir sind hier zum Arbeiten und nicht zum Schwatzen wie in der Judenschule! Oder wollt ihr, dass ich unter euch auftauche und euch mit dem Stock verprügle!« Aber der große Löwy sagte nur: »Weiter!« Er reagierte weder auf mich noch auf Sigi. Leise murmelte er etwas vor sich hin. Ich erkannte, dass es das Kaddisch war.

Als wir ein Stückchen entfernt waren, bestätigte Šikula Herrn Wieners Worte: »Sigi ist zweigeteilt! Tagsüber, bei der Arbeit, ist er der böse Sigi, der bestraft werden sollte. Schade, Herr Wiener hat uns kein Rasiermesser gegeben. Wir hätten ihm sonst beim Haarschneiden auch gleich selbst an die Kehle gehen können. Dann würden wir ihm gleich abends, wenn er sich in den freundlichen Sigi verwandelt hätte, einen Psychiater rufen, damit der ihn heilt, wie es sich Herr Wiener gewünscht hat. Ich weiß nur nicht, was der Psychiater mit einer Leiche angefangen hätte.« Darauf verstummten wir und wussten, dass dies unsere Art war, um Herrn Wiener zu trauern.

Nach gemeinsamen Überlegungen beschlossen wir, zur vereinbarten Zeit zu allen drei Würdenträgern zu gehen, um ihnen die Haare zu schneiden. Immerhin hatten wir das Herrn Wiener versprochen und wollten das auch erfüllen. Beim Schreiber und beim Blockältesten ging alles glatt. Wir wechselten uns beim Schneiden mit dem Apparat und der Schere ab. Beide Kunden, der Schreiber und der Blockälteste, gaben uns je ein halbes Brot. Offenbar war das der übliche Preis für einen Haarschnitt.

Sigi empfing uns wieder im Pyjama; das war offenbar die Uniform des liebenswürdigen Sigi. Die Arbeit mit der Schere fiel diesmal mir zu. Ich begann so, wie ich es bei den Friseuren gesehen hatte, auch dann, wenn ich gerade keine Haare schnitt, klapperte ich rhythmisch mit der Schere. Dabei plauderten wir aber nicht mit dem Kunden, wie es Friseure sonst bei der Arbeit tun, sondern sagten nur das Nötigste. Auch er gab uns ein halbes Kastenbrot. Zusammen hatten wir nun sechs Portionen. Wir kamen überein, dass jeder von uns innerhalb von drei Tagen zwei Portionen essen sollte. Vor Hunger fielen wir beinahe um, und uns war klar, dass es bald mit uns vorbei sein würde, wenn wir unsere fortschreitende Abmagerung und Schwächung nicht wenigstens verlangsamten.

Auf dem Weg zum Block dachte Šikula darüber nach, wer über das, was im Lager geschah, Zeugnis ablegen würde, wenn wir vor Hunger zugrunde gingen. Dann sang er wie früher schon das Lied der von der ungarischen Armee in

Russland eingesetzten Juden vor sich hin: »Egyszer eljön még a mi napunk, egyszer mindent visszadunk ...« – »Einmal wird unser Tag kommen und wir werden ihnen alles heimzahlen ...« Ich stimmte ein, aber ich konnte mir nicht vorstellen, was wir mit den Kapos wie Sigi und mit den SS-Männern machen sollten, falls wir gerettet würden.

Am nächsten Tag knüpften wir morgens auf dem Weg zur Arbeit an dieses Gespräch an. Ich sagte, mir sei bisher nicht bewusst gewesen, dass auch ein Jude ein Antisemit sein könne. Jetzt hätte ich gelernt, dass das möglich sei. Ich könne mir aber weiterhin nicht vorstellen, dass jemand die Menschen hasse, zu denen er gehöre. Das wäre ja so, als würde er sich selbst hassen! Aber Feri war schon so gebildet, dass er auch auf diese Frage eine Antwort hatte. Vor der Deportation hatte er über Sigmund Freud gelesen, den jüdischen Arzt in Wien, der vor Hitler fliehen musste. Šikula sagte mir, Freud sei ziemlich berühmt und schreibe Bücher. Solche Dinge interessierten Šikula wegen der Psychiatrie, die er studieren wollte. Jetzt versuchte er, im Geiste dessen, was er über Freud und seine Lehre gelesen hatte, auf meine Frage eine Antwort zu finden: Wie ein Jude zum Antisemiten werde? Das ließe sich so erklären: »Die Juden bilden eine Minderheit, die inmitten einer Mehrheit lebt, die sie unterdrückt und hasst. Dieser Mehrheit müssen sich die Juden mehr oder weniger anpassen, sonst können sie darin nicht überleben. Wir Gebildeten sagen dazu, sie assimilieren sich. So sprechen sie in Deutschland deutsch, in Ungarn ungarisch und so weiter. Mancher Jude kann diese Anpassung übertreiben und in seiner Vorstellung schließlich zur Mehrheit übergehen, der er gern angehören würde. Um sich von seinen Leuten – den Juden, zu denen er immer noch gehört – zu unterscheiden, jedoch auch, um sich denen aus der Mehrheit, die die Juden am meisten hassen, also den Antisemiten, anzubiedern, gleicht er sich ihnen an, hasst und beschimpft die Juden ebenso, wie sie es tun. Dadurch, dass er zum Antisemiten wird, will er sich von seiner jüdischen Identität befreien. Wir Doktoren sagen dazu, dass er seine Identität aufgibt.« »Ich als Ungebildeter und Nichtmediziner würde aber sagen, dass diese Leute nicht ganz richtig im Kopf sind.« So bewertete ich Šikulas fachmännische Erklärung.

»Ja, Junge«, antwortete Feri etwas hochmütig, »ich sehe, dass du dich bemühst, und bin froh darüber. Wir sagen dazu, dass es sich um eine psychopathologische Abweichung handelt.« Eine solche Überheblichkeit konnte ich mir von ihm nicht gefallen lassen und fragte ihn, ob es nicht zufällig auch Antisemitismus sei, wenn ein Jude einen anderen zu einem Dummkopf stempele. Dem stimmte Šikula nicht zu: Antisemitismus sei es angeblich nur dann, wenn sich dieser erstere Jude irgendwie von der jüdischen Gemeinschaft lösen und sich gegen sie stellen wolle.

Šikula verwirrte mich. Ich war mir nicht sicher, ob er das, was er sagte, ernsthaft dachte und ich also von ihm lernen sollte oder ob er nur so daherschwatzte. So sagte ich ihm wenigstens: »Herr Abeles, ich habe Sie aber an der Universität, an der Medizinischen Fakultät, niemals angetroffen. Da waren Sie wohl sehr leidend?« Und er antwortete: »Machen Sie sich nichts daraus, Herr Kohn, Sie werden heranwachsen und werden es begreifen.« Zum Glück waren wir schon bei der *Kartoffelgrube* angekommen und mussten uns darauf konzentrieren, eine passable Kiste zu erwischen. Als »Wegtreten« befohlen wurde, stürzten wir beide los, so schnell wir konnten, damit sich jeder von uns eine annehmbare Kiste greifen könnte; von beiden wollten wir uns dann die bessere nehmen. Aber bei diesem Wettkampf um die Kisten waren wir schon langsamer als früher. Wir waren in immer schlechterer Form.

Außerdem verschlechterte sich, der Jahreszeit entsprechend, das Wetter mehr und mehr. Es war dauernd feucht, und wir hatten ständige Kälte zu ertragen. Für die ganztägige Arbeit im Freien waren wir nicht ausreichend bekleidet. Und im Block, wo wir übernachteten, wurde wenig geheizt. Der aus Ziegeln gemauerte Heizkörper in der Raummitte wurde von beiden Seiten befeuert. In seinem Innern befanden sich Rauchkanäle, die zu einem hohen Schornstein am anderen Blockende führten. Diese Heizung reichte gerade aus, dass es in den hölzernen Baracken nicht fror. Decken gab es auch wenige. Nach Feris Ansicht könne man sich an diese dauernde Kälte nicht gewöhnen, es sei eine unaufhörliche Quälerei, auch wenn es, wie er sagte, vielleicht etwas weniger schlimm sei, als wenn man einen Menschen bei lebendigem Leibe auf dem Feuer geröst werde. Das müsse eine noch grässlichere Tortur sein. »Aber auch diese ständige Kälte, der wir hier nicht entkommen können, ist fürchterlich!« Ich fügte hinzu, dass mir wegen dieser quälenden Kälte auch der Arbeitstag endlos vorkomme. Wäre es wärmer, dann wäre die Arbeit zwar nicht weniger, aber die Zeit verginge schneller.

Obwohl wir unter der Kälte litten, war uns verboten, bekleidet zu schlafen, wir durften auch nichts unter der Oberbekleidung tragen. Manchmal, wenn wir während der Säuberung unserer Baracke in den unbewohnten, leeren Nachbarblock geführt wurden, der mit Decken ausgestattet war, nahmen wir uns die Decken und bauten die Betten dann so, dass das nicht gleich zu sehen war. Wir zerrissen die Decken in Streifen und umwickelten uns damit auf verschiedene Art. Das war selbstverständlich verboten, aber es war besser, sich prügeln zu lassen, als zu erfrieren. Sofern wir nicht in nasser Oberbekleidung von der Arbeit kamen, die wir dann auf dem Heizkörper trocknen mussten, zogen wir sie über Nacht nicht mehr aus.

Die Blockältesten wurden im Laufe der Zeit zahmer und ließen uns in Ruhe. Sie taten so, als sähen sie nicht, was wir auf dem Leib hatten. In den Blöcken, wo die Arbeitskommandos wohnten, war ihre Rolle auch vorher schon weniger mächtig gewesen als im Jungenblock, in dem sich die Kapos mit ihren Gehilfen schadlos gehalten hatten. Jetzt war obendrein allen klar, dass das Kriegsende nahte. Die Blockältesten, die nicht ständig unter den Augen der SS waren, verhielten sich zu ihren Mithäftlingen anständiger. Sie begriffen, dass sie eines Tages in deren Hände fallen könnten.

Selbstverständlich hatte dabei niemand einen Begriff davon, wie der Rest des Krieges verlaufen und wie sich unser weiteres Schicksal gestalten würde. Man flüsterte, dass sich in einem der Krematorien das *Sonderkommando* erhoben hätte,* aber etwas Konkretes wussten wir darüber nicht. Angeblich war die Arbeit der Gaskammern und Krematorien gestoppt worden. Es hieß, die SS wolle die Krematorien auseinandernehmen und die Teile abtransportieren, möglicherweise nach Österreich.

Feri Šikula sagte dazu einmal etwas, das mich wirklich bestürzte: Würde die SS die Öfen nicht mehr benutzen, so würde sie sie zerlegen, zu Eisenhütten transportieren und daraus neue Waffen oder Gebrauchsgegenstände herstellen. Ließe sie sie aber auseinandernehmen und in Einzelteilen wegschaffen, so bedeutete dies, dass sie ihre Fabriken zur Ermordung von Menschen an irgendeinem geschützten Ort im Reich neu aufbauen wolle! Sie habe noch nicht begriffen, dass sie den Krieg so oder so verlieren würden, auch wenn sie noch weitere Millionen von Menschen töteten. Außerdem sähen es die Nazis auch weiterhin als richtig und möglich an, Völker, die ihnen nicht passten, einfach zu ermorden.

Ich wollte zu dem, was Feri sagte, aus dem Kopf eine Berechnung machen und war unangenehm überrascht, als mir das nicht gleich gelang. Aber zum Schluss kam ich doch zu einem Resultat und teilte es Feri mit: Ich hätte berechnet, wie viele Menschen man so liquidieren könne, dass von ihnen außer Asche nichts übrig bliebe, wenn an jedem Tag und in jeder Nacht 15.000 vergast würden. Das sei ihnen, wie allgemein behauptet wurde, hier ja gelungen. An 10 Arbeitstagen wären das 150.000, in 100 Tagen anderthalb Millionen und in einem Jahr über fünf Millionen! Und dann bliebe ihnen sogar noch genügend Zeit für Feiertage, für Erholung und für die Wartung der Anlagen. Nach dem, was wir in Erdkunde gelernt hätten, sei es für die Nazis kein technisches Problem, in einem Jahr ein kleines europäisches Volk auszurotten und in zwei oder drei Jahren ein Volk mittlerer Größe mit 10 oder 15 Millionen Einwohnern, zum Beispiel sämtliche Ungarn oder Tschechen. Dazu könnten sie die bereits fertige und nur demontierte und renovierte Anlage verwenden. Sicher wäre es auch nicht schwierig, eine weitere davon oder eine in noch größerer Ausführung zu bauen.

»Du hast recht«, pflichtete mir Šikula bei, »die Nazis haben eigentlich ein ausgetüfteltes System zur massenhaften Ermordung von Menschen erfunden, erprobt und bis zur Praxisreife entwickelt, mit dem sie in absehbarer Zeit vielleicht die Gesamtbevölkerung Europas liquidieren könnten, wenn sie dazu die Macht hätten und es tun wollten. Und nach Hitler könnte in Deutschland ein noch größerer Irrer an die Macht kommen, der vielleicht auf die Idee käme, dass nach der erfolgreichen Liquidierung der Juden auch alle Schwarzen in Afrika oder sämtliche Russen und verschiedene andere Gruppen oder Rassen, die die Nazis in ihre Gewalt bringen könnten, ausgerottet werden müssen. Es könnte ihnen einfallen, dass der gesamte Erdball germanisch sein muss. Verrückte gibt es dafür genug!«

Es war niederschmetternd, sich so etwas auch nur vorzustellen, aber Šikula dachte einfach zu Ende, was ich angedeutet hatte. Diesen Gedanken spann er noch weiter: »Für die Nazis ist die massenhafte Ermordung von Menschen durch Gas und die Beseitigung der Leichen durch Verbrennung, praktisch ohne Unterbrechung, ein Mittel zur Entvölkerung großer Gebiete, ohne dort irgendwelchen Schaden anzurichten. Unter Nutzung der Erfahrungen aus Birkenau könnten weitere *Sonderkommandos* und Hilfskräfte aus jenen Gruppen rekrutiert werden, die gerade ermordet würden. Die Arbeitsfähigen würden sie zu Sklaven machen, aus ihnen die maximale Leistung herauspressen und sie dann, wenn sie nicht mehr arbeiten könnten, in die Gaskammern treiben und verbrennen. Das ganze Morden würde sie fast nichts kosten. Im Gegenteil, sie würden daran noch verdienen.«

Es sah so aus, als wäre Šikula selbst erschüttert von dem, wohin ihn seine bewundernswerte, aber logisch funktionierende Phantasie geführt hatte. Doch er war noch nicht ganz am Ende, deshalb fuhr er fort: »Durch die totale Ausbeutung der Ermordeten würden die Übermenschen für die Verwirklichung ihrer Pläne weitere Mittel gewinnen. Und diese ihre verrückten Pläne sind, technisch gesehen, realisierbar. Während bei einem Feldzug gegen die Nachbarn die Vorbereitung viel Geld und Mühen kostet, auch die eigenen Leute sterben und alles zerstört wird, so dass man es aufwändig erneuern muss, würde ihre neue, außerordentlich wirksame Technik des Massenmordens für sie so etwas darstellen wie reine, absolut fehlerfreie Arbeit! Auf den neuen Territorien, von Untermenschen gesäubert und von Sklaven in Ordnung gebracht, könnten sich sogleich Übermenschen ansiedeln, Vertreter der Herrenrasse!«

»Wir sind eigentlich nur ganz kleine Versuchskaninchen in diesem großdeutsch-nazistischen Experiment«, sagte ich. »Dann würden die übrigen Völker an die Reihe kommen, die die Nazis ausradieren wollten, wie sich ihr Adolf ausdrückt. Nach ihren Plänen hätten wohl die Russen Vorrang. Nur werden in Wirklichkeit die Russen bald mit ihnen kurzen Prozess machen. Es geht nur darum, ob die SS-Männer nicht vorher die Kaninchen zertreten. Wir sitzen hier eingesperrt im Käfig und können nichts tun.«

»Freilich können wir etwas tun«, überraschte mich Šikula, »wir können wie die Kaninchen mit den Ohren wackeln. Daran wird uns nicht einmal der große Adolf hindern. So werden wir unseren Abscheu vor dem Nazismus und unsere Unterstützung der Alliierten kundtun.« Natürlich finden wir mit dem Ohrenwackeln gleich an und wetteiferten, wem das besser gelingen würde. Feris bewundernswerter Intellekt wurde noch ergänzt durch seinen absurden Galgenhumor, der bei ihm aber irgendeinen tieferen Sinn hatte. Diesmal ermöglichte er uns den Übergang von grausamster Tragik zu pubertärem Blödeln.

Soweit ich mich entsinne, hatten wir damals erst ganz zum Schluss und überhaupt nicht lange geblödelt. Bald waren wir davon müde. Wir konnten machen, was wir wollten, wir waren von allem immer mehr ermüdet. Ich erinnerte mich an Mutter, wie sie mir vor ungefähr einem Jahr aus der Bibel vorgelesen hatte: »… und alles ist so müde …« Dabei wusste ich nicht mehr genau, worum es ging, ich wusste nur, dass es irgendwie mit alten Leuten vor dem Sterben zusammenhing. Jetzt war ich mir sicher, Mutter hatte nicht zufällig von verschiedenen geistlichen Dingen erzählt, wie auch Großvater und Onkel Arnost keineswegs zufällig mir mir über Politik sprachen. Sie wollten mich auf das Unvorhersehbare vorbereiten, das kommen konnte.

Auch Šikula und ich unterhielten uns immer weniger und weniger und ließen auch Abeles und Kohn ruhen. Wir waren dazu nicht mehr in Stimmung. An den Werktagen hatten wir nach der Rückkehr von der Arbeit nicht einmal mehr genügend Kraft, uns um das Friseurhandwerk zu kümmern. Nur an den Sonntagen gingen wir zusammen los, um den Würdenträgern nach Herrn Wieners Liste die Haare zu schneiden. Dann hörten wir auch damit auf. Wir waren schon so erschöpft und ausgehungert, dass wir nicht einmal mehr in der Lage waren, das Brot aufzuheben, das uns als möglicher Lohn zu Füßen lag!

Das Nachdenken über unser Handwerk riss uns aus der Lethargie, besonders Šikula, der sich erinnerte, wie ihn sein Vater gelehrt hatte, dass man für ein Unternehmen immer irgendwelche Reserven haben müsse. Andernfalls gewöhnten sich die Kunden daran, zur Konkurrenz zu gehen, und der Betrieb stürze ins Verderben und könne dichtmachen.

»Wir werden bald keine Energiereserven mehr haben, um die Woche über durchzuhalten und am Sonntag gemeinsam etwas zu tun. Wir sind am Rand des Untergangs und können bald zusammenbrechen. Die Deutschen sind bereits am Verrecken, aber dazu, uns den Garaus zu machen, haben sie noch genügend Kraft und Lust. Wir müssen etwas tun, solange es nicht zu spät ist! Ich habe aber keine Ahnung, was das sein könnte.«

Das Gleiche dachte auch ich. Laut sagte ich, uns könnten nur zwei Dinge retten. Eine Möglichkeit wäre, die Deutschen sähen ein, dass es für sie keinen Sinn mehr habe, Kartoffeln für das nächste Jahr einzumieten, die würden dann doch nur von den Russen gegessen werden. Allerdings könnten auch einige zu der Ansicht gelangen, es wäre nicht zulässig, die vereinbarten Lieferungen zu kündigen, den Verkehr zu stornieren und dergleichen mehr. Dann könnten sie auch gleich verkünden, dass der Krieg verloren sei. Dafür würde man sie bestrafen. Dann könnten sie noch von Glück reden, wenn sie in ein Konzentrationslager eingesperrt würden. Als Deutsche würden sie bis zum Kriegsende am Leben gehalten werden, für die Kleinigkeit, bei der Vernichtung der Häftlinge zu helfen. Aber eher würde man sie zur Strafe an die Ostfront schicken, und die Russen würden sie dort nicht gerade hätscheln.

Zu diesem Einfall bemerkte Feri, dass die SS mit dem Einlagern der Kartoffeln und so auch mit dem Kartoffelkommando nur dann aufhören werde, wenn möglichst bald ordentliche Fröste kämen. Dann würden nämlich die Kartoffeln erfrieren. Um uns würde es dabei gar nicht gehen, wir könnten ihretwegen vor Kälte umkommen, das wäre für sie kein Unglück. Und er fragte mich, was ich mit jener zweiten Möglichkeit meine, die uns retten könnte.

»Diese Möglichkeit wäre, wir kommen von den Kartoffeln anderswohin, wo mehr Hoffnung besteht«, sagte ich. »Wenn wir hier bleiben, werden wir nicht durchhalten, selbst wenn der Krieg in einigen Monaten aus ist. Wie wäre es, auf dem Revier nachzufragen, ob sie uns da nicht aufnehmen würden? Freilich nicht als Patienten, das habe ich schon probiert, es wäre auch zu riskant, sondern als Reinigungskräfte, Leichenträger oder dergleichen? Wir wären im Warmen, müssten eine weniger anstrengende Arbeit erledigen und bekämen vielleicht auch etwas mehr Essen. Du kennst sie dort, Feri, du könntest es versuchen.«

Šikula interessierte meine Idee: »Für einen Anfänger ist dieser Einfall gar nicht so schlecht«, lobte er mich. »Ich sehe, du begreifst schließlich meinen Grundsatz, dass der Mensch heutzutage überall Bekannte haben muss.« Und ganz im Ernst sagte er, er werde darüber nachdenken. Zum Scherzen hatten wir nämlich keine Kraft mehr.

Am nächsten Tag frühmorgens kam er mit einer kombinierten Variante. »Wir sollten unter irgendeinem Vorwand auf das Revier gehen, beispielsweise wegen Krätze wie bei deinem Übergang vom Russenkommando zu den Kartoffeln. Wenn wir dort sind, sollten wir probieren, ob die Pfleger uns nicht als Hilfskräfte gebrauchen können. Außerdem werde ich vorher mit dem Schreiber aus der Lagerkanzlei reden, dem wir die Haare schneiden, damit er uns hilft. Er soll uns dem Revier zuteilen oder, falls das nicht geht, zu irgendeinem Kommando, wo die Arbeit leichter ist als bei den Kartoffeln. Allerdings haben wir nichts, was wir ihm dafür geben könnten, wir können ihm nur umsonst die Haare schneiden.«

»Es könnte aber leicht geschehen, dass sie uns trennen«, wandte ich ein. »Und das wäre schade! Einerseits sind wir Kameraden, andererseits unterstützen wir uns gegenseitig, und das ist für beide von Vorteil.«

Šikula stimmte zu, aber er sagte, dass er trotzdem zu dem Schreiber gehen werde.

Das machte er auch, und der Schreiber versprach Hilfe. Aber Šikula sagte über ihn, er äußere sich immer ziemlich vage. Jetzt, wo es um etwas gehe, verhalte er sich ganz anders als beim Haarschneiden. Šikula glaubte nicht, dass der Schreiber für jemanden etwas täte, wenn er nicht im Voraus wüsste, dass er davon irgendeinen Nutzen hätte. Von uns könne er gewiss nichts bekommen, also werde er sondieren, ob auf dem Revier jemand sei, dem an uns liege und der ihm seine Liebenswürdigkeit vergelten könnte, wenn er von den Pflegern etwas brauchte. »Ich muss also auf dem Revier mit jemandem persönlich sprechen«, sagte Šikula, »ob sie dort nicht etwas für uns finden würden. Du hast recht, es wäre riskant, sich dort als Patienten aufnehmen zu lassen. Aber vielleicht könnte ich mir irgendein Gesundheitsproblem ausdenken und zu einer ambulanten Untersuchung gehen. Was Glaubwürdiges muß das sein, denn die Obrigkeit besteht nicht nur aus Dummköpfen. Danach würde ich wieder hier landen, weil ich hier zum Bestand gehöre.«

Meiner Meinung nach existierte noch ein weiterer logischer Ausweg. Warum könnte Šikula unter Nutzung seiner Bekanntschaften nicht allein vom Kommando *Kartoffelgrube* zum Revier wechseln? Der Übergang eines Einzelnen könnte sich viel leichter einrichten lassen. Ich erinnerte mich dabei an eine Fabel, vielleicht aus einem Lesebuch für die Gemeindeschule, in der zwei Mäuseriche vor einer blutdürstigen Katze fliehen, die sie fressen will. »Wir sind wie sie, wir sehen in der Ferne das Mäuseloch, wo wir uns verstecken können. Es ist aber eng, wie Mäuselöcher zu sein pflegen, damit dort nicht auch Raubtiere hineinkriechen können, die die Mäuse fressen. Wir jedoch flüchten nebeneinander und halten uns dabei an den Vorderpfötchen, damit wir uns nicht verlieren. Wir wollen nicht loslassen, nicht einmal, um einer nach dem anderen in das Loch zu flüchten. Wir fürchten, dass derjenige, der als Zweiter läuft, von der Katze gefangen wird. Als Kameraden sind wir rücksichtsvoll. Und so wird uns die Katze schließlich beide fressen!« Die Lehre aus dieser Kinderfabel war, dass wir die gegenseitige Rücksicht nicht so weit übertreiben dürften, bis sie für uns beide bedrohlich würde. Das Revier war Feris Betrieb, mochte er also versuchen, über seine Bekannten dorthin zu gelangen. Ich wäre nur froh, wenn ihm das gelänge!

Als ich diese Überlegung Šikula vortrug, erklärte er, dass ihm mein Mäusemärchen gefalle. Ich sei zwar der jüngste Erwachsene, wie Herr Wiener über mich gesagt hatte, doch es scheine, dass mir im Kopf trotzdem Platz für solche Torheiten geblieben sei, mit denen sich die Kinder in der ersten Klasse beschäftigen, allerdings besonders in Schulen für Zurückgebliebene. Soweit es ihn betreffe, würde er lieber dabei bleiben, auch weiterhin zusammenzuhalten. Etwas anderes sei es, wenn uns die Obrigkeit trennen würde, in diesem Fall könnten wir nichts machen. Er sei überzeugt, dass wir das Kriegsende eher erleben würden, wenn wir ein Tandem bildeten.

Am nächsten Tag überfiel mich schon morgens eine seltsame Mattigkeit. Die Beine wurden mir schwer, und ich konnte mich kaum zur Arbeit schleppen. So blieb es auch an den folgenden Tagen, nur zu der Müdigkeit kam allmählich eine sonderbare, unnormale Schlafsucht hinzu. Mit mir stand es immer schlechter, zuerst schlief ich nur im Sitzen ein, zum

Beispiel, wenn ich mich zum Essen setzte. Dann auch, wenn ich stand und mich auf etwas stützte. Solange ich in diesem Schlaf reglos stand, fiel ich nicht um, es sei denn, ich änderte die Lage. Später schlief ich im Stehen sogar dann ein, wenn ich nichts hatte, um mich darauf zu stützen. Bei der Arbeit genügte es, ein Weilchen die Kiste mit Kartoffeln oder auch nur eine leere Kiste abzusetzen, und schon versank ich in meinen Dämmerschlaf. In beiden Fällen musste mich jemand, der neben mir stand, festhalten oder aber ganz aufwecken. Wenn ich allein blieb, entschlummerte ich nach einem Weilchen wieder. Auch beim Appell schlief ich im Stehen ein. Wenn sich mir ein Kapo oder ein SS-Mann näherte, mussten mich diejenigen aufwecken, die neben mir standen, damit die Obrigkeit nicht auf mich aufmerksam wurde. Schließlich schlief ich selbst beim monotonen Gehen ein, und jemand musste mich stützen, meist zwei Leute von beiden Seiten. Angeblich schritt ich aus wie ein Automat.

Šikula zufolge war mein Schlaf weder normal noch vollständig; es war, als stände ich unter Hypnose. Vor der Deportation hatte ich beim Auftritt von Hypnotiseuren Leute gesehen, die in ebensolchem Zustand waren wie ich jetzt. Ein wenig von dem, was sich um mich herum abspielte, kam mir zu Bewusstsein, doch das Gefühl für Zeitabläufe hatte ich verloren. Es kam vor, dass ich auf dem Weg von der Arbeit beim Gehen einschlief und das erst mitbekam, als wir bei unserem Block ankamen. Dann musste mich jemand anstoßen. In solchen Fällen schien mir, dass der Weg nur ein Weilchen gedauert hätte. Manchmal war mir auch nicht länger unbehaglich oder kalt. Und dann kehrte das plötzlich zurück, sobald ich wieder zu mir kam.

Eigentlich war das nicht unangenehm. Im Schlaf verschwand das Elend, das mich umgab. Ich empfand nicht mehr die Leidensqualen, und am Ende wußte ich nicht mehr, wie viel mich peinigende Zeit verflossen war. So war es im

Schlaf – und wenn ich ganz wach war, dann lief es mir kalt den Rücken herunter. Es war, als wäre ich teilweise tot. Und das verschlimmerte sich fortwährend, als würde ich mich weiter und weiter vom Leben entfernen. In lichten Momenten erinnerte ich mich an die erschöpften Muselmanen, die im Sommer aus dem aufgelösten Ghetto von Litzmannstadt nach Birkenau gebracht worden waren. Auch diese waren, wie ich gehört hatte, umhergetaumelt, hatten den Bezug zur Umgebung verloren und fanden bei der nächsten Selektion ein schlimmes Ende.

Gleichzeitig wurde mir bewusst, es wäre nicht einmal mehr mit außerordentlichen körperlichen oder seelischen Leiden verbunden, so zu sterben. Dabei dachte ich mir: Ist es nicht immer so, dass das wache und denkende Gehirn eines Sterbenden bei vollem Bewusstsein ist und wie von außen auf den leidenden Körper schaut, zu dem es gehört, und dabei bis zum letzten Augenblick danach lechzt zu sterben? Vielleicht ist dieser äußerste Moment des Lebens so etwas wie ein Nebel, in dem sich alles nach und nach verliert. Mich beschäftigte noch, was wohl von mir bliebe, wenn ich mich in diesem Nebel auflösen würde. Ich sagte mir, dass nichts bliebe, ebenso wie von den Millionen früher Ermordeter nichts geblieben ist. Nach meinem Ende würde man den Raum durchlüften, um den Geruch zu vertreiben, und die eingeschrumpfte Hülle, die von mir übrig wäre, würde man wie die anderen verbrennen. Dabei war mir aber auch bewusst, dass mein Gehirn wohl noch funktionierte, solange mir solche Dinge einfielen, zumindest im wachen Zustand.

Wenn mich nicht gerade dieser eigentümliche Schlaf übermannte, war sonst alles mit mir in Ordnung, zumindest laut Šikula. Nachts schlief ich normal und hatte auch Träume, am häufigsten von der Heimat, von der Familie, von gutem Essen, aber manche, die das Lager betrafen, waren auch bedrückend. Manchmal erinnerte ich mich noch nach dem

Erwachen daran, und es dauerte eine Weile, bis ich begriff, dass das, was ich gerade durchlebt hatte, im Traum und nicht in Wirklichkeit abgelaufen war. Tagsüber aber hatte ich während dieses Dämmerschlafes niemals Träume. Wenn wir uns am Sonntag etwas ausgeruht hatten, ging es mir am Montag besser, ich schlief am Tag weniger oft ein. Offenkundig hing das Ganze mit der Erschöpfung zusammen.

Šikula und ich blieben ständig zusammen, ich hatte ihm auch alles über meinen Dämmerschlaf berichtet. Er war der Letzte, den ich sah, ehe mir das Bewusstsein schwand, und er war der Erste, den ich erblickte, wenn ich wieder erwachte. Auf dem Weg zur Arbeit und von der Arbeit ging ich zwischen ihm und Herrn Löwy. Diese beiden bewachten mich aufmerksam und bewahrten mich vor allen möglichen Unfällen.

Šikula wachte nicht nur über mich, sondern beobachtete mich auch. Er sagte mir, dass ich nach dem Wenigen, das er bisher lesen konnte – wobei er wieder Freud aus Wien nannte –, an einer Dissoziation des Bewusstseins leide. Diese Störung beruhe darauf, dass von dem, was im Gehirn abläuft, etwas im Bewusstsein sei und gleichzeitig etwas im Unterbewusstsein bleibe.

Davon verstand ich überhaupt nichts, und allem Elend zum Trotz spielte ich eine kleine Szene, wie ich etwas am Boden suche. »Ich schaue und schaue, aber unter diesem Bewusstsein sehe ich nichts«, sagte ich. Mir schien, Šikula tue mir gegenüber irgendwie groß. Aber er antwortete nur kurz angebunden, für pubertäre Redereien habe er jetzt keine Zeit. Er bemühe sich gerade, sich all die Verrücktheiten, die ich treibe, genau einzuprägen. Wenn er nach dem Krieg Medizin und Psychiatrie studiere, werde er sich alles erklären, was er jetzt nicht verstehe, aber die Voraussetzung dafür sei, sich an alles zu erinnern. Dann werde er über mich ein Buch schreiben. Und schließlich wisse er schon, wie es heißen werde: »Ein Idiot im Halbschlaf«. Das konnte ich ihm nicht einfach durchgehen lassen und wollte auch das letzte Wort haben. Also sagte ich: »Jawohl, Herr Chefarzt! Stets zu Diensten, Herr Professor!«

Nichts von dem, was wir uns sagten, war irgendwie scharfsinnig, doch es zeigte sich wie schon mehrfach, dass hinter den Kulissen der Tragödie oft auch ein wenig Komödie gespielt wurde.

Am nächsten Tag kam Šikula auf mein Bewusstsein und Unterbewusstsein zurück. Er sagte, ich sei wie ein Bär, der im Winter in seinen Bau krieche, dort schnarche und wieder herauskomme, sobald es schön werde. Er habe gelesen, dass der Bär während des Winterschlafs etwas auskühle, jedoch nicht so sehr, dass er erfriere. Dann spüre er nichts, auch keine Kälte, durch den Schlaf spare er Energie und halte es deshalb ohne Fressen bis zum Frühjahr aus. Danach sagte er aber etwas, das mir nicht gefiel. Hätte er ein Thermometer, dann würde er es mir, während ich schliefe, in den Hintern stecken, um festzustellen, ob ich auch etwas ausgekühlt sei wie dieser Bär. Für den Bären sei der Winterschlaf ein großes Glück, und es könne sein, dass er im Grunde auch für mich von Vorteil sei.

Feri war ein Schlaukopf voller Einfälle. Wäre ich wirklich ein Idiot – was ich von mir, ob zu Recht oder zu Unrecht, nicht dachte –, würde ich Wert darauf legen, dass mich ausschließlich Herr Doktor Feri Šikula kuriere. Wäre er eines Tages Professor, könnte er auf Basis der Untersuchung solcher Patienten, wie ich einer sei, und von Experimenten an Bären und anderen Winterschläfern erforschen, ob es gehe, Menschen in einen Zustand zu versetzen, bei dem sie weniger Energie verbrauchen. Wir würden aus Lagern wie Auschwitz alle Hungernden nehmen, in einen »Winterschlaf« versetzen, und sie würden bis Kriegsende schlummern.

Diese Phantasie gefiel Feri; er sagte, dass ich mir nach der Geschichte mit den Mäusen ein weiteres hübsches Märchen ausgedacht habe, diesmal für jüngere Heranwachsende in einem Alter, in dem sie Jules Verne lesen. Ich habe es mit dem Happyend abgeschlossen, dass uns schließlich alliierte Köchinnen mit dem Ruf wecken würden: »Aufgestanden, Faulpelze, der Krieg ist aus, und das Frühstück steht auf dem Tisch!«

Šikula versprach mir, das alles zu erforschen, sobald wir nach Hause zurückkehrt seien und er Medizin studieren werde. Er sagte: »Das werde ich tun, damit es die Menschen in bevorstehenden Kriegen und künftigen Konzentrationslagern besser haben.« Zuerst schien mir, Šikula sei der größte Optimist auf der Welt, da er es für selbstverständlich hielt, dass wir nach Hause zurückkehren würden. Aber gleich darauf wurde mir klar, es verhielt sich genau umgekehrt. Er hatte damit ja gesagt, dass sich dasselbe, was mit uns geschah, irgendwann später und irgendwo anders wiederholen könne und wiederholen werde. Dies wiederum klang ziemlich pessimistisch und war für meinen erst vierzehnjährigen, wenn auch vor der Zeit gereiften Kopf zu hoch, und das führte ich mir vor Augen.

Weiterhin nahm ich nur noch manchmal, in wachen Augenblicken, wahr, was um mich herum passierte, aber sonst versank ich dauernd in meinen Dämmerzustand. Bei einem langen Gesamtlagerappell, von dem ich zum Glück nichts in Erinnerung behalten habe, sollten wir der Hinrichtung eines Häftlings zuschauen, der bei einem Fluchtversuch gefasst worden war. Dann sollten wir zu dem Opfer hintreten, jeder sollte sich den Erhängten ansehen, um sich daran zu erinnern, wie es denen ergehe, die die Losung »Arbeit macht frei« allzu wörtlich genommen hätten. Ich entsinne mich nur, wie ich im Geiste sagte, dass ich nach den Bergen von Leichen, die ich schon gesehen hätte, nicht daran dächte, mir noch eine weitere anzuschauen, diesmal einen Erhängten. Aber es kam gar nicht dazu, denn ich musste die Augen schließen. Wieder fiel ich in den Dämmerzustand, und von alledem blieb mir nur die matte Erinnerung an einen Fiebertraum von einem Ereignis, das vielleicht gar nicht stattgefunden hatte.

Eines Tages erklärte der Blockälteste, dass aus unserem Kommando am nächsten Morgen jüngere Jugendliche für das Kommando *Maurerschule* ausgesucht würden – das war wohl eine Berufsschule für Maurer, die im Hauptlager Auschwitz arbeiten sollten. Dies war eine überraschende Nachricht! Wir hatten keine Ahnung, dass so etwas existierte. Šikula und ich begannen gleich zu überlegen. Während er sich dachte, die *Maurerschule* könnte ein günstigeres Unternehmen als unser Kartoffelkommando sein, war ich nicht so sehr davon überzeugt. Nach Šikulas Ansicht wäre es idiotisch, jemanden das Maurerhandwerk nur zu lehren, um ihn zu töten, sobald er ausgelernt habe. Vermutlich werde man die Lehrlinge auch ausreichend ernähren, damit sie nicht schon während der Lehrzeit an Hunger stürben.

Aber daran zweifelte ich. Verbarg sich dahinter nicht wieder irgendeine nordische List? Ich urteilte danach, dass ein *Sonderkommando* aus Leichenverbrennern bestehe, die man nach Ablauf ihrer Funktionsperiode ermorde und deren Leichen dann von der neu antretenden Mannschaft dieses *Sonderkommandos* verbrannt würden. Oder danach, dass *Sonderbehandlung* keine spezielle Therapie für Kranke sei, sondern deren Ermordung. So könne auch *Maurerschule* ein Deckname für irgendeine Falle sein.

Feri meinte, dass wir den wahren Stand der Dinge wohl nicht erfahren würden, weil für das Morden eine beliebige Tarnbezeichnung gewählt werden könne, vielleicht auch die Bezeichnung *Kartoffelgrube*. Wenn sich dahinter ein geheimer Plan verberge, dann könne es sein, dass nach dem Eingraben der Kartoffeln in die Erde auch die Asche der Schipper verbuddelt werde. »Hier wird jedoch auch ohne jede Tarnbezeichnung in großem Stil gemordet – warum sollten sie da das Töten ausgerechnet *Maurerschule* nennen?« So sagte Šikula und verlieh dem Wort *ausgerechnet* einen gehörigem jiddischem Akzent, als wollte er an unsere frühere Konversation von Kohn und Abeles anknüpfen. Dazu fühlte ich mich nicht gut aufgelegt und bemerkte nur, es sei riskant, dorthin zu gehen. Die Deutschen verwendeten Tarnnamen nicht nur zur Bezeichnung gewöhnlichen Mordens, sondern auch für Spezielles. Vielleicht würden sie uns als Versuchstiere für medizinische Zwecke benutzen? Und wie könnten sie überhaupt auf den Gedanken kommen, sich mit der Ausbildung von Maurern abzugeben, wenn das Ende des Krieges, den sie verlieren würden, nicht mehr lange auf sich warten lassen werde?

»Also werden wir dorthin gehen oder nicht?« Šikula stellte mich vor die Wahl, und obwohl ich anfangs dagegen war, stimmte ich jetzt zu. Es war besser, ein Risiko mit Hoffnung einzugehen, als sich hier zwischen den Kartoffeln und im Dreck hoffnungslos durch Arbeit verschrotten zu lassen. Auf seine Frage, was wir dafür tun sollten, antwortete ich, wir würden uns nach dem Rezept meines Kameraden Schmule, von dem ich ihm erzählt hatte, gründlich waschen, Kleidung und Schuhe säubern und uns ausruhen, damit wir morgen in Form seien. Bei ihrer Kandidatenauswahl müssten wir den Eindruck erwecken, dass wir voller Leben und überströmender Energie seien. Wir sollten auch ausstrahlen, dass wir militärisch auftreten können, diszipliniert und geübt seien und uns die Idee begeistere, mit dem Ziegel in der Hand im wahrsten Sinne des Wortes ein neues Deutschland zu erbauen. Das gefiel Šikula. Er erinnerte daran, dass wir uns als wirkliche Meister unseres Handwerks noch gegenseitig die Haare schneiden sollten. Das alles nahmen wir sofort in Angriff, um unser Ziel möglichst zu erreichen.

Die Auswahl der Schüler für die *Maurerschule*, die am nächsten Morgen stattfinden sollte, kam uns fast wie die

Aufnahmeprüfung für eine echte Schule vor. Als wir die Vorbereitungen abgeschlossen und uns gegenseitig die Haare geschnitten hatten, fiel mir ein, was wir jetzt mit der Friseurausstattung machen sollten, unserem Erbe von Herrn Wiener. Feri sagte ohne Zögern, Schere und Apparat gehörten mir und es liege also an mir, darüber zu verfügen. Er selbst würde sich dieser Gerätschaften am liebsten entledigen. »Das Friseurgeschäft war langweilig, am Ende haben wir es beide bleiben lassen. Jetzt werden wir ein besseres Handwerk haben«, sagte er.

Šikulas Optimismus war ansteckend. Wir malten uns schon fast aus, wie wir, in der einen Hand die Maurerkelle und in der anderen eine große Scheibe Brot, dick geschmiert mit Margarine, die wir von den Deutschen zur Vesper bekämen, ein Handwerk erlernen würden, welches uns auch nach dem Lager, das wir selbstverständlich überleben würden, von Nutzen sein würde. In dieser ausgelassenen Stimmung schlug ich vor, das Friseurwerkzeug gegen Brot einzutauschen, das wir gleich essen könnten. Es müsste sowieso geschliffen werden, aber einstweilen funktioniere es noch. Wenn wir uns ordentlich satt äßen, würden wir bei der Aufnahmeprozedur besser aussehen.

Darauf einigten wir uns also. Wir wussten, dass unser Werkzeug dem Blockältesten gefiel, dem wir die Haare geschnitten hatten; wir könnten also zu ihm gehen. Die Begeisterung überwältigte mich, aber ich war auch schwächer als Feri, er bot mir an, ihn mit den Gerätschaften allein aufzusuchen. Ich brauche nur zu sagen, er möge gehen … Da verfiel ich plötzlich im Sitzen in meinen Dämmerzustand. Erst als mich Šikula sanft schüttelte, erwachte ich wieder.

Ich sah ihn an. Er war sonderbar ausgestopft. »Drei Brote«, sagte er nur. Also hatte jeder von uns drei Hälften zur Aufbesserung. Eine würden wir gleich essen, eine vor dem Aufnahmeverfahren, und die dritte sollte Reserve sein. Sofort begannen wir das trockene Brot zu kauen. Nach dem Essen war uns etwas wohler, so dass wir auch wieder zu reden anfingen. Mir schien, dieser Schuft von einem Blockältesten hatte uns über den Löffel balbiert, als er sah, dass wir es mit dem Verkauf eilig hatten. Gemessen daran, dass uns für eine Anwendung dieser Gerätschaften die Kunden ein halbes Brot zahlten, war der Preis viel zu niedrig. Šikula rechtfertigte sich aber mit der Bemerkung, dass der Blockälteste ursprünglich nur zwei Brote geben wollte und er das dritte von ihm nur mit der Drohung herausgeschlagen habe, dass wir die Sachen lieber zertrümmern würden, als sie wie geschenkt abzugeben. Fürs Haareschneiden hätten sie uns das halbe Brot vielleicht deshalb gezahlt, weil wir bei dieser Arbeit zu zweit waren. Um die Wahrheit zu sagen, hatten sie uns kavaliersmäßig entlohnt und damit gezeigt, dass sie zur Elite gehörten und sich das erlauben konnten. Auch weil es für sie gegenüber dem übrigen Lageradel eine Schande gewesen wäre, wenn sie weniger gezahlt hätten als dieser. Ich gab zu, dass wir sie auch zum halben Preis bedient hätten. Und wenn wir von diesem halben Preis ausgingen, dann hatte uns der Blockälteste eigentlich genug gegeben.

Das war eine sinnlose und überflüssige Diskussion, die Šikula langweilte. Er sagte, dass es ihn jedes Mal aufs Neue überrasche, wenn hier, wo es in erster Linie darauf ankomme, überhaupt zu überleben, unser flüchtiges Leben, genauer gesagt, dessen Rest, aus schwachsinnigem Feilschen bestehe. »Es ist hier wie auf einem Flohmarkt vor dem Krieg! Dieser Flohmarkt ist nur ein Beispiel dafür, wie es in allem und überall zugegangen ist und zugeht, auch hier. Der grundlegende Unterschied besteht nur darin, dass hier alles hundertmal grausamer und so schlimm ist, dass es wohl kaum noch schlechter werden kann.« Ich gab zu, dass er recht habe, und war schon still.

Am nächsten Tag bereiteten wir uns unserem Plan entsprechend vor. Die Jungen, die sich gemeldet hatten, dass sie zur

Maurerschule wollten, blieben im Block. Der Blockälteste schrieb sich ihre eintätowierten Nummern auf, die übrigen gingen zusammen mit den Erwachsenen zur Arbeit. Es hatten sich aber bei weitem nicht alle Jungen gemeldet. Einer oder zwei, die mit ihren Vätern hier waren, wollten verständlicherweise auch weiterhin mit ihnen zusammenbleiben. Auch glaubten nicht alle, dass uns die SS als künftige Maurer verwenden wollte. Es sah ziemlich verdächtig aus. Mit der Ausbildung jüdischer Maurer jetzt zu beginnen, wo das Kriegsende nahte, obendrein im Winter, wo man draußen nicht bauen konnte, war nach gesundem Menschenverstand ein absurdes Unterfangen. Aber im Rahmen der irrsinnigen nazistischen Ideologie konnte das normal und vernünftig erscheinen. Das begriff die Mehrheit der Häftlinge. Rationales Nachdenken kam so erst an zweiter Stelle.

Über allem stand die Furcht vor einer Nazifalle. Hinterlist wurde allgemein als eine Eigenschaft der Nazis angesehen, von der sie nicht einmal jetzt abließen, wo sie den Krieg schon bald verloren haben würden. Derjenige von ihnen, dem es gelang, angebliche Feinde einzuwickeln oder hinters Licht zu führen, wurde als Held und Vorbild gepriesen! Im Übrigen aber befürchteten die Häftlinge, an den ausgewählten Jungen könnten medizinische Sterilisationsversuche durchgeführt werden. Verdächtig war auch, dass erstmals, seit wir im Lager waren, teilweise auf Wünsche der Häftlinge Rücksicht genommen wurde. Es wurde angenommen, die SS habe das so eingerichtet, damit sich später niemand beschweren könnte, ihm sei Unrecht zugefügt worden. Dann könnte man ihm sagen: »Du hast dich doch freiwillig gemeldet!«

Šikula und ich hielten diese Vermutungen für zu vertrackt, als dass sie wahr sein könnten. Wir sagten uns, der Blockälteste werde die Instruktion erhalten haben, dass am nächsten Morgen eine Selektion von Jungen für die *Maurerschule* im Hauptlager stattfinden solle. Seine Aufgabe sei es, dafür »geeignetes Menschenmaterial« aufzutreiben. Wie das geschehen werde, interessiere nicht weiter. Der Blockälteste halte es wohl nicht für geraten, mehr Eifer an den Tag zu legen, als von ihm verlangt werde. Warum sollte er auch Verantwortung für deutsche Aktionen übernehmen, wenn das Kriegsende schon greifbar nahe war? So gab er diese Sache eben bekannt, und wer sich nicht meldete, der wurde halt zum Kartoffelausladen geschickt, denn niemand konnte sich erlauben, die Weiterfahrt der Waggons aufzuhalten, die für die deutsche Kriegführung wichtig waren. Höchstwahrscheinlich ging es gar nicht darum, dass die Deutschen womöglich anfingen, sich zu der verbliebenen kleinen Minderheit noch überlebender jüdischer Häftlinge anständiger zu verhalten. Es ging wohl nicht einmal um irgendeinen Komplott. Für eine Lappalie wie das Umsetzen einer kleinen Häftlingsgruppe von einem Arbeitskommando in ein anderes war das auch gar nicht erforderlich.

Während des anfänglichen Durcheinanders nach der Ankunft im Lager verfügten wir nicht über ausreichend Informationen und Erfahrungen, um die Dinge einschätzen zu können. Wir waren auch zu gestresst, um dazu fähig zu sein. Später wurde alles endlos beredet und beurteilt, und die irgendwann geäußerten Ansichten wurden auch keineswegs teilnahmslos hingenommen. Wir stumpften erst ab, als wir nach Erschöpfung unserer Reserven an der Grenze unserer Möglichkeiten angelangt waren und der Vorhang, der allmählich unser Bewusstsein verdunkelte, sich zu schließen begann.

Selbstverständlich fiel unter bestimmten konkreten Bedingungen uns allen das Gleiche ein, und wir urteilten ähnlich. Wir Jungen konnten kaum schlauer sein als die Übrigen. Schließlich waren wir gewöhnliche, nur vor der Zeit erwachsene Jungen, zum Großteil aus verschiedenen Schulen herausgerissen, und obendrein nichtprivilegierte Häftlinge, über die niemand eine schützende Hand hielt. Darin unterschieden wir uns nur wenig. Fähigkeiten, die uns unterscheidbar machten, waren unter Lagerbedingungen wenig sichtbar und brauchbar. Eine individuelle Begabung, auf welchem Gebiet auch immer, konnte man hier nicht entfalten, und eigentlich kam es darauf auch nicht an. Hier lag das Hauptgewicht auf dem Zufall, den wir subjektiv als »Glück« begriffen. Der Zufall war natürlich unpersönlich, als würde er alle mit ein und demselben Maß messen. Glück für den einen war aber oft das Unglück des anderen. Ein Beispiel war, wenn aus einem härteren Kommando Leute zur Ergänzung eines leichteren ausgewählt wurden, man dabei aber von zwei Kameraden nur einen nahm. Für den einen war es ein Glück, für den anderen ein Unglück. Das war eine Überlegung, die mir oft im Kopf herumging. Leider war sie eine Vorahnung dessen, was bald geschehen würde.

An diesem Morgen machten wir uns wie geplant zurecht, nach dem Waschen aß jeder seine Hälfte Brot. Die verbleibende Hälfte zerteilten wir in kleinere Stücke, damit nicht zu sehen war, dass wir etwas bei uns hatten. Andernfalls wäre es so ausgegangen, wie es im Lager gang und gäbe war: Jemand hätte uns das Brot gestohlen und augenblicklich aufgegessen, damit es ihm niemand mehr wegnehmen könnte, auch wenn man ihn beim Diebstahl ertappte.

Bald traf eine viergliedrige SS-Eskorte ein, ein SS-Offizier, wie üblich auf dem Rad, und ein Kapo, der Häftlingschef der *Maurerschule*. Der Blockälteste ließ uns in Fünferreihen antreten. Feri Šikula und ich standen zusammen. Er befand sich am Rand einer Fünferreihe zu meiner Linken. Diese Position nahm er von sich aus ein, wohl um mich zu verdecken und auch unauffällig zu stützen, falls ich wieder in meinen Dämmerschlaf versank. Als wir uns aufgestellt hatten, erinnerte mich Feri: »Schlaf jetzt nicht ein! Wart damit, bis wir beide im Sommer in einem Bad sind.« Dazu nickte ich zustimmend. Einstweilen drohte kein Einschlafen. Ich war noch nicht müde, ausnahmsweise hatte ich einen vollen Magen, war angespannt und überwach.

Der Offizier wollte jeden von uns gesondert sehen und deutete das dem Blockältesten mit einem Wink an. Der ließ zunächst das erste Glied der Fünferreihe aufmarschieren, in dem auch Šikula stand, dann das zweite, in dem ich war, und dann entsprechend die weiteren. Daraufhin befahl er: »Linksum!« Das war eine mir schon bekannte Anordnung, bei der eine Reihe nebeneinanderstehender Jungen gebildet wurde. Erst jetzt fiel mir ein, dass diese Prozedur vorauszusehen war und wir uns besser hintereinandergestellt hätten. Dann hätte mich Feri aber nicht stützen können, falls ich einschlief. Der Offizier sah sich jeden an und holte die ausgewählten Jungen aus der Reihe. Als die Reihe an mich kam, trat ich vor, wie ich es gelernt hatte. Ich versuchte, mich von den anderen zu unterscheiden und so gewissermaßen von meiner Umgebung abzuheben, bewegte mich nach militärischer Art, streckte den Brustkorb heraus, zog den Bauch ein, spannte die restlichen Muskeln an und schaute ihm mutig in die Augen. Der SS-Mann öffnete während der ganzen Zeit nicht den Mund.

Er wählte mich aus! Dort stand ein Grüppchen von uns. Alle sahen mehr oder weniger ähnlich aus. Offensichtlich wollte er Jungen um die fünfzehn aussuchen, eher von mittlerem Wuchs und in relativ gutem Zustand, soweit sich das nach dem bloßen Augenschein feststellen ließ. Meine zeitweiligen Schlafphasen waren mir glücklicherweise nicht anzusehen. Šikula, der einen halben Kopf größer, etwas stärker und älter als ich war, hatte der SS-Mann nicht ausgewählt, dafür aber seinen Nachbarn, der kleiner war. Mir schoss durch den Kopf, dass Šikula wohl als zu gut eingeschätzt worden war, um für die Auswahl als Maurerlehrling in Frage zu kommen. Feri war dafür zu groß, zu kräftig, zu erwachsen und zu klug, die Intelligenz blitzte ihm aus den Augen. Das aber interessierte den SS-Mann wohl nicht.

Diese Erkenntnis war für mich neu: Wenn man für eine Funktion Leute sucht, nimmt man gewöhnlich nicht den Besten! Am Ende lässt man den Betreffenden eine weitaus stupidere Arbeit verrichten als diejenige, für die man ihn gebraucht hätte. Ich erkannte das, doch ich begriff es nicht, weder damals noch später.

Der Blockälteste notierte sofort die Häftlingsnummern der ausgewählten Jungen. Er bemerkte, wie Šikula und ich uns ansahen, er hatte wohl auch schon vorher gesehen, dass wir überall gemeinsam hingingen. Beim Notieren sagte er leise zu mir, die heutige Selektion sei keine Frage von Leben und Tod; ich solle es deshalb nicht so schwer nehmen, wenn wir beide getrennt würden. Wir wüssten nicht im Voraus, wer Glück haben und überleben werde und wer nicht: »Ihr seid beide jung und in guter Verfassung, euch könnte das gelingen. Bald schon wird das alles ein Ende haben!«

In diesem Augenblick tröstete mich das aber nicht sehr, es war ein schwerer Schlag für mich, auseinandergerissen zu werden. Als wir uns ansahen, spürte ich, dass es Feri auch grämte. Wir waren Kameraden geworden und hatten gegen das Elend zusammen erfolgreicher angekämpft, als jeder für sich allein imstande gewesen wäre. Feri Šikula, der stärker als ich war, hatte mir vielleicht das Leben gerettet.

Ich erinnerte mich daran, wie alle sagten, das Überleben hänge hauptsächlich vom Zufall ab. Sollte ein Unglück einen von zwei nahen Gefährten treffen, dann sei es sehr wahrscheinlich, dass es beide zugleich ereile, wenn sie zusammen seien. Flöhen zum Beispiel zwei aus der Haft und würden dabei gefasst, dann erwarte beide das gleiche Urteil. Aber wenn sie sich auf der Flucht trennten und jeder einen anderen Weg ginge, könne zumindest einer von ihnen Erfolg haben. Würde also nur einer von uns überleben, so wäre das immer noch unvergleichlich besser, als wenn wir beide umkämen.

Die gesamte Selektion verlief diesmal schnell und ohne Gewaltanwendung. Der Offizier beendete die Auswahl, winkte den SS-Männern mit der Hand, setzte sich aufs Rad und fuhr ab. In der ganzen Zeit hatte er wohl kein einziges Wort gesprochen. Das war aber nichts Ungewöhnliches, so verhielten sie sich üblicherweise, soweit sie mit den Häftlingen nicht wie mit einem Material arbeiteten, waren diese für sie Luft. Auch die Eskorte nahm uns nicht wahr, es war nichts zu bewachen, und sie hatte es nicht eilig. Unser neuer Kapo schaute in eine andere Richtung und bemerkte nichts. Ich winkte Feri zu, er solle näher kommen, ich selbst schob mich in der Gruppe nach hinten, damit wir unbeobachtet miteinander reden könnten.

Feri stand einige Meter von uns entfernt, zusammen mit mehreren anderen Jungen, die ebenfalls nicht ausgewählt worden waren und nun kamen, um sich zu verabschieden. Leise sagte ich ihm, wie sehr es mir leidtue, dass wir nicht zusammengeblieben seien. Er nickte nur zustimmend mit dem Kopf und erwiderte: »Wir müssen durchhalten, das alles wird bald enden!« Dabei hob er die rechte Hand mit geballter Faust zur Bekräftigung dessen, dass wir uns behaupten würden, aber er hob sie nur bis in Brusthöhe. Damit erinnerte er daran, dass unsere Chancen etwa fifty-fifty stünden – einstweilen könnten wir noch nicht die Flagge hissen, würden sie aber auch nicht vom Mast einholen. Seine Geste verstand ich dank einem Scherz, den wir früher gemacht hatten: Die Nazis würden in dem Maße, wie ihre Niederlage nahte, beim Heilrufen die Hand immer weiter senken, bei Kriegsende würden sie sie beim Grüßen nur noch bis zum Hosenlatz heben. Wir hingegen hoben die geballte Faust immer höher und höher als Symbol dafür, dass wir durchhalten und nicht aufgeben würden, aber einstweilen waren wir erst in der Mitte dieses Weges.

Ich antwortete mit der gleichen Geste und sagte Feri noch, warum er meiner Ansicht nach nicht ausgewählt worden sei: In ihren Augen wäre er viel zu gut für einen Maurer, aber wir hätten an etwas Derartiges gar nicht gedacht. Šikula zuckte die Achseln, zum Zeichen, dass sich da nichts machen ließe. Ich erinnerte ihn daran, dass er versuchen solle, über den Schreiber zum Revier zu kommen, wie wir es geplant hätten, vielleicht werde ihm das gelingen. Dann verabschiedeten wir uns mit einem Satz, der schon fast zu unserem Motto geworden war: »Wir treffen uns um drei Uhr nachmittags nach dem Krieg in Parkan, im Café Munk!« Feri kannte die örtlichen Verhältnisse in Parkan, weil ich ihm davon erzählt hatte. Ich nickte noch, um unsere Abmachung zu bekräftigen.

Leider haben wir uns niemals mehr getroffen, weder in Parkan noch anderswo, obwohl wir gegenseitig unsere Adressen auswendig gelernt hatten. Nach dem Krieg schickte ich einen Brief an seine Anschrift und bekam ihn zurück mit dem Vermerk auf dem Umschlag, der Adressat sei deportiert worden und nicht zurückgekehrt. Wahrscheinlich ist Feri Šikula in der zweiten Februarhälfte 1945 während der Evakuierung umgekommen, die später »Todesmarsch« genannt wurde und bei der die Häftlinge von Auschwitz bis ins deutsche Reichsgebiet laufen mussten. Er war ein junger Mann mit außergewöhnlichem Talent und lauterem Charakter und hätte ein berühmter Arzt werden können. In vielem, dem er sich zugewandt hätte, hätte er sich ausgezeichnet. So kam es nicht. Wie so viele andere wurde er ermordet, obwohl er nichts Böses getan hatte.

Nach einer Weile bedeutete der Anführer der SS-Eskorte dem Kapo, dass es losgehe. Dieser ließ uns in Fünferreihen antreten, auch wenn wir nur einige Dutzend waren, und gab den Abmarschbefehl. Šikula und ich nickten uns gegenseitig zu, und dann marschierte ich schon mit den anderen in Richtung Hauptstraße des Lagers. Am Lagertor unserer Sektion

B II befahl unser neuer Kapo: »Mützen ab!«, wir nahmen vorschriftsmäßig die gestreifte Kappe vom Kopf. Dann meldete er: »Kommando Maurerschule«, und nannte die Anzahl der Männer, die das Tor passierten. Der SS-Mann am Tor zählte uns beim Marschieren, schrieb sich die Zahl auf und winkte mit der Hand, wir könnten losgehen. Dann befahl der Kapo: »Mützen auf!«

VII. »Maurerlehrlinge« in Auschwitz

Wir liefen durch das Lager Birkenau, das mir riesig erschien, wie unendlich und voll gewaltiger Häftlingsmengen. Wir aber gehörten nicht mehr dazu! Ich sagte mir, hurra, ich gehe weg aus Birkenau, und für einen Augenblick überflutete mich eine Glückswoge, die bald wieder verebbte. Zwar war ich glücklich, doch es war kein so intensives Glück, wie ich es erlebt hatte, als ich aus der Kolonne der direkt zum Krematorium Marschierenden herausgeholt wurde. Zugleich war ich auch unglücklich. Schließlich ging ich ohne Šikula weg! Auch wenn sich diese Trauer nicht mit jener vergleichen ließ, die ich empfand, als ich mich von Stefan verabschiedete, der vor meinen Augen zur Hinrichtung geführt wurde. Der Blockälteste mochte recht damit haben, hier gehe es nicht um das Leben. Feri würde eine Funktion auf dem Revier erhalten, wo er viele Leute kannte. Jetzt wäre es für ihn leichter, ohne die moralische Verpflichtung, sich um mich als seinen Kameraden zu kümmern. Dort würde er wohl das Kriegsende erleben. Ich wiederum marschierte hier glücklich vorwärts, doch war ungewiss, ob nicht auf einen Abgrund zu, aus dem es keinen Ausweg mehr gäbe. Wie auch immer es enden würde, einen Kameraden wie Feri Šikula würde ich wohl nicht mehr finden.

Um auf andere Gedanken zu kommen, begann ich die Brotstückchen zu kauen, die ich während des Marschs unauffällig aus der Hosentasche gezogen hatte. Ja, ich hatte Glück, so grübelte ich weiter, aber ich hatte mich auch selbst um das Überleben bemüht. In Birkenau hatte ich ein halbes Jahr ausgehalten, ich verließ es jetzt auf eigenen Beinen und nicht durch den Schornstein, wie es sich die Deutschen gewünscht hätten. Nie hatte ich dort jemandem etwas gestohlen, keinem geschadet und geholfen, wo ich nur konnte. Das war doch gar nicht so wenig. Aber was würde noch kommen? Das Wetter war mild, ich litt also nicht unter Kälte, wir wurden nicht einmal übermäßig schnell vorwärtsgetrieben, und ich war gesättigt. Das war eine angenehme Ausnahmesituation, und so ging es mir ganz gut, trotz der Furcht vor dem, was uns erwartete. Schlimmer als in Birkenau konnte es wohl kaum werden, und ich ließ die wichtigsten Ereignisse der vergangenen Monate an mir vorüberziehen. Ich erinnerte mich an die grauenvolle Ankunft und an alles, was damit zusammenhing. An jene wenigen Tage, an denen mir Vater und Großvater nahe waren. An die Zeit im Jungenblock, daran, wie wir uns nach und nach in kleinen Grüppchen zu gegenseitiger Hilfe zusammenfanden und gemeinsam durchschlugen, wie es sich gerade ergab. An die Serie der großen Selektionen, bei denen die SS-Männer aus Gründen, die wir niemals erfuhren, fast alle selektierten Jungen zusammentrieben und dann liquidierten. Ich dachte auch an die schwere Arbeit beim Entladen der Kartoffeln und an das allmähliche Dahinsiechen, das Feri Šikula und ich als einander unterstützende Freunde durchlitten hatten.

Alles das hatte ich hinter mir und war dank einer Reihe unvorstellbarer Zufälle immer noch am Leben. Das war etwas so Unwahrscheinliches, dass es mich überraschte und ich immer wieder darauf zurückkommen musste. In Birkenau hatte ich grausame Dinge gesehen und war dort den unterschiedlichsten Leuten begegnet, sicher nicht nur schlechten. Das lateinische Sprichwort *Homo homini lupus*, an das ich mich noch aus der Schule erinnerte, gilt bestimmt nicht immer und für alle. Aber in der Schule hatten wir auch gelernt, dass Wölfe zusammenhalten und aufeinander Rücksicht nehmen.

In gemächlichem Tempo marschierten wir ungefähr anderthalb Stunden. Ich aß das Brot mit allen Krümeln, die ich aus den Hosentaschen angeln konnte. Wir gingen an den Eisenbahngleisen entlang und kamen zum Hauptlager Auschwitz, das auch Auschwitz 1 genannt wurde. Dann passierten wir ein paar Vorratslager und erreichten das Haupttor, über dem in geschwungenen Buchstaben »Arbeit macht frei« stand. Am Tor lief ein ähnliches Ritual ab wie beim Abmarsch aus Birkenau: »Mützen ab! Kommando Maurerschule!«, soundsoviele Männer!, »Mützen auf!« Und drinnen waren wir.

Der Kapo führte uns zu einem der vielen einstöckigen Gebäude, die dort in langen Reihen auf dem ganzen Lagergelände standen und alle gleich aussahen. Er zeigte uns unsere Unterkunft und ließ uns dann in Ruhe, damit wir uns waschen und etwas ausruhen konnten. Jeder sollte sich eine Pritsche aussuchen. »Bemüht euch, es nicht schmutzig zu machen, heute könnt ihr euch ausnahmsweise ausstrecken, aber dann müsst ihr selbst die Betten machen. Bleibt im Gebäude, zeigt euch nicht unnötig draußen, damit niemand sieht, dass ihr nicht bei der Arbeit seid. Das ist ein Arbeitslager und kein Vernichtungslager wie Birkenau. Alle hier müssen hart arbeiten. Die Arbeit ist die Hauptbedingung für das Überleben. Ausführlich besprechen wir das morgen. Vergesst nicht, dass es heute noch Abendbrot und einen Appell gibt. Ich werde zu euch kommen, unternehmt nichts von selbst.«

Der Kapo ging, und wir richteten uns entsprechend ein.

Ich nahm mir eine der oberen Pritschen und legte mich hin. Darüber, dass man im Lager immer oben schlafen soll, hatte mich ein unbekannter sterbender Häftling auf dem Revier in Birkenau belehrt, als ich dort meine Krätze kurierte. Ich hatte ihn auf dem Gang getroffen. Er sah aus wie ein Greis, war groß und furchtbar ausgemergelt, Beine und Arme waren dünn wie Stöckchen, bekleidet war er mit einem schäbigen Hemd, und auf dem Rücken hatte er eine schmutzige Decke. Offenkundig hatte er das Bedürfnis, mit jemandem zu reden. Er sprach mich auf Jiddisch an und sagte, dass er aus Łódż sei. Er sei noch keine vierzig, doch aus dem Krankenhaus werde er wohl kaum mehr lebend herauskommen. Bei einem Mithäftling auf der oberen Liege, der Durchfall hatte und nicht länger an sich halten konnte, habe er sich mit Ruhr angesteckt. Die bakteriösen Fäkalien seien durch die Ritzen auf ihn heruntergetropft; davor habe er sich nicht schützen können und sei an der gleichen Infektion erkrankt. Er tat mir leid, mir war klar, dass ich vielleicht der Letzte war, der ihm zuhörte. Aber ich fürchtete, ich könnte mich bei ihm anstecken, blieb deshalb zu ihm auf Abstand und sagte ihm, dass ich gehen müsse. Eigentlich hatte er mich nur warnen wollen, denn er sagte mir noch, er erzähle mir das alles, damit ich mich im Lager niemals auf die untere Pritsche lege, immer nur auf die oberste. Eine typische Episode aus Birkenau.

Daran erinnerte ich mich beim Einschlafen. Ich schlief ziemlich lange, mich weckten erst die Jungen, die lärmend von den oberen Liegen herunterkletterten. Schließlich hatte ich normal geschlafen und erwachte ausgeruht. »Ich bin nicht mehr in Birkenau, hier könnte es besser sein«, sagte ich mir. Dabei wusste ich, dass noch nichts gewonnen war. Alles würde wohl von drei Faktoren abhängen: wie schwer die Arbeit wäre, die uns abverlangt würde, wann die Russen kämen und was die Deutschen in der letzten Phase ihrer Herrschaft noch mit uns anfangen würden.

Der Kapo sprach mit uns in gutem Deutsch, das aber offenbar nicht seine Muttersprache war – dafür gebrauchte er zu viele schriftsprachliche Ausdrücke. Er mochte ungefähr fünfunddreißig bis vierzig Jahre alt sein. In der ganzen Zeit, in der er bei uns Kapo war, erzählte er nichts über sich. Er machte den Eindruck eines gebildeten und disziplinierten Menschen, der auf die Sprache achtete. Uns forderte er auf, ihn zu duzen, weil es sich nicht gehöre, dass sich Sklaven untereinander mit »Sie« anredeten, ob alt oder jung, die Haft sei für alle schrecklich. Seinen Namen aber verriet er uns nicht. Wir sollten zu ihm »Kapo« sagen. Er behandelte uns stets anständig, und es kam nie vor, dass er gegen einen von uns die Hand erhob. Immer erklärte er uns, was er von uns wollte und warum, und wir taten das dann, weil wir begriffen hatten, dass es vernünftig und in unserem Interesse war. Ich entsinne mich nicht, dass dieser Kapo jemals etwas Unvernünftiges von uns verlangt hätte.

Er führte uns zum Abendappell und erläuterte uns, was wir schon wussten: Es dürfe nicht vorkommen, dass jemand beim Appell fehle! Wenn das passiere, werde die SS sofort damit anfangen, das Lager Zentimeter für Zentimeter zu durchsuchen. Alle Häftlinge müssten dann ohne Rücksicht auf Jahreszeit und Wetter draußen auf dem *Appellplatz* stehen bleiben, bis der Fehlende gefunden worden sei. Dabei werde wieder und wieder durchgezählt, um festzustellen, ob sich beim Zählen irgendwo ein Fehler eingeschlichen habe. Fehle jemand, löse die SS Alarm aus und starte routiniert die Maßnahmen zur Verfolgung eines flüchtigen Häftlings. Flucht werde mit dem Tod bestraft, Abwesenheit beim Appell, weshalb auch immer, mit schrecklichen Prügeln und mit Arrest, was ebenso den Tod zur Folge haben könne.

Das alles war uns schon bekannt, doch wir verstanden, dass wir hier die Neulinge waren und es die Aufgabe des Kapos war, uns alles zu erklären.

Dann gestattete uns der Kapo, durch das Lager zu gehen, das aus gleichartigen, regelmäßig angeordneten Gebäuden bestand. Alle waren eingeschossig, aus unverputzten Ziegeln und mit einem Satteldach versehen. Unweit vom Eingangstor mit seiner von außen angebrachten berüchtigten Aufschrift lag das Küchengebäude. Das gesamte Lager war von einem zweifachen Stacheldrahtzaun umgeben, der elektrisch geladen war. Der Zaun wurde von allen Seiten angestrahlt und durch Wachttürme gesichert, auf denen SS-Männer mit Maschinengewehren Wache hielten. Überall war es sauber, es herrschte Ordnung, und Massen von Häftlingen strömten in alle Richtungen. Das alles durchwanderte ich mit ein paar Jungen aus unserem Kommando.

Das Lager machte den Eindruck einer städtischen Siedlung, provisorische Baracken wie in Birkenau sah ich hier nicht. Hinterm Zaun standen um das Lager herum verstreute Gebäude, die anscheinend auch dazugehörten. Dort führten auch Bahngleise entlang. Dieser Teil des Lagers war für Häftlinge nicht zugänglich. Es sah so aus, als befänden sich dort verschiedene Einrichtungen der SS, darunter auch ein mit Wasser gefülltes, langes, schmales Schwimmbecken. Noch ehe wir das ganze riesige Lager vollständig durchstreift hatten, waren wir gehörig müde.

Von den anwesenden Jungen kannte ich einige vom Sehen. Das waren diejenigen, die wie ich aus dem Kommando *Kartoffelgrube* stammten. Für die *Maurerschule* waren offenbar auch Jungen von anderswo ausgewählt worden, denn viele waren mir völlig unbekannt. Einstweilen war ich nicht in Stimmung, nähere Bekanntschaften zu schließen, und mir schien, dass es sich mit den anderen Jungen ebenso verhielt. Mitunter warfen wir uns eine Bemerkung zu oder teilten uns mit, was uns aufgefallen war. Dabei wandte sich derjenige, der sprach, nicht an jemand Bestimmten, sondern eher an alle zugleich. Diese Jungen hatten im Lager schon mancherlei durchgemacht und verstanden es, zu sehen, zu hören und zu urteilen. Aus der Summe dieser bruchstückhaften Mitteilungen ergab sich folgendes Bild:

Erstens unterschied sich Auschwitz 1, also das *Hauptlager*, wesentlich von Birkenau. Es sah aus wie eine Dauereinrichtung, in der die Häftlinge, ginge es nach den Deutschen, lange, vielleicht ihr ganzes Leben, bleiben sollten, um von hier aus in die verschiedenen Industriebetriebe der Umgebung zur Arbeit zu gehen. Einige solcher Betriebe hatten wir unterwegs gesehen. Bisher hatte ich angenommen, dass das ganze, aus vielen über das gesamte Reich verteilten Konzentrationslagern bestehende System, von dem wir alle aus den Erzählungen der älteren Häftlinge gehört hatten, aus einzelnen Lagern zusammengesetzt wäre, die dem Lager Birkenau, aus dem wir gerade gekommen waren, mehr oder minder ähnlich waren. So war es aber nicht. Birkenau diente hauptsächlich zur Vernichtung von Menschen, die die Nazis für überflüssig erachteten, von »unwertem Leben« (diesen Ausdruck hatte ich von Herrn Silbermann gehört), sowie zum »Sortieren« der Häftlinge und zu ihrer Abfertigung in die Arbeitslager in Deutschland. Eine gewaltige Masse von Menschen durchlief das Lager Birkenau, die Verhältnisse dort waren erbärmlich, und ein nichtprivilegierter Häftling, der nicht zu den Lagerhasen gehörte, konnte dort, sofern er überhaupt so viel Glück hatte, nur wenige Monate überleben. Hier in Auschwitz ging es der SS offenbar um etwas anderes. In diesem Lager wollte sie aus den Häftlingen so viel Arbeit wie möglich für eine möglichst lange Zeit herauspressen, aber sie letztendlich ebenfalls umbringen.

Zweitens hatten wir bemerkt, dass sich die Menschen, die in Auschwitz gefangen waren, von denen in Birkenau sowohl dem Alter als auch der Herkunft nach unterschieden. Die Männer, denen wir hier begegneten, waren im Durchschnitt etwas älter als die Häftlinge in Birkenau, größtenteils mochten sie zwischen 30 und 45 Jahren alt sein, obwohl in der Menge auch ältere Gesichter zu sehen waren. Gewiss waren die Häftlinge auch hier abgemagert, aber anders als bei unseren Mithäftlingen in Birkenau konnte man von ihnen nicht sagen, sie stünden schon an der Schwelle zum Tod. Kurzum, sie sahen nicht danach aus, als würden sie innerhalb von höchstens zwei

Monaten sterben, während man beim Anblick der Häftlinge in Birkenau im Allgemeinen diesen Eindruck hatte.

Einen weiteren Unterschied bemerkten wir an der Herkunft der Häftlinge. Während in Birkenau überwiegend Juden waren, die untereinander ziemlich oft auch Jiddisch sprachen, begegneten wir hier Menschen mit jüdischem und nichtjüdischem Aussehen, die Leute sprachen miteinander vorwiegend deutsch, aber auch andere europäische Sprachen. Das alles waren Häftlinge aus den verschiedenen von den Deutschen unterjochten europäischen Ländern, und sie bildeten eher eine internationale als eine jüdische Gemeinschaft. In Birkenau konnte sich die Mehrheit der Häftlinge infolge der elenden Bedingungen und des schnellen »Durchsatzes« der Menschen nicht einmal orientieren, und deshalb wussten sie, salopp gesagt, auch nicht ihre Ellbogen zu gebrauchen. Viele waren verwirrt und verzweifelt, sie verstanden einfach nicht, was mit ihnen geschah, oft gingen sie zugrunde, noch ehe es ihnen zum Bewusstsein kam. Hier hatten sich die Häftlinge mehr Stolz bewahrt, waren sauberer und ordentlicher und machten den Eindruck von Menschen, die besser orientiert waren und in größeren Kollektiven zusammenhielten, als ich es im Jungenblock und im Kommando *Kartoffelgrube* beobachtet hatte, wo sich zumeist nur zwei Jungen angefreundet hatten oder Grüppchen von nur wenigen Kameraden entstanden waren.

Das waren natürlich nur erste Eindrücke, die wir Jungen austauschten. Ich bemühte mich, mir ihre und meine Beobachtungen so weit wie möglich zu merken, um mir ein vorläufiges Bild der neuen Umgebung zu machen und mich entsprechend zu verhalten. Schon früher hatte ich gelernt, bei besserer Orientierung könnte man auf sich wandelnde Situationen angemessener reagieren.

Auf der Lagerstraße hielten uns zwei etwa vierzigjährige Häftlinge an. Sie lächelten, und der jünger Aussehende von beiden fragte uns auf Deutsch, ob wir zufällig der *Zuwachs* für die *Maurerschule* seien. Das Wort *Zuwachs* kannte ich schon, so wurden Neuankömmlinge genannt. Wir bejahten das. Der Zweite bemerkte, wir hätten in Birkenau ja wohl genug durchmachen müssen. Auch dazu nickten wir. Das alles wurde in allgemeiner Form gesagt. Keiner von uns Jungen hielt es für passend, für alle zu sprechen, denn wir kannten uns noch nicht. Der ältere Häftling sah, dass wir nicht zu einem Gespräch aufgelegt waren, und so bohrte er, ob wir nicht einen Sprecher hätten. Oder seien wir vielleicht alle verstummt? Dann forderte er den neben mir stehenden Jungen auf, etwas zu sagen. Der stellte sich dann als Jiří Schwarz vor und erklärte, dass wir uns gegenseitig noch gar nicht kennen würden und darum nicht einmal wüssten, wer von uns für die Übrigen sprechen könne. Der Häftling machte uns aber sofort darauf aufmerksam, dass es nicht gut sei, seinen Namen fremden Leuten zu verraten. Sie selbst hätten sich uns auch nicht vorgestellt. Aber er machte dabei eine freundliche Miene und ermunterte uns, auch hier zusammenzuhalten. »Ihr habt einen guten Kapo«, sagte er. »Dem könnt ihr vertrauen und euch an ihn wenden, wenn ihr irgendein ernstes Problem habt. Hoffen wir, dass wir alle bis zum Ende überleben! Macht's gut!« Die beiden Unbekannten hoben die rechte Hand leicht zum Gruß, drehten sich um und bogen von der Hauptstraße zum nächsten Block ab.

Zu Jirka bemerkte ich, dass sich hier offenbar alles sofort verbreite – und das, obwohl uns die Männer an die wichtige Regel erinnert hätten, nach der Schweigen Gold sei. Er dachte ebenso und wunderte sich, dass uns diese Männer überhaupt etwas geraten hatten. Im Lager hatte er noch nie erlebt, dass jemandem an uns gelegen gewesen wäre oder dass jemand sich um uns gesorgt hätte. Dann stellte ich mich Jirka vor, wir lächelten uns an. Gut, jetzt kannten wir uns wenigstens schon mit Namen.

Als wir in unseren Block zurückgekehrt waren, sagte ich zu ihm, dass mich der Anblick der Bauten hier überrascht hätte. Früher hätte ich angenommen, ein Block müsse eine hölzerne Bude sein, hier aber sei es ein großer Ziegelbau. Jiří nickte nur zustimmend. Unterwegs hatte er mir erzählt, dass er aus Südungarn stamme, aus jenem Teil, der früher zu Jugoslawien gehört habe.* Wir sprachen miteinander ungarisch und deutsch, aber Jiří verstand auch Serbisch. Er war schon fünfzehn und hatte vor der Deportation das Gymnasium besucht. Aus der gleichen Gegend stammten hier noch zwei Jungen, die gerade nicht bei uns waren. Der eine hieß Ivan, war sechzehn Jahre alt und hatte früher in dem Dorf seiner Mutter in einem Gemischtwarenladen geholfen. Sein Vater hatte wohl die Familie verlassen, so dass er sich mit der Mutter allein durchschlagen musste. Der andere Junge war Hersch, er war fünfzehn und sein Vater Rabbiner in einer Kleinstadt. Hersch hatte offenbar die Talmudschule besucht und auch Prüfungen am Gymnasium abgelegt.

Als ich mit Jirka zum Block ging, legten sich die Jungen schon langsam auf die Pritschen. Einer sagte Gute Nacht, ein anderer hob die Hand zum Gruß, und die Übrigen erwiderten die Grüße freundschaftlich. Auch ich ging schlafen.

Am Morgen führte uns unser Kapo in einen größeren Raum, den er Schulzimmer und später auch Werkstatt nannte. Er war ein abgeteiltes Stück Boden, ausgestattet mit einigen alten Stühlen und Kästen, auf denen wir sitzen sollten. Außerdem lagerten auf dem Fußboden ein Haufen von Ziegeln, verschiedenartigen Formsteinen, Maurerwerkzeugen, auch eine Schubkarre, eine Menge Sand, eine Wanne zum Löschen von Kalk, eine andere zum Mischen von Mörtel und ähnliche Dinge. Sonst wies in diesem Unterrichtsraum nichts darauf hin, dass hier in jüngster Vergangenheit jemand etwas getan haben könnte, um den Unterricht vorzubereiten. Durch ein

Dachfenster fiel etwas Licht, inmitten des Raumes hing eine Glühbirne, die sich von der Tür aus einschalten ließ. Etwa in der Raummitte stand ein Kanonenofen, dessen Rohr, an Drähten aufgehängt, zum Schornstein führte. Neben dem Ofen lagen Anheizspäne und etwas Holz; auch zwei angeschlagene Blecheimer mit Kohlen standen da.

Der Kapo winkte uns mit der Hand, dass wir uns setzen sollten. Er selbst nahm auf einem Stuhl am kalten Ofen Platz und begann ruhig zu sprechen.

»Ihr seid für die *Maurerschule* ausgewählt, die im Hauptlager Auschwitz eine gewisse Tradition hat, ich bin jetzt euer Kapo, das bedeutet Leiter, ihr müsst mir gehorchen. Zugleich bin ich euer Fachlehrer, von dem ihr so viel wie möglich lernen sollt. Und zwar nicht nur über das Maurerhandwerk! Was ihr lernt, kann euch nur von Nutzen sein, deshalb verfolgt aufmerksam, was ich euch erzähle. Alles, was ich euch sagen werde, hat einen bestimmten Zweck, und ihr solltet nicht nur zuhören, sondern auch über meine Worte nachdenken und danach handeln. Das ist eine andere Schule als die, an die ihr von zu Hause gewöhnt seid. Es ist eher eine Schule des Lebens. Ihr seid noch jung an Jahren, aber nach dem, was ihr durchgemacht habt, seid ihr vor der Zeit erwachsen, und deshalb wisst ihr schon, dass es dann, wenn etwas das Leben betrifft, zugleich und hauptsächlich um den Tod geht!«

Der Kapo erklärte und sah uns dabei an. Er erinnerte uns daran, dass wir von der Leitung aus Birkenau ausgewählt worden seien, unsere Dankbarkeit sollten wir durch Disziplin und Loyalität ausdrücken. Wir befänden uns in einem Arbeitslager, aber als Minderjährige müssten wir uns erst vorbereiten, wir würden wirklich arbeiten, sobald wir die Qualifikation dazu erworben hätten. Für uns Junge bedeute dies, dass das erst nach der siegreichen Beendigung des Krieges der

Fall sein werde. Jetzt im Winter werde der Unterricht aus zwei Teilen bestehen: aus der theoretischen Unterweisung und aus praktischen Übungen. Letztere würden zwei- bis dreimal pro Woche auf verschiedenen Baustellen in der Umgebung des Lagers durchgeführt. Wir würden mit anderen Lagerkommandos hingehen und von dort zurückmarschieren. Er, der Kapo, werde uns dorthin führen und uns alles Weitere vor Ort erklären. Die Theorie finde in diesem Raum statt. Daraufhin machte er eine Pause, als käme nun etwas besonders Wichtiges. Dann bat er um Aufmerksamkeit und sagte:

»Alles, was hier vor sich gehen wird, ist theoretische Vorbereitung. Etwas anderes wird in diesem Raum nicht stattfinden. Hier, im Arbeitslager, soll jeder auf seine eigene Arbeit bedacht sein und die Nase nicht in andere Dinge stecken. Wenn euch jemand fragt, was hier geschieht, so antwortet nur mit den Worten »Theoretische Vorbereitung«. Es ist nicht vonnöten, dem auch nur eine einzige Silbe hinzuzufügen. In dieser komplizierten Zeit, wo wir uns dem siegreichen Kriegsende nähern, hat der Feind überall Augen und Ohren, deshalb gilt jetzt erst recht »Schweigen ist Gold«.

Ich werde euch immer zum Beginn der theoretischen Vorbereitung hierherführen und anschließend wieder wegbringen«, fuhr der Kapo fort. »Von selbst werdet ihr hier nirgendwo anders hingehen als auf den Abtritt! Ich werde euch zeigen, wo er ist. Manchmal werde ich euch aber aus wichtigen Arbeitsgründen für eine gewisse Zeit verlassen müssen. Für diese Zeit werde ich keinen Vertreter aus euren Reihen bestimmen, der euch bewachen soll, weil ich keinen von euch mit der Verantwortung für den Ablauf der theoretischen Vorbereitung betrauen möchte.

Und jetzt werde ich euch sagen, wie ihr euch verhalten sollt, falls ungebetener Besuch kommt. Hört gut zu! Wenn es ein gewöhnlicher Häftling ist, dann bleibt sitzen, und wenn er nach mir fragt, dann antwortet, dass der Kapo bald wiederkommen wird, und mehr nicht. Erscheint hier ein Kapo, so sagt ihm das Gleiche, doch bevor er fragt, steht ihr alle auf. Kommt aber ein Angehöriger der SS, dann springt ihr auf, nehmt Habtachtstellung ein, und einer von euch, sagen wir, derjenige, der gerade dem Ofen am nächsten ist, meldet mit lauter und deutlicher Stimme auf militärische Art: ›Der Kapo kommt in Kürze! Solange wiederholen wir den durchgenommenen Stoff.‹«

Darauf fragte uns der Kapo, ob wir alles gut verstanden hätten, und prüfte uns entsprechend seiner Instruktionen. Er war mit uns zufrieden. Dann belehrte er uns noch über das Heizen und machte darauf aufmerksam, dass wir jeden Tag eine Brennstoffzuteilung erhalten würden, mit der wir auskommen müssten. Heizen würden wir selbst, aber an der Kohle müssten wir sparen. Es kämen kalte Tage, und es sei in unserem eigenen Interesse, nachmittags nicht zu frieren. Es habe hier früher einige Leute gegeben, die, wenn es gerade nicht so kalt war, Kohle beiseitegeschafft und in einem Winkel versteckt hätten, um damit zusätzlich zu heizen, wenn es richtig kalt würde. Er schüttelte den Kopf: »Auf was die Leute so alles kommen! Diese Schlaumeier haben rausgefunden, dass das nicht ausdrücklich untersagt ist.« Der Kapo stand auf, reckte sich und fragte, wer von uns sich auf das Anheizen verstehe. Anfangs rührte sich keiner, alle blickten zur Seite, nur nicht auf ihn. Nach einer Weile aber meldete sich jener Ivan, von dem mir Jiří berichtet hatte. Er stellte sich vor und sagte, dass er anheizen könne. Zu Hause habe er das im Laden seiner Mutter jeden Tag für sie gemacht. Wegen dieser Worte ermahnte ihn der Kapo prompt, weil er nicht nach den häuslichen Verhältnissen gefragt habe. »Wir sind hier in einem Konzentrations- und Arbeitslager, wo für derartige Nebensächlichkeiten kein Platz ist! Hier wird nur von Dingen gesprochen, die mit der Arbeit zu tun haben, und nur dann, wenn eine entsprechende Frage gestellt worden ist.« Das fügte er in veränderter Tonlage hinzu, um es deutlich zu machen. Ivan nahm Habtachtstellung ein und rief musterhaft mit deutschem militärischem Akzent: »*Jawohl!*« Seine Reaktion überraschte den Kapo, aber er reagierte mit einem Lächeln. Vielleicht gefiel es ihm, dass Ivan eine trotzige Natur an den Tag legte, und so antwortete er belustigt in ähnlichem Ton: »*Gut!*«

Dann gab uns der Kapo noch einige praktische Ratschläge: Ivan werde also das Feuer anzünden und den Ofen einheizen, aber das Heizmaterial würden sie jeden Morgen zu dritt holen gehen. Ivan werde immer dabei sein und für Anmachholz sorgen, und ein weiterer Junge werde jeweils nach Absprache die Kohleeimer herschaffen. Er, der Kapo, werde das Heizmaterial von dem Häftling übernehmen, der in unserem Block dafür verantwortlich sei.

Er übergab Ivan eine Streichholzschachtel, keinem anderen dürfe er die geben und sie auch nicht bei sich tragen; vielmehr müsse er sie hier so aufbewahren, dass niemand sie finde. Uns schärfte er noch einmal ein, dass wir im Unterrichtsraum ruhig sein müssten. Selbstverständlich könnten wir uns leise unterhalten, aber alles ohne Geschrei, Singen, Herumgerenne und dergleichen Allotria, denn die *Maurerschule* sei für uns wie eine Hochschule, und dort tue man derlei nicht. »Ich verlasse mich darin auf euch«, sagte er streng. »In einer Ecke ist ein Besen, vor dem Hinausgehen muss der Raum gekehrt werden. Lehrmittel und Material müssen jeden Tag umgeräumt werden. Dadurch werdet ihr auch lernen, mit Werkzeug und Material umzugehen. Sicher werdet ihr begreifen, dass an jedem Morgen alles umgeräumt sein muss, also anders angeordnet als am Vortag. Niemand darf auf den Gedanken kommen, dass ihr hier den lieben langen Tag nichts tut. Deshalb soll der Unterrichtsraum an jedem Morgen neu aussehen. Wenn ihr euch darum bemüht, dann lernt ihr wenigstens, den Arbeitsplatz geschmackvoll einzurichten, und das ist sehr wichtig. Ich betone noch, hier ist es nicht so wie in der Schule, wo einer an der Tür Schmiere stand, ob nicht jemand Fremdes kam. Obwohl das schon damals manchmal von Nutzen war!«

Schon die Art, wie unser Kapo und Lehrer zu uns sprach, war unter Lagerbedingungen eigentlich ungewöhnlich, aber er bekundete zu guter Letzt auch noch Interesse an unserer Gesundheit. Wenn wir uns in Zukunft erfolgreich unserem Beruf widmen wollten, dann müssten wir in guter körperlicher und geistiger Verfassung sein. Ein Maurer, der keinen Ziegelstein tragen könne, weil er bis auf die Knochen abgemagert und abgestumpft sei, tauge zu nichts. So ein Bauarbeiter würde nicht nur nichts schaffen, sondern könnte auf der Baustelle auch leicht sich selbst oder andere gefährden. Deshalb sollten wir zwischen Erholung und Arbeit vernünftig abwechseln. In Birkenau hätten wir uns der Schule entwöhnt, also sollten wir jetzt die Gelegenheit nutzen und uns auf die Wiederholung des letzten Stoffes konzentrieren. Schließlich forderte er uns auf, uns an ihn zu wenden, wenn wir irgendein Problem hätten, er werde für jeden von uns tun, was er könne.

»Und jetzt durchdenkt das, was ich euch gesagt habe, diskutiert es miteinander!« Das war sein Auftrag an uns. »Ich habe jetzt etwas zu erledigen und werde mittags zu euch kommen.« Und er machte sich zum Aufbruch bereit. Eine Weile zögerten wir, und dann standen wir auf wie in der Schule. »Recht so«, lobte er uns, »es ist angebracht, den Lehrer bei seiner Ankunft und zum Abschied mit dem Aufstehen zu grüßen.« Er winkte uns zu und ging fort.

Einen der Jungen hatte unsere erste Unterrichtsstunde in der *Maurerschule* wohl an seine Schule erinnert, in die er zu Hause noch vor kurzem gegangen war, und er begann Grimassen zu schneiden und die anderen zu provozieren. Mit leiser Stimme – um zu zeigen, dass er den Befehl des Kapos, leise zu sein, ernst nahm – forderte er uns auf: »Kinderchen, Pause! Alle gehen zusammen auf den Abtritt pullern!« Das sagte er ungarisch und dann noch deutsch, damit es auch alle verstanden. Es war sonderbar, wie schnell wir nach all den Lagererfahrungen imstande waren, uns aufs Neue in Schulverhältnisse einzuleben. Auch die spaßige Bemerkung über das Pullern erinnerte an die echte Schule, wo es gewöhnlich unter den Schülern einen Klassenkasper gab, der mit solchen Späßchen die Mitschüler unterhielt. Vom Burschen, der auf der Kiste neben mir saß, erfuhr ich, dass unser Kasper Filip hieß.

Als ich unsere Klasse beobachtete, fiel mir ein, dass sich vielleicht diejenigen, die sich gerettet hatten, schnell wieder an friedliche Verhältnisse anpassen und neuerlich zu Schülern oder zu irgendetwas anderem werden würden, wie es das Leben gerade mit sich brächte. Aber ich bezweifelte, dass jemand von uns die wesentlichen Ereignisse aus dem Lager vergessen könnte. Nach dem Weggang des Kapos unterhielt ich mich mit den Jungen leise darüber, was uns unser Leiter eigentlich hatten sagen wollen. Das führte zu einigem Durcheinander, weil alle auf einmal sprachen. Ein Junge schlug vor, jeder von uns solle vor den anderen erklären, wie er diese Ansprache des Kapos verstanden und was er von ihr behalten habe. Das wurde mit zustimmendem Murmeln angenommen. Aber niemand wusste, wer anfangen und wie unsere Diskussion ablaufen sollte, und so einigten wir uns darauf, aus unserer Mitte einen Jungen zu wählen, der die Diskussion leiten sollte. Darauf meldete sich wieder nur der Kasper Filip und sagte mit einem spaßigen Akzent, der an die Redeweise der alten Dorfjuden erinnerte: »Unsere fromme Gemeinde braucht einen Vorsteher!« Dabei musste ich an Šikulas Kohn und Abeles denken, und wieder bedauerte ich, dass er nicht bei uns war.

Im Unterrichtsraum herrschte eine beschwingte Stimmung, die die Ansprache des Kapos in uns ausgelöst hatte, und jetzt belustigte uns auch Filip. Da rief jemand: »Soll doch der Heizer den Vorsteher machen!« Im ersten Moment lachten wir darüber, aber bald ging uns auf, dass das gar kein so übler Tipp war. Ivan, den von da an keiner mehr anders als mit »Heizer« ansprach, hatte einen guten Eindruck gemacht, als er so etwas wie Trotz gegenüber den Lagerautoritäten gezeigt hatte, das dehnte jeder für sich sofort auf die gesamte Hierarchie des Konzentrationslagers aus. Obendrein hatte Ivan als Einziger von uns eine eigene Persönlichkeit unter Beweis gestellt, indem er von selbst hervorgetreten und vom Kapo betraut worden war, das Holz zu spalten und sich ums Heizen des Unterrichtsraums zu kümmern. Das war schließlich eine Arbeit von gemeinschaftlichem Interesse und damit positiv für das ganze Kollektiv. Wir Übrigen waren bisher nur namenlose Elemente in jener Jungenschar, die das Kommando *Maurerschule* bildete. So gefiel gleich allen von uns der Gedanke, dass Ivan Vorsteher der frommen Gemeinde würde. Wir waren zwar sehr jung, aber im Lager gereift. Darum hatten alle das Gefühl, dass wir mit unseren Erfahrungen, die Leben und Tod und damit das Allerwesentlichste betrafen, einer solchen Funktion spielend gewachsen wären. Gemeindevorsteher waren zwar meistens bejahrte und einflussreiche Juden, wie Großvaters Beispiel zeigte, hatten aber dennoch ihre Gemeinden nicht vor der Ermordung gerettet! Warum sollten wir dann nicht den Heizer zum Vorsteher machen?

Ivan übernahm seine zusätzliche Funktion, ohne zu zögern. »Also gut«, sagte er, »es spreche jeder kurz zum Wesen der Sache. Meldet euch zu Wort, und ich werde euch in der Reihenfolge aufrufen, in der ihr die Hand gehoben habt. Alle werden wir leise sprechen, kein Klatschen, kein Schreien! Zur Einleitung würde ich sagen, dass dieser Kapo famos ist. Wenn ihn SS-Männer hören würden, so könnten sie ihm gar nichts, und dabei war alles, was er sagte, zu unserem Besten und gegen sie gerichtet. Jetzt geht es darum, dass wir uns seine Worte so übersetzen, dass wir alle sie verstehen. Wer von euch hat dazu etwas zu bemerken?«

Die Jungen meldeten sich nacheinander zu Wort. Manche Bemerkungen wiederholten sich, teils stimmten sie überein, teils nicht, und schließlich fassten wir zusammen, was an der Ansprache des Kapos für uns wesentlich war:

Erstens könnte die Betonung des deutschen Vertrauens zu uns und der Traditionen der *Maurerschule* im Zusammenhang mit dem, was wir in Birkenau erlebt hatten, bedeuten, dass einer der Häftlinge die Deutschen dazu überredet hatte, einige Jungen von dort hierherzuschicken. Vielleicht stand dahinter das Bemühen der Lagerhasen, zumindest ein paar Jungen zu retten. Hier blieb ein Fragezeichen, in dieser Sache waren wir uns nicht sicher, wir hatten nur darüber nachgedacht.

Zweitens ergab sich aus allem, was über unsere »theoretische Vorbereitung« gesagt worden war, dass wir nicht einfach gar nichts oder möglichst wenig tun und unsere Kondition verbessern sollten, indem wir weniger Energie verbrauchten, uns mehr erholten und schliefen. Die Hauptsache war, zu überleben. Das alles sollten wir tun, ohne auch nur den geringsten Verdacht zu wecken.

Drittens würde uns der Kapo persönlich zu den praktischen Beschäftigungen führen und darauf achten, dass wir uns dabei nicht zu sehr verausgabten.

Viertens bedeutete, dass in der Schwebe blieb, wer den Krieg siegreich beenden würde, in Wahrheit, dass der Krieg bald vorbei wäre und dass die Nazis ihn verlieren würden.

Fünftens war die Aufzählung dessen, was wir bloß nicht tun sollten, eine versteckte Aufforderung, genau das zu machen. Demnach sollten wir für schlechtere Zeiten Kohlen auf die Seite schaffen und einen Wachdienst an der Tür einführen, damit uns niemand beim Nichtstun vorfände.

Sechstens sollten wir, wenn wir uns nicht gerade erholten, über wichtige Dinge reden und gemeinsam irgendwelchen

Schulstoff wiederholen, den wir in Birkenau vergessen oder wegen der »beschleunigten Abfertigung« unzureichend gelernt hatten.

Siebtens schien es, als ob die Häftlinge, die auf verschiedenen Ebenen die Aufsicht über uns hatten, auf unserer Seite stünden und uns helfen wollten. Wenn es so wäre, dann würde sich zum ersten Mal im Lager jemand um uns kümmern, und zwar nicht individuell, sondern um uns als ganze Gruppe. Jirka Schwarz hatte das wohl gleich am Anfang richtig erfasst.

Achtens war die Hoffnung berechtigt, dass wir durchkommen, das Kriegsende erleben und von hier nach Hause zurückkehren würden, andernfalls hätte der Kapo nicht so mit uns gesprochen, und jene, die uns offenbar retten wollten, würden sich nicht so dafür einsetzen.

Neuntens müssten wir alle vorsichtig sein und zusammenhalten, damit wir uns nicht durch eigene Dummheit selbst schadeten.

Zehntens zeigte das anständige Verhalten unseres Kapos, dass nicht ein Kapo wie der andere war. In der Mehrzahl waren sie den Funktionen nach Helfershelfer der Deutschen und manchmal auch Diebe. Es gab unter ihnen aber auch redliche Leute, die sich bemühten, keinem zu schaden und, wo es nur ging, ihren Untergebenen beizustehen.

Ivan der Heizer schloss die Diskussion mit den Worten: »Studenten, die Stunde ist beendet. Bis der Kapo zurückkehrt, sollten wir uns alle im Sinne des durchgenommenen Stoffes ausruhen. Ich werde erst nachmittags anheizen. Wer wäre bereit, an der Tür zu wachen?« Mehrere Jungen meldeten sich, und Ivan nahm den, der sich zuerst gemeldet hatte. Ich zog meine Kiste zu einem Pfosten, der die Dachkonstruktion stützte, und kaum hatte ich mich angelehnt, war ich schon eingeschlafen.

Dann bekamen wir die Mittagssuppe. Die Kost war vielleicht ein bisschen nahrhafter als in Birkenau, aber zunehmen konnte man davon nicht. Es ging nur darum, bestenfalls unseren Verfall aufzuhalten und unsere Reserven nicht so schnell zu verbrauchen. Wir wetteiferten sozusagen darum, ob wir überlebten, bis uns die Russen erreichten. Allgemein wurde behauptet, dass sie sich hinter der Weichsel zum Angriff auf die Deutschen vorbereiteten.

Nachmittags kehrten wir in den Unterrichtsraum zurück, der dank Ivan anständig geheizt war, und setzten das Nichtstun fort. In der Nacht schliefen wir uns ordentlich aus, das Bett war besser als in Birkenau, wir hatten Ruhe zum Schlafen. Ich verfiel zu meiner Freude nicht mehr in den unnatürlichen Tagesschlaf, als hätte ich dieses Problem in Birkenau zurückgelassen. Wir waren gelöster und fühlten, dass uns keine unmittelbare Lebensgefahr mehr drohte. Wenn alles so bliebe, wie es nun war, hätten wir vielleicht wirklich Hoffnung, lebend davonzukommen! Jede Veränderung – natürlich mit Ausnahme der Befreiung – konnte jetzt nur noch zum Schlechteren sein. Vor allem machten wir uns Sorgen, wie das Kriegsende aussehen und was die SS dann mit uns machen würde. Davon abgesehen, verliefen die Tage der »theoretischen Vorbereitung« unaufgeregt bis zur Langeweile. Aber gerade das brauchten wir am meisten.

Eine angenehme Abwechslung brachte in die eintönig dahinfließenden Tage meine zufällige Entdeckung weggeworfener Kartoffelschalen. Ich bemerkte, dass sie neben der Lagerküche auf einen Haufen geschüttet wurden. Von Zeit zu Zeit wurden sie abtransportiert, man behauptete, sie würden an Schweine verfüttert. Mir fiel ein, wir könnten sie auf dem eisernen Ofen im Unterrichtsraum rösten. Ich las eine Handvoll zusammen, spülte sie ab und nahm sie mit. Wenn sie auf dem Ofen geröstet wurden, waren sie vorzüglich! Man musste nur aufpassen, dass sie nicht anbrannten und sich der Geruch ausbreitete. Wieder kam mir mein bewährter abgeschliffener Löffel zustatten, den ich diesmal zum Umwenden der Schalen auf der Platte benutzte. Von da an rösteten wir ständig welche. Ich entsann mich, wie wir bei der *Kartoffelgrube* zwischen Bergen von Kartoffeln Hunger gelitten hatten, während es hier eine Möglichkeit war, die ungenießbaren rohen Schalen in eine Delikatesse zu verwandeln.

Als undurchführbar erwies sich die Vorstellung des Kapos, dass unsere ganze Klasse früher durchgenommenen Stoff wiederholen würde. Immer wenn es dazu kommen sollte, wollten einige Jungen schlafen und andere sich in Grüppchen mit wechselnder Zusammensetzung über etwas anderes unterhalten, so dass der Heizer und Vorsteher den Versuch aufgab, Unterrichtsstoff zu wiederholen, und dies sehr vernünftig begründete. Immer, wenn Deutsche in Erscheinung treten, werde jemand zu etwas gezwungen, uns bleibe nichts anderes übrig, als ununterbrochen zu gehorchen. Nur hier in diesem Loch auf dem Boden hätten uns unsere unbekannten Wohltäter eine Insel einer gewissen Freiheit geschaffen; also kein Wunder, wenn wir uns nicht mit etwas beschäftigen wollten, das uns wieder jemand von oben herab aufdrückte, und dass jeder einmal tun wolle, was ihm gerade einfalle. Darum werde er keine solche Pfeife sein, uns zu irgendwas zu zwingen.

Ich saß mit den Jungen aus Südungarn – Jirka, dem Heizer und Hersch – in Ofennähe. Wenn wir wollten, unterhielten wir uns, und wenn nicht, schwiegen wir halt. Innerhalb kurzer Zeit kamen wir uns näher. Jirka reagierte auf die Entscheidung des Heizers, keinen zur Wiederholung von Schulstoff zu zwingen. Er stimme ihm zu, doch Ivan solle das auch dem Kapo erklären. Wenn sie – er und die anderen – zu uns anständig seien, dann sollten wir uns ebenso verhalten und ihnen erklären, warum wir etwas nicht taten, was doch in unserem Interesse sei. Ivan war damit einverstanden und sagte bei nächster Gelegenheit dem Kapo, wie die Dinge standen. Der sah das ein und meinte, dass es vielleicht gar nicht anders habe ausgehen können.

Der Heizer war noch ein Junge, hatte aber schon Eigenschaften wie ein richtiger Mann der Tat. Er war temperamentvoll, und wenn er sich einmal über etwas eine Meinung gebildet oder sich zu etwas entschlossen hatte, dann ordnete er sich nicht dem unter, was andere darüber dachten. Alles sagte und tat er mit Überzeugung, und die übrigen Jungen hörten ziemlich auf ihn. Ich konnte ihn mir als Chef eines großen Betriebs vorstellen, der viele Leute unter sich hat. Jiří wiederum war eher ein Denker, ein Stratege und Taktiker. Er konnte großartige Pläne ausdenken, was getan werden sollte, warum und mit welchen Mitteln, oder was heute und was später zu tun wäre. Allerdings verwirklichte er davon selbst nur selten etwas. Vielmehr schloss er sich dem Heizer an, und die beiden ergänzten sich gut. Eine derartige Kombination von zwei Jungen kommt anscheinend recht oft vor. Ich hatte vor dem Krieg in verschiedenen Kriegsbüchern über die maßgeblichen Akteure gelesen. Der Heizer war der Typ eines Kommandeurs, und Jirka verhielt sich wie ein Stabschef.

Einmal, als wir wieder mit unserem Grüppchen am Ofen saßen und Kartoffelschalen rösteten, wandte sich das Gespräch dem Kapo, den Lagerhasen und der bisher unbeantworteten Frage zu, wer wohl über uns seine schützende Hand hielt. Hier meldete sich Hersch, der sonst nicht viel sprach. Ihm schien es unwahrscheinlich, dass unser Kapo Vertreter einer organisierten Gruppe von Lagerhasen sei, die sich unsere Faulenzerstätte ausgedacht haben könnten, um wenigstens ein paar der jüdischen Jungen zu retten, die wenige Schritte von hier in Birkenau massenhaft getötet wurden. Es war nicht so, dass sich Hersch dies nicht gewünscht hätte würde – würde es doch bedeuten, dass wir größere Hoffnung hätten, bis zum Ende durchzuhalten, und dass diese Häftlinge eine Mizwe vollbrächten. Allerdings wäre das zugleich eine zielgerichtete antideutsche Aktion, etwas wie eine kleine antideutsche Verschwörung in Auschwitz. Daran mochte Hersch nicht glauben.

Wir hörten uns seine Meinung an, kamen dann aber irgendwie davon ab, und keiner von uns äußerte sich weiter dazu.

Aber am nächsten Tag erläuterte uns Hersch, wie er unsere Teilnahme an der *Maurerschule* sah. Ihm zufolge wollten die Deutschen wirklich die Ausbildung jüdischer Maurer fortsetzen, ungeachtet dessen, wie sich der Krieg entwickelte. Manche von ihnen hätten sich noch nicht mit der Vorstellung abgefunden, dass sie den Krieg schon verloren hatten, und wollten nach den verrückten nazistischen Plänen ihr neues Europa erbauen. Sie verstanden dieses Bauen wohl wörtlich und gingen davon aus, dass sie alles neu und großartig aufbauen würden als Paradies für die Herrenrasse. Und dafür brauchten sie Sklaven, Maurer, Bauarbeiter. Etwas mochte ihnen von Kindertagen her im Kopf nisten, als sie in der Bibel gelernt hatten, dass die Juden Pyramiden für die Pharaonen errichtet hatten. Dort stand geschrieben: »Sklaven waren wir, Sklaven des Pharaos in Ägypten«. Letzteres sprach Hersch im Predigerton, doch nicht so, als mache er sich einen Spaß daraus. Er war tiefgläubig. Wir schauten ihn mit Bewunderung an und gaben ihm im Stillen recht. Hersch sagte noch: »Unser Kapo, dem wir anvertraut sind, weil er sich wohl aufs Maurerhandwerk versteht, ist ein anständiger Kerl. Obendrein sieht er, dass die Kontrolle der Obrigkeit nachlässt, und ihm ist auch klar, dass sich der Krieg dem Ende nähert. Deshalb wird es ihm nicht schaden, wenn wir hier faulenzen, und er selbst tut es auch oder beschäftigt sich mit seinen Angelegenheiten. Auch für ihn hat es Vorteile, wie er es mit uns eingerichtet hat. Und das ist alles.« Das klang ganz plausibel und kam der Wirklichkeit entschieden näher als die Idee, irgendeine Widerstandsgruppe könnte sich eine wohltätige Verschwörung zu unserem Nutzen ausgedacht haben, die für sie in höchstem Grade riskant wäre. Den ganzen folgenden Tag dachte ich – neben den verschiedenen anderen belanglosen Dingen, über die wir uns am Ofen meistens unterhielten – darüber nach und teilte dann den anderen meine Ansicht mit:

»Wenn sie uns hier dauernd daran erinnern, dass Schweigen Gold ist, dann haben sie dafür sicher einen Grund. Wahrscheinlich wird hier viel gespitzelt, und auch unter den Häftlingen gibt es genügend Denunzianten. In Birkenau, wo es um unsere Ermordung ging, konnte es den Nazis egal sein, worüber sich die Häftlinge unterhielten und was sie dachten, wenn sie nach einer Weile ohnehin durch den Schornstein gingen. Außerdem waren die Menschen für sie politisch bedeutungslos, bloßes *Krematoriumsfutter*. In diesem Lager aber sind überwiegend Lagerhasen, und das sind oft politische Gefangene. Die halten die Nazis für so gefährlich, dass sie sie in ein KZ gesteckt haben, und es ist logisch, dass sie die hier bespitzeln. Auch hier geht es für jeden ums Überleben, und wenn die SS gewissen Häftlingen verspricht, sie am Leben zu lassen, sofern sie die anderen aushorchen, finden sich für diese schmutzige Arbeit immer so viele Denunzianten, wie benötigt werden. Um den Preis des Lebens könnten sie auch doppelt so viele bekommen. Fraglich ist dabei nur, ob die SS ihnen ihre Versprechungen auch erfüllen wird. Wahrscheinlich nicht! Am Ende wird sie sie ebenso liquidieren, wie sie es in Birkenau mit dem *Sonderkommando* tut. Ich verrate hier keine Neuigkeit, wenn ich sage, dass dies auch für die Lagerhasen in Birkenau gilt; dort gab es von ihnen allerdings weniger, und wir kamen mit ihnen nicht in Berührung. Ich bezweifle, dass bei diesem

Terror, bei so viel Bespitzelung und Zuträgerei jemand sein Leben riskiert für eine Gruppe jüdischer Jungen, die er nicht einmal kennt, oder dass eine antideutsche Gruppe das Risiko eingeht, aufzufliegen. Etwas anderes wäre, wenn es um eine große Aktion ginge, zum Beispiel um eine Massenflucht oder um die Sprengung von Gaskammern und Krematorien, wie es in Birkenau geschehen ist, damit dort nicht weitergemordet werden kann. Oder um einen bewaffneten Aufstand, damit die Russen eher herkommen und eine Menge von Menschen gerettet wird. Dann könnte sich das Risiko für die Lagerhasen lohnen!«

Die anderen Jungen hörten mich an und gaben zu erkennen, dass an dem etwas dran sein könnte.

Ein paar Tage später berichtete uns der Heizer, dass er kürzlich ein Gespräch zweier älterer Häftlinge gehört und sich daraus einen Satz gemerkt habe: »Hier hat nicht jedes Häftlingsleben den gleichen Wert.« »Als sie mich bemerkten, hörten sie auf zu reden und verschwanden schnell, jeder in eine andere Richtung«, sagte der Heizer. »Aber wenn irgendeine Gruppe existierte und eine große Aktion vorbereitete, wie Tom kürzlich sagte, so würden ihre Mitglieder nicht riskieren, wegen der Rettung einiger jüdischer Jungen selbst verraten zu werden. Vielleicht meinten die beiden Häftlinge, das Leben bestimmter Verschwörer sei wertvoller als das der anderen, weil, wenn die Verschwörer umkämen, die große Sache zum Nutzen der Übrigen nicht durchgeführt werden könnte.«

Am nächsten Tag knüpfte Hersch daran an. Seinen Worten war zu entnehmen, dass er über unsere Verschwörertheorie und über den vom Heizer aufgeschnappten Satz lange nachgedacht hatte. Hersch fand, dass Verschwörer, die anderen helfen wollten und bereit wären, das eigene Leben zu riskieren, in der Frage irren könnten, wer es wert sei, gerettet zu werden, und wer nicht. Solche Verschwörer würden kaum eine Gruppe junger Burschen retten wollen, weil sie damit sich selbst gefährden würden und auch die große Aktion, die sie planen. Solche Leute dächten oft, sie seien auserwählt und es sei nicht richtig, solch ein Risiko einzugehen. So ließen sie eher ein paar junge Burschen zugrunde gehen, selbst wenn sie am Ende gar keine große Aktion zuwege brächten. Am Ende wäre es zwar möglich gewesen, die Jungen zu retten, aber schließlich alles schlimm ausgegangen. Das klang weise und hatte eine reale Grundlage. Hersch genoss unter uns Respekt. Anfangs hatte ich ihn mit »Rebbe« angeredet, aber Jiří machte mich darauf aufmerksam, dass der Vater von Hersch, der ein wirklicher Rabbiner war, die Selektion auf der Rampe in Birkenau nicht überlebt habe, weil er verkrüppelt gewesen sei. Jedenfalls habe ihn danach niemand mehr irgendwo gesehen. Und Hersch litt darunter. Sofort nachdem ich das erfahren hatte, entschuldigte ich mich bei ihm wegen der Anrede als Rabbiner. Er winkte nur ab, das sei schon in Ordnung. Auf uns Jungen wirkte er wie ein echter Rabbi. Verdientermaßen, denn er verfügte nicht nur über Bildung und Intellekt, sondern auch über gute Sitten. Ich respektierte ihn, und in der Zeit, die wir gemeinsam verbrachten, brauchte ich nicht mehr mein eigener Rabbiner zu sein. Denn so hatten meine Vorfahren – Großvater, Vater und Onkel – eine Lage bezeichnet, in der kein Rabbiner in der Nähe war und man alles selbst entscheiden musste. Das galt allmählich auch für mich, zumal die Rabbiner in meiner Nähe ihre Aufgabe nicht gerade bestmöglich erfüllten.

Am nächsten Morgen, nach etwas zusammenhanglosem Gerede über nichts, dem Einheizen und dem Rösten der Morgenration Kartoffelschalen auf dem heißen Ofen, kam Hersch auf das gestrige Thema zurück. Wie er sagte, beschäftige ihn ständig die Frage, wem wir es verdankten, dass wir hier in Ruhe säßen, nicht zu einer wirklichen Arbeit müssten, nicht irgendwo in Regen und Kälte stünden und dank alledem überhaupt noch imstande seien, über etwas nachzudenken. Würden wir in Birkenau dauernd die schweren Kisten mit Kartoffeln durch den Schmutz schleppen, dann würden wir höchstens daran denken, wann wir uns satt essen und ordentlich hinlegen könnten. Dort könnten wir krepieren, ehe uns ein einziger vernünftiger Gedanke einfiele.

»Ich habe viel darüber nachgedacht, welche der beiden von uns durchgesprochenen Varianten über unsere Situation gültig ist«, fuhr Hersch fort. »Schließlich habe ich mir bewusst gemacht, die Hauptsache ist das Ausführen von Mizwot – von guten Taten. Darüber aber, was eine Mizwe ist, entscheiden die Umstände. Als man uns nach Birkenau gebracht und in den Jungenblock gesteckt hatte, wussten wir anfangs fast nichts, und jeder von uns war allein in einer großen Menge. Vor allem waren wir vollkommen aus dem Gleichgewicht. Unter diesen Umständen war es schon eine gute Tat, dass wir uns auf der Flucht vor dem Kapo, der uns blindlings mit dem Knüppel verprügelte, nicht gegenseitig getreten haben. Wir flüchteten wie eine durchgegangene Fohlenherde, da war es eine menschliche Geste von uns, dass wir nicht auf die Jungen getrampelt sind, die gestolpert und auf die Erde gefallen waren, sondern über sie hinweggesprungen sind oder sie ausnahmsweise auch aufgehoben haben, obwohl wir dazu einige Extrakalorien brauchten. Dann begannen wir, etwas Orientierung zu finden, kleine Gruppen zu bilden, uns gegenseitig zu unterstützen, um besser durchzuhalten. Es ist selbstverständlich, dass zu Hause, im zivilisierten Leben, eine Mizwe etwas anderes ist als hier, wo wir unter schwersten Bedingungen leben und wo es schon eine Mizwe ist, wenn wir einem anderen nicht um etwas bringen, von dem er vielleicht einen Nutzen haben könnte. Eine Mizwe ist es also beispielsweise, wenn dir ein stärkerer Mithäftling nicht deine Brotration wegnimmt und aufisst. Eine Mizwe ist es auch, wenn Menschen, die wissen, dass wir hier faulenzen, uns nicht denunzieren. Solche, die das tun würden, gibt es genug, und sie könnten dafür von der Obrigkeit belohnt werden, etwa mit leichterer Arbeit. Und eine Mizwe ist es schließlich, wenn uns solche Menschen nicht auch aus Neid, dass wir hier, anders als sie, nicht arbeiten müssen, verraten. Das alles sind gute Taten, die allein darin bestehen, dass diejenigen, die sie ausführen, nichts Schlechtes tun. Ich weiß, das klingt alles seltsam, aber so ist es. Wir sprechen hier von einer besonderen Art guter Taten. Ob das überall gilt, weiß ich nicht, aber hier sind die genannten Situationen wirklich Mizwot.« Bei nächster Gelegenheit trat in unserer Diskussion in Fortsetzungen der Heizer auf: »Hersch hat gesagt, eine Mizwe sei eigentlich, wenn man eine schlechte Tat nicht ausführt.« »Und er hat Recht«, rief ich. »Wenn du dich von den Geboten ›Bestiehl keinen Mithäftling!‹ und ›Schade keinem Mithäftling!‹ leiten lässt, dann ist das ganz bestimmt eine Mizwe. Ohne solche Regeln könnte unsere Gruppe, eine Zweiergruppe in Birkenau oder die Gruppe, die uns gerettet hat und uns weiter über Wasser hält, weder bestehen noch funktionieren. Aber diese Gebote erstrecken sich nicht auf jeden und gelten nicht für immer und ewig. Wenn du zum Beispiel Brot aus einem Lager des Fiskus nimmst, es möglichst zusammen mit anderen Häftlingen isst und es dir und den anderen beim Überleben hilft, dann ist das kein Diebstahl und nicht einmal etwas Unredliches. Diebstahl ist es nur von einem gewissen Standpunkt aus, unter unseren Verhältnissen ist es jedoch eine echte Mizwe. Oder ein anderes Beispiel: Wenn uns die Deutschen zwingen würden, in einer Fabrik zu arbeiten, wo Panzer für ihren blöden Krieg hergestellt werden, und wir würden Sand in die Getriebe streuen, so dass die Panzer nach drei Tagen nicht mehr fahren, würde das den Deutschen schaden – dennoch wäre es eine Mizwe. Das ergibt sich daraus, dass die Nazis uns ausrotten wollen, und wir verteidigen uns, wie wir nur können.« Die Diskussion über die Mizwe setzten wir auch am folgenden Tag fort. Hersch fügte noch hinzu, eine andere Art von Mizwe sei die gute Tat, bei der man aktiv handeln müsse. Etwa wenn Leute eine Gruppe jüdischer Jugendlicher aus Birkenau retten wollten, die sonst zum Untergang verurteilt wäre, und dazu verschiedene Schritte aktiv unternehmen müssten. »Da ist es ja wohl kein Hindernis, wenn derjenige, der anderen Gutes tut, dafür dann nicht teuer bezahlt, sondern, im Gegenteil, selbst etwas davon hat. In diesem Sinne schadet es uns nicht, wenn unser Kapo selbst faulenzt, weil das in keiner Weise die Hilfe schmälert, wenn man uns hier bummeln lässt. So gibt es zwei Arten von Mizwot, die passiven und die aktiven. Zwar habe ich in der Jeschiwa nichts Derartiges gehört, aber vielleicht wurde darüber in einer Lektion gesprochen, an der ich nicht mehr teilgenommen habe, weil wir schon hier waren. Ich muss jedoch sagen, für meinen jungen, ungebildeten Dorfschädel ist das alles viel zu kompliziert.«

Ich dachte meinerseits weiter über die Kompliziertheit der Mizwe nach und kam nach einigen Tagen wieder darauf zurück. Dabei stimmte ich dem zu, was Hersch hier vor einiger Zeit gesagt hatte, nur wollte ich hinzufügen, wir würden uns im Lager noch von einem weiteren Gebot leiten lassen, das uns nicht einmal ganz bewusst sei. Dieses laute: »Hilf deinem Mithäftling, wenn du dir damit nicht selbst schadest!« Wenn man helfen würde, dann sei das eine Mizwe. »Selbstverständlich behaupte ich damit nicht, dass nicht auch jemand eine gute Tat vollbringen könnte, die ihm selbst Schaden zufügt: wenn ein Vater, der auch seinen Sohn hier hat, ihm einen Teil seiner Brotportion gibt und hilft, die Arbeitsnorm zu erfüllen. Eine andere Frage ist, wenn dieser Sohn nicht kapiert, dass sich sein Vater für ihn opfert. Dann ist der Sohn ein Schafskopf und obendrein ein unmoralischer

Mensch. Ich denke mir, dass zwei einander so nahestehende Menschen wie Vater und Sohn mit allem so haushalten sollten, dass sie möglichst lange alles gemeinsam durchstehen. Ich sage nicht, dass dies die einzige Möglichkeit ist, aber ich behaupte, das Gebot, einem anderen zu helfen, wenn man sich dabei selbst nicht schadet, ist kein geringes moralisches Gesetz. Im Gegenteil, es ist eine große sittliche Tat!«

Am nächsten Tag knüpfte Hersch an meine Ansicht an, dass man einem anderen helfen solle, wenn man sich damit nicht selbst Schaden zufüge. Er sagte, dass es eigentlich ein Wunder sei, wenn in Auschwitz überhaupt irgendwelche guten Taten vollbracht würden. »Es ist ein sittliches Wunder, etwas, womit die Nazis nicht gerechnet haben! Sie haben an Orten wie Auschwitz das mörderische Böse wie noch nie entfesselt. Alles sollte es überwältigen, alles Andere ersticken. Aber ihr Böses erzeugte nicht nur weiteres Übel, sondern löste auch Gutes aus – eine Mizwe, die dem Bösen wirksam entgegentritt! Die Gefangenen – und besonders die Juden, die es am schlimmsten haben – sollten alles Menschliche verlieren und zu Wölfen werden. Das aber haben die Nazis auf keinen Fall vollständig erreicht. Bis zum Kriegsende können sie uns alle töten, doch sie können uns nicht unsere Menschlichkeit nehmen. Das wird ihnen nicht gelingen!«

Wir schauten voller Bewunderung auf Hersch. Allen gefiel, was er hier sagte, doch es fiel uns nicht leicht, das vollkommen zu begreifen – und auch zu verdauen.

Unsere Erwägungen über Gut und Böse trieb Jirka auf die Spitze, indem er für sie eine Parallele in der Physik fand. Er erklärte, Herschs Ausführungen, wie das Böse auch sein Gegenteil, das Gute, hervorbringe, erinnere ihn an ein Beispiel aus der Elektrizität. Wenn ein Strom durch einen Draht fließe, erzeuge er ein entgegengesetzt gerichtetes elektromagnetisches Feld. »Mehr weiß ich leider nicht«, sagte Jirka, »die Einzelheiten habe ich wegen des Stumpfsinns im KZ vergessen, ich erinnere mich nur daran, dass dies Induktion genannt wurde. Deshalb würde ich die Theorie von Hersch als ›Hersch'sche Induktion des Guten durch das Böse‹ bezeichnen.« Das war Jirka gelungen! Sogleich schlugen wir vor, dass die Theorie unter diesem Namen künftig Eingang in die Lehrbücher finden sollte. Aber Hersch war davon nicht begeistert und verkündete, dass wir Ochsen seien. Unser Rebbe war an diesem Tag gerade für kurze Zeit außer Dienst.

Plötzlich begann der Heizer wie ein Wolf zu heulen. Verständnislos sahen wir ihn an und rätselten, was das wohl zu bedeuten hätte.

»Entgegen den theoretischen Annahmen bin ich zum Wolf geworden, weil die Schicht noch nicht zu Ende ist und ich nichts mehr zum Heizen habe«, erklärte uns Jirka. »Brennstoffvorräte haben wir nicht, und dabei ist es draußen ordentlich kalt. Was werden wir tun?« Die anderen Jungen begannen anstelle einer Antwort ebenfalls zu heulen, zum Zeichen, dass auch ihnen langsam kalt werde. Eine echte Lösung des Problems fand der Stratege und Taktiker Jiří. Obwohl wir uns außer in unserem Unterrichtsraum nirgendwo herumtreiben sollten, sah er sich in der Umgebung um und stellte fest, dass die Kapos ganz in der Nähe ein paar Kohlen aubewahrten. »Und dort ist nicht abgeschlossen«, sagte er bedeutungsvoll. »Vielleicht könnten wir uns von dort ein paar Kohlen borgen. Aber wäre das nicht sehr riskant?« Jirka interessierte unsere Ansicht darüber, ob das ein Diebstahl wäre oder eine Mizwe.

»Gerade mit solchen Situationen beschäftigt sich der Talmud«, sagte Hersch. »Es gibt gültige Grundsätze, und wir haben hier eine praktische Frage, die wir auf ihrer Grundlage beurteilen sollten. Ich muss aber mit Bedauern feststellen, dass ich auch die Lektion, die sich mit derartigen Fragen befasst, infolge des langandauernden Aufenthalts im Ausland versäumt habe.« Das war eine witzige Antwort, aber sie entschied nichts. Nun meldete sich der Heizer: »Ihr wolltet wissen, ob das Ausborgen von Kohle Diebstahl oder eine Mizwe wäre. Ich finde, das wird davon abhängen, ob uns jemand dabei erwischt oder nicht. Und wenn ein Außenstehender, beispielsweise ein Kapo, diese Tat beurteilen würde, dann würde er sie wohl als Diebstahl werten.« Jetzt aber war die Zeit für die Revanche von Hersch für Jirkas Einfall mit der »Induktion des Guten durch das Böse« gekommen. »Ich beglückwünsche den Erfinder zur Verkündung eines neuen Prinzips, das ebenfalls für immer in künftigen Lehrbüchern stehen wird«, sagte Hersch, »und erlaube mir, dieses Prinzip ›Des Heizers Gesetz‹ zu nennen. Von heute an lautet es: ›Was für den einen eine Mizwe ist, das ist für den andern ein Diebstahl. Alles ist relativ.‹ Ich werde es euch schon zeigen, ihr Blödmänner, wenn ihr mich zum Narren haltet!«

Aber wir wussten, Hersch sagte das im Guten.

Dabei hörte ich ihnen nur mit einem Ohr zu und dachte eher an die Kohlen. Da entschloss ich mich: Ich werde gehen! Dabei verstand ich selbst nicht, was mich überkam. Ich hatte wohl etwas von dieser anspruchsvollen Theorie, die wir schon so viele Tage wiederkäuten, außer Acht gelassen. Ich fragte Jirka, wo genau die Kohle sei, er zeigte sie mir. Ich nahm mir einen leeren Eimer und ging los.

Ich öffnete die Tür jenes Raumes und schaute hinein. Es war dunkel, durch das Dachfenster drang nur wenig Licht. Die Kohle lag da, kein Mensch war zu sehen. Eine Weile horchte ich, aber nirgends rührte sich etwas. Da stürzte ich mich auf den Kohlenhaufen und packte sie, so leise wie möglich, einzeln in den Eimer. Schon trug ich den vollen Eimer zum Ausgang, als sich jemand über die Treppe näherte. Plötzlich öffnete sich die Tür. Hinter einem Pfosten versteckt, sah ich einen Kapo, der das Gleiche tat wie ich, nur hatte er zwei Eimer und schaufelte die Kohlen hinein. Dabei machte er gehörig Lärm, so dass er mich nicht hören konnte. Der Kapo nahm die beladenen Eimer auf, blieb eine Weile stehen, schaute sich um, lauschte und ging zur Tür. Vorsichtig schob ich mich hinter dem Pfeiler auf die andere Seite. Aber der Kapo verschwand schon leise die Treppe hinunter. Kurz danach betrat ich mit dem vollen Eimer, den Zeigefinger auf dem Mund, unseren Unterrichtsraum. Jeder Trubel war zu vermeiden. Dann erzählte ich den Jungen, was um ein Haar geschehen wäre. »Hätte mich der Kapo geschnappt – wer weiß, was uns da erwarten würde. Ohne Weiteres hätte er uns anzeigen können! Aber auch er verhielt sich verdächtig leise, es sah nicht so aus, als würden die Kohlen ihm gehören, eher machte er den Eindruck, als würde auch er sie stehlen. Das hieße, ein Kapo bestiehlt den anderen. Und dabei sagt man doch, eine Krähe hackt der anderen kein Auge aus. Vielleicht war es dumm von mir, dorthin zu gehen. Es war nur so ein spontaner Einfall.«

»Mach dir keine Vorwürfe, es war eine Mizwe«, sagte Jirka. »Du hast eine gute Tat getan und ein Risiko auf dich genommen, auch wenn du von der Wärme nicht mehr Nutzen haben wirst als die Übrigen, die hier inzwischen nur herumgesessen sind.« Jirka fiel aber gleich ein, den Kapos könnte gelegen kommen, den Verlust der Kohlen, falls es herauskäme, auf uns zu schieben. Die Schuld auf einen anderen zu schieben, sei wohl das Erste, das Dieben einfalle. Das könne uns gefährlich werden! Der Heizer solle unserem Kapo geschickt andeuten, was mit diesen Kohlen geschehe, und der könnte ihren Eigentümern sagen, sie sollten die Tür abschließen. Damit kämen wir zwar nicht mehr an ihre Kohlen, aber wären diese Sorge los. Es sei auch unwillkommen, wenn hier fremde Leute herumschlichen, die mitbekommen könnten, dass wir faulenzten. Und obendrein würden wir bei unserem Kapo einen gut haben.

»Das ist ein kompliziertes Spiel, beinahe wie ein Spionageroman«, bemerkte dazu der Heizer. »Sind das nicht übertriebene Schlussfolgerungen um einen Eimer Kohle?« Aber unser Rabbiner Hersch verkündete im Scherz, ein Eimer Kohle sei für einen Frierenden mehr als ein Tausender für einen Reichen. Dazu schlug Jirka als Mann der Tat vor, uns, bevor wir über die Angelegenheit mit unserem Kapo sprächen, ein paar Eimer auf Vorrat zu holen.

Darauf begannen Jiří, Hersch und der Heizer, der sich das ausgedacht hatte, darüber zu streiten, wer die nächsten Kohlen bringen sollte, um sie für schlechtere Zeiten aufzubewahren, wie unser Kapo geraten hatte. Hier meldeten sich noch ein paar andere Jungen. Die Entscheidung traf unser geistlicher Weiser Hersch: »Drei Eimer genügen! Wenn wir zu viele nehmen, könnte man darauf kommen. Ich werde als Erster gehen, Jiří als Zweiter und der Heizer, unser Anführer, als Dritter, und das reicht.« So wurde es ausgeführt und verlief ohne Zwischenfälle.

Später sprach der Heizer mit unserem Kapo tatsächlich über den Kohlendiebstahl. Der Einfall mit dem Verschließen des Bodenraumes sagte unserem Lehrer zu. Es freute ihn offenbar, dass wir über unsere Angelegenheiten nachdachten und nicht erwarteten, jemand nähme uns das ab.

Als wir bei nächster Gelegenheit wieder am Ofen saßen, sagte der Heizer, wir hätten den Blödsinn mit den Kohlen etwas übertrieben und daraus überflüssigerweise einen Krimi gemacht. Ich sagte den Jungen, diese Aktion habe zumindest gezeigt, dass wir schon besser beieinander seien, denn wir seien fähig zu kombinieren, was alles geschehen könnte. Anfangs hatte ich mir gedacht, das Leben im Konzentrationslager, wo sich ständig das Gleiche wiederholt, ließe uns bis zur Verblödung abstumpfen. Aber jetzt sah ich, dass wir im Gegenteil ständig nachdenken und findig sein mussten, damit wir es hier überhaupt aushielten und lebend durchkämen. Dazu aber durfte man nicht alle körperlichen Reserven verbrauchen, sonst wären Verfall und Zersetzung nicht aufzuhalten. Schließlich würde man das Denken einstellen, ein Anzeichen dafür, dass es bald mit einem vorbei ist. So erging es mir bei den Kartoffeln in Birkenau.

»Bei den SS-Männern, die uns hier bewachen und liquidieren, ist es umgekehrt, sie brauchen nicht nachzudenken«, erwiderte Jirka auf meine Gedanken. »Ihre Aufgabe ist klar. Sie benötigen keine Vernunft, sondern Macht, und die haben sie. Würden sie aber überlegen, so müssten sie darüber nachdenken, was sie tun, und würden im eigenen Interesse damit aufhören. Weil ihnen dann nämlich aufgehen müsste, dass sie nach dem Krieg der Strang erwartet für das, was sie angerichtet haben!«

Hersch und ich waren uns da nicht so sicher. Meiner Meinung nach würden zwar die untergeordneten Deutschen, soweit sie sich klarmachten, dass ihnen eine Strafe drohe, vielleicht mit dem Morden aufhören; aber das gelte nicht für ihre Führer und die höheren Chargen, die sich dieses Morden ausgedacht hätten und es lenkten. Die seien schließlich keine Hohlköpfe und hätten es doch geschafft, viele der schlauesten Deutschen auf ihre Seite zu ziehen. Auch hier gehe es nicht um Vernunft, denn hohe Intelligenz schließe keineswegs aus, dass jemand zum Mörder werde. Obendrein würde ein intelligenter Mörder auf höchstem technischem Niveau morden und dabei die ausgeklügeltsten Methoden anwenden. Er sei also schlimmer als ein primitiver Mörder.

Damit endete für diesen Tag unsere Diskussion. Wir hatten genug davon.

Unter solchen Gesprächen am Ofen spielte sich also unsere »theoretische Vorbereitung« ab, wie unser Kapo und Lehrer den Aufenthalt der Jungengruppe im Bodenraum genannt hatte. In verschiedenen Grüppchen mit wechselnder Zusammensetzung erörterten wir alle möglichen Dinge, darunter auch recht komplizierte. Wir lebten dort unter Bedingungen, unter denen moralische Fragen praktische Bedeutung gewannen. Es waren Versuche, das Unbegreifliche zu verstehen. Deshalb lernten wir alle viel bei der »theoretischen Vorbereitung« – allerdings nicht über das Maurerhandwerk.

Weniger Zeit verbrachten wir bei der praktischen Beschäftigung, die meist darin bestand, im weiteren Umkreis des Lagers Erdarbeiten auszuführen. Morgens traten wir in Fünferreihen an und marschierten unter Führung unseres Kapos durch das Tor. Die grundlegenden Rituale blieben die gleichen: »Mützen ab! Kommando Maurerschule!«, und dazu die Zählung der angetretenen Männer, »Mützen auf!«, und schon befanden wir uns hinter dem Tor mit der Aufschrift *Arbeit macht frei.* Eine Besonderheit war, dass dabei die Lagerkapelle Märsche spielte. Die Musiker waren im Erdgeschoss des Eckgebäudes am Tor untergebracht, das wir beim Marsch nach draußen auf der rechten Seite passierten. Dort aber übten sie hauptsächlich. Sonst standen sie neben dem Wachgebäude auf der gegenüberliegenden Seite des Tores.

Am Tor wachte eine Gruppe von SS-Männern mit Maschinenpistolen. Einer der Unteroffiziere zählte beim Passieren der einzelnen Kommandos die kompletten Fünferreihen und die Anzahl der Männer in der unvollständigen Fünferreihe am Schluss. Beim Zählen stand er neben der vorbeimarschierenden Formation und hielt in der linken Hand eine Mappe mit einigen Papieren. Die Rechte hatte er ausgestreckt wie zum Handschlag, und bei jeder weiteren Fünferreihe bewegte er den Daumen nach unten, wobei er halblaut zählte. Die Rückkehr verlief ähnlich, die Häftlinge in den Formationen sahen nur müder aus und liefen langsamer als am Morgen. Beim Aufenthalt außerhalb des Lagers begleiteten uns SS-Männer, manchmal nur einer. Diese SS-Männer wechselten sich ab, so dass wir sie und auch sie uns nicht kannten. Das war offenbar aus Sicherheitsgründen so eingerichtet, um Vertraulichkeiten vorzubeugen und zu verhindern, dass jemand sich bei irgendwelchen Plänen zu unserem Komplizen machen könnte.

Unter den SS-Männern, die am Tor Dienst taten, war einer, den wir Dobrák* nannten. Er war ein etwa vierzigjähriger Unteroffizier, hochgewachsen und von kräftigerer Gestalt. Dieser SS-Mann umkreiste uns nicht mit der Maschinenpistole, manchmal zählte er die Kommandos, sonst stand er nur da, schaute zu und überwachte die anderen. Es kam vor, dass er ein Kastenbrot hervorholte und unter die Häftlinge warf. Uns warf er öfter ein Brot zu als den anderen, denn als jugendliches Kommando waren wir immerhin etwas Besonderes. Als das zum ersten Mal passierte, wussten wir nicht, wie wir reagieren sollten. Alles geschah während des Marschs, und eine Formation, die immer von einem Kommando gebildet wurde, musste der anderen folgen. Hätten wir um dieses Brot gerauft, hätten wir am Tor den Verkehr aufgehalten, die Kapos hätten uns verprügeln können, um Ordnung zu schaffen. Wir Jungen aus Birkenau waren darauf gefasst, aber am Haupttor von Auschwitz wurden die Häftlinge nicht so oft verprügelt. Wer das Brot auffangen konnte, behielt es bei sich, und hinter dem Tor teilte er es mit den anderen vier Jungen seiner Fünferreihe. Diese Glücklichen stopften sich das aufgefangene Brot gleich in den Mund und aßen es auf. Am Tor standen wir in Lauerstellung, aber Dobrák warf nur hin und wieder ein Brot. Ich bekam davon niemals was ab.

Einige Jungen dachten, Dobrák werfe das Brot aus den gleichen Gründen, aus denen man Krebsen im Fluss Brotkrümel oder einer Hundemeute eine Wurst zuwirft, um sich einen Spaß daraus zu machen, wie wir uns um das Brot rauften. Bei ihm hatte ich aber eher den Eindruck, dass er uns ein bisschen zusätzlich füttern wollte. Bei der Beobachtung der SS-Männer hatte ich festgestellt, dass nicht alle gleich waren. Überwiegend waren sie nicht einmal Sadisten, denen es Vergnügen bereitet hätte, Menschen zu quälen und hinzurichten. Wenn sie einen Befehl erhielten, taten sie zwar auch das Schlimmste, aber größtenteils zeigten sie keinen besonderen Eifer bei der Ausführung ihres Henkerhandwerks. Allerdings unternahmen sie aber auch keinerlei Anstrengung, um sich davon zu lösen. Einmal hatten sie, aus welchen Gründen auch immer, mit einer Abteilung von Mördern zu tun. Vielleicht mochte selbst hier ein SS-Mann diesen hungrigen Häftlingen ein Stück Brot zugeworfen haben, vielleicht Ausdruck eines Rests von Menschlichkeit, der sich in ihnen noch erhalten hätte. Dieser Anflug von Menschlichkeit entschuldete sie aber in keiner Weise von dem Schlimmen, das sie innerhalb ihres Dienstes verübten. Es verminderte nicht ihre Schuld, für die sie die gebührende Strafe verdient hatten.

Als wir den Arbeitsplatz erreicht hatten, zeigte uns der Kapo, was wir tun sollten. Die logische Frage, wozu, stellte keiner. Wir waren nicht so dumm, danach zu fragen, und er war klug genug, um nicht von sich aus davon anzufangen. Meistens ging es um Arbeiten, die schon auf den ersten Blick überflüssig waren. Manchmal hatten sie vielleicht irgendeinen Sinn, aber was wir alle an einem Tag schafften, hätte eine einfache Maschine für Erdarbeiten in einer halben Stunde erledigt. Der gemeinsame Nenner dieser Arbeiten war, Material von einem Ort an einen anderen zu befördern.

Bevor wir anfingen, zur Arbeit außerhalb des Lagers zu gehen, hatte uns der Kapo wie damals bei der ersten Lektion der theoretischen Vorbereitung mehrmals eingeschärft, wie wir uns zu verhalten hätten:

»Kommt ein SS-Mann, gleich welchen Dienstgrades, dann antwortet ihr auf alles, was er sagt, mit *Jawohl!* und führt alles aus, was er befiehlt. Falls ich zufällig nicht anwesend bin und er fragt, wo der Kapo ist, dann sagt ihr, dass ich für einen Moment weggegangen bin und gleich wiederkomme.«

Und der Kapo demonstrierte uns das mehrmals, damit wir es lernten. »Wenn ein anderer Kapo kommt und etwas will, dann antwortet ihr auf alles: ›Wenden Sie sich an unseren Kapo!‹ Weiter mache ich euch darauf aufmerksam, dass der SS-Mann, der uns begleitet, nicht befugt ist, euch eine Arbeit zuzuteilen oder sie zu kontrollieren. Er trägt die Verantwortung, dass niemand aus dem Kommando flüchtet. Ich hoffe, dass euch etwas Derartiges nicht einfallen wird, nicht einmal in der größten Verzweiflung. Ganz bestimmt würden sie euch einfangen, auf einen Fluchtversuch steht der Tod. Wenn ihr lauft und ein SS-Mann ruft: ›Halt!‹, dann müsst ihr stehen bleiben, sonst wird geschossen, auch wenn ihr nur zur Latrine wollt. Wenn er sieht, dass ihr nicht arbeitet oder euch unterhaltet, was bei der Arbeit verboten ist, dann könnte er das melden, daraus würden sich Scherereien ergeben. Also dürfen wir uns nicht erlauben, bei der Arbeit zu faulenzen, was auch immer ihr über diese Arbeit denkt. Wenn etwas ist, dann bin ich hier oder irgendwo in der Nähe.« Die Deutschen und ihre Leute verstanden es, die Arbeit zu organisieren, die Norm, die sie für die Gruppe bestimmt hatten, musste erfüllt werden. Auch wenn das Tempo nicht mörderisch war, reichte es aus, am Abend ordentlich erschöpft zu sein. Eine Scheinarbeit wie die Arbeitstätigkeit der jüdischen Schuljugend in der ungarischen Organisation Levente* war das entschieden nicht. Es war noch ein Glück, dass wir uns bei der theoretischen Vorbereitung ausschlafen konnten. Der Kapo war sich dessen bewusst und rechnete damit. Er bemühte sich, es so einzurichten, dass wir nicht zu zwei Arbeitsschichten hintereinander gehen mussten.

Wenn wir nicht arbeiteten, aßen oder schliefen wir, und wenn das Wetter angenehm war, ging ich hinaus auf das Lagergelände unter die anderen Häftlinge. Viele von den Jungen taten das ebenfalls. Manchmal ging ich allein, ein andermal im Grüppchen mit verschiedenen Jungen aus dem Kommando. Ich hoffte, dass ich dort jemanden treffen würde, der vielleicht etwas über meine Familienangehörigen oder meine Bekannten aus der Heimat oder dem Lager wüsste. Aber ich vertrieb mir auch die Zeit damit, andere Häftlinge einfach nur so zu beobachten. Die meisten gingen zu zweit oder in kleinen Gruppen und plauderten leise miteinander. Gewöhnlich erkannte ich aus einigen Schritten Entfernung, in welcher Sprache sie miteinander redeten. Sie sahen aus, als würde sie das, was ringsum vor sich ging, überhaupt nicht interessieren, aber das Gegenteil war der Fall. Ich bemerkte, dass in einer Gruppe immer einer oder zwei unentwegt verfolgten, was sich in der Umgebung abspielte. Auch mir war das zur Gewohnheit geworden, ich bemerkte es nicht einmal mehr. Leider gelang es mir nicht, mit jemandem Kontakt zu knüpfen, alle waren in sich verschlossen und zeigten kein Interesse, sich mit einem fremden Jungen zu unterhalten. Es hätte mich interessiert, was die anderen hiesigen Häftlinge darüber dachten, wie im Lager das Kriegsende verlaufen könnte. Mich quälten Fragen wie die, ob die Russen angreifen würden, wann der Angriff erfolgen könnte und was die Deutschen vorher mit uns machen würden.

Vergeblich bemühte ich mich, mit jemandem zu sprechen, schlenderte umher wie ein Fremder in einer unbekannten, überlaufenen Großstadt zwischen lauter unbekannten Leuten. Eines Tages aber begegnete ich bei diesen einsamen Gängen durch das Lager einem Landsmann, einem Rechtsanwalt aus Parkan. Das war eine Überraschung! Innerlich jubelte ich, endlich jemanden aus der Heimat zu treffen. Ich sprach ihn an: »Herr Doktor Fuchs!« Er drehte sich automatisch um, aber anstatt mich zu grüßen, fertigte er mich kurz ab und sagte, hier würden sich die Leute nicht mit Familiennamen anreden, und erst recht nicht mit akademischem Titel. Dabei machte er eine Miene, als hätte er an dieser Begegnung nicht gerade Freude. Offensichtlich interessierte ich ihn nicht. Erst dann fragte er mich unwillig und gleichsam gezwungen, wer ich sei, obwohl Vater und ich ihn oft in der Stadt getroffen und uns mit ihm unterhalten hatten. Ob ich schon gar nicht mehr zu erkennen war? Am ehesten verhielt es sich so, dass sich Doktor Fuchs wie eine Schildkröte in einem Panzer verkrochen hatte. Er sagte nur: »Hier ist es am besten, zu keinem irgendwelche Kontakte zu unterhalten. Jeder muss sich um sich selbst kümmern!« Es folgte ein quälendes Schweigen. Ich wusste nicht, wie ihm antworten, und er sagte nichts. Dann fragte ich, ob hier im Hauptlager Auschwitz noch jemand anderes aus unserer Stadt sei. Er antwortete einsilbig: »Nein!« Seinerseits fragte er nichts. Nach einem Weilchen erklärte er mir, dass er nun gehen müsse. Ich wollte aber meinen Versuch, eine Verbindung zu einem Landsmann herzustellen, nicht gleich aufgeben und fragte, in welchem Block er schlafe. Nach einigem Zögern nannte er mir die Nummer. Sein Verhalten war so seltsam, dass es bei mir neben Missfallen auch Neugier hervorrief. Ich wartete, ob er fragen würde, wo ich untergebracht sei. Nicht einmal das fiel ihm ein. Statt eines Grußes sagte er nochmals: »Nun muss ich aber gehen.« Dann wandte er sich ab und ging, ohne sich noch einmal umzuschauen. Ich blieb stehen und blickte ihm nach.

War es denn möglich, dass das Lager einen Menschen, der zu Hause als gebildet, höflich, klug und gesellig galt, so verändert hatte? In Gedanken entschuldigte ich ihn trotzdem, vielleicht hatte er gerade schlechte Laune oder ein Problem. Aber auch so dachte ich mir, dass ich mich dann, wenn ich in der Not einen Rat oder Hilfe brauchte, wohl kaum an Herrn Doktor Fuchs wenden würde. Vielleicht war er kein Unmensch, doch würde er für keinen etwas tun.

Bald nach dieser Begegnung vergaß ich Doktor Fuchs. Ich bummelte weiter allein, inmitten einer tausendköpfigen Menge unbekannter Menschen, für die ich sozusagen gar nicht existierte.

Die Jungen sagten zu der »Arbeitstätigkeit« und zu unserem Dasein im Kommando *Maurerschule*, dass es sich hier aushalten lasse. Anfangs war ich mit ihnen einverstanden, doch dann geriet ich allmählich außer Form. Ich wusste nicht, was mit mir los war, ich ermüdete leicht, keuchte heftig und konnte mich erhöhter Belastung schlechter anpassen. Obendrein begann mir ein Zahn zu schmerzen. Einige Tage hoffte ich, dass es von selbst vergehen würde. Wenn der Schmerz nicht aufhört, so sagte ich mir, dann mag die Zahnbehandlung bis Kriegsende warten, oder es wird, ehe es dazu kommt, mit mir vorbei sein. Dann würde mir gar nichts mehr wehtun, weder ein Zahn noch etwas anderes. Aber der Zahn schmerzte immer heftiger. Schon hatte ich deswegen zwei Nächte nicht geschlafen; am Tage versuchte ich, die schmerzhafte Stelle mit kaltem Wasser zu kühlen, wenn es welches gab, aber das war eher selten der Fall. Also sagte ich mir, dass ich dagegen etwas tun müsste, sonst würde mich dieser Zahn vollkommen erledigen. Bei der Arbeit brachte ich nichts zuwege, schwang nur die leere Schaufel und tat so, als würde ich Sand schippen.

Am nächsten Tag war glücklicherweise Theorie. Ich wollte mich mit den Jungen beraten, was zu tun wäre. Sie sagten mir, was ich selbst wusste: In Birkenau meldete man sich mit einem schmerzenden Zahn einfach auf dem Revier, dort zog ihn, selbstverständlich ohne Betäubung, ein Zahntechniker. Also werde mir wohl nichts übrigbleiben, als damit zur medizinischen Ambulanz zu gehen. Aber die Furcht vor Gesundheitseinrichtungen, die auf Birkenau zurückging, hielt mich zurück; deshalb wollte ich zunächst erkunden, wie es hier zuging. Über die Funktionsweise des Arbeitslagers in Auschwitz wussten wir nämlich so gut wie nichts. Niemand wollte hier mit uns darüber sprechen. In Birkenau herrschte ein viel größeres Elend, aber diejenigen, die noch am Leben geblieben waren, verhielten sich offenherziger.

Schließlich fasste ich den Entschluss, mit dem Kapo zu reden. Der schaute mir in den geschwollenen Mund und erschrak. »Jesus Maria«, rief er. Überrascht sah ich ihn an, weil ich diesen Ausruf hier im Lager noch niemals gehört hatte. Der Kapo bemerkte meinen verwunderten Blick und sagte mir, ich solle ihn nicht so ansehen, er sei Jude, aber es habe ihn erschreckt, was ich Schlimmes im Mund hätte. Er versprach, noch heute mit dem Zahnarzt zu reden und ihn zu bitten, mich zu untersuchen. »Bis morgen musst du das aber noch aushalten!«

Eine andere Wahl hatte ich nicht. Gleich morgens erklärte mir der Kapo, wohin ich gehen sollte. Die Zahnambulanz fand ich leicht, der Doktor wusste schon von mir. Er schaute mir in den Mund und fragte, warum ich nicht früher gekommen sei. Ich sagte ihm offen, ich hätte aus Birkenau schlechte Erfahrungen und fürchtete mich vor dem Revier. Er verstand mich, sagte aber, dass ich mehr Vertrauen haben müsse. »Halte noch aus, was jetzt kommen wird«, sagte er, »dann wird es schon besser werden!« Er bohrte mir den Zahn auf, und mir wurde leichter. Ich ging noch zweimal hin, bis er ihn mir plombiert hatte. Dann hatte ich einstweilen Ruhe.

Zu Hause wäre dieser ganze Vorfall eine Lappalie und nicht der Rede wert gewesen. Hier jedoch bot er mir Anlass zum Nachdenken. Vor allem überraschte mich, dass im Lager Auschwitz so etwas wie eine normale Zahnarztpraxis existierte. Herr Silbermann hatte Auschwitz als »anus mundi« bezeichnet und hätte dort keine Zahnärzte erwartet. Der Scheißmeister hatte dabei aber Birkenau im Sinn. Interessant war auch die Reaktion der Jungen, die mich neugierig umringten und wissen wollten, wie es beim Zahnarzt zugegangen sei. Das, was zu Hause gewöhnlich war, rief hier Interesse und Erstaunen hervor, aber das galt auch umgekehrt. Hätte ich den Jungen erzählt, ich sei mit vier anderen Häftlingen über die Lagerhauptstraße gegangen, die Deutschen hätten geschossen und von den vieren wäre nur ich allein am Leben geblieben, hätten sie wohl angemerkt, ich hätte heute Glück gehabt, und ein paar Minuten später hätte sie schon mehr interessiert, wann es Abendbrot gäbe. Der Besuch bei einem Zahnarzt war hier ein spektakuläreres Ereignis als der Tod einiger Häftlinge!

Ich ging zum Kapo, um ihm für die Fürsprache zu danken, und sagte ihm, wie alles verlaufen sei und wie es mich überrascht habe, dass es hier eine relativ gut eingerichtete Praxis gebe. Der Kapo antwortete, dass ich mich darüber nicht zu sehr freuen solle. Das bedeute nur, dass das kulturell hochstehende Volk, von dem wir hier untergebracht worden seien, in allem Niveau habe. Bevor die SS-Männer jemanden ermordeten, würden sie zuerst feststellen, ob das Gebiss des Verurteilten in Ordnung sei. Birkenau sei eine Ausnahme. Das sei für sie so etwas wie eine Jauchegrube oder ein Misthaufen irgendwo vor der Tür oder in der Nähe, aber wie nicht dazugehörig. Birkenau zähle nicht, in Betracht gezogen werde nur, was innerhalb des Hauses sei. Birkenau sei ein hoffnungsloser Ort, wo keinerlei Regeln gelten würden.

Ich erzählte ihm, dass mein Bekannter, Herr Silbermann, Birkenau als »anus mundi« bezeichnet habe. Der Kapo bestätigte mir, dass Birkenau manchmal wirklich so genannt wurde und dass sich Herr Silbermann dieses Wort nicht ausgedacht hatte. Ich merkte, wie anständig und gebildet der Kapo war. Nur seine Geheimniskrämerei gefiel mir nicht.

Gedanken machte ich mir auch darüber, warum mir der Zahnarzt gesagt hatte, dass ich mehr Vertrauen haben müsse. Zuerst dachte ich, dass er recht haben könnte, denn ich hatte gelernt, niemandem zu trauen, und übertrieb das vielleicht. Dann aber sah ich das anders und stellte mir die Frage: Was ist in diesem Elend mit größerem Risiko verbunden – Vertrauen oder Misstrauen? Es war klar, dass es gefährlicher war zu vertrauen. In dieser Sache hatte wohl ich recht und nicht der Zahnarzt. Nach dem Krieg würde sich das wieder ändern, auch mit dem Vertrauen gegenüber anderen. Die hiesigen politischen Häftlinge geizten auch mit dem Vertrauen, sonst wären sie nicht solche Heimlichtuer.

Bedingung dafür, dass ich überhaupt irgendwann wieder vertrauen könnte, war nur, dass ich überlebte. Und wenn ich überlebte, dann würde ich mich zuerst orientieren. Konnte ich sicher sein, dass ich dann kein Misstrauen mehr brauchen würde? Vielleicht würde, noch ehe die Deutschen den Krieg verlören, irgendein Wunder geschehen? Gewiss, ein Wunder würde es schon sein, wenn die Menschen, die zum Sterben bestimmt waren, frei wären. Aber mit der Beendigung des Krieges konnte sich doch nicht alles und überall plötzlich zum Besseren verändern!

Selbst nach der Zahnbehandlung fühlte ich mich nicht sehr viel besser. Mich überraschte, dass mein Organismus selbst auf eine solche Bagatelle so empfindlich reagiert hatte. Ich war noch öfter müde, fühlte mich insgesamt schlecht und wusste nicht, warum. Wie zuvor mit dem schadhaften Zahn, so hoffte ich auch hier, dass sich alles von selbst regeln würde, auch wenn mir klar war, dass es nicht genügte, nur zu hoffen. Ich fürchtete, dass mein Zustand einen Arzt erfordern könnte, denn in Birkenau hatte ich gelernt, dass es lebensgefährlich sein konnte, unter die Kranken gesteckt zu werden.

Weiterhin saßen wir mit den Jungen im Unterrichtsraum am Ofen und rösteten uns einen immer größeren Haufen Kartoffelschalen in der Hoffnung, dass uns auch diese wenigen zusätzlichen Kalorien helfen würden. Uns allen kam jetzt noch stärker zum Bewusstsein, dass wir über das Lager, in dem wir vegetierten, verzweifelt wenig wussten.

Wir fingen an, die Leute nach allem Möglichen zu fragen. Uns wurde bestätigt, dass der Betrieb der Gaskammern und Krematorien in Birkenau im Oktober nach einem Aufstand des *Sonderkommandos* in einer der vier Todesfabriken eingestellt worden war,* dass einiges von den Anlagen wirklich in das Reich abtransportiert wurde und dass auch unser jetziges Lager über eigene Einrichtungen zur Liquidierung von Menschen durch Gas und zur Verbrennung der Leichen verfügte, auch wenn es sich hier nicht um eine »Todesfabrik«, sondern eher um eine Manufaktur handelte. Vom Standpunkt des Häftlings aus lag darin allerdings kein Unterschied, der Einzelne musste die Manufaktur ebenso fürchten wie die Fabrik, weil er in beiden Einrichtungen gleichermaßen aus der Welt geschafft wurde. Die SS verfügte also noch über die technischen Voraussetzungen zur Ermordung von Einzelnen oder von Gruppen, aber nicht mehr über die Mittel zur massenhaften Ermordung von Häftlingen und zur Verbrennung ihrer Leichen. Das war eine wichtige Feststellung.

Während der »theoretischen Vorbereitung« unterhielten wir uns auch über den bewaffneten Aufstand des *Sonderkommandos* im Krematorium. Der Heizer bezeichnete ihn als eine Heldentat der Häftlinge. Dem stimmten wir alle zu. Jirka war der Meinung, den Aufständischen müsse von vornherein klar gewesen sein, dass die SS-Männer sie überwältigen und erschießen würden. Er fügte aber hinzu, dass es für sie ehrenvoller gewesen sei, im Kampf zu fallen, als sich kampflos umbringen zu lassen, wozu es ohnehin gekommen wäre. Jedenfalls hätten sie den Deutschen gezeigt, dass Juden auch kämpfen können.

Aber Hersch, unser Rebbe, steuerte noch einen anderen Blickwinkel bei. Er sagte, dass die Bedeutung des Aufstandes nicht in der Rettung von Juden bestehe, sondern in der Liquidierung der SS-Männer, die bei dem Aufstand gefallen seien. Weniger Mörder würden auch weniger Opfer bedeuten! Aber in Lagern wie Auschwitz sei die Hauptform des

Widerstandes gegen die Deutschen die aktive gegenseitige Hilfe der Häftlinge, der jüdischen und der nichtjüdischen, damit sie in möglichst großer Anzahl überlebten. Das Hauptziel der Nazis sei doch, die Juden und weitere Gegner des Reiches zu ermorden, und unsere gegenseitige Hilfe stelle sich dem entgegen.

Damit waren alle einverstanden.

Unsere Gespräche drehten sich auch um die Frage, wie der Krieg enden werde. Allgemein verbreitet war die Vorstellung, dass die Russen bestimmt angreifen würden, um als erste in Berlin zu sein. Man wusste, das hätte für sie symbolische Bedeutung. Nur darüber, wann die Russen diese Offensive starten würden, gingen die Ansichten auseinander. Manche vermuteten, dass es irgendwann im April oder Mai sein würde, wenn der Schlamm trocknen würde und es wärmer wäre, die Russen neue Waffen und Vorräte zusammengezogen hätten und besser vorbereitet wären. Andere meinten, dass Trockenheit und Wärme auch für die Deutschen von Vorteil wären und dass die Russen eher schon im Februar oder im März angreifen würden.

Eine weitere lebenswichtige Frage war, was die Deutschen mit uns tun würden. Manche sahen das pessimistisch: Wenn die Nazis genügend Zeit hätten, würden sie vor ihrem Rückzug die Häftlinge liquidieren, damit in Auschwitz keine Zeugen ihrer Verbrechen zurückblieben. Andere wandten ein, dass die Nazis wahrscheinlich nicht die Einrichtungen der Todesfabrik in Birkenau demontiert hätten, wenn sie uns alle liquidieren wollten. Eher würden sie die Häftlinge ins deutsche Landesinnere evakuieren, um sie als Arbeitskräfte für die weitere Kriegführung zu verwenden. Die Deutschen würden glauben, dass ein Wunder geschehen könnte. Vielleicht käme Hitler mit einer neuen Waffe und würde die westlichen Alliierten dadurch zwingen, mit den Deutschen

Frieden zu schließen und sich dann gemeinsam gegen die russischen Bolschewiken zu wenden. Dagegen wurde eingewandt, dass die westlichen Alliierten die weitere Ausbeutung und Ermordung von Menschen in Konzentrationslagern nicht zulassen würden.

Aus so vielen gegensätzlichen Ansichten wurden wir nicht klüger, doch wir begriffen, dass das Konzentrationslager Auschwitz mit allen seinen Bereichen und den angeschlossenen kleineren Arbeitslagern in einigen Monaten nicht mehr existieren würde. Wir konnten uns aber nicht vorstellen, was das für uns bedeuten könnte.

Hersch, Jirka und ich sagten, dass wir nichts anderes tun könnten, als abzuwarten, uns so gut wie möglich in Form zu halten und zu hoffen, dass wir überleben würden. Der Heizer schloss sich uns mit der Bemerkung an, dass ein paar erschöpfte Jungen nichts Bedeutendes vollbringen könnten; diejenigen aber, die über Einfluss und Kraft verfügten, könnten den Widerstand gegen die Deutschen organisieren und sich gegen sie mit Waffen erheben. Wenn es dazu käme, würden die Russen vielleicht früher angreifen, weil die Deutschen dann den Gegner nicht nur vor sich, sondern auch im Rücken hätten. Das würde das Ende des Krieges beschleunigen und die Wahrscheinlichkeit erhöhen, dass die Häftlinge in den deutschen Lagern überlebten.

In diesen Tagen, als wir über das Kriegsende sprachen, vertraute uns der Heizer auch sein persönliches Geheimnis an. Sein Vater habe die Familie gar nicht verlassen, wie er bisher behauptet hätte; das sei nur eine Erfindung, die ihn und die Mutter schützen solle. In Wirklichkeit sei der Vater in die jugoslawischen Berge gegangen, kämpfe dort schon drei Jahre gegen die Deutschen und freue sich darauf, dass sich alle wieder zu Hause begegnen würden. Dann dachte Ivan nach und fügte hinzu: »Wir treffen uns alle in Jugoslawien, wenn wir überleben!«

Es traf also nicht zu, dass die Flüchtlinge in den Lagern alle keinen Begriff davon hätten, was auf den Kriegsschauplätzen geschah, und nur gedankenlos und passiv darauf warteten, dass sie irgendwer befreien und retten würde. Diejenigen, die dazu Gelegenheit hatten, dachten ständig nach, analysierten die Situation und taten alles, was in ihrer Lage möglich war. Wir, die »Maurerlehrlinge« in der *Maurerschule*, setzten einstweilen unsere Lebensweise fort. Dabei verbargen wir uns in unserem Unterrichtsraum auf dem Boden, und wenn wir mussten, gingen wir mit unserem Kapo zur Arbeit.

Auf der Arbeitsstelle kam es bald zu einem Ereignis, das an meiner Gesundheit und an meinem Allgemeinzustand um vieles mehr nagte als die unbedeutende Episode mit dem Zahn. In der Arbeitszeit wurde *Fliegeralarm* verkündet. Für diese Situation galt die Vorschrift, dass die Kommandos, die in der Umgebung des Lagers arbeiteten, eilig hinter den elektrisch geladenen zweifachen Stacheldrahtzaun zurückzukehren hatten. Diese Anweisung sollte verhindern, dass die Häftlinge bei einer etwaigen Bombardierung außerhalb des Lagergeländes auseinanderliefen. Die SS-Eskorten sollten bis auf die diensthabende Wache in Deckung gehen, während die Häftlinge ungeschützt blieben. Für die Deutschen war es selbstverständlich, dass das Leben der SS-Männer unvergleichlich wertvoller war als das Leben der Häftlinge.

Am Tag dieses Luftangriffs war ziemlich schönes Wetter. Das war selbstverständlich, bei ungünstigem Wetter wären die Amerikaner gar nicht geflogen, denn sie hätten die Ziele nicht sehen können, die sie bombardieren wollten. Den Häftlingen bot sich eine schöne und erhebende Aussicht nicht nur auf die Flugzeuge, sondern auch auf die erschrockenen SS-Männer! Natürlich hatten wir keine Sehnsucht danach, dass uns eine Bombe auf den Kopf fiel, doch wir waren an ein Leben in ständiger Bedrohung gewöhnt. Bei einem Bombardement aber befanden sich Häftlinge und SS-Männer auf einmal in derselben Gefahr, freilich nur, bis sich die Letzteren in einen Bunker verkrochen hätten. Das war für uns ein seltener Moment der Gerechtigkeit. Die Bomben unterschieden nicht, wer in eine gestreifte Häftlingskluft und wer in Rattengrau gekleidet war, und so war hier Gleichheit vor dem Tod und Ungleichheit der Angst hergestellt. Damit bestünde auch in diesem Fall Gerechtigkeit nur im Tode und nicht im Leben. Die Übermenschen und Herren Europas fürchteten sich mehr als wir!

Obwohl die Bomber ziemlich hoch flogen, waren sie gut zu erkennen. Die Deutschen beschossen sie mit Flugabwehrkanonen, die sie Flak nannten. Die Flakgeschosse explodierten in ziemlicher Höhe und bildeten dabei kleine, weiße Wölkchen, aber bis dahin, wo sich die Bomber bewegten, reichten sie offensichtlich nicht. Zum Schutz gegen Bombenabwürfe aus geringer Höhe hatten die Deutschen in der Umgebung einige große Fesselballons aufsteigen lassen, an denen Netze aus Stahlseilen aufgehängt waren, die die Piloten aus einem Flugzeug nicht sehen konnten. Diese ganze Taktik war nutzlos, weil die Amerikaner, die mit ihren schweren Flugzeugen von Süden her anflogen, gar nicht vorhatten, Bomben aus geringer Höhe abzuwerfen, dafür waren ihre Maschinen nicht gebaut. Entscheidend war, dass die Deutschen, zumindest in diesem Gebiet, keine schnellen Abfangjäger mehr hatten, die die schweren und langsamen amerikanischen Maschinen abschießen konnten. Allerdings hatten auch die amerikanischen Bomber keine Kampfflugzeuge zu ihrem Schutz bei sich. Die Jäger konnten nicht so viel Treibstoff tragen, dass es für den Hin- und Rückflug über große Entfernungen ausgereicht hätte. Das alles erklärte uns der Heizer, den vor der Deportation solche Themen interessiert hatten und der viel darüber gelesen hatte.

Ivan war unter uns auch als Kenner des Balkans geschätzt. Er fürchtete um seinen Vater, und deshalb hatte er schon vor der Deportation in mehreren Sprachen, auch in Serbokroatisch, die verschiedensten westlichen Radiostationen verfolgt, die sich mit der Kriegssituation beschäftigten. So sagte er uns auch, dass die amerikanischen Bomber von Süditalien aus über Ungarn und die Slowakei in die östlichen Industriegebiete Deutschlands flögen, wo sie so schnell wie möglich die Bomben abwerfen und dann wieder umkehren würden, weil ihre Tanks nicht mehr Benzin fassen könnten, als für Hin- und Rückflug notwendig sei. Er wusste auch, dass die jugoslawischen Partisanen durch Lieferungen am Leben gehalten wurden, die die Alliierten von Süditalien über die Adria transportierten. Das alles besprachen wir natürlich erst nach dem Angriff.

Bei Auslösung des Alarms erhielten wir den Befehl: »Im Laufschritt zurück ins Lager!« Der SS-Mann, der uns mit einer über den Rücken gehängten Maschinenpistole bewachte, brachte sich auf seinem Fahrrad in Sicherheit und trieb uns an, dass wir so schnell wie möglich hinter ihm herlaufen sollten. Die anderen schafften das unter Aufbietung aller Kräfte, aber mir wurde die Luft knapp, und es pfiff mir in den Bronchien. Ich bremste die ganze Formation, aber sie wollten mich nicht zurücklassen, weil dann am Lagereingang ein Häftling fehlen würde, das wäre unabhängig vom Luftangriff heikel. In diesem Augenblick wurde mir bewusst, dass mich der SS-Mann, um selbst in den Bunker zu kommen, ruhig zurücklassen würde, aber nur als Erschossenen! Er durfte das tun, ohne dass ihm jemand Vorwürfe gemacht hätte. So begannen mich alle, einschließlich unseres Kapos, anzufeuern. Ein wenig erinnerte mich das an die Wettläufe, bei denen ich nicht um eine Medaille, sondern um mein Leben gelaufen war. Der SS-Mann auf dem Rad gab das Tempo vor und jagte uns ununterbrochen mit seinem Geschrei: »Los, los!« Mit letzter Kraft und Unterstützung der anderen erreichte ich das Tor, wo wir ohne die gewohnten Rituale durchgezählt wurden.

Wir gingen aus dem Weg, um die weiteren herbeieilenden Kommandos nicht zu behindern, und hielten erst dann an. Mir knickten die Knie ein, und ich wäre umgefallen, wäre ich nicht von beiden Seiten gestützt worden. Von wem, wusste ich nicht, ich war etwas benommen. Dabei war ich ganz verschwitzt, der Kopf fiel mir nach vorn, die Lungen hoben sich, und es pfiff darin wie in dem Blasebalg, mit dem der Hufschmied Luft auf das Feuer bläst, damit die Flamme heißer wird; das hatte ich mir als kleines Kind gern angesehen. Halb führten sie mich, halb zogen sie mich zum Block und legten mich dort auf eine Liege. Es war mir einerlei, ob irgendwo Bomben fielen oder nicht. Ich wäre nicht fähig gewesen wegzulaufen, selbst wenn ich gewusst hätte, dass eine Bombe auf meinen Kopf fallen würde. Es dauerte mehrere Stunden, bis ich wieder einen klaren Kopf hatte.

Ich war nicht gesund, aber ich hatte keine Ahnung, was mir fehlte. Der Kapo war davon überzeugt, dass ich zur Untersuchung ins Revier müsse. Mir war aber etwas besser, und so antwortete ich ihm, dass ich mich nur dann dorthin begeben würde, wenn es nicht mehr anders ginge. Vielleicht würden sie feststellen, was ich hätte, aber davon würde mir auch nicht besser. Eigentlich fürchtete ich das Revier. Es war die Angst, die ich aus Birkenau mitgebracht hatte.

Während ich mich ein wenig von der Erschöpfung erholte, war meine erste Frage: »Ist es den Amerikanern gelungen, etwas in den Lagern zu zerstören?« Die Antwort erhielt ich vom Heizer, der zu mir ans Bett gekommen war, um nach mir zu sehen: »Alle Bomben sind anderswohin gefallen. Vielleicht wollten die Amerikaner das Lager gar nicht bombardieren, um uns keinen Schaden zuzufügen.«

Jetzt hatten sie das vielleicht richtig entschieden, dachte ich mir. Eine andere Situation war im Sommer, als sie in der Nähe der Lager Bomben abgeworfen hatten und wir Häftlinge von Birkenau aus zuschauten. Damals hatten sie den

Fehler gemacht, nicht alle vier Krematorien zu zerstören, ohne Rücksicht darauf, dass dabei auch Häftlinge sterben würden. Die Vernichtung der Krematorien hätte Tausende von Leben gerettet. Das Morden hatte sich wesentlich verlangsamt, als die SS nach dem Aufstand in einem der Krematorien den Betrieb in den übrigen einstellte. Wenn die Krematorien nicht in Betrieb waren, wie hätten sie dann die Berge von Leichen beseitigen sollen, die durch das massenhafte Morden produziert wurden? Hätten die Alliierten die Gaskammern und Krematorien bereits früher mit Bomben zerstört, dann hätten die Deutschen dieses massenhafte Morden schon lange einstellen müssen.

In mir tauchte die Erinnerung auf, wie wir bei dem Luftangriff im Sommer nach den alliierten Flugzeugen Ausschau gehalten hatten. Wir hatten vor Freude gejauchzt und ihnen wie die Verrückten zugewunken und zugerufen, als hätten uns die Piloten aus der Höhe sehen und hören können. Es sah aus wie ein Volksfest, aber es war auch das einzige derartige Ereignis, das wir in Birkenau erlebt hatten. Wir empfanden keinerlei Angst, sondern freuten uns im Gegenteil darüber, dass sich diesmal die Deutschen fürchteten. Verurteilt waren wir so oder so, und es fiel uns leichter, unter den Bomben zusammen mit den Deutschen zu sterben, als von ihrer Hand allein umzukommen. Dabei sahen wir auch, dass die alliierten Flugzeuge schon frei über Deutschland flogen, und wir schlossen daraus, dass es mit den Deutschen bergab ging. Aber wir hatten uns vergeblich gefreut, nach einer Weile war alles vorüber, und kein Luftangriff hatte in unser Schicksal eingegriffen. Die Häftlingsfunktionäre jagten uns in die Blöcke, und wieder warteten wir nur passiv.

Auch in den folgenden Wochen ging es mir nicht besser. Glücklicherweise kam es nicht wieder zu einer solchen Situation, in der ich erneut vollkommen ausgepumpt gewesen wäre. Alles ging in den alten Bahnen weiter, wir vegetierten, wie es sich ergab, erörterten bis ins Unendliche den Sinn dessen, was vor sich ging, und bemühten uns, darin irgendwelche Anzeichen kommender Geschehnisse zu erkennen. Hauptsächlich aber warteten wir, wann das alles enden würde. Aktiv konnten wir nichts tun.

Die Bombardierungen richteten bei den Deutschen Zerstörungen an, doch sie vernichteten sie nicht vollständig. Wie erzählt wurde, waren sie imstande, den Betrieb in den Fabriken, bei der Eisenbahn und anderswo ziemlich schnell wiederherzustellen. Dafür hatten sie ständig eine enorme Zahl von Arbeitssklaven zur Verfügung. Hier handelte es sich nicht nur um Häftlinge aus den Konzentrationslagern, sondern auch um Kriegsgefangene und Zwangsarbeiter aus verschiedenen europäischen Ländern.

Entscheidend war, dass die Russen angreifen und die Deutschen von hier verjagen würden. Vorläufig aber rührten sie sich nicht. Im Lager hörte ich von Polen, dass die Russen an der Weichsel überwinterten und Kräfte sammelten. Polen gab es im Lager viele. Man behauptete, dass sie Verbindungen zu ihren Landsleuten hinter dem Zaun hätten.

Irgendwann Mitte Dezember bekam ich plötzlich Fieber und konnte mich nicht mehr auf den Beinen halten. Der Kapo schickte mich zum Revier des Lagers, und mir blieb keine andere Wahl, als dorthin zu gehen. Mich untersuchte ein etwa fünfundvierzigjähriger Arzt, der Ungarisch sprach. Es erschreckte mich, als er mir erklärte, ich hätte im Hals eine schwere Entzündung, es könne Diphtherie sein. Außerdem stellte er wieder Krätze fest. Deshalb machte ich mir aber keinen schweren Kopf; diese Krankheit war unter den Häftlingen sehr verbreitet, weil die von ihr Befallenen sie vorsichtshalber verhehlten und es deshalb nicht gelang, die Krätzeepidemie im Lager gänzlich zu liquidieren.

Der Doktor hatte kein freies Bett für mich, so gab er mir zwei Tabletten zur Fiebersenkung. Eine davon musste ich sofort schlucken. Das fiel mir schwer, weil ich einen stark geschwollenen Hals hatte. Ich saß im Wartezimmer, bis das Fieber gesunken war, und ging dann in den Block zurück. Der Doktor sagte mir, ich sollte spät am Abend die zweite Tablette nehmen und morgen ins Revier zurückkehren, wo für mich ein Platz freigemacht werde.

In meiner fiebrigen Verwirrung überfiel mich die Furcht vor einem Aufenthalt im Krankenbau. Ich stellte mir vor, dass die SS-Männer, während sich die Front dem Lager näherte, als Erstes die Patienten in der Krankenbaracke töten und die gesunden Häftlinge vielleicht ins Reich bringen würden, um aus ihnen noch Arbeitsleistung herauszupressen. Die Kranken waren für sie nur eine Last. Ich war niedergeschlagen und verzweifelt. In diesem Fieberzustand war ich außerstande, alles zu erwägen und mich rational zu entscheiden. Es war nachmittags, die Jungen waren noch nicht von der Arbeit zurückgekehrt, so dass ich mich nicht mit ihnen beraten konnte. Aber was würden sie mir schon sagen können? Sie hatten doch auch nur so viel Erfahrung wie ich. Mit der Frage, ob ich in das Revier gehen sollte oder nicht, blieb ich verzweifelt allein.

Mir fiel ein, dass ich auf dem Weg zu unserem Block bei Doktor Fuchs Halt machen könnte. Früher hatte er sich zwar unangenehm verhalten, aber schließlich war er doch ein erwachsener und erfahrener Mann und Jurist, der sich vor der Deportation davon ernährt hatte, dass er Menschen beriet. Und vor allem war er ein Landsmann und ein Bekannter unserer Familie!

Leider war das kein guter Einfall. Ich traf Doktor Fuchs an, als dieser gerade von der Arbeit zurückkehrte. Sehr ermüdet sah er nicht aus, er hatte eine leichte Arbeit in einem Vorratslager. Fuchs sah mich an und sagte anstelle eines Grußes: »Was hast du schon wieder?« Kurz erklärte ich ihm, dass ich in das Revier müsse und mich davor fürchte, was man dort mit mir machen werde. Weil ich so geschwächt war, begann ich mich selbst zu bedauern und weinte los. Dabei kam mir zum Bewusstsein, dass ich zum ersten Mal im Lager heulte! Ich stand an seinem Bett und schluchzte wie ein kleines Kind. Er betrachtete mich und wechselte wortlos die Arbeitsmontur gegen eine andere, die er anscheinend zum häuslichen Gebrauch hatte. Von uns Jungen besaß niemand zweierlei Sachen. Ich bemerkte, dass er mager war wie jeder im Lager, aber sonst ganz gut erhalten aussah. Vermutlich war es ihm bisher zu seinem Glück nicht allzu schlecht ergangen. Mein Zustand und meine Ängste berührten ihn nicht weiter, er schenkte ihnen gar keine Aufmerksamkeit.

Dann fragte er mich wenigstens, was eigentlich mit mir los sei. Als ich ihm erklärte, dass ich Diphtherie hatte, erschrak er sichtlich: »Vor allem fass hier nichts an«, sagte er und begann sich zu kratzen. »Und geh jetzt weg«, mit diesen Worten warf er mich hinaus. »Ich hatte dir schon gesagt, dass hier jeder genug eigene Sorgen hat, mit denen er allein zurechtkommen miss. Mach dich jetzt endlich davon!« Da fiel die Verzweiflung, die ich nicht hatte unterdrücken können, mit einem Mal von mir ab, meine Unentschlossenheit schwand. Plötzlich war ich in Ordnung, zumindest was den Verstand betraf. Ich drehte mich um und ging grußlos weg.

Auf dem Weg zum Block dachte ich über Fuchs nach. In Gedanken stellte ich mir vor, wir wären wieder zu Hause, ich ginge mit Vater als Zeugen zu ihm und würde versuchen, ihn mit einem Faustschlag in die Zähne zum Menschen zu machen. Das alles würde wortlos vor sich gehen!

Dazu kam es nicht. Fuchs kehrte nicht nach Hause zurück. Über sein Verhalten habe ich mit niemandem gesprochen. Einige seiner Verwandten kehrten heim, es hätte sie betrübt, sie konnten nichts dafür. Mir war auch klar, das Lager und die Deutschen waren es, die ihn zu einem gefühllosen Wesen gemacht hatten. Dann vergaß ich ihn.

Ich zog mich in den Block zurück und hielt noch den Abendappell durch. Abends nahm ich die zweite Tablette, damit das Fieber nicht anstieg, und informierte den Kapo. Der sagte mir: »Ich drücke dir die Daumen! Den Medizinern, die selbst Häftlinge sind, kannst du vertrauen.«

Von den Jungen verabschiedete ich mich nur flüchtig. Ich nahm an, dass ich später zum Kommando zurückkommen würde. Zudem hatte ich schon vorher gelernt, dass im Lager dauernd Menschen zueinanderfanden und wieder auseinandergingen. Sie waren wie trockene Blätter im Wind, die nicht steuern können, in welche Richtung sie sich bewegen. Gewiss war es unerlässlich, sich von den drei Geboten leiten zu lassen, die ich mir klargemacht hatte, als wir im Block der Jugendlichen in Birkenau in kleinen Gruppen vegetierten, aber allzu starke gefühlsmäßige Bindungen zu irgendwem konnten für uns zu einer Belastung werden, wenn uns das Schicksal wieder trennte. Und das geschah ständig.

Ich fühlte mich gefasst. Eine andere Möglichkeit, als in die Krankenbaracke zu gehen und mich so gut wie möglich an die dortigen Bedingungen anzupassen, hatte ich nicht. Am nächsten Morgen meldete ich mich wirklich auf dem Revier.

Dort wurde ich zur Abteilung geschickt, die sich *Diphtherie- und Erysipel-Station** nannte. Das war ein einzigartiger Ort. Sie wurde vom tschechischen Arzt Doktor Kolínský geleitet, Pfleger war der österreichische Häftling Walter. Wie ich später erfuhr, waren beide politische Häftlinge, Antifaschisten. Sie sprachen mich gleich mit Namen an, und sie taten es immer. Zum ersten Mal im Lager wurde ich bei meiner Vorstellung Tom genannt! Walter wollte, dass ich ihn ebenfalls mit Vornamen anredete, und das tat ich auch, aber zu Kolínský sagte ich »Herr Doktor«.

Walter brachte mich zuerst zu einem Kübel mit warmem Wasser, damit ich mich gründlich säubern könnte. Er nahm meine Kleidung an sich, um sie desinfizieren zu lassen, aber die Schuhe ließ er mir; darüber war ich nach den Erfahrungen mit Schwab in Birkenau sehr froh. Dann teilte er mir ein Nachthemd zu und sagte mir, in welches Bett ich mich legen sollte. Es war sauber! Augenblicklich schlief ich ein. Zwischendurch kam wohl die Visite, doch sie ließen mich schlafen.

Als mich nach dem Erwachen der Doktor untersuchte, stellte er fest, dass die Entzündung im Hals schlimm aussehe, aber Diphtherie, mit der ich eingewiesen worden war, sei es höchstwahrscheinlich nicht. Sie würden sie als schwere Angina behandeln, natürlich nur mit den Medikamenten, die sie zur Verfügung hätten. Aber darüber, dass es keine Diphtherie sei, solle ich lieber schweigen. Diphtherie sei eine Diagnose, die Respekt einflöße. Die Leute dächten, sie sei eine stark ansteckende Erkrankung. Damit könnten sie mich für einige Zeit unter ihren Fittichen behalten. Zwar sei ich in der Diphtherieabteilung, doch zurzeit liege dort keiner mit dieser Krankheit, ich müsse keine Ansteckung fürchten. »Wir versuchen, dich, solange es geht, hier zu behalten«, lächelte mir der Doktor zu, um mich aufzumuntern.

Dann untersuchte er die Haut an den Stellen, an denen sich die Krätze gern ansiedelt, aber als er sie entdeckt hatte, deutete er mit einer Handbewegung an, dass sie sich mit ihr vorläufig gar nicht beschäftigen würden. Viele Leute hätten sie im Lager, und keinem habe sie bisher den Tod gebracht. Wenn sie mich nicht länger in der Diphtherieabteilung behalten könnten, würden sie mich zur Krätzebehandlung schicken, wo ich auch noch eine gewisse Zeit bleiben könnte. Es gebe keinen Grund zur Eile, obwohl wir es in der *Maurerschule* nicht so schlecht hätten. »Die Arbeit läuft dir nicht davon«, sagte er mir freundschaftlich. »Halte dich also gut und erhol dich, wir werden versuchen, dich etwas aufzupäppeln mit dem, was wir zur Verfügung haben. *Verstanden?«* So fragte er mich zum Schluss, ob ich alles kapiert hätte, und ich rief: »*Jawohl!*«

Zum Abschied gab mir der Arzt einen Klapps auf den abgemagerten Rücken, wies auf das Bett, damit ich mich hinlegte. Das musste er mir nicht zweimal sagen. Ich lag unten in einem Doppelstockbett und blickte auf die Bretter, die den Boden der Pritsche über mir bildeten. Nach einer sehr langen Zeit war ich wieder entspannt. Ich hatte das Gefühl, ich sei in Sicherheit und müsse nicht mehr dauernd auf der Lauer sein. Im Halbschlaf sagte ich mir: »Es lebt noch ein guter Mensch!« Ich wusste, das war irgendein Titel, doch ich hatte vergessen, wovon. Beim Versuch, mich zu erinnern, schlief ich ein.

Als ich erwacht war, rief mich Walter. Er füllte mir fast einen Liter dicke Suppe ein, in der ganze gekochte Kartoffeln waren. Walter hatte sie mir auf dem Ofen warm gemacht. Dazu gab er mir ein halbes Kastenbrot. Als ich mich gesättigt hatte, legte ich mich wieder hin. Diesmal schlief ich aber nicht gleich ein. Mich bedrängten bange Gedanken. Ich sagte mir, dass mich auf dieser »gut geheizten Insel inmitten von Auschwitz« zwar kein Feind unmittelbar bedrohe; jener entferntere, mächtige und allgegenwärtige Feind aber habe uns immer in der Hand, wir wüssten nicht, was er mit uns tun werde. Und dann sagte ich mir, dabei könne ich nichts machen und deshalb habe es keinen Sinn, sich damit zu beschäftigen. Schließlich beruhigte ich mich und schlief wieder ein. Patienten mussten nicht zum Appell. Niemand weckte mich, ich konnte ruhig schlafen.

Morgens stellte ich zu meiner Überraschung fest, dass es mir gut ging. Walter maß mir die Temperatur: Ich hatte kein Fieber mehr! Erst jetzt bemerkte ich, dass auf dem Bett über mir der Doktor lag. Amtlich sollte er wohl anderswo schlafen, aber er gab seiner Abteilung den Vorzug. Hier hatte er vor dem Rest des Lagers Ruhe. Eigentlich war er ständig im Dienst. Er steckte den Kopf heraus, sah mich an und fragte mich, wie es mit dem Hals und dem Fieber stehe. Dabei sagte er Tom zu mir.

Ich wusste es zu schätzen, dass er mich nicht mit »Häftling Nummer *vierzehntausendfünfhundertdreiundvierzig!*« anredete, und antwortete ihm: »Der Hals schmerzt mich fast gar nicht mehr, Fieber habe ich keins.« Der Arzt zog aus einem Päckchen, das er im Bett hatte, ein Stück hausgemachtes Gebäck hervor und gab es mir mit den Worten, es sei aus einem Paket, das er aus der Heimat bekommen habe. »Auch solche Dinge existieren hier.« Er sagte mir, das sei zur Belohnung dafür, dass ich so schön gesund werde. Dieses Gebäck war die einzige normale, hausgemachte Speise, die ich während der ganzen Zeit im Lager gegessen habe!

Walter brachte mir das gestrige Abendessen, das ich verschlafen hatte: eine nichtgestohlene Portion Brot, Margarine und Wurst. Daran war ich auch nicht gewöhnt. Im Lager galt das ungeschriebene Gesetz, dass die Portion eines Häftlings, der bei der Essenausgabe nicht persönlich anwesend ist, zugunsten denjenigen zufällt, die das Essen verteilen. Hier war dieses Gesetz zum Glück außer Kraft.

Als mir der Doktor bei der Visite in den Hals sah, war er angenehm überrascht. Es kam wohl selten vor, dass ein Patient, der gestern noch einen schrecklichen Befund hatte, am Tag darauf schon einen beinahe gesunden Hals vorweisen konnte. »Die Angina geht bei dir zurück, aber die Diphtherie bleibt dir erhalten!« So erinnerte er mich an unsere Abmachung. »Vergiss das nicht!« Und dann ging er zum nächsten Patienten.

In Gedanken kehrte ich zu den Befürchtungen zurück, die mich vor dem Einschlafen gequält hatten. Auch wenn wir uns in diesem angenehmen und vom Rest des Lagers gut isolierten Winkel sicher fühlten, das Geschehen rings um uns ging weiter und ich wusste nicht, was käme. Ich sah Walter am Tisch sitzen und Papiere ausfüllen, zog mir die Schuhe an und fragte ihn, ob ich helfen könne, weil es mir schon besser gehe. Aber Walter ließ mich abblitzen: Ich solle mich nicht zu früh freuen, ich sei noch nicht über den Berg. Aber dann erlaubte er mir, ein paar Kohlen zum Ofen zu bringen. Anschließend trat ich an den Tisch und wollte von ihm wissen, ob ich etwas fragen dürfe. »Frag mich, wann und was du willst«, erwiderte Walter, »die Erlaubnis gilt unbegrenzt.« Ich nutzte also sein Angebot und fragte, wann die Russen angreifen und was die Deutschen mit uns machen würden, ehe die Russen sie von hier wegjagten.

»Darüber denken alle nach, aber niemand weiß etwas Bestimmtes«, sagte Walter. »Offenbar ist von der SS nichts zu den Häftlingen durchgedrungen. Das hätte ich früher oder später erfahren. Es ist möglich, dass es selbst die Deutschen nicht wissen.« Dann erklärte mir Walter ausführlicher, wie er die nahe Zukunft sah – nämlich, was er von anderen Häftlingen gehört oder in deutschen Zeitungen gelesen hatte. An diese kam er, weil polnische Zivilhandwerker sie manchmal zum Einwickeln des Essens verwendeten, das sie zur Arbeit mitbrachten. Walter nahm an, die Russen würden den Angriff gegen die Deutschen überraschend und mit großer Wucht führen, weil sie Berlin erreichen wollten, ehe die Amerikaner und Engländer dorthin gelangten. Den Russen gehe es nicht nur darum, den Krieg so früh wie möglich zu beenden, sondern sie planten auch, was danach komme. »Sie werden ihre Art des Kommunismus überall einführen wollen, wohin sie kommen. Das nennen sie ›Weltrevolution‹. Dies aber wird den Angloamerikanern nicht gefallen. Die Deutschen wissen das und hoffen, dass der Westen sie früher oder später zu Bundesgenossen gewinnen will. Dazu kann es aber nicht vor Kriegsende kommen. Mit den von den Nazis geführten Mördern wird sich niemand auf der Welt verbünden. Ein Bündnis wird deshalb am ehesten dann möglich sein, wenn es gelingt, Deutschland von den Nazis zu befreien. Eine Säuberung unter den Deutschen wird aber nicht leicht sein, wo doch so viele von ihnen mit den Nazis an einem Strang gezogen haben; man wird ihnen also ordentlich vergeben, ob es den überlebenden Häftlingen nun gefällt oder nicht. Mit den Bolschewiken hat sich der Westen notgedrungen verbündet, sonst betrachtet er sie als gefährliche Feinde.«

»Das aber wird irgendwann nach dem Krieg geschehen, einstweilen interessiert uns das nicht so«, ermunterte mich Walter. »Für uns ist wichtig, dass wir das Durcheinander überleben, zu dem es vor Kriegsende kommen muss. Unser Schicksal kann davon abhängen, was die Nazis erwarten. Solange sie die Hoffnung haben, dass der Westen mit ihnen verhandeln wird, könnten sie sich zu den Häftlingen in den Konzentrationslagern anständiger verhalten, um bei ihnen etwas auszubügeln. Würden sie aber zu der Überzeugung gelangen, zum Untergang bestimmt zu sein, dann würden sie vielleicht möglichst viele Menschen mit sich in den Abgrund reißen wollen, zuallererst die, die sie bisher in den Lagern ständig unter Kontrolle hatten.«

Ich schätzte, was Walter mir erklärt hatte. Als ich allein über das Kriegsende nachgedacht hatte, waren mir Splitter des Ganzen eingefallen, aber ein richtiges Bild hatte ich nicht gewinnen können.

»Du bist wie mein Onkel Arnost aus Budapest, der mich vor der Deportation in die Politik eingeführt hat«, dankte ich Walter, und er bemerkte dazu: »Da bin ich froh, dass ich nicht wie deine Tante bin, die alte Blažková aus Kotěhůlky!«

»Ich will sagen, dass ich im Lager nur Jungen begegnet bin, die ja selbst minderjährig waren. Niemand hat uns beraten, alles mussten wir allein entscheiden. Das war schwer und auch blöd«, fuhr ich fort.»Übertreib nur nicht! Ich bin auch noch ziemlich jung. Und dazu bin ich bloß ein ungebildeter Österreicher aus Wien, den man nur deshalb ins Lager gesperrt hat, weil er auf einer Liste von Sozialdemokraten stand. Sie haben mich verhaftet, bevor ich auch nur etwas gegen sie unternehmen konnte. Eigentlich habe ich nichts getan. Und wer wird mich beraten?«

»Du bist aber schon erwachsen und hast gewisse Erfahrungen«, widersprach ich Walter, »während ich immer noch ein Kind bin, das gezwungenermaßen verfrüht – und ich hoffe, nur vorübergehend – erwachsen sein muss. In Birkenau hatte ich mich im Kommando *Kartoffelgrube* mit einem Herrn Nowak angefreundet, der sich Wiener nannte. Er war auch aus Wien wie du, im Lager ist er an Krebs gestorben. Der nannte mich den jüngsten Erwachsenen, dem er im Leben begegnet ist.«

Walter fragte, was dieser Nowak-Wiener in Wien getan habe. Ich sagte ihm, er habe gegen die Nazis geschrieben und Bücher und Zeitschriften herausgegeben, und beschrieb ihm kurz sein Schicksal, wie es mir Herr Wiener während unserer Bekanntschaft erklärt hatte. »Ich denke, dass ich von diesem deinem Nowak-Wiener mehrere Artikel gelesen habe«, erinnerte sich Walter. »Ich habe sie noch gut im Gedächtnis.«

Hätte Herr Nowak das gewusst, dachte ich mir, hätte er vor dem Tod noch eine Freude daran gehabt, wie sich manche Leute bis jetzt daran erinnerten, was er gegen die Deutschen geschrieben hatte. Ich sagte das zu Walter, aber der korrigierte mich, dass Herr Nowak eigentlich nicht gegen die Deutschen, sondern gegen die Nazis geschrieben habe! Damals habe noch ein Unterschied bestanden zwischen den Massen von Deutschen, die für die Nazis stimmten, und den Massen von Deutschen, die die Nazis ablehnten. Erst später sei es den Nazis gelungen, so viele Deutsche zu korrumpieren, zu verblöden oder einzuschüchtern. »So hast du beinahe recht, wenn du jetzt sagst, dass die Deutschen dich und deine Familie deportiert, sie ermordet haben, aber es ist nicht die ganze Wahrheit. Wie solltest du auch einen Unterschied machen können zwischen den Deutschen, die Mitglieder der Nazipartei sind, und denen, die ihr nicht angehören, wenn dich fast alle Deutschen ermorden wollten, denen du begegnet bist! Vielleicht mit Ausnahme derer, die mit dir im Lager eingesperrt sind. Aber umso wichtiger ist es, dass die Nazis allesamt vor Gericht gestellt werden und ihre gerechte Strafe erhalten. Jeder sollte für das büßen, was er getan hat.« Und dann schickte mich Walter unerbittlich ins Bett, mit dem Versprechen, dass wir uns wieder unterhalten würden, wenn er Zeit hätte.

Ich gehorchte. Im Bett erinnerte ich mich an zu Hause: daran, wie sich die Deutschen auf dem beschlagnahmten Grundstück unseres Nachbarn eine Autowerkstatt eingerichtet hatten, wie eine ganze Einheit vom Lastwagen heruntergeklettert war, wie wir sie hinter der Gardine heimlich beobachtet hatten und wie Vater sagte, dass man nicht erkennen könne, wer von diesen Deutschen Nazi sei und wer nicht, wenn alle dasselbe tun und sich alle nach der Losung richten: »Führer befiehl, wir folgen dir!« Und wenn der Führer befehle, mit den Juden kurzen Prozess zu machen, dann täten sie das gemeinsam, ob sie nun Nazis seien oder nicht.

In Gedanken gab ich Walter Recht. Für einen Tag war das schon genug. Den Rest des Tages verbrachte ich mit Schlafen und In-die-Luft-Gucken. Ich erinnerte mich daran, wie ich, bevor die Deutschen nach Ungarn gekommen waren, Hausaufgaben gemacht und dabei abwesend ins Leere gestarrt hatte. Damals hatte ich kindlichen Unfug im Kopf oder dachte an Zuzka, und Manci sagte mir: »Lern und starr nicht blöd vor dich hin. Für die Flausen, die du im Kopf hast, wirst du noch genug Zeit haben, wenn du älter bist!« Ich bemerkte, dass ich, wo ich nicht mehr unmittelbar in Gefahr und mein Leben nicht mehr so bedroht war wie in

Birkenau, wieder mehr an zu Hause dachte, an die Familie und an normale Dinge. Obwohl die Gefahr immer in der Nähe war, gleich hinter der Tür unseres Krankenzimmers, und überall in der Luft lag, wehrte sich mein Geist nicht gegen die Erinnerungen.

Bei einer Visite fragte mich Doktor Kolínský, wie alt ich gewesen sei, als mich die Deutschen nach Birkenau gebracht hätten. Ich antwortete ihm wahrheitsgemäß, ich hätte zu Mengele bei der Selektion »sechzehn« gesagt, sei aber tatsächlich dreizehneinhalb gewesen. Damals hätte ich aber nicht gewusst, dass es Mengele gewesen sei, das hätte ich erst später erfahren.

»Natürlich, Mengele!« So antwortete der Doktor. »Es ist gut, dass du bei der Selektion gelogen hast. Mir geht es aber um dein wirkliches Alter. Insgesamt sieht es mit dir schon besser aus, der Hals ist fast ganz in Ordnung. Trotzdem kommt mir etwas merkwürdig vor, und ich würde dich gern gründlich untersuchen. Leider haben wir dafür nicht die Instrumente. Wir werden dich selbstverständlich hierbehalten, solange du diese Diphtherie hast oder die Gefahr besteht, dass sie zurückkommen könnte«, und bei diesen Worten lächelte mir der Doktor ein wenig schelmisch zu, aber gleich wurde er wieder ernst: »Ich möchte dich darauf aufmerksam machen, dass du nicht genügend Körperkräfte hast, um dich länger großen Anstrengungen aussetzen zu können. Bald wird eine Zeit der Wirren beginnen, am Ende des Krieges und auch noch danach. Am besten wäre es, wenn du dich irgendwohin verkriechen, dich an einem warmen Ort mit ausreichend Essen verstecken und abwarten könntest, bis die Russen hierherkommen und sich um dich kümmern. Vermeide bis dahin jegliche Anstrengung, und wenn der Schrecken vorüber ist, dann laß dich so bald wie möglich gründlich ärztlich untersuchen!«

Als ich dem Doktor danken wollte, unterbrach er mich energisch mit einer vielsagenden Handbewegung, gab sich wie ein Geistlicher und verkündete im Predigerton: »Dazu helfe dir Gott!« Sogleich wechselte er die Tonlage und sprach wie ein Agitator auf der Tribüne: »Vor allem hilf dir selbst!« Die letzten Worte begleitete er mit der erhobenen Faust, und das bedeutete: »Rot Front!« Wir lächelten beide, und damit endete dieses für mich so wichtige Gespräch.

Das Leben ging erträglich weiter, schon näherte sich Weihnachten 1944. Walter hatte Lebensmittel besorgt, um die Verpflegung der Patienten etwas aufzubessern. Neben der Zuteilung hatte er etwas Brot und ein Würfelchen Margarine aufgetrieben, zwei ganze Würste und ungefähr einen halben Eimer rot gefärbte deutsche Marmelade mit künstlichem Fruchtgeschmack. Von dieser Marmelade wurde behauptet, sie sei aus Zuckerrüben und Möhren hergestellt, aber sie war süß und für uns eine Delikatesse. Für den Fall einer Kontrolle hatte Walter diese Vorräte im hinteren Teil des Medikamentenschränkchens versteckt; im vorderen Teil, abgetrennt durch eine falsche Wand, befanden sich die Arzneimittel. Neugierig sah ich zu, wie eine weitere Essenslieferung in diesem Versteck verstaut wurde. »Da schaust du, was für einen Weihnachtsschmaus wir haben werden«, bemerkte Walter, während ich ihm zusah. »Der Herrgott, den manche auch Natur nennen, hat alle Menschen gleich geschaffen. Deshalb werden zu Weihnachten alle die gleiche Zulage bekommen, ob sie nun Christen sind, Juden oder Menschen ohne Glauben.« »Wie ist es möglich, dass keiner der Patienten dieses Essen stiehlt?« fragte ich Walter. »Es wäre doch leicht. Nachts, wenn alle schlafen, würde man aufstehen, hier am Schränkchen so viel in sich hineinstopfen, wie man kann, damit bei einem nichts gefunden wird. Und wenn das Essen aus dem Schränkchen verteilt wird, dann würde man sich die gleiche Portion sichern wie alle Übrigen.« »Du denkst an so einen arroganten Dieb, den ihr Juden Gánew oder Chúzpenik* nennt«, antwortete Walter. »Ich sage dir das auf Jiddisch, damit du nicht denkst, die Katholiken seien nicht ganz gescheit. Eigentlich bin ich eher ein ehemaliger Katholik außer Dienst«, fügte er hinzu. »Die Kirche und Papst Pius XII. haben mich empört, als sie sich nicht entschlossen gegen die Verfolgung von Antifaschisten, Juden, Zigeunern und allen anderen Menschen gewandt haben, die die Nazis und überhaupt die Deutschen ermorden oder in Gefängnissen und in Lagern halten. Die katholischen Würdenträger haben nicht einmal genug gegen diesen unmenschlich geführten Krieg protestiert, den die Deutschen angezettelt haben. Seit ich mich überzeugt habe, wie die Kirche zu allen diesen Geschehnissen steht, betrachte ich mich nicht mehr als einen Katholiken. Eigentlich weiß ich nicht, wohin ich gehöre«, sagte er nachdenklich.

Dann kam Walter auf meine Frage nach einem möglichen Diebstahl der Lebensmittel zurück. Er sagte, im Vergleich mit Birkenau, von hier nur ein paar Kilometer entfernt und Teil dieses Konzentrationslagers, werde hier tatsächlich nicht oder nur selten gestohlen. Darüber habe er nachgedacht und nehme nicht an, dass ausgerechnet hier bessere Menschen seien. Außerdem würden ihre Patienten von der Natur zufällig ausgewählt, also gelangten anständige als auch weniger anständige Menschen hierher. Dabei habe die Mehrzahl von ihnen auch das Lager Birkenau durchlaufen. Nach seiner Ansicht würden Menschen öfter durch Umstände, in die sie gegen ihren Willen geraten, zu Dieben als durch etwaige Neigung zum Stehlen. In Birkenau seien sie selbst bestohlen worden, und weil Nahrung Leben bedeutete, hätten einige von ihnen angefangen, ihrerseits Mithäftlinge zu bestehlen. Hier befänden sie sich an einem Ort, wo die Verhältnisse erträglicher seien, weil die Mediziner ihre Patienten nicht bestehlen würden, sondern sich umgekehrt bemühten, für diese noch zusätzliche Lebensmittel heranzuschaffen. »Wir haben zu den Patienten Vertrauen und verschließen vor ihnen nichts. Und sie wissen auch, diese Lebensmittel sind für sie, sie haben keinen Grund zum Stehlen. Natürlich hat auch bei uns hier und da jemand etwas gestohlen, die Menschen sind nicht vollkommen. Aber solche Diebe gab es nur wenige, und wir haben uns ihrer sofort entledigt. Alle wissen das, das ist ein weiterer Grund, warum hier nichts gestohlen wird. Hier gilt, du kommst mit Ehrlichkeit am weitesten. Auch deshalb sind die Leute hier ehrlicher, als sie es in Birkenau waren, wo sie unter so schrecklichen Bedingungen lebten, dass sich dieser Grundsatz in sein Gegenteil verkehrte. Dort fuhr man am besten, wenn man nicht ehrlich war.« Walter war ein wenig Komödiant, und jetzt tat er so, als wäre er von meinen Fragen schon ganz mitgenommen. Er beklagte sich, ich würde ihn mit meiner ewigen Fragerei noch in totale Erschöpfung stürzen. Und wie er sehe, hätte ich noch eine weitere. »Nur heraus damit«, forderte er mich auf. »Aber dann werde ich mir Urlaub nehmen müssen!«

Ich nutzte seine Geduld aus und fragte ihn, wie und woher er diese zusätzlichen Lebensmittel beziehe, die er an uns verteile, wo doch im Lager allgemein bekannt sei, dass die Deutschen alles genau aufschrieben und kontrollierten.

»Sei nicht neugierig, sonst wirst du früh alt«, antwortete er mit einem Sprichwort. »Du solltest dir das besonders zu Herzen nehmen, weil du schon jetzt erwachsener bist, als du sein solltest. Du weißt, auch hier gilt, dass der Mensch überall Bekannte haben muss.« Ich antwortete, das hätte ich auch schon von anderen Leuten gehört – ich sei ein alter Junger und obendrein altklug. »Wenn ich am Leben bleibe, werde ich darüber ein Märchen für Kinder schreiben; anstelle des Langen, des Breiten und des Scharfsichtigen werden darin der Alte, der Junge und der Altkluge auftreten.* Mein Kamerad Šikula vom Kartoffelkommando in Birkenau sagte auch immer, es sei gut, überall Bekannte zu haben. Leider war er nach Musterung der SS zu gut für eine Maurerlehre und wurde deshalb nicht ins Hauptlager verlegt. Ich bestand aber auf Walters Antwort auf meine Frage, und so erfuhr ich, dass es bei der Beschaffung von Lebensmitteln um die Verbindung zweier Prinzipien gehe. Das erste lautete: Wenn die SS die ankommenden Häftlinge so unverschämt bestehle, dann hätten die Häftlinge das Recht, sich wenigstens etwas zurückzuholen. Man könne sagen, den Bestohlenen sei es erlaubt, von den Dieben zu stehlen. Das zweite Prinzip gehe von der Erkenntnis aus, das Lager sei Bestandteil der gegenwärtigen Gesellschaft, nur sei hier alles auf die Spitze getrieben. Bei den Sozialdemokraten habe er gelernt, dass in unserer Gesellschaft alles zur Ware werde. Das gelte auch im Lager – und zwar bis zum Äußersten: Hier kaufe und verkaufe man auch das Leben! Und selbstverständlich verkaufe man hier auch Lebensmittel, aber zu unvorstellbar hohen Preisen. Wenn man diese Fakten verknüpfe, dann sei klar, für die den SS-Männern weggenommenen Dinge werde Essen für die Patienten gekauft, damit sie hier nicht verhungerten. Weil das Essen wiederum nur bei SS-Männern gekauft werde, würden die Bestohlenen es damit zurückerwerben. Das sei eine Maschinerie, die sich ständig drehen müsse, sonst würde es hier mit uns schlecht ausgehen.

»So, und jetzt merk dir das«, sagte Walter, »damit du dich nach dem Krieg daran erinnerst. Und gleich nachdem du es irgendwo in deinem Gedächtnis notiert hast, vergiss es wieder, solange du noch hier im Lager bist. Manchmal ist es besser, dumm zu sein, als schlau und tot. So steht es in Büchern über die italienische Mafia: Omertà, Schweigen wie das Grab!«

Walter hatte das alles leichthin gesagt, aber die letzten Worte klangen kompromisslos. Ich verstand, dass er mir etwas sehr Ernstes und Gefährliches anvertraut hatte, und verlor darüber gegenüber niemandem auch nur ein einziges Wort.

Ungefähr zwei Tage danach hielt sich der Doktor bei der Visite wieder etwas länger bei mir auf und untersuchte mich von oben bis unten. Er sagte mir nichts, deshalb fragte ich ihn selbst: »Herr Doktor, denken Sie, dass ich irgendeine ernste Krankheit habe? Oder hat sich meine Gesundheit verschlechtert, da Sie mich wieder so gründlich untersuchen?«

»Ich habe dir das schon früher gesagt und werde es nicht wiederholen, wenn ich das Wartezimmer voller zahlender Patienten habe«, antwortete er im Scherz. Er machte gern einen Spaß, und seine ansteckende gute Laune wirkte ermutigend auf die Patienten, die seine Sprüche gern untereinander weitererzählten. Manchmal hatte ich allerdings den Verdacht, dass der Doktor diese Heiterkeit nur vorspielte, der Patienten wegen.

»Dein Zustand ist unverändert, aber mich interessiert bei dir etwas anderes«, fuhr Doktor Kolínský fort. »Ich werde versuchen, dir das zu erklären. Du hattest das Pech, dass du, als dein Organismus begann, innerhalb von einem oder zwei Jahren kräftiger zu werden und noch um zehn bis fünfzehn Zentimeter zu wachsen – bei Jungen deines Alters normal –, ein halbes Jahr lang nur gerade genug Nahrung bekommen hast, um nicht zu verhungern. Dein Körper, von sich aus klüger, als du dir vorstellen kannst, musste sich zwischen zwei Möglichkeiten entscheiden: Entweder er wuchs und entwickelte sich, wäre aber, weil es hier an der nötigen Ernährung fehlte, in kurzer Zeit ausgezehrt gewesen, oder – Möglichkeit zwei – er konzentrierte alle Ressourcen darauf, nicht zu sterben. Um sich am Leben zu halten, ohne über ausreichend Kalorien zu verfügen, musste er auf weiteres Wachstum verzichten. Das betrifft hauptsächlich das Längenwachstum der Extremitäten. In diesen Knochen befinden sich besondere Stellen, die Wachstumszonen genannt werden. Wenn sich diese Zonen schließen, ist das Größenwachstum beendet, es springt auch dann nicht wieder an, wenn der Körper ausreichend Nahrung hat. Könnte ich noch zwanzig solche Jungen wie dich sehen und hätte die notwendigen medizinischen Untersuchungsgeräte zur Verfügung, könnte ich herausfinden, ob meine Vermutung zutrifft, und einen Aufsatz für eine medizinische Zeitschrift oder ein Fachbuch schreiben. Vor allem würde ich besser verstehen, wie das alles funktioniert. Vielleicht wäre es möglich, ein Medikament oder einen Eingriff zu finden, um das unterbrochene Knochenwachstum wieder in Gang zu setzen. Du würdest dann nach der Heimkehr eine Injektion bekommen, und binnen eines Jahres würdest du um diese zehn oder mehr Zentimeter wachsen und aufholen, was du versäumt hast. Selbstverständlich sofern du am Leben bleibst. Verstehst du das?«

»Nicht ganz«, gab ich zu. »Aber ich versuche mir einzuprägen, was Sie gesagt haben, und hoffe, dass ich es verstehen werde, wenn ich älter und vernünftiger bin. Trotzdem, Herr Doktor, danke ich Ihnen. Es war interessant, und ich hoffe, dass Sie dieses Buch bald schreiben und darin zwei Fotografien von mir aufnehmen werden: eine mit kurzen Beinen als Zwerg und die andere nach der Injektion mit langen Beinen.«

Meine Antwort gefiel dem Doktor, und er lächelte dazu auch ein wenig.

Während ich mich in der Diphtherieabteilung etwas erholte, begann mich alles wieder mehr zu interessieren. Ich war wie ein ausgetrockneter Schwamm, wie wir ihn in der Schule zum Abwischen der Tafel hatten, und sog auf, was ich in Erfahrung bringen konnte. Manchmal fiel ich dem Pfleger Walter und Doktor Kolínský mit meinen Fragen ziemlich auf die Nerven. Mit den übrigen Patienten befasste ich mich kaum, es waren Männer mittleren Alters, die sich hauptsächlich mit ihren eigenen Leiden beschäftigten.

Doktor Kolínský erinnerte ich mit meinen ewigen Fragen an ein dreijähriges Kind, das seine Eltern unaufhörlich mit der Frage quält: Warum? Aber er hatte für meine Wissbegierde Verständnis; er wusste, dass ich nachholen wollte, was ich auf dem Gymnasium verpasst hatte, da ich, wie er scherzhaft sagte, in Birkenau zur Schule gegangen sei. So wandte ich, vielleicht ein wenig frech, ein, dass ich wohl nicht mehr viel wachsen würde, sei es wegen der verschlossenen Wachstumszonen in den Knochen, sei es, weil ich nicht mehr am Leben sein würde. Ich hoffte aber, dass mein Gehirn wachsen werde, und deshalb müsse ich es füttern.

Der Doktor ermahnte mich wegen dieser Bemerkung ein wenig, aber dann sagte er, dass ich recht hätte und ruhig fragen möge. Solange er auf meine Fragen eine Antwort wisse, werde er gern antworten, wenn nicht, dann werde er es zugeben.

In der Diphtherie- und Erysipelabteilung war die Atmosphäre ungezwungener als an jedem anderen Ort, an den ich im Lager gekommen war. Ich konnte jeden nach allem Möglichen fragen, aber die Patienten antworteten mir weniger bereitwillig als Doktor Kolínský und Walter. Niemand von ihnen war in einem Alter, in dem er sich mit mir ständig hätte unterhalten wollen. So langweilte ich mich manchmal und machte Dummheiten.

Beispielsweise fand ich ein Stück eines schwarzen Kamms, klemmte es mir unter die Nase und imitierte Adolf Hitler. Ich dachte, damit die Patienten zu belustigen, doch ich erntete keinen Applaus. Walter nahm mich beiseite und sagte mir: »Junge, du fängst an, Deppertes aufzuführen. Dich sticht wohl der Hafer! Denk dran, du bist in einem deutschen Konzentrationslager, die Nazis sind noch an der Macht und haben uns in der Hand. Wenn du etwas tätest, das dem

Regime schadet, hätte das Sinn, und ich würde dich dafür loben. Du aber machst dir hier einen Spaß mit Adolf, der für sie der Herrgott ist. Solche Mätzchen könnten dich teuer zu stehen kommen. Und nicht nur dich. Jemand könnte dich denunzieren. Wenn du der Gestapo in die Hände fällst, würdest du mindestens als halbe Leiche herauskommen. Obendrein könnten sie dann unsere Abteilung untersuchen und würden feststellen, dass hier neben Kranken auch gesunde Leute sind, zumindest nach dem Befund der SS-Ärzte. Sie würden bei uns die Essenvorräte entdecken und nachforschen, wo wir sie herhaben. Ihre Untersuchungen würden Verhöre mit Schlägen und Folter bedeuten. Dem wären Menschen ausgesetzt, denen wir dankbar sein sollten. Sicher würden sie sich auch das Kommando *Maurerschule* ansehen, würden euren Kapo ins Gebet nehmen und feststellen, dass dort fast nichts getan wird. So könnte ich fortfahren … Und warum das alles? Weil du dich wie ein Idiot aufführst. Dein blödes Kasperletheater geht vom Trugschluss aus, dass Adolf ein beschränkter Clown ist und dass das auch für seine ganze Partei gilt. Das ist leider nicht die Wahrheit! Er ist sicher hirnverbrannt und ein Massenmörder, aber dumm ist er bestimmt nicht! Und seine Leute auch nicht. Sonst wäre es ihnen nicht gelungen, die Deutschen und die Österreicher, darunter sehr gebildete Leute, zu verblöden, den größten Teil Europas in die Knie zu zwingen und die stärksten Staaten der Welt zu maximalen Anstrengungen für seine Niederschlagung zu zwingen. Und die ist den Alliierten noch immer nicht vollständig gelungen. Deshalb stecken wir hier im Konzentrationslager und bangen, wie das mit uns enden wird. Jetzt gibst du mir also diesen Kamm, legst dich auf das Bett und lässt heute keinen Mucks mehr hören. Geh mir aus den Augen, ich will dich heute nicht mehr sehen!«

Es war mir gelungen, Walter ernstlich zu erzürnen. Ich sah ein, dass er recht hat, und murmelte leise: »Entschuldigung!

Ich habe es zu weit getrieben! Es war dumm!« Walter antwortete mir nicht. Er drehte sich um, aber er ging schon mit ruhigerem Schritt weg. Der berechtigte Zorn war ihm während seiner Rede vergangen. Ich legte mich auf mein Lager. Der Patient auf der Liege unter mir, ein etwa vierzigjähriger, ruhiger und höflicher Ingenieur aus Ungarn, sagte mir, ich dürfe Walter nicht böse sein, es sei an der Zeit gewesen, mich zurechtzuweisen. Er sehe, ich sei ein anständiger und vernünftiger Junge, aber ich hätte mir da etwas Schlechtes angeeignet und mache aus mir eine verwöhnte Primadonna. Ihm sei auch klar, was es heiße, mich in meinem Alter die ganze Zeit wie ein Erwachsener zu verhalten. Jetzt sei ich plötzlich in eine weniger mörderische Umgebung gekommen und verhielte mich umgekehrt wie ein kleiner Knirps, der für nichts verantwortlich sei. Walter habe recht. Ich solle mich jetzt hinlegen, über mein Verhalten nachdenken und eine Weile schweigen.

Erneut entschuldigte ich mich. Ich fühlte mich wie ein geprügelter Hund und sagte mir, dass ich das durchdenken müsse. Aber ich schlief ein, ehe mir etwas Vernünftiges eingefallen war. Das Abendbrot verschlief ich, und Walter weckte mich nicht. Morgens stand ich wie gewöhnlich etwas früher auf, um zu heizen. Walter erschien, ich grüßte ihn, aber er erwiderte meinen Gruß nicht. Wortlos gab er mir das Abendbrot. Es dauerte mehrere Tage, bis er wieder mit mir sprach wie zuvor.

Der Herr Doktor wusste natürlich, dass Walter mich zur Ordnung gerufen hatte, verhielt sich aber mir gegenüber wie früher. Wie zuvor untersuchte er mich oft gründlich und machte sich dabei Notizen. Auch wog er mich regelmäßig und maß meine Größe. An der Wand neben der Tür hatte er zu diesem Zweck eine aufgemalte Längenskala. Bei der Messung musste ich barfuß stehen und mich vollständig strecken, dann übertrug er meine Größe auf die Skala. Dabei beklagte er, dass er keine Wasserwaage oder ein Stativ mit waagerechter Schublehre habe, wie man sie beim Militär und manchmal auch an Schulen benutze. Bisher habe er nicht festgestellt, dass ich etwas zugenommen hätte oder gewachsen sei, obwohl ich mehr Kalorien erhalten würde, als ich verbrauchte, weil ich nicht arbeiten müsse. »Wir werden sehen«, sagte er, »bisher bist du ja erst ein paar Wochen hier.«

Diese Messung erinnerte mich an die Selektion in Birkenau, bei der wir der Größe nach in zwei Gruppen eingeteilt worden waren. Das sagte ich dem Arzt: »So ein waagerechtes Brettchen, wie Sie es in der Hand haben, hatte ein SS-Mann am Pfosten des Fußballtors befestigt, um unsere Größe zu messen. Es war wie das Messen von Rekruten, aber mit dem Unterschied, dass dabei die Jungen, die unter dem Maß blieben, nach Hause geschickt werden, während hier mit ihnen kurzer Prozess gemacht wurde. Angeblich hat sich das auch Mengele angeschaut, aber ich habe ihn damals nicht gesehen. Herr Doktor, Sie hatten ihn einmal erwähnt, kennen Sie ihn?« Der Doktor bemerkte dazu, von dieser Selektion der Jungen in Birkenau wüssten hier viele. Er empfehle mir aber dringend, diese schlimmen Dinge für mich zu behalten. Mir könne das nur schaden. Und was Mengele betreffe, so habe er ihn viele Male gesehen und reden gehört, aber persönlich niemals mit ihm gesprochen. Allerdings kenne er genügend Mediziner, die sich in seiner Nähe bewegt hätten. Mengele sei ein gläubiger Nazi und dabei ein sehr intelligenter und gebildeter Mensch. Obendrein betreibe er medizinische Forschung an Menschen. Jüdische Ärzte von Format behaupteten aber, seine Forschung habe kein wissenschaftliches Niveau – so dass Mengele nicht nur unmenschliche Dinge tue, sondern auch schlechte Wissenschaft betreibe.

Ich hatte den Eindruck, Doktor Kolínský benutze meine halbkindlichen Fragen, um auszudrücken, was er selbst über

Mengele dachte. Wenn er ihn charakterisierte, sprach er sachlich und ohne Emotionen. Vielleicht wie ein Naturforscher, wenn er einen Vortrag über den Riesenwaran hält, der einen Menschen töten und auffressen kann, oder über die Riesenschlange Anakonda, die ein Kind erwürgt und hinunterschlingt. Es ist begreiflich, dass solche Tiere auch für einen Naturwissenschaftler widerlich sind und dass er sie fürchtet, aber das bedeutet trotzdem nicht, dass er nicht fähig wäre, ihr Verhalten und ihr Wesen sachlich zu analysieren.

In diesem Sinne erzählte Doktor Kolínský, dass Mengele, wie man höre, im persönlichen Umgang ein sehr höflicher und anständiger Mensch sei. Er entstamme einer reichen bayerischen Familie und habe eine gute Erziehung und Bildung erhalten. Niemand habe hier aus seinem Mund je ein gröberes Wort gehört, und es sei undenkbar, dass er gegenüber jemandem handgreiflich geworden sein könnte. Er sei normal, nicht etwa ein Verrückter mit gespaltener Persönlichkeit, der sich verhalte, als würde in ihm noch ein anderer wohnen, schlechter als er selbst und im Kopf nicht ganz richtig. Er sei auch kein Sadist, dem das Morden Vergnügen bereite. Aber in seinem Status als gebildeter Deutscher sei er zugleich begeisterter Naziarzt, davon überzeugt, dass es wichtiger sei, gleich die ganze Gesellschaft zu heilen statt nur einen einzelnen Menschen. Offenbar habe er die Vorstellung, er sei Chirurg der menschlichen Gesellschaft, hauptsächlich des deutschen Volkes, und wenn aus dieser Gesellschaft durch Selektion und anschließende Vergasung Tausende von Menschen, vor allem Juden, ausgeschieden würden, sei es das Gleiche, als würde ihr eine Krebsgeschwulst herausgeschnitten, damit sie genese. Warum sollte ein Teil dieses zur Liquidierung bestimmten menschlichen Abfalls, im Nazijargon ausgedrückt, nicht zu medizinischen Versuchen verwendet werden? Er sehe es so, dass dieses Verfahren praktisch sei und dass er damit der Menschheit diene. Für die Menschheit stehe allerdings an erster Stelle das großgeschriebene Deutsche Volk, und dann komme schon fast gar nichts mehr. Mengele würde keinem eine Ohrfeige geben, nicht einmal in einem Wutanfall, aber es sei für ihn überhaupt kein Problem, einem Häftling, den er als Versuchskaninchen benutze, eine tödliche Injektion zu verpassen.

Nun gab Doktor Kolínský seinen sachlichen Gestus auf und ließ erkennen, dass ihm bei dem Menschen Mengele unwohl war: »Das alles ist monströs und verbrecherisch, doch es hat seine eigene absurde Logik«, sagte er nachdenklich. »Wenn er im Laufe eines Arbeitstages einige Tausend Menschen selektiert, dann ist das für Mengele die gleiche Arbeit wie für einen Chirurgen das Entfernen des Blinddarms bei drei Personen. Er selbst ermordet diese Menschen nicht, das tun für ihn andere Spezialisten. Und wenn Mengele gerade nicht bei der Arbeit ist, dann spielt er vielleicht eine Weile mit jüdischen Kindern. Zumindest wird das unter den hiesigen Medizinern behauptet. Und ein paar Tage später, wenn er wieder arbeitet, dann schickt er dann dieselben Kinder als ein der sozialen Gesundheit des deutschen Volkes schädliches Element ins Gas. Ich habe von Fällen gehört, wo er der Bitte einander nahestehender Menschen, die zuvor bei einer Selektion getrennt worden waren, entsprochen und ihnen erlaubt hat, zusammenzubleiben. So hatte er wohl von zwei Schwestern erst eine auf die schlechte und die andere auf die gute Seite geschickt und dann der Ersteren erlaubt, auch auf die gute zu gehen. Ähnlich brachte er eine Mutter wieder mit ihrer Tochter zusammen. Dabei war ihm sicher bewusst, wie ihre menschenverschlingende Maschine funktioniert: Nach einer Reihe wiederholter Selektionen bleibt niemand am Leben, ein kurzer Aufschub der Hinrichtung für wenige ändert nichts am Gesamtergebnis, das im Tod von Millionen besteht. Zudem handelte es sich bei jenen wenigen Fällen eher um eine Laune als um eine gute Tat.

Mengele führte sich und allen vor, dass er kraft der Nazipartei Herr über Leben und Tod ist. Zu Hause in Zivil tut Mengele das Gleiche wie andere gebildete Deutsche: Er liest vielleicht Gedichte oder treibt Sport. Bei dem, was er tut, muss er nicht zwangsläufig ein Teufel sein. Eigentlich ist er ein ganz gewöhnlicher Mensch. Wäre er nicht Nazi geworden und hätte in einer anderen Zeit gelebt, dann hätte aus ihm vielleicht ein berühmter deutscher Arzt und Wohltäter der Kranken werden können. Aber er hat sich den Nazis verschrieben und ist ein gläubiger Parteigenosse, eigentlich opfert er sich für die auf, indem er diese unangenehme, aber unersetzliche Arbeit im Interesse des deutschen Volkes ausführt. Von dieser verdrehten mörderischen Berufung wird ihn einzig der Galgen kurieren. Mengele gehört zu den größten Mördern der Menschheitsgeschichte! Er muss vor einen internationalen Gerichtshof gestellt und bestraft werden. Dort wird er für das Böse, das er getan hat, verurteilt werden, und irgendwelche positiven Eigenschaften, die er wie jeder andere Mensch auch hat, werden dabei keine Rolle spielen.« Der Herr Doktor sah mich an, als wäre er aus einem schlimmen Traum erwacht: »Du altkluger Junge, du kannst einen Menschen vielleicht strapazieren mit deinem ewigen Warum! Auf der anderen Seite ist es nützlich auszusprechen, was du bisher nur ungeordnet im Kopf hast. Wenn du die Gedanken ausformulierst, ist alles verständlicher und besser zu merken. Das im Gedächtnis zu behalten, ist gerade auch für den Fall wichtig, dass es uns gelingt, von hier zu entkommen. Deshalb dürfen wir nichts von dem vergessen, was sich hier abgespielt hat und worum es unseren Kerkermeistern ging. Vielleicht mache ich mir verfrüht Sorgen, weil wir noch nicht aus der Kalamität heraus sind. Das menschliche Gehirn ist allerdings so gebaut, dass es vergisst. Andernfalls könnten die Menschen nicht das weitere Übel überwinden, das bestimmt folgen wird.« Ich schaute den Doktor beklommen an, mich erschreckte jetzt die Vorstellung weiteren Übels in der Zukunft, wo das Schlimme, in dem wir bisher vegetierten, noch nicht einmal vergangen war. Aber er bemerkte das nicht und sagte weiter, dass die Schrecknisse leider eines nach dem anderen kämen und den Leuten mit Hilfe neuer Propagandatricks und in immer neuen ideologischen Aufgüssen, denen sie glauben sollten, aufgenötigt würden. Das Böse komme periodisch, nur seine Intensität ändere sich. Die Propagandatricks und die Ideologien sollten dann die Menschen davon überzeugen, dass ihr Leiden einen Sinn habe, dass es unverzichtbar sei, um unbestimmten höheren Zwecken zu dienen, und dass es nichts anderes sein könne. Dabei werde aber gegenüber den Leuten behauptet – und die glaubten das auch noch –, dass die Katastrophe, die gerade zu Ende gegangen ist oder bald enden wird, die letzte sein werde.

Der Doktor schickte sich an, zu einem weiteren Patienten zu gehen, und vielleicht hoffte er, dass dieser ihn nicht so plagen würde. Aber noch war er mich nicht losgeworden. Auch wenn mir bewusst war, dass das schon ungehörig sein könnte, fragte ich ihn noch, was er von der Ideologie halte, die die Leute von der Legitimität des Bösen überzeugen solle.

Er schaute mich beinahe väterlich an, obwohl er den Wütenden spielte: »Du altkluger Junge, du gibst und gibst keine Ruhe! Ich werde dir vielleicht, anders als Mengele, eine kleben müssen. Aber zum Unterschied von ihm würde ich dir niemals Schaden zufügen, im Gegenteil, ich werde dir helfen. Das verspreche ich dir, aber sonst gib auf dich acht. Und nach Propaganda und Ideologie frage Walter, der kennt sich in der Politik besser aus als ich. Ich bin nur ein gewöhnlicher Landarzt. Damit du siehst, dass ich es gut mit dir meine, darfst du mich in diesem Jahr noch nach einer Sache fragen, und dann will ich von dir kein Warum mehr hören!« Als er ging, gebärdete er sich im Scherz wie ein Wütender, lächelte aber. Nicht einmal seine Drohung war ernst gemeint, doch es näherten sich Weihnachten und Neujahr, und für weitere Fragen meinerseits blieb keine Zeit.

Mir war sehr bewusst, dass Doktor Kolínský keineswegs ein gewöhnlicher Landarzt war, wie er von sich selbst gesagt hatte. Im Gegenteil, er war ein hervorragender Doktor und ein außergewöhnlicher Mensch. Gewöhnlich war vielleicht Doktor Fein aus Parkan, der in Birkenau dem sterbenden Jirka Faber die Zwiebeln stahl und aufaß, an deren Wunderwirkung Jirka geglaubt hatte. Fein aber war nur ein gewöhnlicher Schuft.

Dann kam Weihnachten. Für mich bedeutete es nicht viel, weil wir es zu Hause nicht gefeiert hatten. Nur als ich klein war, hatten mir die Eltern kleine Geschenke gegeben, damit ich nicht traurig wäre, wenn die anderen Kinder Geschenke bekamen. Ich erinnerte mich, dass die Eltern dem Großvater von diesen Geschenken nichts sagten, weil sie fürchteten, er könnte böse werden, aber Großvater wusste davon, und es machte ihm nichts aus. Oft sagte er: »Je mehr Freude das Kind jetzt haben wird, desto besser! Wer weiß, ob ihm genügend Freude vergönnt ist, wenn es heranwächst?« Dieses »Kind« war ich, und bis dahin sein einziger Enkel. Als ich dann zu Weihnachten keine Geschenke mehr erhielt, stellte ich meine Warum-Fragen und meine Eltern antworteten: »Weil wir keine Christen sind!« Ich fragte dann gewöhnlich wieder »Warum«, da hatten die Eltern genug davon und schickten mich zum Spielen auf den Hof.

Ich wusste im Voraus, dass es Weihnachten beim Essen eine *Zulage* geben würde. Selbstverständlich freute ich mich auf das bisschen Essen zusätzlich, aber vor allem war ich neugierig, ob sich zu Weihnachten im Verhalten der SS etwas ändern würde.

Dann war Weihnachten herangekommen. Die Häftlinge, die zur Arbeit gingen, hatten frei, und das Essen war vielleicht etwas nahrhafter. Sonst nichts. Am Heiligen Abend erklang von verschiedenen Seiten: »Stille Nacht, heilige Nacht …« Der Gesang dieses bekannten Weihnachtslieds, das für die Angehörigen vieler Völker mit dem Wunsch »Friede den Menschen guten Willens …« verbunden war, wurde nach etwa einer Stunde durch lautes Gebrüll: »Hitler! Hitler …!« unterbrochen und setzte sich mit Pausen immer weiter fort. Jemand erklärte, der Brüllende sei ein psychiatrischer Patient, der im Lager verrückt geworden sei und den man noch nicht liquidiert habe. Dann hörte es plötzlich auf. Dieselbe unbekannte Stimme fügte danach hinzu: »Ihre Geduld ist schon zu Ende. Wäre nicht Weihnachten, dann hätten sie diesen Verrückten sofort zum Schweigen gebracht und ihn gehindert, den Führer zu verunglimpfen.« Aus der Tonlage war nicht sicher zu schließen, wessen Partei der Sprecher vertrat. Das war der einzige und zudem ziemlich zweifelhafte Anflug von nazistisch-deutscher Menschlichkeit zur Feier des Heiligen Abends. Nach einiger Zeit sagte eine unbekannte Stimme zu Walter: »Die Übermenschen sind diese Weihnachten nicht sehr in Erscheinung getreten.« Und Walter antwortete: »Seien wir froh! Ich habe im Lager noch nicht erlebt, dass außergewöhnliches Verhalten bei ihnen nicht einen Wechsel zum Schlechteren bedeutet hätte. Zumindest für uns Häftlinge!«

Dann verteilte Walter als Zugabe aus dem halb gefüllten Eimerchen an jeden Häftling einen gehäuften Suppenlöffel rote deutsche Kriegsmarmelade. Als er zu mir kam, sagte er: »Unser altkluges Bübchen, das vielleicht schon zur Vernunft gekommen ist, erhält die doppelte Portion!« Und er gab mir mit einem Lächeln einen Löffel Marmelade obendrauf. Ich fragte ihn, ob er mir noch böse sei. Er schüttelte den Kopf. Es sei ihm nur darum gegangen, dass ich für eine Weile vergessen hätte, wo wir seien, und unser Leben immer noch an einem dünnen Faden hänge. Es sei sehr dumm gewesen, durch sinnloses Herumkasperln das Leben zu riskieren, zumal so kurz vor Kriegsende. »Wir wissen doch, was du in Birkenau durchgemacht hast. Du bist in der ganzen Zeit, die ich hier bin, unser jüngster Patient, und uns liegt daran, dass du überlebst. Dabei wollen wir dir helfen!« Walter klopfte mir freundschaftlich auf den Rücken und fügte hinzu, dass ich nicht weiter daran denken und mich lieber über die Marmelade hermachen solle. Er wisse sehr gut, dass sie meine Lieblingsdelikatesse sei und obendrein der einzige Leckerbissen im Lager.

Am nächsten Tag rief Walter gleich nach dem *Eintopf*: »Jetzt ist das Christkind hier! Wer will noch eine Portion?« Ich meldete mich und sagte aus Spaß, dass ich *Zweitopf* wolle, also zwei Töpfe auf einmal. *Eintopf* war in Deutschland zu einer Losung überhöht worden, die die Bevölkerung zu mehr Bescheidenheit beim Essen aufrief, im Interesse des Sieges der deutschen Waffen. Der verborgene Sinn jeder Anspielung auf *Eintopf* war, dass die Deutschen allmählich nichts mehr zu beißen hatten und sie diesen Krieg bald verlieren würden.

Walter gab mir eine Extraportion Suppe, die er von unten nahm, wo mehr Kartoffeln waren, flüsterte: »Psst!«, und legte den Zeigefinger auf den Mund: »Du sprichst zu laut und störst die anderen Patienten!« Eine ähnliche Geste mit dem Finger auf dem Mund war auch auf den deutschen Plakaten mit der Aufschrift »Feind hört mit!« abgebildet. Walters Aufforderung übersetzte ich mir also so, dass ich meine Zunge hüten solle. Zugleich war darin auch Genugtuung darüber, dass die Deutschen nun auch schon laute Gespräche fürchteten.

Weil ich Walter wieder etwas fragen wollte, musste ich mich zunächst seiner guten Laune versichern, damit er überhaupt Lust hätte, mir etwas zu erklären. Er antwortete, dass sie auch schlechter sein könne. Einerseits sei Weihnachten, und er hocke hier im Nazikäfig statt bei seiner Mutter in Wien. Seine Mama sei schon bejahrt, er hoffe, sie sei von den Nazis in Ruhe gelassen worden, nachdem sie ihn als Feind des Großdeutschen Reiches ins Konzentrationslager gesteckt hätten. Allerdings könne er sich dessen nicht sicher sein. Andererseits scheine es, als hätten wenigstens einige von uns das Jahr 1944 überlebt. Es beginne das Jahr 1945, in dem die Nazis zur Freude der ganzen Welt geschlagen würden!

Walter kam mir also mit seiner Stimmung entgegen und forderte mich auf, ihn zu fragen, was ich wissen wollte, doch er wäre froh, wenn dann nicht eine unendliche Reihe von Warum-Fragen folgte. Ich versicherte ihm, dass ich nur zwei hätte. In diesem Moment konnte ich nicht ahnen, dass es die letzten Fragen sein würden.

Ich bat Walter, mir zu erklären, wie Doktor Kolínský über die Propaganda und über die Ideologien denke, die dazu dienten, die Menschen zu verdummen. »Ich kann nicht über zwei Dinge auf einmal sprechen«, begann Walter, »also rede ich kurz wenigstens über eins. Propaganda ist, wenn der deutsche Propagandaminister Doktor Goebbels die Mehrheit der deutschen Bevölkerung davon überzeugt, dass es für sie das Beste ist, wenn sie gegen einen großen Teil der Welt in den Krieg zieht, und dass jeder, der dem nicht zustimmt, ins Konzentrationslager gehört. Die Lüge, was für die Deutschen am besten ist, wiederholen ihnen Goebbels' Leute in verschiedenen Variationen ununterbrochen. Sie tun das schon so lange und beharrlich, dass ihnen fast alle glauben und sich entsprechend verhalten. Die Folge ist, dass immer mehr Menschen tun, was die Nazis von ihnen wollen. Dabei müssen sie nicht zu wirklichen Nazis, zu Mitgliedern ihrer politischen Partei werden; das verlangen die Nazis nicht einmal, weil sonst alle die Vorteile beanspruchen würden, die eine Mitgliedschaft mit sich bringt. Deshalb tun die manipulierten Leute nur, als ob sie Nazis wären. Infolgedessen ist an der Ausübung des nazistischen Unrechts ein Vielfaches mehr an Menschen beteiligt, als es Nazis gibt. Und gerade das wird unter anderem durch die Propaganda bewirkt ...«

Nach einer Weile unterbrach ich Walter: »Warum glauben die Leute die Propaganda, wenn sie doch unwahr ist?«

»Das verstehe ich selbst nicht ganz«, gab Walter zu, »mir fehlt dazu die Bildung. Nur aus dem, was ich gelesen habe, weiß ich, dass sich Menschen nicht immer nur auf der Grundlage einer vernünftigen Überlegung entscheiden, sondern eher unter dem Einfluss von Gefühlsbewegungen und vorgefertigten Ansichten, die ihnen in Zeitungen, im Radio, in den Schulen präsentiert werden – selbst dann, wenn man ihnen eine Lüge erzählt. Propaganda ist ein geschickt gemixter Cocktail gefälliger Lügen, gewürzt mit einer Prise Wahrheit. Ohne diese Spur von Wahrheit würden die Leute schnell aufhören, der Propaganda zu glauben. Als Wahrheit verkünden die Nazis zum Beispiel, dass die Nation, die den Krieg gewinnt, die Besiegten an den Bettelstab bringen werde und die Sieger besser leben würden als vor dem Krieg. Das ist etwas, das vielen Leuten gefallen kann. Tatsächlich ist darin aber nur ein kleines Körnchen Wahrheit enthalten. Richtig ist, dass in einem Krieg die eigenen Leute ebenfalls sterben und dass man ihn am Ende auch verlieren kann. Zugleich ist das ganze Kriegführen, das Einsperren, Terrorisieren und Ermorden von Menschen, die mit alldem nicht einverstanden sind, ein schreckliches Verbrechen und ein Verstoß gegen die Moral; die Schuldigen tragen dafür die Verantwortung für immer und können dafür bestraft werden. Diese ganz wesentlichen Dinge aber sagen die Propagandisten den Menschen nicht. Das sollte dir einstweilen genügen, Tom.«

Dann aber zögerte er und überlegte, ob er seine Lektion, in der er nur die eine Seite der Medaille dargelegt hatte, nämlich die für die Schuljugend bestimmte, durch das ergänzen sollte, was auf der Kehrseite stand. Walter war ein ehrlicher Mensch, und mir schien, dass er mich nicht in das Leben entlassen wollte, solange er mir nicht beide Augen geöffnet hätte. Wenn sich dazu nun keine Gelegenheit mehr fände? Ich hätte dann nicht die ganze Wahrheit erfahren, sondern nur eine Halbwahrheit und würde im Halbdunkel umhertappen. Schließlich sagte er: »Ob es uns nun gefällt oder nicht, Propaganda gehört zu jeder Politik wie der Senf zur Wurst. Sie gehört auch zur richtigen Politik, auf deren Seite wir stehen! Aus den Meldungen der Alliierten könnte man beispielsweise entnehmen, dass die Erde ein Paradies sein wird und ewiger Friede ausbricht, sobald sie den Krieg gewonnen haben und mit den Deutschen ins Gericht gegangen sind. Ähnlich verhält es sich mit den Russen, die, wie es aussieht, einen großen Teil Europas besetzen werden, du könntest glauben, dass sie sich zu den Nationen, die sie okkupieren, wie ihre eigene ehrenwerte Großmutter verhalten werden. Da wärest du aber ein schöner Esel!«

Während mir der Anfang von Walters Darlegung mehr oder weniger klar war oder mich jedenfalls nicht überraschte, hatte ich von dem Zusatz, der die andere Seite der Medaille betraf, bis dahin nichts gehört. Er war für mich eine Offenbarung!

»Zum Schluss werde ich dir noch eine Sache erklären, die bei weitem nicht nur das Lager betrifft«, fuhr er fort, als er sah, wie sehr ich von seiner Rede überrascht war. »Aber das wird nicht so einfach sein, wie mein Rat war, dass du dir in einem deutschen Konzentrationslager nicht aus einem Kamm ein Bärtchen unter der Nase machen und Adolf Hitler imitieren sollst, weil das zu gefährlich ist. Solche Dinge haben nur für den Augenblick Bedeutung und gelten nicht für immer.

Mir geht es um eine Sache von bleibender Gültigkeit – darum, wie sich ein vernünftiger Mensch zu jeder Art von Propaganda stellen soll, immer und überall. Allgemein gilt, dass man sich zu ihr stets kritisch verhalten soll. Vielleicht weißt du, dass nicht einmal die Dummköpfe untereinander gleich sind. Es gibt auch verschiedene Grade des Schwachsinns, und die Leute bezeichnen die davon Befallenen als Debile, Imbezile oder Idioten. Erstere stellen die leichteste, Letztere die schwerste Form des Schwachsinns dar. Und nun aufgepasst! Wenn du der feindlichen Propaganda glaubst, bist du debil. Glaubst du der Propaganda der eigenen Seite, dann bist du ein noch größerer Trottel, du bist imbezil, weil du doch die wirklichen Verhältnisse bei euch zu Hause kennen musst, wenn du dort das ganze Leben verbringst. Und wenn du sowohl die feindliche als auch die eigene Propaganda glauben würdest, wärest du ein totaler Idiot, unfähig zu erkennen, wie die Welt wirklich aussieht, und könntest die kleinen Inseln der Wahrheit nicht vom Meer der Lügen unterscheiden. Das ist eine Erkenntnis, die du aus dem Lager nach Hause mitnehmen sollst. Damit drücke ich eigentlich die Hoffnung aus, dass du überlebst und schließlich nach Hause kommst, du altkluger Bursche!«

Walter fügte noch hinzu, was er mir gerade versucht habe zu erklären, betreffe die Propaganda. Von den Ideologien werde er mir ein anderes Mal erzählen. Leider gab es kein anderes Mal mehr! Als er mich »altklug« nannte, fasste er mich um die Schultern und schüttelte mich leicht, eine Geste, die Freundschaft ausdrückte. Seine Bereitschaft, meine Fragen ausführlich zu beantworten, verstand ich als Bemühen, mir zu helfen und mich mit Wissen für die nahe und die entferntere Zukunft auszustatten. Ich begriff auch, dass Doktor Kolínský mir helfen wollte. In beiden Fällen unterschieden sich nur die Inhalte. Beide waren geleitet von gutem Willen und von dem uralten Instinkt, einem verwirrten Jungen zu erklären, was er wissen sollte, um unter Verhältnissen unmenschlicher Unterdrückung und bisweilen auch im Dschungel zu überleben.

Diese mehrwöchige »Schulung«, die mir im Krankenhaus von Auschwitz in der Diphtherie- und Erysipelabteilung zuteilwurde, erinnerte mich erneut daran, wie mich im letzten Jahr vor der Deportation Vater, Mutter, Großvater und Onkel Arnost systematisch über alles Mögliche belehrt hatten, das mir in naher Zukunft von Nutzen sein könnte. Damals war es nicht einmal in den Familien üblich, die Kinder auf die drohende Katastrophe vorzubereiten, sie zu unterrichten, wie sie möglichst lange überleben könnten. Aber meine Instrukteure waren die nächsten Verwandten, und es war nur natürlich, dass sie mein Bestes wollten. Die Schulung in Auschwitz gewährten mir jedoch fremde Menschen! Soweit man Menschen als fremd ansehen kann, die unter solchen Bedingungen anderen Menschen Solidarität erweisen und ihnen uneigennützig ihre Erkenntnisse und Lebenserfahrungen mitteilen. Es mag sein, dass mir Arzt und Pfleger auch deshalb so viel Aufmerksamkeit widmeten, weil ich in der Abteilung der Jüngste und in ihren Augen noch ein halbes Kind war. Obendrein habe ich mir ihre Aufmerksamkeit auch durch meine Neugier erzwungen. Gerade dort wurde mir neuerlich bewusst, dass bei den Häftlingen unter Lagerbedingungen neben gesteigertem Eigensinn und erhöhter Konzentration auf das eigene Überleben auch gegenseitige Solidarität zur Geltung kam, die für das Überleben in höchstem Grade wichtig war. Zu ihr gehörte auch die Weitergabe von Erfahrungen von den Älteren an die Jüngeren.

In der Zeit zwischen Weihnachten und Neujahr ereignete sich in unserer Abteilung nichts Besonderes. Die Arbeitskommandos mussten zur Arbeit, und in diesem Winter musste das schwer sein. Allgemein wurde behauptet, dass die Russen hinter der Weichsel warteten und vor Beginn des Frühlings wahrscheinlich nicht angreifen würden. Das ging auch aus Gesprächen zwischen SS-Männern hervor, die von Häftlingen belauscht worden waren. Über Gerüchte erreichte uns auch die Information, dass die Deutschen entschlossen seien, bis dahin die Lager zu evakuieren und alles in die Luft zu sprengen, aus dem man erkennen könnte, was sie hier angerichtet hatten.

Die Ansichten darüber, was sie mit den Kranken anstellen würden, die in der kritischen Zeit in den Revieren im Hauptlager Auschwitz, in Birkenau und in den angeschlossenen kleineren Lagern liegen würden, gingen auseinander. Die Optimisten behaupteten, die Kranken würden mit Zügen ins deutsche Hinterland transportiert werden, doch sie konnten sich nicht vorstellen, was die Deutschen mit ihnen anstellen würden. Die Pessimisten wiederum meinten, die SS würde sämtliche Kranken vor der Evakuierung ermorden. Auf die Frage, wie sie sich dann so vieler Leichen entledigen könnten, sofern sie den Massenmord von Auschwitz verheimlichen wollten, hatten sie indes keine Antwort. Die Diskussionen über dieses Thema drehten sich ständig im Kreis. Obwohl uns die Argumente fehlten, redeten wir weiter darüber, weil das, was sich vor Kriegsende abspielen würde, unsere Existenz betraf.

Niemand dachte, dass die SS die kranken Häftlinge einfach ihrem Schicksal überlassen könnte. Das entspräche nicht ihrem Bemühen, das Geschehene zu vertuschen, denn die Kranken könnten zu unangenehmen Zeugen werden. Es wäre auch mit der deutschen Gründlichkeit und Ordnungsliebe unvereinbar, die eine monströse Gestalt angenommen hatte und zu der es überhaupt nicht passte, kranke Häftlinge einfach sich selbst zu überlassen und abzuziehen. Ihrer Denkart gemäß wäre das eine unerledigte Angelegenheit, eine »Unordnung«, die sie zurücklassen würden. Und erst recht nahm niemand an, dass die SS die Häftlinge in den Krankenhäusern nach den Grundsätzen des Internationalen Roten Kreuzes oder nach anderen humanitären Konventionen behandeln könnte.

Darüber, dass die Russen das Gebiet einnehmen würden, auf dem sich das System der Konzentrationslager von Auschwitz befand, wurde schon ungefähr seit November gesprochen. Aber die Zeit verging, wir wurden immer unruhiger, und unsere Beklemmung und Befürchtungen wuchsen. Wie würde das ausgehen? Unsere Lazarettabteilung blieb zwar eine kleine Insel der Ruhe, aber die allgemeine Unsicherheit erfasste selbstverständlich auch uns. Die Patienten flüsterten ständig miteinander, und immer ging es darum, was geschehen würde und wann es begänne. Mir schien, dass wir uns unsere Ruhe nur einbildeten und jeden Augenblick etwas geschehen könnte. Ich hatte ein mulmiges Gefühl, als ob etwas Bedrohliches in der Luft läge.

In der Zeit zwischen Weihnachten und Neujahr untersuchte Doktor Kolínský jeden Patienten abermals gründlich. Als die Reihe an mich kam, wusste ich schon mehr oder weniger, was folgen würde, und ging unaufgefordert zum Wiegen und zum Messen. Der Doktor sagte: »Du hast entschieden nicht damit angefangen, jeden Tag zehn Zentimeter zu wachsen wie der Bambus in den Tropen. Schließlich ist auch das Gewicht das gleiche, obwohl du in der vergangenen Woche Diätkost bekommen hast. Beim Blick auf die Temperatur sehe ich hier aber etwas Neues. Manchmal ist sie bei dir etwas erhöht, und wenn ich dich anschaue, bist du verschwitzt, auch wenn es nicht zu warm ist und du die ganze Zeit Ruhe hattest.« Er fragte mich: »Hustest du nicht? Und bist du nicht müder als unter gleichen Bedingungen früher?« Ich antwortete ihm wahrheitsgemäß, ich würde nicht husten, aber bei Anstrengung etwas keuchen – etwa dann, wenn ich den Kohleneimer von der Tür zum Ofen tragen würde. Manchmal legte ich mich auch am Tage hin und schliefe sofort ein, aber das könne auch aus Langeweile sein. Was sollte ich sonst im Bett tun? Aber es sei so, dass ich ziemlich schwitzte.

»Du bräuchtest eine umfassende Untersuchung«, urteilte der Doktor. »Vor allem müsste die Lunge geröntgt werden. Aber ich weiß nicht, wie das hier einzurichten wäre. Vor allem möchte ich auf dich nicht dadurch aufmerksam machen, dass ich dir eine Diagnose stelle oder einen Krankheitsverdacht äußere, die für dich in der jetzigen Situation unvorteilhaft sein könnten. Zugleich können wir dich hier nicht ordentlich heilen. Wir alle fühlen, dass eine Veränderung bevorsteht, aber wir wissen nicht, wie sie beschaffen sein wird und wann genau sie eintritt. Vielleicht in zwei oder drei Monaten, vielleicht schon in einigen Wochen. Es geht darum, dass du diese Zeit hier abwartest und nicht zur Arbeit musst. Wir werden dich hierbehalten, solange wir können. Wenn das nicht mehr geht, werden wir dich zur Krätzebehandlung verlegen. Bei hartnäckiger Krätze muss man die Kur mit der Einreibung wiederholen, das könnte sich ungefähr bis zu zehn Tagen hinziehen. Darum könnte ich mich kümmern, weil der Chef dieser Abteilung mein Freund ist. Er kann dich dann noch zur Nachbehandlung verlegen, weil du vorher mit Diphtherie schon eine schwere Infektion durchgemacht hast. So könntest du dort zwei Wochen überdauern. Dann werden wir weitersehen!«

Von dieser rätselhaften Rede war ich etwas verwirrt und verängstigt, so dass ich ihn fragte, was mir nach seiner Ansicht eigentlich fehle. Der Doktor sah mir in die Augen und sagte, dass ich vielleicht einen Lungenbefund hätte, aber der müsse nichts Ernstes sein. Jedenfalls gelte, was er mir schon gesagt hätte. Ich dürfe mir keine größere Anstrengung zumuten! Und wenn ich in dem Durcheinander, das vor der Ankunft der Russen bestimmt eintreten werde, die Wahl hätte, entweder irgendwo abzuwarten oder mich irgendwohin auf den Weg zu machen, dann sollte ich mich besser ausruhen, auch wenn das mit einem Risiko verbunden wäre. »Dein Organismus hat nicht genug Reserven, und eine Anstrengung könnte dich stark gefährden.« Das sagte er sehr ernsthaft.

Weil der Doktor früher schon mehrmals über meine schwachen körperlichen Reserven gesprochen hatte, gestattete ich mir nun die Frage, was er damit genau meine. Diesmal wandte er sich mit ungewöhnlich ernster Miene an mich wie an einen Erwachsenen: »Vielleicht sollte ich dir darüber jetzt nichts sagen, weil dich das unangenehm berührt. Aber ich denke, es ist fast immer besser, die Wahrheit auszusprechen. Kurz gesagt, Menschen haben verschieden große Reserven, die erforderlich sind, ungünstigen Faktoren standzuhalten. Diejenigen, deren Reserven größer sind, halten mehr aus. In der Natur entsteht eine kritische Situation dann, wenn die unerlässlichen Quellen für das Lebensnotwendige, vor allem die Nahrung, knapp werden. Der Teil einer Population überlebt, der die größeren Reserven hat. Diese Individuen können sich später vermehren, so dass die Gruppe nicht ausstirbt. Wenn alle Individuen die gleichen Reserven hätten, würden sie bis zu einem bestimmten Niveau zunehmender Belastung durchhalten und würden dann alle auf einmal zugrunde gehen, weil die beschränkten Nahrungsquellen nicht ausreichen. Im Verlauf der Evolution haben die Menschen immer wieder schwere Krisen durchgemacht, in denen gerade die Individuen mit den größeren Kraftreserven den Fortbestand bestimmter Gruppen gesichert haben. An Orten wie diesem Lager gilt allerdings die biologische Gesetzmäßigkeit nicht. Hier retten uns nicht einmal die Unterschiede in den individuellen Kraftreserven. Der Untergang droht hier allen. Aber der Organismus weiß das leider nicht, manchmal sind die mit den geringeren Reserven dem Untergang geweiht, während sich die mit den größeren Reserven retten können.«

Der Doktor sprach, als würde er einen Vortrag für andere Ärzte einüben, aber in Wirklichkeit waren seine Erkenntnisse für mich bestimmt, obwohl er wissen musste, dass ich ihn nicht vollkommen verstehen konnte. Dann wandte er sich direkt an mich. »Es fällt mir schwer, das zu sagen, aber du hast auch jetzt weniger Kraftreserven, als du brauchen würdest. Dagegen können wir allerdings nichts tun, zur Besserung deines Zustandes wäre mehr Zeit vonnöten, deshalb ist das Wichtigste von allem, dass du nicht aufgibst! Du musst durchhalten und dich damit retten. Wenn du Birkenau überlebt hast, dann musst du auch den Rest der Gefangenschaft überleben, der jedenfalls leichter sein wird, denn in Birkenau war es am allerschlimmsten. Wir haben uns bemüht, dir zu helfen, und werden dir helfen, solange es geht. Die SS wollte alle Jungen in Birkenau liquidieren. Bei dir ist ihr das nicht gelungen, also darfst du dich auch in der kurzen Zeit nicht liquidieren lassen, die sie uns noch in der Hand haben. Eigentlich schuldest du das denen, die umgekommen sind. Du musst es beweisen! Also halte dich gut, du altkluger Junge! Und wenn dir etwas Sorgen bereitet, dann komm gleich zu mir!«

Ich verstand. Und ich dankte dem Doktor. Ich hatte das Gefühl, dass ich alles ordentlich durchdenken musste, um noch nachfragen zu können, falls mir etwas nicht klar sein sollte. Leider hatte ich dazu keine Gelegenheit mehr. Walter erfuhr bald nach Neujahr 1945, dass am nächsten Tag deutsche Ärzte eine große Kontrolle durchführen würden. Sie hatten den Verdacht, dass sich in den Abteilungen Patienten aufhielten, die dort nicht hingehörten. Noch am selben Tag wurde ich in die Krätze-Abteilung verlegt. Für einen großen Abschied blieb keine Zeit. Ich bedankte mich bei Doktor Kolínský und bei Walter, den anderen Patienten rief ich von der Tür aus zu, dass ich schon gehen müsse, und winkte ihnen zum Abschied. Einige winkten mir, andere nicht.

Im Lager waren die Menschen aus unterschiedlichen Gründen in unaufhörlicher Bewegung, alle wurden ständig durcheinandergemischt, es geschah selten, dass zwei oder mehr Menschen das Glück hatten, für längere Zeit beieinanderzubleiben. Fortwährend kamen Menschen zusammen und gingen auseinander, und diejenigen, die sich begegneten, kannten sich nur selten aus früherer Zeit. Und wenn sie sich etwas kennengelernt hatten, trennten sich ihre Wege wieder, meist für immer.

Im Allgemeinen trafen im Lager also Menschen aufeinander, die sich vorher nicht gekannt hatten, und wenn doch, dann nur kurz und flüchtig. Dabei war gegenseitige Bekanntschaft auch dort eine der Bedingungen dafür, dass sich die Menschen zueinander solidarisch verhielten. Darunter wurde mehrheitlich verstanden, dass man zusammen anständig handelte und sich, wenn möglich, gegenseitig half, und zwar auch »Fremden«. Das war nicht leicht. Wenn die Kontakte innerhalb einer bestimmten Gruppe länger wachsen konnten, gaben sich deren Mitglieder untereinander noch mehr Mühe, und das war für sie auch leichter.

Doktor Kolínský und Walter hatten sich mir gegenüber mehr als anständig gezeigt. Wenn ich die weitere Entwicklung betrachte, gehörten die beiden zu denen, die zur Rettung meines Lebens beigetragen haben.

Erneut geriet ich also in eine Abteilung, wo die Krätze behandelt wurde. Bei der großen Visite sah sich ein SS-Arzt die Haut zwischen meinen Fingern an, die sehr zart ist und in der sich Krätze oft ansiedelte. Bei mir war sie unbestreitbar zu erkennen, und so wurde ich abermals zum Patienten. Die Behandlung der Krätze mit einer stinkenden Salbe, die man sich auf den ganzen Körper schmierte, kannte ich auch schon. Der Pfleger brachte in einem Gefäß die tägliche Salbenration, und wir Patienten mussten uns einschmieren – an allen erreichbaren Stellen selbst und dort, wo man allein nicht hinkam, gegenseitig. Sonst unterhielten wir uns nicht viel miteinander. In der Krätzeabteilung begegneten sich die Patienten nur für ein paar Tage, dann gingen sie wieder auseinander, jeder anderswohin. Das wussten wir alle vorher und verhielten uns entsprechend. Jeder verkroch sich in seinen Winkel, wo er den größten Teil des Tages blieb und über die eigenen Angelegenheiten nachdachte. Auch das Krankenhauspersonal kam uns nicht näher und verhielt sich zu uns nicht anders als wir untereinander. Die Folge war, dass wir über das Kriegsgeschehen überhaupt nichts erfuhren.

Als sich das Ende der ersten Heilkur näherte, war ich gespannt, ob sie mich dort noch länger behalten würden. Mir gefiel es da überhaupt nicht, aber ich richtete mich nach Doktor Kolínskýs Rat, und mir war auch klar, dass es für mich gesünder wäre, im Krankenbau zu sein, als zur Arbeit zu gehen, auch wenn das Kommando *Maurerschule* nicht jeden Tag arbeiten musste. Als wir uns zum Schluss ordentlich abgebraust hatten, wurde bei meiner Untersuchung festgestellt, dass ich noch nicht frei von Krätze war. Es war ein Verdienst der unterlassenen Behandlung in der Diphtherie-Abteilung, dass sich die Krätze bei mir über den ganzen Körper hatte ausbreiten können und ich mich nun einer zweiten Kur unterziehen musste. Dazu brauchte ich gar keine Protektion! Der Häftlingsarzt, der mich anschaute, erklärte mir, dass ich noch nicht ausgeheilt sei. Er deutete mir an, dass sie mich auf jeden Fall dort lassen würden, so sei es besser. Dabei war der ganze Verlauf dieser eigentümlichen Behandlung unter dem Gesichtspunkt meiner Gesundheit zweckmäßig.

Die zweite Kur befreite mich dann von der Krätze. Ich wurde in die Nachsorgeabteilung verlegt. Hier wurden Patienten aufgenommen, die nach der Behandlung ihrer Gebrechen schon für gesund erklärt worden waren, aber noch eine

Woche oder zwei brauchten, um sich zu erholen und wieder arbeitsfähig zu werden. Das war irgendwann Mitte Januar. Mir wurde die mittlere Pritsche in einem mehrstöckigen Bett zugeteilt, und dem verdankte ich die Bekanntschaft mit Herrn Feld, der unter mir lag. Er war ein etwa fünfundvierzigjähriger deutscher Jude. Eher war er es, der sich mit mir bekannt machte, denn er begann mich gleich nach den verschiedensten Dingen auszufragen, so dass er nach zwei Tagen alles über mich wusste, zumal ich mit vierzehn Jahren und zwei Monaten auch nicht so viel erlebt hatte, dass es sich nicht schnell hätte erfragen lassen.

Herr Feld stellte mir eine Frage nach der anderen und gab mir keine Gelegenheit, ihn meinerseits etwas zu fragen. Von ihm wusste ich nur, dass er vor den Nazis nach Böhmen geflohen war, wo sie ihn schließlich festgenommen und in Theresienstadt eingesperrt hatten. Von dort hatten sie ihn mit einem Transport nach Auschwitz und schließlich in das Hauptlager gebracht, von dem er täglich in irgendeine Maschinenfabrik zur Arbeit ging. In Deutschland hatte er vom Vater eine mechanische Werkstatt. Er sagte, dass er das Handwerk beherrsche und es in dieser Auschwitzer Fabrik bis Kriegsende ausgehalten hätte, wäre da nicht der Rheumatismus in den Knien, mit dem er nicht den ganzen Tag an der Maschine stehen könne. Am meisten fürchtete er die Verlegung nach Deutschland, wenn die Russen angreifen würden.

Das fürchteten alle, auch wenn die Leute gewöhnlich hinzufügten: »Wenn uns die SS nach Westen jagt, wird das immer noch besser sein, als wenn sie uns hier alle erschießen oder mitsamt dem Lager in die Luft sprengen.« Herr Feld wiederholte ständig: »Wozu es hier auch immer kommt, für die Häftlinge ist es am wichtigsten, dass die Beine in Ordnung sind. Und ich werde diesen Rheumatismus nicht los! Schon zu Hause habe ich daran gelitten und bin manchmal am Stock und schließlich an Krücken gelaufen.«

Mitunter kam zu ihm ein gewisser Lajos Schwarzwald, der früher in einer kleinen ungarischen Stadt Uhrmacher gewesen war. Sie unterhielten sich hauptsächlich über Mechanik, von der beide etwas verstanden. Dieser Mann überredete mich, ihn Lajos zu nennen, und mir blieb nichts anderes übrig, als anzunehmen. Er hatte die Gewohnheit, ständig die deutsche Technik zu loben. Mehrmals wiederholte er den Satz, dass jede Maschine, die die Deutschen bauen würden, immer die beste auf der Welt sei. Das regte Herrn Feld auf, obwohl er selbst ein deutscher Maschinenbauer gewesen war, bevor ihn die Nazis als Juden ins Lager gesteckt hatten. Dabei verkündete er, dass schon sein Großvater nichts mehr mit dem jüdischen Glauben gemein gehabt habe, er selbst habe vor dem Krieg als Deutscher gelebt und betrachte sich auch als Deutschen. Aber er sagte auch: »Wenn die Nazis, die größten Schufte unter der Sonne, so sehr gegen das Judentum sind, dann muss am Judentum etwas Gutes sein! Wenn ich es erlebe, werde ich anfangen, mich damit zu beschäftigen, auch wenn ich wohl nicht mehr gläubig werde, weil ich ein Atheist bin.«

Über Schwarzwald sagte er, dass der eine Pfeife sei und von Deutschland nichts wisse, aber darüber fasele. Nicht dass dort der Maschinenbau schlecht sei. Aber der englische und der Schweizer Maschinenbau seien bestimmt nicht schlechter, vom amerikanischen gar nicht erst zu reden. Herrn Feld zufolge war Schwarzwald überhaupt ein besonderer Fall. Die Nazis hätten einen Großteil seiner Familie ermordet und ihn selbst hier zum Sklaven gemacht. So habe er sich wenigstens ausgedacht, dass sie unvorstellbar perfekt in der Mechanik seien, weil die das Einzige sei, auf das er sich verstehe. Seine Ansicht über ihre wunderbaren Maschinen könne er schwerlich auf anderes anwenden. Aber er habe die dumme Manier, in allen Dingen historisches, schicksalhaftes deutsches Übergewicht zu behaupten, einschließlich der Unterdrückung und Vernichtung anderer Völker durch die Deutschen. Damit begründe Schwarzwald, dass das, was die deutschen Nazis mit uns machten, verständlich und unausweichlich sei und man nichts dagegen tun könne. »Deshalb sage ich mit Recht, dass er ein Hornochse ist«, schloss Herr Feld.

Im Gegensatz dazu dachte Herr Feld, dass die anderen Nationen mit Deutschland abrechnen müssten. Er hoffte zuversichtlich, dass es nach dem Krieg dazu kommen werde. Jeder, der während der nazistischen Herrschaft etwas Böses getan habe, müsse vor ein Gericht. Aber es dürfe nicht dahin kommen, dass sich die Deutschen gegenseitig richteten – in dem Sinne, dass der eine über den anderen urteile und dieser die Möglichkeit habe, auf die Rechtsprechung über den Ersteren Einfluss zu nehmen. Dann würden sich am Ende alle gegenseitig freisprechen, und das, was sich nicht leugnen ließe, würde denen angelastet werden, die an der Macht gewesen seien. Solche Individuen wie Hitler, Himmler, Goebbels und Konsorten dürften bei der Abrechnung nicht lebend davonkommen! Wenn sie aber erst tot seien, solle ihnen die Erde schwer werden, denn die anderen Verbrecher würden alles auf sie abwälzen. Herr Feld hoffte, dass die klügsten und gebildetesten Deutschen auf diese durchsichtige Masche nicht hereinfallen würden, wenn selbst er, ein ungebildeter Mensch mit vom Maschinenöl gegerbten Händen, in der Lage sei, sie vorauszusehen. Er war offenkundig ein kluger Mann. Ich konnte aber seine Worte damals nur oberflächlich erfassen.

Wohl während der dritten Nacht, die ich in der Nachsorgeabteilung verbrachte, rüttelte mich auf einmal jemand sanft aus dem Schlaf. Zugleich schien mir, ich wäre in der Heimat. Ich saß am Küchentisch und aß Palatschinken mit Powidl, bestreut mit Mohn. Während ich das letzte Stück verzehrte, buk mir Manci in der Pfanne schon die nächsten. Als ich richtig wach war, bemerkte ich, dass mich Lajos

Schwarzwald geweckt hatte. Er flüsterte mir zu, ich solle mit ihm einen Moment nach draußen gehen, damit er mir eine Hälfte Brot geben könne. Das mit dem Brot wiederholte er in verschiedenen Variationen. Ich war noch verschlafen, und es dauerte eine ganze Zeit, bis mir aufging, was er eigentlich wollte. In einer nicht besonders gewählten Sprache antwortete ich ihm: »Du wirst mir gar nichts geben! Ich geb dir eins aufs Maul, wenn du nicht sofort verschwindest! Das Brot steck dir lieber in den Hintern und lass dich hier auch am Tage nicht mehr sehen!« Diese wenigen nicht eben erlesenen, aber aufrichtig gemeinten Worte überzeugten Lajos. Er machte sich davon, und ich schlief wieder ein.

Morgens fragte mich Herr Feld, wie ich geschlafen hätte. Eine Weile zögerte ich, ob ich den Vorfall mit Lajos erzählen sollte, aber schließlich beschloss ich, zu schweigen. Schwarzwald war zwar ein widerlicher Kauz, aber Herr Feld könnte mit ihm zu scharf ins Gericht gehen. Im Lager konnte eine an sich milde Strafe unter zufälligen, ungünstigen Umständen für den Schuldigen lebensgefährliche Folgen haben. Wenn mich zum Beispiel jemand stößt und ich in der Erregung etwas stärker zurückstoße, könnte mein Gegner ein Stück weiter zur Seite fliegen und unter die Räder eines Traktors geraten, der dort zufällig entlangfährt. Dann wäre ich schuld an seinem Tod. Das ist nur so ein Beispiel. Wir befanden uns an einem Ort, wo ununterbrochen und in unvorhersehbaren Richtungen die Traktoren des Schicksals rollten, dazu bestimmt, schließlich uns alle unter die Räder zu kriegen und zu Brei zu zerquetschen. Deshalb war stete Wachsamkeit unerlässlich, um ihnen ausweichen zu können, und es war leicht, ihnen zum Opfer zu fallen. Also dachte ich immer daran, nichts zu tun, das jemandem ohne meine Absicht und gegen meinen Willen ernsthaft schaden könnte. So bemerkte ich auf Herrn Felds Frage nur, dass es mit meinem Schlaf auch besser sein könnte.

Schwarzwald erschien im Laufe des Tages nicht, und Herr Feld äußerte seine Genugtuung darüber, dass ein Leben ohne Idioten auch im Konzentrationslager gleich schöner sei. Abends gingen wir wie gewöhnlich schlafen. In der Nacht breitete sich im Krankenzimmer tiefe Stille aus, unterbrochen nur vom Atmen und Schnarchen der Häftlinge. In wenigen Tagen erwarteten sie die Rückkehr zu anstrengender Arbeit und die ermüdenden täglichen Märsche in Kälte und Schnee zum Arbeitsort und zurück. Die einzige angenehme Zeit verlebten sie während des Schlafes. Und gerade inmitten eines solchen Schlafes fühlte ich, wie mich wieder jemand rüttelte. Ich hörte: »Ich bin's, Lajos! Lass doch mit dir reden. Ich gebe dir ein ganzes Kastenbrot!« Jetzt spürte ich, wie in mir wieder diese unbeherrschbare Wut aufstieg, vor der mich in Birkenau mein Freund Šikula so sehr gewarnt hatte. Ohne Worte fasste ich Lajos mit beiden Händen um den Hals. Aber ich war schwach, und er konnte sich mir leicht entwinden. Aber beim Rückzug stolperte er und weckte damit Herrn Feld, der im Bett unter mir schlief. Der war ein Mensch, der ein ganzes Leben mit den Händen gearbeitet hatte und in ihnen über große Kraft verfügte. Er packte Schwarzwald wie eine Zange an der mageren Wade, die in Reichweite seines Bettes war. Andere Schläfer erwachten und begannen zu knurren: »Ruhe! Nicht stören! Wir schlafen!« Herr Feld fragte mich im Flüsterton, was Schwarzwald wollte, und mir blieb nichts weiter übrig, als es ihm leise zu erklären. Darüber geriet Feld in Zorn und presste Schwarzwald die Wade mit noch größerer Kraft zusammen. Dieser hörte nicht auf, vor Schmerz zu winseln, aber leise, um nicht noch mehr Leute zu wecken. Offenbar wusste er, dass ihm jemand noch ein paar Ohrfeigen obendrein versetzen könnte. Schließlich warf Herr Feld ihn hinaus, mit der Ankündigung, dass er die Angelegenheit mit ihm morgen erledigen werde und dass er sich hier nicht mehr sehen lassen solle. Zu den anderen sagte er: »Schlafen wir!« Nach einer Weile atmeten alle regelmäßig, und bald schlief auch ich ein.

Am nächsten Tag erklärte mir Herr Feld, Lajos Schwarzwald könne zu Hause ganz normal gewesen sein, in der Haft aber würde er sich manchmal homosexuell verhalten. Wenn erwachsene Männer ohne Frauen lebten, dann sei ihre sexuelle Energie aufgestaut (dabei fragte er mich, ob ich wisse, was er darunter verstünde), und sie suchten mitunter nach einer Ersatzbefriedigung. Jedenfalls zeige das alles, dass Lajos hier schon die Waden brennen. »Ich hatte noch Glück, dass ich mich nicht verbrannt habe, als ich ihn an dieser Wade packte«, sagte er im Scherz. »Das gute Leben hier hat ihn in Hitze gebracht und ihm die Waden entzündet. Oder die Waden haben Feuer gefangen, weil er warm ist«, erklärte Herr Feld, der an Wortspielen Vergnügen hatte. »Eine weitere Möglichkeit ist, dass er schon zu Hause abartig war und das im Lager verheimlicht hatte. Die Nazis mögen die Homosexuellen nicht und sperren sie deshalb letztendlich in die Konzentrationslager. Das ist selbstverständlich ein Verbrechen und ein Wahnsinn, so wie alle anderen Begründungen, mit denen Menschen in die Lager geschickt werden. Aber mag es nun so oder so sein, Schwarzwald soll das hier nicht mehr tun.« Es bereitete mir keine Freude, dass Schwarzwald weg musste, aber ich konnte nichts dafür. Ich sagte Herrn Feld, dass ich Lajos, als er mich das erste Mal belästigt habe, nur angedroht hätte, ihm eins aufs Maul zu geben, und beim zweiten Mal überhaupt kein Wort gesprochen hätte, auch wenn es wahr sei, dass ich ihn ein wenig gewürgt hätte. Jedenfalls hätte ich mich nicht über ihn beschwert. Feld versicherte mir, dass es auf keinen Fall meine Schuld sei, aber dieser Bursche müsse weg. Er habe schon dem Pfleger erzählt, was Schwarzwald getrieben habe, und sie würden ihn noch heute zu seinem

Arbeitskommando zurückschicken. So sei es gut. Er könne von Glück reden, für ihn hätte es auch schlimmer ausgehen können. In das Bett von Lajos würden sie einen anderen legen, der den Aufenthalt hier nicht weniger brauche als er.

Es war interessant, dass Herr Feld, der vorher Schwarzwald nie mit Vornamen anreden mochte, ihn jetzt, als er aus dem Krankenbau geworfen wurde, Lajos nannte. Ich schloss daraus, dass er ihm doch ein wenig leid tat. Danach kamen wir auf diese Angelegenheit und auf Schwarzwald nicht mehr zurück.

An dieser Stelle greife ich den Geschehnissen der folgenden Tage vor. Später habe ich über den Vorfall mit Schwarzwald viel nachgedacht. In die Nachsorgeabteilung war er nur etwa einen Tag vor mir aufgenommen worden, und wenn er sich vernünftig benommen hätte, dann hätten sie ihn dort noch eine Woche oder zehn Tage behalten. Er hätte im Krankenbau die Flucht der SS und die Ankunft der Russen erlebt und wäre bestimmt gerettet worden. So aber wurde er zum Arbeitskommando zurückgeschickt, und die SS trieb ihn mit den anderen nach Westen. Diesen Treck nannte man später »Todesmarsch«, weil viele Häftlinge unterwegs von der SS erschossen wurden oder auf andere Weise umkamen. Diejenigen, die überlebten, wurden erst drei oder fast vier Monate später in Deutschland befreit. Das war eine lange Zeit, in der noch viele von ihnen starben. Wer weiß, ob Lajos überlebt hat oder zugrunde gegangen ist?

Das Bett von Schwarzwald bekam am Tag seiner Entlassung ein gewisser Herr Horn, ein älterer Mann zwischen 45 und 50. Er war aus Holland und hatte etwas mit dem Rücken und konnte schwer gehen. Später machte ich mich mit ihm bekannt. Den Marsch nach Westen hätte er ganz bestimmt nicht durchgehalten. Er überlebte dank des Umstands, dass er das Krankenhausbett bekommen hatte, das frei geworden war, weil man Schwarzwald hinausgeworfen hatte.

Herr Feld wurde nach drei oder vier Tagen auch entlassen; in der Abteilung hatte er sich schon zwei Wochen aufgehalten und wurde nun zu seinem Kommando geschickt. Ich bezweifle, dass er mit seinen rheumatischen Beschwerden, die er beim Gehen und schließlich auch beim Stehen hatte, den Marsch nach Deutschland durchhalten konnte. In sein Bett wurde kein neuer Patient mehr gelegt; diesem wäre damit auch das Leben gerettet worden.

Bis zum letzten Augenblick raffte hier der Tod Menschen hinweg. Ganz zufällig und chaotisch wurde dem einen der Tod und dem anderen das Leben zuteil. Die Kette der Ereignisse, die auf die eine oder die andere Weise endete, war lang und verworren und bezog viele andere Menschen ein. Keinem von ihnen konnte man die Schuld am Tod oder das Verdienst der Lebensrettung zuschreiben. Weder ich noch Herr Feld trugen Verantwortung für das weitere Schicksal von Lajos, und selbstverständlich war auch Herrn Horns Überleben nicht unser Verdienst. Das alles war eine Sache des Zufalls.

VIII. Die Befreiung

Für uns, die Krankenbaupatienten im Hauptlager Auschwitz, begann der neunzehnte Januar 1945 nicht anders als die vorhergehenden Tage. Ich vermute, Ärzte und Pfleger wollten uns das Durcheinander ersparen, denn keiner von ihnen sagte morgens in unserem Zimmer etwas. Alle für arbeitsfähig eingestuften Häftlinge mussten sich ohne Rücksicht auf ihren Gesundheitszustand in Fünferreihen aufstellen, um auf den langen Weg nach Westen, zu anderen Lagern in Deutschland, gejagt zu werden. Menschen, die einander nahestanden, wurden ohne jede Vorwarnung und Rücksichtnahme in unterschiedliche Kolonnen eingereiht und voneinander getrennt. Das war in Konzentrationslagern die Regel.

Dass die Mehrzahl der Mithäftlinge auf den Marsch getrieben worden war, erfuhren wir erst, nachdem sie das Lager schon verlassen hatten. Wir zurückgebliebenen Patienten hatten nicht die Wahl, auch auf den Marsch zu gehen, ebenso wie die auf Transport Geschickten nicht entscheiden konnten, ob sie lieber im Krankenbau blieben. Dabei wusste keiner, was besser war: im Lager zu bleiben oder wegzugehen, was eigentlich auch nur bedeutete, in ein anderes Lager irgendwo im Westen zu geraten.

Unsere Pfleger rieten uns, auf dem Zimmer zu bleiben, uns besser gar nicht draußen sehen zu lassen. Sie befürchteten, die vor den Russen eilig nach Westen zurückweichenden deutschen Soldaten könnten uns bemerken und das Lager angreifen. Ich war ziemlich schwach und fühlte mich nicht gut, wusste aber nicht, was mir fehlte. Mein Zustand entsprach der Erklärung, die mir vor kurzem Doktor Kolínský gegeben hatte. Aufstehen und nach draußen gehen konnte ich aber. Mich trieb das Verlangen, die frisch gewonnene »Freiheit« zu prüfen, ob sie wirkliche Freiheit war, wie sie sein sollte. Mir wurde klar, dass die verbindliche Regel »Alles ist verboten!« nicht länger galt.

Es war Spätnachmittag, die Dämmerung brach an. Die Lagerstraßen wimmelten von aufgekratzten Häftlingen. Nirgendwo war ein Deutscher zu sehen. Das Lager wurde nicht mehr bewacht. Das Tor war geschlossen, aber nicht zugesperrt. Die wenigen Männer, die dort standen und aussahen wie bevollmächtigte Häftlingsvertreter, kümmerten sich nicht darum, ob einer von uns hinausging. Sie passten nur auf, ob sich nicht jemand mit bösen Absichten dem Lager näherte. Ich verstand, dass sie da Dienst hatten, doch ich hatte keine Vorstellung davon, wer sie dorthin geschickt haben könnte. Das Tor mit der Aufschrift *Arbeit macht frei* war frei passierbar, und das war etwas Einzigartiges!

Wieder überflutete mich eine Woge totalen Glücks wie schon mehrmals zuvor, als es mir gelungen war, dem sicheren Tod zu entkommen. Diesmal fühlte ich mich sehr glücklich, aber das Glücksgefühl schwand schnell, als ich mir vor Augen führte, dass die gewaltige deutsche Kriegsmaschinerie noch ganz in der Nähe war. Sie bewegte sich am Lager vorbei, ohne einstweilen ins Lager einzudringen. Diese Kraft konnte uns noch wie wehrlose Welpen in den Boden stampfen! Ich rechnete allerdings nicht damit, dass uns die Deutschen allein deshalb, weil sie uns hinter den Drahtzäunen des Lagers erblickten, aus eigener Initiative töten würden. Dagegen würden sie sicherlich ohne Zögern mit uns ein Ende machen, wenn sie den Befehl dazu erhielten. Ohne Befehl jedoch würden die Deutschen nichts unternehmen, das entspräche nicht ihrer militärischen Disziplin.

Jemand hatte die Tür zum Magazin für die Lebensmittelkonserven aufgebrochen. Ich trieb irgendwo einen Beutel auf und füllte ihn mit Kilobüchsen gekochten Schweinefleischs im eigenen Saft und mit Kondensmilch in schmalen, hohen gelben Blechdosen. Eine Schweinefleischkonserve verzehrte ich ohne Brot an Ort und Stelle und trank dazu zwei Dosen Kondensmilch aus. Von diesen Konserven nahm ich so viele, wie ich tragen konnte, und brachte sie in unser Krankenzimmer, um sie an die gehunfähigen Patienten zu verteilen. Von der Freude und vom Schweinefleisch war ich so ermüdet, dass ich sofort auf meinem Bett einschlief. Mein letzter Gedanke vor dem Einschlafen war, dass auch Freude ermüdend sein kann. Das war für mich eine Entdeckung! Nie zuvor war mir etwas Derartiges in den Sinn gekommen. Höchstwahrscheinlich hatte ich im Laufe meines durch die ungünstigen Umstände erzwungenen vorzeitigen Erwachsenwerdens bisher keinen Anlass gehabt, von großer Freude müde zu werden.

Irgendwann nach Mitternacht erwachte ich und schaffte es mit knapper Not gerade noch rechtzeitig, den Abtritt zu erreichen. So meldeten sich Schweinefleisch und Kondensmilch! Nach der langen Lagerdiät war mein Verdauungssystem auf solche Exzesse nicht vorbereitet. Den Durchfall wurde ich zwei Monate lang nicht los, er bereitete mir auf dem Weg nach Hause ständige Probleme und Unannehmlichkeiten. Dabei hatte ich noch Glück! Als einige ausgehungerte Häftlinge endlich an Nahrung kamen, stopften sie sich so unmäßig voll, dass sie davon sterben mussten. So vieles hatten sie überlebt, und am Ende stürzte sie die eigene Gefräßigkeit ins Verderben! Ihr Heißhunger war nicht im Zaum gehalten worden durch die rechtzeitige Warnung vor einem zu schnellen Übergang vom Hungern zur normalen Ernährung. Vor der Gefahr, die vom Überfressen drohte, hatten unsere Pfleger auch erst später gewarnt, als ich mit überladenem Magen zurückgekehrt war. In der Nacht, nach dem Gang zum Abtritt, ging ich vor die Tür des Blocks. Das war früher strafbar. Im Lager und überall ringsum herrschte eine überraschende Stille. Die Deutschen zogen in dieser Nacht auf einem anderen Weg Richtung Reich ab oder mussten schleichen, um nicht von russischen Spähtrupps entdeckt zu werden. Manchmal erscholl aus der Ferne dumpfes Grollen. Das hörte ich damals zum ersten Mal. Ich vermutete, dies könnte eine Kanonade an der russisch-deutschen Front im Osten sein. In Indianerbüchern hatte ich gelesen, dass entfernte Laute am besten zu hören sind, wenn man sich auf die Erde legt und ein Ohr an den Boden presst. Ich versuchte es, und es war so.

Weil mich der Durchfall nicht losließ und jede Nacht weckte, vernahm ich diese fernen Detonationen wiederholt, auch wenn es nicht sehr angenehm war, die Ohren auf den gefrorenen Boden zu legen. Dann aber wurden die Explosionen allmählich stärker und kamen näher, so dass ich sie auch ohne Indianermethoden hören konnte. Die Front näherte sich und mit ihr die Russen. Ich empfand Freude, zugleich auch Furcht davor, was geschehen würde, wenn diese Geschosse rings um uns detonierten.

Über meine Befürchtungen sprach ich mit Herrn Horn, dem Holländer. Gern hätte ich von ihm erfahren, ob er auch fürchtete, die Russen, die jetzt die Deutschen vor sich hertrieben, könnten das Lager beschießen und dabei uns erwischen. Und vor allem: Würden die Deutschen in der Nähe uns jetzt nicht liquidieren?

Herr Horn entkräftete meine Befürchtungen nicht ganz. »Im Krieg kann alles passieren«, sagte er. »Wir alle fürchten dasselbe wie du. Ich denke mir aber, dass es dazu nicht kommen wird. Für die Deutschen ist das Lager mit seiner Umgebung kein günstiges Terrain, es bietet ihnen keine gute Verteidigungsposition. Zudem sind immer noch genügend Häftlinge hier. Auch wenn sie keine wirkliche Kraft darstellen, würden die Deutschen sie im Rücken haben. Zwar wanken wir Häftlinge nur noch wie Wracks, aber auf den Abzug der Waffen, die einige von uns in dem Durcheinander irgendwo auftreiben würden, könnten wir immer noch drücken. Wenn die Deutschen uns liquidieren wollten, müssten sie das so bald wie möglich tun, sagen wir, morgen oder übermorgen. Sonst könnten sie die Spuren nicht einmal mehr teilweise tilgen. Ein derartiger Massenmord würde allerdings ungestörte professionelle Henkerarbeit verlangen, für die Beseitigung der Leichen wären viele Arbeitskräfte für längere Zeit vonnöten. Die aber haben die Deutschen nicht mehr. Ziel der Nazis ist, die Spuren der Konzentrationslager zu verwischen und nicht durch einen neuen Massenmord noch mehr die Aufmerksamkeit der Weltöffentlichkeit noch auf sie zu lenken. So etwas können die nazistischen Deutschen jetzt gar nicht gebrauchen, weil sie gern die Rolle der künftigen Verbündeten des Westens gegen den Sowjetkommunismus übernehmen möchten. Und obendrein könnten sie schon unter rein praktischen Gesichtspunkten keinen Massenmord durchführen. Schließlich wären sie nicht imstande, auf dem Lagergelände gleichzeitig uns zu ermorden und auf die Russen zu schießen. Und vielleicht könnten wir nach so viel Unglück auch einmal Glück haben«, fügte Herr Horn seiner strategischen Analyse unserer Situation noch hinzu. »Die SS könnte eine Liquidierung der Lager von Auschwitz gar nicht mehr durchführen, selbst wenn sie dies ursprünglich geplant haben sollte. Ich vermute, es ging ihr nicht nur um die Beseitigung der Häftlinge und der Vernichtungsanlagen, sondern auch um das Verwischen aller Spuren. Dazu reichen ihr weder Zeit noch Mittel. Die Deutschen werden wohl die Beine in die Hand nehmen, um die eigene Haut zu retten. Und die Russen werden sich wegen der Konzentrationslager bei ihrem Angriff nicht aufhalten lassen, sondern die Lager umgehen und den Deutschen weiter nachsetzen. Um uns wird sich erst ihre zweite Welle kümmern. Ich bin ein Optimist! Die Russen wissen, dass hier Konzentrationslager sind, offenbar auch, dass die SS schon geflohen ist und den überlebenden Häftlingen von deutscher Seite keine Gefahr mehr droht. Deshalb werden sie die Lager nicht beschießen. Obendrein ist es in ihrem Interesse, die Lager als Beweis für die deutschen Verbrechen zu erhalten.« Was Herr Horn sagte, hatte Hand und Fuß. Ich gab mir alle Mühe, an seiner Analyse einen Schwachpunkt zu finden, konnte aber nichts entdecken. Seit ich begriffen hatte, dass meine eigenen Einschätzungen in einer für mich lebensbedrohlichen Situation beeinflussen konnten, war ich äußerst vorsichtig bei der Beurteilung von Ansichten, die mir jemand anderes nahelegte. Ich hatte gelernt, alles – vielleicht sogar übertrieben kritisch – zu hinterfragen und von der Annahme auszugehen, dass in allem, was mir als glaubhaft angeboten wurde, ein Haken steckte und dass es meine Aufgabe wäre, diesen Fehler zu entdecken. Erst wenn ich mich davon überzeugt hatte, dass eine von mir geprüfte Behauptung keinerlei Fehler aufwies, begann ich allmählich zu glauben, es könnte sich vielleicht teilweise so verhalten. Womöglich war ich für mein Alter anmaßend, doch Not und Todesgefahr hatten mich dazu gebracht.

»Herr Horn, Sie beherrschen die Politik so, dass Sie in den Niederlanden Premierminister werden könnten«, sagte ich bewundernd. Darüber lächelte Herr Horn: »Wer weiß, vielleicht werde ich es einmal. Dazu müssten die Leute mich in diese Funktion wählen. Ich bin Demokrat und weiß, nur weil ich eine Wahrheit verkünde, werden mich die Menschen nicht wählen. Die Wahrheit muss im Interesse dieser Wähler liegen. Ich muss sie davon überzeugen, dass es für sie von Vorteil sein wird, mich zu wählen. So geht es in demokratischen Ländern zu, wie auch die Tschechoslowakei eines war, aber in Deutschland oder in Ungarn kannte man Derartiges nicht. Du solltest wissen, Junge, die Nazis hätten mich nicht ins Konzentrationslager gesteckt, wenn ich mich nicht mit Politik befasst hätte.«

Ich bedauerte, Herrn Horn nicht schon früher kennengelernt zu haben, denn von ihm hätte ich eine Menge lernen können. Glücklicherweise hatte er das Bett von Schwarzwald bekommen. Ich erzählte ihm auch, was es damit auf sich hatte. Herr Horn dankte und sagte, ihm würden alle diese Umstände und Hintergründe von Nutzen sein, wenn er sich einmal daran mache, seine Erinnerungen aufzuschreiben. Und was das Glück betreffe, so gebe es dafür schon lange ein spaßiges Sprichwort: »Das Glück geht im Kreis, und manchmal trifft es einen Ochsen.« Der Zufall bringe es manchmal mit sich, dass etwas beinahe Unmögliches geschehe. Hätte er – mit seiner kranken Wirbelsäule – mit seinem Kommando Gott weiß wohin marschieren sollen, hätte ihn die SS gleich hinterm Tor erschossen. »Ich bezweifle, dass sie darauf erpicht gewesen wären, meinetwegen die Evakuierung aufzuhalten«, sagte Herr Horn. Was die Politik angehe, so wolle er damit weitermachen, sofern er lebendig hier herauskomme. »Das aber erscheint mir in diesem Moment recht wahrscheinlich. Bisher war es fast ausschließlich darum gegangen, irgendwie zu überleben, aber wie es jetzt aussieht, überleben wir wirklich, dann ist es unsere Pflicht, alles zu tun, um unserem Leben einen positiven Sinn zu geben. Für uns, die zum Tode Verurteilten, ist das Leben ein unerwartetes Geschenk, das wir auf keinen Fall vergeuden dürfen. Jetzt wird es für uns die Hauptsache sein, uns sobald wie möglich ein vernünftiges, gerechtes und erreichbares Lebensziel zu setzen. Das Schlimme, das wir durchlebt haben, darf uns daran nicht hindern. Deshalb würde ich gern in die Politik gehen. – Und was würdest du tun?« Mit dieser Frage wandte er sich an mich.

Herrn Horns Rede hatte mich tief beeindruckt. Vor allem der Gedanke, dass wir uns nicht damit zu begnügen sollten, zufällig überlebt zu haben, sondern verpflichtet waren, mit dem geretteten Leben etwas Sinnvolles anzufangen. Mir war auch schon früher eingefallen, dass ich darüber nachdenken sollte, was ich tun wollte, wenn wir wirklich gerettet sein würden. In diesem Sinne antwortete ich auch Herrn Horn: »Nach der Befreiung möchte ich so schnell wie möglich nach Hause kommen. Ich hoffe, dort meine Eltern und die anderen Familienmitglieder anzutreffen, die vielleicht überlebt haben. Dann möchte ich auf eine anständige Mittelschule gehen, wo ich das Versäumte nachholen und etwas lernen kann. Anschließend würde ich gern an einer Hochschule studieren, ein Fach, das mit der Natur zu tun hat und den Menschen nützt, zum Beispiel Medizin. Wenn ich fertig studiert habe, würde ich gern einer interessanten Arbeit nachgehen, ungefähr bis ich siebzig bin. Welcher genau, weiß ich noch nicht. Wesentlich ist, dass es nichts mit dem Konzentrationslagern, mit Nazis oder sonstwelchen Faschisten und ähnlichen Misslichkeiten zu tun hat. Wenn ich von hier weggehe, möchte ich Birkenau und Auschwitz so schnell wie möglich vergessen. Würde ich die Konzentrationslagergeschichte das ganze Leben lang wiederkäuen, dann würde ich damit nur Hitler in der Hölle eine Freude bereiten. Er und seine Kumpane wollen doch, dass wir von dem Schicksal, das sie uns bereitet haben, bis zum Tode gezeichnet sind!«

»Deine Absichten in Ehren!«, lobte mich Herr Horn. »Ich wünsche dir, dass dir alles gelingen möge. Aber warum würdest du gerade bis siebzig arbeiten wollen?«

Das wusste ich allerdings selbst nicht. Diese Altersgrenze, bis zu der ich arbeiten wollte, hatte ich mir noch in Birkenau ausgedacht, wo Rettung unmöglich schien. Damals hatte ich die Vorstellung, mit siebzig wäre ich alt genug, um die Arbeit aufzugeben. Seitdem hatte ich das nur so wiederholt. Herrn Horn aber antwortete ich, ich hätte aus Trotz vor, so lange zu arbeiten, weil sie mich in Birkenau ins Gas schicken wollten, als ich noch so jung war. Damals war ich noch nicht einmal vierzehn Jahre alt!

»Was du sagst, hat Sinn«, lächelte mir Herr Horn zu. »Ich denke aber, du solltest noch eine wichtige Aufgabe erfüllen, die schnell geht: Besorg mir doch aus einem Vorratslager eine Wärmflasche. Das ist eine Gummiflasche, die mit warmem Wasser gefüllt wird. Ich möchte sie mir auf den schmerzenden Rücken legen, damit mir leichter wird.« Ich versprach ihm, mich nach einer Wärmflasche umzusehen.

Aber am nächsten Tag kam ich nicht mehr bis zu den Magazinen. Vormittags wurden wir mit großem Gebrüll aus dem Krankenhaus gejagt und mussten zu einem Sonderappell antreten. Anscheinend war die Freiheit, die uns der Abzug der SS versprach, nur ein schöner Traum gewesen, aus dem wir wieder mit Gewalt geweckt und in die grausame Wirklichkeit zurückgestoßen wurden. In das Hauptlager Auschwitz I war eine – wahrscheinlich mit der Liquidierung beauftragte – Spezialeinheit der SS eingerückt. Sie stellte Wachen auf und ließ uns an einem Ort mit einem Gebäude im Rücken antreten, so dass wir nirgendwohin fliehen konnten. Vor uns bezog eine Kette von SS-Männern mit Maschinenpistolen Posten. In der Mitte befand sich ein etwa meterhohes Podium. Ich hatte keine Ahnung, wo sie es hergeholt haben konnten. Auf dem Podium standen drei SS-Männer mit einem auf ein Dreibein montierten Maschinengewehr und zielten auf uns.

Da kam mir in den Sinn, dass Herr Horn es gestern mit seinem Optimismus wohl übertrieben hatte. Er hatte zwar eingeräumt, dass die Deutschen in den nächsten beiden Tagen noch die Absicht haben könnten, uns zu erledigen, doch er hatte gedacht, dies werde ihnen nicht mehr gelingen. Daran musste man jetzt zweifeln. Die ganze Aufführung war so angelegt, dass die SS-Männer uns innerhalb einer Viertelstunde alle erschießen konnten – allerdings unter der Voraussetzung, dass wir Häftlinge uns passiv verhielten.

Darauf aber konnte sich die SS ein paar Tage oder gar nur ein paar Stunden vor dem Eintreffen der Russen nicht mehr verlassen. Rechnete sie nicht damit, dass wir uns erheben könnten? Es könnte zum Beispiel geschehen, dass sich einige von uns noch vor einem Treffer auf die Erde würfen und sich unter den Erschossenen und Verwundeten verbärgen, die auf sie fallen würden. Andere würden sich gegen die Kette der MP-Schützen werfen. Viele Aufständische würden fallen, aber einige würden entkommen und sich über das Lagergelände verteilen. Die SS-Männer würden zu viel Zeit und Kraft verbrauchen, um die Fliehenden zu fassen und zu töten und den Lebenden unter den Schichten der Toten den Gnadenstoß zu versetzen. Zudem waren sie für eine derartige Aktion offensichtlich zu wenige. Außerdem mussten sie die Leichen aus dem Lager schaffen und begraben oder in die beiden Flüsse in der Umgebung werfen, die Weichsel oder die Soła. Das wäre für sie zu aufwändig. Die dafür erforderlichen Arbeitskräfte hätten sie nur, indem sie die meisten von uns erledigten und dann den Rest zwängen, die Leichen der Erschossenen abzutransportieren, damit die Russen sie nicht im Lager fänden. Schließlich müssten sie auch noch diese Arbeitskräfte erschießen.

Das alles ging mir blitzartig durch den Kopf. Es verhielt sich nicht etwa so, dass ich mir für die SS Szenarien ausdenken wollte oder dass mich diese Grausamkeiten angezogen hätten – ich brauchte einfach eine Vorstellung davon, was sie mit uns machen könnten. Ich nahm an, dass für die SS-Männer dieses ganze Morden eine ausschließlich technische Angelegenheit war. Ich wusste, dass sie nach bloßer Zweckmäßigkeit entscheiden würden, ohne irgendwelche sittlichen Gesichtspunkte und ohne Rücksicht darauf, dass schon das Ende des Krieges bevorstand, den die Deutschen verlieren würden. Wenn sie in der Zeit, die ihnen blieb, dazu imstande wären, würden sie uns ermorden und dann abrücken. Wenn nicht, ließen sie es bleiben und würden ebenfalls fliehen. Eine dritte Möglichkeit fiel mir in diesem Augenblick nicht ein. Und nur sie selbst wussten, wie viel Zeit sie für uns hätten.

Ihr Kommandant verhielt sich etwas ratlos – vielleicht wegen einer vorübergehenden Unsicherheit, vielleicht auch weil diese SS-Männer Spezialisten für andere Arten des Mordens waren als jene, die die SS-Mannschaft von Auschwitz mit Erfolg praktiziert hatte. Zuerst hielt er eine Rede, die ich zum Glück nicht hörte, weil ich ziemlich weit hinten stand. Dann befahl er: »Juden aus der vorderen Reihe drei Schritte vorwärts!« Der Kommandant wollte die Juden von den übrigen trennen, höchstwahrscheinlich um sie dann erschießen zu lassen. Und die Nichtjuden könnten danach der SS helfen, die Judenleichen loszuwerden. Im Lager wurde genügend davon gesprochen, dass die Deutschen bei der massenhaften Ermordung der Juden im Osten leicht Helfer aus den Reihen der örtlichen nichtjüdischen Bevölkerung gefunden hatten. Konnte also der Anführer dieser SS-Nachhut nicht vielleicht davon ausgehen, dass sich diese Erfahrungen auch hier anwenden ließen? Ich hatte begriffen, dass bei der SS der Hass auf die Juden immer noch stärker war als der Hass auf die übrigen Antifaschisten. Dabei waren die Juden eher passive Opfer der Nazis, während die nichtjüdischen Häftlinge mehrheitlich ihre festen und aktiven Gegner waren – sonst hätten die Nazis sie gar nicht in die Konzentrationslager gesperrt. Deshalb wählten sie jetzt, wenn sie aus verschiedenen Gründen schon nicht alle beseitigen konnten, zur Liquidierung ohne Zögern die Juden aus. Und das kurz vor Kriegsende! Vielleicht vermuteten sie, dass sie mit den nichtjüdischen Antifaschisten irgendwie übereinkommen könnten, mit den Juden hingegen niemals. Der einzige annehmbare Jude war für sie ein toter Jude!

Auch ein Gedanke an die Alliierten huschte mir noch durch den Kopf. Wenn die Nazi-Deutschen die Juden vor allen anderen vernichten wollten, galt dann auch umgekehrt, dass die Alliierten der Rettung der Juden den Vorrang vor allen anderen Dingen gäben? Diese Frage schien mir interessant, doch ich sagte mir, dass ich mich mit ihr später beschäftigen würde, sofern es ein »später« überhaupt gäbe. In diesem Augenblick ging es um wichtigere Dinge. Vielleicht sollte ich hier nur anmerken, dass die Alliierten die Rettung der Juden, das Überleben möglichst vieler von ihnen, größtenteils leider nicht als das für sie Allerwichtigste ansahen. Ich war so gefangen von den Überlegungen darüber, was kommen könnte, dass ich für eine Weile aufhörte zu verfolgen, was vorn vor sich ging. Dann ließ ich von diesen überhasteten Überlegungen ab, aus denen sich nichts ergab, das mir jetzt helfen könnte, und konzentrierte mich wieder auf das Geschehen. Keiner aus der ganzen Reihe gehorchte dem Befehl und trat vor! Dabei war es sehr unwahrscheinlich, dass unter fünfzig oder mehr Häftlingen nicht ein einziger Jude war. Das Gleiche dachte sich wohl der SS-Mann, der den Befehl gegeben hatte, denn er begann, einen Häftling aus der ersten Reihe nach dem anderen zu verhören, ob er Jude sei oder nicht. Ich bemerkte, wie er aus der Reihe einen jüngeren Mann herauszog, der jüdisch aussah, und auf ihn einschrie: »Du bist ein Jude!« Der Häftling stand in vorschriftsmäßiger Habtachtstellung und verhielt sich militärisch. »Ich bin kein Jude, ich bin ein Tscheche!« So meldete er sehr laut in gutem Deutsch. Die Hände hatte er an den Hosennähten, der Brustkorb war herausgestreckt, und mit einem entschlossenen Ausdruck im Gesicht sah er dem SS-Mann gerade in die Augen. Das Gleiche wiederholte sich mehrfach in verschiedenen Variationen bei weiteren Häftlingen, der SS-Mann kam nicht weiter. Ich dachte mir, der Hass habe ihn schon völlig verblödet. Ihm konnte es doch egal sein, ob dieser arme Kerl Jude oder Tscheche war. So oder so war der Häftling auf der Seite der Sieger. Die SS-Männer hingegen hatten ihren schmutzigen und verbrecherischen Krieg schon verloren, sie hatten sich aus Angst vor den Russen in die Hosen gemacht und stecken nun tief im eigenen Dreck. Diesen Dreck wollten sie mit dem Blut der anderen abwaschen, sie noch im letzten Augenblick ermorden. Doch auch mit dem Blut der Unschuldigen würden sie den Gestank ihrer Fäkalien nicht los!

Mich überfiel Müdigkeit. Das alles hatte keinen Sinn und, das musste man wohl am Ende sagen, auch kein Niveau. Es war einfach geschmacklos. Dann sagte ich mir noch, dass dieser SS-Mann obendrein eine Pfeife war. Sicher hatte man ihm in einem Kurs über das Morden beigebracht, wie man in einer Sekunde feststellen kann, ob jemand Jude ist oder nicht – es genügt, wenn sich der Betreffende die Hosen herunterzieht. Wozu sollte man da noch diskutieren? Aber in Gedanken rief ich mir selbst zu: Schluss! Von alledem werde ich noch selbst verrückt. Und wieder beginne ich, so zu überlegen wie sie, wenn ich mir ausdenke, auf welche Art sie noch im letzten Augenblick mit uns kurzen Prozess machen sollten. Später, als ich wieder etwas ins Gleichgewicht gekommen war, erinnerte ich mich an den Rat von Onkel Arnost, auf die Dummköpfe achtzugeben, weil die gefährlich seien. Jetzt hatte ich aber festgestellt, dass das wohl nicht immer galt. Dieser SS-Mann war, soweit man sah, ein Idiot, aber für uns war das ein Glück, weil er so weniger gefährlich war, als er hätte sein können.

Die übrigen SS-Männer hatten sich bisher nicht bemerkbar gemacht, sie zielten nur ständig mit ihren Waffen auf uns. Die drei, die auf dem Podium standen, führten manchmal mit dem Maschinengewehr eine Bewegung aus, als wollten sie uns mit Kugeln durchsieben. Von ihrer Seite war das wohl eine routinemäßige Einschüchterungsmaßnahme, um eine Menge in Schach zu halten, die der Zahl nach die eigenen Kräfte weitaus überstieg. Ich überlegte, dass in einem

Magazin nicht unendlich viele Patronen waren, und wenn sie alle verschossen wären, könnten ein paar Kerle die drei Maschinengewehrschützen leicht überwältigen. Mit einem Maschinengewehr jagte man uns gar keine Angst ein, dazu wären mindestens zwei erforderlich, die sich beim Schießen abwechselten. In diesem Augenblick musste ich mir wieder Stopp sagen. Ständig verlor ich irgendwie die Selbstkontrolle.

Nun näherte sich ein anderer SS-Mann dem Anführer und flüsterte ihm etwas zu. Gleich darauf erklärte der Anführer laut, er werde auf uns Judenbande und Reichsfeinde keine Zeit mehr verschwenden. Morgen früh würden wir zum Evakuierungsmarsch aufbrechen, unterwegs werde sich die SS um uns kümmern. Bis dahin würden wir eingesperrt. Schließlich brüllte er: »Kommt nicht auf dumme Gedanken, wir haben euch immer im Visier!« Und ging weg. Die MP-Schützen blieben. Uns, die Patienten, jagten sie in einen großen Raum, der als Kleiderkammer diente, und befahlen uns, nichts anzurühren. Ich dachte mir, offenbar waren gar nicht alle SS-Männer abgezogen und würden auch nicht abziehen, ehe sie uns liquidiert hätten. Herr Horn hatte sich geirrt. Auch uns würde man nach Westen jagen, so wie die vorhergehenden Transporte. Den Deutschen war es wohl gelungen, den russischen Vormarsch aufzuhalten.

In dem Raum, in den wir eingesperrt waren, wurde es bald dunkel, nur an der verschlossenen Tür brannte eine Glühbirne. An einer Wand waren bis zur Decke die verschiedensten Kleidungsstücke aufgeschichtet. Ich hatte nur das an, was man mir im Krankenhaus gegeben hatte, an den Füßen immer noch die Schuhe aus dem Revier in Birkenau, von Schwab. Einige Sachen waren in der Abteilung auf meinem Bett zurückgeblieben, als man uns zum Appell jagte. In der Nacht schlief ich fast gar nicht und verbrachte die Zeit damit, mich zu beschimpfen, weil ich ein solcher Tölpel war und mir bei meinen Abstechern ins Vorratslager keine ordentliche Winterkleidung und bequeme Schuhe für den Marsch ausgesucht hatte. Allerdings hatte uns das auch keiner von den erfahreneren Häftlingen, vor allem den politischen, geraten, obwohl klar war, dass von der Ausrüstung unter bestimmten Bedingungen das Leben abhing. Ich hoffte, dass ich in dem Berg von Lumpen, zwischen denen wir eingesperrt waren, bis zum Morgen etwas Brauchbares finden könnte. Bald wurde es dort vollkommen dunkel. Es gelang mir aber, in dem Haufen ein vielversprechendes Stück zu ertasten und auszugraben, das ich mit den Füßen langsam zur Tür schob, um es in der Nähe der Glühbirne zu betrachten. So machte ich weiter, bis ich mehrere Stücke Oberbekleidung gefunden hatte, die ich vielleicht mitnehmen könnte, wenn man uns von hier auf den Marsch jagen würde. Aber damit hatte ich nur eine jämmerliche Ausstattung beisammen, mit der ich selbst dann nicht weit kommen würde, wenn ich ganz gesund wäre – und das war ich nicht.

Ich erinnerte mich an Doktor Kolínskýs Rat und warf mir vor, mir nicht irgendwo außerhalb des Lagers ein passendes Versteck gesucht zu haben, in dem ich bis zum Abzug der Deutschen hätte abwarten können. Dann sagte ich mir wieder, dass dies mit einem größeren Risiko verbunden gewesen wäre, als im Lager zu bleiben, das die Kriegsparteien nicht beschießen würden. Die abziehenden Deutschen – außer der SS-Nachhut, die uns in der Gewalt hatte – umgingen das Lager und drangen nicht auf sein Gelände vor. Vom Nachdenken über das eigene nahe Ende erschöpft, schlief ich schließlich ein. Gegen Morgen drang durch kleine Luken etwas Licht in unser Gefängnis. Draußen war völlige Ruhe. Zuerst warteten wir eine Weile. Wir nahmen an, dass die SS-Männer zu uns kommen würden, um uns für den Abmarsch aus dem Lager in Kolonnen antreten zu lassen. Die Menschen begannen unruhig zu werden, sie hatten

Durst und mussten auf die Latrine. Aber als sich draußen lange nichts tat, brach jemand das Tor von innen auf und sah sich draußen um. Nirgends war jemand zu sehen. Ein paar Männer schlüpften hinaus, um zu erkunden, was dort los war. Nach einer Weile kehrten sie mit Freudenschreien zurück: »Die SS ist geflohen! Die Russen sind anscheinend in der Nähe!«

Alle liefen auseinander zu ihren Baracken, ich schleppte mich ins Revier zu meinem Bett. Ich fühlte mich todmüde. Herr Horn hatte sich schon hingelegt. »So sind wir wieder einmal in Schrecken versetzt worden«, sagte er mir zur Begrüßung. »Ich hoffe, das war das letzte Mal. Jetzt wirst du vielleicht erkennen, dass ich recht hatte. Wenn auch diese Nachhut der SS entgegen ihrer ursprünglichen Absicht fliehen musste, dann bedeutet das, die Russen sind schon ganz nahe.« Ich zog mir die Schuhe aus und warf mich aufs Bett, vor Müdigkeit halbtot. Und gleich nachdem ich Herrn Horn geantwortet hatte, dass er zum Glück recht gehabt hatte, war ich auch schon eingeschlafen.

Mittags erwachte ich und machte mich gleich zum Vorratslager auf. Zurück kam ich ausgerüstet wie für eine lange Winterreise. Ich trug eine Wollmütze, die man auch über den Kopf ziehen konnte und die vorn Öffnungen für Augen und Mund hatte. Auf dem Leib hatte ich einen dreiviertellangen wollenen Wintermantel, der für einen längeren Marsch geeignet war, und Pumphosen, die man in die Schuhe stecken konnte, dann noch eine gelbgrüne Uniformjacke von Gott weiß welcher Armee, zwei lange Unterhosen, Unter- und Oberhemden sowie Halbstiefel mit Ledersohle, die man »Kanada« nannte. Ich nahm mir auch eine blaue Wolldecke und einen leichten Rucksack mit. Das alles stammte natürlich von ermordeten Juden. Auf allen Rucksäcken, die ich in dem Lager fand, standen die Namen der Eigentümer. Auf meinem war es der geheimnisvolle Name »Aspis«, der mit dem alten Ägypten wohl nichts zu tun hatte. In diesen Rucksack steckte ich mir gleich auch einige Konserven für unterwegs. Die Decke war eingerollt, und ihre beiden Enden waren so verbunden, dass ich den Kopf und eine Schulter hindurchstecken konnte.

Diese ganze Ausstattung hatte ich geschickt im Bett untergebracht, so dass nicht zu erkennen war, dass ich dort etwas hatte. Ich fürchtete, dass mir jemand die gerade beschaffte Reiseausrüstung stehlen könnte. Herr Horn beruhigte mich aber und sagte, er werde diese Sachen bewachen, weil er sich ohnehin nicht viel bewegen könne und an Ort und Stelle bleibe. Schließlich zog ich als Überraschung für ihn unter dem Hemd die Gummiwärmflasche hervor. Er freute sich darüber und sagte, er habe nicht nur an der Wärmflasche Freude, sondern auch daran, dass ich sie nicht vergessen hätte. Und vor allem daran, dass ich nicht nur an mich selbst gedacht hätte! Ich legte mich auf mein Bett, und wieder schlief ich sofort ein.

Am folgenden Morgen stellten wir fest, dass aus der Leitung kein Wasser mehr floss. Das Reservoir, das uns versorgt hatte, war anscheinend schon leer. Wir sammelten alle größeren Gefäße, die wir im Zimmer und in der Umgebung finden konnten, und holten Wasser aus dem lagereigenen Schwimmbecken für die SS-Männer. Eine Wasserquelle außerhalb des Lagers zu suchen, war zu riskant, weil ringsum ständig Deutsche auftauchten. Wir konnten das Wasser nirgends abkochen, und da es im Lager nichts anderes Trinkbares gab, tranken wir es, wie es war.

Nachmittags ging ich mit einigen gehfähigen Patienten in die Vorratsmagazine, um Kleidung und Essen für die Bettlägerigen zu besorgen. Diese Gänge zu den Magazinen erschienen mir damals recht abenteuerlich; tatsächlich aber waren sie ziemlich gefährlich, denn einige von ihnen befanden sich außerhalb des Zauns, wir mussten uns unterwegs verbergen und aufpassen, nicht auf Deutsche zu stoßen. Ich kannte den Weg zu den Magazinen schon, so zeigte ich den anderen, wo was zu finden war und wie sie dorthin gelangten.

In den etwa neun Tagen zwischen dem Abzug der SS mit den Häftlingskommandos und der Ankunft der Russen litten die Häftlinge im Hauptlager Auschwitz keinen Hunger. Sie versorgten sich aus den Vorratslagern. Dazu kam es wohl mehr oder weniger spontan, ähnlich wie in unserem Krankenbauzimmer, wo die gehfähigen Patienten für Vorräte sorgten. Aktivitäten in dieser Richtung entwickelte offenbar auch die Häftlingsorganisation des Lagers, von der ich nichts Konkretes wusste, aber ahnte, dass es sie gab. Als ich an diesem Tag von den Magazinen zurückgekehrt war, kam ein unbekannter Häftling und fragte mich, ob ich Tom sei. Ich bejahte, und er forderte mich auf, dabei zu helfen, dass die bettlägerigen Kranken bei uns mit allem versorgt würden, was sie brauchten, und niemand an Hunger und Kälte leide. Ich erzählte ihm, das geschehe schon so. Er sagte, das sei gut, er brauche noch bei etwas anderem Hilfe. Morgen früh würden sie die Lebensmittel an andere Orte verlagern, damit die abziehenden Deutschen sie nicht aus den jetzigen Magazinen wegholten, denn ihr Stab könnte sie informiert haben, wo hier Essen zu finden sei. »Wir wollen, dass lieber die Russen diese Vorräte verwenden, wenn sie hierherkommen«, sagte er. »Könntest du sicherstellen, dass jeder aus dem Revier, der kann, beim Transportieren helfen kommt? Wir müssen es schaffen, diese Sachen anderswohin zu tragen.« Morgens kamen beim Magazin einige Dutzend von uns zusammen, und es dauerte ein paar Stunden, bis wir alles weggetragen hatten. Lebensmittel waren dort reichlich vorhanden.

Zum Glück kam es zu keinen weiteren deutschen Besuchen im Lager. Wir vegetierten und warteten auf die Rote Armee.

Am Morgen des 27. Januar kam wieder dieser unbekannte Häftling zu mir und sagte mir in einer Art, die keinen Widerspruch duldete, ich solle mit ihm zum Block 24 neben dem Haupttor gehen, wo ich mit einem weiteren Jungen namens Mojsche Dienst tun werde. In zwei Stunden werde uns dann jemand ablösen. Wir würden dort die Umgebung des Lagertores beobachten, und wenn wir Deutsche oder Russen entdeckten, werde Mojsche so schnell wie möglich losrennen und es melden. In diesem Fall solle ich auf Posten bleiben und weiterbeobachten, bis jemand zu mir komme. Er schärfte mir ein, uns umsichtig zu verhalten, damit uns niemand bemerke. Also kleidete ich mich an und ging zu diesem Dienst.

Inzwischen war etwas Schnee gefallen, es fror leicht. Mich überraschte, wie still es überall war. Neben mir ging der Häftling, der sich mir nicht vorgestellt hatte. Ich spürte, dass es unpassend wäre, nach seinem Namen zu fragen. So sagte ich nur: »Heute ist eine solche Stille, dass man sie hören kann! Gestern wurde noch geschossen, Motoren brummten, und Detonationen waren zu hören. Ringsum war Krieg, und heute ist nichts mehr. Was ist los?« »Es sieht so aus, als seien die deutschen Hauptkräfte abgezogen, so dass die Russen in der Umgebung nicht mehr mit Artillerie auf sie feuern müssen«, sagte er. »Aber ringsum halten sich noch kleinere Formationen auf, und sie sind stark genug, um uns aus lauter Verzweiflung zu liquidieren. Wir hoffen, dass die Befreiung durch die Rote Armee schon in Sicht ist. Trotzdem müssen wir auf der Hut sein. Du erfüllst mit Mojsche eine wichtige Aufgabe!«

Wir gingen zum Block 24, rechts vom Haupteingangstor mit der Aufschrift *Arbeit macht frei*. Das Gebäude betraten wir durch den Hintereingang, damit uns draußen niemand sah. Wir liefen durch einen langen Gang im Erdgeschoss bis zum letzten Eckzimmer, aus dessen Fenster man sowohl den Torbereich als auch das Gelände außerhalb des Stacheldrahtzauns überblicken konnte. An diesem Fenster stand ein etwa siebzehnjähriger Junge. Als ich mit meinem Begleiter eingetreten war, meldete er nur, dass sich draußen bisher nichts tue, niemand zu sehen sei und überall Ruhe herrsche. Darauf befahl der Mann, der mich hergeführt hatte: »Ihr beide wisst, was ihr tun sollt. Macht nicht viel Lärm, beobachtet gut, und wenn ihr etwas bemerkt, dann weißt du, Mojsche, was deine Aufgabe ist. Ich bringe dir Tom, ihr werdet gemeinsam Wache stehen.« Dann ging er weg.

Ich sah mich im Zimmer um. Verschiedene Musikinstrumente lagen herum, es war der Probenraum der Lagerkapelle, die immer auf der anderen Seite des Tors beim Abmarsch der Arbeitskommandos zur Schicht aufgespielt hatte. Ich trat ans Fenster, von dem aus man die Umgebung gut einsehen konnte. Weil ich bei Mojsche in seinem sonst korrekten Deutsch einen leichten ungarischen Akzent herausgehört hatte, sprach ich ihn auf Ungarisch an: »Dieser Beobachtungsplatz ist gut gewählt, wenn ich auch nicht weiß, wer ihn eigentlich ausgesucht hat.« Mojsche bemerkte dazu nur, es sei entschieden besser, nicht zu wissen, wer das hier organisiere. Auch er habe keine Ahnung. Wesentlich sei, dass wir hier etwas täten, das einen gewissen Sinn habe. Er forderte mich auf, ein Weilchen allein zu beobachten, er wolle sich seiner musikalischen Bildung widmen.

Ich spähte aufmerksam aus dem Fenster, doch es war nichts Interessantes zu sehen. Mojsche nahm unterdessen ein Instrument nach dem anderen zur Hand und versuchte, jedem einen Ton zu entlocken. Dabei gab er darauf acht, dass er keinen zu großen Lärm machte. Ich hörte ihm zu und verkniff mir dabei nicht die Bemerkung, dass er nach dem Krieg reichlich Mühe haben werde, um aufzuholen, was er an musikalischer Ausbildung im Lager verpasst habe. Er entgegnete mir aber, dass es ihm nicht nur darum gehe, sondern um die Rabbinerausbildung; da schenke man der Musik bisher nicht die gebührende Aufmerksamkeit. Nach einem Weilchen machten ihm die Musikinstrumente keinen Spaß mehr, er beschloss, wieder aufzupassen. Ich könnte doch auch versuchen, etwas zu spielen; vielleicht würde es mir leichter von der Hand gehen als ihm. Mit Vergnügen und großer Neugier machte ich mich daran, manche dieser Instrumente hatte ich noch niemals in der Hand gehabt. Aber auch mir gelang beim Spielen nicht viel, und Mojsche ließ mich das ebenfalls wissen. Er bemerkte, dass ich nicht sehr viel besser sei als er. Dann sagte ich, vor der Deportation sei ich auf das Realgymnasium gegangen und die Eltern hätten mir zum Zeugnis eine Ziehharmonika geschenkt, ich hätte jedoch keine Zeit mehr gehabt, darauf spielen zu lernen, sei aber auch zu faul gewesen. Dann schwiegen wir beide eine Weile und schauten aus dem Fenster.

»Wir spielen hier mit diesen Instrumenten wie die kleinen Kinder«, unterbrach ich die Stille.

»Das schadet doch nichts«, meldete sich Mojsche. »Der Krieg kann jeden Moment zu Ende sein, und wir werden uns wieder so verhalten, wie es unserem Alter entspricht.« »Ich weiß nicht, ob uns das noch gelingen wird«, sagte ich nach einem Augenblick des Nachdenkens. »Vor kurzem bin ich erst vierzehn geworden, und manchmal fühle ich mich älter als mein eigener Großvater. Ein paar Monate bevor das alles anfing, hatte ich meine Bar Mizwa.« »Du hattest deine Bar Mizwa also schon hinter dir und hast in Birkenau ohne die Eltern allein überlebt«, fuhr Mojsche fort. »Da ist dir wohl aufgefallen, warum die jüdischen Jungen schon mit dreizehn für erwachsen erklärt werden und sogar heiraten können, auch wenn sie unter normalen Bedingungen dafür noch nicht reif sind. Ich denke mir, dies ist das jüngste Lebensalter, von dem ab man imstande ist, beschleunigt erwachsen zu werden, wie es hier unerlässlich ist. Die Juden haben in alten Zeiten viel Elend durchlebt, so dass es am zweckmäßigsten war, wenn die

Kinder schon möglichst im jugendlichen Alter weggingen und an Orten, wo es günstiger war, ein neues Leben anfingen. Du warst hier in einer ähnlichen Lage. Um in Birkenau zu überleben, musstest du schnell erwachsen werden. Das ist dir gelungen, also könntest du jetzt wenigstens für ein Weilchen in die Kindheit zurückkehren.« »Ich weiß nicht, ich weiß nicht«, murmelte ich eher für mich. Zwar wusste ich, dass Mojsche es gut meinte, doch ich war mir nicht sicher, ob das Reifen zum Erwachsensein nicht unumkehrbar sei, in welchem Alter auch immer es sich vollziehe. Dann erzählte ich aber davon, wie ich meine nächste Zukunft sah – dass ich nach der Rückkehr, wo ich meine Eltern wiederzusehen hoffe, weiter aufs Gymnasium gehen wolle. Zum Herbst würde ich mich in die Quinta einschreiben, weil ich im Lager ein Jahr verloren hätte. Doch es würde mir kaum Spaß machen, mit den Mitschülern irgendwelche läppischen Gesellschaftsspiele zu spielen, Hausaufgaben zu erledigen und solche unsinnigen Fragen zu beantworten wie die, wo sich zwei Züge treffen, wenn der eine von A nach B und der zweite mit einer anderen Geschwindigkeit von B nach A fährt. Schließlich hätte ich schon mehr erlebt als das ganze Professorenkollegium zusammen!

»Unter normalen Bedingungen wirst du dich an das übliche Leben wieder gewöhnen«, sagte Mojsche wie ein Weiser. »Da mach dir mal keine Sorgen! Wir wollten doch überleben, damit wir wieder normal leben können, also fürchte dich nicht davor und freu dich drauf! Wenn uns dieses Lager weiter belasten würde, würden wir Hitler doch nur eine Freude bereiten. Soll er doch irgendwo vermodern!«

Eine Weile schwiegen wir wieder. Ich nahm mir eine Klarinette und blies darauf: Es klang schrecklich. Wir schauten aus dem Fenster und sahen immer noch nichts. Jetzt war die Reihe an Mojsche, mir zu erzählen, was er tun werde, wenn wir von hier wegkämen. »Mein Großvater war Rabbiner, mein Vater war Rabbiner, und ich habe mich darauf vorbereitet, auch Rabbiner zu werden«, so berichtete mir Mojsche von seinen Plänen. »Ich werde nach Siebenbürgen zurückkehren und damit weitermachen. Wegen eines solchen Irrsinns, wie es dieser ganze elende Krieg mit allen Konzentrationslagern ist, werde ich doch nicht mit der Familientradition brechen! Leider werde ich Vater nicht mehr wiedersehen, er war schon älter und trug kraft seiner Stellung einen langen grauen Bart. So trennten sie uns auf der Rampe, und ihn schickten sie ins Gas. Wir waren immer gläubige und fromme Juden, und ich will das fortsetzen. Ich weiß, dass ich keinen leichten Weg haben werde, denn ohne Vater werde ich mich allein um mich kümmern müssen. Auch mit meinen religiösen Zweifeln muss ich allein fertigwerden.«

Diese Zweifel, von denen Mojsche sprach, beunruhigten ihn sichtlich. Er verstummte, nahm eine Flöte zur Hand und blies hinein. Sie quiekte hässlich. Ich wartete ab, bis er sich etwas beruhigt hatte, und schaute hinaus auf die leicht verschneite Landschaft, wo sich nichts regte. Dann fragte ich ihn, ob er denke, dass er nach alledem, was hier geschehen sei und was Gott zugelassen habe, noch ein gläubiger Jude werden könne. Ich erzählte ihm, was ich in Birkenau im Jungenblock aus dem Gespräch der beiden Rabbiner vernommen hätte. Damals hatte der eine behauptet, Gott habe die Welt geschaffen, aber in ihren Lauf nicht mehr eingegriffen, und der andere hatte gesagt, Gott habe sein Antlitz abgewandt, aber nicht erklärt, warum und für wie lange.

»Ich bin noch kein Rabbiner und weiß vom Talmud fast nichts«, sprach darauf Mojsche. »Diese Zweifel, von denen du sprichst, habe ich natürlich gleichermaßen. Auch ich habe doch das Lager Birkenau durchgemacht. Ich denke, es spielt keine Rolle, ob wir für eine Weile aufgehört haben, an Gott zu glauben, oder nicht. Die Hauptsache ist, dass wir möglichst schnell wieder zu unserem Glauben zurückkehren. Ich glaube, dass uns Gott in seinem Großmut unser

Schwanken vergeben wird, und ich hoffe, dass ich wieder an ihn glauben werde. Einstweilen kann ich weder mir noch anderen aus religiöser Sicht erklären, warum geschah, was geschehen ist. Und wie man sagt, Gottes Absichten und Wege sind unerforschlich. Eines aber weiß ich bestimmt: Mit dem Glauben an Gott werden wir uns leichter aus diesem Staub und diesem Schmutz erheben, in den sie uns getreten haben.« Ich hörte ihm zu und beobachtete dabei vorsichtig die Umgebung. Auf einmal sah ich links im Umkreis des Tores einen deutschen Soldaten. Ich duckte mich, damit er mich nicht zufällig erblickte, zischte Mojsche zu, er solle still sein, und winkte ihn mit einer Handbewegung ans Fenster. Der Deutsche trug eine graue Uniform und zog ein Gewehr an einem Riemen im Schnee hinter sich her. Es war kein Lederriemen, sondern ein Ersatz aus Stoff. Er rannte so schnell er konnte, und schaute weder nach rechts auf das Tor von Auschwitz noch nach links. Offensichtlich floh er vor den Russen. Ihm war anzusehen, dass er kaum noch konnte. Nach einer Weile verschwand er aus unserem Gesichtsfeld. Das alles wurde für mich zu einem Symbol der deutschen Niederlage.

Mojsche und ich sahen uns an. »Der hatte es eilig«, bemerkte ich. »Ihn jagen wohl die Russen!« Mojsche sagte, diese Soldaten seien ein bisschen wie die Juden, die mindestens zu zehnt sein müssten, um einen Minjan zu bilden. Immer würden sie sich in Grüppchen bewegen. Sei ein deutscher Soldat allein, bedeute dies, er sei irgendwie verlorengegangen und in die Patsche geraten. Seine Gruppe sei wahrscheinlich ohne ihn geflohen. Nun sei Gott mit ihm.

Diese wohlwollende Äußerung gegenüber einem Feind auf der Flucht erinnerte mich daran, wie mich meine Mutter als kleinen Jungen gelehrt hatte, dass ich jeden Käfer oder jede andere kleine Kreatur, die ich hätte zertreten können, laufen lassen sollte: »Lass ihn zu seiner Mama gehen!« Damit vertraute ich mich Mojsche an: »Diesen Deutschen hatten wir auf dem Präsentierteller. Wenn wir eine Waffe gehabt hätten, dann hätten wir ihn leichter abschießen können als einen Hasen. Denkst du, Mojsche, dass wir so etwas kurz vor Kriegsende hätten tun sollen?«

»Ich weiß zwar nicht, wer das entschieden hat, aber mich haben sie hierhergeschickt, damit ich das Lager bewache, und nicht, damit ich auf Fragen antworte, die selbst für einen Gerichtshof der wunderbarsten Rabbinern vertrackt wären«, antwortete Mojsche. »Deine Mutter, Gott gebe ihr ein langes und gesegnetes Leben, hätte Rabbiner werden können, wenn sie als Mann geboren worden wäre. Ich stimme mit ihr überein! Wir Juden sind grundsätzlich gegen Gewalt und gegen das Morden. Hätten wir vielleicht etwas daran geändert, was die Nazis den Juden angetan haben, wenn wir diesen flüchtenden Soldaten erschossen hätten? Ich denke mir, dass es unter normalen Bedingungen eine Dummheit ist, jemanden zu hassen. Im Lager hatte uns der Hass auf die Deutschen miteinander verbunden und zu unserem Überleben beigetragen, deshalb war er notwendig, aber nach dem Krieg müssen wir uns bemühen, unseren Hass so bald wie möglich zu unterdrücken, und sei er auch noch so stark und berechtigt. Und was nach dem Krieg gilt, das gilt auch fünf Minuten vor seinem Ende.« Diese Antwort erschien mir unvollständig. Mich interessiere nämlich noch, was dieser Deutsche wohl getan hätte, hätte er bemerkt, wie wir ihn hinter dem Stacheldraht beobachteten. Darauf fertigte mich Mojsche kurz mit der Bemerkung ab, er wisse nicht, was der Deutsche wisse, aber wenn er uns bemerkt hätte, hätte das bewiesen, dass wir Tölpel seien, und wir hätten eine Ladung Schrot in den Hintern verdient.

Meines Erachtens erfasste nicht einmal diese Antwort unsere ganze Situation. Ich fragte also Mojsche erneut und anders:

»Und wenn wir eine Waffe gehabt hätten und dieser Deutsche auch und er als Erster auf uns geschossen hätte?«

»Hätte er uns getroffen, dann wäre es aus gewesen. Wenn er uns nicht getroffen hätte, dann hätte ich die Flinte genommen, obwohl ich ein Rabbinerlehrling bin, und hätte ihn durchsiebt. Und danach hätte ich nie mehr auf jemanden geschossen. Wenn beide schießen, wird der bessere Schütze überleben und der schlechtere umkommen. Unter bestimmten Bedingungen gilt immer noch das biblische Motto: ›Auge um Auge‹, mit dem kein Humanismus etwas anfangen kann. Wir lassen uns doch nicht am Ende des Krieges von irgendeinem Deutschen erschlagen?« Dann fügte er noch hinzu: »Diese letzte Frage war zu leicht, Tom. Irgendwie baust du ab!« Darüber lachten wir beide.

Da kam unser Postenführer. Das ist beim Militär derjenige, der die Wache auf den Posten und wieder zurück führt. Er brachte zwei ältere, etwa achtzehn- bis neunzehnjährige Burschen mit. Uns fragte er, was wir gesehen hätten. Mojsche meldete ihm, dass ich den vielleicht letzten, bereits fliehenden deutschen Soldaten erblickt hätte. Er sei allein in Richtung Westen vorbeigerannt.

Der Postenführer dankte uns und schickte uns zu unseren Blöcken, damit wir uns ausruhten: »Aber vorsichtig! Geht zur Sicherheit hintenrum«, riet er uns. Mojsche und ich verließen gemeinsam den Block 24, er musste in Richtung der Unterkunft des Kommandos *Maurerschule*. Wir gingen ein Stück gemeinsam, ich sagte ihm unterwegs, dass aus ihm ein guter und berühmter Rabbiner werden würde, er solle nicht aufgeben. Würde ich einen wie ihn sehen, würde ich mich immer darüber freuen, dass ich nicht länger mein eigener Rabbiner sein müsse. Wir gaben uns die Hände und gingen auseinander. Leider bin ich ihm nie wieder begegnet.

Ich sah mir noch den Block der *Maurerschule* an, in dem ich vor meiner Aufnahme ins Revier als »Maurerlehrling« gewohnt hatte. Dort sah es aus wie in einer Wohnung, deren Bewohner plötzlich fliehen mussten, mit zerwühlten Betten und umgekippten Stühlen. Irgendjemand war wohl über diese Stühle gestolpert und hatte keine Zeit mehr, sie wieder hinzustellen. Ich dachte an die mir von dort bekannten Jungen und vor allem daran, ob sie ihren Zielort erreicht hätten und dort bis zum Ende des Krieges durchhalten würden.

Dann kehrte ich in unser Krankenzimmer zurück. Ich begrüßte Herrn Horn und berichtete ihm, wie ich auf meiner Wacht einen deutschen Soldaten beobachtet hätte, der am Lagerzaun entlang geflüchtet sei. Er sei wohl schon der Letzte … Vielleicht hatte ich noch nicht einmal zu Ende geredet, jedenfalls schlief ich ein, kaum hatte ich das Bett berührt.

Mir schien, dass ich nur ein Weilchen geschlafen hätte, als Herr Horn mich weckte. Er rüttelte mich wach und rief aufgeregt: »Tom, steh auf, die Russen sind da! Schnell, wir gehen zum Tor, sie begrüßen! Mehrere Monate haben wir auf sie gewartet, und du willst jetzt die Begrüßung verschlafen?«

Ich sprang auf, Herr Horn hängte sich bei mir ein, und wir gingen los. Wäre er nicht neben mir gegangen, dann wäre ich schnell zum Tor gerannt. Dort hatten sich inzwischen Hunderte befreite Häftlinge versammelt. Sie umringten ein paar von kleinen Pferden gezogene niedrige Gespanne und ein Grüppchen von Rotarmisten in wattierten, gesteppten Uniformen von grünbrauner Farbe, Schapkas* auf den Köpfen. Einige von ihnen hatten weiße Filzstiefel an den Füßen, andere trugen militärische Schaftstiefel. Die Maschinenpistolen mit den runden Magazinen trugen die meisten mit dem Kolben nach oben auf dem Rücken. Einige hielten die Waffe in der Hand und schauten in die Runde. Die meisten waren junge Burschen um die zwanzig. Im Hintergrund sah ich zwei oder drei Panzer. Einer riss ein Stück Stacheldrahtzaun nieder. Es war offenkundig, dass die Russen dies aus symbolischen Gründen taten. Der niedergewalzte Draht bedeutete: Ihr seid frei! Das deutsche Konzentrationslager Auschwitz hat aufgehört zu existieren!

Die Häftlinge, darunter Herr Horn und ich, jubelten, einige verkündeten laut den Ruhm der Befreier, andere weinten ergriffen. Auch Herr Horn weinte. Manche erhoben die Fäuste und schworen den Faschisten Rache. Mich wiederum überflutete eine Woge animalischen Glücks, so wie damals, als man mich aus der zum Krematorium marschierenden Gruppe herausgezogen hatte und ich von der bei den verschiedenen Selektionen erfahrenen tödlichen Beklemmung befreit war.

Gleich fanden sich einige Übersetzer, die Russisch konnten. Ich stellte mich in den Kreis, der einen dieser Soldaten umringte. Er sagte, dass uns die *krasnaja armija** die Freiheit gebracht habe, dass bald *Gitler kaput* sein werde, sie die *Germancy* bis Berlin jagen und dort die faschistische *gydra** im eigenen Nest ersticken würden. Dann werde der Krieg enden, wir würden alle nach Hause gehen und in Frieden leben. Er rief: *Da zdravstvujet mir vo vsem mire!** Der Häftling, der das dolmetschte, erklärte uns, dass im Russischen das Wort *mir* sowohl Frieden als auch Welt bedeute. Schließlich erhob der Soldat die Maschinenpistole, die er fest in der Rechten hielt, und rief: *Slava velikomu Stalinu, slava! Urá!** Mit allem, was er hier verkündete, stimmten wir aufrichtig und mit Begeisterung überein, und nach jedem Satz des Soldaten riefen wir vereint: *Ura!*

Wir waren wohl eine Stunde dort, dann fühlte sich Herr Horn ermüdet, weshalb wir zum Krankenbau zurückgingen. Unterwegs begann er darzulegen, dass er, wie ich schon wisse, bestimmte politische Erfahrungen habe, und deshalb sei ihm klar, in der Politik sei alles etwas anders, als es gesagt werde, am Ende laufe alles anders als beabsichtigt. Aber jetzt sei das nicht wichtig, mit der Zeit würde ich schon selbst darauf kommen. Die Russen lebten in einer Föderation mit anderen Völkern, die früher zum russischen Reich gehört hätten, und diese Föderation sei jetzt ein kommunistischer Staat geworden. Wesentlich sei, dass die Russen das größte Verdienst um die Niederschlagung Nazideutschlands hätten. Das sei unbestreitbar. Deshalb hätten wir ihren Ruhm zu Recht verkündet. Wir, die wir hier hinter deutschem Stacheldraht gesessen hätten, dürften das niemals vergessen, was immer man später auch behaupten möge!

Inzwischen waren wir in unserem Zimmer angelangt, ich half Herrn Horn aufs Bett. Dabei sagte ich ihm, bis die Alliierten Deutschland den Todesstoß versetzt hätten und die faschistische *gydra*, wie der russische Soldat gesagt hatte, zertreten sei, müssten wir hier noch einige Zeit aushalten. Dann würden sie ihn nach Holland transportieren, und dort würden ihn die Ärzte wieder in Ordnung bringen. »Das kann leider noch einige Monate dauern«, bemerkte Herr Horn. »In Deutschland herrschen noch die Nazis, und dann wird auf seinem Territorium das totale Durcheinander ausbrechen, man müsste mich inzwischen über Skandinavien nach Hause befördern. Ich bin nicht so wichtig, dass sie das für mich tun. Aber ich warte ab und halte durch.« Als von der Rückkehr nach Hause die Rede war, bemerkte ich, für mich führe der kürzeste Weg durch die Slowakei. Dieser sei aber noch nicht gangbar, wenn ich nicht wieder den Deutschen in die Hände fallen wolle. Das wolle ich natürlich nicht, doch hier im Lager möchte ich auf keinen Fall abwarten, bis man mich heimbrächte, auch wenn ich glaubte, die Russen würden sich hier oder anderswo gut um uns kümmern. Von diesem Ort hätte ich fürs ganze Leben genug!

Dann dachte ich laut darüber nach, dass mich etwas schnell von hier wegziehe – mich animalische Triebe drängten, schnellstmöglich von hier aufzubrechen und mich möglichst weit weg von den Deutschen zu entfernen. Das bedeute, dass ich mich am ehesten nach Osten begeben müsste. Ich hätte den Eindruck, dass sich die Deutschen von hier durch die Russen ziemlich schnell hätten verdrängen lassen, aber doch noch genügend Kräfte behalten hätten. Was wäre, wenn sie wiederum die Russen zurückschlagen und zurückkommen würden? Ich wisse, das sei wahrscheinlich Unsinn, aber ausschließen lasse es sich nicht. Zwar sei ich bewegungsfähig, doch Doktor Kolínský habe mir gesagt, dass mit meiner Gesundheit etwas nicht in Ordnung sei, ich fühlte das selbst, weil ich schwach sei wie eine Fliege. Weiter habe er mir gesagt, ich solle mich zu Hause ordentlich untersuchen und kurieren lassen. »Ich möchte so bald wie möglich meine Eltern treffen! Also werde ich bald allein von hier aufbrechen und nicht auf den Abtransport warten. Ich will ins östliche Polen, von dort nach Ungarn und dann wieder Richtung Westen bis nach Hause.« Herr Horn bewunderte mich, weil ich wie ein Erwachsener sprach. »Alles hast du im Voraus durchdacht«, sagte er, »dein Plan scheint mir realisierbar. Nur an eine Sache möchte ich dich noch erinnern: Krieg ist mit einem unvorstellbaren Durcheinander verbunden. Das spüren wir schon, wenn wir hier bleiben. Du aber fährst auf eigene Faust los und wirst dieses Chaos, das überall herrscht, noch viel mehr zu spüren bekommen. Vor der Reise oder zu ihrem Beginn solltest du dir so etwas wie einen Pass oder einen Passierschein mit Stempel besorgen, auf dem geschrieben stehen sollte, dass du aus einem deutschen Konzentrationslager nach Hause zurückkehrst und dass die verschiedenen Ämter dir helfen sollen. Besorg dir ein derartiges Dokument, sonst kannst du in Schwierigkeiten geraten. Du kannst dich doch in Kriegszeiten nicht ohne einen Ausweis durch Europa bewegen!«

Ich dankte Herrn Horn für den Rat. Er hatte recht, und ich warf mir vor, dass mir eine so wichtige Sache nicht von selbst eingefallen war. Dann gingen wir beide zu Bett und schliefen wahrscheinlich sofort ein.

Ich erwachte früher als Herr Horn, stand leise auf und ging nach den Russen sehen. Es war schon spät am Nachmittag, und es dämmerte bereits. Mein spontanes Glücksgefühl hielt noch an, war aber schon nicht mehr so intensiv wie am Anfang. Immer mehr dachte ich nämlich daran, was weiter werden würde. Lange hatte ich Gedanken an die Zukunft unterdrückt. Welchen Sinn hätte es auch gehabt, mich damit zu beschäftigen, was nach dem Krieg kommen würde, solange ich nicht wusste, ob ich dessen Ende überhaupt erleben würde? Dank der Befreiung des Lagers war das heute anders. Bisher war der Wille, das Konzentrationslager zu überleben, der feste Bezugspunkt meiner Existenz gewesen. Durch eine Serie unvorstellbarer Zufälle hatte ich überlebt, und damit war dieser Fixpunkt überholt – eigentlich schon verschwunden. Im Laufe des Tages entschloss ich mich endgültig, so bald wie möglich nach Hause zurückzukehren, und setzte mir damit ein neues, festes – und einstweilen einziges – Ziel, an das ich mich jetzt halten konnte. Irgendwie aber genügte es nicht, nur den früheren Fixpunkt zu ersetzen. Gewiss, irgendwie würde ich schon nach Hause gelangen. Was aber würde dann werden? Wie würden wir leben nach alldem, was geschehen war, nach der Deportation und dem Krieg? Und was würde ich zu Hause antreffen? Würde diese Heimat nicht eine andere sein, als sie es gewesen war? Waren meine Nächsten, die diese Heimat ausgemacht hatten, überhaupt noch am Leben? Das waren komplizierte Fragen, auf die ich vorerst keine Antwort fand. So verblasste das vom Überleben und von der Befreiung ausgelöste spontane Glücksempfinden nach und nach und wurde abgelöst von einem Gefühl der Leere, verbunden mit einer Depression. Nach der Befreiung war ich nur kurze Zeit glücklich gewesen. Schon jubelte ich nicht mehr, im Gegenteil, ich blickte stumpf vor mich hin, und alles war mir einerlei. Das alles ging mir durch den Kopf, während ich durch das Lager schlenderte, und ich begegnete ähnlich dreinschauenden Menschen, die niemanden wahrnahmen. Gejubelt hatten wir gemeinsam, aber für sich war jeder abgestumpft, und immer mehr verschlossen wir uns in uns selbst.

Als ich mich ziellos durch das Lager treiben ließ, kam ich zu einer Baracke, in deren Umgebung Häftlinge und Sowjetsoldaten noch immer gemeinsam feierten. Es handelte sich um ein Magazin der SS für alkoholische Getränke, von dem ich früher nichts gewusst hatte. Ich ging hinein. Dort befanden sich Soldaten und Häftlinge, alle zusammen in guter Stimmung. Sie sangen, umarmten sich, verfluchten die Faschisten und rühmten den Frieden und das lichte Morgen. Noch waren sie nicht sinnlos betrunken. Mich überraschte die Menge und Vielfalt der pedantisch geordneten und gelagerten Flaschen. Die SS-Männer oder zumindest diejenigen in Führungsfunktionen hatten sich nach dem fleißigen und anstrengenden ganztägigen Morden offenbar durch den Genuss alkoholischer Getränke erleichtern und entspannen dürfen. Korkenzieher gab es in dem Magazin nicht, die Flaschen öffnete man mit einem Schlag gegen die Pfosten, die den Kellerraum stützten. Ich nahm mir eine Flasche Wein und öffnete sie auf gleiche Weise. Vorsichtig, um mich nicht am Glas zu schneiden, probierte ich den Wein. Er war gut. Ich verbrachte dort ungefähr eine halbe Stunde, dann wurde mir schlecht. Obendrein war es kein Vergnügen, auf Glassplitter und in die Pfützen der beim Öffnen über den Boden vergossenen Spirituosen zu treten. Mit Mühe taumelte ich in unser Zimmer, wo diesmal Herr Horn mir ins Bett half.

Erst am nächsten Morgen erwachte ich. Ich war ebenso niedergeschlagen wie vorher, obendrein brummte mir vom Wein der Schädel. Ich dachte mir, künstliches Glück aus der

Flasche könne richtiges Glück wahrscheinlich doch nicht ersetzen. Dann zog ich mich an und ging nach draußen. Zum Bummeln durch das Lager hatte ich keine Lust, also lief ich durch das Haupttor hinaus. Das war ein angenehmes Gefühl. Jetzt konnte ich gehen, wohin ich wollte, und sagte mir: Ich bin wieder frei! Aber das allein genügte mir nicht zum Glück.

Ich wanderte ums Lager herum, überall sah ich russische Soldaten, umringt von Häftlingen. So gelangte ich auch vor das Gebäude, in dem die Russen eine Kommandantur oder etwas Ähnliches eingerichtet hatten. Überall wimmelte es von Soldaten und Offizieren, aber Häftlinge wurden nicht hineingelassen. Dort kam auf einem Pferd ein junger Offizier mit gezwirbeltem Bart angeritten. Er drückte mir die Zügel in die Hand, damit ich das Pferd hielte, bis er zurückkäme. Anfangs machte mir das Spaß, aber dann langweilte es mich. Das Pferd trieb zum Glück keinen Unfug und war sichtlich froh, in diesem Krieg endlich eine Weile Ruhe zu haben. Mein Offizier war immer noch nicht zurück. Die Zügel wurde ich schließlich los, indem ich sie einem jungen Häftling in die Hand drückte, der gerade hier herumlief. Gebieterisch sagte ich ihm, er solle dieses Pferd ein Weilchen halten. Ihm bereitete das offensichtlich Freude. Ich aber wusste, nach einer Weile würde es ihm ebenso wie mir keinen Spaß mehr machen, und ging schnell weg. Schließlich war ich nicht dazu da, dass dieser Zwirbelbärtige das Pferd an mir statt an einem Pfahl anbinden konnte.

Wieder überkam mich von alldem Müdigkeit, und ich beschloss, das Lager am nächsten Morgen zu verlassen. Bei meinen Streifzügen war ich auf die Landstraße nach Krakau gestoßen, das fünfzig oder sechzig Kilometer von hier entfernt lag. So wäre es gut, nach Krakau zu gehen, und das Weitere würde sich ergeben. Das legte ich für mich fest. Es war auch nicht so weit, dass man dort nicht hätte hinlaufen können.

Aber ich würde dazu noch etwas Reiseproviant benötigen. Ich wusste, wo sich die Küche der SS befand. Ich ging hin und nahm mir zwei ganze deutsche Brote. Sie waren schon etwas hart, aber noch genießbar. Aus einer großen elektrischen Bratpfanne kratzte ich das Fett von der letzten Mahlzeit der Deutschen und füllte es in eine Blechbüchse, die ich dort fand. Das Fleisch hatten sie noch essen können, aber zum Glück mussten sie flüchten, und das Fett blieb zurück. Die Lebensmittel packte ich in einen größeren Papierbeutel und kehrte »nach Hause« zurück.

Ich ging früh schlafen, um am folgenden Tag wenigstens etwas frisch zu sein. Herr Horn schlief schon, so dass ich ihm nichts von meinem Vorhaben sagen konnte. Am nächsten Morgen stand ich sehr früh auf, machte mich reisefertig und packte den Rucksack. Herr Horn war noch nicht wach, ich wollte nicht weggehen, ohne mich von ihm zu verabschieden. Ich war ihm für vieles dankbar und betrachtete ihn als einen großen Mann. Eine Weile stand ich unschlüssig herum. Schließlich erwachte Herr Horn, schaute mich an, lächelte und erklärte, dass ich aussähe wie Roald Amundsen, bevor er zum Nordpol aufbrach. »Herr Horn, ich werde jetzt losgehen«, erklärte ich ihm. »Ich gehe zu Fuß bis Krakau, das Weitere wird sich finden.« »Aber wirst du ganz allein losziehen?« Darüber wunderte sich Herr Horn. »Ja. Ich will mich mit niemandem streiten. Eigentlich habe ich keinen genauen Plan, ich wüsste nicht einmal, worüber ich mit einem Mitreisenden streiten sollte. Vielleicht lerne ich unterwegs ein paar frühere Häftlinge kennen, die den gleichen Weg haben. Ich habe die Lager Birkenau und Auschwitz durchgemacht und bin außer den schlechten immer auch anständigen Menschen begegnet. So hoffe ich, dass mich das Glück nicht verlässt und dass ich unterwegs auch einige davon treffen und mit ihnen reisen werde.« Dann fügte ich noch hinzu: »Herr Horn, ich danke Ihnen für alles, ich habe viel von Ihnen gelernt.«

»Und ich danke dir«, sagte Herr Horn. »Du hast mir mehr geholfen als ich dir. Wäre ich nicht ein Atheist, dann würde ich dir sagen: ›Geleite dich Gott!‹ Ich wünsche dir, dass du sicher nach Hause kommst und dort auf deine Familie triffst.« Wir reichten uns die Hände und umarmten uns. Dazu musste er sich auf dem Bett mühsam aufrichten. Dann nahm ich meine Sachen und ging.

IX. Der Weg nach Hause

Ich ging durch das Lager Auschwitz I und begegnete niemandem. Es war noch früh. Vom Tor aus nahm ich die Richtung zur Krakauer Chaussee und sagte mir: Wenn ich nicht zurückblicke, dann werde ich dieses Lager leichter vergessen.

Tatsächlich wandte ich mich nicht um, dennoch vergaß ich nicht. Erst viel später wurde mir bewusst, dass man lebensbedrohliche Geschehnisse nicht vergessen kann; wir bewahren sie in unserem Langzeitgedächtnis bis zum Tode: damit wir besser vorbereitet sind, wenn Anzeichen darauf hindeuten, dass sich Ähnliches wiederholen könnte. Damals kam mir so etwas nicht in den Sinn. Jetzt, nach so vielen Jahren, würde ich das ganz und gar nicht ausschließen.

Die Landstraße nach Krakau war mit frisch gefallenem Schnee bestäubt. Gemächlich marschierte ich auf ihr dahin. Birkenau und Auschwitz hatte ich hinter mir. In Gedanken jubelte ich: Das habe ich überlebt! Ich bin vierzehn Jahre und drei Monate alt! Und ich bin auf dem Weg nach Hause! Doch ich ging ganz allein, weit und breit war niemand, mit dem ich diese Freude teilen konnte, und so wiederholte ich wenigstens für mich selbst diese drei Sätze in verschiedenen Variationen immer wieder von vorn.

Allmählich aber wurde diese Freude von Furcht und Beklemmung verdunkelt, die ich nicht vertreiben konnte. Zuerst meldeten sich diese Zweifel irgendwo tief in meinem Innern nur schwach, nach und nach aber wurden sie deutlicher und dringlicher: Wen würde ich zu Hause antreffen und in welchem Zustand? Es lag doch vor allem an den Menschen und nicht an der Landschaft oder an den Gebäuden, die dort standen, ob der Ort, von dem sie mich nach Auschwitz deportiert hatten, für mich noch Heimat sein könnte. Trotzdem tauchte die Szenerie der Donau, der Brücke und des Burgbergs von Esztergom mit der Basilika spontan vor meinem inneren Auge auf, während die Gestalten meiner nahen Verwandten wie abgeschnitten waren, ich war außerstande, sie mir zu vergegenwärtigen, so sehr ich mich auch bemühte. Das quälte mich, denn wenn es mir jetzt gelänge, das Bild von Mutter und Vater heraufzubeschwören, dann könnte ich ihnen sagen, dass ich überlebt hatte und schon auf dem Weg nach Hause war. Ich hoffte nur, dass der Umstand, dass ich nicht imstande war, sie wenigstens vor meinem geistigen Auge zu sehen, nicht bedeutete, dass sie nicht mehr am Leben waren.

Nach drei Stunden unterwegs wurde ich müde, all die flüchtigen Gedanken verschwanden aus dem Kopf. Ich lief wie ein Automat, dachte an gar nichts mehr, immer öfter musste ich mich eine Weile hinsetzen, meistens auf einen Kilometerstein. Manchmal traf ich Leute, die mich grüßten, meist auf Polnisch, *dzień dobry*, und ich erwiderte ihren Gruß auf gleiche Weise. Sowjetische Militärfahrzeuge fuhren vorüber, nach Westen beladen, nach Osten leer. Sonst fuhr nichts auf der Straße. Immer, wenn ich mich wieder hinsetzte, um mich etwas auszuruhen, blickte ich mich um. Schon vorher hatte ich bemerkt, dass mich auf der Landstraße jemand langsam einholte. Bereits von Weitem erkannte ich, dass er anders gekleidet war als die Einheimischen. Ich sagte mir, dass ich auf ihn warten sollte – vielleicht war es ein Häftling aus Auschwitz, dann könnten wir gemeinsam weitergehen. Eigentlich war das aber nur eine Ausrede für mein häufiges Ausruhen. Doktor Kolínský hatte recht, mit mir war etwas nicht in Ordnung. Jetzt erkannte ich selbst, wie leicht ich ermüdete. Je mehr ich mich erholte, umso besser wäre es für mich. Ich sah ein, dass es vielleicht unvernünftig war, mich zu Fuß auf einen so langen Weg zu machen.

Inzwischen hatte mich dieser Weggefährte eingeholt. Er war auch ein früherer Häftling, ein großer, hagerer Mann von ungefähr vierzig Jahren. In gebrochenem Deutsch redete er auf mich ein, er sei Rumäne aus den Karpaten und gehe zu Fuß nach Hause, weil er so am schnellsten dort ankommen werde. Gemeinsam liefen wir weiter auf der Landstraße. Für mich wanderte es sich nun leichter, als ob der Rumäne mich an einem unsichtbaren Seil hinter sich herzöge. Ich musste mich ordentlich anstrengen, um mit ihm Schritt zu halten. Solange wir uns durch ebenes Gelände bewegten, ging es einigermaßen. Dann begann die Straße mäßig anzusteigen, und er lief im selben Tempo weiter. Mir aber reichte der Atem nicht. Ich wurde heiser, und unverhofft überkam mich ein Hustenanfall. So setzte ich mich auf den nächsten Kilometerstein und nahm den Rucksack ab. Den Husten konnte ich nicht unterdrücken, obwohl ich es versuchte. Als der Hustenreiz endlich aufhörte, verspürte ich im Mund einen merkwürdigen süßlichen Geschmack. Ich spuckte den Schleim aus. Es war Blut. Roter Auswurf auf weißem Schnee! Das war das Bild, das mich nach Auschwitz durch Polen und die Slowakei Richtung Heimat begleitete.

Schließlich begriff ich, warum ich mich schon seit ungefähr Ende November zunehmend schlechter gefühlt hatte und woher Doktor Kolínskýs Befürchtungen kamen, als er mich warnte, dass ich mich schonen sollte: Ich hatte Lungentuberkulose. Birkenau und Auschwitz I hatte ich überlebt, doch ich hatte mich mit Tuberkulose angesteckt. Die Nazis würden bekommen, was sie verdienten, die Verbündeten würden das deutsche »Tausendjährige Reich« besiegen, aber ich würde nichts davon haben. Obendrein saß ich im Winter, in einem fremden Land, auf einer verlassenen Chaussee und war fast allein.

Der Rumäne aber kümmerte sich um mich, führte mich in die nächste Ortschaft, wo wir uns in der ärmlichen Hütte eines jungen polnischen Ehepaares ausschliefen. Die Frau stand vor der Entbindung, und sie besaßen nichts. Ich gab ihr meine Decke und deckte mich dann auf dem Weg nach Hause nur mit dem Mantel eines ermordeten polnischen Juden aus dem Magazin von Auschwitz zu.

Am nächsten Tag hielt ich mit dem Rumänen ein russisches Militärfahrzeug an, das uns bis nach Krakau mitnahm. Dem Fahrer war es untersagt, Fremde zu befördern, doch er hatte in der Frontzeitung gelesen, was in Auschwitz geschehen war, und nahm uns eigenmächtig mit.

In Krakau verabschiedete ich mich von dem Rumänen. Der polnische Polizist, den ich nach dem Weg fragte, führte mich zu einem nahegelegenen Repatriierungszentrum, das in einem gerade fertiggestellten Neubau eingerichtet worden war. Im Zimmer war nagelneues Parkett verlegt. Ich war der Erste dort. Es gab keinerlei Möbel, doch die Zentralheizung wärmte schon. Dem Leiter des Zentrums sagte ich, dass ich einen Arzt brauchte. Er verwies mich an eine russische Militärambulanz, die auch für Zivilisten offen war.

Ich legte mich auf das neue Parkett und schlief augenblicklich ein. Als ich erwachte, lagen neben mir auf dem Fußboden zwei abgemagerte Mädchen; die eine mochte ungefähr sechzehn sein, die andere war etwas älter. Sie sprachen ungarisch und waren Schwestern. Die Sommerkleider, die sie trugen, waren ihnen viel zu groß, sie hatten irgendwelche Militärmäntel übergezogen, an den Füßen klobige Männerschuhe. Um den Kopf hatten sie Tücher gebunden, um die nur etwa fünf Zentimeter langen Haare zu verbergen. Sie schmiegten sich aneinander wie zwei aufgeschrockene Hühnchen. Aus dem Rucksack holte ich eine aus dem Lager mitgebrachte Fleischkonserve. Die Mädchen hatten mehr Appetit als ich.

Etwa zweimal überkamen mich Hustenanfälle, ich ging unauffällig hinaus und spuckte das Blut ins Klo. So machte ich es dann immer. Das Essen und meine Sachen packte ich zusammen und ließ sie zur Aufbewahrung bei den Mädchen. Im Zimmer nahm die Zahl der Neuankömmlinge aus den Lagern schnell zu, ein Mann beschwerte sich, ihm hätte einer von den befreiten Häftlingen etwas gestohlen. Daraus schloss ich, dass der bloße Gewinn der Freiheit die Menschen nicht gleich besser mache. Die Freiheit, die ich ersehnt hatte, war zugleich auch Elend, wenn auch nicht vergleichbar mit der Misere im Lager, wo die Arbeit – natürlich für das Reich – angeblich zur Freiheit führen sollte.

Vor der russischen Militärambulanz stand ein Soldat mit einem runden Gesicht. Er war mit einer Maschinenpistole bewaffnet, hatte eine Schapka auf, trug einen Wintermantel, der fast bis auf den Boden reichte. Jedem Ankömmling schrieb er mit einem Tintenstift eine Nummer auf die Handfläche. Bei mir ging das Schreiben leicht, denn ich hatte eine feuchte Hand, weil ich – wohl wegen der Krankheit – dauernd schwitzte, aber wer eine trockene Handfläche hatte, der musste darauf spucken, damit der Stift überhaupt schrieb. Was wäre, wenn ich auf die Hand spucken würde, und es käme Blut? Dann würde mir dieser Soldat mit meinem eigenen Blut die Nummer auf die Haut schreiben, so wie man dem Teufel seine Seele verkauft (das hatte ich aus irgendeinem Märchen). Aber gleich sah ich ein, dass dies kindischer Unsinn war und dass der Teufel »Gitler«, wie mir die Russen sagten, zwar in Berlin war, dort aber nicht mehr lange durchhalten würde.

Meine Nummer wurde aufgerufen. Ich sah mich zwei Ärzten gegenüber, der eine um die vierzig, daneben eine ungefähr dreißigjährige Frau. Sie trugen Offiziersuniformen und hatten Arztkittel darübergezogen. Ihr Aussehen war jüdisch. Ich betrat ihr Sprechzimmer und grüßte aus Höflichkeit russisch, aber statt »Guten Tag« sagte ich *do svidanija*, also »Auf Wiedersehen«. Das brachte die Russen zum Lachen, in schroffem Gegensatz zu meiner Verzweiflung. Dann sprachen wir *jidiš dajč.** Auf ihre Frage, was mir fehle, hielt ich die Anspannung nicht mehr aus. »Ich spucke Blut«, sagte ich und brach in Tränen aus. Es war das zweite und auch das letzte Mal seit der deutschen Okkupation, dass ich geweint habe. Lange untersuchten sie mich. Schließlich sagte mir der Ältere: »Allem Anschein nach hast du einen Lungenbefund, aber ohne Röntgen können wir nicht feststellen, in welchem Ausmaß die Lunge geschädigt ist. Am besten wäre es, wenn du so schnell wie möglich nach Hause könntest, wo sich eure Ärzte um dich kümmern würden. Bei der Verlegung solltest du dich aber schonen, und du brauchst auch kräftige Kost.« Die Ärztin schaute auf die Karte an der Wand, in die Fähnchen gesteckt waren, die die Frontlinie bezeichneten. Sie sagte, dass ich noch nicht direkt fahren könne, sondern erst nach Ostpolen und dann nach Westungarn müsse. Sie schätze, die Reise werde mindestens zwei Monate dauern. Aus ihren Vorräten gaben sie mir Medikamente, zur Sicherheit für drei Monate. Ich solle sie täglich einnehmen.

Inzwischen hatte der Vorgesetzte telefoniert und sagte mir dann: »Ich habe bei der Abteilung angerufen, die Reisedokumente ausstellt. Sie werden dir eine ›Bumážka‹« – ein gestempeltes Papier, wie er mir erläuterte – »geben, weil man im Krieg nicht ohne Passierschein durch Europa fahren kann. Dort steht geschrieben, dass dir die Rote Armee und die zivilen Ämter in jeder Hinsicht helfen sollen, damit du so bald wie möglich nach Hause kommst. Das bedeutet, dass sie dich unterwegs auch verpflegen und mit dem Zug befördern werden. Du bist einstweilen unter einer bestimmten Nummer registriert, die ich dir geben werde. Die Adresse des Amtes, wo du diese Bumážka bekommst, werden wir dir auch aufschreiben. Es dauert ein paar Tage, bis der Passierschein dort parat ist.« Eine Schwester notierte mir das mit Tintenstift auf die Hand. Sie sagten mir: »*Děržiš!*« Dieses Wort kannte ich schon von den russischen Gefangenen in Birkenau. Ich dankte ihnen und ging.

Als ich in die Unterkunft zurückgekehrt war, machte ich mir klar, dass sich diese Ärzte von der Roten Armee mir gegenüber wirklich gut verhalten hatten. Ich verstand, dass ich mein Leben hauptsächlich dank des schnellen Vormarschs der Russen auf Berlin gerettet hatte. Andernfalls wäre mit mir im Lager bald Schluss gewesen. Aber auch nachdem ich davongekommen war, ging es bei mir wegen der Lungentuberkulose immer noch ums Überleben.

Die Krakauer Straßen waren voll von ehemaligen Häftlingen unterschiedlicher Nationalität, die aus den verschiedensten Konzentrations- und Gefangenenlagern in der Umgebung hierherkamen. Ich sah auch eine Militärparade und wurde Zeuge, wie die Leute, aber ohne größere Begeisterung, eine polnische Armee begrüßten, die *armija ludowa** genannt wurde. Das war jene Armee, die an der Ostfront mit den Russen gegen die Deutschen gekämpft hatte. Neben mir stand ein Mann, der bereit war, mit mir deutsch zu sprechen (im Unterschied zu vielen anderen Leuten vor Ort), und dieser erklärte mir, die Leute brächten einer anderen Armee, der *armija krajowa*,* die an der Seite der Westalliierten kämpfte, größere Achtung entgegen. Er selbst dächte aber, dass die Soldaten auf beiden Seiten gleichermaßen ihr Blut für das Vaterland vergossen hätten.

Ich ging zurück und streckte mich auf dem Parkett aus, es war angenehm geheizt, das Liegen kam mir komfortabel vor, wenn ich mich an die Baracke in Birkenau erinnerte. Morgens wachten wir langsam auf, keiner beachtete den anderen. Niemand wünschte jemandem einen guten Morgen. Dann erwachten die beiden Mädchen, wie zuvor aneinandergeschmiegt, und lächelten mit ihren hübschen Kindergesichtern. Ich dachte mir, dass sie zwar gestern wie Vogelscheuchen ausgesehen hatten, vielleicht aber einmal schöne Mädchen aus ihnen werden könnten. Dies allerdings nur, wenn sie nach dem Konzentrationslager auch den Weg nach Hause unbeschadet überstünden. Ich stieg über ausgestreckten Beinen der Menschen, die dort mit den Köpfen zur Wand schliefen, und verließ das Zimmer. Die Toiletten waren mit Zeitungspapier verstopft, so dass ich auf den Hof musste. Dort sah es schrecklich aus, zwischen Fäkalien und verstreuten Fetzen von Zeitungspapier war es schwer, durchzukommen. Ich wusch mich am Wasserhahn, ohne mir die Nummer von der Hand wegzuwischen. Dann begann ich zu husten und musste über den mit Exkrementen verunreinigten Hof zurück zum Zaun, um dort das Blut auszuspucken. Im Mund blieb mir ein unangenehmer Nachgeschmack.

Es war noch nicht ganz Tag, der Himmel sah dunkelgrau aus, und ringsum lag matschiger Schnee. Ich dachte mir, dass nun ein weiterer hässlicher Tag beginne. Dabei war ich frei und müsste glücklich sein. Aber war ich glücklich? Scheiße! Das Wort bezog sich auf die allgegenwärtigen Fäkalien, aber das Wesen meiner Empfindungen lag tiefer. Ich näherte mich der Hintertür zum Nachtlager, als mir vier Männer den Weg versperrten. Es waren wohl ehemalige Häftlinge. Einer redete ein bellendes Deutsch, wie es im Lager die Obrigkeit benutzt hatte, doch es war klar, dass dies seine Muttersprache war. Zu den anderen sagte er *Mein Lieber!*, jedoch in einem Ton, als würde er sagen: »Du Schwindler«, »Halunke«, »Mörder«. Die drei benutzten ein gebrochenes *jidiš dajč*, und es war schwer zu sagen, woher sie stammten. Obendrein waren sie stark erregt und überschrien sich gegenseitig. Ich kam nicht zur Tür, so blieb mir nichts weiter übrig, als zu warten, wo ich war, und ihnen zuzusehen. Nach einer Weile begriff ich, warum sie so stritten. Die Männer hatten in dem belfernden Deutschen ihren früheren Kapo erkannt und warfen ihm vor, er habe die Häftlinge schlecht behandelt und Hand in Hand mit der SS gearbeitet. Der Kapo leugnete seine Identität nicht, behauptete jedoch, niemandem etwas Böses getan zu haben. Die drei nannten Beispiele, was er angerichtet hatte, so dass man ihnen glauben musste, während die Behauptungen des Kapos unglaubwürdig waren. Nach einigen Minuten verlor einer der Häftlinge, erstaunlicherweise der magerste und kleinste, die Geduld und schlug dem Peiniger aus dem Lager mit solcher Kraft auf die Nase, dass ihm das Blut übers Gesicht lief. Das war das Signal für die beiden anderen, die nun von allen Seiten mit den Fäusten auf den früheren Kapo einhämmerten, wobei sie ihn vor allem auf den Kopf schlugen. Dabei zählten sie auf, wofür diese Schläge seien. Einer schrie: »Das ist dafür, dass du mich geschlagen hast, als ich die Steine nicht mehr aufladen konnte!« Ein anderer: »Du hast den Tod meines Freundes verschuldet, den sie selektiert und nach Birkenau zurückgeschafft haben, um ihn dort zu vergasen!« In dieser Art ging es weiter. Der Kapo konnte sich nicht mehr wehren und hatte den Mund voll Blut. Vielleicht verlor er auch das Bewusstsein, er sank zur Erde. Die Männer traten noch einige Male auf ihn ein und ließen ihn dort liegen. Der kleinste von den dreien, der als Erster zugeschlagen hatte und schon ein paar Schritte entfernt war, kehrte noch einmal zurück und trat dem liegenden Kapo mit voller Kraft in den Bauch. Die beiden anderen hatten sich inzwischen beruhigt und sagten zu dem Kleinen, der Kapo habe schon bekommen, was er verdient habe, sie sollten jetzt aufhören. »Wir treten nicht auf am Boden Liegende«, sagten sie. »Wir sind nicht so wie sie!« Ihre Worte besänftigten ihn, und er schlug vor, man sollte den Zusammengeschlagenen von der Tür wegziehen, damit man durchgehen könne. »Wenigstens wird er in der Scheiße krepieren, in die er gehört«, erklärte er. Sie zerrten ihn also ein Stück weiter, einer der Männer bemerkte, dass der Kapo nach einer Weile zu sich kommen und wegkriechen werde. »Schlimmer für ihn wäre es, wenn wir ihn anzeigen würden«, sagte er. »Für das, was er alles angerichtet hat, würden sie ihn zehn Jahre einsperren. Er hat Glück, dass er uns begegnet ist, Juden, die auch verzeihen können. Mag er das, was er getan hat, selbst mit seinem Gewissen ausmachen.« Das letzte Wort aber hatte der Kleinste: »Der hat kein Gewissen. Er wird leben, aber die, für deren Tod er was kann, werden nie mehr von den Toten auferstehen.« Es war erschütternd, aber der Kerl hatte bekommen, was er verdiente. Ich billigte das, was die drei getan hatten, ja, ich bewunderte sie sogar. Der zusammengeschlagene Kapo bewegte sich schwach zwischen den Exkrementen auf der Erde und versuchte, von dort zu verschwinden. Er ahnte wohl, dass es dann, wenn er bliebe, für ihn noch schlechter ausgehen könnte. Ich ging um ihn herum und war froh, dass ich nicht über ihn zu steigen brauchte. Nach einer Weile musste ich wegen Durchfalls wieder nach draußen. Der verprügelte Kapo war weg. Die drei Männer hatten ihn nicht sehr verletzt, sie hatten recht: Er war billig davongekommen. Von ihm blieben nur Blutflecken, über die ich stieg.

Neben den beiden jungen Mädchen lag auf der anderen Seite ein italienischer Professor, der ungefähr fünfundvierzig Jahre alt sein mochte. Der sagte dazu: »Philosophisch betrachtet ist Rache Unsinn. Aber manchmal gilt auch: ›Auge um Auge, Zahn um Zahn.‹ Sonst würden die Leute anfangen, sich gegenseitig zu verletzen oder zu erschlagen, wenn sie sich begegnen. Auch der Hass zwischen den Menschen ist aus allgemeiner Sicht Unsinn. Er ist jedoch gerechtfertigt, wenn die Verfolgten ihre Unterdrücker hassen. Der Hass der Sklaven vereint sie im Widerstand gegen die Sklavenhalter. Wenn aber die Unterdrückung endet, ist es richtig, den Hass zu vergessen und an die Stelle der Rache die gegenseitige Aussöhnung zu setzen.« Man kann nicht sagen, dass ich dies verstanden hätte, doch ich nahm die unbegriffene Information automatisch in mein Gedächtnis auf. Der Italiener war wegen illegaler Tätigkeit eingesperrt worden. Er hatte schon früher Probleme mit den Mussolini-Anhängern gehabt, doch ins Konzentrationslager hatten ihn erst die Deutschen gesteckt. Nach seiner Rückkehr wollte er wieder an irgendeiner Universität in Norditalien lehren.

Im Raum stand unter den Aufwachenden plötzlich ein Mann, den ich hier gestern nicht gesehen hatte. Als Schlafanzug trug er lange, hellbraune Unterhosen aus feiner Wolle. Er stellte sich in die Tür und sagte auf Deutsch mit einem starken ungarischen Akzent: »Die Damen erlauben gewiss?« Es klang wie in einer Operette, in Wirklichkeit aber ging es darum, dass er die Nachtunterhosen gegen die Tagesunterhosen vertauschen wollte, die er in der Hand hielt. Es war Wäsche von ebenso hoher Qualität wie jene, die er in der Nacht getragen hatte. Außer den beiden halbverhungerten Mädchen gab es keine Damen – also hatte er sich entschlossen, gerade ihnen seine Männlichkeit vorzuführen. Er war recht gut genährt, so dass ihm »die Waden zu brennen begannen«. Alle starrten ihn verblüfft an, nur die beiden Mädchen schauten angewidert weg. Sein Gesicht kam mir irgendwie bekannt vor. Plötzlich hörte ich Großvaters Stimme: »Merk dir diese Gesichter!« Er war einer der drei ungarischen jüdischen Kapos, die Vater die »Hyänen« genannt hatte. Sie hatten die neuen, vom Anblick der Leichen eingeschüchterten Häftlinge gezwungen, ihnen ihre letzten Wertsachen auszuhändigen, solange sie noch welche bei sich trugen. Und abermals erhob sich in mir diese unbezähmbare Wut, mit der ich schon in Birkenau mehrfach zu kämpfen hatte. Ohne nachzudenken, stand ich auf, starrte ihm angespannt ins Gesicht und ging langsam auf ihn zu. Darauf reagierte er verstört. Ich bedeutete ihm mit der Hand, dass ich ihm etwas zuflüstern möchte. Er beugte sich also zu mir, denn er war ein gutes Stück größer. Darauf sagte ich zu ihm: »Erinnere dich an den Aufnahmeblock für Männer aus Ungarn in Birkenau!« Auf diese Worte hin erstarrte der ehemalige Kapo.

»Weißt du, was gestern früh diesem Kapo passiert ist«, sagte ich drohend. – »Ja«, flüsterte er. »Dann nimm jetzt augenblicklich, unbekleidet, wie du bist, in Unterhosen deine Sachen und verschwinde aus diesem Raum und aus der Herberge. Wenn ich dir hier oder irgendwo noch einmal begegne, dann wirst du nicht nur blutig geschlagen, sondern ich lass dich einsperren. Und jetzt schleich dich!«

Der Kapo raffte fast demütig und vor allem schnell seine verstreuten Sachen, seinen eleganten gelben Lederkoffer zusammen und ging. Jemand klatschte, ein paar andere lobten mich, wie ich das mit ihm erledigt hatte. Ich war aber gar nicht ganz bei mir und kam erst nach einer Weile wieder ins Gleichgewicht. Dabei schämte ich mich vor mir selbst. Ich hätte ihn ebenso ins Gesicht schlagen sollen, wie es jener hagere Häftling vor einer Weile getan hatte. Aber weder in Birkenau noch in Auschwitz hatte ich gelernt, einem Menschen ins Gesicht zu schlagen, auch wenn er das unzweifelhaft verdient hätte. Vielleicht war das ein Vorteil; mir jedoch schien es ein Nachteil zu sein.

Der italienische Professor ging zum Verwalter, der die Frauen in einem eigenen Raum unterbringen sollte, den sie auch abschließen konnten, damit sie nicht von jemandem belästigt würden. Ich riet den Mädchen, auf keinen Fall allein nach Hause zu fahren. »Bleibt immer mit einer Gruppe zusammen und lasst euch auch mit ihr repatriieren! Ihr seht, dass die Welt auch nach der Befreiung erbärmlich ist.« Als die Mädchen sich umgezogen hatten, verschoben wir unsere Plätze; der Italiener rückte näher zu mir, damit zwischen uns nicht irgendein Unbekannter Platz finden konnte, der nicht vertrauenswürdig war. Gleich fragte er mich, wie es mir gelungen sei, diesen Angeber so schnell zu zähmen und von hier zu entfernen. Ich hatte ihn abgefertigt, doch ich war nicht besonders stolz darauf. Dazu bemerkte der Professor: »Was auch immer du im Sinn hast, die Hauptsache ist, mit dem fertigzuwerden, was mit uns geschehen ist, und etwas Neues, Besseres anzufangen. Alles andere ist Nebensache.« Abwechselnd passten wir auf unsere Sachen auf, im Raum wurde nämlich gestohlen. Der Italiener sagte dazu, ich solle nicht denken, dass die Einsicht in die bestialischen Verbrechen Nazideutschlands das menschliche Wesen verändern werde. Er selbst war davon überzeugt, dass diese Erfahrung den Menschen auf lange Sicht weder schlechter noch besser gemacht habe.

Ich ging zum Bahnhof, mich nach Zügen und Verbindungen zu erkundigen. Der reguläre Personenverkehr funktionierte nicht, die einzige Möglichkeit bestand darin, sich früh auf den Bahnhof zu begeben und zu warten, bis irgendein Zug fuhr, in den mich die russische Bahnhofswache einsteigen ließ. Nach der Übersichtskarte konnte ich nach Osten bis Tarnów, Rzeszów und vielleicht Krosno fahren, dann nach Westen, am ehesten bis Humenné und durch Nordungarn in westlicher Richtung bis Budapest; von dort war Parkan schon sehr nahe. Bisher allerdings hatte ich noch keinen sowjetischen Passierschein erhalten.

Früh am nächsten Morgen machte ich mich uf den Weg. Das Gebäude fand ich leicht und zeigte die Nummer vor, die mir auf die Hand geschrieben worden war. Man führte mich zu einem jungen Mädchen in Militäruniform, einer Blondine, die die Nase hoch trug. Sie hatte eine Armbinde mit kyrillischen Buchstaben, die, wie ich bald herausfand, »NKWD« lauteten. Die Soldatin gab mir mit Handbewegungen und Gesten zu verstehen, dass ich am nächsten Tag um die gleiche Zeit wiederkommen solle, dann werde der Passierschein fertig sein.

Als ich aus dem Tor trat, traf ich auf meinen Bekannten aus dem russischen Häftlingsblock. Ich sprach ihn auf *jidiš dajč* an: »Murat Ibragimovič, ich bin froh, dass du am Leben bist und dass ich dich wiedersehe!« Aber er presste übertrieben die Lippen zusammen, um damit anzudeuten, ich solle schweigen, und zog mich ein Stück von den Leuten weg. Bedeutsam zwinkerte er mir zu und sagte laut, dass ich ihn mit jemandem verwechsele. »Ich heiße Michail Avram und bin ein Jude vom Südbalkan! Das ganze Leben, bevor mich die Deutschen nach Birkenau gebracht haben, habe ich dort mit Türken Handel getrieben. Jetzt würde ich gern möglichst bald einen Passierschein bekommen, damit ich nach Hause zurückkehren kann.« Und wieder zwinkerte mir Ibragimov zu. Ich ging auf sein Spiel ein und sagte, ich würde mich schon wieder erinnern und nur dafür bedanken wollen, dass man mir in Birkenau geholfen habe, zu seinem Kommando zu kommen, als ich schon fast am Ende war. Ibragimov erklärte mir, dass er sich im Lager als Muslim ausgegeben habe, weil er so eher überleben würde. In Wirklichkeit sei er der Jude Meir Gerstein. Jetzt aber wolle er nicht mehr zurück in die Sowjetunion. Erstens sei dort von seinen Verwandten niemand mehr am Leben. Zweitens werfe die dortige Regierung den Soldaten vor, dass sie sich hätten gefangen nehmen lassen, statt bis zum letzten Atemzug zu kämpfen. Außerdem herrsche in der Sowjetunion großes Elend, und das werde noch lange dauern. Und den Juden ginge es dort auch nicht besonders gut. Jetzt verlange er einen Passierschein, um zu seinen Türken auf den Südbalkan zurückzukehren. Wohin er dann fahren werde, wisse er noch nicht. Vielleicht werde er sich bemühen, nach Amerika zu kommen. Er müsse sich mit dem Passierschein in der Hand sofort dorthin aufmachen, ehe sie die Grenze schlössen. »Ich hoffe, du wirst mich nicht verraten«, bat er. »Versprichst du das?« Ich versprach es mit den Worten, dass er mir das Leben gerettet habe, was ich nie vergessen würde. Wir waren schon drauf und dran, jeder seinen Weg zu gehen, aber ich hielt ihn noch auf und fragte ihn, was NKWD* bedeute.

»Das ist das Ministerium des Innern, in Wirklichkeit aber vor allem eine politische Polizei und Gegenspionage. Von denen halte dich fern«, warnte mich Ibragimov-Gerstein. »Gerade von ihnen aber brauche ich den Passierschein für die Reise. Wenn die erfahren würden, was ich vorhabe, dann würde das für mich wohl den sicheren Tod bedeuten. Pass also auf! Und merke dir noch eine Sache. So viele anständige Menschen wie in Russland, wenn du die Russen einzeln nimmst, findest du nirgends sonst auf der Welt, aber die Organisationen, die dort geschaffen werden, sind manchmal lebensgefährlich.« Und dann fragte er: »In welches Land wirst du eigentlich zurückkehren?« »In die Tschechoslowakei«, antwortete ich. »Die Sowjets werden euch bald besetzen, oder sie werden euch auf andere Art unter ihre Kontrolle bringen, sie werden schon irgendeinen Weg finden, damit musst du rechnen.« Beim letzten Satz hielt er den Zeigefinger vor den Mund, damit ich darüber schweige.

Am nächsten Tag ging ich morgens erneut zu diesem Gebäude. Mich empfing ein Mädchen um die fünfundzwanzig. Sie war dunkelhaarig, mit leicht semitischen Zügen, hatte die gleiche Armbinde wie gestern die Blondine und an der Hüfte eine große Pistole. Mich redete sie auf Deutsch an, wie üblich mit einer gewissen jiddischen Beimengung, und ich antwortete ihr ebenso. Sie sagte mir: »*Jingele*, wir haben für dich einen Passierschein nach Hause. Halt dich unterwegs an unsere Leute, sie werden dir in allem entgegenkommen. Wir hoffen, dass du bald nach Hause kommen und dort deine Familie finden wirst. Uns ist bekannt, dass du krank bist und dass du zu Hause so schnell wie möglich mit einer Behandlung anfangen musst. Wir stecken dir dieses Papier in einen Umschlag, bewahr es gut auf und verlier es nicht!« Als sie mich fragte, ob ich noch irgendeine Frage hätte, sagte ich ihr nach einigem Zögern, im Lager hätten manche SS-Offiziere solche Pistolen besessen. Da zog sie sie aus dem Futteral und legte sie auf den Tisch, aber so, dass ich sie nicht erreichen konnte. »Diese Pistole ist eine Trophäe, Marke Parabellum«, sagte sie. »Ich habe sie einem Deutschen abgenommen! Das Mädchen, bei dem du warst, und ich sind normale Frauen, aber die Faschisten haben uns die Familien ermordet, und nun müssen wir gegen sie kämpfen, bis wir sie geschlagen haben.« Ich dachte mir, dass die Russen auch das Ihre durchgemacht hatten. Auch bei ihnen war es dieser Hass, der sie verband und im Krieg antrieb. Sollte ich mich nicht auch einer Armee anschließen, damit ich helfen könnte, die Faschisten zu besiegen? Dann aber meldete sich in mir eine andere Stimme, die sagte, dass ich wohl verrückt sei – ich war etwas über vierzehn, konnte kaum kriechen und hatte TBC. Da müsste mich ein anderer Soldat auf dem Rücken in den Kampf tragen. Den Faschisten könnte ich nur schaden, indem ich von Weitem meine Tuberkelbazillen auf sie spuckte. Ich hätte schon genug geleistet, wenn ich rechtzeitig nach Hause käme, um mich dort kurieren zu lassen.

Am nächsten Morgen suchte ich in der Unterkunft meine Sachen zusammen, verabschiedete mich von dem Italiener und sagte den Mitbewohnern, dass ich wegfahren würde. Nur einige wünschten mir eine gute Reise. Die Übrigen schauten entweder nicht her oder schwiegen. Sie waren in der Mehrzahl. Ihnen war alles egal, sie sahen aus, als würde sie sogar ihre eigene Existenz und ihr weiteres Schicksal anöden.

Selbst zu dieser frühen Stunde war der Bahnhofswartesaal voller Menschen. Es roch dort schrecklich, vor allem weil in großen eisernen Öfen geheizt wurde. Von Zügen wusste niemand etwas, so dass ich zur Militärkommandantur des Bahnhofs ging. Dort lasen sie mein Papier und riefen einen Dolmetscher. Der sagte, dass vielleicht nachmittags ein Zug fahren werde und ich mitkommen solle, mit dem russischen

Militär Mittag zu essen. Meinen Rucksack nahm ich überallhin mit, denn der bloße Anblick der Leute im Wartesaal überzeugte mich davon, dass sie ihn binnen zwei Minuten stehlen würden. Die Russen gaben mir eine dicke Suppe aus allem Möglichen, die sie Borschtsch nannten. Der Koch, dem sie schon gesagt hatten, woher ich kam, überredete mich, zwei Portionen zu essen. Dazu gab er mir einen ganzen Kanten Brot, diesmal russisches.

Der Zug kam viel später, als er sollte, was die Leute auf dem Bahnhof mit den Worten »*Vojna, vojna!*« kommentierten. Das bedeutete, dass Krieg eben Krieg sei, überall Chaos herrsche und man da halt nichts machen könne. Der Zug bestand aus Plattenwagen, wie sie hauptsächlich für den Transport von Panzern benutzt wurden. Dabei begann es draußen zu frieren, Schnee fiel, und der Wind fauchte. Es stiegen noch etwa fünf weitere Reisende auf, die keine Genehmigung hatten, aber von niemandem beachtet wurden. Erst jetzt fehlte mir die Decke, die ich der Polin geschenkt hatte. Die Mitreisenden hatten Decken, holten sie sofort heraus und warfen sie sich über Kopf und Rücken. Nur ich hatte keine. Ein Nachbar, auch ein früherer Häftling auf dem Heimweg, aber ohne Passierschein, fragte mich, warum ich keine Decke hätte. Als ich ihm sagte, was ich getan hatte, belehrte er mich, dass übertriebene Wohltätigkeit ebenso schlecht sei wie gar keine, nahm mich aber mit unter seine Decke. Nach ungefähr einer Stunde hatten wir vom Aufenthalt auf dem Waggon schon genug, obwohl wir den Bahnhof noch gar nicht verlassen hatten. Dann fuhren wir langsam, aber ununterbrochen, bis etwa zwei Uhr nachts. Ständig fror und schneite es, und während der Fahrt blies der Wind ordentlich. Als der Zug hielt, wurden wir eine Weile hin- und herrangiert, die Militäreisenbahner gaben einander durch Lampenschwenken Signale, begleitet von langgezogenen Rufen: »*davaj, davaj!*«. Dann kam der Zugführer und sagte, er könne wegen eines Hindernisses auf der Strecke nicht weiterfahren. Wir müssten uns ein Nachtlager im Dorf suchen und dann wieder zurückkommen. Im Dunkeln gingen wir einer hinter dem anderen in der gleichen Spur durch den einen Viertelmeter hohen Schnee, bis wir zu einem verschlossenen, dunklen Gebäude kamen. Vergeblich pochten wir an das Tor. Dann rief jemand auf Russisch: »Bauer, öffne die Tür! Dann werden wir nicht mehr frieren. Wir sind mehrere. Wenn du nicht aufmachst, treten wir die Tür ein!« Das half. Wir schliefen uns auf dem Fußboden aus.

Morgens war der Kessel der Lokomotive angeheizt. Das Signal aber stand auf Halt. Die Russen begannen ihre Lieder zu singen. Man konnte sie verstehen. Alle waren traurig. Es war zu spüren, dass ihnen der Krieg zum Halse heraushing und dass sie nach Hause zu ihren Familien wollten. Ich hatte noch den halben russischen Brotkanten, brach ihn in zwei Teile und gab den einen unauffällig dem Juden, der mich unter seine Decke genommen hatte, den anderen aß ich selbst. Das Brot teilte ich auch deshalb mit ihm, weil er keinen Passierschein hatte und somit unterwegs keine Verpflegung bekam. Um die Mittagszeit fuhren wir los und erreichten nach ungefähr vier Stunden Tarnów. Auf der Strecke war keinerlei Hindernis zu sehen. Mein Mitreisender sagte, dort sei wohl auch keins gewesen. Vielleicht sei nur der Signalstellwerker betrunken gewesen. Bei den Russen herrsche in allen Dingen unvorstellbare Unordnung und großes Durcheinander, aber ihre gewaltige und komplizierte Militärmaschinerie funktioniere erstaunlicherweise trotzdem. Dagegen würden die Deutschen in allem Ordnung halten, aber den Krieg dennoch verlieren. Das rühre daher, dass die Russen für eine gerechte Sache kämpften und das jedem klar sei. Aber die Deutschen ließen die verbrecherische Naziclique regieren, die jeden ermorde, den sie für ihren Feind halte, und die ganze Welt unterjochen wolle.

In Tarnów begab ich mich direkt zur russischen Bahnhofswache. Der diensthabende Offizier war Schaffner in einem internationalen Zug gewesen und verstand Deutsch. Ich sollte ihn Vasil Vasiljevič nennen. Irgendwo in Mittelasien hatte er einen gleichaltrigen Sohn, an den ich ihn erinnerte. Später machte er mir ein Verzeichnis der russischen Buchstaben und der wichtigsten Ausdrücke, die ich mir bald einprägte. Aus der Küche brachte man mir eine andere dicke Suppe und wieder einen Kanten russisches Brot.

Im Wartesaal traf ich meinen Reisegefährten wieder. Er lag auf einer hölzernen Bank in einer Ecke und bot mir an, zu ihm zu kommen, weil es zu zweit günstiger sei: Einer könne weggehen, während der andere auf beide Rucksäcke aufpasse. Ich trug noch eine Bank hin und schob beide Bänke mit den Sitzflächen gegeneinander; so entstand ein Lager für zwei. Unten legte er seine Decke hin, unter die Köpfe stopften wir die Rucksäcke und Schuhe, und mit den Wintermänteln deckten wir uns zu. In der Nacht weckten mich Hustenanfälle. Um das abgehustete Blut auszuspucken, ging ich nach draußen, damit es niemand bemerkte. Ich fürchtete, dass man mich dort in ein Krankenhaus stecken könnte, zu einer Behandlung, die mir auch nicht helfen würde, aber nach Hause käme ich dann erst nach Monaten oder Jahren, vielleicht auch nie. Sorgen machte ich mir auch darüber, dass ich jemanden anstecken könnte. Aber wie sollte ich das verhindern, wenn ich doch dem Kontakt mit Menschen nicht ausweichen konnte? Obendrein kam ich mit denen, die mir am meisten halfen, auch am häufigsten in Berührung. Wenn ich den Husten nicht unterdrücken konnte, lief ich zur Bahnhofstoilette. Wie viele andere, die im Konzentrationslager gewesen waren, konnte ich mich nach der Hungerzeit schwer an Nahrung gewöhnen. So war es während der ganzen Reise. Die Toilette war gräßlich und kam dem mit Kot verschmutzten Hof in der Krakauer Unterkunft ziemlich nahe. Während der Nacht verbrauchte ich alle Vorräte an Zeitungspapier, die ich hatte. Ich musste durch den ganzen Bahnhof laufen und weggeworfene Zeitungen aufsammeln. Am späten Vormittag erwachte ich. Leute sagten mir, dass vor kurzem ein Zug mit geschlossenen Waggons Richtung Rzeszów abgefahren sei. Also hatte ich diesen Zug verschlafen. Bei den Russen war wieder der internationale Schaffner im Dienst. Er sagte mir, er habe einen Soldaten nach mir geschickt, aber dem habe es angeblich leid getan, mich zu wecken, weil ich so schön schlief. Die Faschisten im Lager hätten mich zur Genüge gehetzt, und weil mich jetzt die Rote Armee befreit hätte, solle ich mich ordentlich ausruhen. Es werde schon irgendein anderer Zug fahren! Warum sollten wir irgendwohin hetzen? Der Dienst gehe vorbei, ob wir nun hasteten oder nicht. Warteten wir doch das Kriegsende ab, dann werde die richtige Eile schon kommen, weil überall alles zerstört und zerschlagen sei, wir würden uns das ganze Jahr über beeilen müssen, um alles wieder zu richten, was uns die Faschisten im Krieg durcheinandergebracht hätten.

Die Zeit verbrachte ich mit meinem Reisegefährten im Wartesaal. Er war irgendwie seltsam und verhielt sich ungewöhnlich. Als ich ihn fragte, wie er heiße und woher er sei, antwortete er, er heiße Egon Procházka, stamme aus Chust. Ich meinte zu ihm, im Leben noch keinen Juden aus diesem Gebiet mit einem solchen Namen gesehen zu haben. Aber er sagte nur, dass dieser Name für diese Reise passend sei, und machte dabei ein Gesicht, als hätte er mir gerade ein wichtiges Geheimnis verraten. Als ich ihn fragte, warum er in Krakau kein solches Dokument verlangt habe, wie ich eines hätte, um unterwegs Verpflegung zu bekommen, antwortete er, er wolle nicht in irgendeiner russischen Liste eingetragen sein. Er kehre nach Hause hauptsächlich zurück, um sich zu überzeugen, ob jemand aus seiner Familie überlebt habe, auch wenn er vermute, dass alle umgekommen seien. Auch wolle er Wertsachen, Familienfotos und Andenken holen, die seine Familie vor der Deportation versteckt habe. Und dann wolle er weg, am ehesten nach Palästina. Er erklärte mir auch, sie hätten ihn eingesperrt, noch bevor seine Familie vor der Deportation ins Ghetto geschickt worden sei. Angeblich deshalb, weil er mehrfach Versammlungen einer jüdischen kommunistischen Organisation besucht habe. Ungarische Geheimpolizisten hätten ihn zusammengeschlagen und in einen Transport nach Auschwitz gesteckt. Den Namen habe er nicht einmal beim Eintätowieren der Nummer erwähnt, weil er gefürchtet habe, dass die Deutschen mehr über diese Organisation erfahren könnten und er dann im Lager dafür büßen müsste.

Tagsüber rückten wir die Bänke ein bisschen auseinander, damit wir uns setzen konnten. Jeweils einer von uns passte auf die Sachen auf, der andere ging irgendwohin. Procházka verriet niemals, wohin. Einmal sagte er mir, ich könne von Glück reden, weil ich dieses russische Papier hätte, mit dem ich auch auf der Reise verpflegt würde. Und dabei hätte ich im Rucksack noch Konserven als eiserne Reserve. Ich hatte ihm aber nie gesagt, dass ich eine Fleischkonserve und zwei Dosen Milch besaß, also musste er im Rucksack herumgewühlt haben. Ich gab ihm die Hälfte vom Brot, aber das konnte ihm nicht genügen. Offenbar hatte er Geld oder sonst etwas Wertvolles, mit dem er sich in der Stadt Essen kaufte. Ich fragte mich, wo er im Lager zu diesem Geld oder zu dem gekommen wäre, womit er das Essen bezahlte. Vermutlich hatte er es nicht ganz ehrlich erworben. Er selbst bot mir niemals etwas an. Aber ich denke nicht, dass er zu geizig war. Eher war er von einem Hang zur Geheimniskrämerei besessen. Manchmal verhielt er sich auch normal und sagte schlaue Dinge. Er gehörte zu den vielen, denen das Lager ein wenig den Verstand verwirrt hatte. Das nahm ich als eine Folge der Qualen, die ihm dort die SS zugefügt hatte. Ich aber habe niemals seinen Rucksack durchsucht.

Auf den Zug mit geschlossenen Waggons nach Rzeszów wartete ich mit dem falschen Egon Procházka volle drei Tage auf dem Bahnhof. Dank Vasil Vasiljevič wurde mir Verpflegung für zwei Tage ausgehändigt, in dieser Zeit könnten wir bis Rzeszów gelangen. Ich fragte den Schaffner, ob er Procházka, mit dem ich auf dem Bahnhof unser improvisiertes Feldbett geteilt hatte, nicht auch in den Zug lassen könne. Er sei zwar etwas eigenartig, doch ebenfalls aus dem Lager zurückgekehrt und hätte mich bei der Fahrt im offenen Waggon unter seine Decke genommen. Der Schaffner gestattete es mit dem Vorbehalt, dass er für einen weiteren Passagier kein Essen abrechnen und ihn deshalb nicht verpflegen könne. Ich sagte, das würde nichts ausmachen.

Die Reise dauerte fast vier Tage, die wir hauptsächlich mit Warterei auf kleinen Eisenbahnstationen verbrachten. Vorrang hatten mit Soldaten und Waffen vollgestopfte Militärtransporte, die nach Westen fuhren. Die Aufschriften auf den Waggons lauteten meist: »Za rodinu, za Stalina!«* – sie fuhren also, um für die Heimat und Stalin zu kämpfen. Den Kampf für die Heimat begriff ich, aber soweit es um Stalin und auch um Hitler ging, fiel mir nur die Frage ein, was diese Völker wohl täten, wenn ihren Führern, die doch eine so unbeschränkte Macht hatten, plötzlich etwas zustieße.

Der falsche Egon Procházka sprach an diesen Tagen fast gar nicht, und wenn er mir etwas sagte, dann auf Jiddisch, obwohl er Russisch konnte und die Russen vollkommen verstand. Das war vielleicht auch eine Folge seiner seelischen Störung, die ich auf Laienart Verfolgungswahn nannte. Ständig dachte er, dass jemand hinter ihm her wäre. Im Übrigen habe ich den größten Teil der Reise verschlafen.

Oft verfiel ich in den schon bekannten Dämmerzustand und verlor das Zeitgefühl. Das kam wohl von der Erschöpfung und auch von der Tuberkulose. In Birkenau war dieser Zustand für mich sehr gefährlich, doch im Zug, der ständig irgendwo anhielt, fast ein Vorteil. Dauernd hustete ich Blut, das ich unauffällig aus dem Waggon nach draußen spuckte. Quer durch Polen hinterließ ich eine Spur von rotem Auswurf auf weißem Schnee.

Am frühen Nachmittag kamen wir in Rzeszów an. Ich verabschiedete mich von der Mannschaft, die weiter nach Osten fuhr, aber Egon schaute niemanden an und sprang mit dem Rucksack aus dem Zug. Als er unten war, drehte er sich halb nach mir um und rief: »Viel Glück!« Dieses »Glück« hörte ich, als er mir schon den Rücken zukehrte. Ich hatte gedacht, dass wir wieder eine Weile im Wartesaal sitzen würden, aber diesmal war er endgültig weg. Schon war der Sonderling Egon Procházka – oder wie auch immer er geheißen haben mag – plötzlich und für immer aus meinem Leben verschwunden, wie Hunderte andere, denen ich im Durcheinander des Lagers, der Kriegs- und der Nachkriegszeit zufällig begegnete.

In Rzeszów wandte ich die bewährten Methoden an und ging auf die russische Bahnhofskommandantur. Diesmal konnte ich den diensthabenden Soldaten schon in gebrochenem Russisch um Hilfe und Auskunft über die Weiterreise bitten. Die Folge war, dass nach fünf Minuten ein weiteres jüdisches Mädchen mit NKWD-Armbinde erschien, diesmal mit roten Haaren und einem gewöhnlichen Trommelrevolver. Die Waffe schlenkerte an ihrer Seite, war nicht am Gürtel befestigt, sondern hing an einem Riemen, den sie über Rücken und Brust geworfen hatte. Sie nahm mein Papier und las es durch. Dann sagte sie mir auf Deutsch mit der unerlässlichen Beimischung von Jiddisch, dass sie beim NKWD nur Dolmetscherin sei. Wie alle anderen könne ich sie Faigele nennen. Sie werde dem Kommandanten von mir berichten. Dann forderte sie mich auf, mich auf der Wache an einen Tisch zu setzen. Nach einer Weile wurde mir Essen gebracht. Der Soldat kam zurück, die

Maschinenpistole in der rechten Hand und eine Schüssel mit gekochten Kartoffeln und einer Wurst obenauf in der linken. Ich begann einzunicken und fiel wieder in meinen sonderbaren Schlummer. An einer Wanduhr erkannte ich, dass ich eine halbe Stunde geschlafen hatte. Nach langer Zeit war es das erste Mal, dass ich nach einer Uhr die Zeit bestimmen konnte. Es war ein eigenartiges Gefühl, genau zu wissen, wie spät es ist. Im Lager hatten wir in gewissem Maße gelernt, die Uhrzeit abzuschätzen. In meinem sonderbaren Dämmerzustand schadete es mir sehr, dass ich dieses Zeitgefühl verloren hatte und nie genau wusste, ob zehn Minuten vergangen waren oder eine Stunde.

Ich wollte durch den Bahnhof spazieren und die Toilette aufsuchen, die genauso ekelhaft war wie auf allen Bahnhöfen; der Gestank war hier noch um dem Geruch von Chlorkalk angereichert. Für hygienische Zwecke sammelte ich wieder alte Zeitungen auf, die im Bahnhof herumlagen. Als ich zurückkam, saß die rothaarige Faigele mit einem hochgewachsenen, dunkelhaarigen Oberleutnant der Roten Armee, der einen Schnauzbart trug, am Tisch. Er sah gar nicht russisch aus, eher erinnerte er mich an die Prinzen aus orientalischen Märchenfilmen. Faigele stellte ihn mir als den Militärkommandanten der Station vor und sagte, er sei Georgier aus Transkaukasien und heiße Sergo und irgendwie weiter. Sie fügte noch hinzu, dass Sergo vor dem Krieg Student an der Universität in Tiflis gewesen sei und sie selbst in Leningrad studiert habe. Der Kommandant holte ein Blatt Papier hervor und erklärte mir, dass es sich um den Fahrplan nach Krosno handele; er sprach russisch mit eigentümlichem Akzent. Auf dem Plan waren in lateinischen Buchstaben die Namen der Eisenbahnstationen und verschiedene Ankunfts-, Abfahrts- und Umsteigezeiten verzeichnet. Diesmal handelte es sich um Personenzüge, was in diesen Kriegszeiten ein großer Fortschritt war. Weiter machte mich der Kommandant noch auf einige Dinge aufmerksam. Erstens wies er mich darauf hin, dass die Züge immer noch unpünktlich führen und er mir für den Fall, dass ich welche verpassen würde, verschiedene Verbindungen aufgeschrieben habe. Zweitens sagte er mir, dass das Reisen weiterhin gefährlich sein könne, weil sich im Hinterland allerlei Gesindel herumtreibe, Banditen und Diebe, die in den unterschiedlichen Ländern aus der Haft geflohen seien. Aber sie hätten in jedem Zug ihre Militärpolizei, die ständig durch die Waggons patrouilliere. Den Militärpolizisten solle ich mein Papier zeigen und ihnen auch sagen, wo ich den Zug verlassen und umsteigen wolle. Sie würden mich wecken, damit ich nicht verschliefe und irgendwo anders hinführe. Drittens sei seinen Informationen nach in Krosno eine tschechoslowakische Militäreinheit stationiert, die mir helfen werde. Viertens erklärte er mir, dass mein Zug morgen früh abfahre. Er und Faigele würden mich selbst auf den Zug bringen. Und zum Schluss verkündete er mir, dass sie beide mich für acht Uhr zum Abendessen einladen würden. Vorher brächten sie mir für den Fall, dass ich mich waschen wolle eine Kanne warmes Wasser in die Schlafkammer, wie Faigele mir taktvoll übersetzte. Ich schämte mich wirklich, denn ordentlich gewaschen hatte ich mich zum letzten Mal in Auschwitz, noch vor der großen Reise nach Hause. Erstmals machte ich mir klar, was für einen Eindruck nicht nur mein Aussehen, sondern auch mein Geruch wohl machen musste, wenn meine Gastgeber wollten, dass ich mich wasche, bevor sie sich mit mir an den Tisch setzten.

Es war deutlich, dass Sergo ein guter Organisator war und ein *načalnik*, wie er sein sollte. Selbst auf dem Hauptbahnhof von Berlin hätte er Ordnung schaffen und den Verkehr organisieren können, wenn ihn die Rote Armee dorthin beordert hätte. Was er befahl, führten seine Untergebenen offensichtlich aus. Innerhalb einer Viertelstunde brachten sie mir warmes Wasser in einer Kanne, dazu Handtuch und

Seife. Ich zog mich aus, wusch mich gründlich und trocknete mich ab, holte aus dem Rucksack saubere Wäsche und zog sie an. Kamm und Zahnbürste hatte ich mir aus dem Magazin in Auschwitz nicht mitgenommen. Eigentlich war mir damals nicht einmal eingefallen, dass ich mir diese Dinge heraussuchen sollte. So kämmte ich mich mit den Fingern und säuberte mir mit ihnen die Zähne. Dabei überlegte ich, wieso ich vorher gar nicht auf die Idee gekommen war, dass ich mich ordentlich waschen und die Wäsche wechseln müsste. Vielleicht entschuldigte mich, dass ich auch andere, ernstere Sorgen hatte.

Die wichtigste Neuigkeit, die ich nach dem Waschen feststellte, war, dass Hemd und Unterhose von Läusen wimmelten. Eigentlich war das nach dem Herumlungern auf den Bahnhöfen keine Überraschung. Um mich von diesen Läusen zu befreien, machte ich dann die erste Dummheit, die mir einfiel: Ich wickelte die verlauste Wäsche in Zeitungen und warf das Päckchen auf dem Bahnhof in einen Abfallkorb. Damit hatte ich für den Rest der Reise und für den Anfang zu Hause keine Reservewäsche mehr. Die Oberbekleidung schüttelte ich in einen Lichtschacht aus, zu dem sich das Kammerfenster öffnete. Ich nahm an, dass bei diesem Abendessen keine Läuse auf mir herumkriechen würden und dass ich den gastfreundlichen Russen nicht das Feldbett verlauste, auf dem ich schlafen sollte. Dabei kam mir gar nicht zum Bewusstsein, dass mich diese Notmaßnahmen natürlich nicht von den Läusen befreit hatten. Bis zur Rückkehr nach Hause führte ich gegen sie einen vergeblichen Kampf. Dabei fürchtete ich mich vor ihnen. Ich wusste, dass Läuse Flecktyphus verbreiten, mit dem nicht zu spaßen war.

Dieses Abendessen war für mich etwas vollkommen Neues. Zu ihm kamen vier Angehörige der Roten Armee zusammen. Die Hauptperson war der frisch rasierte Georgier Sergo, dazu gesellten sich die rothaarige jüdische Schönheit Faigele und weitere zwei Männer, die ich nicht kannte. Einer hieß Asrat und war ein ungefähr dreißigjähriger Oberleutnant, der sich um die Versorgung der örtlichen Militäreinheit zu kümmern hatte. Seiner Herkunft nach war er Armenier. Der Älteste am Tisch war ein etwa vierzigjähriger Hauptmann, ein jüdischer Arzt, den sie Igor Avramovič nannten, um ihm nach russischer Tradition die Ehre zu erweisen. Alle trugen saubere Uniformen mit Medaillen an der Brust.

Ich verstand nicht, was ich dort eigentlich zu suchen hatte. Schließlich war ich noch ein Junge, erst etwas über vierzehn, und zudem seelisch und körperlich in einer elenden Verfassung. Bei ihnen machte ich nur ein Weilchen Station auf dem Weg von Auschwitz und Birkenau – Orten, die der arme Herr Silbermann zu Recht den *anus mundi* genannt hatte. Ich wollte mich vor der Weiterreise nach Hause bloß ausruhen und wusste nicht, was mich dort erwartete. Gekleidet war ich in Lumpen aus dem Lager. Sie stammten von Häftlingen, die die Deutschen dort ermordet hatten. Während der Reise war ich auf Barmherzigkeit angewiesen. Das alles wussten meine Gastgeber. Dass ich obendrein mit Tuberkulose infiziert und verlaust war, verschwieg ich, ob das nun richtig war oder nicht.

Die Gespräche am Tisch leitete Sergo. Übersetzt wurden sie abwechselnd von Faigele und von Igor Avramovič, der ein gutes Deutsch sprach und wollte, dass ich ihn Igor nannte. Wie er mir erklärte, hätten auf dem Gebiet des früheren Russischen Reiches die Georgier die höchste Tafelkultur,* so dass festliche Mittags- und Abendmahlzeiten, sofern Georgier anwesend seien, gewöhnlich auch von ihnen geleitet würden, weil sie das am besten könnten. Zu meiner Überraschung begann Sergo damit, dass sie einen Gast hätten, der allen große Freude bereite. Dieser Gast sei noch jung, doch im Leben schon sehr erprobt, denn er habe die schlimmste Hölle überlebt, die Menschen je im Lauf der Geschichte anderen

Menschen zu bereiten gewagt hätten – die faschistischen Konzentrationslager Birkenau und Auschwitz. Sie alle seien aber nicht nur zu Ehren dieses einen Burschen zusammengekommen, sondern zur Erinnerung an alle die Millionen Menschen, die die deutschen Faschisten an solche Orte verschleppt und dort ermordet hätten. Mich nannte Sergo erst ganz am Schluss seiner Rede. So verlangte es – wie mir Faigele zuflüsterte – die georgische Sitte, damit sich die Teilnehmer des Gastmahls bis zum letzten Moment nicht sicher wären, wer von den Anwesenden eigentlich gemeint sei. Faigele, die zwischen Sergo und mir saß, sagte mir leise, dass sie nach dem Krieg, wenn er sein Mathematikstudium und sie ihr Physikstudium abgeschlossen hätten, heiraten würden und sie dann zu ihm nach Georgien ziehen wolle. Für mich war das keine Überraschung, denn man sah ihnen an, dass sie miteinander gingen. Sie fügte noch hinzu, dass die Juden, die in Leningrad geblieben seien, zwar nicht den Deutschen in die Hände gefallen, aber viele von ihnen während der Blockade verhungert seien. Faigele hatte nur noch ihre Mutter gehabt, aber auch die sei umgekommen, so dass sie es in ihrer Geburtsstadt allein nicht mehr aushalten könne.

Dann wurde kräftig gegessen. Wie mir Igor verriet, hatte Asrat das Essen beigesteuert und Sergo, der vor einiger Zeit in Georgien auf Urlaub gewesen war, den Wein. Dabei wurden Trinksprüche ausgebracht und die Gläser erhoben, aber diese Sprüche verstand ich nicht. Einerseits war ich müde, andererseits vergaßen Faigele und Igor, wohl unter dem Einfluss des genossenen Weines, sie mir zu übersetzen. Zu den Trinksprüchen wurde mir vielleicht je ein Zentimeter Wein eingegossen, weil ich ja noch ein Kind war. Igor gab als Arzt darauf acht, sie selbst schenkten sich selbstverständlich mehr ein.

Als die Stimmung schon lockerer war, fragte ich Igor, warum so oft Jüdinnen für das NKWD dolmetschten. »Dafür gibt es eine einfache Erklärung«, antwortete er. »In der Sowjetunion und hauptsächlich im Wolgagebiet leben viele Deutsche, aber denen kann man nicht trauen, weil sie vom gleichen Stamm wie die deutschen Faschisten sind.* Die Juden aber sind gegen die deutschen Faschisten und unter diesem Gesichtspunkt vollkommen vertrauenswürdig.« Wie er mir über den Tisch zuflüsterte, begreife das die *načalstvo*,* was ich mir aus dem Kontext mit Obrigkeit übersetzte, durchaus. Außerdem könnten viele Juden Deutsch, auf Grundlage des Jiddischen sei diese Sprache leicht zu erlernen. Andere Volksgruppen, die Deutsch könnten, gebe es in der Sowjetunion nicht. Und Frauen würden jetzt für solche Aufgaben auch deshalb genommen, weil man die Männer an der Front brauche.

Ich fing an, meinen eigenen Gedanken nachzugehen. Das Erste, was mir in den Sinn kam, erstaunte mich etwas: Da haben mich die Russen zum Abendessen eingeladen, aber unter ihnen war tatsächlich nicht ein einziger wirklicher Russe! Sie nennen sich zwar Russen, doch viele gehören anderen Nationalitäten an. Wenn also jemand Kontakte mit den Sowjets hat, muss es sich dabei gar nicht unbedingt um Russen handeln, sondern vielleicht auch um Nichtrussen. Das war für mich eine Entdeckung.

Sergo und Asrat entfernten sich für eine Weile, und Igor beugte sich zu mir, um mir zu erklären, dass die beiden *chorošije parni** seien, also gute Kerle. Faigele stimmte begeistert zu. Es war offensichtlich, dass sie dabei vor allem an ihren Sergo dachte. Aber irgendwie klang diese Bemerkung so, als würde in Russland die Regel gelten, dass im Allgemeinen alle gegen die Juden seien, abgesehen von Ausnahmen, und diese seien eben die *chorošije parni*. Als wäre es ratsam, nur mit diesen Kontakte zu pflegen, nicht aber mit den übrigen. Doch sogleich sagte ich mir, dass mir das vielleicht nur so vorkam. Schließlich wusste ich von diesen Menschen fast nichts, sie hatten mir unbestreitbar das Leben gerettet und taten, was sie konnten, damit ich gut nach Hause kam.

Faigele flüsterte mir – als hätte sie geahnt, was mir durch den Kopf ging – gegen Ende des Abendessens zu, dass man nach georgischem Brauch zum Schluss auf den Gastgeber trinke, der beim Essen den Vorsitz geführt habe. Ein Gast solle möglichst einen Toast ausbringen. Das sei dann zugleich das Signal für die Gäste, sich zu erheben. So möge ich mich melden und ein paar Worte sagen, und sie werde das übersetzen, wie es sich gehöre. Ich gehorchte und meldete mich zu Wort. Dabei dankte ich für die Gastfreundschaft und schlug vor, auf Sergos Gesundheit zu trinken. Faigele übersetzte das und sagte etwas, ich wusste nicht, was, aber dann lobten mich alle, dass ich ein *moloděc* sei. Aus ihrer Erklärung und auch schon aus dem Block der russischen Häftlinge wusste ich, dass damit so etwas gemeint war wie ein richtiger Kerl am rechten Platz. In Gedanken lächelte ich: So bin also wirklich ich dieser Richtige. Ich »nebbich«! Dieses Wort bedeutet auf Jiddisch, das ich mir im Lager etwas angeeignet hatte, so etwas wie »armer Schlucker« oder »armes Hascherl«. Dann entschuldigte ich mich, dass ich mich für eine Weile entfernen müsse. Ich ging zur Toilette. Dort ließ ich meinem Husten, der mich schon recht lange bedrängt hatte, freien Lauf und spuckte die übliche Portion Blut.

Wir verabschiedeten uns, und sie begleiteten mich zur Wache. Morgens weckte mich Faigele. Zum Unterschied vom gestrigen Abendessen, als sie weder die Pistole noch die NKWD-Armbinde trug, war sie schon wieder in voller Montur. Sie gab mir ein Paket mit Verpflegung, das ich im Rucksack verstaute, und begleitete mich zum Zug. Zum Abschied küsste sie mich. Sie rief noch die Milizionäre, die diesen Zug begleiteten, und sagte ihnen, sie sollten auf mich aufpassen. Schließlich stieg sie mit mir in den Zug ein. Die Reisenden taten so, als sei alles besetzt, aber Faigele trat an einen Liegenden heran, packte ihn ohne Vorwarnung bei den Beinen und schob ihn von der Bank. Der Bursche erwachte und sprang auf, als wollte er sein Gebiet verteidigen. Sie machte eine Bewegung, als ob sie nach der Pistole greife, und brachte ihn damit zur Ruhe. Er war betrunken, verkroch sich in eine Ecke und schlief weiter, während ich am anderen Ende Platz nahm.

Ich stellte mir vor, wie erschüttert ein fanatischer Angehöriger einer Eliteeinheit der Waffen-SS sein müsste, wenn ihn russische Spähtrupps an der Front gefangen nähmen und ihm dann ein semitisch aussehendes Mädchen in sowjetischer Uniform, obendrein noch auf Jiddisch (*jidiš dajč*), erklärte, dass er zwei Möglichkeiten habe: Entweder er verrate alles über seine Einheit, oder ihm passiere was.

Wir fuhren los, und wieder versank ich in meinen seltsamen Schlummer. Ich war schrecklich müde. Das Zwischenstopps und das Umsteigen brachte ich irgendwie zuwege, ich weiß selbst nicht, wie. In den Zügen herrschte ein heilloses Durcheinander, es gab Massen von Betrunkenen und Geschrei. Die Zugpolizei bekam ich kaum zu sehen, sie wich wohl Konflikten mit der örtlichen Einwohnerschaft aus, und ihre Angehörigen schliefen vielleicht irgendwo. Gewöhnlich saß ich in einem Winkel des Waggons. Zum Glück beachtete mich niemand. Ich sah so aus, als hätte ich nichts, das sich zu stehlen lohnte. Viele Stunden hockte ich in Wartesälen, einmal auch eine ganze Nacht, nachdem ich einen Anschluss verpasst hatte. Die Schaffner weckten mich immer, ich zeigte ihnen mein Papier, sie sahen den roten Stempel darauf, und das genügte ihnen. Wir fuhren drei statt zwei Tage. In Krosno kam ich halb betäubt an. Von der ganzen Reise ab Rzeszów habe ich fast nichts in Erinnerung behalten.

Als ich aus dem Zug taumelte, war ich immer noch benommen. Ich ging durch den Bahnhof. Neben einer Streife der Roten Armee begegnete ich auch einem tschechoslowakischen Soldaten, der wie ein Jude aussah und alle mitteleuropäischen Sprachen konnte. Daran hatte ich meine Freude. Es war ein Gefühl, als wäre ich fast schon zu Hause. Ich ging zu ihm und erklärte ihm, woher ich käme und wohin ich führe, und er brachte mich zu seinem Chef. Sie boten mir an, sich um mich zu kümmern und, falls nötig, in ihrem Krankenhaus behandeln zu lassen. Dankend lehnte ich ab, weil ich lieber schnell nach Hause wollte, wo sie schon für mich sorgen würden. Aber ich bat sie, mich zu entlausen, was sie auch taten. Dann setzten sie mich in einen Zug, der durch die Karpaten nach der slowakischen Stadt Humenné fuhr.

Natürlich war das immer noch keine Reise wie im Frieden. Nach Humenné kam ich ohne größere Probleme in fast drei Tagen. Wieder fiel ich in Ohnmacht, aber seltener und für kürzere Zeit als vorher. Etwas Besonderes und Erfreuliches war, dass ich, seit die langsam dahinschleichende Dampflokomotive den Karpatenpass durchquert hatte und sich bergab Richtung Süden in Bewegung setzte, weniger hustete und kaum noch Blut spuckte.

Auf dem Bahnhof von Humenné ging ich nicht mehr zu den Soldaten. Ich war ja wirklich schon fast zu Hause. In der Stadt erkundigte ich mich bei einigen vertrauenswürdig aussehenden Leuten, ob schon irgendwelche Juden zurückgekehrt seien. Solche fand ich. Sie nahmen mich auf und kümmerten sich um mich. Ich wurde von ihnen beköstigt, und vor allem konnte ich in einer Wanne baden, sogar mit warmem Wasser. Das war herrlich, so gebadet hatte ich zuletzt in unserem Haus in Parkan vor der Deportation. Meine Gastgeber beherbergten mich und ließen mich in einem weiß bezogenen Bett schlafen. Auch das hatte ich seit der Deportation nicht mehr erlebt. Nach dem Lager fragten mich die Leute im Ort nicht viel. Darüber wussten sie genug. Das Gebiet gehörte zum ehemaligen slowakischen Staat, wo die Juden schon seit Anfang der vierziger Jahre verfolgt worden waren. Über die deutschen Konzentrationslager war ihnen vieles bekannt.

Am nächsten Morgen reiste ich weiter nach Süden zur ungarischen Grenze. Abends kam ich nach Sátoraljaújhely, der ersten größeren Stadt, die zu Ungarn gehörte. Es war schon dunkel, und auf dem Bahnhof hatte ein Vertreter der örtlichen jüdischen Gemeinde Dienst. Er brachte mich in die Stadt, in eine Unterkunft für jene, die aus den verschiedenen Lagern, ausländischen Armeen und dergleichen zurückkehrten. Dabei nahm er mir meinen Rucksack ab, damit ich besser laufen könnte.

In der Unterkunft gab man mir Abendbrot und ein Nachtlager. Der Vertreter, der mich hingebracht hatte, ein ungefähr neunzehnjähriger Junge, bat mich, ihm am Morgen ein paar Fragen zu beantworten, die den Heimkehrenden gestellt würden, um Zeugnisse zu sammeln. Er sagte, das sei wichtig, solange wir die Dinge noch in frischer Erinnerung hätten. Selbstverständlich stimmte ich zu. Ich hielt das für eine gute Idee. Noch beim Abendessen fragte ich ihn, wie diejenigen Juden gerettet worden seien, die uns Durchreisenden Hilfe erwiesen. Ich erfuhr, dass es durchweg jüngere Männer waren, die den Einsatz im Arbeitsdienst bei der ungarischen Armee in Russland und anderswo überlebt hatten. Es war das erste Landstädtchen auf ungarischem Gebiet, in das ich gekommen war. Ich wusste, dass die jüdische Einwohnerschaft von hier erst nach der deutschen Okkupation im März des vergangenen Jahres nach Auschwitz deportiert worden war, das hieß vor fast einem Jahr, ganz wie die Juden aus Parkan. Deshalb interessierte mich, ob von diesen Deportierten schon jemand zurückgekommen war. Bisher war noch niemand zurückgekehrt oder hier durchgereist. Ich war dort der Erste! Davon, was mit den Deportierten geschehen war, wussten sie nur aus dem Rundfunk und den Zeitungen. Damit würde ich also morgen der Erste sein, der die schlimmsten Nachrichten überbringen oder bestätigen würde. Ich ahnte, daß dies eine schwere und unangenehme Aufgabe wäre.

Morgens kam der Junge und machte mir Frühstück. Gegen neun Uhr stellten sich drei Männer zwischen dreißig und vierzig ein und begannen, eine Art Protokoll zu schreiben. Sie stellten mir verschiedene formale Fragen, die am Wesen der Sache vorbeigingen, ich musste nach jeder Frage warten, bis sie etwas in ihre Papiere geschrieben hatten. Nach und nach versammelten sich dort noch etwa zwanzig weitere Personen. Nach einer halben Stunde reichte es mir. Ich machte sie darauf aufmerksam, dass ich mich schon mehr als einen Monat mit der Heimreise abplagte und dass mich das von ihnen erdachte Spiel nicht unterhalte, sondern ermüde. Ich wolle ihnen sagen, was ich für wesentlich halte, und ihre Fragen beantworten, wenn ich das könne. Sollten sie dann aufschreiben, was sie wollten!

Wir saßen alle um einen großen Tisch, einige in der zweiten Reihe. Ich berichtete ihnen wahrheitsgemäß und in möglichst rücksichtsvollen Worten, was sich in Birkenau abgespielt hatte. Dann schloss ich meine Schilderung, und es blieb eine Weile still. Aber gleich darauf entstand ein Durcheinander. Etwa fünf Leute schrien, dass ich ein Lügner sei. Was ich ihnen berichtet hätte, sei unvorstellbar, solche Dinge könnten gar nicht geschehen. Kein Mensch könne doch solche Bestialitäten verüben. Einer von ihnen schluchzte, es sei doch unmöglich, dass jemand seine drei- und vierjährigen, gesunden, schönen Kinder zusammen mit ihrer noch nicht einmal dreißigjährigen Mutter töte. Ein anderer schrie, seine Mutter sei erst fünfzig Jahre alt, niemals krank und daran gewöhnt, ihr ganzes Leben lang zu arbeiten – da sei es doch nicht möglich, dass die Deutschen sie umbringen wollten, wo sie doch für sie arbeiten könne? Schließlich seien die doch ein kultiviertes und gebildetes Volk, darum würden sie nicht Millionen von Menschen ermorden, die nichts Böses getan hätten, nur weil ein Hitler und seine Bande von Komplizen ihren mörderischen Unsinn verkündeten!

Derjenige, der mich beim Protokollieren befragt und sich wahrscheinlich das Ganze ausgedacht hatte, überschrie die Übrigen: »Wie ist es möglich, dass du zurückgekehrt bist, wenn meine Kinder angeblich nur deshalb umgebracht worden sind, weil sie etwas jünger waren?« Und er fuhr fort, die Deutschen hätten schon gewusst, warum sie mich nicht liquidieren. Ich hätte wohl jene denunziert, die nicht überlebt hätten! Wenn ich mich nicht schämte, solche widerlichen Lügen zu verbreiten, möge ich doch wieder in dieses Lager gehen. Es wäre besser, wenn an meiner Stelle irgendein anständiger Mensch zurückkehren würde, der sie nicht aufschrecke und belüge. Die Übrigen saßen nur da, schauten, hörten zu und mischten sich nicht ein. Das war die Mehrheit.

Ich erkundigte mich, ob sie konkrete Fragen hätten. Niemand sagte etwas. Es war vollkommen still. Einer der schweigenden Teilnehmer, der nahe bei mir saß, begann zu rauchen. Der Rauch der Zigarette reizte meine Bronchien, ich musste loshusten. Im Mund spürte ich Blut, doch der Hustenreiz ließ nicht nach. Ich schaffte es nicht mehr, vom Tisch wegzugehen, ich musste den Aschenbecher zu mir heranziehen und das Blut hineinspucken. Ich hustete immer weiter und musste mir den Mund mit der Wollmütze zuhalten, die ich aus der Tasche fischte. Ich hatte kein Taschentuch. Der Raucher drückte schnell seine Zigarette aus, wollte sie in den Aschenbecher werfen, doch auf halbem Weg zog er die Hand zurück. Der Junge, der mich hergeführt hatte, nahm den Aschenbecher und ging ihn auswaschen. Nach ein paar Sekunden kam er wieder und stellte ihn zurück auf den Tisch. Dann warf der Raucher den Rest seiner Zigarette hinein. Alle schauten wie hypnotisiert drein.

Nach einer Weile meldete sich ein Mann von etwa fünfundvierzig Jahren, der bis dahin geschwiegen hatte, und sprach zu den anderen: »Alles, was dieser Bursche gesagt hat, ist wahr! Ich habe vor der Rückkehr hierher auch einen früheren Auschwitz-Häftling getroffen, und der hat das Gleiche berichtet. Wir alle müssen der Wahrheit ins Gesicht sehen und sie annehmen. Schämen sollten wir uns für das unpassende und rücksichtslose Verhalten jener, die unseren Gast auf unverzeihliche Art gekränkt haben. Es ist primitiv und erbärmlich, den, der schlimme Nachrichten bringt und sie uns in unserem Interesse und auf unsere Bitte hin berichtet, mit den Unheilstiftern zu vermengen. Dabei muss schon die bloße Erinnerung an diese Dinge für unseren Gast schrecklich sein. Wir müssen ihm dafür danken, dass er uns diese Wahrheit gesagt hat, und es wäre für uns eine Ehre, wenn er bei uns bliebe, solange er mag. Verschwinden, und zwar sofort, sollten diejenigen, die ihn dumm, rücksichtslos, eigensüchtig und grundlos beleidigt haben. Wir können doch nicht unser eigenes Unglück und unsere eigene Hysterie auf jemandem abladen, der uns nichts getan hat! Unser Gast ist noch jung, aber ist sicher reifer und erwachsener als jene, die hier diesen schändlichen Skandal angerichtet haben.« Er hatte mit ruhiger und eindringlicher Stimme gesprochen, und die anderen billigten seine Worte mit zustimmendem Murmeln und Nicken. Aber ob ihn nun die eigene Rede in Erregung versetzt hatte oder ob ihm dabei die ganze Unverschämtheit jener zum Bewusstsein gekommen war, die mich so verleumdet hatten – nach einem Weilchen sprang er erregt auf, schlug mit der Faust auf den Tisch und schrie: »Raus!« Einige Leute schlichen sich leise davon.

Dann stand ich auf und dankte allen, die sich mir gegenüber anständig verhalten hatten. Und ich erklärte, dass ich noch heute abreisen wolle, um so früh wie möglich zu Hause zu sein. Den Weg zum Bahnhof würde ich leicht allein finden. Ich nahm meinen abgetragenen Mantel und den Rucksack und ging.

In dieser ungarischen Stadt habe ich zum letzten Mal Blut gespuckt. Es war schönes Frühlingswetter, und ich fühlte mich gut. Ich sagte mir: Vermutlich habe ich Auschwitz auch mit dieser Tuberkulose überlebt, die mich dort wohl noch erledigt hätte, wenn die Russen nicht rechtzeitig gekommen wären. Jedenfalls geht es bei mir nicht mehr um das Leben, und von hier aus werde ich schon nach Hause kommen. Was ich dort vorfinden werde, ist eine andere Sache.

Die Züge fuhren schon. Ich musste über Miskolc nach Budapest. Von dort nach Parkan sind es nur noch ein paar Dutzend Kilometer. Ich setzte mich in den Zug. Nach einer Weile kam eine Schaffnerin in Eisenbahneruniform, eine magere, gefärbte Blondine um die Vierzig mit ebenmäßigem, aber bösem Gesicht. Ich zeigte ihr, wie immer und überall auf dieser Reise, das russisch geschriebene Papier mit dem roten Stempel. Sie gab es mir mit den Worten zurück, dies sei keine Fahrkarte. »Hier sind wir in Ungarn«, keifte sie, »ich bin nicht verpflichtet, Russisch zu verstehen. Sollen sie solche Fahrkarten zu Hause ausgeben, wir haben sie nicht hierher eingeladen.« Ich sagte ihr, ich würde übersetzen, was dort geschrieben stehe. Mit diesem Papier sei ich durch Polen, die Slowakei und einen Teil Ungarns gefahren. Schon den zweiten Monat sei ich unterwegs. Ich käme aus einem deutschen Konzentrationslager und fahre nach Hause zurück, nach Parkan. Mit diesem Passierschein werde allen Soldaten und Zivilisten aufgetragen, dass sie mir dabei helfen sollten. Auch ihr! Aber die Schaffnerin sagte, das interessiere sie nicht. Ich solle zahlen oder den Zug verlassen. Dabei könne ich von Glück reden, dass diese meine Wohltäter unsere ungarische Gendarmerie zerschlagen hätten. Sonst würden die Gendarmen mich gleich mitnehmen, mich ordentlich abwatschen und hinter Gitter setzen.

Hier mischte sich ein kleiner, dürrer Kerl ein, den niemand gefragt hatte: »Sehr ihr, wie sich diese Juden wieder bei uns breitmachen? Schon wieder ist hier alles voll von ihnen. Von ihnen sind mehr zurückgekommen, als sie weggeschafft hatten. Eine Sache werfe ich Hitler und den Deutschen vor: dass sie nicht mit ihnen allen kurzen Prozess gemacht haben!« Ein paar weitere Reisende stimmten ihm zu. Der Schaffnerin riet er, was sie tun solle: »Werfen Sie ihn aus dem Zug, ob er Geld hat oder nicht!« Dann rief er noch: »Die Juden ins Gas oder nach Palästina! Wenn dieser Junge nicht aussteigt, schmeißen wir ihn während der Fahrt aus dem Fenster. Sollen ihn dann seine Russen suchen gehen. In Ungarn sind wir die Herren, wir, die Magyaren!«

Ich sah, dass es gefährlich wäre, unter diesem faschistischen Gesindel zu bleiben. Schließlich hatte ich das faschistische Konzentrationslager nicht überlebt, um mich am Ende des Krieges und nach der Befreiung von solchem Pack misshandeln zu lassen. Die Faschisten hatten dort immer noch das Übergewicht, während ich allein war. Also sprang ich aus dem schon anfahrenden Zug. Aus den heruntergelassenen Fenstern drohten mir mehrere geballte Fäuste. Ich stand auf einer kleinen Bahnstation und sah mich um. Vor dem Bahnhofsgebäude erblickte ich den Vorsteher. Ich ging auf ihn zu, zeigte ihm meinen russischen Passierschein und sagte, die Schaffnerin und einige ihrer Kumpane von den Pfeilkreuzlern hätten mich aus dem Zug geworfen, der gerade abgefahren sei. Er war auf meiner Seite und versicherte mir, er sei ein alter Sozialdemokrat, stünde hier aber mit seinen Ansichten allein. »Ihr Ende wird kommen«, sagte er, »aber nicht so schnell, denn sie werden bald die Pfeilkreuzlerkluft ablegen und sich einen roten Kittel überziehen. Es wird am besten sein, wenn du hier ins Dorf gehst und Herrn Weissmann aufsuchst. Der wird dir helfen.« Es war die Weingegend von Tokaj, der Gang ins Dorf auf einem breiten, geraden

Weg in der Frühlingssonne angenehm. Ich kam nach etwa einer Stunde dort an und fand gleich Tibor Weissmann, den Gemeindevorsteher. Er sagte, dass er deshalb Vorsteher geworden sei, weil er als Einziger von den hiesigen Weinbauern eine legale Waffe habe und damit nötigenfalls auch wirksam werden könne. Man habe ihn zum Arbeitsdienst bei der ungarischen Armee an der Ostfront einberufen, und dort sei er zu den Russen übergelaufen. Die hätten ihn als Dolmetscher beim NKWD mit dem Dienstgrad Leutnant eingesetzt und nach der Besetzung Ungarns durch die Rote Armee auf seinen Wunsch hin demobilisiert. Zum Andenken hätten sie ihm eine Pistole mit der Bezeichnung »Nagan« und Munition geschenkt. Er zeigte sie mir, sie stammte wohl aus der Zeit der Oktoberrevolution und war gut geölt. In seinem Arbeitszimmer hatte er Fotografien seiner Eltern mit einer schwarzen Schleife und auch von seiner Schwester. Die Eltern waren schon ziemlich alt, und Tibor rechnete nicht damit, dass sie zurückkehren würden, doch von der Schwester wusste er nichts und wartete auf sie. Je nachdem, ob sie zurückkommen werde, wolle er entscheiden, ob er in Ungarn bleibe, in die Armee oder die Polizei eintrete oder nach Amerika oder Erez Israel auswandere. Einstweilen halte er das Elternhaus und den Weinberg instand. Ich berichtete ihm von meinem Erlebnis im Zug. Darüber regte er sich auf. »Ich werde bei den Burschen in Miskolc Station machen, sie sind darin verwickelt«, entschloss er sich. »Wir können doch nicht zulassen, dass die Pfeilkreuzler uns noch nach dem Krieg terrorisieren, den sie zusammen mit den deutschen Nazis verloren haben.« Darauf meinte ich, es sei mir egal, ob diese Schaffnerin bei der Eisenbahn gefeuert werde oder dort bleibe. »Aber mir ist das nicht einerlei«, widersprach Tibor, »die Pfeilkreuzler haben auch Menschen umgebracht. Heute werfen sie Menschen aus dem Zug, die aus dem Konzentrationslager zurückkehren, und morgen werden sie wieder auf uns schießen. Es ist nötig, ihnen die Macht zu entziehen, und zwar sofort. Auch die Gerichte sollten so schnell wir möglich beginnen, sich mit ihnen zu befassen. Später könnten sie in Funktionen gelangen und sich gegenseitig beistehen, damit sie nicht für ihre Untaten verurteilt werden.«

Er überzeugte mich, vorerst bei ihnen zu bleiben, denn nach Parkan, wo noch gekämpft werde, könne ich nicht gleich zurückkehren. Die Haushälterin Etel, die schon seinen Eltern gedient hatte, bereitete uns übliche mitteleuropäische Speisen zu, die ich im Lager schon vergessen hatte, wir tranken dazu mittags und abends die guten Tokajerweine in Viertel- bis Halbliterportionen. Tibor betrachtete das als eine Heilkur. Er war ein guter Mensch, und ich habe von ihm viel über Politik und Ökonomie gelernt. Seine Lebensgeschichte war eins der typischen jüdischen Schicksale.

Nach zehn Tagen verabschiedeten wir uns, ich fuhr um vieles gesünder ab, als ich angekommen war. Die Lungenprobleme waren vorüber! Etel hatte mütterlich für mich gesorgt. Als ich von ihr Abschied nahm, weinte sie und segnete mich nach christlicher Art. Dagegen hatte ich nichts einzuwenden. Ich sagte mir, dass mir das bestimmt nicht schaden werde. Und wer weiß, vielleicht würde es mir sogar helfen? Im Rucksack hatte ich mir von ihnen ein Weißbrot mitgenommen und ein ungefähr kiloschweres Stück Schafskäse, den sie Gomula nannten. Tibor kaufte mir eine Fahrkarte nach Parkan und setzte mich in den Zug.

Ohne Probleme gelangte ich zum Ostbahnhof in Budapest. Die Stadt lag teilweise in Trümmern. Auf den Straßen wimmelte es von Menschen, von denen etwa die Hälfte eine Armbinde mit einer Aufschrift oder Abkürzung trug. Ich wusste nicht, was diese Abkürzungen bedeuteten. Auch russische Soldaten waren dort, auf dem Lande hatte ich keine gesehen. Die Leute mit den Armbinden eilten in alle Richtungen, als ob sie gerade eine bedeutende Mission erfüllten. Ich überzeugte mich davon, dass es schwierig sein würde, ein Nachtlager zu finden und Essen aufzutreiben. Und mir widerstrebte es, wiederum Überbringer jener schlimmen Nachrichten zu sein, die man immerfort wiederholen müsste.

Ich begab mich auf kürzestem Weg vom Ost- zum Westbahnhof, von wo es einen Zug nach Vác und weiter nach Parkan gab. Die breite Straße, die zum Bahnhof führt, war mit Mauerstücken bombardierter Häuser übersät. Nur mit Mühe und Not konnte man in der Mitte hindurchgehen. Bis zum Bahnhof brauchte ich ungefähr eine Stunde. Ich setzte mich in den Wartesaal. Dort waren viele erschöpfte Reisende. Einige kehrten von weither, wo sie in Konzentrationslagern gesessen hatten, zurück, andere kamen aus dem Krieg oder von der Zwangsarbeit, und manche wiederum verließen aus irgendwelchen Gründen die Heimat. Die meisten von ihnen kampierten auf dem Fußboden, und überall standen armselig aussehende Gepäckstücke herum. Meistens reisten sie allein, redeten mit keinem und musterten nur wachsam die Umgebung. Unter den Wartenden waren aber auch Familien mit Kindern und Mütter, die ihre Säuglinge stillten. Unablässig liefen bewaffnete russische Militärpatrouillen durch den Bahnhof, immer zu zweit. Ungarn war besiegtes Feindesland, das im Krieg an der Seite der Deutschen gegen die Russen gekämpft hatte, und vor der Niederlage hatten hier die faschistischen Pfeilkreuzler regiert.

In Vác suchte ich gleich die russische Bahnhofskommandantur auf. Nach Parkan wollten sie mich aber nicht fahren lassen, dort sei noch keine Ruhe, ich würde mich der Frontlinie nähern. Also ging ich in die Stadt und begegnete zufällig einem jungen Mann, der nach Art der chassidischen Juden gekleidet war. Er führte mich zum Sitz der örtlichen jüdischen Gemeinde. Ich stellte mich ihrem Rabbiner vor. Der erklärte, dass man mich dort selbstverständlich beherbergen werde, ich würde in einer großen Familie leben. So sprach er. Aber er wäre froh, wenn ich als Gegenleistung der Gemeinde nach meinen Möglichkeiten helfen würde. Geradeheraus fragte er mich, ob ich Geld hätte. Als ich überrascht antwortete, woher ich es nehmen sollte, wo ich doch aus Auschwitz zurückkehrte, bemerkte er nur, dass ihm das nicht bewusst gewesen sei. Ich war offenbar der erste zurückgekehrte Häftling, dem er begegnete. Doch wenn ich kein Geld hätte, möge ich der Gemeinde auf andere Weise helfen. Morgen würde ich erfahren, was ich für sie tun könne.

Sie luden mich zum Abendbrot ein und liehen mir eine *Jarmulke*,* die ich später zurückgeben musste. Das Abendessen war schrecklich, dabei brauchte ich doch nach Ansicht der Doktoren in Krakau kräftige Kost, wie ich sie bei den Russen und dann bei Etel bekommen hatte. Noch am Abend wusch ich meine Wollmütze, die mir vorübergehend als Taschentuch gedient hatte. Die *Jarmulke* gab ich morgens zurück; das gefiel dem Rabbiner, weil manche Besucher angeblich Sachen nicht wiedergaben, undankbar waren und keine Einsicht zeigten. Am Morgen erklärte mir die Sekretärin, dass die Gemeinde eine eigene Matzenproduktion habe. Dort seien bis vor kurzem zwei Undankbare tätig gewesen, die die Arbeit eigenmächtig verlassen hätten. Jetzt müsse die Bäckerei die Produktion beschleunigen, weil das Pessachfest nahe, deshalb brauchten sie eine Aushilfe. Mit mir zusammen werde da noch ein Mädchen namens Elza arbeiten. Sie werde dort wohnen, sie habe niemanden, sie sei Waise. Dann brachte die Sekretärin uns beide zur Bäckerei.

Dort gab es eine Maschine, aus der ein dünner roher Teigfladen herauskam, in gleichmäßige rechteckige Stücke geschnitten. Wir mussten die einzelnen Stücke mit zwei Holzstäben aufnehmen und auf eine eiserne Drehscheibe legen, wo der Teig ordentlich ausgestrichen wurde. Darunter wurde mit Holz geheizt, und die Matzen wurden gebacken. In dicken Stoffhandschuhen mussten wir gebackenen Matzen von der Platte nehmen und in vorbereitete Papierschachteln packen. Das war eine primitive Arbeit, Elza und ich hatten sie in einer Viertelstunde gelernt. Aber es war eine Schinderei. Ich war kein Kraftmensch, Elza war ein mageres, langbeiniges Mädchen und noch schwächer als ich. Wir begannen um sieben Uhr morgens, und mittags hatten wir eine Stunde Pause. Die Maschine drehte sich unbarmherzig, und mit den Stäben mussten wir sehr flink sein. Vom Backen strahlte Hitze aus und von den Matzen brannten die Hände. So hielten wir es zu zweit nur eine Schicht lang aus. Dann trieb die Sekretärin noch ein weiteres Paar auf, das nachmittags arbeitete. Diese beiden erhielten aber im Unterschied zu uns einen Lohn. Bald erfuhr ich, dass jener Lügner, mit dem zusammen ich dort in einem schmutzigen Ehebett geschlafen hatte, mit den Matzen in Budapest Schwarzhandel trieb. Von den frommen Juden, die beim Pessachfest nicht ohne Matzen sein konnten, verlangte er dafür einen überhöhten Preis. Bei dieser Schieberei arbeitete er mit der Sekretärin zusammen.

Von den *Bocherim** – den Schülern der Jeschiwa, der höheren Schule des Judentums, die dort auch vorübergehend untergebracht waren und zu irgendeinem berühmten Rabbiner nach Frankreich und dann noch weiter reisen sollten – wollte ich etwas über den Sinn der religiösen Gesetze und Gebräuche erfahren. Ich sehnte mich nach Gewissheiten und wollte an die Religion glauben. Aber nur deshalb zu glauben, weil etwas vorgeschrieben war, erschien mir zu dürftig. Mich interessierte die Verbindung zwischen dem Einhalten der religiösen Vorschriften und dem richtigen Handeln oder, genauer, der Sittlichkeit. In der Auffassung der *Bócherim*, wonach ein richtiger Jude der sei, der die Halacha befolge, fehlte mir noch eine andere Forderung: dass dieser Jude müsse neben seiner Pflichterfüllung auch ein guter Mensch sei. Und dann stellte sich die Frage: Wie, wenn jemand ein guter Mensch ist, dabei aber die Halacha nicht erfüllt? Ich erinnerte mich, wie Großvater vor der Deportation einmal über die wandernden *Bócherim* sprach. Er sagte, es sei ja schön, fromm zu sein, doch darüber hinaus müsse man auch etwas Nützliches tun. Diese *Bócherim* verhielten sich nicht so und bemühten sich nicht einmal, etwas über die Welt zu erfahren. Sie dächten gut und seien für das Judentum entflammt, aber ziemlich ungebildet.

Mehrfach bemühte ich mich, beim Rabbiner Belehrung zu finden. Das Grundproblem für mich war: Wie konnte Gott zulassen, was mit den Juden in Auschwitz geschehen ist? Ich legte dem Rabbi verschiedene Fragen vor, die das betrafen. Er war ein gelehrter Mann und beherrschte die religiösen Riten und Vorschriften sicher gründlich, natürlich wusste er viel über den Talmud. Aber auf die einfachen Fragen eines ungebildeten Jungen, der aber dafür im Leiden erfahren war, fand er keinerlei Antworten! Freilich glaubte ich nicht, dass dieser Rabbi an den Betrügereien, die sich direkt vor seinen Augen abspielten und für die er blind war, irgendwie beteiligt sein könnte. Aber war er denn so naiv, dass er danach seine Leute noch verteidigen und ihnen beistehen konnte?

Nach etwa einer Woche hatte ich genug vom Leben in dieser jüdischen Gemeinde. Ich war nur ein paar Dutzend Kilometer weit von zu Hause entfernt, konnte aber dennoch nicht hin, weil die Militärbehörden den Weg in unsere Richtung bisher nicht freigegeben hatten. Ich entschloss mich, mir selbst zu helfen. Als uns niemand sehen und hören konnte, bat ich den Schwarzhändler Izák, mir einen halben Liter Schnaps zu besorgen, was er auch tat.

Am nächsten Tag nahm ich meinen Rucksack und ging zum Bahnhof. Dort wartete ich auf einen Militärzug, der keine Waffen transportierte und deshalb weniger bewacht wurde. Ich suchte mir einen vom Wachpersonal und gab ihm mein Papier mit den Worten: »*V gorod Parkan!** – Nach Parkan!« Darauf er: »*Nevozmožno!* Das geht nicht!« Da holte ich den Schnaps hervor und sagte: »*Vot spirt!*«* »Der Soldat streckte die Hand aus: »*Nu davaj!*«*

Ich kroch ins Bremserhäuschen. Es war eine herrliche Fahrt. Das Wetter war schön, ringsum Frühling, links floss die Donau, rechts erhoben sich Berge. Und ich näherte mich der Heimat! Schon waren wir auf tschechoslowakischem Gebiet. An einer nahegelegenen kleinen Station hielten wir. Mit schwankenden Schritten kam der Russe auf mich zu. In einer Hand die leere Schnapsflasche, die Maschinenpistole hing ihm über den Rücken. Er zeigte auf die Flasche und fragte: »*Spirt jest?*«* Ich sagte: »*Nět!*« In diesem Moment zog er die Maschinenpistole nach vorn und bedeutete mir mit dem Lauf, ich solle vom Zug klettern und verschwinden. Mir blieb nichts übrig, als zu gehorchen und auf der Landstraße weiterzugehen.

Ich passierte die Brücke über den Hron, der nicht weit von hier in die Donau fließt, und ging auf der Landstraße weiter. Auf der linken Seite tauchte allmählich die Silhouette der Basilika von Esztergom auf dem Burgberg hinter der Donau auf. Ich kam in die Stadt und bog zum Hafen ab. Neben mir ging ein ungefähr dreizehnjähriger Junge und schob ein Fahrrad. Ich fragte ihn, was mit der Brücke geschehen sei, und erfuhr, die abziehenden Deutschen hätten sie gesprengt. »Und was ist mit der Esztergomer Basilika?« »Auf die haben die russischen Artilleristen vom Parkaner Bahnhof aus geschossen«, sagte der Junge, setzte sich aufs Rad und fuhr davon. Ich erinnerte mich, dass ich noch vor einem Jahr ein ebensolches Kind gewesen war, genauso mit dem Rad fuhr und dabei aufs Wasser schaute.

Doch nun war ich kein Kind mehr, und was vorbei ist, das kommt nie mehr wieder. Die Fahrt »nach Hause« verstand ich nur noch als eine Reise »in die Heimat«. Ich hatte geglaubt, dass ich zu Hause unter meinen Nächsten wäre, aber die konnten noch nicht in Parkan sein. Sie konnten nur aus dem Westen zurückkehren, aus Deutschland, aber erst nach dem Krieg, und der war noch längst nicht beendet. Noch starben massenhaft Menschen an den Fronten und im Hinterland, auch in den deutschen Lagern. Ich kehrte auf die Hauptstraße zurück. Niemand bemerkte mich dort, und niemand erkannte mich. Offenbar war keinem eingefallen, jemand von den deportierten Juden könnte zurückkehren. Ich ging zum Haus der Großeltern. Die Fenster waren vernagelt, die Tür war verschlossen. Alles war schmutzig und verstaubt. Ringsum gab es viele solcher Häuser, ähnlich sahen die früheren jüdischen Geschäfte auf dem Korso von Parkan aus. Mir kam nicht in den Sinn, dass ich dort zu Hause sein könnte. Diese Straße und die Leute, die dort gingen, erschienen mir fremd.

Einige Juden waren doch schon zurück. Ich ging zu einem, Herrn Schulz, und sagte ihm, ich käme aus Auschwitz, über Polen und Ungarn, und die Reise habe ungefähr zwei Monate gedauert. »Du bist der Erste!«, begrüßte er mich. »Und was ist mit den anderen?« Ich machte eine unbestimmte Geste mit den Händen und deutete mit meiner Mimik an, dass es sehr schlecht stünde. Herr Schulz verstand: »Ich weiß. Sag nichts, iss was und ruh dich aus! Irgendwann später werden wir reden, aber nur, wenn du willst.« Einige Wochen kümmerte ich mich um durchreisende Rückkehrer, die ein paar Worte darüber fallen ließen, wie sich die Front nach Westen verschoben hatte. Ich ging zu den jüdischen Häusern. Alles war ausgeraubt und zerstört. Auf der Wiese hinter der Synagoge spielten größtenteils schon andere Jungen Fußball. Einige von ihnen kannte ich noch vom vorigen Jahr. Sie riefen mir zu, ich solle mitspielen. Von der jüdischen Mannschaft des Vorjahres war ich der einzige Überlebende. Ich rief zurück: »Für diesen Fußball bin ich schon viel zu alt!« Sie lachten darüber und nahmen es für einen guten Witz, aber es war die Wahrheit.

Ich brachte unser Haus in Ordnung und holte Vaters jüngsten Bruder zu mir, der das Arbeitslager überlebt hatte, aber in einem schlechten psychischen Zustand war. Die Zeit ging dahin. Bisher waren nur Männer aus dem Arbeitsdienst zurückgekehrt, denen es gelungen war zu überleben. Die meisten der wenigen überlebenden Häftlinge kamen jedoch bis ungefähr einen Monat nach Kriegsende zurück. In der ersten Gruppe war auch mein Vater. Ihn hatten die Amerikaner in einem der kleineren Lager befreit, die zum Konzentrationslager Dachau in der Nähe von München gehörten. Sie hatten ihn und mit ihm viele andere mit Militärfahrzeugen nach Pilsen gebracht, und von dort war er mit dem Zug in seine frühere Heimat zurückgekehrt. Einige von Vaters Mithäftlingen reisten etwas schneller als er, so dass ich von seiner Rückkehr ungefähr drei Tage vor seiner Ankunft erfuhr. Er aber hatte von mir nichts gewusst. Während der drei Wartetage hatte ich zur Mittagszeit immer Essen gekocht, damit Vater sich gleich nach seinem Eintreffen mit uns an den Tisch setzen könnte. Erst am dritten Tag kam er, stand plötzlich in der Tür. Auf dem Bahnhof hatte ihm schon jemand gesagt, dass ich am Leben sei und zu Hause mit seinem Bruder auf ihn warte. Nachdem wir uns umarmt hatten, sagte ich: »Es ist schon spät! Wie lange soll das Essen denn noch auf dem Herd schmoren?«

Vater aber brachte eine sehr schlechte Nachricht. Großvater, der sich immer vorgeworfen hatte, seine Gemeinde als ihr Vorsteher nicht behütet zu haben, war im Herbst des vorigen Jahres einer Depression erlegen. Obwohl er in relativ gutem körperlichen Zustand war, hatte er aufgehört, Widerstand zu leisten, hatte keine Freude mehr am Leben und ließ sich schließlich selektieren. Die SS transportierte ihn von

Dachau nach Auschwitz, tötete ihn dort mit Gas und verbrannte seine Leiche.

Auch der größte Teil der überlebenden Frauen war schon zurück, aber Manci war nicht darunter. Marika Gelb, die Mutter meines Kameraden Viki, tauchte ebenfalls auf; sie war ja in Birkenau Pflegerin auf dem Frauenrevier gewesen und hatte über ihren Bekannten, den Lagerhasen und politischen Häftling, dort Verbindung zu ihrem Sohn gehalten. Im Lager hatte sie mir über diesen Mann und über Viki ausrichten lassen, dass Mutter auf der Rampe in Birkenau eine Selektion durchlaufen habe und zur Arbeit nach Deutschland geschickt worden sei. Marika war schon etwa eine Woche zu Hause. Ich hatte das Gefühl, dass sie mir auswich. Tatsächlich wich auch ich ihr aus, weil ich das Ende ihres einzigen Sohnes Viki miterlebt hatte. Ich wusste nicht, wie ich ihr das so schonend wie möglich sagen sollte, ohne ihr wehzutun. Eines Nachmittags begegnete ich ihr auf der Straße, als sie zu unserem Repatriierungszentrum ging. Erst unterhielten wir uns nur über Belangloses. Nach einer Weile fasste ich mir ein Herz und erzählte ihr, wie Viki umgekommen war. Sie sagte, sie habe es geahnt, und begann zu weinen. Ich wollte mich von ihr verabschieden, damit sie mit dieser Nachricht allein fertigwerden konnte, aber sie hielt mich noch zurück. Auch sie habe eine sehr schlimme Nachricht für mich und wisse ebenfalls nicht, wie sie mir das sagen solle. Sie gestand mir, sie habe damals in Birkenau, als ich sie nach Mutter gefragt hatte, gelogen. Die Nachricht, Mutter lebe, habe sie mir nur geschickt, damit ich nicht vor Trauer verzweifelte und wenigstens mich selbst rettete. In Wirklichkeit habe sie selbst gesehen, wie Mutter die Großmutter stützte und sie nicht losließ, als sie sich der Selektion näherten, obwohl der polnische jüdische Häftling, der die Schar ordnen sollte, unablässig auf alle einschrie, sie sollten einzeln vor dem Arzt erscheinen. Dieser Pole versuchte zu verhindern, dass jemand, der wahrscheinlich selektiert würde, sich an einen klammerte, der überleben könnte. Ich war außerstande, noch länger mit ihr zu sprechen. Zu Hause fand ich einen gebrochenen Vater. Er hatte die Nachricht am selben Tag wie ich erfahren.

Trotz alledem schien mir, dass ich die Trauer und Verzweiflung etwas früher als Vater bewältigte. Ich denke, dass Vater in einer schlimmeren Lage war, weil er sein ganzes Leben neu organisieren musste. Er war auch in einer schlechteren psychischen Verfassung als ich und war unfähig, sich ganz auf die neue Situation einzustellen. Allmählich sank er vom kreativen Unternehmer und Landwirtschaftsspezialisten auf den Status eines kleinen, schlecht bezahlten Verwaltungsbeamten. Im Jahre 1947 heiratete er wieder. Das tat er vor allem meinetwegen, damit ich in eine normale familiäre Umgebung käme. Wir zogen auch in eine Nachbarstadt um. Dort übernahm er die Leitung des Betriebes seiner Frau, der aber unmittelbar darauf verstaatlicht wurde. Gegen Ende seines Lebens quälte die Obrigkeit Vater wegen seiner kapitalistischen Herkunft und zur Zeit des Slánský-Prozesses abermals, weil er Jude war.* Er starb mit sechzig, nachdem er schon etwa drei Jahre zuvor nicht mehr arbeitsfähig gewesen war und sich sein körperlicher und seelischer Zustand nach und nach verschlechtert hatte.

Nach Auschwitz hatten alle, die von dort zurückkehrten, schwerwiegende Probleme, mit denen sie schlecht fertigwurden: Für sie war es unermesslich schwer, sich an die Situation anzupassen und neue Bindungen einzugehen – mit dem Verlust ihrer kleinen Kinder, ihrer Frauen oder ihrer Männer fertigzuwerden, andere Partner zu finden, eine neue Quelle für den Lebensunterhalt aufzutun und wieder Wurzeln zu schlagen. Es war hart, um seine Existenz gebracht zu werden, aber vielleicht noch schwieriger, sich auf deren Ruinen eine neue aufzubauen. Damit, dass jemand überlebt hatte, war noch nichts gewonnen. Er musste damit beginnen, auf eine irgendwie annehmbare Weise weiterzuleben. Nicht alle vermochten das. Der Vetter meines Großvaters konnte nicht damit fertigwerden, dass seine schöne, junge Tochter nicht zurückgekehrt war. Man fand ihn erhängt auf dem Dachboden.

Ich wollte die Schule fortsetzen, und Vater unterstützte mich darin. Dabei war mir klar, dass es unmöglich war, mir den Stoff eines ganzen Jahres in zwei Monaten anzueignen und in die Sexta einzutreten. Dafür gab es keine Voraussetzungen, vorerst herrschte Nachkriegschaos, und wir hatten wenig Geld. Noch zwei Winter nach dem Krieg trug ich den scheußlichen Wintermantel aus Auschwitz, der von einem ermordeten polnischen Juden stammte, und im Winter, schon zu Hause, erfroren mir die Füße, weil ich keine ordentlichen Schuhe hatte. In Parkan gab es damals keine Mittelschule. Die einzige Möglichkeit war, in die Quinta des Gymnasiums im fünfzig Kilometer entfernten Nové Zámky einzutreten. Dazu benötigte ich aber eine Bescheinigung über den Abschluss der Quarta, der vierten Klasse des Gymnasiums in Esztergom.

Dorthin fuhr ich mit einem kleinen Motorschiff, das jetzt als Donaufähre diente. Ich steuerte direkt auf meine frühere Schule zu, das Städtische Realgymnasium. Es war Anfang Juli, da wurde nicht unterrichtet, im Gebäude waren keine Kinder. Ich ging zum Direktorenzimmer. Der Name des früheren Direktors war mit Papier überklebt, stattdessen war dort der Name des amtierenden Stellvertreters angebracht. Es war niemand anderes als jener Professor, den wir »Pauker« genannt hatten. Er hatte ein politisches Pflichtfach unterrichtet, das als »Lehre von der Vaterlandsverteidigung« bezeichnet worden war. Die jüdischen Schüler des Gymnasiums hatten in diesem Fach automatisch eine Zwei erhalten, die übrigen eine Eins.

Pauker empfing mich als alter Freund der Juden, Gegner des Faschismus und kommunistischer Aktivist. Hart kritisierte er das alte Regime, wie er diese Zeit nannte, dafür, dass es uns von der Schule gejagt hatte. Die früheren Politiker bezeichnete er als »faschistische Henker«, »nazistische Hyänen«, »Pfeilkreuzler-Mörderbande« und »Halsabschneider«. Ich weiß selbst nicht, warum, doch ich entsann mich genau, dass er in seinen Unterrichtsstunden vor unserer Deportation das gleiche Vokabular benutzt hatte. Nur hatte er damals andere Attribute verwendet: »kommunistische«, »jüdisch-bolschewistische« und »plutokratische«. Die Quarta, die zu beenden uns jüdischen Schülern nicht gestattet wurde, bestätigte er mir bereitwillig, stellte mir dazu ein Ganzjahreszeugnis aus und gestempelte es ab. Dort hatte er die Halbjahresnoten hineingeschrieben, nur in der Lehre von der Vaterlandsverteidigung gab er mir statt der Zwei eine Eins. Das bemerkte ich erst zu Hause und überlegte ernsthaft, in die Schule zurückzugehen und mir diese Note in die verdiente Zwei umändern zu lassen, weil mir die Eins für den pfeilkreuzlerischen Unsinn das Zeugnis verunzierte und verdarb. Aber Vater beruhigte mich mit einer derben Redensart: Die Ärsche ändern sich, doch die Zungen bleiben.

Pauker fragte mich auch nach dem Schicksal meiner jüdischen Mitschüler. Auf meine Antwort reagierte er damit, dass er einige Phrasen aus seinem einschlägigen Wortschatz anbrachte, angepasst an die aktuelle politische Situation. Meinerseits fragte ich nach zwei Professoren: nach unserem Klassenlehrer und nach dem Professor für Ungarisch, einem Humanisten, der von der Universität zu uns strafversetzt worden war. Ersterer war in Urlaub, Letzterer leider verstorben. Pauker fügte hinzu, dass zufällig bald einer meiner Mitschüler kommen werde, der anständige und strebsame Junge Josef Schneider, der ihm jetzt aus Gefälligkeit bei seiner Terminplanung helfe. Ob ich nicht mit ihm sprechen wolle?

Ich entschuldigte mich, dass ich es wirklich eilig hätte. Angewidert verließ ich diese Schule und betrat sie nie wieder. Dann machte ich noch mehrmals halt. Ich ging zum Haus neben der Schule, wo Zuzka Löwenstein – das Mädchen, in das ich verliebt gewesen war – gewohnt hatte. Ich läutete bei der Hausbesorgerin und fragte, ob sie nicht wisse, was aus der Familie Löwenstein geworden sei, die dort gewohnt hatte. »Leider ist niemand von ihnen zurückgekommen. Und es waren so anständige Leute!«

Bei meinem Besuch in der früheren Wohnung von Stefan Altmann war es ebenso. Es tat mir leid, dass auch seine Mama umgekommen war. So gab es niemanden mehr, mit dem ich über Stefans Schicksal in Birkenau hätte reden können. Auch die Fleischerei von Großvaters Bruder Ziga existierte nicht mehr, und nach Auskunft der Nachbarn war von seiner Familie keiner zurückgekehrt. Dann ging ich noch zum Haus, wo Familie Kiss wohnte, die Eltern meines anderen jüdischen Mitschülers vom Gymnasium. Mir öffnete Tibors Vater. Er begrüßte mich mit den Worten: »Wie kommt es, dass du am Leben bist? Ich habe gehört, dass alle Jugendlichen im Lager B II e umgekommen sind. Tritt näher und setz dich! Sag mir, wie es dir gelungen ist, dich zu retten!«

Ich dachte, dass ihn mein Schicksal wirklich interessierte, und begann von allem zu erzählen. Herr Kiss aber beherrschte sich immer schlechter, mehrmals sprang er vom Stuhl auf, und seine Stimme bebte. Dann platzte er auf einmal heraus: »Wie ist es möglich, dass unser Tibi tot ist und du lebst? Du bist doch kein Deut besser als er. Geh mir aus den Augen, ich will dich nie mehr sehen!« Ich sah, dass seine Reaktion von Kummer und Verzweiflung herrührte. Aber ich dachte mir auch, dass er an sich halten sollte. Also stand ich auf und sagte ihm, dass doch nicht ich an Tibors Tod schuld sei. »Sie wissen, dass Leben und Tod dort eine Sache des Zufalls waren. Soll ich mich bei Ihnen vielleicht dafür entschuldigen, dass ich überhaupt lebe?« Stumm verbeugte ich mich und ging. Eigentlich wollte ich noch die historischen Plätze der Stadt aufsuchen, doch ich überlegte mir das anders. Ich ging nirgends mehr hin und kehrte mit der Fähre nach Parkan zurück.

Ich wohnte zusammen mit Vater, es gab nie Streit oder Zank. Vater sagte und tat nichts, mit dem ich nicht einverstanden sein konnte. Er begriff, dass ich nicht länger denken, fühlen und mich verhalten konnte wie ein Kind. Trotzdem schien es mir, als würden wir nur so nebeneinander dahinvegetieren. Wir gaben uns beide Mühe, doch es gelang nicht, uns ein Zuhaus zu schaffen.

Im Sommer fand Vater eine Haushälterin, von der er sagte, dass sie unverheiratet sei, weil sie irgendeine Enttäuschung erlebt habe. Sie mochte ungefähr fünfunddreißig Jahre alt sein, war weder hübsch noch besonders schlau, doch sie war sparsam, kochte für uns und machte sauber. Im Korridor nächtigte sie auf dem gleichen Kanapee, auf dem ich als Kind geschlafen hatte. Eines Nachts, als Vater nicht zu Hause war, erwachte ich aus dem Schlaf, und ohne auch nur zu überlegen oder mir klarzumachen, warum ich das tat, ging ich zu ihr aufs Kanapee. Sie schlief mit mir. Wir sprachen dabei kein Wort. Danach ging ich noch mehrmals zu ihr. Die Frau gefiel mir nicht, ich empfand nichts für sie und hatte auch ihren Geruch nicht gern. Es war Verzweiflung, die mich zu ihr trieb. Auch Vaters Anwandlungen von Verzweiflung begann ich zu verstehen. Mir schien nicht, ich würde erwachsener werden. Ich war enttäuscht. Mir fiel ein, dass es vielleicht mit Olga Kohn anders sein könnte. Aber sicher war ich mir nicht. Sie war auch noch gar nicht zurückgekehrt. Vater erriet bald, was geschehen war, und die Haushälterin ging. Er warf mir nichts vor und sagte mir nur, dass ich doch in meinem Alter nicht leben könne wie ein verheirateter Mensch. Wie üblich stimmte ich ihm zu.

Oft war ich im Haus allein, und dann überlegte ich, ob es uns wohl gelungen wäre, gemeinsam zu leben und so etwas wie ein glückliches Zuhause zu schaffen, wenn Manci zu uns zurückgekehrt wäre. Auf diese Frage fand ich keine eindeutige Antwort. Aber in der Tiefe meiner Seele zweifelte ich daran. Und wenn doch, dann bestimmt nicht sofort, sondern erst nach längerer Zeit. Für die kleine Minderheit der Überlebenden bedeutete auch die Rückkehr an ihren früheren Wohnort nicht, dass sie sich dort zu Hause fühlten. Wir waren auch um unser Zuhausesein gebracht worden! Das begann ich nach und nach zu begreifen. Unser früheres Heim würden wir nie mehr finden. Mühsam und allmählich müssten wir uns ein neues aufbauen, und das vielleicht nicht mehr in dem Familienverband, in dem wir früher gelebt hatten. Womöglich würden wir in einen anderen eintreten, oder jeder bliebe einstweilen für sich. Mir wurde bewusst, dass nach dem Massenmord an den Juden, soweit es uns betraf, nichts mehr so werden würde, wie es früher einmal gewesen war.

Wir waren nicht automatisch glücklich, nur weil wir überlebt hatten und zurückgekehrt waren. Unter den Überlebenden sind mir keine glücklichen Menschen begegnet. Vielleicht gab es einige glückliche, aber viele waren es jedenfalls nicht. Wir mussten beginnen, auf den unsicheren Fundamenten der Verzweiflung ein neues Glück aufzubauen. Länger und tiefer, als wir selbst erwartet hatten, waren wir davon beeinflusst, dass wir zu viel durchgemacht hatten und zu viele Menschen um uns herum gestorben waren. Von meinen nächsten Angehörigen sind nicht zurückgekehrt: Mutter, beide Großmütter, der Großvater, zwei Brüder und eine Schwester des Vaters, deren Sohn und ihr Ehemann und mein kleiner Vetter. Von den deportierten Einwohnern aus Parkan, mit denen ich auf der Fahrt ins Lager und im Lager in nähere Beziehung getreten war, ist niemand zurückgekehrt. Von den jüdischen Einwohnern dieser kleinen Stadt sind dreihundertdreiunddreißig nicht wiedergekommen. Es war schwierig, sich an die Situation anzupassen und ein neues Leben zu beginnen, und erforderte Jahre. Und nicht jedem gelang es. Einstweilen überwog Verzweiflung, nichts als Verzweiflung!

-

Tomáš Radil 2006 vor dem weitläufigen Lager-Gelände

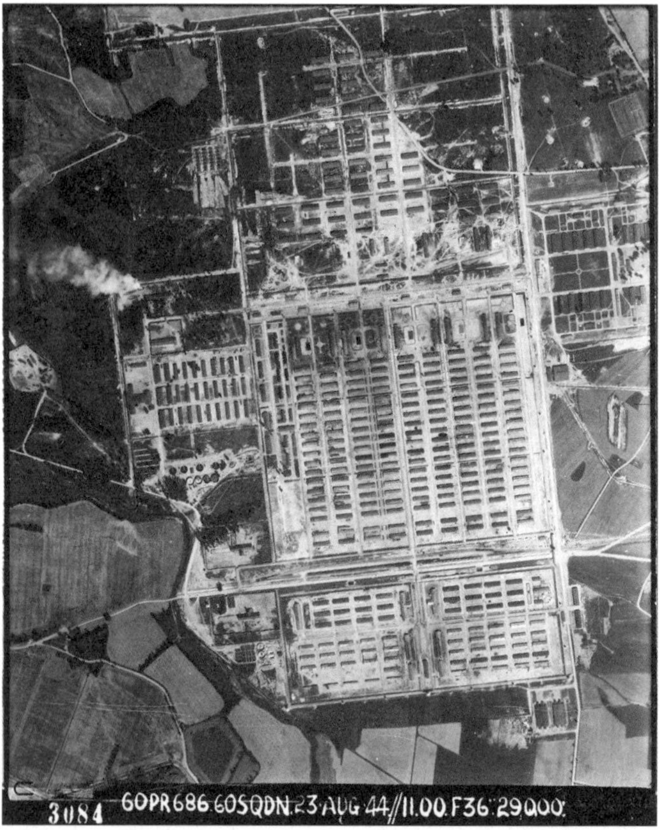

Der ganze Lagerkomplex von Auschwitz. Luftaufnahme der Royal Air Force vom 23. August 1944 – aus einem der Flugzeuge, die Tomáš Radil von unten beobachten konnte

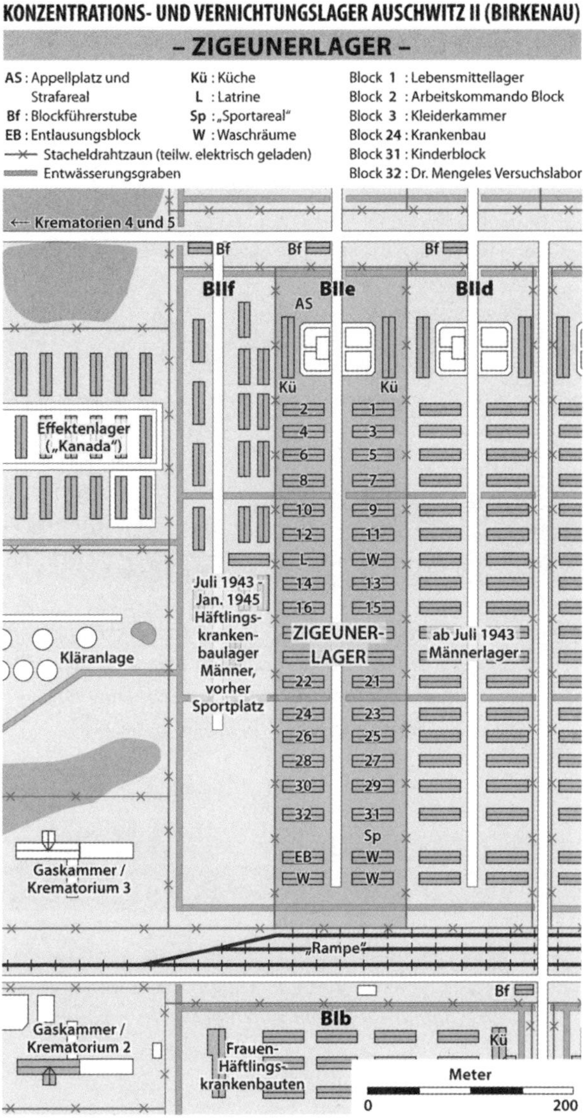

Rekonstruktion des »Zigeunerlagers« (1943/44) mit den beschriebenen Örtlichkeiten in Nachbarschaft der Krematorien: der Latrine, dem Kommando Kanada, Sportplatz usw. Unten in B II e der Jungenblock (Kinderblock) 31

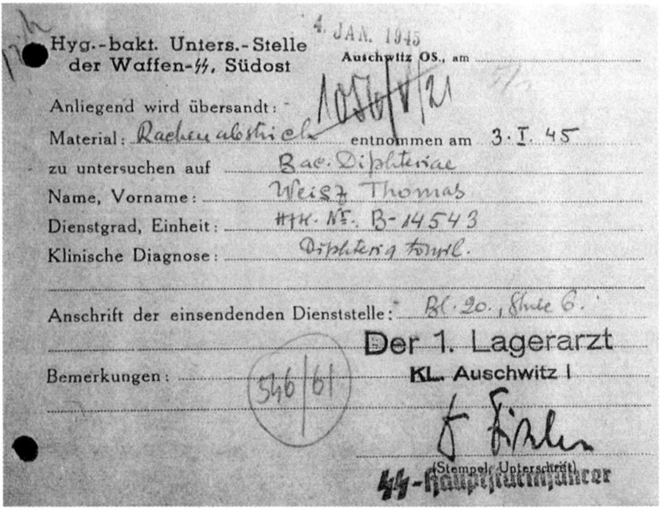

4. JAN. 1945

Hyg.-bakt. Unters.-Stelle
der Waffen-SS, Südost

Auschwitz OS., am

1056/V/21

Anliegend wird übersandt:

Material: Rachenabstrich entnommen am 3. I. 45

zu untersuchen auf Bac. Diphteriae

Name, Vorname: Weisz Thomas

Dienstgrad, Einheit: Hftl. Nr. B-14543

Klinische Diagnose: Diphteria tonsil.

Anschrift der einsendenden Dienststelle: Bl. 20., Stube 6.

Der 1. Lagerarzt
KL. Auschwitz I

Bemerkungen: 546/61

(Stempel, Unterschrift)
SS-Hauptsturmführer

Krankenakte von Tomáš Weisz [sic] – später verheirateter Radil – aus dem Krankenbau in Auschwitz vom 4. Januar 1945 mit der unzutreffenden Diphtherie-Diagnose, die zu seinem Überleben beitrug

28 *Unsere jungen Männer sind nicht bei uns, gezwungen zur Sklavenarbeit, heben sie irgendwo in Russland Schützengräben aus.* – Siehe unter Anm. zu S. 59, *Arbeitseinsatz*

35 *Wir wohnen auf tschechoslowakischem Gebiet, das von Ungarn okkupiert worden ist.* – Die Slowakei war bis zur Ausrufung der Ersten Tschechoslowakischen Republik (ČSR) Ungarn angeschlossen gewesen und bis Ende des Ersten Weltkriegs Teil der Österreichisch-Ungarischen Doppelmonarchie. Das skandalöse sogenannte »Münchner Abkommen« – unter Ausschluss der betroffenen ČSR – wurde zu einer ersten Etappe zur Zerschlagung des tschechoslowakischen Staates. Im Zuge dessen witterten Polen und Ungarn die Chance, alte Rechnungen zu begleichen und Gebietsansprüche gegenüber der nunmehr de facto wehrlosen, von den Verbündeten ernüchternd im Stich gelassenen ČSR durchzusetzen. Deutschlands Bündnispartner Ungarn beanspruchte territoriale Zugewinne, um die massiven Gebietsverluste des Vertrags von Trianon (4. Juni 1920), zwei Drittel des einstigen Territoriums, rückgängig zu machen und ein »Großungarn« zu schaffen. Der »Erste Wiener Schiedsspruch« – kritisch das »Wiener Diktat« – vom 2. November 1938 unter den Vertragspartnern Deutschland, Italien und Ungarn besiegelte, dass alle vormals tschechoslowakischen Gebiete mit ungarischer Bevölkerungsmehrheit (Teile der Slowakei und der Karpato-Ukraine) an Ungarn angeschlossen werden sollten – auf Kosten auch der Slowakei, die inzwischen selbst dem tschechischen Partner in den Rücken gefallen war und sich verdeckt Hitler als Bündnispartner angeboten hatte. Der nunmehr – seit dem 14. März 1939 – für unabhängig erklärten Slowakei wurden wichtige Gebiete genommen. Nicht nur Parkan, sondern auch Metropolen wie Košice (Kaschau/Kassa) kamen unter ungarische Herrschaft.

41 *Vrba und Wetzler* – Rudolf Vrba (d. i. Walter Rosenberg, 1924–2006) und Alfréd Wetzler (1918–1988) versuchten nach ihrer Flucht am 7. April 1944 aus Auschwitz-Birkenau,

slowakische und ungarische Juden davor zu warnen, was in Auschwitz drohte. Vrba hatte u. a. im Kommando Kanada gearbeitet. Der gemeinsame sogenannte Vrba-Wetzler-Bericht – über 30 Seiten auf Slowakisch und Deutsch, die vom 25. bis 27. April 1944 dem Judenrat von Žilina (Slowakei) diktiert und mit Skizzen versehen worden waren – gelangte im Juni 1944 auch zu den Westalliierten und wurde als glaubwürdig angesehen. Obwohl in Kenntnis gesetzt, versäumten dagegen hohe Vertreter der ungarischen Juden zuvor, die Rettung vor drohenden Deportationen angemessen zu betreiben. Das deckt sich mit dem von Tomáš Radils Großvater empfundenen Eindruck eines Versagens der Führung der ungarischen Juden in Budapest. Die Veröffentlichung in der Schweizer Presse erzeugte ausländischen Druck auf den ungarischen Reichsverweser Horthy, im Juli 1944 die Deportationen der ungarischen Juden einzustellen, nachdem schon ihre Mehrheit deportiert worden war. Für den Nürnberger Prozess erlangte das Dokument als ein Beweisstück für die Anklage Bedeutung.

44 *Paradeuniform bei der obligatorischen ungarischen Jugendorganisation Levente* – Levente ist ein Sammelbegriff für zunehmend paramilitärische ungarische Turner- und Jugendverbände, die unter dem Horthy-Regime 1921 geschaffen wurden, um damit schließlich die restriktiven Auflagen bezüglich eines eigenen Militärs infolge des Vertrags von Trianon – dem »Versailles« der Ungarn – teilweise zu umgehen und Wehrertüchtigung durchzuführen. Die Teilnahme an Levente wurde 1939 für Jungen und Heranwachsende zwischen 12 und 21 obligatorisch.

59 *Arbeitsdienst bei der ungarischen Armee* – Der Einrichtung eines jüdischen Arbeitsdienstes in der Ungarischen Armee gingen Degradierungen und Ausschlüsse von Juden aus den regulären Verbänden voran. Der unbewaffnete Arbeitsdienst war 1939 eingeführt worden. Im September 1942 bestanden rund 130 rein jüdische Arbeitskompanien; die Gesamtzahl der – nicht ausschließlich jüdischen – militärischen Zwangsarbeiter umfasste seinerzeit rund 80.000 Personen. Die Zwangsarbeiten schlossen Pioniertätigkeiten wie Stra-

ßen-, Brücken- und Panzersperrenbau ebenso ein wie das Einsammeln von Leichen, Minenräumdienste usw. Zunehmend im Kampfbereichen an der Ostfront eingesetzt, waren die Angehörigen der Einheiten starken Gefährdungen ausgesetzt. Die Arbeitsdienstler waren darüber hinaus Schikanen von den ungarischen Wachmannschaften und deren Kommandeure ausgesetzt; Quälereien und gezielte Ermordungen kamen häufig vor. Mit dem Mai 1944 wurde die Zahl der Arbeitskompanien stark erhöht auf 575 und rund 125.000 Mann, was sie vorübergehend vor der Deportation bewahrte. 50.000 bis 70.000 von ihnen wurden später deportiert.

63 *Bar Mizwa* – Hebr. Sohn des Gebotes; Gesetzespflichtiger. Im Judentum erfolgt die religiöse Volljährigkeit mit Vollendung des 13. Lebensjahrs. Die Aufnahme in die Gemeinde erfolgt in der Synagoge mit der feierlichen Verlesung von Segenssprüchen über der Thora durch den Bar Mizwa. Danach entläßt der Vater in einem Ritual den Sohn in die Selbständigkeit und Eigenverantwortlichkeit. Mädchen werden bereits mit Vollendung des 12. Lebensjahrs religionsmündig (Bat Mizwa), was aber eher in Reformgemeinden höheren Stellenwert hat.

69 *Ich ging dann mit Vater mehrmals in die Gemeindeversammlungen* – Mit der Bar-Mizwa-Feier war der Dreizehnjährige religionsmündig, vollwertiges Mitglied der jüdischen Gemeinde, den Erwachsenen gleichgestellt.

115 *Jitgadal vejitkadasch sch'mei rabah* – Eingangsworte des *Kaddisch: Jitgadal vejitkadasch sch'mei rabah* – Das teils in aramäischer Sprache verfaßte *Kaddisch* – als jüdisches Totengebet, etwas verkürzend, allgemein geläufig – ist, anders als das suggeriert, ein immer gleichlautender Lobpreis Gottes ohne eine individuelle Verknüpfung zu den Verstorbenen. So beginnt es: »Erhoben und geheiligt werde sein großer Name auf der Welt.« Es wird traditionell von (männlichen) Verwandten zum Gedächtnis an verstorbene Familienmitglieder gesprochen – im Beisein eines *Minjans*. Außerhalb des Zusammenhangs der Totentrauer ist es Bestandteil synagogaler Liturgie und gliedert den Gottesdienst. In der Ausnahmesituation der Todeserwartung im

KZ wird hier das Kaddisch gewissermaßen als Totengebet auf sich selbst gesprochen – umso mehr, als enge männliche Verwandte möglicherweise gar nicht mehr leben. Im Kontext der Judenverfolgungen kam daneben dem *Sch(e)ma Jisrael* große Bedeutung zu, das gläubige Juden in Gefahr und Not beten, auch wenn Tomáš Radil das nicht überliefert – deutsch: »Höre, Israel, der Ewige (der Herr) ist unser Gott, der Ewige (der Herr) ist einzig« (Dtn 6,4). Mit diesem Wortlaut verbindet sich eine Säule des Judentums: das Bekenntnis zur Einheit und Einzigkeit Gottes; das *Sch(e)ma Jisrael* ist fester Bestandteil des Gottesdienstes in der Synagoge und auch ein Morgen- und Abendgebet.

141 *Ghetto von Litzmannstadt* – Łódż – die zweigrößte Stadt Polens – wurde von deutschen Besatzern am 11. April 1940 kurzerhand in »Litzmannstadt« umgetauft. Diese Wortschöpfung war eine Verbeugung vor einem frühen Parteigänger der Nazis, dem General der Infanterie Karl Litzmann (1850–1936), für Rechte einem Helden des Ersten Weltkriegs. Dieser war 1932 für die NSDAP, der er seit 1929 angehörte, zuletzt sogar Alterspräsident des Deutschen Reichstags. Mit »Litzmannstadt« verbindet sich heute das berüchtigte Ghetto (1939–1944) im Norden der Stadt, das besonders gut dokumentiert ist. Wie in Theresienstadt wurde teilweise der Eindruck einer Pseudo-Selbstverwaltung vorgetäuscht, einer Art »Stadt für die Juden« unter dem umstrittenen »Judenältesten« Mordechai Chaim Rumkowski. Neben überwiegend jüdischen Insassen bestand ein sogenanntes »Zigeunerlager«. Das Ghetto war ein Inbegriff der Ausbeutung jüdischer Arbeitskräfte mit zahlreichen Betrieben als Profiteuren und somit Teil einer »Vernichtung durch Arbeit«. Der Judenrat wurde zu der Rolle genötigt, die Deportationslisten aus dem Ghetto – bis zu 20.000 Menschen pro Woche – zusammenzustellen und so der Ermordung in den Konzentrationslagern im besetzten Polen – nicht nur Auschwitz-Birkenau – zuzuarbeiten.

142 *Muselmann* – Lagerjargon (Lagerszpracha; »Auschwitzdeutsch«) für Häftlinge, deren körperlicher Verfall und Abmagerung durch Unterernährung nicht nur auf den ersten

Blick erkennbar war, sondern auch mit Begleiterscheinungen wie Koordinationsschwierigkeiten und anderen Aussetzern, Nervenschädigungen, fortschreitenden Atembeschwerden usw. verbunden waren. Auch aus anderen Konzentrationslagern als geläufiger Ausdruck nicht eindeutiger Herkunft überliefert.

163 *Die Romahäftlinge wurden …* – Der planmäßige Völkermord an den Roma – der »Porajmos«, romanes für »das Verschlingen« – steht allgemein weniger im Blickpunkt. Das »Zigeunerlager« oder »Zigeunerfamilienlager« bestand zwischen Februar 1943 und August 1944 im Abschnitt B II e des KZ Auschwitz-Birkenau. Von 22.600 Häftlingen – überwiegend aus Deutschland und Österreich – kamen 19.300 um, 5.600 von ihnen wurden in den Gaskammern ermordet. Versuche, am 16. Mai 1944 das »Zigeunerlager« zu räumen und die Insassen umzubringen, scheiterten zunächst an heftiger Gegenwehr. Diese und die folgende Aktion erfolgten bei einer »Lagersperre« bzw. »Blocksperre«, wie sie Tomáš Radil beschreibt. Vom 2. auf den 3. August 1944 erfolgte die gewaltsame Auflösung des Lagers. 2.897 Männer, Frauen und Kinder wurden sofort ermordet, 1.408 – abweichend von Radil – nach Buchenwald deportiert.

180 *Kommando »Kanada«* – Dabei handelte es sich um die Effektenlager, in denen Wertgegenstände, Kleidungsstücke und sonstige den Häftlingen und Ermordeten geraubte Habe gesammelt und in der Regel ins Deutsche Reich abtransportiert wurden. Zur beschriebenen Zeit umfasste das Kommando Kanada einen im Dezember 1943 in Betrieb genommenen weitläufigen Komplex aus neugebauten Magazinbaracken in Nachbarschaft der Gaskammern und Krematorien in Auschwitz-Birkenau (Abschnitt B II g). 600 bis 1.000 Häftlinge, mehrheitlich Frauen, waren hier beschäftigt und profitierten dabei teils vom – verbotenen – Zugriff auf Überlebenswichtiges. Die Bezeichnung »Kanada« wird verschiedentlich mit der Vorstellung von Kanada als einem fernen, reichen Sehnsuchtsland in Verbindung gebracht.

181 *Aufstand der Häftlinge, die eins der Krematorien bedienten* – Am 7. Oktober 1944 kam es im Krematorium III/IV

in Birkenau zum Aufstand des Sonderkommandos. Nach vergeblichen Versuchen war es geglückt, Schießpulver zu beschaffen und damit die Krematoriumsanlage IV teilweise zu zerstören. Alle Beteiligten sowie unbeteiligte Mitglieder des Sonderkommandos, 451 Personen, wurden nach dem Scheitern des folgenden Massenfluchtversuchs umgebracht. Vier jüdische Widerstandskämpferinnen im Lager – Ala Gertner, Rózia Robota, Ester Wajzblum und Regina Safirsztajn – wurden nach Folter am 5. Januar 1945 vor den Augen der Lagerinsassen öffentlich hingerichtet. Nicht nur als Zeichen äußerster Entschlossenheit zum Widerstand und der Verwundbarkeit der deutschen Unterdrücker war der Aufstand von Bedeutung. Er verzögerte zudem die Abläufe des technisierten Massenmords vorübergehend und trug vermutlich zur Rettung von Leben bei.

197 *Karpato-Ukraine* – Die Karpato-Ukraine (Karpato-Russland) war der östliche Teil der Tschechoslowakei, mit einer Bevölkerung von mehr als 700.000, davon rund 450.000 Ruthenen, 115.000 Ungarn und rund 100.000 Juden. Außerhalb der Städte galt dieser Landesteil als eher rückständig, mit einer wenig entwickelten Infrastruktur. In den zwanziger und dreißiger Jahren erregte die Karpato-Ukraine deshalb das Interesse von Schriftstellern, Ethnologen und Journalisten, die sich für den Volksstamm der Huzulen, Waldjuden oder verstreute, sehr traditionelle deutsche Siedlungen interessierten. Sie gehörte zu den Gebieten, die im November 1938 auf deutschen Druck von der Slowakei abgetrennt und Ungarn einverleibt wurden.

212 *Bauplatz »Mexiko«* – Mit »Mexiko« wurde der Bauabschnitt B III im Zuge der Erweiterung des Lagers umgangssprachlich bezeichnet, der im April 1944 unabgeschlossen stillgelegt wurde. Überlieferungen nach geht der Begriff auf bunte Decken zurück, die Häftlingen dort zur Verfügung standen.

225 *… aus den benachbarten Teilen Rumäniens, die von Ungarn besetzt waren* – Ungarn wurde nach dem Ersten Wiener Schiedsspruch (2. November 1938) abermals zum Profiteur erzwungener Gebietsabtretungen seiner Nachbarstaaten und kam seinem Ziel eines Großungarns näher, in das nach und

nach alle überwiegend ungarischsprachigen Gebiete eingegliedert werden sollten: Rumänien wurde von Deutschland und Italien durch den Zweiten Wiener Schiedsspruch (30. August 1940) dazu genötigt, Nordsiebenbürgen an Ungarn abzutreten.

226 *wie die Rabbiner von Munkacz* – Munkacz, so der ungarische Name, tschechisch: Mukačevo. 1918–1938 der Tschechoslowakei zugehörig, Metropole am Ostrand der Waldkarpaten, war ein berühmtes religiöses Zentrum der Chassidim sowie der Orthodoxie.

233 *Amt Arbeitseinsatz* – Gemeint ist das sogenannte Amt D II, zuständig für »Arbeitseinsatz«. Es war, in der Nachfolge der IKL – Inspektion der Konzentrationslager – eine Unterabteilung der Sektion D des SS-Wirtschafts-Verwaltungshauptamts (WVHA), eines der zwölf Hauptämter innerhalb der Organisationsstruktur der SS.

234 *Er hielt die Halacha ein, die Sammlung religiöser Vorschriften für die Lebensführung frommer Juden, aber nicht den Grundsatz von Tora und Talmud, das Leben als höchstes Gut zu schützen.* – Der Halacha – Sammelbegriff für religiöse Gesetze, mündlich tradierte und schriftlich fixierte Gebote und Verbote – lagen verschiedene Sammlungen zugrunde, so die *Mischna*, die *Tossefa*, die halachischen *Midraschim,* die *Mischne Tora* und der *Schulchan Aruch*, aber natürlich auch *Talmud* und *Tora.* Die Pflicht zur Erhaltung des Lebens, eines Geschenks oder einer Leihgabe Gottes, ist ein zentraler Bestandteil der jüdischen Religion, der Verstöße gegen eine Vielzahl minder wichtiger Gebote rechtfertigt, von Verstößen gegen die Speisegesetze bis hin zur Scheinkonversion, wenn sie unter lebensbedrohlichem Druck erfolgt. Auch Selbstmord ist vor diesem Hintergrund ein religiöses Tabu.

242 *Mizwe* – *Mizwe* (jidd.); *Mizwa* (hebr.), Pl. *Mizwot.* »Gebot«, ursprünglich Sammelbezeichnung der Ge- und Verbote der jüdischen Religion, später auch für ein spezifisches Gebot. Umgangssprachlich: gottgefällige »gute Tat« im Geiste der Gesetze.

249 *… müssen mindestens zehn Männer beisammen sein; das nennt man Minjan. Minjan* – vgl. Gen 18,32. Die Teil-

nahme setzte die Religionsmündigkeit voraus, die mit der Bar Mizwa besiegelt wurde.

255 *Beispielsweise hätte in Ungarn die immer noch stark nationalistisch orientierte Obrigkeit ihr Einverständnis mit den Deportationen widerrufen können, wie es Anfang Juli 1944 auch wirklich geschah.* – S. Anm. zu S. 41, *Vrba und Wetzler.*

282 *Auschwitz-Birkenau, anus mundi* – Die Rede von Auschwitz als »Arsch der Welt« ist auch durch den Buchtitel *Anus Mundi. Fünf Jahre in Auschwitz* des polnischen Autors und KZ-Überlebenden Wiesław Kielar (1919–1990) geläufig.

285 *Reinhard Heydrich* – Heydrich trug maßgebliche Verantwortung für die sogenannte »Endlösung der Judenfrage« durch systematischen, technisierten Massenmord. So leitete er die berüchtigte, als »Wannseekonferenz« bekannte Strategiebesprechung vom 20. Januar 1942, bei der die entsprechenden Weichenstellungen vorgenommen wurden. Er hatte in der SS Karriere gemacht und den Nachrichtendienst SD aufgebaut; als Leiter des Reichssicherheitshauptamts wurde er später auch Herr über die Gestapo, verantwortete Verbrechen der SS-Einsatztruppen in besetzten Gebieten, die Schaffung von Ghettos etc. Als Stellvertretender Reichsprotektor – aber eigentlicher starker Mann – in Böhmen und Mähren fiel er am 27. Mai 1942 in Prag einem von der Tschechoslowakischen Exilregierung in London geplanten, fast mißglückten Attentat durch zwei tschechoslowakische Fallschirmspringer zum Opfer (Operation Anthropoid). Während er selbst dabei verfehlt wurde, starb er infolge einer Sepsis, nachdem sich eine Sprungfeder der explodierenden Granate in seinen Körper gebohrt hatte. Wie es das politisches Kalkül der Exilregierung vorsah, folgten brutale Repressionsmaßnahmen. Sie sollten einerseits zum Hass auf die Besatzer und zum Widerstand anstacheln; andererseits lag es doch im außenpolitischen Interesse der Exilregierung, daß die besetzte Tschechoslowakei sowohl als Opfer wie auch als standhafter Gegner der Deutschen international wahrgenommen würde.

297 *Kaiser, der dann leider die Juden abschlachtete* – Anspielung auf die Niederschlagung des Jüdischen Kriegs durch Titus im Jahr 70, die Belagerung von Jerusalem, die Eroberung

des Tempelbezirks und der Burg Antonia. Traumatisch im kollektiven jüdischen Gedächtnis verankert war und ist die Schändung und Zerstörung des Tempels, der zweiten nach der des Salomonischen Tempels durch die Babylonier 587/586 v. Chr. Der jüdische religiöse Trauer- und Fastentag »Der 9. Aw« (hebr. *tisch'a be Av*; *Tisha B'Av*) erinnert daran.

314 *Wiking sollte die Bezeichnung einer SS-Einheit sein* [...], *der Mengele ...* – Vor seiner Zeit als Lagerarzt in Auschwitz – Mai 1943 bis Januar 1945 – war Josef Mengele (1911–1979) Militärarzt bei der 5. SS-Panzerdivison »Wiking«, die sich vorwiegend aus skandinavischen, belgischen und niederländischen Freiwilligen zusammensetzte und an der Ostfront eingesetzt wurde, wo sie auch an verschiedenen Kriegsverbrechen, darunter Massaker an jüdischen Zivilisten, beteiligt war. Mengeles Menschenversuche an Häftlingen wurden eng mit dem Kaiser-Wilhelm-Institut für Anthropologie, menschliche Erblehre und Eugenik unter Otmar Freiherr von Verschuer koordiniert. Nicht nur moralisch, sondern auch medizinisch gelten diese Forschungen als fragwürdige »Pseudowissenschaft«.

345 *bocher,* Pl. *bocherim* – Hier: Talmudbeflissener; Schüler eines Rabbiners; Talmudschüler.

345 *broche* – (jidd.), hebr. *bracha.* Es handelt sich um einen Segensspruch, der bei verschiedenen alltäglichen Bräuchen und religiösen Verrichtungen gesprochen wird: so als Tischgebet, beim Anlegen der Gebetsriemen (Tefillin), beim Anbringen einer Mesusa an einem Eingang usw.

349 *Jom Kippur* – auch Versöhnungstag, höchster jüdischer Feiertag, der mit Fasten und Beten verbracht wird.

349 *Siebenbürgen, das* [...] *an Ungarn zurückgegeben worden war* – siehe Anm. zu S. 225: unter *aus den benachbarten Teilen Rumäniens, die von Ungarn ...*

349 *Die gläubigen Jungen schlossen sich meist zu größeren Gruppen zusammen, damit sich mindestens zehn zum Gebet versammeln konnten.* – Siehe Anm. zu S. 249, *Minjan.*

354 *aus* [...] *Transporten, die aus dem damals von Ungarn beherrschten Gebiet eintrafen.* – Siehe Anm. zu S. 35, 486.

376 *Sie überzeugten die Jungen davon, vor der Deportation zur Talmudschule zu gehen und sich von den religiösen Vorschriften der Halacha entbinden zu lassen; vor allem redeten sie ihnen zu, alles zu essen, auch wenn es nicht koscher wäre. Sie erklärten, die Hauptsache im Talmud sei die Heiligkeit des menschlichen Lebens. Deshalb sei es die Pflicht eines jeden Juden, alles im Interesse seiner Selbsterhaltung zu tun.* – Siehe Anm. zu S. 234.

387 »*Feri, du bist ein Šikula!*« – *šikovný* (tsch.) = geschickt, gewandt; »Šikula« ist als Familienname verbreitet und hier offenbar ein darauf bezogenes Wortspiel.

398 *načalnik* – (russ.) Befehlshaber, Kommandeur

399 *svoloč* – (russ.) Gesindel, Lumpen

400 *děržis* – (russ.) Halt durch!

403 *moloděc* – (russ.) Anerkennende Bezeichnung für eine männliche Person, meint so etwas wie »ganzer Kerl«, »Alle Achtung!«

452 *Man flüsterte, dass sich in einem der Krematorien das* Sonderkommando *erhoben hätte* – Siehe Anm. zu S. 181.

486 *dass er aus Südungarn stamme, aus jenem Teil, der früher zu Jugoslawien gehört habe.* – Die zu Ungarn gehörigen Gebiete Kroatien, Slawonien, Prekmurje, die Regionen Batschka und Süd-Baranya (Drávaköz) und Teile des Banats gingen am 4. Juni 1920 infolge des Vertrags von Trianon zur Aufteilung des einstigen K.u.k.-Reichs zunächst im neugegründeten Nachfolgestaat Königreich der Serben, Kroaten und Slowenen (ab 4. Dez. 1919) auf.

513 *dobrák* – (tsch.) Ein gutmütiger, leutseliger Mensch

533 *Erysipel* – (Wundrose; Rotlauf) Bakterielle Entzündung des Unterhautgewebes und der Lymphwege.

543 *gánew oder chúzpenik* – (jiddisch) *ganew*: Gauner, Dieb; Ganove; Schlingel. *chuzpenik*: unverschämter, unverfrorener Mensch

544 *ein Märchen für Kinder … anstelle des Langen, des Breiten und des Scharfsichtigen …* – Anspielung auf ein berühmtes tschechisches Märchen, »Dlouhý, Široký a Bystrozraký« des legendären romantischen Märchenautors Jaromir Erben (1811–1870).

605 *Schapkas* – Eingedeutschter Plural von *šapka* (russ.), was »Mütze« bedeutet; hier sind Militärmützen, eigentlich (russ.) *ušapka*, gemeint.

606 *krasnaja armija* – (russ.) Rote Armee

606 *gydra* – (russ.) Hydra

606 *Da zdravstvujet mir vo vsem mire!* – (russ.) Es lebe der Frieden auf der ganzen Welt!

606 *Slava velikomu Stalinu, slava! Urá!* – (russ.) Ruhm dem großen Stalin! Ruhm! Hurra!

619 *jidiš dajč* – Hier ist nicht die jiddische Sprache, sondern im Unterschied dazu ein Mischmasch aus Jiddisch und Deutsch oder ein jiddisch gefärbtes Deutsch gemeint.

620 *armija ludowa* – Poln. *Volksarmee* (*Ludowe Wojsko Polskie*). Die im Juli 1944 aus der kommunistischen Untergrundarmee Armia Ludowa und den Polnischen Streitkräften in der Sowjetunion (*Polskie Siły Zbrojne w ZSRR*) gebildete Volksarmee kämpfte an der Seite der Roten Armee gegen die Deutschen, bis hin zur Einnahme von Berlin. Dabei hatten noch 1940 sowjetische Spezialeinheiten des NKWD, u. a. beim Massaker von Katyn, über 20.000 Polen, vor allem Armeeoffiziere, ermordet. In den schon hier unterschiedlichen Bewertungen der Einheiten zeichnen sich bereits Vorboten des Kalten Kriegs ab; parallele Diskussionen gab es in der Nachkriegs-Tschechoslowakei: Dort wurde die Zugehörigkeit zur Tschechoslowakischen Auslandsarmee, die an der Seite der Westalliierten gekämpft hätte, zum Stein des Anstoßes und zum Verdachtskriterium – für Westkontakte, die in der Zeit der Slánský-Prozesse angebliche Agententätigkeit für »den Westen« nahelegen sollte.

620 *armija krajowa* – Poln. *Heimatarmee*; die AK war die größte militärische Untergrundorganisation nicht nur in Polen, sondern insgesamt im von Deutschen besetzten Europa. Ihre Führung – die im Wesentlichen aus ehemaligen Offizieren der Polnischen Armee bestand – stand in Verbindung mit der Polnischen Exilregierung in London. Nach dem Widerstand gegen die Deutschen standen sich mit AK – die klar antisowjetisch war, hatte die Sowjetunion doch 1939 Polen mit zerschlagen – und Roter Armee bzw. NKWD

zwei feindliche Lager gegenüber; disem neune Konflikt fielen viele Polen zum Opfer. Im Zuge des Warschauer Aufstands 1944 wurde die AK weitgehend zerstört.

627 *NKWD* – Sowjetisches Innenministerium – *Narodnyj komisariat vnutrennich del ZZZR* (*Volkskommissariat für innere Angelegenheiten*), von 1934 bis 1946 üblicherweise mit dem Kürzel NKWD bezeichnet. Das NKWD wird häufig als Synonym für die Geheimpolizei verwendet, auch wenn das unscharf ist. Dem Innenministerium unterstand ab 1934 als wichtigstes Ressort die berüchtigte Geheimpolizei der Sowjetunion, die OGPU, Kurzform GPU, Abkürzung für *Obedinennoe gosudarstvennoe političeskoe upravlenie* (Vereinigte staatliche politische Verwaltung), die von 1922 an als Nachfolgeorganisation der Tscheka aufgebaut worden war. Mit ihr verbinden sich die massiven Verfolgungen zumeist Unschuldiger, die unter dem zynischen Begriff der »Großen Säuberungen« in die Geschichte eingegangen sind, die 1937 einen Höhepunkt erlebten. Das ganze System der GULAG, staatlicher Internierungslager für politische Gefangene, wurde ebenfalls von der GPU verantwortet, die teils wie ein Staat im Staate operierte und von Stalins Paranoia hinsichtlich versteckter Feinde geprägt wurde.

635 »*Za rodinu, za Stalina!*« – Für die Heimat! Für Stalin!

640 *Tafelkultur, so dass festliche Mittags- und Abendmahlzeiten, sofern Georgier anwesend seien, gewöhnlich auch von ihnen geleitet würden, weil sie das am besten könnten.* – Bis heute ist ein Tischredner (*Tamadan*) fester Bestandteil festlicher georgischer Tafeln, eine ehrenvolle Aufgabe.

642 *In der Sowjetunion und hauptsächlich im Wolgagebiet leben viele Deutsche, aber denen kann man nicht trauen, weil sie vom gleichen Stamm wie die deutschen Faschisten sind.* – Aus Furcht vor einer Art »Fünfter Kolonne«, die sich mit der deutschen Wehrmacht vereinen oder verdeckt ihren Einmarsch vorbereiten könnte, wurden Repressionen gegen die deutsche Minderheit durchgeführt. Gemäß dieser Logik und unter dem zumeist unzutreffenden, teils gegen besseres Wissen erhobenen Vorwurf der »Kollaboration« waren deutschsprachige Siedlungsgebiete wie in der »Autonomen Sozialistischen Sow-

jetrepublik der Wolgadeutschen« um die Hauptstadt Engels – gegenüber von Saratov am Ostufer der Wolga – im Raum Stalingrad oder im Kaukasus, so in Georgien, von Zwangsumsiedlungen nach Kasachstan, in den Ural und Sibirien, Zwangsarbeit, Hinrichtungen usw. betroffen. Die Wolgarepublik bestand bis 28. August 1941.

642 *načalstvo* – (russ.) Die Vorgesetzten; die Obrigkeit; die (militärische) Führung

642 *chorošije pani* – Verbindung des russischen Attributs »gut« mit dem polnischen oder tschechischen Ausdruck *pani,* männliche Anrede, auch *Herr.* Gemeint sind*: gute, aufrechte, anständige Gesellen, Zeitgenossen, Leute.*

655 *jarmelke* – (jidd.) Kippa, Gebetskäppchen

656 *bocherim* – Pl. von *bocher*

658 *V gorod Parkan!* – (russ.) Nach Parkan; in die Stadt Parkan

658 *Vot spirt* – (russ.) Da ist, da hast du Alkohol

658 »*Nu davaj!*« – (russ.) Na, los!

658 »*Spirt jest?*« Ich sagte: »*Nět!*« – Gibt's noch Alkohol? Ich sgte: Nein!

662 *Gegen Ende seines Lebens quälte die Obrigkeit Vater wegen seiner kapitalistischen Herkunft und zur Zeit des Slánský-Prozesses abermals, weil er Jude war* – Der Slánský-Prozess – offiziell: »Prozess gegen die Leitung des staatsfeindlichen Verschwörerzentrums mit Rudolf Slánský an der Spitze« – war vom 20. bis zum 27. November 1952 ein politischer Schauprozess in der Tschechoslowakei, bei dem unter verdeckter sowjetischer Regie eine »Säuberung« innerhalb der KPČ stattfand; dabei war die antisemitische Tendenz – verbrämt als »Antizionismus« – eins der Hauptmerkmale und für Überlebende der Schoah eine alptraumhafte Erfahrung. Von den vierzehn Hauptangeklagten des Prozesses waren elf Juden, darunter solche, die im bewaffneten Widerstand gegen die Faschisten gekämpft hatten; von ihnen wurden zwölf hingerichtet. Eine Reihe der damals Verurteilten und Verfolgten wurde in der Zeit des Prager Frühlings rehabilitiert. Einzelne Angeklagte, besonders Bedřich (Friedrich) Gminder, waren nach dem Februarumsturz 1948 allerdings selbst für Repressionen gegen politische Gegner verantwortlich.

Der Vater – Ernest (Arnost) Weiss, 1898–1957, 1945

Die Mutter – Margit Weiss, geborene Büchler (1908–1944), 1941

Der Großvater mütterlicherseits, Ende des Ersten Weltkriegs

»Freunde und Familie. Mein Vater mit seinem Arm auf meinen Schultern; meine Mutter rechts von mir im Profil« (1937)

Jiřina Radilová und Tomáš Weiss/Radil 1956

Tomáš Radil mit seinen Töchtern Gabriela, Michaela, Markéta und Karolina (von groß bis klein)

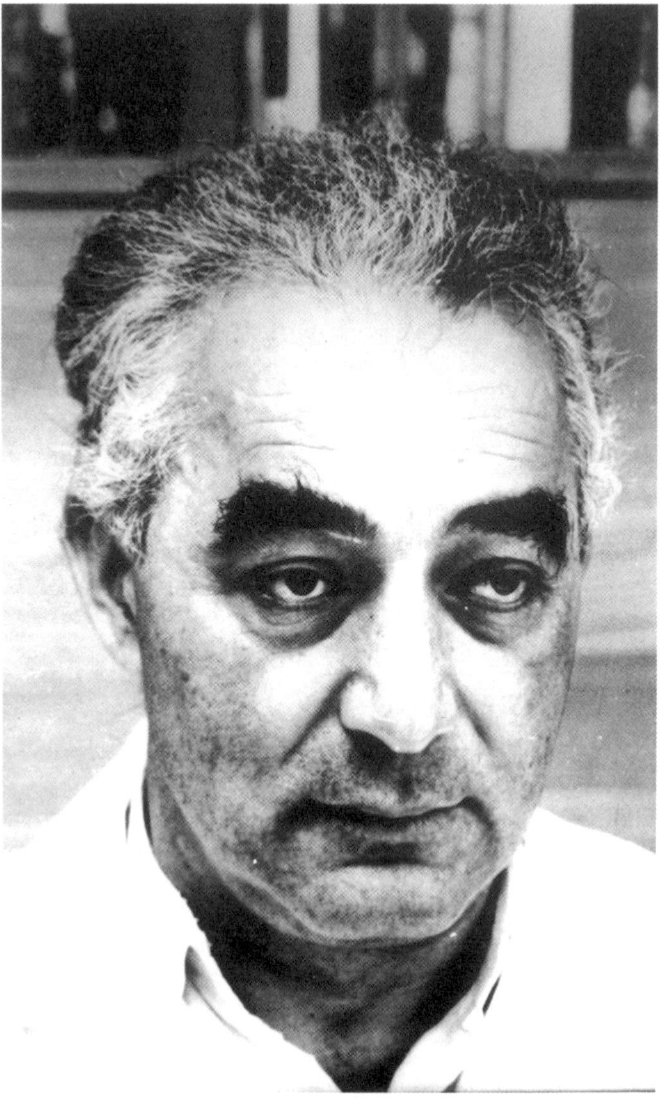

Tomáš Radil 1985

Zum Autor

Tomáš Radil wurde am 8. November 1930 unter seinem ursprünglichen Familiennamen Weiss in Parkan (ČSR) geboren. Seine Heimatstadt fiel am 2. November 1938 an Ungarn – und damit in den Machtbereich des mit Deutschland verbündeten Horthy-Regimes; zugleich gewannen dort faschistische und antisemitische Parteien, insbeondere die Pfeilkreuzler, zunehmend an Einfluss. Was in der Folge über seine Familie und ihn, über die europäischen Juden und viele andere Verfolgte hereinbrach, beschreibt Tomáš Radil in diesem Buch. Nach der Befreiung des KZ Auschwitz und der Rückkehr fand er mühsam zurück »ins Leben« und löste ein, was er noch im Lager einmal vage als Berufswunsch ausgesprochen hatte: 1955 promovierte er an der Medizinischen Fakultät der Karls-Universität Prag. 1960 promovierte er zusätzlich in Neurophysiologie am Institut für Physiologie der Tschechoslowakischen Akademie der Wissenschaften in Prag, wo er wissenschaftlicher Mitarbeiter und schließlich Abteilungsleiter wurde. 1967 habilitierte er sich für Psycho-Physiologie an der Karls-Universität Prag, wurde dort 1980 Professor für Psychologie und leitete eine Forschungsabteilung für Psycho-Physiologie und Klinische Psychologie. Er war Gastprofessor an mehreren Forschungslaboratorien in den USA, Italien, Finnland, Deutschland, Polen, Ungarn, Montenegro, Russland u. a. Ab 1990 war er so regelmäßig wie häufig Gastprofessor an der University of Pennsylvania. Auf seine Initiative wurde am Institut für Meeresbiologie in Kotor, Montenegro, eine internationale Abteilung für Marine Neurophysiologie gegründet. Die Universität Helsinki verlieh Prof. Radil den Dr. h.c.

Seine Forschungen umfassen Elektrophysiologie des menschlichen und des tierischen Gehirns, funktionale

Beziehungen zwischen Gehirnarealen, Neurokybernetik, neuronale Netzwerke, Physiologie des Schlafes, der Erregungszustände und des Wachens, visuelle Wahrnehmung, Geruchswahrnehmung und zeitliche Verhältnisse der Hirnfunktionen.

Parallel dazu beschäftigte er sich in den vergangenen drei Jahrzehnten mit der Sozialpsychologie der inter-individuellen Beziehungen in Menschengruppen unter Extrembedingungen, mit Mechanismen des Hasses, der Gewaltherrschaft über Menschenmassen unterschiedlicher Herkunft, mit Gemeinsamkeiten bei Menschen verschiedenartiger ethnischer Zugehörigkeit, mit der Theorie der Diaspora, mit der nicht-genetischen Informationsübertragung über die soziokulturellen Bedingungen, mit dem Wesen von Faschismus und Neofaschismus, mit Möglichkeiten der Vergebung und Versöhnung, mit Zeitabläufen von Erinnerungsspuren lebensbedrohlicher Ereignisse bei einzelnen Menschen und in sozialen Gruppen. Er leistete auch einen Beitrag zur Sozialen Holistik als einem neuen Wissenschaftszweig. In den vergangenen zwei Jahrzehnten arbeitete er mit der University of Pennsylvania, dem Holocaust-Museum in Washington und dem Yad Vashem International Holocaust Research Institute in Jerusalem in der Holocaustforschung zusammen.

Bei vielen Gelegenheiten – so bei Vorträgen und in Fernseh- und Radiosendungen – wandte er sich an eine breite Öffentlichkeit.

Tomáš Radil heiratete 1956 seine Kollegin in der Psycho-Physiologie, Dr. phil. Jiřina Radilová (verstorben 2015), und nahm ihren Familiennamen an. Das Ehepaar hat vier Töchter, Gabriela, Michaela, Markéta und Karolina, und neun Enkelkinder.

Danksagung des Autors

Prof. Dr. Bretislav Friedrich (Fritz-Haber-Institut der Max-Planck-Gesellschaft, Berlin) gilt ein besonderer Dank für seinen beharrlichen Einsatz, tatkräftige Unterstützung und vielfältige Initiativen, die zur Herausgabe der deutschen Fassung dieses Buches geführt haben.

Mein Dank gehört Prof. Dr. Rudolf Zahradník, dem Ehrenpräsidenten der Akademie der Wissenschaften der Tschechischen Republik, für seine langjährige freundliche Unterstützung bei der Vorbereitung und Veröffentlichung dieses Buches.

Dr. Eugene Garfield (Director of the Institute for Scientific Information and Head of the E. Garfield Foundation, Philadelphia) gebührt Dank für seine moralische und finanzielle Unterstützung.

Prof. Dr. Hubert Laitko (Leibniz-Sozietät der Wissenschaften zu Berlin) gilt mein Dank für die sorgfältige und originalgetreue deutsche Übersetzung. Christoph Haacker und dem Arco Verlag bin ich verbunden für die Aufnahme meines Buches in ihr Programm.

Meinen Kollegen am Institut für Physiologie der Akademie der Wissenschaften der Tschechischen Republik danke ich für ihr Interesse und Mitgefühl.

Die Eugene Garfield Foundation, die Grant Agency of the Czech Republic (Grant Nummer P407/10/2030) und der Deutsch-Tschechische Zukunftsfonds, vertreten durch Dr. Tomáš Jelinek, haben die deutsche Ausgabe des Buches dankenswerterweise unterstützt.

Meine inzwischen verstorbene liebe Frau Jiřina Radilová und meine ganze Familie haben mir unermüdlichen Rückhalt für die Niederschrift des Erlebten gegeben.

Bibliographische Information der Deutschen Bibliothek:
Die Deutsche Bibliothek verzeichnet diese Publikation in der Deutschen Nationalbibliographie; detaillierte bibliographische Daten sind im Internet über http://dnb.ddb.de abrufbar.

KWS

Der Arco Verlag unterstützt die Kurt-Wolff-Stiftung für eine vielfältige Verlags- und Literaturszene.
www.kurt-wolff-stiftung.de

Das tschechische Original erschien 2009 unter dem Titel *Ve čtrnácti sám v Osvětimi* im Verlag Academia, Prag.

DEUTSCH-TSCHECHISCHER ZUKUNFTSFONDS
ČESKO-NĚMECKÝ FOND BUDOUCNOSTI

Der Verlag dankt dem Deutsch-Tschechischen Zukunftsfonds/Česko-Německý Fond Budoucnosti für die Förderung dieses aufwändigen Editionsprojekts.

Deutsche Erstausgabe

Umschlaggestaltung: Praxis für visuelle Kommunikation, Wuppertal
Satz: Hans Christian Leitich, Wien
Druck und Bindung: MultiPrint Ltd., Kostinbrod
Printed in Bulgaria
ISBN 978-3-938375-68-6

Arco Verlag GmbH, Obergrünewalder Straße 17, D-42103 Wuppertal
Arco Verlag (Wien), Lorbeergasse 10/12, A-1030 Wien
www.arco-verlag.com | service@arco-verlag.com